20, rue Berbier-du-Mets
75647 Paris cedex 13

Crédits iconographiques

P. 12-13 : © A. Buiret/Gamma – **p. 14 :** © Sciences Humaines – **p. 15 :** 2. © Politis ; 3. © Max Havelaar France ; 4. © Alternatives Économiques – **p. 16-17 :** © Kraipit/Sipa – **p. 18 :** © AFP– **p. 19 :** 3. © G. Girard/Contact Press Images ; 4. © Réa – **p. 25 :** 5. © Carrefour ; 6. © Pessin – **p. 31 :** © Fedex - **p. 32 :** © Alternatives Internationales- **p. 33 :** © C. Hondros/Liaison/Sipa - **p. 34-35 :** I. Berry/Magnum – **p. 36 :** 1. © Alternatives Économiques ; 2. © M. Nascimento/Réa – **p. 37 :** 3. © P. Gleizes/Réa, © AFP ; 4. © T. Popkenitz/Rapho – **p. 43 :** 2. © Deligne ; 4. © Plantu – **p. 45 :** 6. © Pessin ; 8. © A. Nieckinghaus/AP/Sipa ; 9. © Alternatives Économiques – **p. 47 :** 10. © AFP ; 11. © Hoa-Qui ; 13. © Gamma – **p. 49 :** 3. © AFP; 5. © Chappatte – **p. 51 :** © Kal – **p. 52 :** 7.© Larzac 2003; 10. © Chappatte – **p. 62 :** © H. Jamali/AP/Sipa– **p. 68-69 :** J. Sohm/Corbis – **p. 70 :** © Times – p. 71 : 2. © Union européenne ; 3. © Ville de Taiwan – **p. 73 :** © Getty – **p. 74-75 :** © L. Owerka/Gamma – **p. 76 :** © L'Expansion, © Selçuk – **p. 77 :** 2. © Alternatives Économiques : 3. © Gamma – **p. 83 :** 1. © Corbis ; 4. © Newsweek – **p. 85 :** 5. © T. Wagner/Réa , © ASK, © Collection Christophe L. ; 6. © Time, © AP/Khue Bui/Sipa Press – **p. 87 :** 9. © J. Van Hasselt/Corbis Sygma, © T. Wagner/Réa; 10. © AFP, © J. Van Hasselt/Corbis Sygma – **p. 89 :** 11. © E. Reed/Magnum, © Corbis-Forrester/Gamma ; 12. © Veja – **p. 91 :** 6. © G. Bassignac/Gamma ; 7. © F. Neema/Gamma – **p. 93 :** © M. Lane – **p. 95-96 :** © Mclean – **p. 96 :** 1. © Hoa-Qui ; 2. © J. Richardson/Corbis – **p. 97 :** 3. © Hoa-Qui ; 4. © Mclean – **p. 105 :** 1. © R. Ball/Corbis, 2. © D. Gulin/ Corbis © 3. © L. Lefkowitz/Corbis – **p. 107 :** 4. © M. Beebe/Corbis, © Sunset Boulevard/Corbis Sygma – **p. 109 :** 8. © D. C. Spartas ; 9. © Hoa-Qui – p. 110 : © J. Driendl/Taxi/Getty Images – **p. 111 :** 7. © National Geographic ; 8. © A. Tannenbaum – **p. 113 :** 5. © R. McClaran/Corbis ; 7. © Sakuma/AP/Sipa Press – **p. 114-115 :** A. Shein/Corbis – **p. 116 :** 1. © L.-M. Major; 2. © Office du tourisme mexicain, Paris, DR – p. 117 : 3. © Port de Jacksonville ; 4. © Royalty-Free/Corbis, © M. Sasse/LAIF/Réa – **p. 121 :** 1. © S. Dorandes/Corbis ; 2. © Rue des Archives, Paris – **p. 123 :** 5. © Port de Montréal, © Port of New Orleans – p. 125 : 8. © D. Pollack/Corbis ; 9. © Lower/Fabiano/Sipa Press – **p. 126 :** © P. Laboud/Altitudes – **p. 128 :** © Port de Miami – **p. 129 :** 5. © P. Blot, © W. Gottlieb/Corbis – **p. 131 :** © M. S. Yamashita/Rapho – p. 132 : 6. © Royalty-Free/Corbis; 7. © A. Koestler/Corbis Sygma – **p. 146 :** Bob Krist/Corbis – **p. 148 :** A. Klehr/Getty Images – **p. 153 :** © Max PPP/ESA – **p. 154-155 :** © P. Cinzano/Royal Astronomical Society – **p. 156 :** 1. © Courrier International ; 2. © Plantu – **p. 157 :** 3. © Hoa-Qui ; 4. © S. Attal/ASK ; 5. © Agence Grafiti – **p. 163 :** © BASF – **p. 165 :** © SkyEurope – **p. 167 :** 10. © Sergueï , © ASK Images – **p. 169 :** © Corbis – **p. 170 :** © G. A. Rossi/Altitudes – **p. 171 :** 4. © Ian Teh/Vu ; 5. © AFP – **p. 172-173 :** © P. Blot – **p. 174 :** 1. © DPA; 2 © P. Allard/Réa, © DPA – **p. 175 :** 3. © Port d'Amsterdam ; 4. © Hoa-Qui, © P. P. Boening/Zenit-LAIF-Réa, © C. Rossi/Altitude – **p. 181 :** 1. © Digital Vision/Getty Images, © Getty Images ; 2. © G. Knichel/Réa, © B. Decout/Réa – **p. 183 :** 5. © Port de Rotterdam ; 6. © DPA ; 9. © AP/Sipa Press – **p. 185 :** 10. © DPA ; 11. © DPA –**p. 187 :** © Port de Rotterdam – **p. 188 :** © P. Blot– **p. 189 :** 4. © Rhinecontainer ; 6. © DR – **p. 190 :** © Y. Arthus-Bertrand/Altitude – **P. 202 :** DPA - **p. 207 :** © Rossi/Altitudes - **p. 208-209 :** Imaginechina/Max PPP – **p. 210 :** 1. © France-Japon ; 2. © DR – **p. 211 :** 3. © Y. Bougon, © Financial Times ; 4. © L'Expansion , © Plantu – **p. 215 :** 1. © G. Dufeu/Sunset; 4. © A. Hub/LAIF/Réa – **p. 217 :** © Réa – **p. 219 :** © M. Cooper/Viesti Ass./ASK Images– **p. 221 :** 14. © Croissance ; 15. © CNS/photo12.com; 16. © H. Chip/Gamma – **p. 222 :** © Harvard Business Review – **p. 223 :** 4. © Imaginechina/Max PPP; 5. © Ludivic/Réa, R. Jones/Réa, R. Jones/Sinopix-Réa, L. Linwei/Sinopix-Réa – p. 225 : © Hoa-Qui– **p. 226-227 :** © Qphoto International inc. – **p. 228 :** 1. © Orion Press/Stone/Getty Images ; 2. © Port of Osaka – **p. 229 :** 3. © Hoa-Qui ; 4. © Bettmann/Corbis – **p. 233 :** 2. © Hoa Qui ; 3. © Qphoto International inc. – p. 235 : 6. © M. S. Yamashita/Rapho ; 7. © Qphoto International inc., © Ville d'Osaka DR - p. 237 : 9. © M. S. Yamashita/Corbis ; 10. © DR ; 11. © M. S. Yamashita/Corbis – p.239 : © Hoa-Qui – **p. 240 :** © National Geographic Society, DR – **p. 241 :** © Qphoto International inc. – p. 242 : © Pan-Asia – **p. 252 :** © Y. Arthus-Bertrand/Altitude – **p. 253 :** © Y. Arthus-Bertrand/Altitude – **p. 258-259 :** Y. Arthus-Bertrand/Altitude – **p. 260 :** © J.Grossmann/LAIF-Réa – **p. 261 :** 2. © Aéroport Marseille Provence ; 3 © S. Ahmet/Sipa Press, © ASK Images – **p. 262 :** © Bengalore.com, DR – **p. 263 :** © Y. Arthus-Bertrand/Altitude – **p. 264 -265 :** © Rapho/Network – **p. 266 :** 1. © Médecins sans frontières ; 2. © Plantu – **p. 267 :** 3. © Courrier international ; 4. © Croissance, © Alternatives Économiques – **p. 273 :** © Oxfam DR – **p. 275 :** 9.© Pinoges/CIRIC; 11. © Ajit Nian – **p. 278 :** © D. Maillac/Réa- - **p. 279 :** © Veja – **p. 280 :** 7. © J. C. Pinheira ; 9. © CIRIC – **p. 294 :** © Simeone/Photononstop – **p. 295 :** © Hoa Qui – **p. 296-297 : © Y. Arthus-Bertrand/Altitudes – p. 298 :** 1. © Convention France-Maroc ; 2. © Juan Ballesta – **p. 299 :** 3. J. E. Faher/Réa ; 4. © Royal Tours – **p. 307 :** 1. © Sureau/Photononstop : 3. © Ulysse – **p. 309 :** © G. Forlupt/Gamma – **p. 311 :** © Port de Bizerte – **p. 314 :** © Max PPP – **p. 315 :** © M. Lemoine/Sipa Press – **p. 316 :** © CRTS, Maroc – **p. 317 :** © G. Gerster/Rapho – **p. 318 :** © Hoa Qui – **p. 326 :** © Rapho – **p. 327 :** © Ria-Novosti – **p. 328-329 :** © P. Wysocki/Hemisphères – **p. 330 :** 1.© Collection Christophe L. ; 2. © Courrier international ; 3. © G. Ludwig/Visum/Cosmos – **p. 331 :** 4. © Japanidze/AP/Sipa Press, © Bilan - **p. 339 :** © DR – **p. 341 :** © Jobard/Sipa Press – **p. 344 :** © S. Chizicov/EPA/AFP – **p. 345 :** © Corbis – **p. 346 :** © AFP – **p. 347 :** © Alternatives Internationales – **p. 348 :** © Castano, Total – **p. 349 :** © DR – **p. 350 :** © Transsiberian International Service

Édition :
Guillaume Picon
assisté d'Audrey Caillot

Couverture :
Décimale 618

Conception maquette :
Laurent Romano
et Studio Magnard

Mise en page
et aménagement maquette :
Écriture – Malesherbes

Iconographie :
Maryvonne Bouraoui

Cartographie :
Marie-Christine Liennard
(coordination), Valérie Goncalves,
Christel Parolini, Carl Voyer

Photogravure :
AGN

Imprimeur :
Stige (Italie)

ISBN : 221010342 8
Dépôt légal : Avril 2004
N° éditeur : 2004/219
Achevé d'imprimé en Avril 2004

L'ESPACE MONDIAL

GÉOGRAPHIE Tes ES, L et S

Coordination : **Jacqueline JALTA**
Jean-François JOLY
Roger REINERI

Richard D'ANGIO, *Lycée Thiers – Marseille*
Bernard BRET, *Université Paris VIII*
Laurent CARROUÉ, *Université Paris VIII*
François DURAND-DASTÈS, *Université Paris VII*
Jean-Marc HOLZ, *Université de Perpignan*
Jacqueline JALTA, *Agrégée de Géographie*
Jean-François JOLY, *Lycée Claude-Monet – Le Havre*
José MARTINETTI, *IUFM – Nice*
Roger REINERI, *Lycée Jean-Aicard – Hyères*
Jean-Pierre RENARD, *Université d'Artois – Arras*
Claude RUIZ, *Lycée Georges-Clemenceau – Reims*

Avec la collaboration de :
Marie-Christine DOCEUL, *Lycée Edouard-Herriot – Lyon*
Jean-Michel ESCARRAS, *Lycée Dumont D'Urville – Toulon*
Jean-Claude LINK, *Lycée Amiral de Grasse – Grasse*
Laurent RESSE, *Collège Gérard-Philipe – Le Havre*
José RIQUIER, *Lycée Louis-Thuillier – Amiens*

Programmes de Géographie

Classe Terminale des séries ES, L, et S

L'espace mondial

BO n° 7, Hors-série – 3 octobre 2002

ES, L	S
I. Un espace mondialisé (10 h) 1. Mondialisation et interdépendances 2. Autres logiques d'organisation de l'espace mondial	**I. Un espace mondialisé (10 h)** 1. Les centres d'impulsion et les inégalités de développement 2. D'autres logiques d'organisation de l'espace mondial
II. Les trois grandes aires de puissance dans le monde (22 h) 1. L'Amérique du Nord - Les États-Unis : la superpuissance - La façade atlantique de l'Amérique du Nord 2. L'Union européenne - La puissance économique de l'Union européenne - L'Europe rhénane 3. L'Asie orientale - Une aire de puissance en expansion - La mégalopole japonaise	**II. Les États-Unis (8 h)** 1. La superpuissance des États-Unis 2. La façade atlantique des États-Unis **III. L'Asie orientale (8 h)** 1. Une aire de puissance en expansion 2. La mégalopole japonaise
III. Des mondes en quête de développement (18 h) 1. Unité et diversité des Sud 2. Une interface Nord/Sud : l'espace méditerranéen 3. Un État et un espace en recomposition : la Russie	**IV. Une interface Nord/Sud : l'espace méditerranéen (6 h)**

Les épreuves de Géographie au Baccalauréat

Séries ES, L et S, à compter de la session 2005 - *BO* n° 7 - 12 février 2004

Épreuve écrite

- Série ES, durée 4 heures, coefficient 5.
- Série L, durée 4 heures, coefficient 4.
- Série S, durée 4 heures, coefficient 3.
L'épreuve écrite d'histoire et géographie au baccalauréat général porte sur le programme de la classe terminale défini, pour chacune des séries, au BO hors série n° 7 du 3 octobre 2002. Les modalités de l'épreuve sont communes aux trois séries ES, L, S, mais les candidats de la série S composent à partir de sujets spécifiques.

Structure de l'épreuve

La durée totale de l'épreuve est de quatre heures dont l'utilisation est laissée à la liberté du candidat même s'il lui est conseillé de consacrer entre deux heures et demie et trois heures à la première partie. L'épreuve comprend deux parties inégales. Par tirage au sort gardé secret jusqu'au jour des épreuves, le recteur de l'académie responsable de l'élaboration des sujets détermine la discipline (histoire ou géographie) faisant l'objet de la première partie. La seconde partie porte obligatoirement sur l'autre discipline.
En histoire ou en géographie, la première partie donne au candidat le choix entre trois sujets de difficulté équivalente : deux compositions et l'étude d'un ensemble documentaire. La seconde partie donne au candidat le choix entre deux croquis de géographie en réponse à un sujet donné ou entre deux explications d'un document d'histoire.

Exercices de la première partie

Composition d'histoire ou de géographie

La composition doit permettre au candidat de faire la preuve de ses connaissances tout en les situant dans un questionnement.
En histoire comme en géographie, des éléments peuvent être éventuellement fournis pour aider le candidat (chronologie, données statistiques, indications spatiales...).
En histoire comme en géographie, les sujets portent sur un ou plusieurs thèmes ou ensembles géographiques du programme. En histoire, les sujets doivent privilégier une période large mais ils peuvent porter aussi sur un tableau à un moment de l'évolution historique.
Si un sujet ne portant que sur les dix dernières années est exclu, des sujets envisageant une période plus large, allant jusqu'à nos jours, sont possibles.
En histoire comme en géographie, les productions graphiques (schéma(s)...) que le candidat peut réaliser à l'appui de son raisonnement, en fonction du sujet et de ses choix, seront valorisées.

Étude d'un ensemble documentaire

L'étude d'un ensemble documentaire doit permettre au candidat de faire preuve de sa capacité à construire une réflexion cohérente en réponse au sujet posé, à partir d'un ensemble de documents et de ses connaissances.
Le sujet fait apparaître une problématique explicite. Il porte, en histoire comme en géographie, sur un des thèmes ou ensembles géographiques définis par les programmes et prend appui sur un ensemble de documents (cinq au maximum) reproduits en noir et blanc.
En histoire, les documents sont de nature diverse (textes, images, cartes, statistiques...). Si nécessaire, des notes explicatives et, le cas échéant, une chronologie indicative éclairent le candidat.
En géographie, les documents sont majoritairement des cartes, des croquis et des schémas ; les sujets peuvent aussi comporter des informations statistiques, des graphiques, des photos, des images et des textes. Tous les documents expriment des données spatiales clairement identifiables. Un même phénomène peut être représenté à différentes échelles.
L'exercice se compose de deux parties :
1. le candidat est invité à analyser, y compris de manière critique, l'ensemble documentaire en répondant à des questions. Ces questions, cinq au maximum, pourront porter sur la recherche, la mise en relation, la contextualisation d'informations, sur l'identification de notions majeures ou de thèmes essentiels des documents et sur l'intérêt et les limites de l'ensemble documentaire par rapport au sujet ;
2. en se fondant sur ce travail préparatoire, sur les informations extraites des documents et sur ses connaissances personnelles, le candidat rédige une réponse organisée au sujet.

Exercices de la deuxième partie

Réalisation d'un croquis de géographie

À partir de ses connaissances et en réponse à un sujet donné, le candidat réalise un croquis de géographie accompagné d'une légende organisée.
Le sujet porte sur l'un des thèmes ou ensembles géographiques définis par le programme. Il ne comporte pas de document si ce n'est, éventuellement, quelques brèves données statistiques. Il est accompagné d'un fond de carte.

Sommaire

ES, L

Les Cahiers du BAC

Comment utiliser votre manu

Introduction de partie

Pour cerner les trois notions-clés du programme :
- **mondialisation** (Partie I) ;
- **aire de puissance** (Partie II) ;
- **développement** (Partie III).

Problématiques

Pour identifier les **problématiques** essentielles de chaque chapitre

Cartes Majeures

Au début de chaque chapitre 1 à 3 doubles pages proposant les **repères fondamentaux**

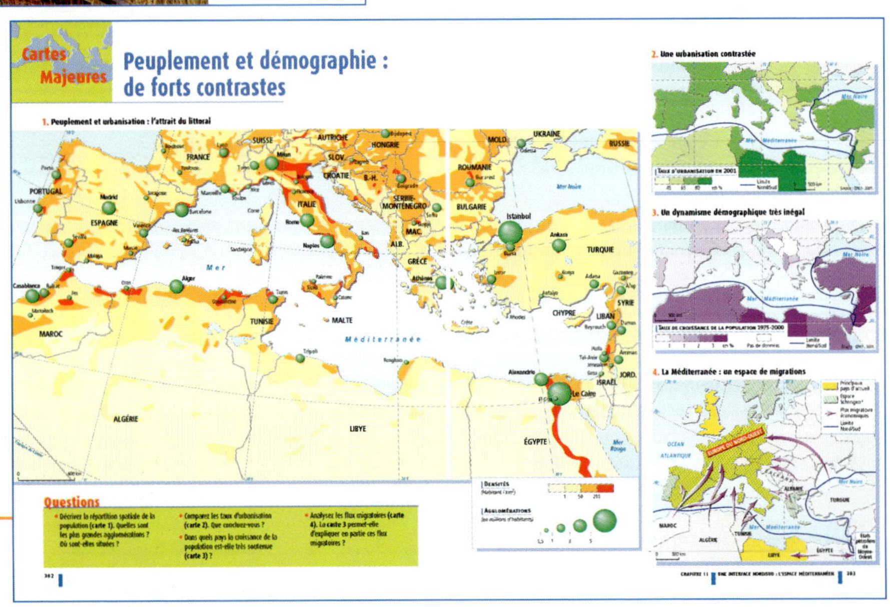

el de Géographie Terminale ?

Leçons

3 ou 4 doubles pages regroupant les **connaissances** de chaque thème d'étude

Les liens avec les autres pages du manuel

Les définitions des mots-clés

Dossier

Pour **approfondir** une notion, travailler à des échelles différentes

Cahiers du BAC

Composition | Étude d'un ensemble documentaire | Croquis

Pour chacun des 3 types d'exercices

Les méthodes

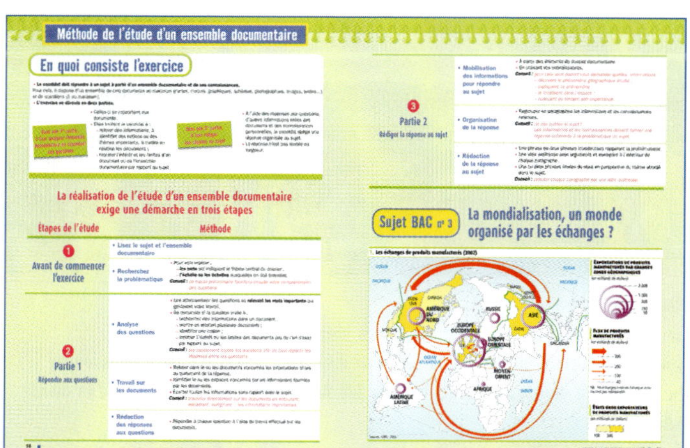

Les entraînements

Un espace

Plateau du Larzac, août 2003 : la mondialisation en débats

Durant trois jours, des milliers de participants altermondialistes se sont rassemblés pour dénoncer les dérives libérales de la mondialisation.

Au banc des accusés : la libre circulation des capitaux, les stratégies des entreprises guidées par la recherche du profit, les organisations internationales comme l'OMC qui favorisent cette évolution, les pays du Nord peu soucieux du développement des pays du Sud. Au-delà des slogans, l'exigence d'un monde plus solidaire pose la question d'une réelle régulation de la mondialisation.

mondialisé

PARTIE 1

INTRODUCTION
PARTIE 1

Qu'est-ce que la mondialisation ?

• **La mondialisation est la mise en relation généralisée des différentes parties du monde, d'abord par les échanges puis par l'internationalisation de la production qui multiplie les flux.**

• **La production et la circulation du capital financier, des marchandises et des services multiplient les interdépendances en tissant des réseaux centrés autour des plus grandes métropoles.**

• **La mondialisation est donc un système de plus en plus ouvert, où les réglementations s'effacent et la mise en concurrence des territoires s'accélère. Ces logiques de l'économie marchande triomphent dans le monde entier avec l'effondrement du bloc communiste soviétique à la fin des années 1980.**

1 Un monde de territoires et de réseaux

➡ **La mondialisation est le fruit d'un processus d'extension du capitalisme occidental dans l'espace mondial** en trois temps historiques. Après les **Grandes Découvertes** de la Renaissance, portées par le capitalisme marchand, les **grands Empires coloniaux** ont couvert les 3/4 de la planète à la fin du XIXe siècle grâce à la révolution industrielle. À partir des années 1950, **l'économie internationale,** qui repose sur les échanges de biens et de services entre pays, **devient multinationale** avec la croissance des **investissements directs à l'étranger (IDE*)**.

➡ **La mondialisation intègre et exclut à la fois. L'emprise du capitalisme est quasi-complète à la surface du globe :** les lieux les plus reculés sont intégrés à la suite de la révolution des transports et de l'information.

➡ **Mais ce système-monde n'est en rien mondial**, car nombre d'États et de peuples sont exclus du partage de ses richesses et de la maîtrise de son fonctionnement. **L'hégémonie des pays développés** qui en constituent les centres d'impulsion, **les États-Unis en tête**, s'accompagne de la **marginalisation d'environ la moitié de la planète**, et même d'une nouvelle pauvreté dans les pays riches.

La mondialisation : simplification ou complexification du monde ?
Sciences Humaines – Mai-juin 2003.

2 Une mondialisation en débats

➡ **La mondialisation s'accompagne donc de fortes tensions et résistances dues à ses excès. Sa régulation*** par les grandes organisations internationales et régionales piétine. **Aucune gouvernance mondiale* n'apparaît**, alors que les problèmes se posent de plus en plus à l'échelle du monde : problèmes environnementaux (réchauffement de la planète, désertification…), épuisement de certaines ressources (réserves halieutiques*, déforestations tropicales, gestion de l'eau…), ou questions démographiques (flux migratoires) et sanitaires (sida, OGM*).

➡ **De fait, se développe une contestation altermondialiste*** qui prône l'adoption de nouvelles normes sociales et environnementales compatibles avec l'exigence d'un **développement durable* à l'échelle planétaire**.

➡ **La mondialisation n'est pas la seule clé de lecture du monde.** Perçue comme une occidentalisation, voire parfois une américanisation de la planète, elle engendre aussi **des réactions communautaires** fondées sur des identités culturelles et religieuses qui continuent de dessiner **des aires de civilisation** aux profondes spécificités. **Les États-nations demeurent des acteurs incontournables** qui, suivant leur puissance, défendent fermement leurs intérêts et se regroupent de plus en plus dans des ensembles régionaux plus ou moins intégrés.

➡ **La limite classique entre le Nord et le Sud doit être nuancée dans un monde devenu plus complexe et fragmenté.** Les contrastes demeurent très violents voire s'accentuent dans certaines régions du monde comme le bassin méditerranéen, alors qu'ailleurs la ligne de fracture est moins forte comme en Asie, au contact des républiques de l'ex-URSS.

La mondialisation libérale contestée
Politis – Octobre-novembre 2001.

Le commerce équitable : un autre commerce Nord-Sud ?

La qualité de l'environnement : une question planétaire
Alternatives Économiques – Juillet-août 2002.

LTD.
NAM
oan Kiem District, Hanoi
4-4-266320. Telex: 413301-IVB-VT
VISA
VISA
Welcome to the W
Enjoy
Coca-Cola

CHAPITRE 1

Mondialisation et interdépendances

PROBLÉMATIQUES

CARTES MAJEURES

LEÇONS

DOSSIERS

SUJETS BAC

Carte Visa au Vietnam
La mondialisation est aussi financière.

La mondialisation, une nouvelle organisation du monde ?

- ***L'espace mondial est historiquement fondé sur les relations entre États,*** *dont la puissance s'appuie sur des territoires.*
- ***Un ensemble de réseaux transnationaux* se greffe désormais sur cette logique internationale.*** *Ils sont organisés par d'autres acteurs : entreprises, organisations internationales, groupes de pression qui agissent par-delà les frontières.*
- ***Une nouvelle géographie du monde*** *résulte de la généralisation de ces interdépendances. Loin d'unifier la planète, le processus de mondialisation crée* ***de nouvelles différenciations qui se lisent à toutes les échelles****.*

La mondialisation
Celle-ci est devenue un objet d'étude et de réflexion fondamental dans le monde actuel.

1. Comment se manifeste la mondialisation ?

➡ **La mondialisation repose sur une mobilité sans précédent des hommes, des marchandises, des services, des informations et du capital dans l'espace** *(Leçon page 24)*. Les échanges de marchandises et de services progressent dorénavant à un rythme bien supérieur à la croissance de la production *(Sujet Bac page 58)*.

➡ **Cette mondialisation est géographiquement très sélective.** Si la révolution technique des télécommunications fait du monde un champ économique unifié, les **distances-temps*** demeurent très inégales : les flux se concentrent autour des trois grands pôles capitalistes très bien reliés entre eux par de puissants réseaux logistiques *(Cartes pages 20-21)*.

Internet en Afrique (Côte-d'Ivoire)
Les cybercafés sont en pleine croissance à Abidjan : on en comptait plus de 500 en 2002.

2. Quels sont les acteurs de la mondialisation ?

➡ **La mondialisation est promue dans un contexte libéral par les États les plus puissants** qui s'appuient sur les grandes organisations internationales comme l'**OMC***, le **FMI*** et la Banque mondiale qu'ils ont créées, qui financent et dirigent *(Leçon page 26)*. À l'inverse, la majorité des États subit le processus et s'y insère avec difficulté *(Sujet Bac page 62)*.

➡ **Les entreprises sont les agents principaux de l'économie mondiale : elles deviennent des transnationales*** responsables des 2/3 des échanges mondiaux, dont 1/3 pour les seuls échanges intrafirmes. Elles valorisent de manière sélective les territoires en concurrence grâce à des transports de plus en plus rapides et bon marché et à des barrières douanières réduites *(Dossier page 30)*.

L'Oréal en Chine
Une firme transnationale actrice de la mondialisation.

3. Quels sont les lieux de la mondialisation ?

Un « lieu » de la mondialisation ?
Démantèlement d'un navire à Chittagong (Bangladesh) : une activité toxique et dangereuse « exportée » dans les pays du Sud.

➡ **La mondialisation apparaît donc comme un processus d'intégration croissante** des différentes parties du monde, **organisé autour et par les grands pôles capitalistes** *(Sujet Bac page 64)*. Ceux-ci bénéficient de leur puissance financière, de leur avance technologique et scientifique et de leur capacité à imposer leurs modèles culturels et idéologiques *(Leçon page 28)*.

➡ **Les grandes métropoles**, fonctionnant en **archipel***, **concentrent les fonctions* de commandement et d'impulsion** *(Dossiers pages 32, 170 et 238)*. Les réseaux intègrent aussi **certains littoraux** *(Dossier page 186)*, **interfaces*** privilégiées, ainsi que les espaces qui bénéficient d'un avantage comparatif comme une main-d'œuvre bon marché ou l'absence de réglementations *(Cartes pages 22-23)*. **L'espace mondial est ainsi de plus en plus fragmenté** : les inégalités se traduisent par le voisinage, à toutes les échelles, d'îlots d'opulence et de modernité entourés de poches de pauvreté et d'exclusion *(Sujet Bac page 56)*.

Cartes Majeures

Le poids écrasant de la Triade capitaliste

1. L'activité industrielle est très concentrée sur la planète

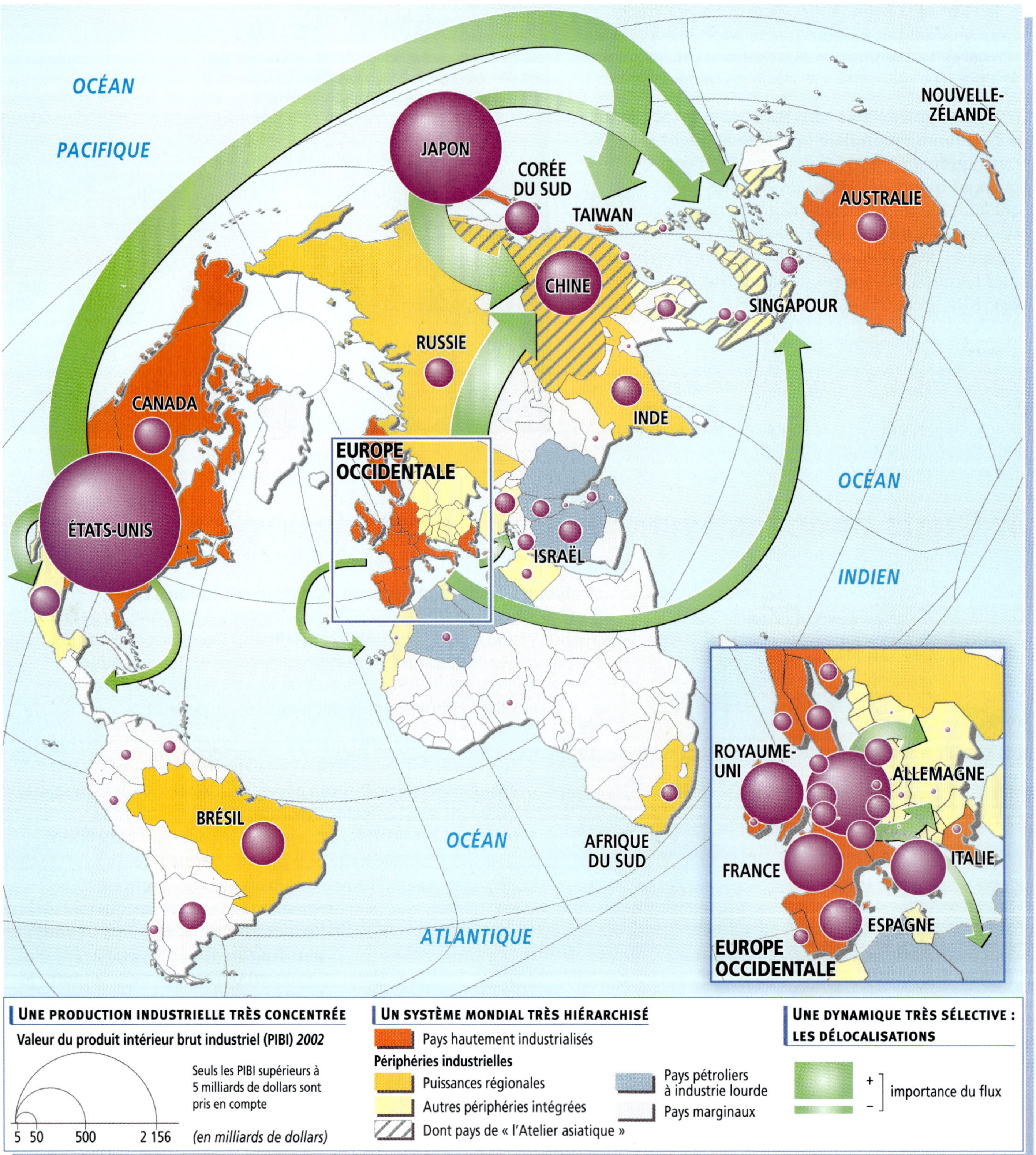

2. Une sphère géofinancière globalisée

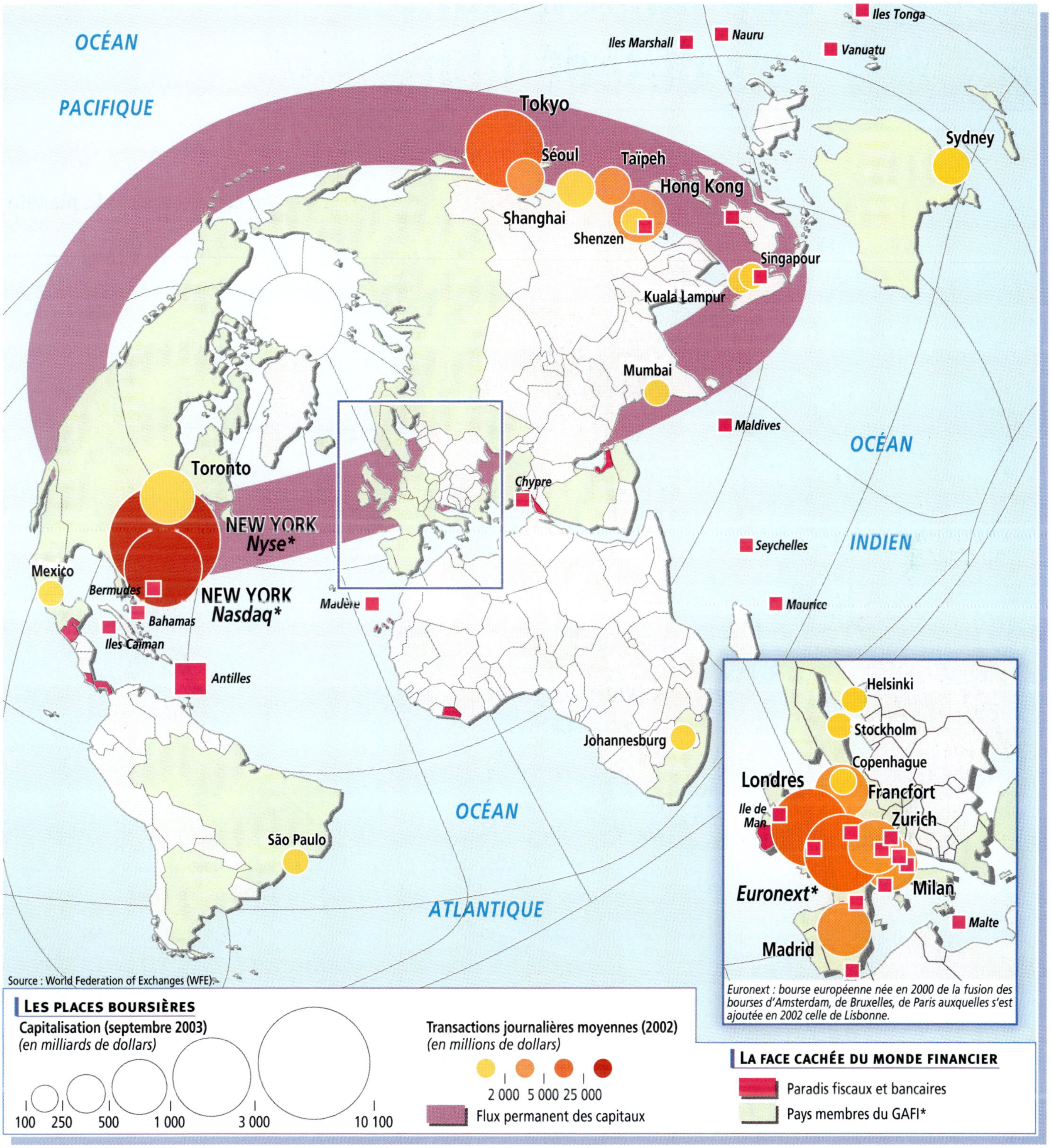

Questions

- Mesurez le poids des trois principaux pôles de l'économie mondiale dans l'industrie et la finance mondiales **(cartes1 et 2)**.
- Quels sont les autres lieux qui comptent dans l'industrie mondiale **(carte 1)** ? Et dans la circulation des capitaux **(carte 2)** ?

Une mondialisation très déséquilibrée

1. Une concentration extrême des flux commerciaux

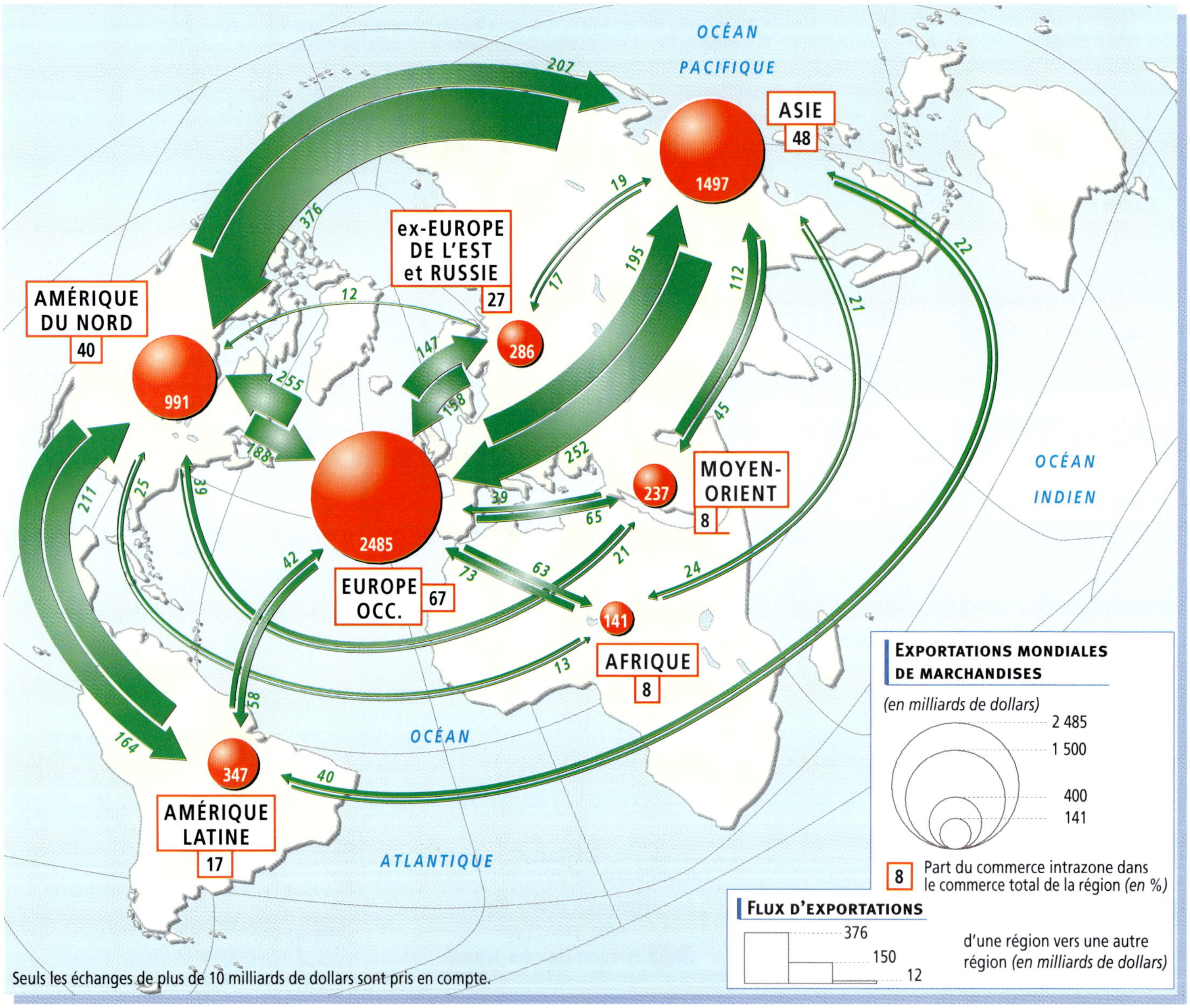

Questions

- Quels sont les principaux flux de marchandises dans le monde **(carte 1)** ? Quel est le pôle majeur pour les flux interzones ? Dans quelle zone les échanges internes sont-ils les plus importants ?
- Localisez les principales façades maritimes et les routes maritimes les plus importantes **(carte 2)**.
- Quel est le pôle dominant dans le transport aérien **(carte 3)** ?

2. Un réseau maritime sélectif

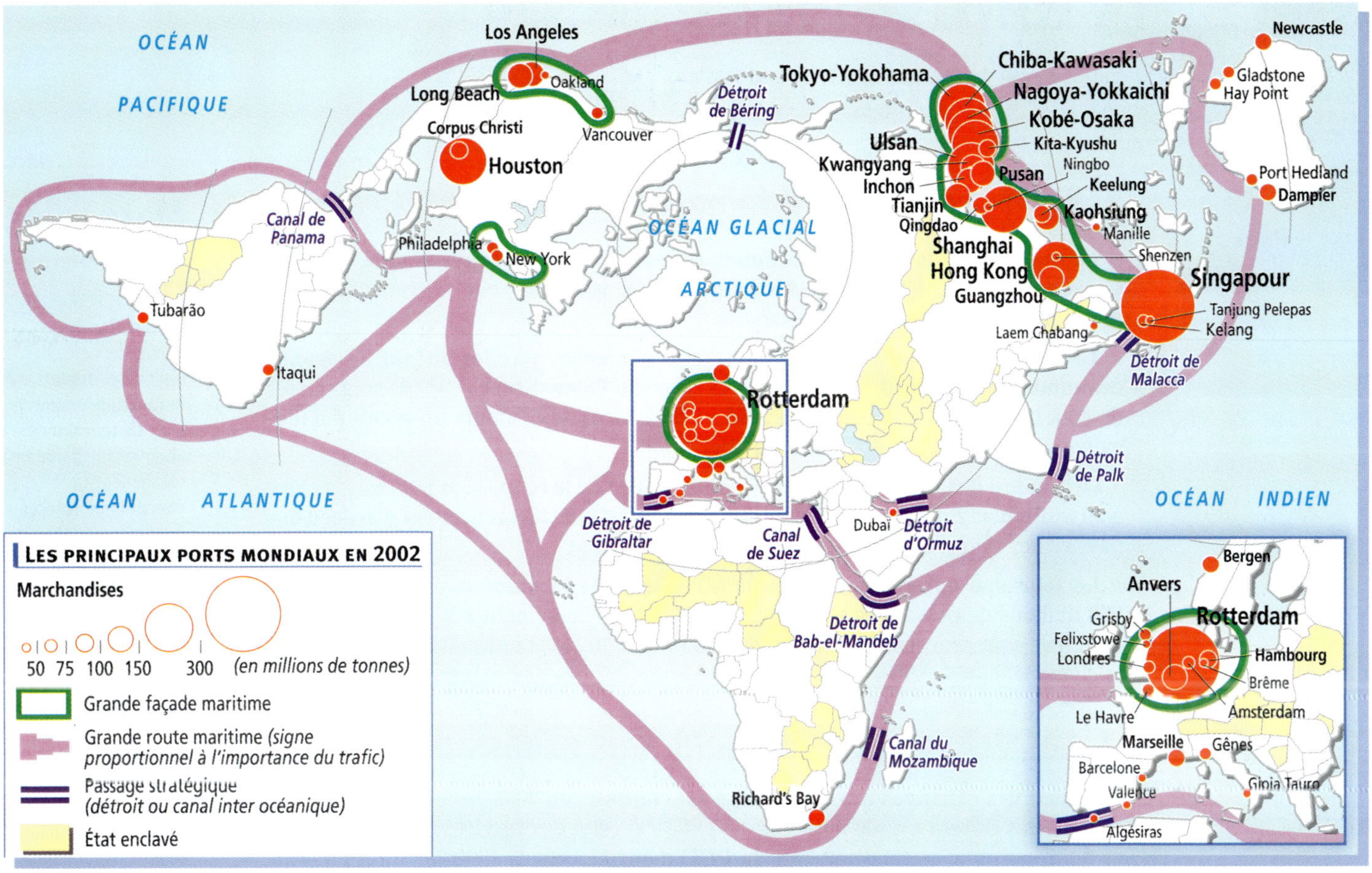

3. Un trafic aérien très polarisé

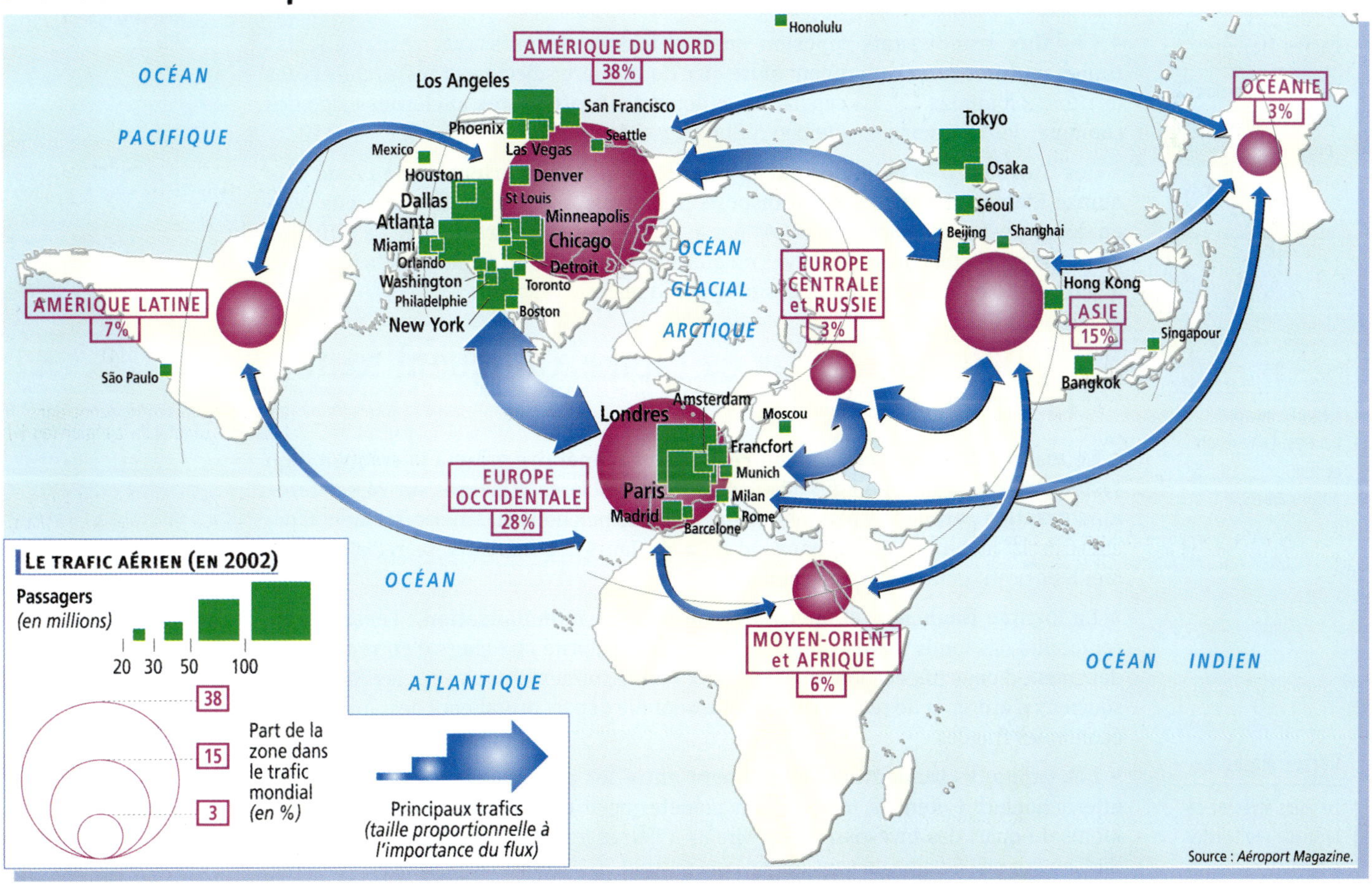

Source : *Aéroport Magazine.*

1 L'explosion des flux mondiaux

1. Les hommes n'ont jamais été aussi mobiles

• **La mobilité croissante des hommes reflète les inégalités du monde** (1), qu'il s'agisse de flux de travailleurs, de réfugiés ou de touristes ; elle est facilitée par la multiplication des moyens de transports.

• **Les flux de travailleurs migrants sont alimentés par les inégalités socio-économiques croissantes** entre les pays : essentiellement Nord-Sud, ils sont passés de 45 à plus de 150 millions entre 1965 et 2002, auxquels s'ajoute un nombre d'illégaux estimé entre 25 et 40 millions de personnes.

• **Le nombre des réfugiés,** victimes des guerres ou de la répression politique, s'élève à **20 millions d'hommes** qui se heurtent de plus en plus aux réticences d'accueil des pays riches soupçonnant une immigration économique.

• **Le tourisme de masse, désormais à l'échelle de la planète,** est passé de 25 à 750 millions de personnes entre 1950 et 2002. Mais seulement 8 % de la population mondiale sont concernés : l'Europe et l'Amérique du Nord fournissent l'essentiel de la clientèle du tourisme international et plus des 2/3 des destinations.

2. Les échanges continuent leur expansion rapide

Sujet Bac n° 3
La mondialisation, un monde organisé par les échanges ? *(pages 58-61)*

Cartes Majeures
Une mondialisation très déséquilibrée *(pages 22-23)*

• **L'essor des échanges internationaux est continu :** en 2002, les échanges de marchandises s'élèvent à 6 400 milliards de dollars et celui des services à 1 500 milliards, ce qui représente au total soit 25 % du **PIB*** mondial. Depuis 1990, les trafics maritimes et aériens ont augmenté de 40 %, le trafic téléphonique de 500 %. Cet essor s'explique par la levée des obstacles douaniers, les progrès des techniques, la baisse des coûts des transports et les stratégies d'investissements des **FTN***.

• **Ces flux grandissants reposent sur l'efficience de puissants réseaux logistiques multimodaux*** qui relient entre eux, de manière sélective et hiérarchisée, des territoires lointains (2). La capacité à se doter d'infrastructures modernes exige des capitaux, des technologies que peu d'États possèdent.

• **Ces flux sont très polarisés par la Triade* et la façade orientale de l'Asie** (3) : quinze États réalisent 70 % des transports mondiaux. À l'opposé, de nombreux pays en développement sont marginalisés par le coût excessif des transports. La diffusion de l'Internet est tout aussi sélective : un quart de la population mondiale n'a pas accès à l'électricité et la moitié aux lignes téléphoniques.

3. Aujourd'hui les flux de capitaux irriguent toute la planète

Sujet Bac n° 5
L'espace mondial : centres d'impulsion et flux *(pages 64-65)*

• **Le marché financier est devenu réellement planétaire** grâce à la création d'un système de communication qui relie les places financières 24 heures sur 24. La déréglementation permet aux banques et aux fonds de pensions et d'investissement d'orchestrer la mobilité des capitaux au-delà de leurs frontières, à la recherche du meilleur profit pour leurs placements.

• **La** logique **financière et** spéculative **domine la mondialisation :** l'exigence de rentabilité des fonds placés s'impose comme une priorité aux chefs d'entreprises au détriment d'objectifs économiques, sociaux et environnementaux (2) ; les États sont soucieux d'attirer et de retenir des capitaux dont le départ brutal peut déstabiliser des économies fragiles.

Cartes Majeures
Le poids écrasant de la Triade capitaliste *(pages 20-21)*

• **Les capitaux circulent essentiellement entre les pays riches :** les investisseurs internationaux évitent la moitié de la planète jugée trop pauvre, instable, risquée. Moins du quart des investissements directs à l'étranger (**IDE***) parvient aux pays du Sud, en fait une dizaine de pays qui en concentrent 70 % dont 25 % pour la seule Chine.

Mots-clés

Déréglementation : démantèlement partiel ou total des règles qui organisent le fonctionnement d'un secteur donné, aboutissant à libérer totalement la concurrence (places financières, télécommunications, transports...).

Logique spéculative : se dit de la circulation des capitaux à la recherche d'un profit à très court terme, sans correspondre à la production de biens ou de services ou à un investissement direct.

* voir Lexique

1. Les flux migratoires dans le monde

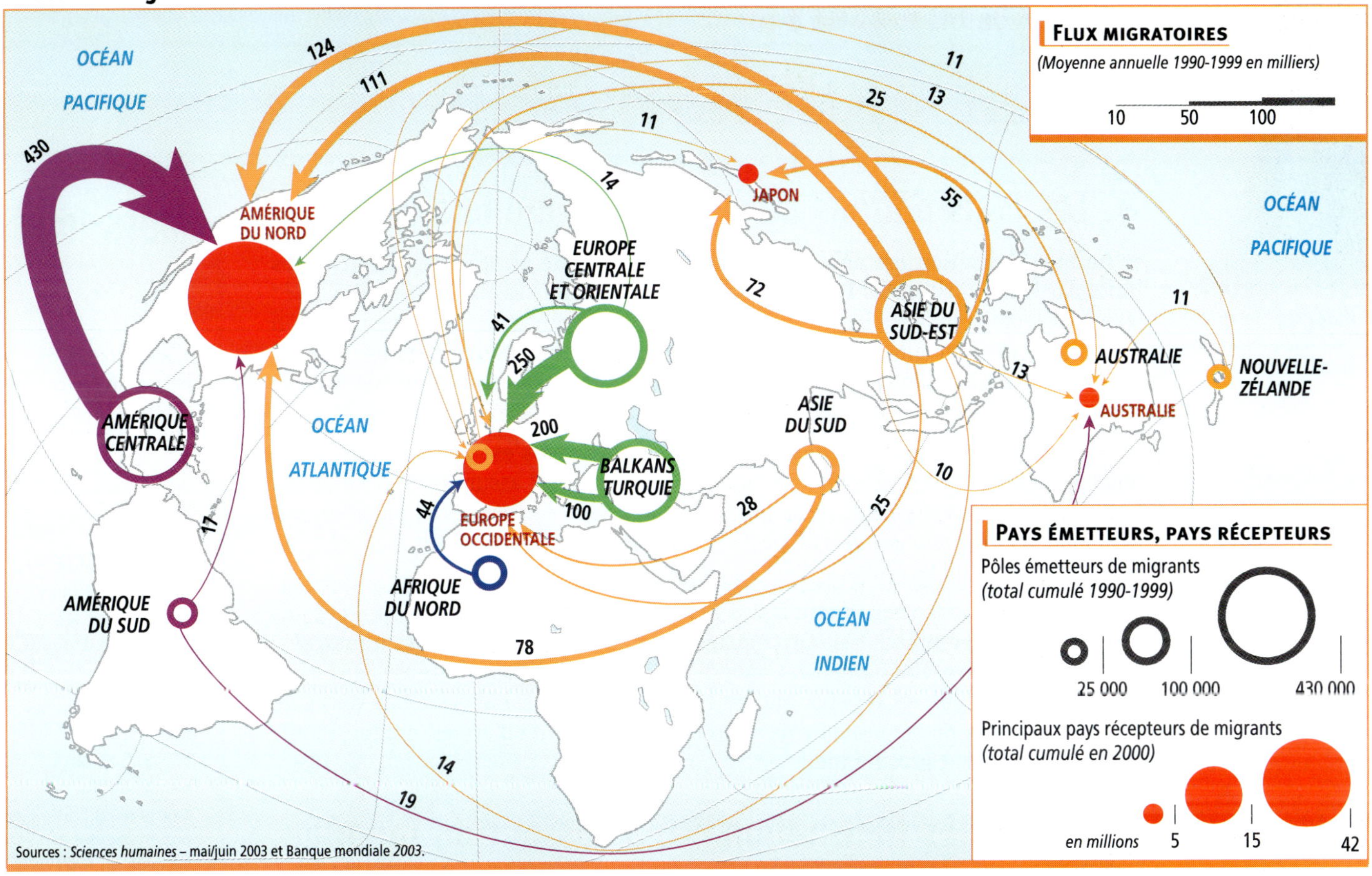

Sources : *Sciences humaines* – mai/juin 2003 et Banque mondiale *2003*.

2. Le dualisme du transport maritime

Les produits à moyenne et haute valeur ajoutée bénéficient de l'essor du transport par porte-conteneurs, bateaux modernes aux marins qualifiés qui assurent ainsi sécurité, fiabilité, vitesse et intermodalité. Ce secteur est dominé par des alliances de grands armateurs dont la flotte de 3 200 navires dessert un réseau de lignes régulières qui relient, par rotations permanentes, les deux ou trois plus grands ports des principales façades maritimes.

À l'opposé, 60 % de la flotte mondiale, appartenant pour l'essentiel aux grands pays développés, navigue sous les pavillons de complaisance* d'une quinzaine de micro-États qui ne représentent que 0,4 % de la population mondiale (Panama, Liberia, Malte, Bahamas...). Grâce aux avantages réglementaires (absence de contrôles techniques), fiscaux (faibles impositions) et sociaux (bas salaires, précarité des emplois) que procurent ces pavillons de complaisance, un armateur baisse ses coûts de transport de 50 à 75 %.

Mais le prix social et surtout environnemental à payer devient de plus en plus lourd comme en témoigne la litanie des marées noires : rongé par la rouille, le pétrolier Érika s'est disloqué, en 1999, dans une tempête au large de la Bretagne, polluant ainsi tout le littoral.

L. Carroué, *Géographie de la mondialisation*, A. Colin – 2002.

3. Le commerce mondial de marchandises

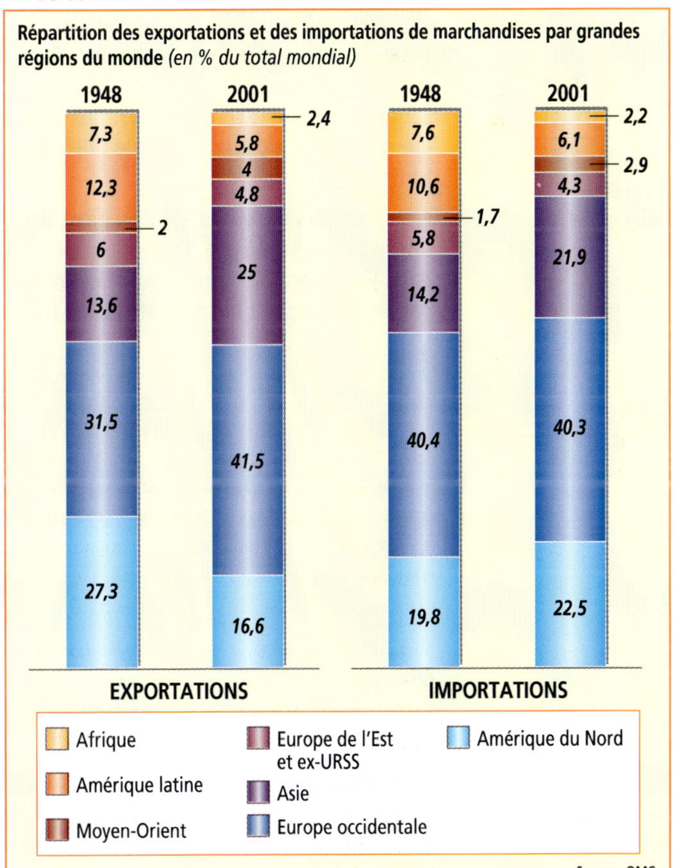

Source : OMC.

2 Les acteurs de la mondialisation

Sujet Bac n° 2
La mondialisation, aspects, acteurs, limites
(pages 56-57)

Leçon
Les États sont toujours présents
(pages 44-45)

1. Les États-nations au cœur de la mondialisation

• **La mondialisation est née de choix politiques et de stratégies économiques faits par les autorités des États capitalistes les plus puissants ;** ils ont **dérégulé*** et ouvert leurs économies, imposé leurs points de vue libéraux au reste du monde afin de renforcer leur domination. De même, ils prennent la tête d'organisations régionales de libre-échange, intégrant leur voisinage immédiat pour mieux s'insérer dans le marché mondial.

• **Si la marge d'autonomie des économies nationales s'est réduite, l'État demeure un acteur central :** selon sa taille et sa puissance, il assure la défense de ses intérêts, les besoins collectifs de sa population et de ses entreprises. Il rend l'espace national plus ou moins attractif par ses choix budgétaires, ses lois, sa politique d'aménagement du territoire.

• **Les États font face cependant à des réseaux dont le champ d'action n'est pas limité par des frontières :** les ONG mobilisent l'opinion sur des causes transnationales (humanitaire, environnement, mondialisation...), mais sont absentes des lieux de décision. Surtout, les réseaux illicites forment une puissante économie parallèle qui échappe aux États : produits de contrefaçons (6), vente d'armes, drogue, immigration clandestine, prostitution...

Dossier
Les firmes transnationales : des stratégies planétaires
(pages 30-31)

Photographie
Carte Visa au Vietnam
(pages 16-17)

2. Les firmes transnationales à l'assaut du monde

• **Les 63 000** firmes transnationales **sont les principaux agents de la mondialisation :** avec 820 000 filiales à l'étranger, elles réalisent les 2/3 du commerce mondial et emploient 75 millions de salariés ; la production des cent premières représente 20 % du PIB* mondial (4).

• **Leur puissance repose sur leur capacité à maîtriser et à gérer l'espace mondial à leur profit** comme zone de fourniture, de production ou de vente : elles réalisent en permanence des arbitrages territoriaux en s'adaptant le plus finement possible aux cultures, aux habitudes des consommateurs mais aussi aux résistances des États et des citoyens (5).

• **Ces firmes transnationales gardent un ancrage national décisif :** si les 100 premières FTN réalisent 51 % de leurs ventes à l'étranger, 60 % de leurs effectifs sont dans leur pays d'origine. Ceux-ci gardent le cœur des centres décisionnels et productifs, la recherche et l'innovation, les productions à haute valeur ajoutée.

3. Les organisations internationales au service de la mondialisation

• **Le FMI* et la Banque mondiale* favorisent la mondialisation** en conditionnant leurs interventions financières à la mise en œuvre de politiques libérales : ouverture à l'extérieur, privatisations, réduction des budgets sociaux et des subventions aux produits de première nécessité. Ces politiques ont souvent pour effet d'aggraver les conditions de vie des populations locales.

• **L'OMC œuvre à la libéralisation des échanges** grâce à un arsenal de règles contraignantes et de sanctions (7). La mise en contact brutale de territoires aux niveaux de compétitivité très différents s'avère très coûteuse pour les pays les plus faibles.

• **La régulation de la mondialisation est donc limitée.** Les agences de l'ONU comme le **Pnud***, la **Cnuced***, l'**OIT***, plus sensibles aux exigences de développement des pays du Sud et aux intérêts des salariés, disposent de peu de moyens et de pouvoirs réels.

Mots-clés

FTN (Firme transnationale) : entreprise exerçant ses activités dans plusieurs États, directement ou par l'intermédiaire de filiales ; terme préférable à multinationale car la plupart des firmes n'ont qu'une seule nationalité d'origine.

OMC (Organisation mondiale du commerce) : organisme qui a succédé au GATT* depuis 1995 ; il veille au développement du commerce international en organisant des négociations qui favorisent le libre-échange. Il arbitre aussi les différends commerciaux entre les pays membres.

ONG : (Organisation non-gouvernementale) : association sans but lucratif constituée par des personnes privées dont le champ d'action est international.

* voir Lexique

4. Richesse des États et des entreprises

PIB pour les États, valeur ajoutée pour les entreprises en 2000 *(en milliards de dollars)*

Chili	71
Exxon-Mobil (E.-U.)	63
Pakistan	62
General Motors (E.-U.)	56
Pérou	53
Algérie	53
Nouvelle-Zélande	51
République tchèque	51
Émirats Arabes Unis	48
Bangladesh	47
Hongrie	46
Ford (E.-U.)	44
DaimlerChrysler (All.)	42
Nigeria	41
General Electric (E.-U.)	39
Toyota (J.)	38
Koweit	38
Roumanie	37
Royal Dutch Shell (G.-B./P.-B.)	36
Maroc	33
Ukraine	32
Siemens (All.)	32
Vietnam	31
Libye	31
BP (G.-B.)	30
Wal-Mart stores (E.-U.)	30
IBM (E.-U.)	27
Volkswagen (All.)	24
Cuba	24
Hitachi (J.)	24
Total (Fr.)	23

Source : Cnuced.

5. Carrefour en Chine

Numéro 2 mondial de la distribution, Carrefour a déjà ouvert plus de 40 hypermarchés en Chine.

6. La contre-façon florissante

Dessin de Pessin, *Le Monde* – 27 décembre 2002.

7. La libéralisation du commerce par le GATT* puis l'OMC*

Les grands cycles de négociations internationales

Cycle	Date	Nombre d'États	Principaux actes
Genève	1947	23	Réduction tarifaire sur 50 % du commerce mondial
Annecy	1949	13	Réduction tarifaire de 45 % des droits de douane
Torquay	1950/1951	38	Réduction tarifaire de 25 % sur 55 000 produits
Genève	1956	26	Faibles résultats
Dillon	1961/1962	26	Réduction tarifaire sur 60 000 produits, négociations sur les produits agricoles
Kennedy	1964/1967	48	Réduction tarifaire de 35 %
Tokyo	1973/1979	102	Réduction tarifaire de 33 %
Uruguay	1986/1994	116	Création de l'OMC, négociations sur l'agriculture, les règles sanitaires, le textile, la propriété intellectuelle
Seattle	1999	135	Échec du lancement du « cycle du millénaire »
Doha	2001	143	Lancement du « cycle du développement ». Échec du sommet de Cancun en 2003

3 Les lieux de la mondialisation

1. Un espace mondial très fragmenté

• **Les États développés de la Triade contrôlent l'essentiel du pouvoir politique et économique (8) du monde** (72 % de l'industrie, 75 % du commerce), possèdent les capitaux (86 % de la capitalisation boursière, 95 % du marché des dettes) et maîtrisent les technologies et l'information (85 % de la recherche et de l'enseignement).

• **Bon nombre de pays ne sont que des « périphéries intégrées » qui fournissent soit des matières premières** agricoles, minières et énergétiques, **soit une main-d'œuvre à bon marché.** Cependant, quelques pays d'Asie émergent, qui se sont industrialisés grâce à des stratégies étatiques de développement volontaristes. D'autres, comme le Brésil, l'Inde, la Chine, la Russie sont des puissances régionales qui comptent par la taille, le poids démographique, économique, voire militaire.

• **Les « marges évitées »** rassemblent soit les pays n'ayant rien à offrir aux pays développés, soit les États mis au ban des nations pour des raisons politiques (Libye, Cuba, Birmanie...), soit des pays ravagés par l'instabilité politique et les guerres civiles.

2. Des localisations privilégiées

• **Une redistribution des activités industrielles s'effectue à l'échelle de la planète :** redéploiement des pays industriels vers les activités technologiques fondées sur la qualité des ressources humaines, transfert de nombreuses activités de production (textile, électronique grand public...) vers des pays à main-d'œuvre bon marché (10). Cette redistribution touche plus récemment les industries lourdes et polluantes, les services comme les sociétés informatiques et les centres d'appel.

• **Des espaces de non-droits juridiques, réglementaires ou sociaux** optimisent la production et la gestion financière globalisée des **FTN*** : 15 micro-États accueillent 57 % de la flotte mondiale grâce à leurs **pavillons de complaisance*** ; 70 **paradis fiscaux*** servent de relais aux flux de capitaux et 3 000 **zones franches*** productives mobilisent 43 millions de salariés.

• **La littoralisation des hommes et des activités s'accentue** car les échanges mondiaux sont assurés à 90 % par voie maritime. Mais ne sont privilégiées que les interfaces littorales associées aux grandes métropoles ; ainsi, le littoral atlantique reste périphérique dans une Europe au cœur continental.

3. Un réseau de métropoles aux commandes de la mondialisation

• **Les grandes métropoles des pays hautement développés sont les espaces moteurs de la mondialisation.** Elles concentrent les impulsions : pôles de commandement et de gestion politiques, économiques, industriels et financiers (**CBD***), nœuds privilégiés de la concentration et de la circulation des richesses, des hommes, des savoirs, des informations (9), et espaces directs de la production. Les plus puissantes forment des **mégalopoles**.

• **Les métropoles, fonctionnant en réseaux, polarisent l'essentiel des flux :** vingt d'entre elles gèrent 85 % des flux financiers mondiaux alors que vingt-cinq aéroports polarisent 70 % du trafic aérien. La **métropolisation** touche peu les pays du Sud, hormis des capitales économiques comme São Paulo qui monopolisent les activités modernes et internationalisées alors que l'explosion urbaine y accumule les dysfonctionnements : ceintures de bidonvilles, déficit d'équipements collectifs...

Cartes Majeures

Le poids écrasant de la Triade capitaliste *(pages 20-21)*

Une mondialisation très déséquilibrée *(pages 22-23)*

Sujet Bac n° 5

L'espace mondial : centres d'impulsion et flux *(pages 64-65)*

Dossier

Les firmes transnationales : des stratégies planétaires *(pages 30-31)*

Dossier

Rotterdam, la première porte maritime de l'Union européenne *(pages 186-187)*

Dossier

New York, ville mondiale *(pages 32-33)*

Dossier

Tokyo, ville mondiale *(pages 238-239)*

Mots-clés

Interface : zone de contact entre deux espaces contrastés, lieu d'échanges plus ou moins actifs.

Mégalopole : grande région urbaine formée par un tissu urbain continu de plusieurs métropoles qui se rejoignent ; le terme a été utilisé initialement par J. Gottmann pour qualifier le littoral Nord-Est des États-Unis.

Métropolisation : mouvement de forte concentration des hommes et des fonctions les plus stratégiques dans les villes les plus importantes d'un pays, d'un continent, voire du monde.

Triade : désigne les trois principaux foyers économiques du monde qui concentrent les activités, les échanges et les pouvoirs de décision : Amérique du Nord, Europe occidentale, Asie orientale autour du Japon.

* voir Lexique

8. Les investissements directs à l'étranger (IDE)*

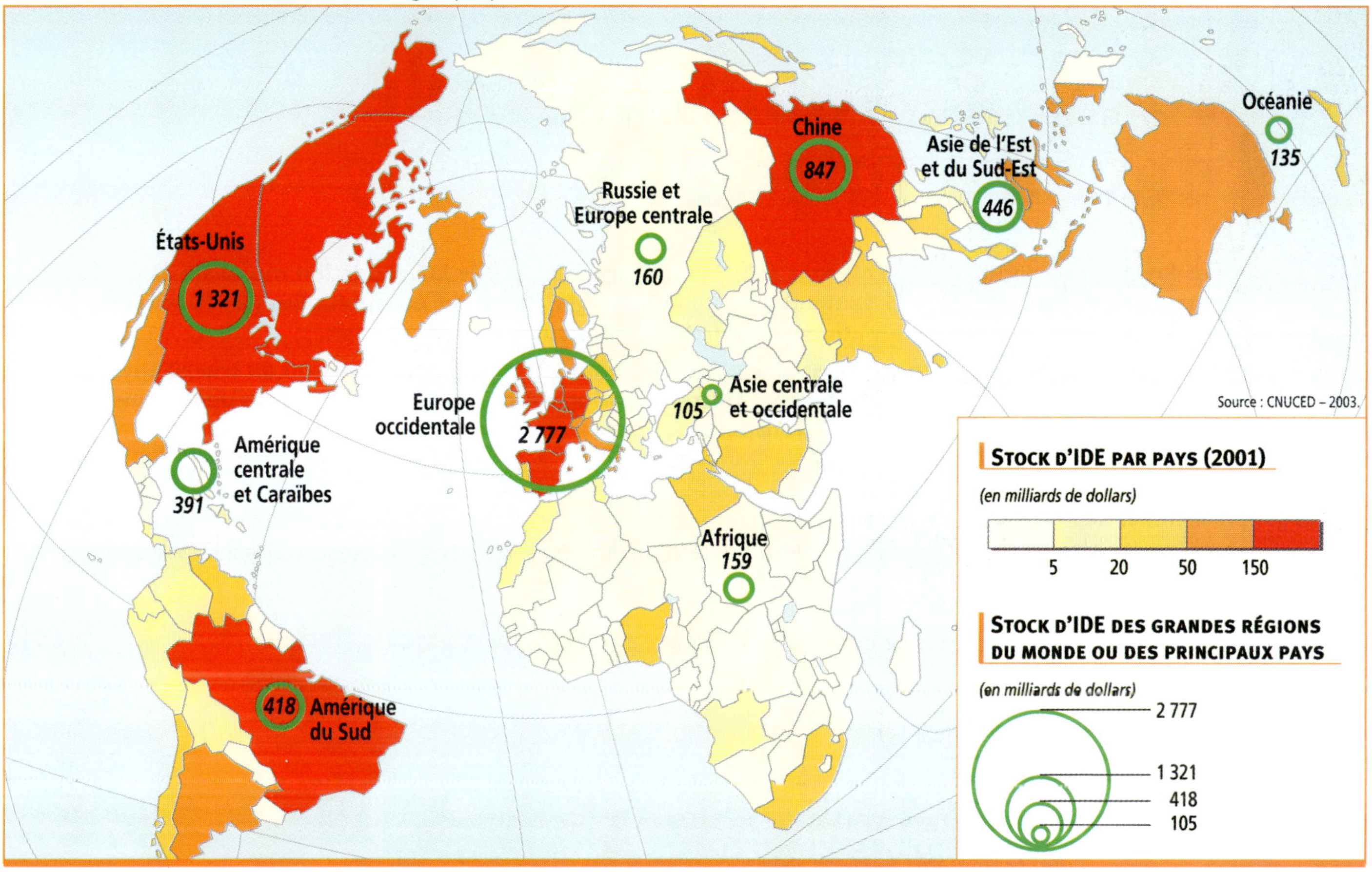

9. Les flux internet entre les métropoles américaines et les grandes villes du monde

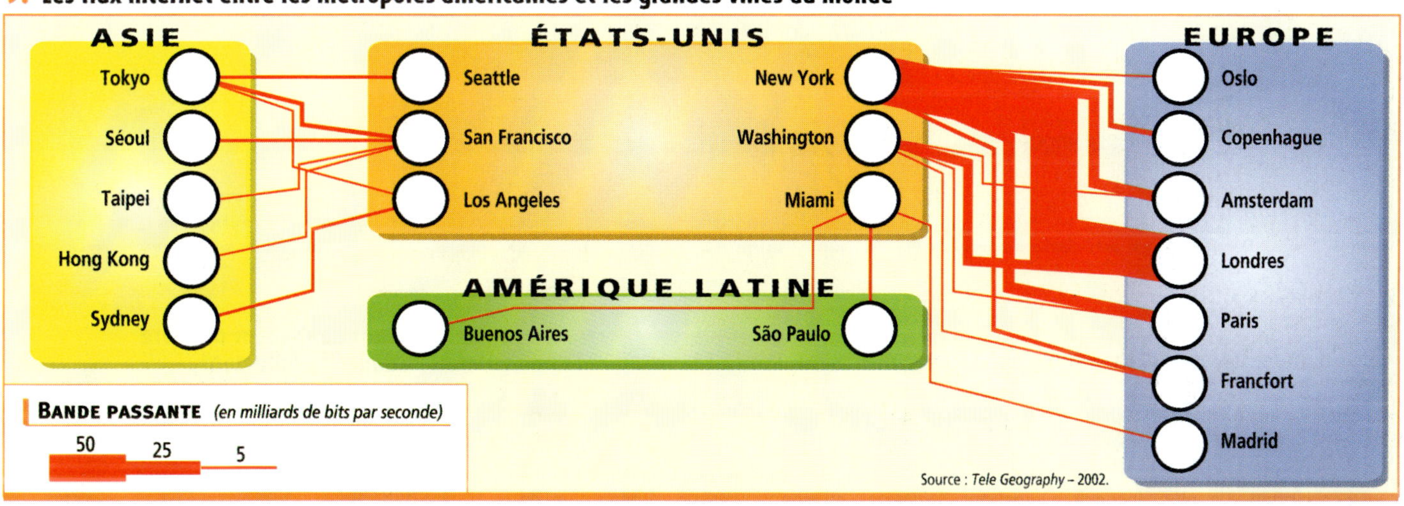

10. Les services sont délocalisés à leur tour

Les développements informatiques ont été les premiers concernés et délocalisés, en Inde en particulier. Les services marketing, commerciaux, d'assistance à la clientèle, font de même, grâce au développement et à la baisse des coûts des télécommunications.

Les firmes américaines ont été les premières à délocaliser leurs centres d'appels, l'Inde étant à nouveau leur principal partenaire. Elles y trouvent en effet une main-d'œuvre moins chère, anglophone et bien formée... Nombre de firmes françaises se sont senties obligées de trouver des pays francophones dotés d'une main-d'œuvre formée et bon marché. La Tunisie et le Maroc ont compris le message. Téléperformance, le numéro un français des centres d'appels, est présent à Tunis depuis trois ans. Il y emploie mille personnes qui travaillent pour des sociétés de VPC, des fournisseurs d'accès à Internet, des entreprises de télécoms, des banques, des compagnies d'assurances...

A. Kahn, *Le Monde* – 27 mai 2003.

Les firmes transnationales : des stratégies planétaires

Les firmes transnationales (FTN) sont à l'origine d'au moins 1/3 de la production mondiale et des 2/3 des échanges mondiaux. Les investissements directs à l'étranger (IDE) ont été multipliés par 10 entre 1980 et 2000 dans un contexte de libéralisation généralisée de la circulation des capitaux.

Les FTN jouent la concurrence entre les territoires et organisent leur propre division du travail entre leurs lieux de décision, de conception, de production. Cette évolution est permise par les progrès des technologies de l'information et l'abaissement des coûts de transport.

1. Les 500 premières entreprises transnationales

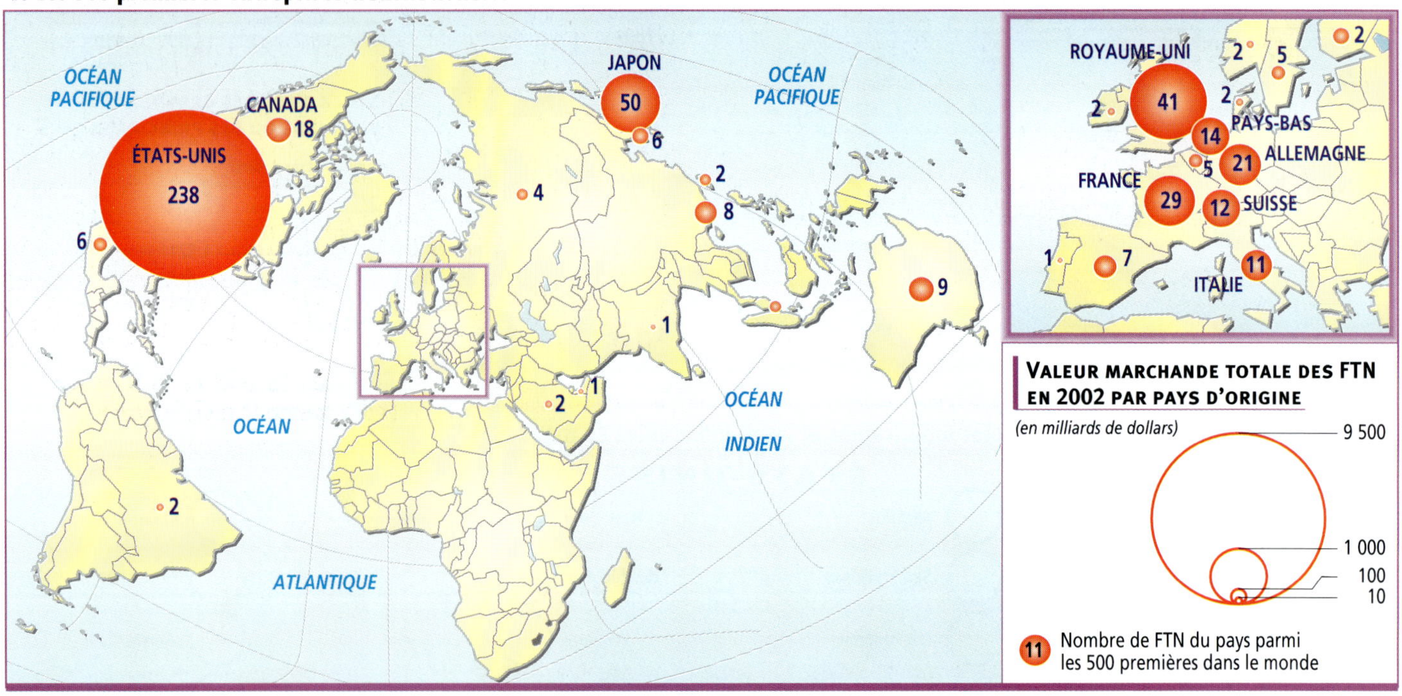

2. L'Inde, paradis de la délocalisation high-tech

Premier exportateur mondial de services informatiques, l'Inde s'affirme comme la destination favorite des entreprises pour ce nouveau type de délocalisations. À moins de 6 000 euros par an en moyenne pour un ingénieur, les salaires défient toute concurrence occidentale. De plus, les employeurs ont l'embarras du choix : chaque année, plus de 165 000 jeunes diplômés des nombreux « Engineering colleges » et des prestigieux « Indian institutes of technology » se mettent à la recherche de leur premier emploi. Au total, ce pays compte quelque 650 000 ingénieurs, tous anglophones. Une manne dans laquelle les firmes anglo-saxonnes puisent déjà massivement : General Electric emploie plus de 18 000 salariés locaux, IBM 10 000.

Depuis deux à trois ans, des activités de plus en plus sophistiquées, à fort contenu intellectuel, sont traitées en Inde. On est loin des services routiniers déjà massivement sous-traités comme la saisie de données, la programmation informatique de base ou les emplois ingrats des centres d'appels. L'avenir du pays, c'est la recherche-développement, les études d'ingénierie, l'analyse financière, les études de marchés effectuées à distance pour des clients ou des employeurs étrangers.

J. Auray, *Alternatives Économiques* – Décembre 2003.

3. Coût de la main-d'œuvre dans l'habillement

Coût horaire, charges sociales incluses
(en dollars – 2003)

Japon	26,1
Union européenne	14
France	13,8
Portugal	4,3
Amérique latine	3
Turquie	2,6
Mexique	2,2
Europe centrale	1,9
Maghreb	1,7
Chine	0,6
Inde	0,5
Pakistan	0,3

Source : Union française de l'habillement.

4. Les multinationales de la sous-traitance

La sous-traitance électronique assure plus de 20 % de la production mondiale d'équipements : le nombre d'établissements est passé de 94 en 1996 à 430 à 2001, par reprise d'usines antérieurement possédées par les grands groupes. Solectron a ainsi récupéré des dizaines d'établissements de Nortel, Alcatel, Sony ou IBM, alors que Flextronics reprenait l'essentiel de la fabrication des téléphones portables d'Ericsson. L'objectif de ce dernier est de se spécialiser dans la conception, la recherche-développement et le marketing.
La fabrication est donc devenue secondaire. Les fabricants sous contrats utilisent une main-d'œuvre moins coûteuse. Ils n'emploient de fait qu'une minorité de salariés qualifiés – pour la mise en œuvre des machines d'assemblage et leur maintenance – et un grand nombre d'emplois peu qualifiés pour toutes les tâches d'assemblage ou de manutention qui ne peuvent être automatisées. D'où un recours massif aux bas salaires et à l'emploi précaire, qui permet d'achever de lisser les à-coups de la demande. Après avoir repris de nombreux établissements, les fabricants sous contrats rationalisent brutalement leur appareil productif, d'où des licenciements massifs concentrés sur les sites des pays développés, par exemple dans les anciens établissements d'Ericsson ou d'ABB. Le résultat final est une relance du mouvement de délocalisation au profit des pays à bas salaires disposant d'une main-d'œuvre industrielle formée et d'infrastructures productives de bon niveau (énergie, communications, transports...) : Europe de l'Est, Amérique latine et surtout en Asie (Chine, Thaïlande, Malaisie et Philippines).

L. Carroué, *Alternatives Économiques* – Décembre 2001.

"Donnez-moi simplement la télécommande pour la planète"

"FedEx est une entreprise globale, c'est le moins que l'on puisse dire. Nous avons besoin d'outils permettant de gérer un réseau qui s'étend au moindre recoin de la planète : des systèmes permettant de suivre les vols à destination de plus de 200 pays ou les 6 millions de paquets quotidiens ou encore de faire tourner le site Fedex.com. Une maîtrise totale est indispensable ; être à l'heure est vital.
"HP nous a recommandé une solution parfaite de management basée sur HP OpenView™. Désormais, nous supervisons les centres de données éloignés depuis des points centraux. Nous pouvons aussi équilibrer automatiquement la charge de travail ou encore aider très rapidement les points chauds avant que les dysfonctionnements n'affectent les clients – et ce, quel que soit le matériel ou la plate-forme concerné. Cela permet à nos informaticiens de se focaliser sur une gestion optimisée de nos activités et sur une réduction drastique des coûts. Passez moi l'expression, mais c'est HP qui livra en temps et en heure.

FedEx exige toujours plus de son Système Informatique. HP fait en sorte qu'il l'obtienne.

= Every thing is possible*

hp invent

www.hp.com/fr/exigezplus

5. Le réseau de la firme de livraison FedEx couvre le monde entier

6. Une entreprise japonaise en Europe : SONY

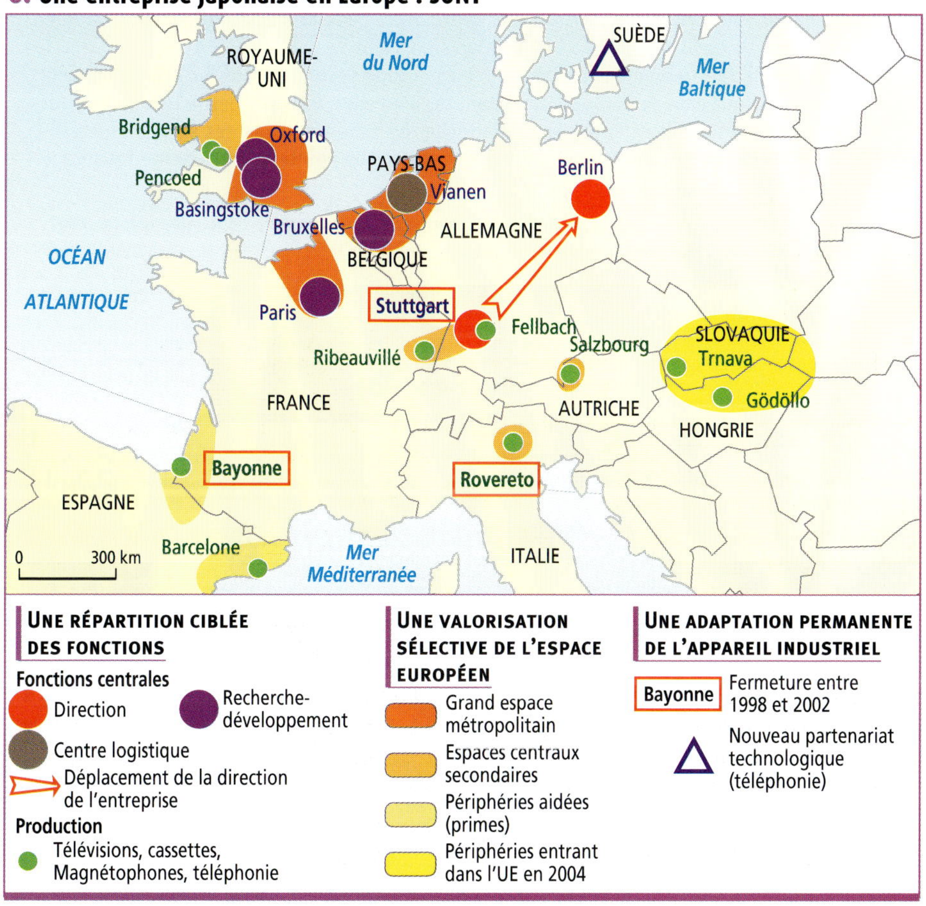

Questions

1. Quels sont les principaux pays d'origine des FTN (1) ?
2. Où les FTN sont-elles présentes (2, 3, 4, 5, 6) ? Pourquoi ?
3. Quels types d'activités sont principalement concernés (2, 3, 4, 5, 6) ?
4. Quels sont les différents aspects de la stratégie d'implantation de Sony en Europe (6) ?

New York, ville mondiale

Centre de la métropole du Grand New York (31 millions d'habitants), New York est la 4e agglomération mondiale avec près de 17 millions d'habitants. Sans être la capitale des États-Unis, elle en est le symbole de la puissance par la concentration des fonctions de commandement*.

Manhattan est le cœur de cette puissance, même si les attentats du 11 septembre 2001 ont détruit les « tours jumelles » emblématiques du World Trade Center. Plus largement, c'est l'ensemble de la ville qui vit au rythme du monde.

1. Montage extrait de la revue *Alternatives Internationales* – Septembre-octobre 2002

2. New York reste la capitale du monde

Les grandes entreprises doivent avoir accès dans leur environnement immédiat à un ensemble de compétences : la proximité physique de leurs centres de décision avec des services d'un très haut niveau de spécialisation et très innovants (dans la publicité, la comptabilité, l'assistance juridique, le conseil, l'ingénierie financière...), est essentielle à leur performance économique. Les « villes globales » sont celles qui offrent ce réseau particulièrement dense de services hautement spécialisés. À New York, ils représentent près du tiers des emplois.

Dans ces conditions, le 11 septembre ne sonnera pas le glas de New York. Mais l'attentat a changé le visage de la cité. De nombreuses entreprises se sont installées dans les États voisins : les firmes de New York y ont loué plus de 300 000 m^2 de locaux dans le New Jersey, un tiers de l'espace du World Trade Center ; l'autre destination privilégiée a été le Connecticut.

Bon nombre d'entreprises ne reviendront pas. Seules reviendront les directions des entreprises financières, quelques centaines de personnes tout au plus, travaillant dans les services de haute volée et les investissements spéculatifs. Ceux-là même qui confèrent à New York son rôle de cœur mondial de l'innovation financière.

En revanche, le fait que l'industrie de la finance occupe désormais moins d'espace permettra l'implantation, dans le Sud de Manhattan, de nouvelles activités désireuses de profiter à leur tour de cette infrastructure exceptionnelle, de l'abondance de ces services spécialisés, de ce réseau presque unique de petites entreprises de pointe qui représente l'avantage incontournable du quartier...

S. Sassen, *Alternatives Internationales* – Septembre-octobre 2002.

3. New York, ville cosmopolite

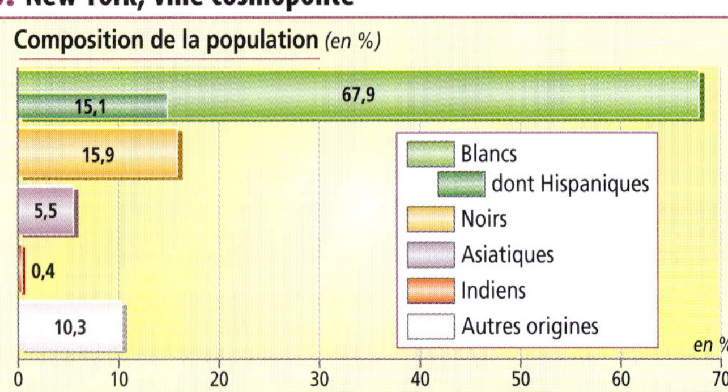

en 2000	New York	États-Unis
Personnes nées à l'étranger *(en %)*	20,4	11,1
Langue parlée au domicile autre que l'anglais *(en %)*	28	17,9

Source : Northeast Midwest Institute.

Questions

1. Relevez les différents aspects de la puissance de New York (1, 2, 6, 7).

2. Quelles fonctions font de Manhattan un centre de rayonnement mondial (2, 6, 7) ?

3. En quoi New York est-elle aussi une ville mondiale par sa population (3, 4, 5, 7) ?

4. New York, ville « melting-pot* »

Des tensions existent entre les différentes populations immigrées mais, compte tenu de la grande hétérogénéité de cette population, les immigrés s'y sentent plus à l'aise que dans n'importe quelle autre ville des États-Unis. À New York, on parle 121 langues et la ville se distingue par la variété de restaurants, d'églises, d'associations politiques, de boutiques, d'événements, de journaux et de programmes de radio et de télé. La ville est fière de posséder différentes cultures qui se manifestent à l'occasion de fêtes comme la parade des Irlandais le jour de la Saint-Patrick, celle des Italiens le jour de la San Gennaro (patron de Naples).
La présence des Noirs à New York remonte certes à l'époque de sa fondation mais c'est Harlem qui symbolise leur quête d'identité au sein de la culture américaine. Harlem est l'objet d'une reconquête urbaine grâce à un partenariat entre les secteurs publics et privés.

C. Ghorra-Gobin, *Les métropoles dans le monde*, Ellipses – 2000.

5. Harlem : la fin du ghetto

Les projets de réhabilitation se sont multipliés : restauration des immeubles, implantations d'enseignes commerciales connues...

6. New York, interface entre marché mondial et marché américain

New York est le premier centre financier, culturel, artistique et de la communication au monde, en étant aussi le siège de 140 des 500 premières multinationales américaines et d'organismes internationaux comme l'ONU. Avec 800 milliards de dollars de richesses produites par an, soit 8 % du PIB national, elle se hisse, selon l'OCDE, au rang de la septième puissance mondiale.
Abritant les principaux marchés financiers et boursiers des États-Unis, elle est le premier centre financier mondial. Ceci est complété par les services aux entreprises (audit, consulting, expertise comptable, services juridiques...), les médias, la publicité et l'édition. Dans les médias et les divertissements, la ville abrite le siège de quatre grands réseaux de télévisions et plusieurs conglomérats comme AOL Time Warner. Dans les technologies de l'information, la *Silicon Alley* du Sud de Manhattan s'étend maintenant sur Brooklyn et le New Jersey. 25 % des grands groupes français établis aux États-Unis (367) y ont leurs sièges, essentiellement à Manhattan, dans la finance, les assurances et la banque, la communication et la publicité, la mode et le luxe. L'attractivité de New York est renforcée par une main-d'œuvre abondante, éduquée et performante grâce en particulier à la présence d'Universités au prestige mondial comme New York University, Columbia, Yale ou Stanford.
New York dispose enfin d'un des plus importants ports du monde et de trois aéroports parmi les plus fréquentés du pays. Elle dessert, dans un rayon de 1 200 km, un espace représentant la moitié de la population (150 millions d'habitants), du revenu et de l'activité des États-Unis et du Canada.

D'après DREE – Juin 2003.

7. Manhattan, cœur de New York

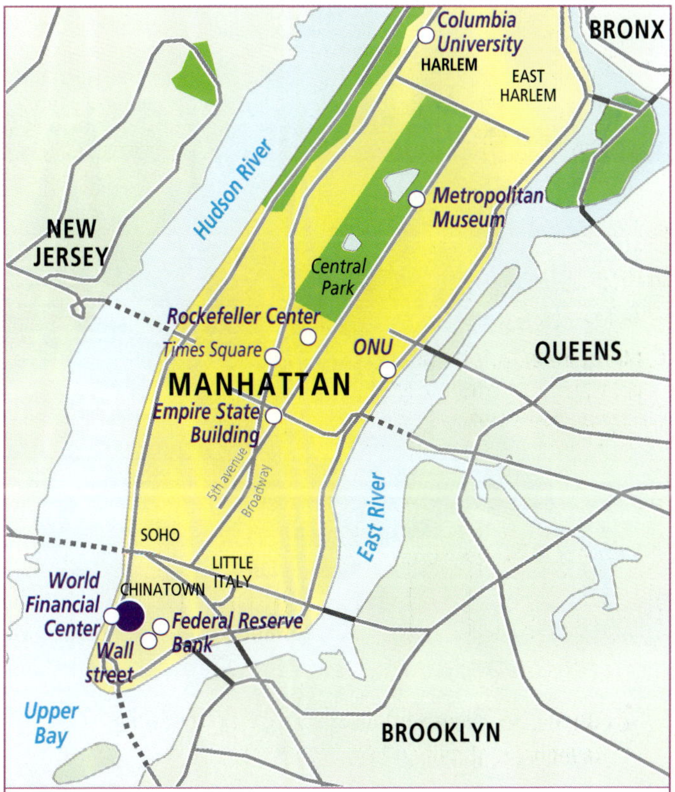

CHAPITRE 2

D'autres logiques d'organisation de l'espace mondial

PROBLÉMATIQUES

CARTES MAJEURES

LEÇONS

DOSSIERS

SUJETS BAC

Centre d'Islamabad (Pakistan)

Une scène de rue bien éloignée de l'idée d'une uniformisation des modes de vie liés à la mondialisation.

Le monde, entre uniformisation et fragmentations ?

• ***Une apparente uniformisation résulte d'une mondialisation chaque jour plus visible ;*** *modes de consommation et de production, circulation de l'information… ; les multiples réseaux des* ***ONG*****, des* ***firmes transnationales*****… se jouent des frontières.*

• ***Mais les divisions du monde sont encore multiples :*** *aires de civilisations contrastées, blocs économiques régionaux, États de plus en plus nombreux, replis identitaires de minorités.*

• ***Les inégalités, loin de s'aplanir, vont croissant*** (Cartes pages 38-39 et 268-269). *Les flux grandissants de la mondialisation accentuent les inégalités de l'espace mondial à toutes les échelles.* ***Le fossé Nord/Sud se creuse :*** *les technologies, la circulation de l'information sont les monopoles des pays les plus riches. Les métropoles voient se dessiner une fragmentation entre leurs différents quartiers* (Dossier page 278).

Alternatives Economiques
www.alternatives-economiques.fr
NUMÉRO 217 ■ SEPTEMBRE 2003 ■ 3,50 €
10 % de chômeurs à Noël page 6
Baisses d'impôts : est-ce bien raisonnable ? page 26
Brésil : ce que veut Lula page 60
La fusion Hachette-VUP page 44
Les retraités américains victimes de la Bourse page 40
OMC: LA BATAILLE DE CANCUN
POURQUOI LE LIBRE-ECHANGE NE POURRA PAS NOURRIR LE MONDE
Dossier page 48
T 02125 - 217 - F: 3,50 €

Contestation d'une mondialisation fondée sur le libre-échange
Couverture du magazine *Alternatives Économiques* n° 217 – Septembre 2003.

1. Pourquoi la mondialisation est-elle si controversée ?

Forum social mondial 2004 à Bombay (Inde)
« Un autre monde est possible ».

➡ **Un mouvement altermondialiste* s'est développé**, qui dénonce les modalités de la mondialisation, en particulier le bilan de l'ouverture commerciale et financière *(Leçon page 42)*. La logique libérale dominante est accusée de creuser la **fracture sociale qui devient mondiale** et de négliger les enjeux environnementaux et de société *(Dossier page 48)*.

➡ **L'exigence d'un développement durable* est mise en avant**, mais la communauté internationale demeure partagée suivant l'inégale puissance et les intérêts des États *(Dossiers pages 50 et 282)*.

2. Les États sont-ils dépassés ?

➡ **Le pouvoir des États est remis en question** par les aspirations de minorités nationales et les replis régionalistes d'un côté, les acteurs transnationaux et les institutions internationales de l'autre *(Leçon page 26)*.

➡ **Pour autant la majorité des frontières ne sont pas effacées.** Les États sont des éléments d'identité nationale et conservent de multiples compétences *(Leçon page 44)*.

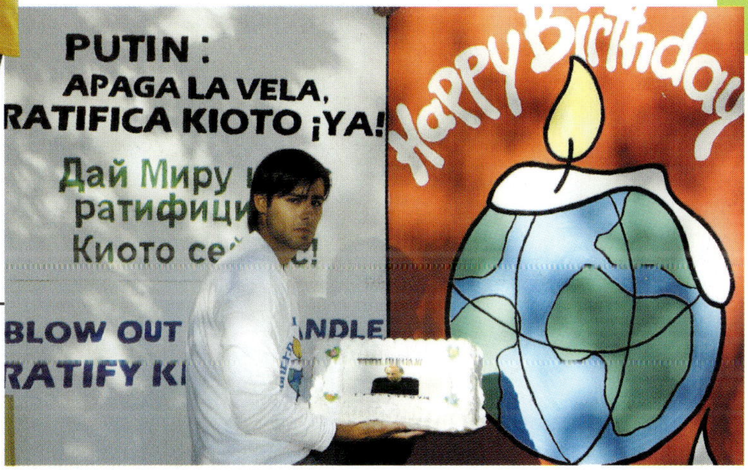

➡ **Le monde se structure autour des plus grands États** qui constituent le cœur des organisations commerciales régionales les plus actives : Union européenne, Alena*.

Le rôle des États reste décisif
La Russie, comme les États-Unis, a refusé de ratifier le protocole de Kyoto (datant de 1997) prévoyant des mesures pour réduire les émissions de gaz à effet de serre. Des manifestations ont été organisées par Greenpeace à São Paulo, Paris, Madrid... pour faire pression sur le président Poutine.

3. La mondialisation efface-t-elle la diversité des civilisations ?

➡ **La mondialisation ne touche pas également tous les lieux et tous les hommes** *(Leçon page 28)*. Au total, **la fragmentation l'emporte sur l'uniformisation** : le « village planétaire » reste un mythe *(Sujet Bac page 54)*. Des **réactions identitaires** peuvent même déboucher sur des fondamentalismes intolérants mais les conflits actuels ne confirment pas la thèse du « choc des civilisations » annoncé par certains *(Cartes pages 40-41)*.

➡ **Construire une société mondiale à la fois une et diverse est donc un enjeu majeur** : garantir à tous les êtres humains une gestion commune des grandes questions d'échelle planétaire (nourriture, paix, environnement, droits de l'Homme, santé...) et respecter les différentes cultures locales *(Leçon page 46)*.

Unité ou diversité du monde :
Namibienne (tribu des Hereros) faisant ses courses dans un supermarché.

Le monde reste pluriel

1. Technologie : l'ampleur de la fracture numérique

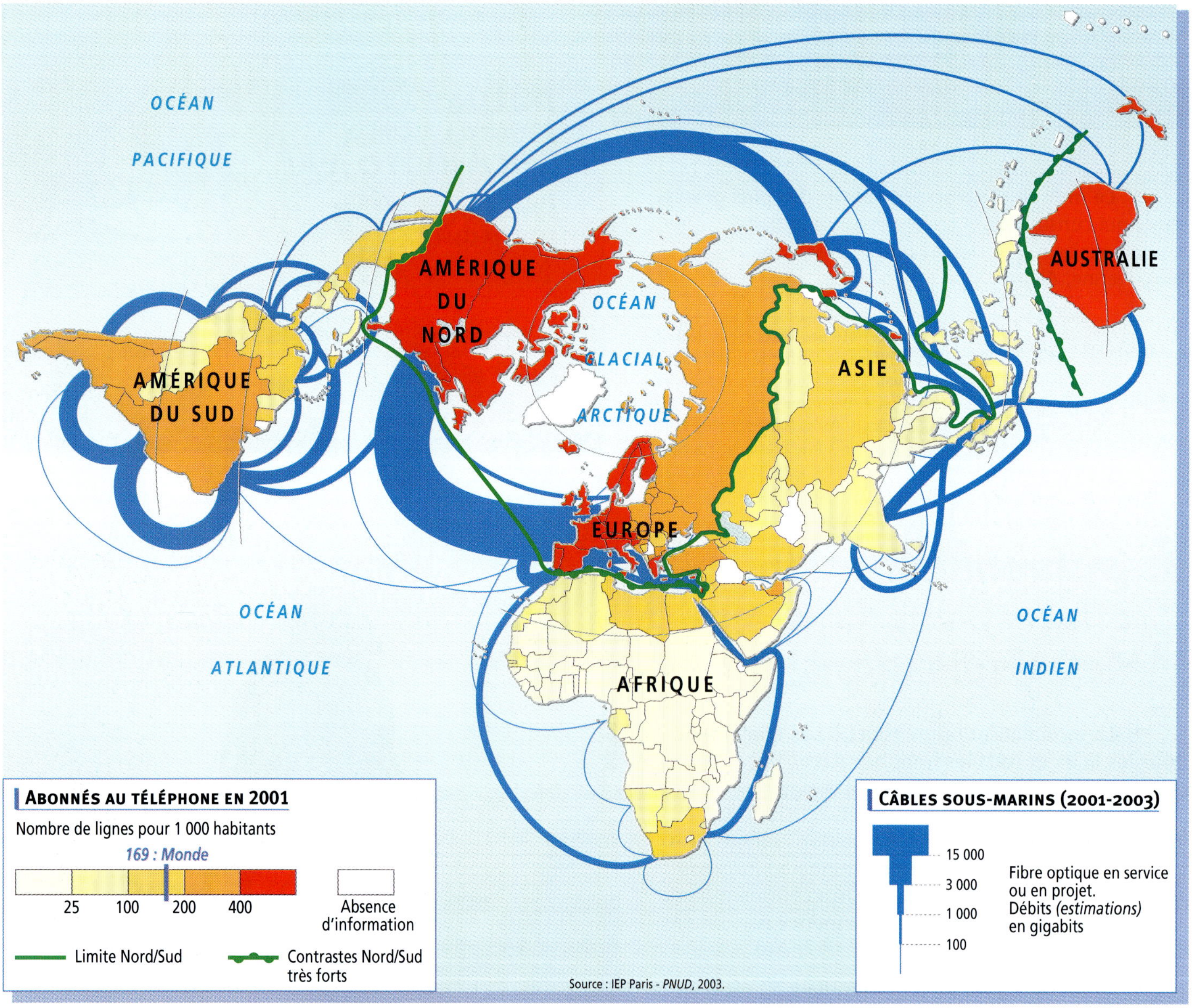

Questions

- Quels contrastes les **cartes 1** et **3** révèlent-elles à l'échelle du monde ? À l'échelle des continents ?
- Quelles oppositions majeures l'indice synthétique de fécondité* met-il en évidence **(carte 2)** ?
- Y a-t-il correspondance entre les foyers de forte croissance démographique et les zones de richesses dans le monde **(cartes 2 et 3)** ?

2. Population : deux mondes démographiques

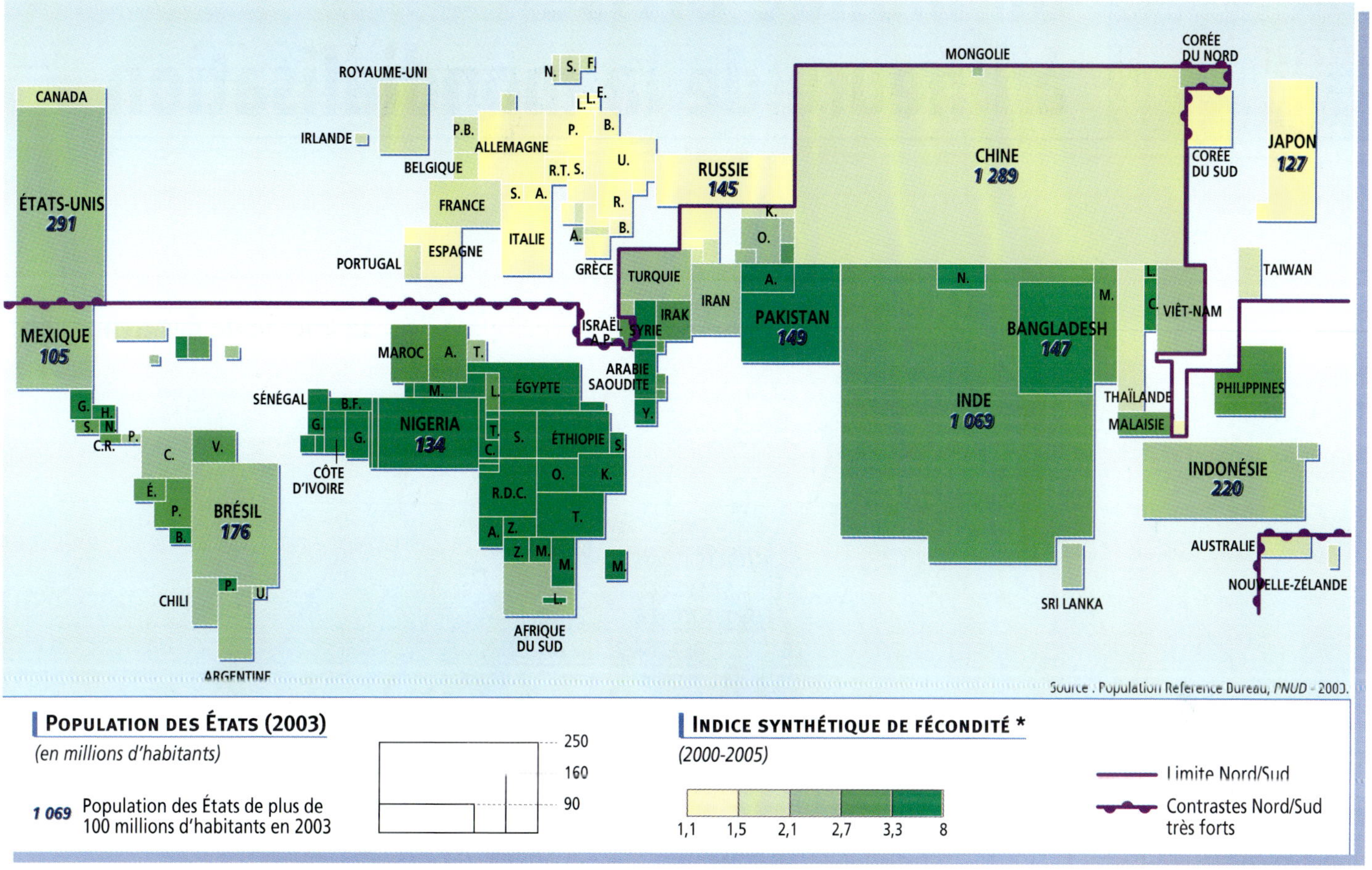

3. Richesse : un fossé Nord/Sud persistant

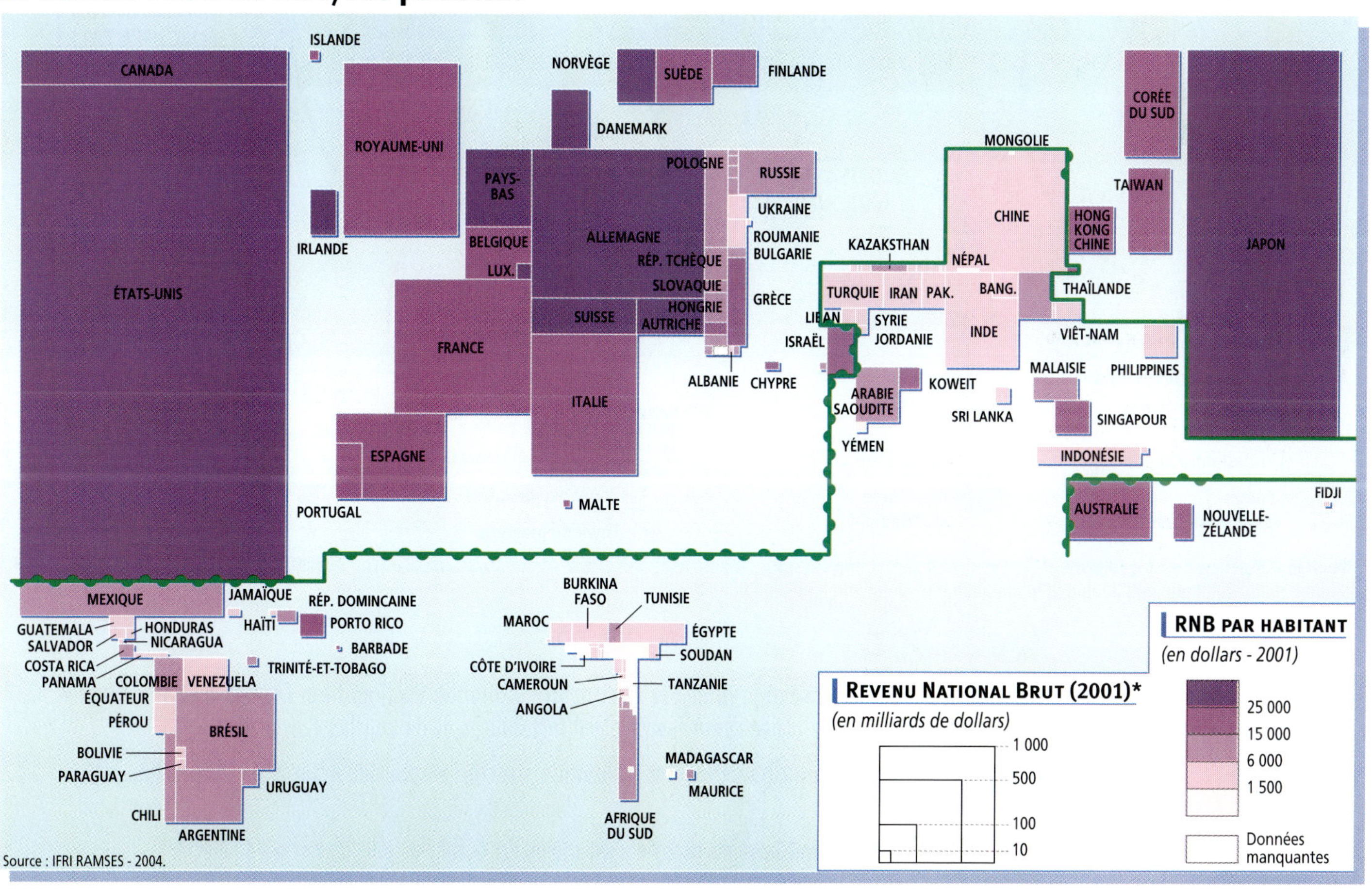

Un monde divisé à l'heure de la mondialisation

1. La mosaïque des civilisations

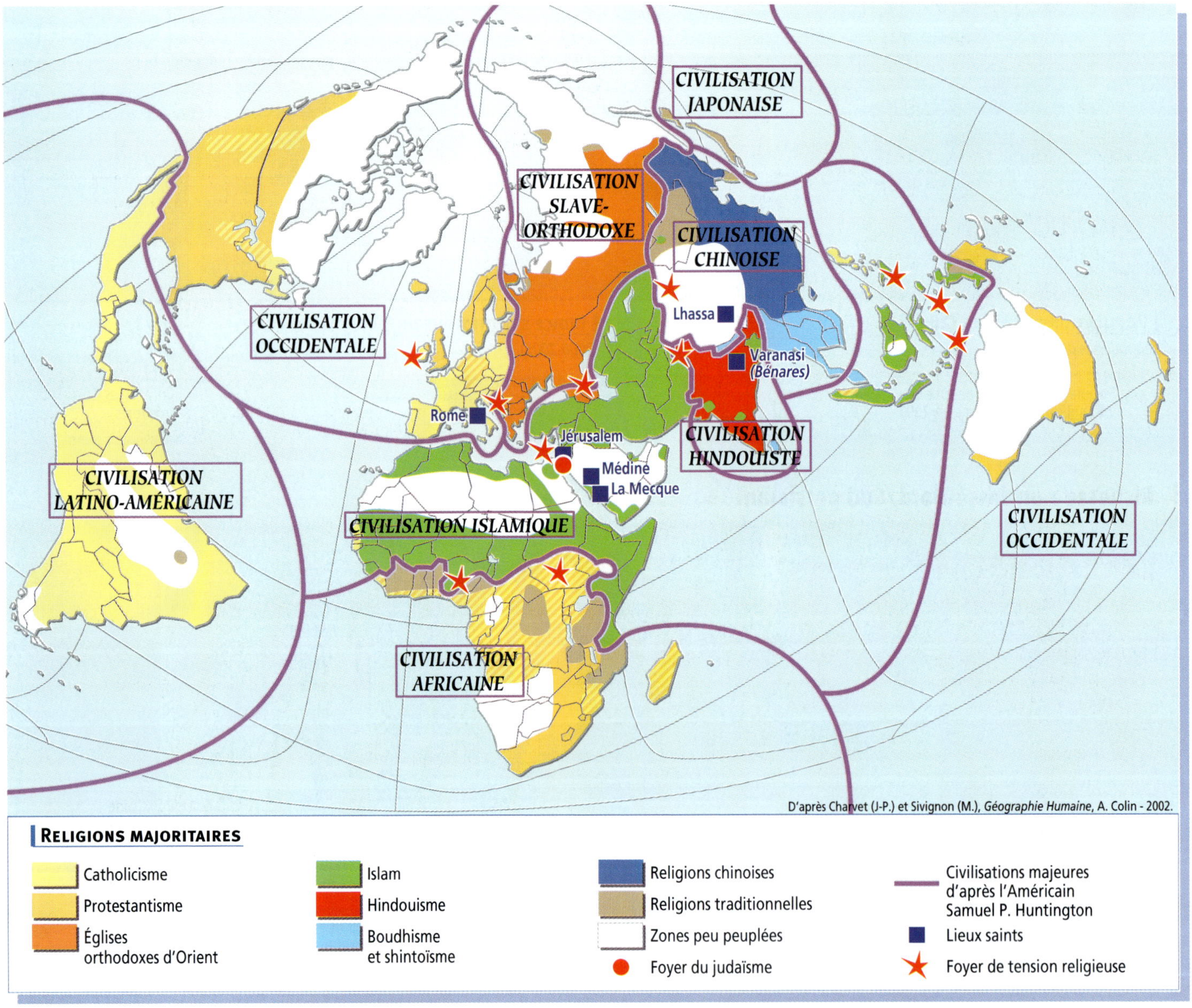

D'après Charvet (J.-P.) et Sivignon (M.), *Géographie Humaine*, A. Colin - 2002.

Questions

- Autour de quel ensemble principal se structure le monde d'aujourd'hui **(cartes 1 et 3)** ? Quelles régions du monde concentrent les foyers d'instabilités et de conflits **(carte 3)** ?
- Quelles sont les principales régions du monde structurées par des accords de libre-échange* **(carte 2)** ?
- Quelles grandes divisions du monde sont mises en évidence par les **cartes 1, 2** et **3** ?

2. L'émergence de blocs économiques régionaux

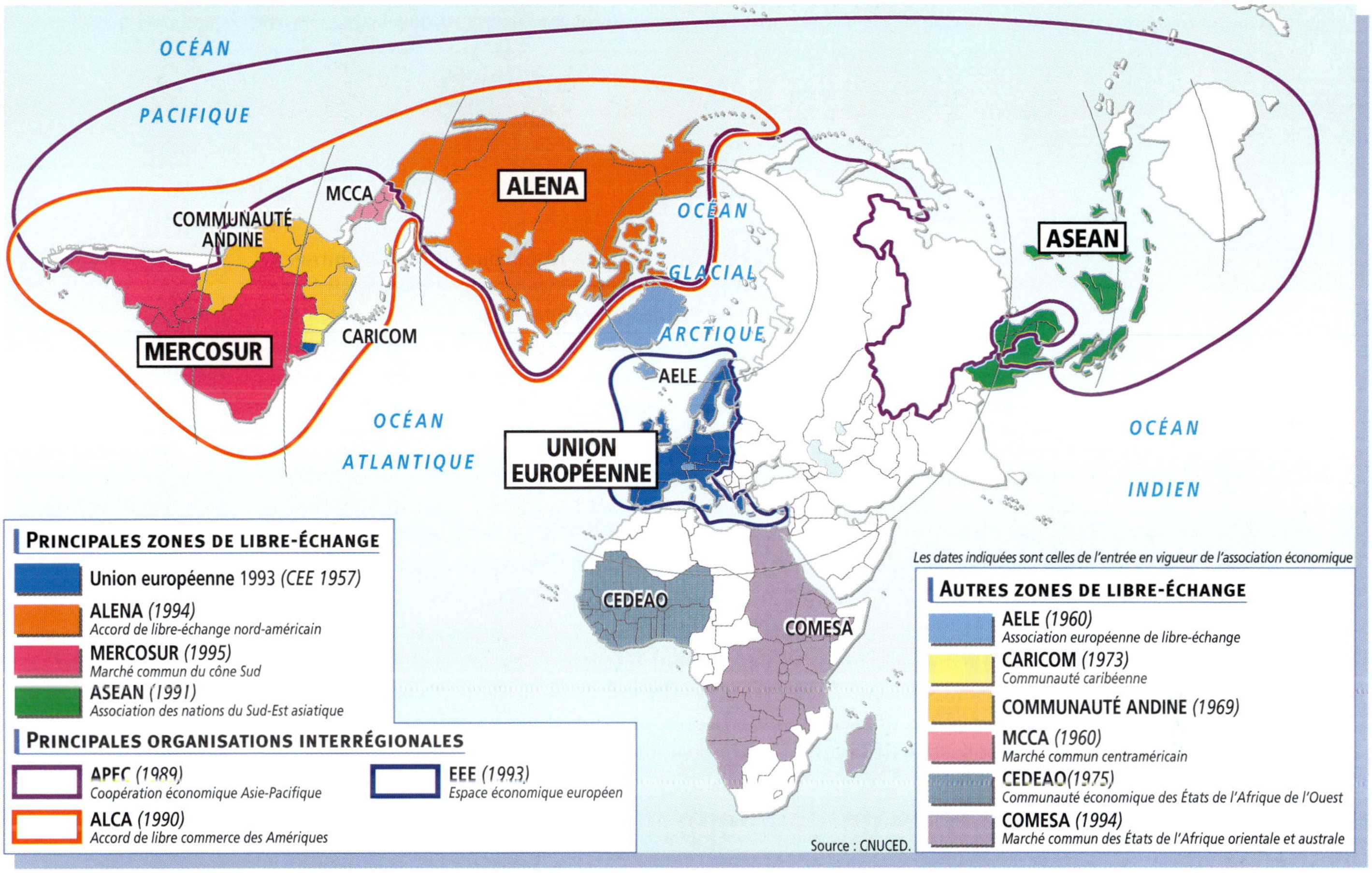

3. Le monde en 2004 : instabilités et conflits

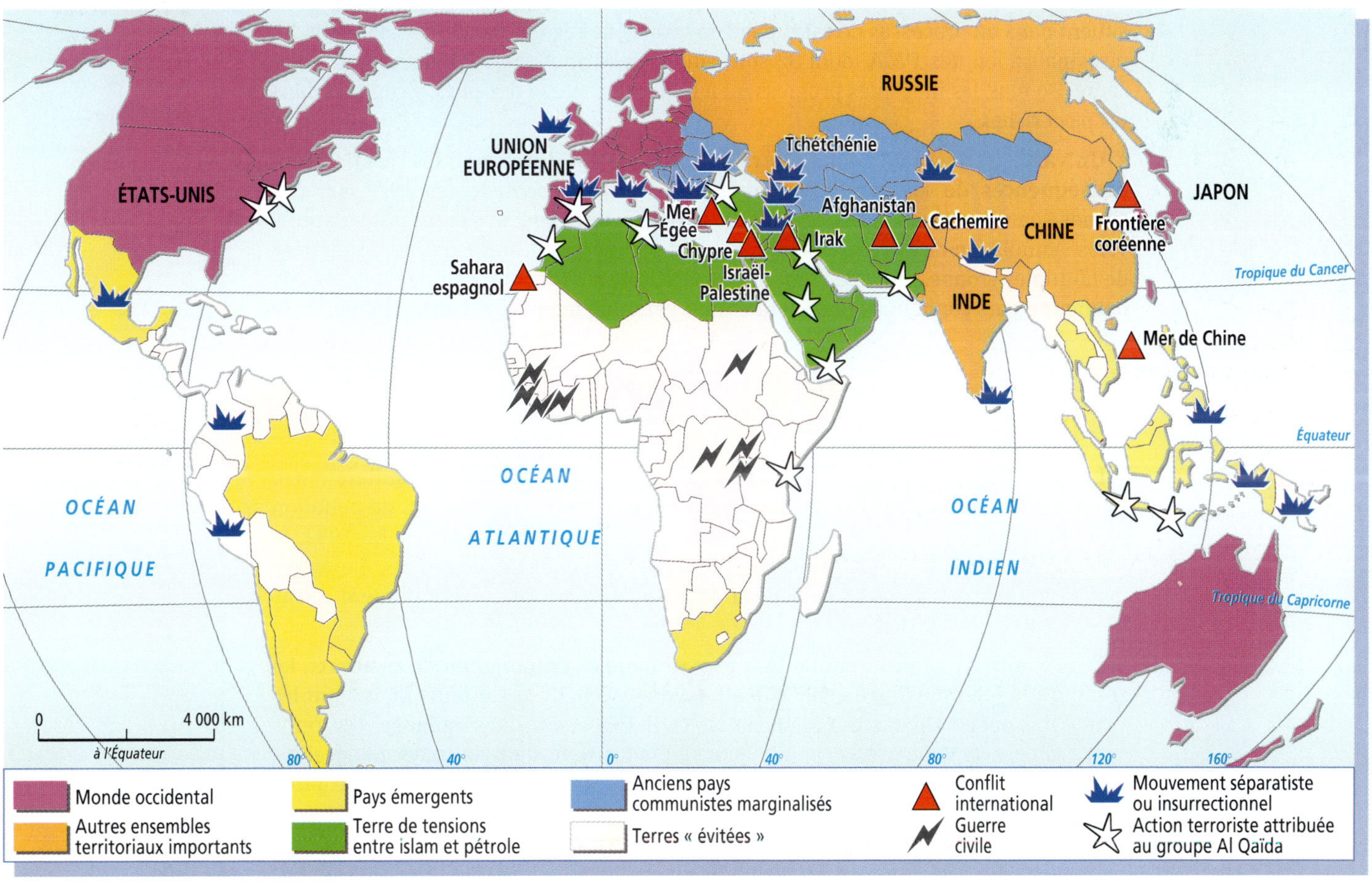

1 La mondialisation contestée

1. Une mondialisation sans pilote ?

• **Les agences mondiales de l'ONU œuvrent pour la libéralisation des échanges sans avoir de vision mondiale globale.** Le commerce international reste biaisé par les **barrières tarifaires et non tarifaires*** dressées par les pays du Nord dans plusieurs secteurs : textile, médicaments, agriculture... Le FMI* ne maîtrise pas l'ensemble des flux financiers ; son intervention dans les pays qui connaissent de graves crises financières aggrave même souvent le chômage et la pauvreté des populations.

• **La régulation* de la mondialisation est donc insuffisante et incertaine** (3). Les accords internationaux sont soumis à la ratification d'un nombre minimum de pays, ce qui entraîne une mise en application tardive et partielle. En cas de conflit, il n'existe pas d'organisme susceptible d'arbitrer, sauf l'OMC* pour le commerce. Dans un autre domaine, développer un droit et des sanctions internationales est tout aussi difficile que nécessaire face à la mondialisation des réseaux criminels.

• **La plupart des États subissent la mondialisation.** Le G7, **devenu** G8 en 1997, est une structure de dialogue entre les pays les plus industrialisés ; de leur côté, les pays en développement sont souvent à l'écart des dispositifs de prise de décisions. En fait, ce sont les États-Unis qui dominent le processus en pratiquant un **unilatéralisme*** permanent qui suscite de nombreuses oppositions (4).

2. La question du développement est toujours vitale

• **La mondialisation s'accompagne d'un accroissement des inégalités entre les pays les plus riches et les pays les plus pauvres.** Seuls certains pays asiatiques se situent dans un processus de rattrapage en termes de revenu moyen par habitant. La marginalisation des PMA, dont 32 sont situés en Afrique subsaharienne, est croissante. De plus, les inégalités progressent à l'intérieur même des pays, y compris dans les pays riches.

• **Un vaste mouvement social altermondialiste s'est développé en réaction aux conséquences de la mondialisation libérale** (1). Présent depuis 1999 lors des grands sommets internationaux, il organise des **forums sociaux** et propose d'autres voies : annulation de la dette des pays les plus pauvres, réformes agraires... Composé de multiples groupes, dont de nombreuses ONG*, le mouvement manque toutefois de dénominateurs communs qui en feraient un véritable mouvement social planétaire.

3. Les enjeux environnementaux sont devenus pressants

• **Les grandes questions d'environnement se posent à l'échelle mondiale :** déjà plus de 30 pays font face à des pénuries d'eau ; en Asie, un nuage brun de pollution réduit de 10 % l'énergie solaire qui touche le sol pendant plusieurs mois. **En 1992, le sommet de Rio** a émis les principes d'un agenda, d'objectifs communs, d'engagements, voire de sanctions en se plaçant dans une optique de **développement durable***.

• **Les réponses de la communauté internationale ont donné peu de résultats.** Le **sommet de Johannesburg de 2002** a été un demi-échec (2). Certains États, dont les États-Unis qui émettent à eux seuls un quart du CO_2 rejeté dans l'atmosphère, refusent des engagements précis ; parallèlement, l'industrialisation des pays en développement entraîne une augmentation des émissions de gaz à effet de serre. L'idée d'une autorité mondiale de l'environnement a été abandonnée. **La logique d'intérêt économique des États prévaut encore largement.**

Leçon
L'incontournable marché américain *(pages 86-87)*

Cartes Majeures
Le monde reste pluriel *(pages 38-39)*

Leçon
Des Suds de plus en plus hétérogènes *(pages 274-275)*

Dossier
Concilier développement et environnement *(pages 48-49)*

Mots-clés

G7 : groupe constitué, depuis 1975, des cinq pays les plus industrialisés du monde auxquels se sont associés le Canada et l'Italie ; devenu **G8** depuis 1997 avec l'association de la Russie.

PMA (Pays les moins avancés) : groupe de pays défini par l'ONU depuis 1971 à partir de trois critères : le revenu par habitant, l'importance de la production industrielle dans le PNB et le taux d'alphabétisation. Les PMA sont au nombre de 49 actuellement.

* voir Lexique

1. Le combat altermondialiste

L'acte de naissance de l'altermondialisme, c'est la première bataille contre l'OMC* à l'occasion du sommet de Seattle en 1999. Depuis, le mouvement a gagné des adeptes et de la reconnaissance. Il impose son vocabulaire. « Antimondialistes », disait-on il y a peu encore. On voyait en eux un simple refus archaïque de la réalité économique du monde actuel. Ils se sont battus ; le mot a changé : altermondialistes aujourd'hui.
Oxfam, ONG* pro-développement née en Angleterre, organisée aujourd'hui en un réseau mondial, a joué un rôle majeur au sommet de l'OMC à Cancun en septembre 2003. Sa stratégie : « Nous travaillons avec les pauvres et influençons les puissants ». Les altermondialistes ont servi de sherpas[1] aux pays démunis : traduction de documents, argumentaires, encouragement à secouer le joug du tandem Europe-États-Unis. À l'arrivée, l'Afrique a osé dire non aux projets proposés par les pays riches. Les alters ont gagné : il fallait mettre le pied sur le frein avant que le libéralisme n'emporte tout.
Leurs détracteurs font la fine bouche mais admettent leur puissance. Les grands patrons français, quand on les interroge, ne voient dans les alters que des contestataires sans projet, une « secte » occupant un espace laissé libre par les politiques, et incarnant un refus global, un « déni de réalité ». Mais les grandes entreprises américaines ont appris à composer. Là-bas, Nike et quelques autres, à force d'être montrées du doigt par des groupes d'étudiants idéalistes et des associations de consommateurs, ont signé des codes de bonne conduite, s'engageant à renoncer à l'exploitation des enfants dans les usines implantées à l'étranger. L'altermondialisme est devenu un gendarme du système.

1. Sherpa : membre d'une délégation d'un État, chargé de préparer une réunion internationale. Initialement, le terme désigne un guide local qui facilite l'accès aux sommets de l'Himalaya.

C. Askolovitch, *Le Nouvel observateur* – Novembre 2003.

2. Le sommet mondial sur le développement durable* (Johannesburg 2002)
Dessin de Deligne, *Nice-Matin* – 12 septembre 2002.

3. Qui mène les affaires du monde ?

Influence jugée « forte ou certaine » dans les affaires internationales. Réponses à un sondage réalisé dans neuf pays *(en pourcentage)*

Acteurs internationaux	Allemagne	Espagne	France	Gde-Bret.	Italie	Europe	Russie	États-Unis	Canada
des États-Unis	96	90	94	93	89	93	89	95	94
de l'Union européenne	67	60	71	65	58	65	60	61	68
des Nations unies	69	49	69	66	60	64	55	71	75
de l'OMC	67	50	70	69	62	65	53	78	78
du G8	64	47	57	44	58	55	60	38	61
de votre pays	48	26	65	69	37	51	54	–	50

Source : *Le Monde* – 31 mai 2003.

4. Le sommet du G8* d'Évian (2003)
Dessin de Plantu, *Le Monde* – 1er juin 2003.

.2 Les États sont toujours présents

Leçon
Les acteurs de la mondialisation *(pages 26-27)*

1. Le pouvoir des États en question

• **L'essor du libéralisme a réduit les interventions des États dans les domaines économiques et sociaux.** Les limitations de la souveraineté des États s'accentuent : arbitrages supranationaux (OMC, FMI, UE...), droit d'**ingérence humanitaire***, surveillance des ONG (7). Cependant, **l'État garde toute son importance pour garantir le développement et les solidarités de son territoire,** même si nombre de PED souffrent d'un déficit d'État. Les États résistent d'ailleurs à la libéralisation des échanges dès que les priorités nationales sont en jeu ; c'est le cas de la France avec son **exception culturelle** (6).

• **L'action des organisations internationales obéit aux directives des États les plus puissants ;** ainsi, les États-Unis ont une voix prépondérante au FMI et à la Banque mondiale*. L'ONU, organisation intergouvernementale quasi universelle, a de même un pouvoir limité par le jeu des États membres permanents du **Conseil de sécurité**. Elle n'a les moyens ni financiers, ni militaires, ni politiques pour être le gendarme et le juge du monde (9), comme en témoignent les difficultés de fonctionnement du Conseil de sécurité et des Tribunaux pénaux internationaux (TPI).

Cartes Majeures
Un monde divisé à l'heure de la mondialisation *(pages 40-41)*

2. Des blocs régionaux pour des États plus forts

• **L'essor des organisations économiques régionales est spectaculaire :** les regroupements d'États se conçoivent à la fois comme des remparts de protection d'un marché élargi face aux dangers réels ou supposés d'un monde sans frontières, mais aussi comme des tremplins nécessaires pour s'imposer dans la compétition internationale (Asean*, Mercosur (5)...).

• **Cette « régionalisation » constitue une solution intermédiaire entre la fragmentation du monde en 200 États et la mondialisation.** L'abaissement interne des droits de douane conduit à la formation de zones de **libre-échange** sur tous les continents. Des unions douanières présentent une intégration économique plus poussée en adoptant un tarif extérieur commun comme le Mercosur. Enfin l'Union européenne est devenue le bloc régional le plus intégré : un ensemble qui combine la libre circulation des hommes et des capitaux, et la mise en place de politiques économiques et monétaires communes.

Leçon
L'Union européenne, pôle majeur de l'économie mondiale *(pages 162-163)*

3. États fragiles, États majeurs

• **Des États de la planète restent fragiles.** La disparition des blocs, depuis la chute du mur de Berlin en 1989, s'est accompagnée du développement de conflits locaux infraétatiques comme en Afrique centrale (Rwanda, Burundi, Congo), ou liés à l'éclatement d'États comme en ex-Yougoslavie (Bosnie, Kosovo...). D'autre part, des menaces transnationales ne cessent de prendre de l'ampleur au-delà de toutes frontières : terrorisme (8), activités criminelles des mafias...

• **La nouvelle carte du monde se structure autour de quelques États forts. La domination américaine se renforce.** Sa diplomatie, voire son armée, sont présentes sur de nouveaux terrains comme l'Europe balkanique, l'Afrique noire. Les pays d'Europe occidentale et le Japon, même s'ils occupent une position dominante dans le monde, sont incapables de lui disputer cette hégémonie. **La Russie, même affaiblie, reste présente** par sa puissance militaire et ses richesses naturelles. Parmi les pays du Sud, **la Chine, l'Inde** et plus modestement **le Brésil** disposent à la fois d'une population nombreuse, d'une économie en progrès et de réelles capacités militaires. Mais **un grand nombre d'États** d'Afrique, d'Asie ou d'Amérique centrale ou andine **sont trop petits, trop pauvres pour compter**.

Cartes Majeures
Un monde divisé à l'heure de la mondialisation *(pages 40- 41)*

Sujet Bac n° 8
Les États-Unis, superpuissance ? *(pages 136-137)*

Mots-clés

Conseil de sécurité : organisme de l'ONU, composé de cinq membres permanents (Chine, États-Unis, France, Grande-Bretagne, Russie) qui possèdent un droit de veto, et de dix autres pays élus pour deux ans.

Exception culturelle : souci de préserver la diversité culturelle d'un pays en n'incluant pas les biens culturels dans les accords internationaux.

Libre-échange : situation dans laquelle les échanges internationaux de biens ne sont soumis à aucune restriction, comme les droits de douane, les quotas ou les licences d'importation.

* voir Lexique

5. PED et blocs régionaux

Les initiatives de régionalisation devraient permettre aux PED d'accroître leur marges de manœuvre, de faire entendre leur voix et de peser dans les négociations des institutions multilatérales comme l'OMC. Il en est de même de la constitution d'alliances entre PED : c'est grâce à la coalition formée par le Brésil, l'Afrique du Sud et l'Inde que ces pays sont parvenus à remporter la bataille contre les grandes multinationales pharmaceutiques et à faire accepter le principe d'un accès plus aisé aux médicaments contre le sida.

Le Mercosur est clairement perçu et utilisé comme un moyen de participer de manière plus active aux échanges internationaux ainsi qu'au processus de décision international du XXIe siècle.

F. Nicolas, *Ramses 2004*, IFRI, Dunod – 2003.

6. L'exception culturelle, toujours revendiquée par la France, n'est pas sans ambiguïté

Dessin de Pessin, *Le Monde* – 4 février 2003.

7. Ouganda : les limites du Plan stratégique de réduction de la pauvreté

La Banque mondiale et le FMI n'intègrent guère la question de l'impact social de leurs décisions. Ainsi, favoriser les investissements dans l'agriculture d'exportation, un domaine où dominent les hommes, tend à marginaliser encore plus les femmes, qui forment les gros bataillons du secteur vivrier et souffrent de leur faible accès à la terre. De même, l'élimination prévue des barrières tarifaires qui protégeaient l'industrie textile ou sucrière menace l'emploi dans ces secteurs.

L'instauration de la gratuité des soins primaires a fait affluer les familles démunies vers les dispensaires, et le ministère de la Santé réclame de nouveaux crédits pour répondre à la demande. Réponse du FMI : d'accord à condition que cela n'ait pas d'impact sur les équilibres fondamentaux de l'économie.

R. Ssewakiryanga, *Alternatives internationales* – Novembre 2002.

8. Le champ d'action du terrorisme est international

Attentat de Madrid, 11 mars 2004.

9. Quelle place pour l'ONU sur la scène internationale ?

Forte de 191 pays, l'ONU est la seule institution globale représentant la communauté internationale. Elle est présente dans 26 zones de conflit où 40 000 soldats et policiers, 11 000 civils œuvrent au maintien ou à la consolidation de la paix. Mais l'intervention militaire des États-Unis et de leurs alliés en Irak a relancé le débat sur les insuffisances et les inadaptations de l'organisation.

3 Les civilisations, un découpage du monde encore pertinent

1. Une pluralité de civilisations

Cartes Majeures
Un monde divisé à l'heure de la mondialisation *(pages 40-41)*

• **Une civilisation est le produit d'une histoire.** Sa définition est plurielle, suivant l'échelle considérée : on peut ainsi ne retenir qu'une seule civilisation occidentale, comprenant le continent américain, l'Europe, l'Australie et la Nouvelle-Zélande ou distinguer des civilisations « européenne », « latine », « anglo-saxonne ». Sur un même espace peuvent cohabiter plusieurs civilisations (11) : en Malaisie, se rencontrent les mondes malais, chinois, indiens. Toute délimitation est donc problématique.

Leçon
L'espace méditerranéen, une identité commune *(pages 306-307)*

• **Les civilisations ont un fondement religieux plus ou moins présent. La civilisation hindoue, la civilisation chinoise**, apparues il y a 3500 ans, privilégient des croyances (bouddhisme) et des philosophies (confucianisme) qui mettent en avant une sagesse liée à la soumission de chacun dans le cadre d'une société hiérarchisée. **La civilisation occidentale**, constituée en Europe au Moyen-Âge, s'est répandue à l'époque moderne en Amérique puis en Océanie. Elle a hérité de la Grèce antique la raison et l'humanisme, de Rome le droit, et de Jérusalem le judaïsme et le christianisme. Les domaines du religieux et du politique ont été progressivement séparés.
À l'inverse, la **civilisation islamique**, apparue au VIIe siècle, ne sépare pas les domaines **spirituel et temporel** ; la doctrine religieuse inspire fortement le droit et la vie politique. Elle s'étend de l'Afrique subsaharienne à l'Asie centrale et au Moyen-Orient, ainsi qu'en Indonésie.

Mots-clés

Civilisation : ensemble des caractères moraux, culturels, religieux, linguistiques et matériels communs à une société ou à un groupe de sociétés.

Temporel : qui est du domaine des choses matérielles, du politique ; par opposition à **spirituel** qui est du domaine de l'âme, du religieux.

* voir Lexique

2. La force des réactions identitaires

Cartes Majeures
Un monde divisé à l'heure de la mondialisation *(pages 40-41)*

• **Le fait religieux connaît hors Europe occidentale un réveil significatif,** surtout lorsqu'il est lié à un renouveau identitaire comme pour l'**orthodoxie russe** depuis la chute du communisme. Des groupes nationalistes peuvent utiliser, à des fins politiques, les solidarités religieuses et culturelles entraînant parfois des conflits à l'origine **de nouvelles divisions territoriales** (13) ; des frontières se créent (10) et le monde n'a jamais été divisé en autant d'États.

• **La mise en avant d'identités est une réaction aux puissants facteurs d'unification résultant de la mondialisation.** Elle est très sensible dans les pays qui reçoivent massivement des flux culturels et d'informations de l'étranger, perçus comme la négation des cultures locales. Dans le domaine de l'information, le monopole occidental des grandes agences américaines, anglaises et françaises n'a disparu qu'avec la création de la chaîne d'information continue qatarie Al-Jazira en 1996.

3. Entre unité et diversités culturelles

Sujet Bac n° 1
Unité et diversité de l'espace mondial *(pages 54-55)*

• **La mondialisation s'accompagne d'une convergence des modes de vie et de valeurs considérées comme universelles.** Le **modèle culturel américain** se développe grâce aux firmes transnationales qui diffusent des produits, à la fois références de consommation (Coca-Cola, McDonald's, Disney, Nike...) et symboles de liberté et de démocratie dans le monde ; il bénéficie aussi de l'efficacité de l'anglo-américain, langue de communication dominante, alors qu'une centaine de langues servent à l'expression de 95 % de la population mondiale.

Photographie
Centre d'Islamabad (Pakistan) *(pages 34-35)*

• **Mais l'uniformisation culturelle est limitée :** elle peut ne concerner que des élites dirigeantes ; l'adhésion à des biens matériels peut cohabiter chez nombre d'individus avec l'affirmation de leurs propres valeurs spirituelles (12). D'ailleurs, même la défense des droits de l'Homme, référence universelle depuis 1948, est perçue comme une valeur occidentale dans certaines cultures qui accordent la priorité au groupe face à l'individu. **La mise en avant des particularismes, des cultures locales est un phénomène généralisé**, aussi en Europe occidentale, en Belgique, en France ou en Espagne.

10. **Un mur entre Israël et la Cisjordanie**

Depuis 2002, Israël construit un mur prévu sur 350 km pour sécuriser sa frontière avec un futur État palestinien.

11. **Jérusalem, ville sainte des trois grandes religions monothéistes**

12. Vers une culture globale ?

Il ne faut pas confondre la mise à disposition planétaire de produits et d'informations avec leur utilisation, ni leur utilisation éventuelle avec l'existence d'une culture commune… On constate certes de puissants facteurs d'unification culturels, liés à la modernisation économique. On constate également une forte résistance des cultures traditionnelles et des valeurs fondées sur la religion.

J.-C. Ruano-Borbalan, *Sciences Humaines* – Mai-juin 2003.

13. Les conflits ethniques et religieux en ex-Yougoslavie

L'antagonisme entre musulmans, orthodoxes et catholiques plonge ses racines dans plusieurs siècles d'affrontements des impérialismes turc, russe et austro-hongrois dans les Balkans. Dans cet espace compartimenté par le relief, limites religieuses et ethniques ne coïncident pas. Croates et Serbes parlent une même langue slave que les Croates catholiques écrivent en alphabet latin et les Serbes orthodoxes en cyrillique. Les musulmans de Bosnie sont des Slaves ; ceux du Kosovo des Albanais.

Née en 1918 du démantèlement des empires, la Yougoslavie a volé en éclats dix ans après la mort de Tito, en 1990. La Slovénie et la Macédoine proclament alors leur indépendance ; la Croatie acquiert la sienne au prix d'une guerre avec la Serbie. En Bosnie, les affrontements entre Croates, Serbes et musulmans suscitent la réaction de la communauté internationale, qui impose les accords de Dayton en 1995. Quand la Serbie met fin à l'autonomie de la Voïvodine et du Kosovo, les musulmans du Kosovo sont victimes, après ceux de Bosnie, de la « purification ethnique » menée par le président serbe, Slobodan Milosevic. La Yougoslavie ne se compose désormais que de la Serbie et du Monténégro, largement autonome.

Les déplacements de population suite à tous ces conflits ont homogénéisé les territoires dans une logique de ségrégation sectaire. Mais toute création territoriale donnant satisfaction à une nation crée de nouvelles minorités, comme l'illustrent les deux entités territoriales composant la Bosnie-Herzégovine : République serbe de Bosnie et Fédération croato-musulmane.

B. Dumortier, *Atlas des religions,* Autrement – 2002.

Concilier développement et environnement

L'actuel mode de croissance économique se traduit par une très forte consommation d'énergie et de matières premières, responsable d'une concentration accrue dans l'atmosphère de gaz à effet de serre. Il est ainsi admis que les activités humaines agissent sur l'évolution du climat.

Le scénario d'un réchauffement climatique nécessite donc de s'orienter vers un mode de développement plus durable*. Se posent aussi les conditions du développement des pays du Sud qui sont les premiers touchés par les conséquences de l'évolution climatique.

1. Les émissions de CO_2 dans le monde

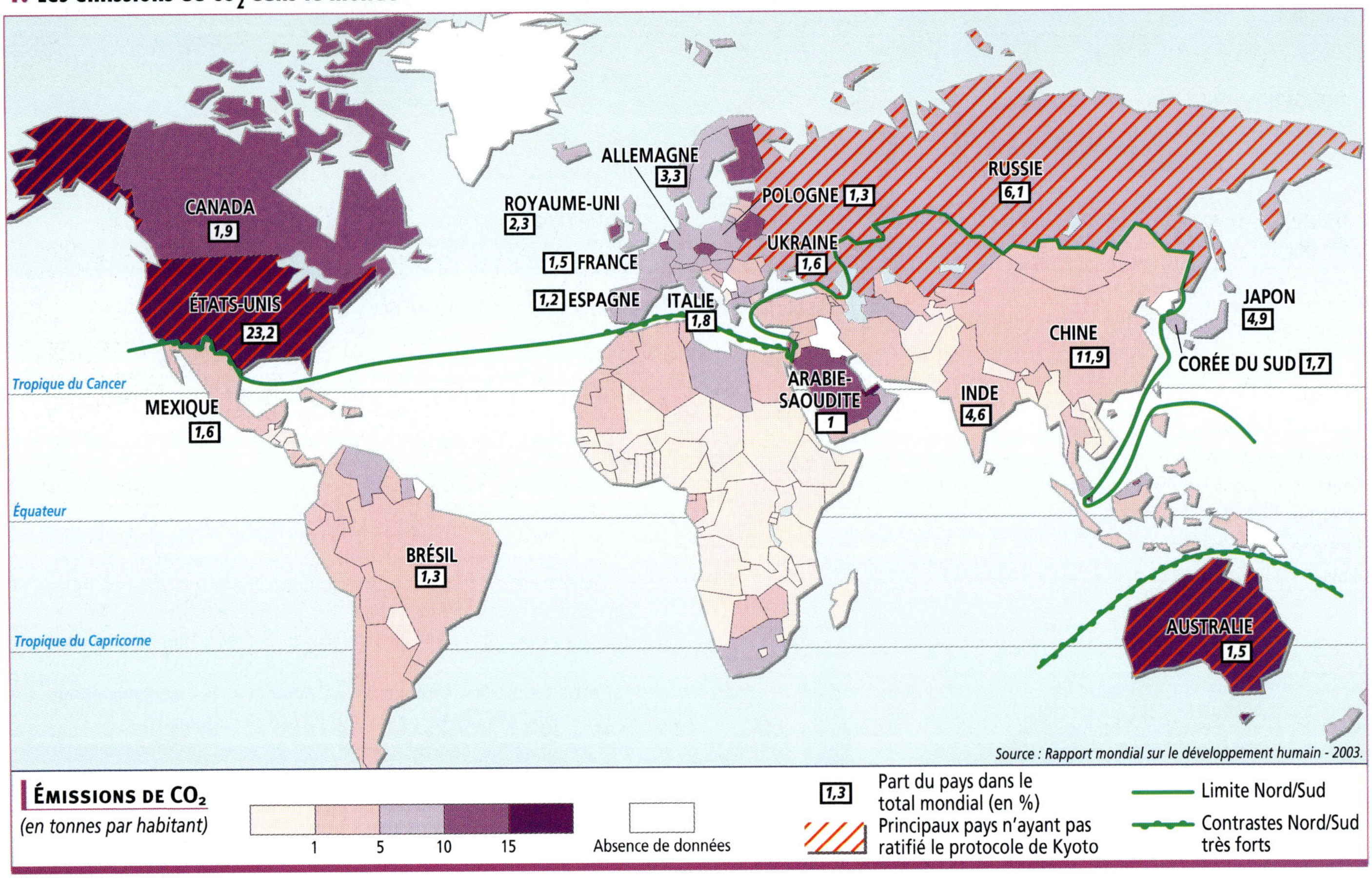

Source : Rapport mondial sur le développement humain - 2003.

2. Le développement pour tous ?

Faire reposer l'essentiel des efforts pour limiter les émissions de gaz à effet de serre sur ceux qui ont le plus pollué jusqu'ici n'a pas les mêmes conséquences que d'imposer à tous les pays de réduire dans la même proportion leurs émissions, ce qui revient à imposer aux pays du Sud des conditions bien moins favorables pour leur développement que ce n'était le cas pour les pays du Nord, lorsqu'ils ont amorcé leur croissance rapide.

Éviter que le Sud, en se développant, n'aggrave sérieusement les problèmes environnementaux de la planète sans pour autant lui faire subir de contraintes économiques qui rendent ce développement impossible, implique une croissance très significative des transferts de richesses (et de savoir-faire) entre le Nord et le Sud. Mais cette solidarité financière Nord/Sud suppose l'émergence d'un sentiment de communauté de destin et d'intérêt qui fait encore largement défaut. Pour toutes ces raisons, le développement durable est un problème politique au moins autant qu'économique.

D. Clerc, « Dur, dur, le développement pour tous »,
***Alternatives Économiques*, n° 56 – 2003.**

3. Pressions pour diminuer les rejets de CO_2 dans l'atmosphère
Le ballon Greenpeace survole une centrale électrique au charbon en Thaïlande.

4. Quantité de carbone émise selon la technique de production d'électricité

(en tonnes de CO_2 par Gigawatt heure)

Centrale au charbon classique	964
Centrale au fuel	726
Centrale au gaz	484
Centrale nucléaire	8
Vapeur géothermique	57
Grande centrale hydroélectrique	3
Énergie éolienne	7
Énergie photovoltaïque	5
Bois (exploitation écologiquement rationnelle)	– 160

Source : Agence internationale de l'énergie.

5. Environnement et développement
Un regard critique sur l'attitude des pays du Nord.
Dessin de Chappatte – Août 2002.

6. Les pays en développement menacés par les changements climatiques

Les dégâts attendus dans les pays pauvres reflètent partiellement une moindre capacité d'adaptation.
Les récoltes diminueront dans la plupart des régions tropicales et subtropicales, tandis que la productivité agricole connaîtra de plus grandes variations dues à des conditions météorologiques extrêmes (sécheresses, inondations).
En Asie, le régime de précipitations sera de plus en plus variable pendant les moussons d'été, ce qui pourrait faire reculer la production alimentaire et accroître le nombre de personnes souffrant de la faim.
Dans de nombreuses régions arides, notamment subsahariennes, la baisse des ressources en eau disponibles contrastera avec un accroissement dans d'autres régions sèches, telles que certaines zones de l'Asie du Sud-Est.
L'élévation du niveau de la mer d'un mètre, due en partie au réchauffement planétaire, risque d'engloutir 12 % du territoire égyptien, où vivent actuellement 7 millions de personnes...

Pnud – Rapport 2003.

Questions

1. Quels sont les principaux pays responsables de l'émission de gaz à effet de serre (1, 4, 5) ?
2. En quels termes se pose la question développement/environnement pour les pays du Sud (2, 3, 5, 6) ?
3. D'après l'ensemble des documents, montrez que la voie du développement durable* est nécessaire mais difficile à mettre en œuvre.

Dossier

Commerce agricole mondial et inégalités de développement

La situation agricole de la planète demeure paradoxale : d'un côté, 800 millions d'hommes sont sous-alimentés ; de l'autre, les agricultures des pays riches sont protégées et voient leur production volontairement limitée.

Les actuelles négociations de l'OMC* sur l'agriculture ont pour objet de faciliter la circulation des produits agricoles à l'échelle mondiale. La réunion de Cancun en 2003 n'a pas abouti car les pays du Sud se sont unis pour refuser une libéralisation des échanges qui ne prendrait pas en compte leurs perspectives de développement.

1. La sous-alimentation dans le monde

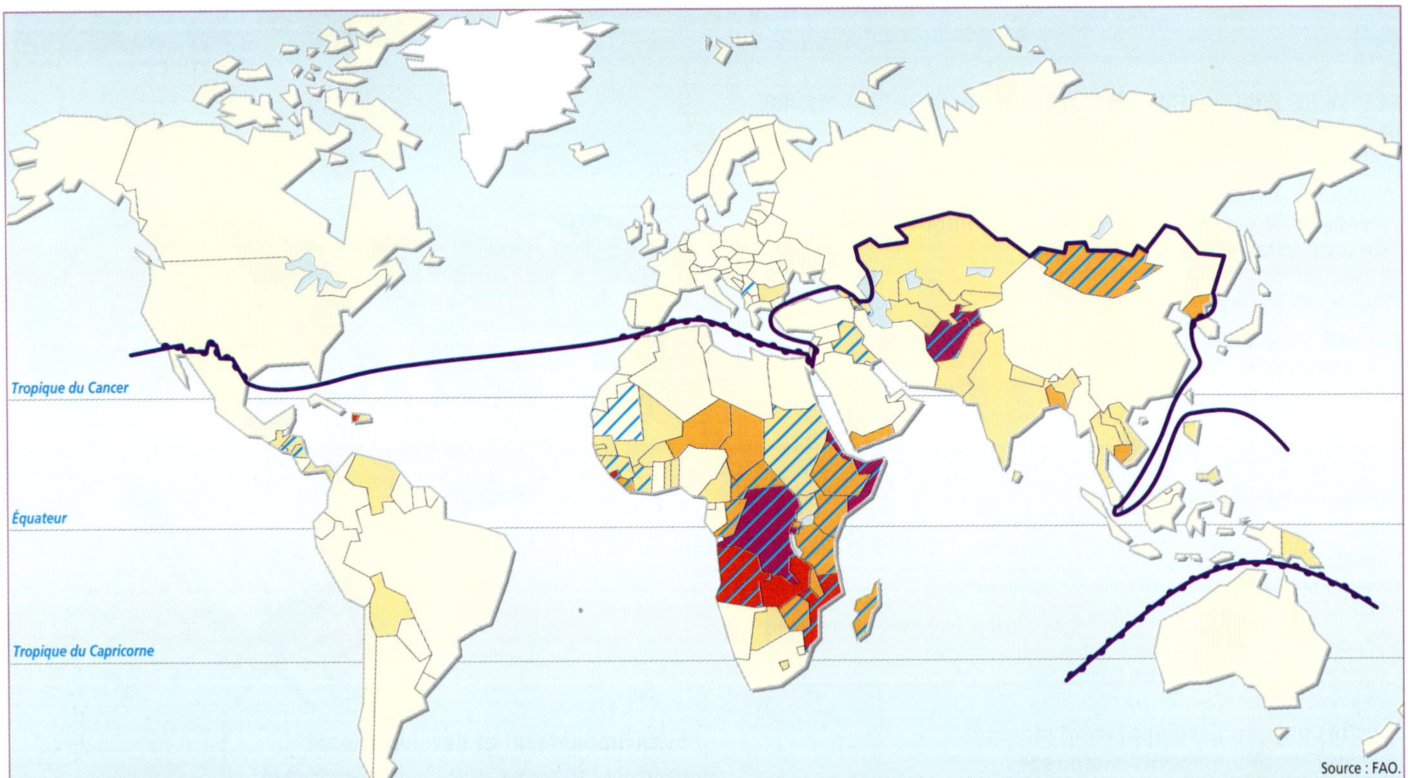

2. Une production alimentaire mondiale suffisante

La production agricole mondiale ne cesse de croître à un rythme voisin de celui de la population mondiale. En outre, il existe de nombreuses marges de manœuvre pour poursuivre son accroissement. [...] Il semble possible de nourrir jusqu'à 11 milliards d'humains d'ici 2150. La faim n'est donc pas une fatalité liée à l'insuffisance des ressources, mais le reflet d'inégalités économiques et sociales : si la sous-alimentation sévit, c'est d'abord parce qu'une partie des habitants de la planète n'a pas accès à la terre ou aux revenus qui leur permettraient d'acheter de quoi se nourrir. Les famines en fournissent un exemple démonstratif. Dans la plupart des cas, elles ne sont pas directement liées à une baisse de la production agricole, mais sont provoquées par des conflits qui empêchent les denrées de parvenir à leurs destinataires ou qui découragent les producteurs dont les récoltes sont confisquées ou détruites.

L. Estival, *Alternatives Économiques* – Septembre 2003.

3. Le montant des aides agricoles (2001)

(en % des recettes agricoles)

Nouvelle-Zélande	1
Australie	4
Pologne	10
Hongrie	12
Turquie	15
République tchèque	17
Canada	17
Mexique	19
États-Unis	21
Union européenne	35
Japon	59
Islande	59
Corée	64
Norvège	67
Suisse	69

Source : OCDE – 2002.

4. Les exportations agricoles dans le monde

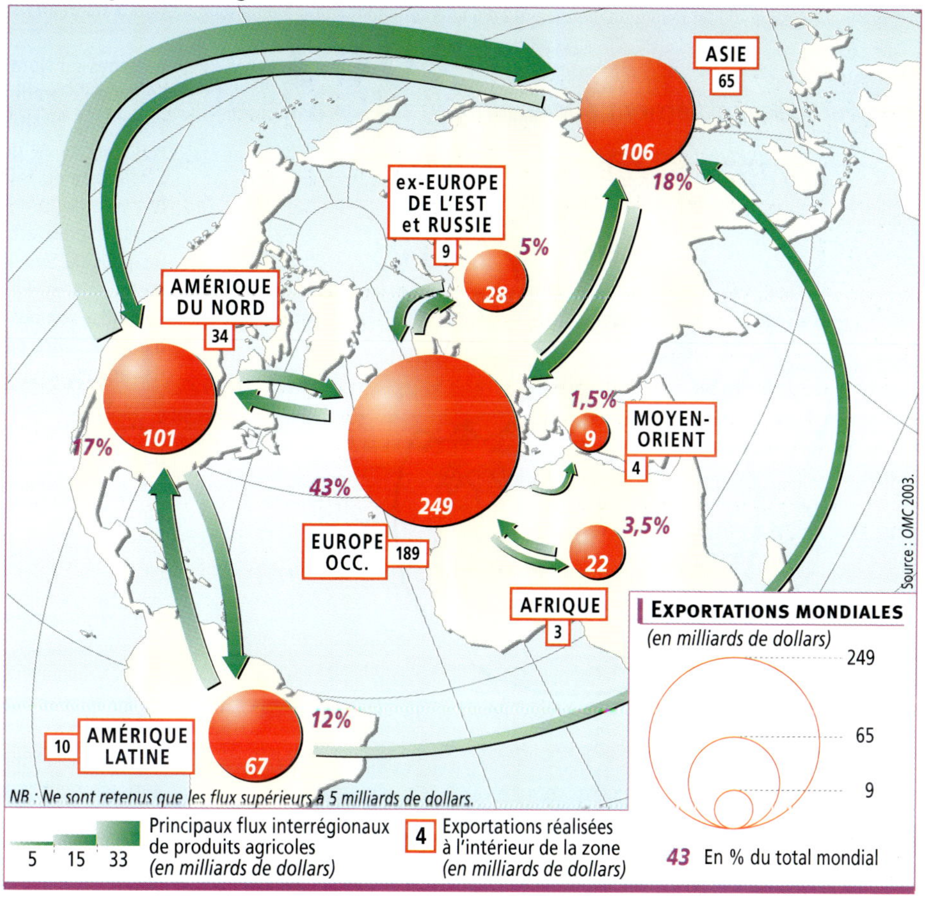

5. L'exemple du coton

La production de coton représente aujourd'hui entre 5 et 10 % du PIB de plusieurs pays d'Afrique de l'Ouest, et environ 30 % de leurs exportations. Le coton est principalement planté par de petits agriculteurs, dont beaucoup vivent en deçà du seuil de pauvreté. Les revenus de cette activité financent également en grande partie les infrastructures économiques et sociales dans les zones rurales.

Ces dernières années, ces pays ont lancé un certain nombre de réformes qui ont sensiblement amélioré leur productivité, abaissant les coûts de production à des niveaux qui sont parmi les plus bas du monde, et en tout cas très inférieurs à ceux de l'Union européenne ou des États-Unis. Néanmoins, un certain nombre d'exportateurs, dont la Chine, l'Union européenne et les États-Unis, subventionnent massivement leurs producteurs (en 2001, 4,9 milliards de dollars, dont la moitié environ était financée par les États-Unis).

Ces distorsions gonflent artificiellement l'offre sur les marchés mondiaux, orientant les cours à la baisse. Les plus importantes chutes de prix ont été observées en 2001 et 2002, touchant principalement les pays pauvres exportateurs. Réduire les subventions aux producteurs locaux et à l'exportation rétablirait la vérité des cours internationaux. Cette opération se traduirait par une augmentation des revenus des pays pauvres exportateurs de coton et placerait ces pays sur le chemin d'une croissance durable.

Pnud, Rapport annuel – 2003.

6. Les contradictions de la politique américaine

Sur la moissonneuse : « Subventions agricoles américaines » ; sur le panneau de chantier : « Libre-échange ; en construction ».

(Dessin de Kal, *The Economist*, Londres.)

7. Réaction contre la politique de l'OMC
Contestation des formes actuelles de la mondialisation, notamment des échanges agricoles, et promotion d'un commerce plus équitable.

8. La libéralisation des échanges, une fausse solution

Les pays du Nord ont maintenu des droits de douane élevés pour l'entrée de produits agricoles stratégiques, comme le sucre ou la viande, et institué de nouvelles barrières non tarifaires (sanitaires, normes de qualité...). De leurs côtés, les pays du Sud, sous l'influence du FMI*, ont été obligés d'ouvrir leurs frontières dans le cadre de la mise en place de programmes d'ajustement structurel. Une ouverture qui a favorisé les importations. Depuis 1997, les pays du Sud sont devenus importateurs nets de produits agricoles.
Certains, comme le Brésil, se sont associés depuis une quinzaine d'années à des pays exportateurs comme le Canada ou l'Australie : ils réclament une plus grande ouverture des marchés des pays du Nord et une suppression totale des subventions à l'agriculture. Cette position ne peut en aucun cas rallier l'ensemble des pays du Sud car beaucoup ne peuvent pas lutter à armes égales avec les pays développés à cause de la faible productivité de leurs agricultures.

L. Estival, *Alternatives Économiques* – Septembre 2003.

9. Le succès vietnamien

Le Vietnam offre un exemple saisissant du rôle que le commerce agricole peut jouer dans la réduction de la pauvreté et de l'insécurité alimentaire lorsqu'il est placé en tandem avec des réformes et des investissements en faveur du développement des campagnes. Entre 1991 et 2001, l'économie du Vietnam a accusé une croissance rapide, avec un taux annuel de 7 % ; la proportion des personnes sous-alimentées a été réduite de 27 à 19 %. Dans la même période, la production agricole s'est accrue de 6 % par an et les exportations agricoles ont connu une croissance encore plus rapide.
Les bases de la croissance agricole rapide du Vietnam ont été jetées en 1986. Un programme de réforme économique a donné aux agriculteurs la maîtrise de la terre, leur a permis d'augmenter leurs ventes sur les marchés intérieur et extérieur et a réduit la fiscalité agricole. Par ailleurs, le Vietnam n'a supprimé que lentement ses subventions internes à l'agriculture et ses protections aux frontières contre les importations. Une campagne agressive d'éradication de la pauvreté, qui a encouragé les investissements dans les infrastructures rurales, a également contribué à renforcer la production agricole et à réduire la faim.

Pnud, Rapport annuel – 2003.

10. Échec du sommet de l'OMC à Cancun (septembre 2003)
Devant la persistance des subventions agricoles des États-Unis et de l'Europe, les pays du Sud ont refusé la libéralisation des échanges agricoles. (Dessin de Chapatte, *Le Temps* – Septembre 2003.)

Questions

1. Décrivez la situation alimentaire et agricole des pays du Sud (1, 2, 4, 5, 8).
2. Par quels mécanismes les pays du Nord dominent-ils le commerce agricole mondial (3, 5, 6, 7, 8, 10) ? Quels sont les griefs formulés contre les pays du Nord et l'OMC ?
3. À quelles conditions la situation des pays du Sud peut-elle s'améliorer (2, 5, 8, 9) ?

Cahiers du BAC

Composition

Sujet Bac n°1 Unité et diversité de l'espace mondial

Sujet Bac n°2 La mondialisation, aspects, acteurs, limites

Étude d'un ensemble documentaire

Sujet Bac n°3 La mondialisation, un monde organisé par les échanges ?

Sujet Bac n°4 La mondialisation, vers un monde uniformisé ?

Croquis

Sujet Bac n°5 L'espace mondial : centres d'impulsion et flux

Sujet Bac n°6 L'espace mondial, des Nords et des Suds ?

La rédaction d'une composition exige une démarche en quatre étapes

Étapes de la composition		Méthode
1 Analyser le sujet	• **Dans un premier temps lisez attentivement le sujet**	• Afin d'éviter les hors-sujets, de délimiter le sujet dans l'espace… • Chercher les implications des mots de liaison : *et, dans, ou…*
	• **Puis recherchez les mots-clés**	• Pour en préciser le sens et éclairer le sujet.
2 Poser la problématique	• **Dans un premier temps recherchez les questions que la formulation du sujet induit**	• Quel problème géographique pose le sujet ? • Comment les phénomènes abordés dans le sujet se traduisent-ils dans l'espace (contrastes régionaux, dynamiques spatiales…) ? • Quels sont les facteurs explicatifs ? • Quels éléments permettent de nuancer, de limiter la question ou l'affirmation du sujet ?
	• **Puis formulez la problématique**	• Formuler la ou les questions qui seront le fil directeur de la composition.
3 Élaborer le plan	• **Dans un premier temps mobilisez vos connaissances**	• Faire le point, au brouillon, des arguments, des exemples indispensables au traitement du sujet.
	• **Puis classez vos connaissances**	• Rassembler les informations retenues en 2 ou 3 thèmes formant une réponse au sujet. Le plus souvent, commencer par le constat descriptif, avant de présenter les explications puis terminer par les nuances, les limites à apporter à la réponse au problème posé.
4 Rédiger la composition	• **Votre introduction doit :**	– présenter l'intérêt du sujet ; – mettre en évidence la ou les problématiques ; – annoncer le plan.
	• **Votre développement :**	– est organisé en 2 ou 3 parties, divisées en paragraphes présentant un ensemble d'arguments accompagnés d'exemples ; – comporte une phrase de transition entre chacunes de ces parties.
	• **Votre conclusion doit :**	– présenter le bilan du devoir en rappelant brièvement les réponses apportées au problème posé ; – élargir les perspectives du sujet dans le temps ou dans l'espace.

Sujet BAC n° 1 Unité et diversité de l'espace mondial

Introduction

Le monde est divers et divisé. Pourtant, il est fréquent de le comparer à un « village planétaire ». Qu'en est-il en réalité ? La diversité de l'espace mondial est-elle en recul face à la mondialisation, ou bien la mondialisation et la diversification du monde vont-elles de pair ? Après avoir identifié les signes de l'uniformisation du monde, on s'appliquera à montrer que la diversité demeure et qu'elle débouche parfois sur des concurrences et des conflits qui sont source supplémentaire de diversité de la planète.

Développement

1re partie

1. Les signes de l'uniformisation de l'espace mondial

- L'intensification et l'accélération des échanges et des migrations contribuent à la diffusion d'une « culture universelle ». Il en est de même avec la mise en place de moyens de communication ou de télécommunication rapides (Internet...).
- Le modèle de société marchande s'étend, véhiculé par les firmes transnationales ; les flux économiques explosent, multipliant les interdépendances.
- L'existence d'organisations internationales (ONU, FMI...) ou régionales (UE, Alena...) réduit les particularismes, multiplie les échanges et aide à la prise de conscience du caractère global des phénomènes géopolitiques ou environnementaux.
- La fin de la bipolarisation a favorisé une extension du monde démocratique et fait des États-Unis le seul « gendarme » du monde.

Transition

À l'heure de la mondialisation accélérée, la diversité du monde demeure cependant.

2e partie

2. Un monde encore fragmenté

- De grandes aires culturelles aux caractères distincts.
- Des États en nombre croissant et se différenciant de multiples façons (étendue, population, organisation interne...).
- Des inégalités économiques grandissantes.

Transition

Cette diversité peut déboucher sur des rivalités plus ou moins fortes.

3e partie

3. La multiplication des formes de résistance et de concurrence

- Des États restent à l'écart de la mondialisation et du modèle général
- On assiste à une affirmation des identités culturelles et à un regain de nationalisme à l'origine de nombreux conflits ethniques ou religieux.
- Les regroupements régionaux attisent les concurrences.

Conclusion

Le développement des moyens de communication et l'influence grandissante des réseaux favorisent l'émergence d'un « seul monde ».
Mais l'heure du « village planétaire » n'a pas encore sonné : l'infinie variété de la planète trouve largement à s'exprimer à toutes les échelles.

Entraînement

1. Dans l'introduction, quelle(s) phrase(s) :
   - montre(nt) l'intérêt du sujet ?
   - met(tent) en évidence la problématique ?
   - annonce(nt) le plan de la composition ?
2. Relevez les idées-maîtresses de chacune des parties du devoir.
3. Quelle partie du devoir apporte des nuances à la question posée par le sujet ?
4. Combien de paragraphes comporte la première partie du devoir ?
5. Proposez une autre phrase de transition entre la première et la deuxième partie.
6. Listez les exemples nécessaires pour illustrer les trois paragraphes de la deuxième partie de la composition.
7. Rédigez la troisième partie du devoir à l'aide d'exemples précis.
8. Retrouvez les composantes de la conclusion.

La rédaction de l'introduction doit être organisée autour de quatre éléments

Rédiger l'introduction de la composition

• **Présentez l'intérêt du sujet**	***La mondialisation est désormais vécue au quotidien par chaque personne.***
• **Précisez le sens des mots-clés du sujet**	***Elle se caractérise*** *comme un ensemble généralisé d'échanges de biens et de services entre les différents points de la planète.* *Si des échanges se sont développés à l'échelle du monde depuis la fin du XXIe siècle, c'est dans les dernières dizaines d'années que le processus est devenu dominant pour structurer le monde.*
• **Mettre en évidence les idées directrices, le problème posé par le sujet**	***Quelles sont les causes*** *de cette accélération récente des échanges ?* ***Peut-on évaluer*** *l'importance du phénomène à l'échelle du monde ?*
• **Indiquez le plan de la composition**	***Dans un premier temps,*** *on évoquera les caractères principaux de la mondialisation,* ***avant*** *de chercher quels en sont les acteurs et* ***enfin*** *les limites.*

La rédaction de chacune des parties de la composition doit être organisée rigoureusement

Rédiger une partie du développement de la composition

Exemple de la 1re partie du plan de la composition

La première phrase doit annoncer l'idée maîtresse de la partie	***La mondialisation résulte en premier lieu d'une explosion des échanges à l'échelle du monde.***
Dans chaque partie, organisez le développement des idées en paragraphes bien individualisés	***Depuis la fin de la Seconde Guerre mondiale, l'expansion des échanges est continue.*** *Leur croissance en volume comme en valeur est permanente. Les produits manufacturés occupent une place grandissante notamment par rapport aux produits bruts ou peu élaborés.*
Mettez en évidence le début du paragraphe par un retrait de la phrase	*L'origine de ces flux est bien identifiée. L'Amérique du Nord, l'Europe occidentale et l'Asie orientale constituent les trois pôles de la Triade.*
Des exemples pour soutenir l'argumentation	***La production des biens et les marchés financiers sont de plus en plus internationalisés.*** *Les investissement directs à l'étranger (IDE), réalisés par les FTN, ont entraîné la délocalisation des unités de production et de ce fait multiplié les flux de marchandises. Il en est de même en ce qui concerne l'apparition d'un marché financier planétaire entre les grandes places financières de la Triade. Cela se traduit par un poids accru des grandes métropoles et des littoraux portuaires. Ainsi s'explique l'importance de quelques villes-mondiales (New York, Tokyo, Londres ou Paris) et des façades maritimes (façades atlantique de l'Amérique du Nord, de l'Europe rhénane, de l'Asie orientale).*
	La mondialisation c'est aussi une plus grande mobilité des hommes. *Migrations de travail ou pour raisons politiques (réfugiés), sans oublier les flux considérables de touristes qui sillonnent l'espace mondial.*
Prévoyez toujours une transition afin de souligner l'articulation entre deux parties de votre devoir	*Quels mécanismes sont en œuvre pour expliquer la mondialisation ?*

Sujet BAC n° 2 La mondialisation, aspects, acteurs, limites

Entraînement

Partie 2

2. La mondialisation, un processus mené par des acteurs puissants et variés

Paragraphe 1

- **Un contexte favorable**
  - Le développement du multilatéralisme : cycles de négociations du GATT, puis action de l'OMC.
  - La dérégulation des marchés financiers.
  - La révolution des transports (conteneurs).

  (Leçon 2 p. 26 et Cartes Majeures p. 23).

Paragraphe 2

- **Des acteurs transnationaux**
  - L'agent privilégié de la mondialisation : les FTN.
  - Des choix territoriaux décisifs (investissements, délocalisations...).
  - Les autres réseaux très actifs : diasporas, réseaux illicites, mafias...

  (Leçon 2 p. 26 et Dossier p. 30.)

Paragraphe 3

- **Les États jouent toujours un rôle important**
  - La régionalisation croissante du monde (UE, Alena...).
  - La compétitivité accrue des territoires.
  - Le poids des États les plus puissants dans les organisations internationales.

  (Leçon 2 p. 26, Leçon 2 p. 44 et Carte Majeure 3 p. 41.)

Transition *La mondialisation est-elle un phénomène achevé qui touche toute la planète ?*

Partie 3

3. La mondialisation, un processus largement inachevé

Paragraphe 1

- **Une mondialisation très sélective**
  - Les flux sont très polarisés.
  - Les inégalités Nord/Sud encore fortes.
  - La marginalisation de l'Afrique ; les PMA en marge.
  - Un espace de plus en plus fragmenté : archipel des grandes métropoles.

  (Leçon 3 p. 28 et Carte Majeure 3 p. 39, Cartes Majeures p. 22-23.)

Paragraphe 2

- **Les civilisations toujours présentes**
  - Les spécificités des marchés nationaux n'ont pas disparu.
  - Importance du culturel et du religieux dans les sociétés.
  - Essor même de replis identitaires, parallèlement à la mondialisation.

  (Leçon 3 p. 46 et Carte Majeure 1 p. 40.)

Paragraphe 3

- **La société-monde n'existe pas encore**
  - Faiblesse des régulations par les organismes internationaux.
  - Les ONG : une force de mobilisation, pas de décision.
  - Montée des résistances à la mondialisation libérale.

  (Leçon 2 p. 26, Leçon 1 p. 42.)

Conclusion

Bilan • La mondialisation apparaît comme le processus majeur de structuration du monde.

Perspectives • Cependant, la mondialisation n'uniformise pas le monde ; elle crée de nouvelles différenciations et suscite des réactions d'opposition.

Méthode de l'étude d'un ensemble documentaire

En quoi consiste l'exercice

- **Le candidat doit répondre à un sujet à partir d'un ensemble documentaire et de ses connaissances.**

Pour cela, il dispose d'un ensemble de cinq documents au maximum (cartes, croquis, graphiques, schémas, photographies, images, textes…) et de questions (5 au maximum).

- **L'exercice se déroule en deux parties.**

Dans une 1re partie, il faut analyser l'ensemble documentaire en répondant aux questions

- Celles-ci se rapportent aux documents.
- Elles invitent le candidat à :
  - relever des informations, à identifier des notions ou des thèmes importants, à mettre en relation les documents ;
  - montrer l'intérêt et les limites d'un document ou de l'ensemble documentaire par rapport au sujet.

Dans une 2e partie, il faut rédiger une réponse au sujet

- À l'aide des réponses aux questions, d'autres informations tirées des documents et des connaissances personnelles, le candidat rédige une réponse organisée au sujet.
- La réponse n'est pas limitée en longueur.

La réalisation de l'étude d'un ensemble documentaire exige une démarche en trois étapes

Étapes de l'étude	Méthode	
1 Avant de commencer l'exercice	• **Lisez le sujet et l'ensemble documentaire**	
	• **Recherchez la problématique**	• Pour cela repérer : – **les mots** qui indiquent le thème central du dossier ; – **l'échelle ou les échelles** auxquelles on doit travailler. ***Conseil :*** *ce travail préliminaire facilitera ensuite votre compréhension des questions.*
2 Partie 1 Répondre aux questions	• **Analyse des questions**	• Lire attentivement les questions en **relevant les mots importants** qui guideront votre travail. • Se demander si la question invite à : – rechercher des informations dans un document ; – mettre en relation plusieurs documents ; – identifier une notion ; – montrer l'intérêt ou les limites des documents (ou de l'un d'eux) par rapport au sujet. ***Conseil :*** *lire rapidement toutes les questions afin de bien répartir les réponses entre les questions.*
	• **Travail sur les documents**	• Relever dans le ou les documents concernés les informations utiles au traitement de la réponse. • Identifier le ou les espaces concernés par les informations fournies par les documents. • Écarter toutes les informations sans rapport avec le sujet. ***Conseil :*** *travailler directement sur les documents en entourant, encadrant, surlignant… les informations importantes.*
	• **Rédaction des réponses aux questions**	• Répondre à chaque question à l'aide du travail effectué sur les documents.

3 Partie 2
Rédiger la réponse au sujet

• **Mobilisation des informations pour répondre au sujet**	• À partir des éléments du dossier documentaire. • En utilisant vos connaissances. ***Conseil :*** *pour cela vous pouvez vous demander quelles informations :* *– décrivent le phénomène géographique étudié ;* *– expliquent ce phénomène ;* *– le localisent dans l'espace ;* *– nuancent ou limitent son importance.*
• **Organisation de la réponse**	• Regrouper en paragraphes les informations et les connaissances retenues. ***Conseil :*** *ne pas oublier le sujet ! Les informations et les connaissances doivent former une réponse cohérente à la problématique du sujet.*
• **Rédaction de la réponse au sujet**	• Une phrase ou deux phrases introductives rappelant la problématique. • Une idée maîtresse avec arguments et exemples à l'intérieur de chaque paragraphe. • Une ou deux phrases finales de mise en perspective du thème abordé dans le sujet. ***Conseil :*** *débuter chaque paragraphe par une idée maîtresse.*

Sujet BAC n° 3 La mondialisation, un monde organisé par les échanges ?

1. Les échanges de produits manufacturés (2002)

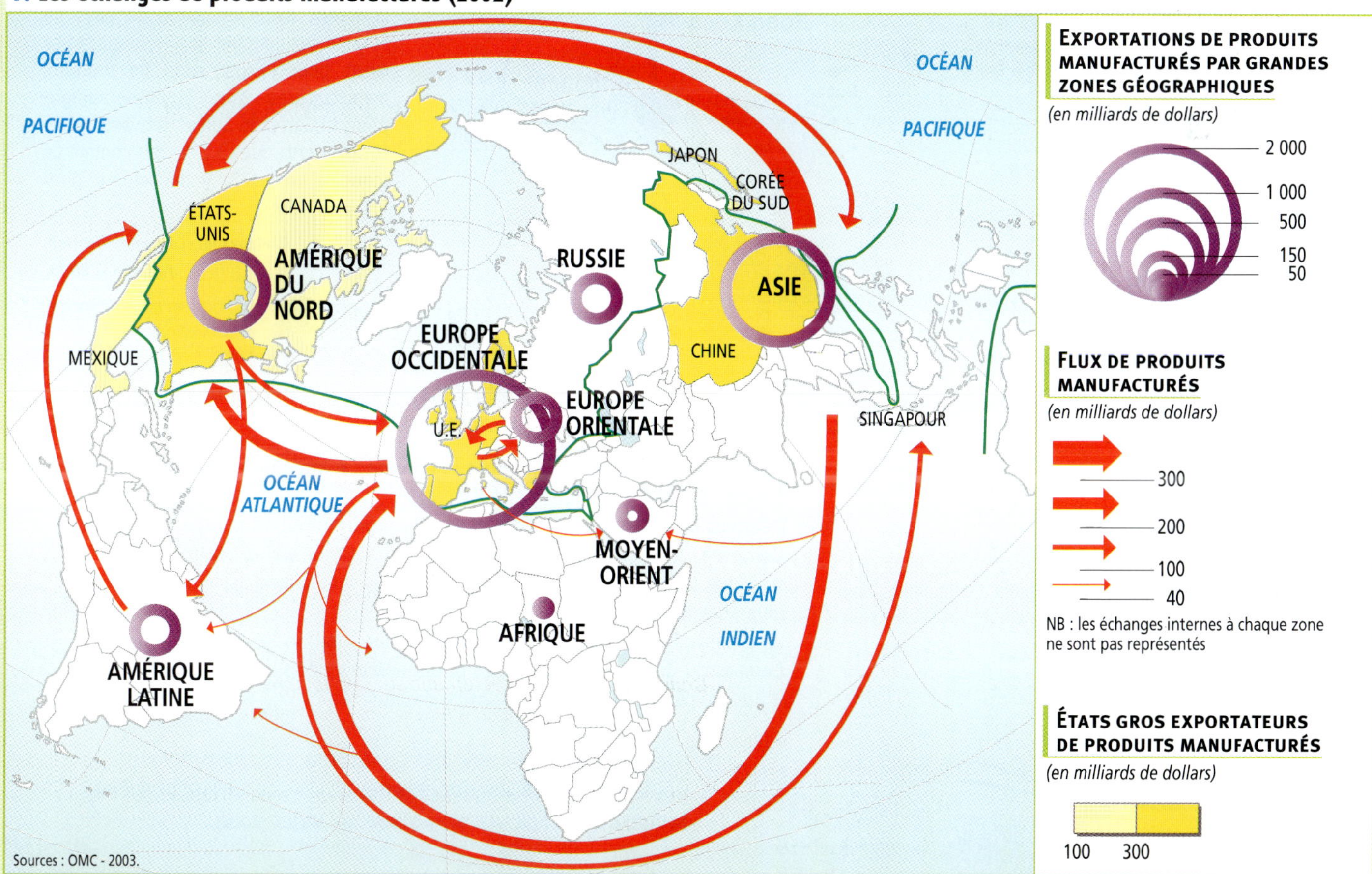

2. Les exportations de services (2002)

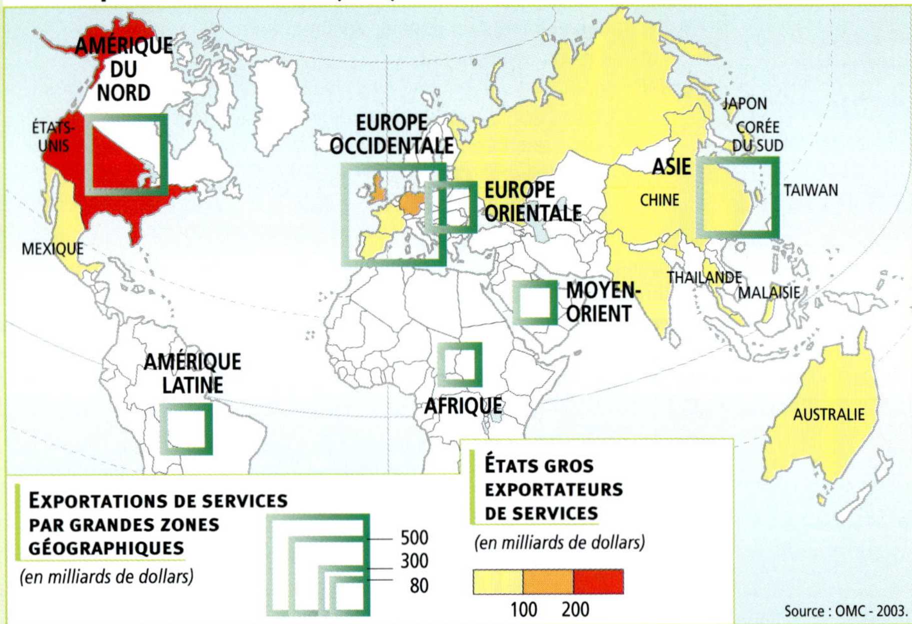

4. Les grands ports de conteneurs (2002)

3. L'essor des échanges

En quarante ans, le niveau des protections douanières a été divisé par 7 pour s'établir à 5 % en moyenne vers 1990. La libéralisation des échanges, associée aux progrès des transports et des communications, a contribué au gonflement des flux commerciaux qui ont évolué dans leur nature et leur configuration.

Les flux de matières premières et de sources d'énergie sont sans cesse plus importants ; mais en poids relatif et en valeur, ils sont passés au second plan, loin derrière les produits manufacturés : entre 1960 et 1990, la part de ceux-ci est passée de 50 à 75 %. Le fait nouveau est la montée des services dont le commerce progresse beaucoup plus vite que celui des marchandises.

Six pays occidentaux assuraient en 1955 la moitié du commerce mondial, chiffre maintenu en 1973 ; en 1999, leur poids relatif est légèrement plus faible (44 %) mais le poids de l'ensemble des pays industrialisés s'est renforcé avec 69 % du commerce mondial. Le commerce entre le Nord et le Sud n'est cependant pas secondaire ; pour beaucoup de pays du Sud, il s'agit de vendre des matières premières agricoles ou minérales. Le fait nouveau du dernier quart de siècle est le rôle croissant d'une douzaine de pays du Sud sur les marchés extérieurs, notamment pour l'exportation de produits manufacturés. Ainsi la Chine, Singapour, la Corée du Sud et Taiwan, qui ne totalisaient que 3,2 % du commerce mondial en 1973, y participent pour 15 % en 1999.

C. Manzagol, *La mondialisation*, A. Colin – 2003.

5. Évolution du commerce mondial (exportations)

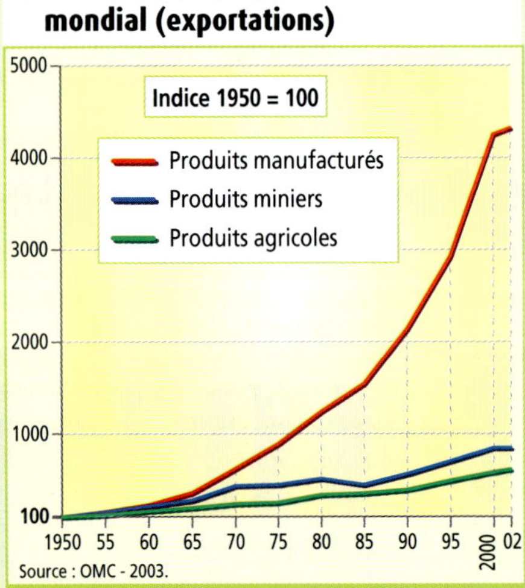

1re Partie — **Analysez l'ensemble documentaire en répondant aux questions suivantes.**

1. D'après les documents, comment le commerce mondial a-t-il évolué depuis les années 1950 ? Expliquez cette évolution.
2. Décrivez la géographie des échanges de produits manufacturés (doc. 1 et 4).
3. Comparez les échanges de produits manufacturés aux exportations de services (doc. 2 et 3). Que recouvre le terme de « services » utilisé dans plusieurs documents ?
4. La géographie des échanges traduit-elle l'opposition Nord/Sud ?
5. Limites du dossier : quels flux et quels acteurs de la mondialisation n'apparaissent pas dans l'ensemble documentaire ?

2e Partie — **À l'aide des réponses aux questions, des informations contenues dans les documents et de vos connaissances, rédigez une réponse organisée au sujet posé.**

Étapes		Entraînement
1 Analyse du sujet	• **Le sujet**	• Le terme « **mondialisation** » indique le thème central de l'ensemble documentaire ; les termes « **organisation** » et « **échanges** » invitent à montrer en quoi les flux sont le trait majeur de la mondialisation.
	• **Les documents**	• Ils font apparaître l'importance des échanges, leur nature, les espaces et lieux de la mondialisation.
2 Partie 1 Réponse aux questions	• **Analyse des questions**	• Indiquez quelles questions exigent : – la recherche d'informations précises dans un document ; – la mise en relation de plusieurs documents ; – la définition d'une notion ; – l'identification des limites du dossier.
	• **Travail sur les documents**	• Sélectionnez, dans les documents, les informations utiles au traitement des cinq questions. ***Conseil :*** *n'oubliez pas de noter à quelle échelle le phénomène est abordé : échelle mondiale, des grands ensembles géographiques, des États, des villes...*
	• **Réponses aux questions** *Référence au document*	• Répondez aux questions en exploitant le travail effectué sur les documents. ***Exemple de réponse possible à la question 1.*** *Le document 5 montre que, depuis les années 1950, la croissance des échanges et forte et continue.* *C'est le cas surtout du commerce des produits manufacturés qui dépassent largement la part des autres marchandises, notamment les produits agricoles et miniers. Le commerce des produits manufacturés alimente les 3/4 des échanges. À l'échelle de la planète, il donne naissance à des flux considérables entre les pays exportateurs. Mais, aujourd'hui, les échanges de services progressent plus vite que les échanges de marchandises.* *L'explication d'un tel phénomène est lié à la disparition des barrières douanières (document 3). La libéralisation des échanges est à la base de la mondialisation.* *Néanmoins les échanges, notamment ceux de marchandises, n'auraient pas explosé depuis l'après guerre sans d'importants progrès dans le domaine des transports (utilisation des conteneurs, document 4), et des communications.*
3 Partie 2 Rédaction de la réponse au sujet	• **Mobilisation des informations et organisation de la réponse**	• À partir des informations tirées des documents et des connaissances, vous pouvez dégager deux thèmes : – les échanges, caractère majeur de la mondialisation ; – les échanges organisent l'espace mondial.
	• **Rédaction de la réponse**	• Rédigez la réponse au sujet en utilisant les Leçons 1 à 3 p. 24 à 28.
	Phrase introductive	Comment les échanges traduisent-ils le phénomène de mondialisation ?
	1er paragraphe	**Les échanges, caractère majeur de la mondialisation** – Un essor considérable des échanges. – Des échanges dominés par les produits manufacturés et les services.
	2e paragraphe	**Les échanges organisent l'espace mondial** – À l'échelle du monde : un petit nombre de pays participent aux échanges. – À l'échelle des États : les grands ports, lieux privilégiés de la mondialisation.
	Phrase de conclusion	Les échanges sont le fondement même de la mondialisation. Mais ils n'effacent pas les grands contrastes de l'espace mondial.

Sujet BAC n° 4

La mondialisation, vers un monde uniformisé ?

1. McDo en Arabie-Saoudite

McDonald's est aujourd'hui un empire de près de 31 000 restaurants implantés dans 119 pays. Le pionnier de la restauration rapide standardisée s'adapte de plus en plus aux cultures locales.

3. L'implantation des magasins de la marque espagnole de vêtements Zara

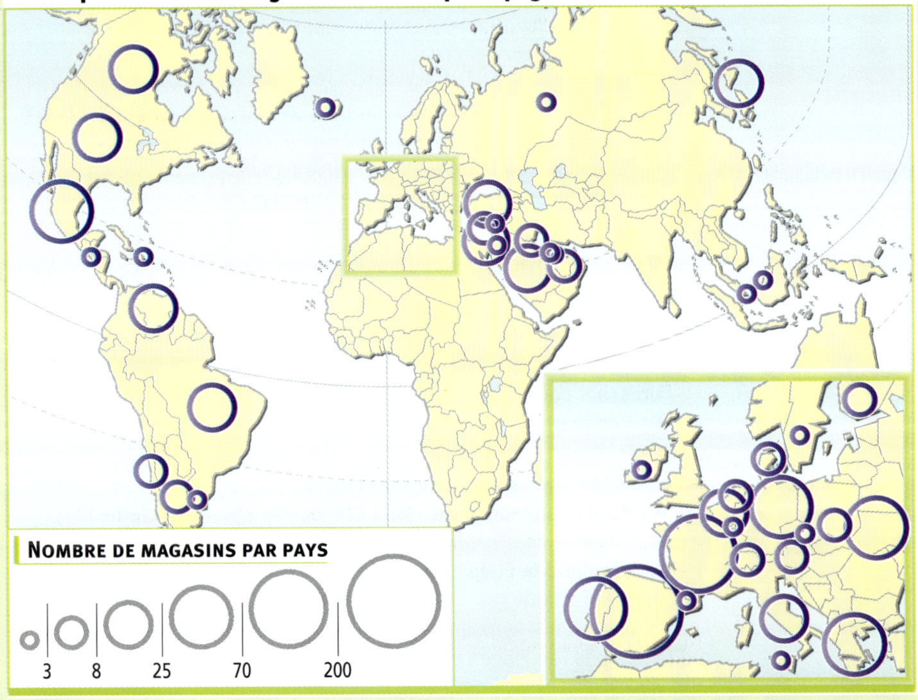

2. Un seul monde ?

Les entreprises ont exporté leurs méthodes de production. Les unités d'assemblage de Renault au Brésil ne sont pas très différentes de celles mises en place dans l'Hexagone. Question d'économies d'échelle mais aussi de respect des normes. Les chaussures fabriquées par les ouvriers chinois des sous-traitants de Nike doivent en effet répondre aux normes des pays du Nord, où elles sont écoulées. Une homogénéisation également présente dans le secteur des services, du fait de l'essor du travail à distance, grâce aux technologies de la communication.

En aval, cette dynamique se traduit par une diffusion toujours accrue de biens de consommation standardisés. En témoigne le fleurissement des mêmes enseignes dans les grandes villes des pays développés, voire des pays émergents. McDonald's bien sûr, mais aussi désormais Starbucks Coffee, Zara, H&M, Gap, Virgin, Ikea... Le groupe espagnol Zara possède plus de 600 magasins dans 45 pays du monde, et pas seulement dans les pays riches, puisqu'il est aujourd'hui bien implanté en Amérique latine. Et son site déclare comme un programme qu'« aucune frontière ne peut empêcher de partager une même culture du vêtement ».

Faut-il en conclure que le monde est en voie de standardisation, voire de McDonaldisation ? Derrière les apparences d'une certaine convergence, la variété des modèles économiques persiste dans le long terme. Comme l'explique le PDG de Saint-Gobain, Jean-Louis Beffa : les grands groupes industriels européens restent fermement enracinés dans leurs systèmes juridiques nationaux.

Cette hybridation est également sensible du point de vue du consommateur : Peugeot s'est ainsi allié avec un constructeur local pour sortir sur le marché chinois une version sinisée de la 307. McDonald's adapte ses menus culinaires à chaque pays et propose du gaspacho à ses clients espagnols.

M. Chevallier,
***Alternatives Économiques*, n° 59 – 2004.**

4. Carte Majeure : Les mosaïques des civilisations

(Se reporter à la carte 1 page 40.)

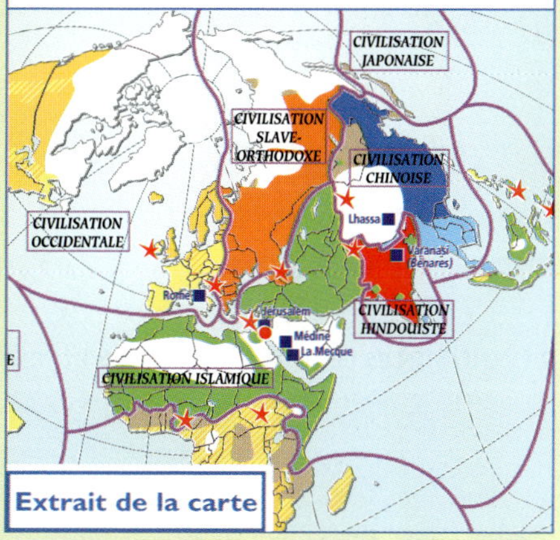

1re Partie **Analysez l'ensemble documentaire en répondant aux questions suivantes.**

1. À l'aide des **documents 1** et **3**, justifiez l'expression utilisée dans le **texte 2** « un monde en voie de standardisation ».
2. Quelles logiques d'organisation du monde font apparaître les **documents 3** et **4** ?
3. En quoi la mondialisation de l'économie est-elle responsable de l'uniformisation du monde ?
4. Le découpage du monde en aires de civilisations est-il encore pertinent ?
5. Quelles limites à l'uniformisation du monde n'apparaissent pas dans l'**ensemble documentaire** ?

2e Partie **À l'aide des réponses aux questions, des informations contenues dans les documents et de vos connaissances, rédigez une réponse organisée au sujet posé.**

Étapes		Entraînement
1 Partie 1 Réponse aux questions	• **Analyse des questions**	• Dans les questions que faut-il comprendre par : – « standardisation » (question 1) ? – « logiques d'organisation du monde » (question 2) ? – « limites à l'uniformisation du monde » (question 5) ?
	• **Travail sur les documents**	• Sélectionnez dans les documents les informations utiles au traitement des cinq questions. ***Conseil :*** *n'oubliez pas de lire toutes les questions avant de répondre.*
	• **Réponses aux questions** *Références aux documents*	• Répondez aux questions en exploitant le travail effectué sur les documents. ***Exemple de réponse possible à la question 2.*** *Les documents 3 et 4 font apparaître deux logiques diamétralement opposées de l'organisation du monde.* *La carte des aires de civilisations et des religions montre les fondements même du monde actuel. Les civilisations sont des produits de l'histoire la plus lointaine. Chaque civilisation a des caractéristiques particulières : culture, langue et aussi religion. Ces aires sont bien délimitées dans l'espace.* *Le document 3 révèle une logique d'organisation du monde bien plus actuelle. La firme espagnole Zara est présente dans la quasi-totalité du monde. Elle diffuse de ce fait une « même culture du vêtement » (expression utilisée dans le texte 2). Ici la logique d'organisation qui prévaut est celle de la mondialisation de l'économie.* ***Pistes de réponses à la question 5.*** L'uniformisation du monde se heurte : – à la logique des États (Utiliser la Leçon 2 p. 44.) ; – à la création d'organisations régionales (Utiliser la Leçon 2 p. 44.) ; – aux inégalités de richesse et de développement : la mondialisation s'adresse à une partie du monde seulement (Utiliser les Cartes Majeures p. 22-23 et Problématiques p. 18-19.)
2 Partie 2 Rédaction de la réponse au sujet	• **Mobilisation des informations et organisation de la réponse**	• À partir des informations tirées des documents et des connaissances personnelles, vous pouvez dégager deux thèmes : – un monde de plus en plus uniforme ; – une diversité de l'espace mondial qui persiste.
	• **Rédaction de la réponse**	• Rédigez la réponse au sujet en utilisant les Chapitres 1 et 2.

La réalisation d'un croquis de géographie exige une démarche en quatre étapes

Étapes de la réalisation	Méthode
1 Analyser le sujet	• Pour cela s'interroger sur le **sens des termes** du sujet, sur ses **limites** géographiques et sa **problématique.**
2 Lister les informations qu'il faudra cartographier	• **Rassembler, au brouillon,** les **informations** qu'il faudra représenter afin de répondre à la question posée par le sujet.
3 Organiser la légende du croquis	• En fonction du sujet, **classer les informations** en 2, 3 ou 4 grandes rubriques.
4 Construire le croquis	• **Choisir les figurés** qui conviennent (Utiliser Le langage cartographique p. 368.) • **Réaliser** le croquis. • **Ce croquis doit comporter** : – un **titre** correspondant au sujet ; – une **légende organisée** où chacune des rubriques est précédée par un sous-titre correspondant au thème cartographié ; – des **figurés et des couleurs** adaptés ; – une **nomenclature** différenciée selon les types d'informations : nom des principales régions et villes, des États, océans… • La **réalisation** doit être **soignée**.

Un titre

Croquis : Les centres d'impulsion et les flux org

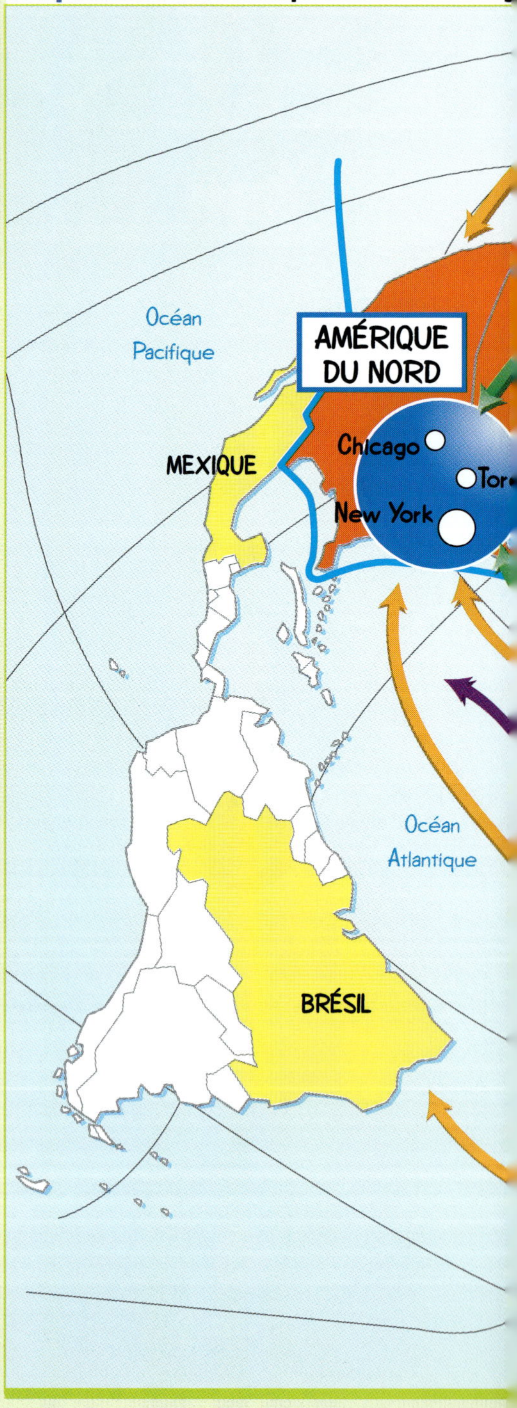

Entraînement

1. Quelles sont les limites géographiques du sujet ? Quel est le sens de chacun des termes du sujet ? À quelle problématique le **croquis** doit-il répondre ?

2. À l'aide du **croquis**, relevez les informations cartographiées. Quelles informations traduisent les centres d'impulsion ? Les flux ?

3. Combien de rubriques la **légende** possède-t-elle ?

4. Quels types de figurés sont présents sur le **croquis** ?

5. Quel autre titre pourrait-on donner au **croquis** ?

6. Vérifiez la nomenclature du **croquis**. Pourquoi l'écriture et la taille des noms ne sont-elles pas les mêmes pour toute la nomenclature ?

Sujet BAC nº 5

L'espace mondial : centres d'impulsion et flux

Des figurés adaptés

Une nomenclature différenciée

nt l'espace mondial

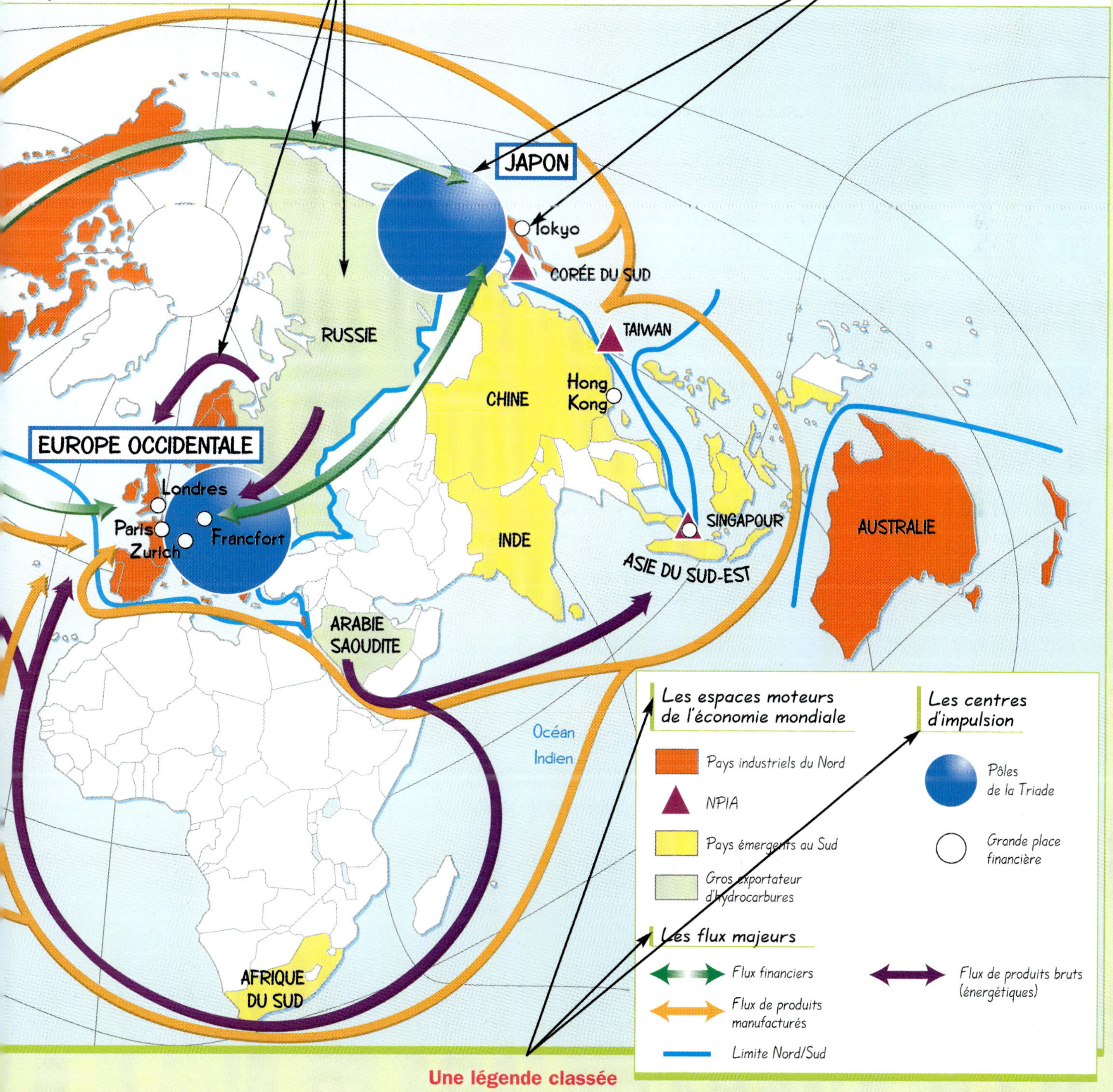

Une légende classée

Sujet BAC n° 6 L'espace mondial, des Nords et des Suds ?

Entraînement

Quelles informations sont cartographiées sur le croquis ?

- Relevez les informations représentées sur le **croquis**. Lesquelles montrent :
  - les contrastes de richesse ?
  - les contrastes de développement ?
- Quelles informations traduisent la puissance économique des États ?
- Les États les moins développés du monde apparaissent-ils ?

Quelle est l'organisation de la légende ?

- Combien de rubrique la **légende** comporte-t-elle ?
- Les sous-titres forment-ils une réponse au sujet ? Justifiez votre réponse.

Comment le croquis est-il réalisé ?

- Quels types de figurés a-t-on utilisés pour réaliser le **croquis** (Utiliser le Le langage cartographique p. 368) ?
- Quels autres figurés aurait-on pu utiliser pour représenter les informations des rubriques 2 et 3 de la **légende**.
- Vérifiez la nomenclature et le titre du **croquis**. Proposez un autre titre.

Le croquis répond-il au sujet ?

- Le **croquis** montre-t-il :
  - le contraste de richesse et de développement entre les pays du Nord et ceux du Sud ? Justifiez votre réponse ;
  - les contrastes de richesse et de développement au sein des deux ensembles ? Justifiez votre réponse.
- À l'aide du **croquis**, que concluez-vous sur l'inégal développement dans le monde ?

Pour réussir le croquis

1. Commencez par **colorier les différents types d'espaces** en utilisant les plages colorées

⇨ *Utilisez plutôt des crayons de couleur.*

2. Ajouter ensuite toutes **les informations traduites par des figurés ponctuels et des traits.**

⇨ *Utilisez des feutres.*

3. Rédiger la nomenclature

⇨ *L'écriture doit être horizontale et la taille des noms identique pour un même type d'information.*

Croquis : L'espace mondial, de forts contrastes

veloppement

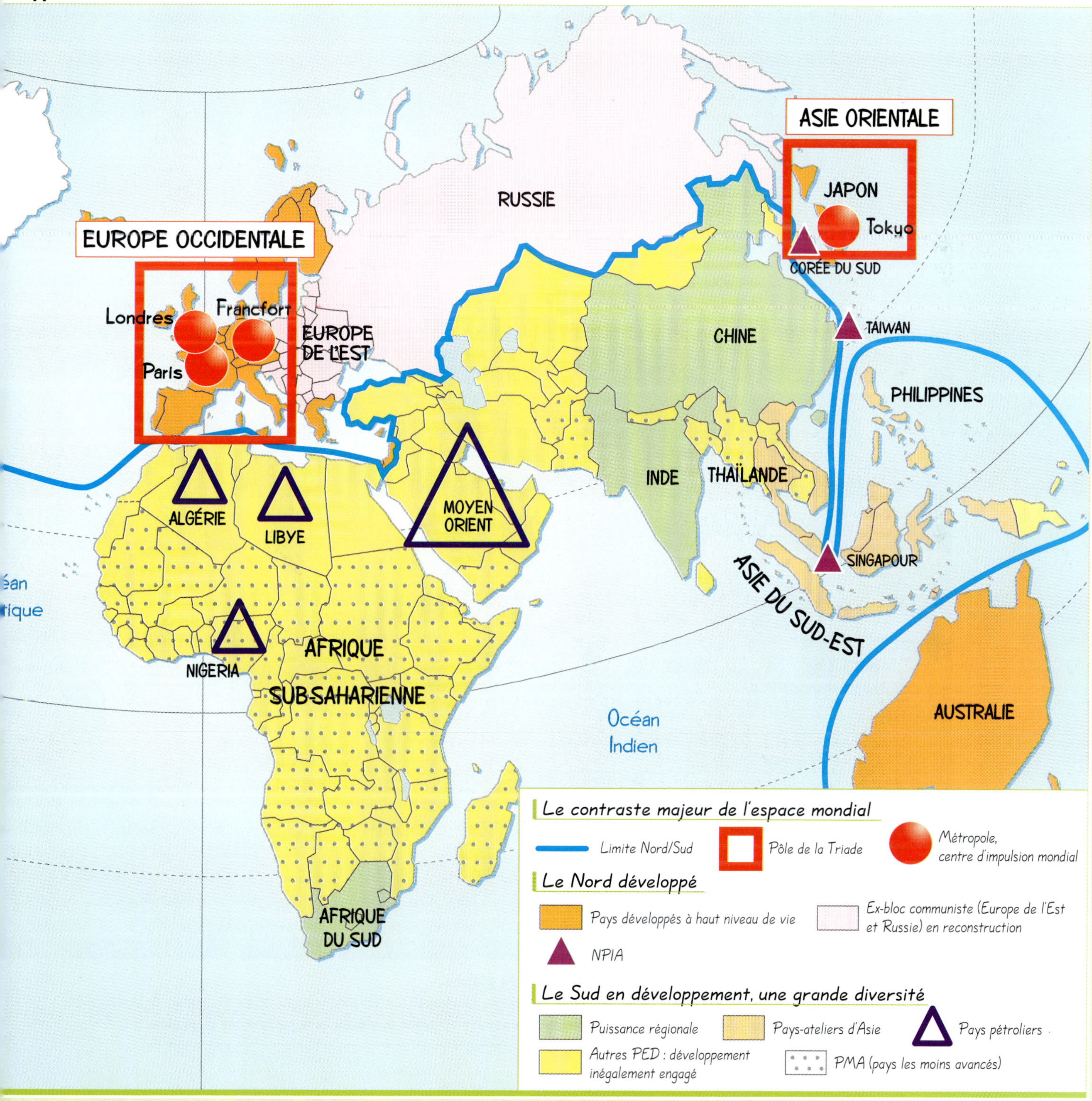

Les trois grandes aires de

Manhattan, un des grands centres de décision de la planète
Malgré les attentats du 11 septembre 2001, Manhattan présente toujours une incomparable concentration de sièges sociaux d'entreprises, de banques, d'organismes internationaux qui font de New York le symbole de l'hyperpuissance américaine et le centre de la principale aire de puissance.

puissance dans le monde

PARTIE 2

INTRODUCTION
PARTIE 2

Qu'est-ce qu'une aire de puissance ?

• Une « aire de puissance » est une partie de l'espace mondial qui concentre des activités de production, des capacités d'innovation et des pouvoirs de décision qui lui permettent d'avoir une influence forte dans l'économie et le jeu politique mondial, influence renforcée le plus souvent par un poids démographique important.

• Les flux commerciaux, financiers et décisionnels sont très forts à l'intérieur de chaque aire de puissance, et entre les principales d'entre elles.

• Les trois aires de puissance dominantes : Amérique du Nord, Union européenne et Asie orientale sont centrées sur un énorme noyau mégalopolitain de plusieurs dizaines de millions d'habitants, d'où partent les impulsions majeures.

1 L'Amérique du Nord : l'aire de puissance dominante

➡ **Sa place, la première, est due d'abord à la domination des États-Unis**, dont la prépondérance s'est dessinée à partir du début du XXe siècle, pour s'affirmer après la Seconde Guerre mondiale.

➡ En 1992, les accords de l'Association de libre-échange de l'Amérique du Nord **(ALENA* ou NAFTA)** ont permis la mise en place **d'une union douanière entre les États-Unis, le Canada et le Mexique**. La circulation des capitaux et des marchandises est libre, mais pas celle des travailleurs ; il n'y a pas non plus d'intégration politique ou monétaire, à part celle liée à la prépondérance des États-Unis et de leur dollar.

➡ **La façade atlantique, la première mise en valeur, garde un poids considérable** dans cette aire de puissance nord-américaine fort étendue, avec notamment la **Mégalopole*** qui s'étend des rives du Saint-Laurent jusqu'au Sud de Washington.

L'Amérique conquérante
Time – 26 janvier 2004.

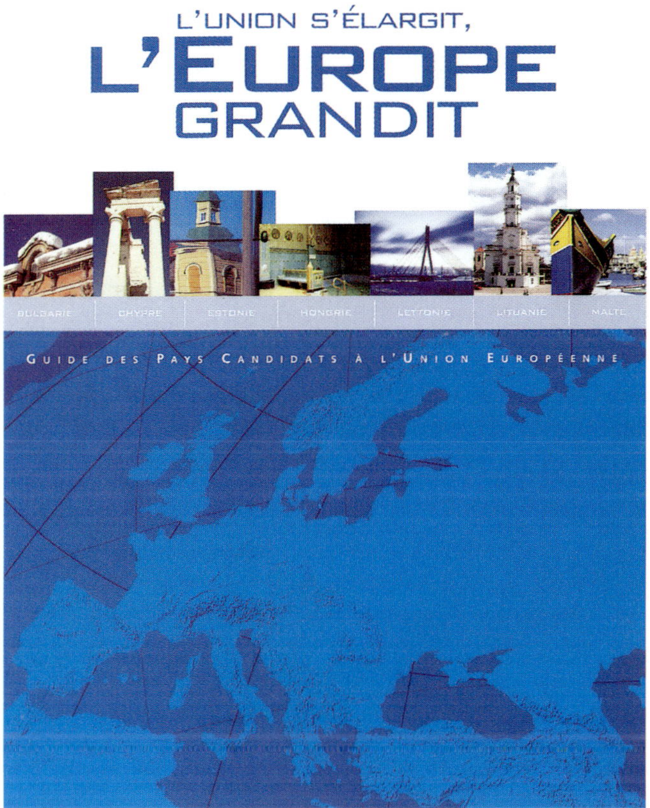

L'Union européenne à 25
Une nouvelle Europe se dessine.
(Brochure de la Communauté européenne.)

2 L'Union européenne : l'aire de puissance en recomposition

➡ **Les bases de la puissance de l'Europe remontent à son essor à partir de la Renaissance.** Mais ses divisions, notamment les deux grandes guerres du XXe siècle, ont été des éléments de son recul relatif. **Depuis les années 1950, une volonté politique d'unification s'est affirmée :** se constitue une association de nations d'un niveau de développement relativement proche, avec un souci partagé et négocié de développement économique et social, fondé sur la libre circulation des marchandises, des capitaux et des personnes originaires de l'Union européenne. **La construction est d'abord économique. Avec l'euro**, l'intégration monétaire est en cours.

➡ **La construction européenne rencontre cependant des difficultés aux niveaux politique et social.** Malgré des traditions culturelles communes, l'Europe ressent les effets de sa **très grande fragmentation politique** (25 États souverains en 2004). L'extension de l'Union augmente son hétérogénéité économique, en intégrant des États dont le niveau de vie est très inférieur à ceux du premier noyau. Plus que jamais, **l'espace rhénan est le cœur de cette Union.**

3 L'Asie orientale : l'aire de puissance en expansion

➡ **L'existence des très fortes densités démographiques en Asie orientale est enracinée dans l'histoire, mais l'essor économique qui en fait une aire de puissance est relativement récent.** Certes, la modernisation du Japon s'est affirmée dès le début du XXe siècle, mais ce pays, dont la puissance est concentrée sur le littoral pacifique (Mégalopole), a connu **des progrès remarquables à partir des années 1950**. La diffusion de la croissance économique a atteint le reste de l'aire dans les dernières décennies du XXe siècle.

➡ **Les pays qui composent cette aire sont de dimension très variable :** Japon, Taiwan, la Corée du Sud, la cité-État de Singapour, et la partie littorale de l'immense Chine. **La diversité de leurs systèmes économiques et politiques n'est pas moindre** : la démocratie libérale est d'implantation plus ou moins récente et plus ou moins forte dans la plupart des pays, tandis que la Chine est l'un des seuls États communistes de la planète.

➡ **Il existe des accords bilatéraux entre les pays (Asean*), mais pas de traité global ou de monnaie commune.** Au total, l'Asie orientale présente un contraste marqué entre sa puissance économique et démographique et une relative faiblesse politique et militaire.

Taiwan, symbole d'une Asie dynamique
Le gratte-ciel le plus haut de la planète s'élève à Taipeh (508 mètres, 101 étages).

OCÉAN GLACIAL ARCTIQUE
Mer de Beaufort
Archipel Canadien
Ile Victoria
Baie de Baffin
Terre de Baffin
Yukon
ALASKA (É.-U.)
Mont Mc Kinley 6 198 m
Grand Lac de l'Ours
Grand Lac des Esclaves
Mackenzie
Lac Athabasca
Baie d'Hudson
Peace
Churchill
CANADA
Nelson
Labrador
OCÉAN PACIFIQUE
Lac Winnipeg
Vancouver
Seattle
Grands Lacs
Lac Supérieur
Ile de Terre-Neuve
Portland
Mont Rainier 4 392 m
MONTAGNES ROCHEUSES
Missouri
Lac Huron
Montréal
Québec
Ottawa
Lac Michigan
Toronto
St-Laurent
Saint-Pierre-et-Miquelon (Fr.)
Halifax
Grand Lac salé
Détroit
Lac Ontario
Chicago
Lac Erié
Boston
Pittsburg
New York
Mont Whitney 4 418 m
Kansas City
Philadelphie
San Francisco
Colorado
Arkansas
Ohio
Saint-Louis
Baltimore
Grandes Plaines
ÉTATS-UNIS
APPALACHES
Washington
Tennessee
Mont Mitchell 2 038 m
Los Angeles
OCÉAN ATLANTIQUE
San Diego
Dallas
Atlanta
Mississippi
Rio Grande
Houston
La Nouvelle-Orléans
Golfe de Californie
Floride
Sierra Madre orientale
Monterrey
Golfe du Mexique
Miami
MEXIQUE
Détroit de Floride
Tropique du Cancer
BAHAMAS
Grandes Antilles
Tampico
CUBA
HAÏTI
RÉP. DOMINICAINE
Guadalajara
Yucatan
20° Nord
Mexico
Popocatepetl 5 452 m
Citlatépetl 5 700 m
Porto-Rico (É.-U.)
BELIZE
JAMAÏQUE
Petites Antilles
Guadeloupe (Fr.)
Martinique (Fr.)
HONDURAS
Mer des Caraïbes
GUATEMALA
SALVADOR
NICARAGUA
Canal de Panama
COSTA RICA
GUYANA
PANAMA
VENEZUELA
SURINAM
Orénoque
Guyane (Fr.)
COLOMBIE
80° Ouest
160°
140°
120°
100°
80°
60°
40°
RELIEF
(en mètres)
2000
1000
500
200
0
Capitale d'État
Ville importante
Sommets

L'Amérique du Nord

L'Amérique du Nord

Toronto, métropole de la façade atlantique

Toronto est le pendant canadien de l'autre grande métropole des Grands Lacs, Chicago. C'est à la fois la première ville canadienne avec ses quatre millions d'habitants, et une ville-monde par ses activités financières et son cosmopolitisme.

CHAPITRE 3

Les États-Unis, superpuissance

PROBLÉMATIQUES

CARTES MAJEURES

LEÇONS

DOSSIERS

SUJETS BAC

L'hyperpuissance : une suprématie militaire incontestable

Ce porte-avion, le *Harry S. Truman* photographié dans le golfe Persique le 1er avril 2003, illustre les capacités de projection militaire des États-Unis sur l'ensemble de la planète, adossés à une parfaite maîtrise des technologies mises au service de l'armement de pointe.

Les États-Unis, la seule superpuissance ?

• ***Les termes de superpuissance ou d'hyperpuissance sont désormais utilisés pour qualifier les États-Unis dans le concert mondial des nations.*** *Il a fallu inventer ces superlatifs dès lors que la puissance américaine, un moment contestée (1945-1989) par l'URSS, défiée par ailleurs à partir des années 1970 sur le plan économique par ses propres alliés européens et asiatiques, s'est retrouvée à la fin du vingtième siècle l'****unique puissance militaire****, sans rivale en terme géostratégique.*

• ***La suprématie des États-Unis ne vient pas seulement de leur influence politique*** *(Carte Majeure page 78) ; elle procède aussi d'un véritable génie de produire, d'innover, d'attirer et de séduire.*

1. Comment se mesure cette superpuissance ?

➡ **Avec 5 % de la population mondiale, les États-Unis contribuent à la formation du quart des richesses produites sur la planète** (le Japon 18 % ; l'Union européenne 29 %). À eux seuls, ils représentent les capacités de recherche réunies du Japon, de l'Allemagne, de la France et du Royaume-Uni. Ils accumulent les prix Nobel, et leurs entreprises, ouvertes sur l'innovation, mettent en œuvre les brevets d'invention. Ainsi, la puissance des États-Unis se mesure par toute une série d'éléments quantifiables, tant **économiques** que **militaires** *(Leçon page 82, Dossier page 90)*. Elle repose aussi sur des données plus diffuses comme la **culture, l'idéologie...** *(Leçon page 84)*.

➡ **Les principaux flux économiques** (financiers, marchands, de services) soulignent que les États-Unis sont un acteur majeur de la planète *(Carte Majeure page 80, Leçon page 86)*.

L'évocation de plusieurs aspects de la puissance des États-Unis : industrielle, commerciale, militaire, culturelle...
• Dossier de *L'Expansion* – Novembre 2002.
• Dessins de Selçuk, *Manière de voir, Le Monde diplomatique* – Septembre-octobre 2000.

2. En quoi les États-Unis sont-ils au cœur du processus de mondialisation ?

➡ **Puissance dominante au sein du système monde** (Chapitre 1), les États-Unis n'ont eu de cesse d'imposer l'**élimination de toute entrave aux échanges internationaux** de marchandises comme de services, y compris les biens culturels. Initiateurs et inspirateurs des grandes négociations internationales menées sous l'auspice de l'Organisation mondiale du commerce (OMC*), ils en sont les principaux bénéficiaires .

➡ **Leur règle est celle du libre-échange*** ; ce « free trade » est en passe de se substituer au célèbre « free world » du temps de la Guerre froide, comme le souligne l'administration américaine lorsque le Président déclare que « la sécurité nationale est fondée sur l'élargissement de la communauté des démocraties de marché » *(Leçon page 86, Dossier page 92).*

La mondialisation américaine
Couverture du magazine *Alternatives économiques* – Novembre 2002.

3. Quelles sont les limites et les fragilités de la superpuissance ?

➡ **Ce modèle économique qui sous-tend libéralisme, mondialisation des échanges, déréglementation* et consommation excessive d'énergie,** est parfois violemment contesté à l'extérieur. À l'intérieur, il engendre des inégalités sociales et spatiales qui se sont aggravées au cours de ces dernières années.

➡ **Ce statut de superpuissance impose aux États-Unis de lourdes responsabilités,** non seulement parce qu'ils sont les seuls à pouvoir exercer le redoutable privilège d'être les **« gendarmes du monde »**, mais aussi parce qu'ils doivent relever les défis d'une contestation radicale qui s'exprime par l'**action terroriste** de réseaux hostiles, traumatisante pour une nation qui s'était persuadée de son invulnérabilité *(Leçon page 88, Dossier page 90).*

L'Amérique contestée
L'attentat du 11 septembre 2001 sur les tours du World Trade Center, Manhattan (New York).

Cartes Majeures

Le monde sous le contrôle des États-Unis

Les môles de la puissance étatsunienne

- L'espace nord-atlantique incontesté
  - Pays de l'OTAN
  - Bases militaires étatsuniennes désormais en relais vers le Proche-Orient
  - Pays de l'Est de l'Europe candidats à l'entrée dans l'OTAN
  - Alliance privilégiée avec le Royaume-Uni
- L'Amérique latine et les Caraïbes sous contrôle
  - Accords militaires bilatéraux, soutien militaire
  - Bases et points d'appui
  - Le continent sous influence
  - Cuba toujours sous blocus
- L'Asie orientale, la vigilance maintenue
  - Importants effectifs militaires étatsuniens stationnés en permanence
  - Facilités militaires
  - Les relais trans-Pacifique des bases de la côte ouest des États-Unis

Les enjeux traditionnels et les nouveaux défis

- Israël, allié et protégé
- Espaces de conflits actuels : redéploiement militaire étatsunien vers ces régions
- Tampa, centre de commandement des opérations au Proche et au Moyen-Orient
- Bases ou facilités militaires
- Pays alliés participant au réseau de surveillance et d'espionnage électronique *Échelon*

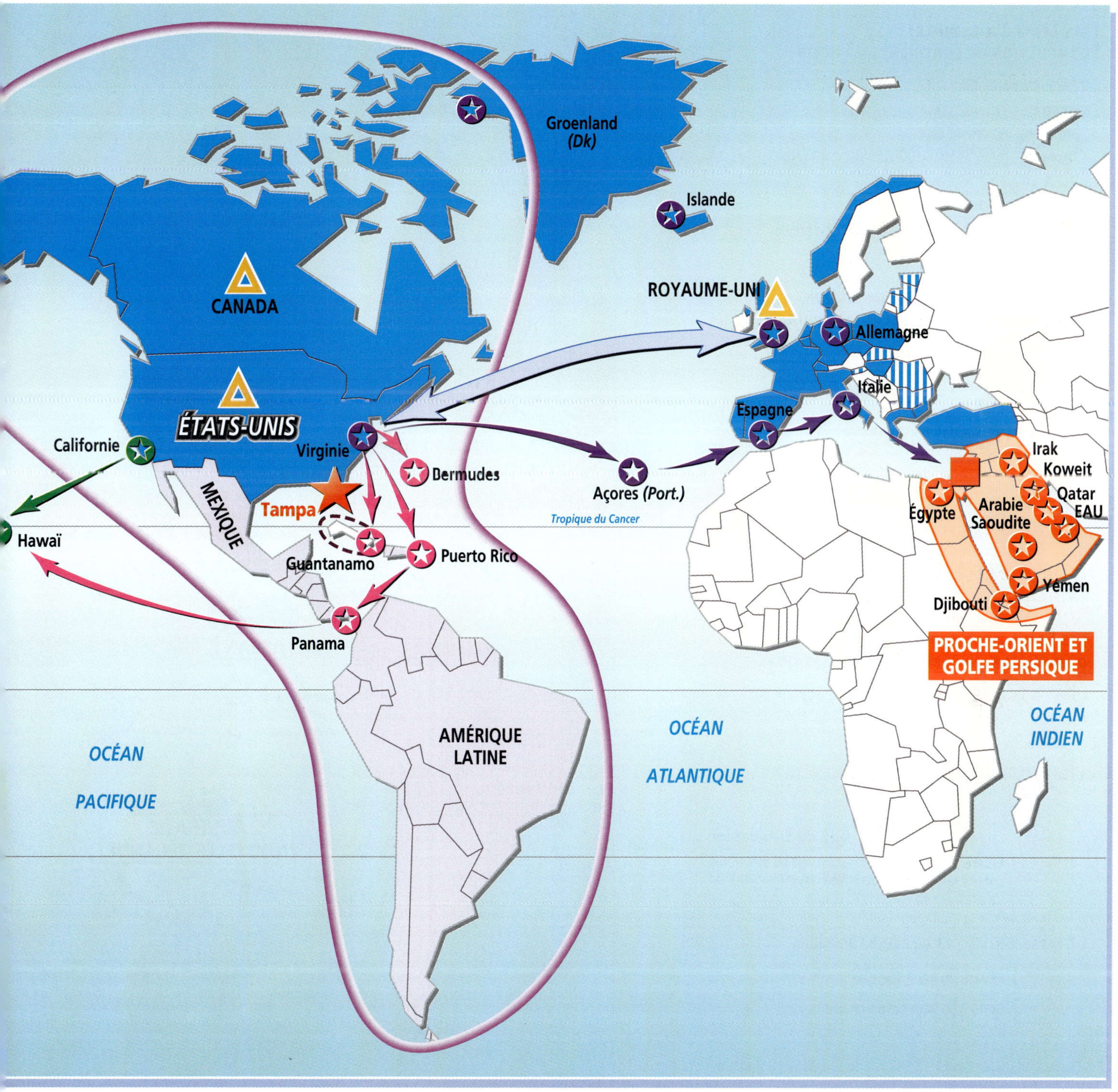

Questions

- Comment s'organise le système de sécurité construit par les États-Unis ? Quelles en sont les conséquences pour la géostratégie américaine ?
- Quels défis les États-Unis doivent-ils relever aujourd'hui ? Comment y font-ils face ?

Cartes Majeures

Les États-Unis, moteur de l'économie mondiale

Les États-Unis, centre d'impulsion du continent américain

- **Pays membres de :**

ALENA

Accord de libre échange nord-américain

ZLEA

Zone de libre échange des Amériques

Projet lancé en décembre 1994 à Miami

Les États-Unis, centre d'impulsion des investissements internationaux

- **Bourse des valeurs**

New-York : Stock Exchange et Nasdaq

- **Investissements directs étrangers en 2002 (IDE)**

des États-Unis vers ...

aux États-Unis en provenance de ...

950
750
500
250
1
(*en milliards de dollars*)

Les États-Unis, centre d'impulsion du commerce international

- **Bourse de marchandises** (matières premières, produits agricoles)

Chicago

- **Flux commerciaux en 2002** (*en milliards de dollars*)

350
200
100
10

des États-Unis vers ...

vers les États-Unis en provenance de ...

- **Dépendance vis à vis du marché américain**

Plus de 50 % des exportations du pays

De 10 à 50 % des exportations du pays

* à l'exception du Mexique ** Corée du Sud, Taïwan, Singapour et Hong Kong

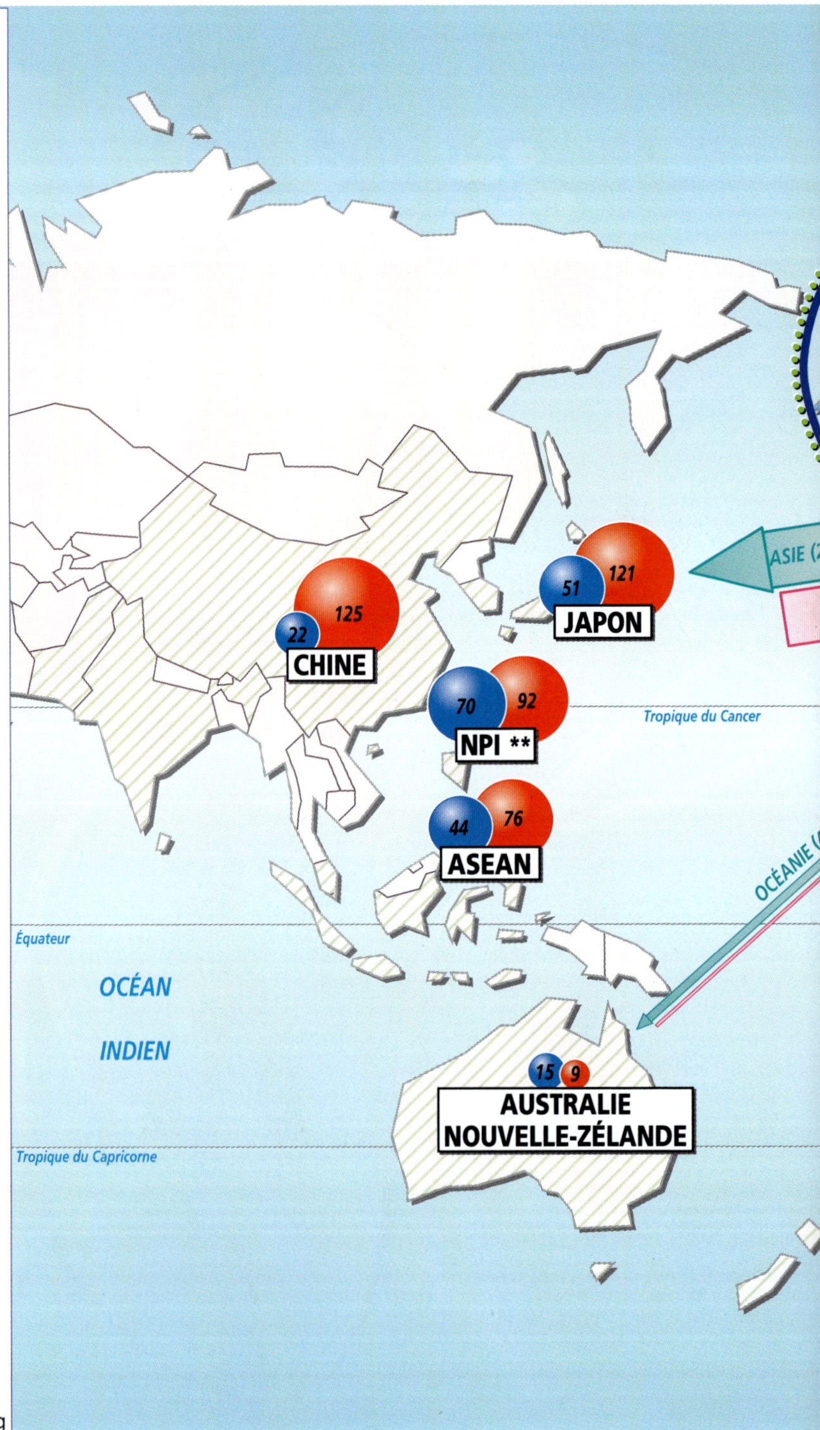

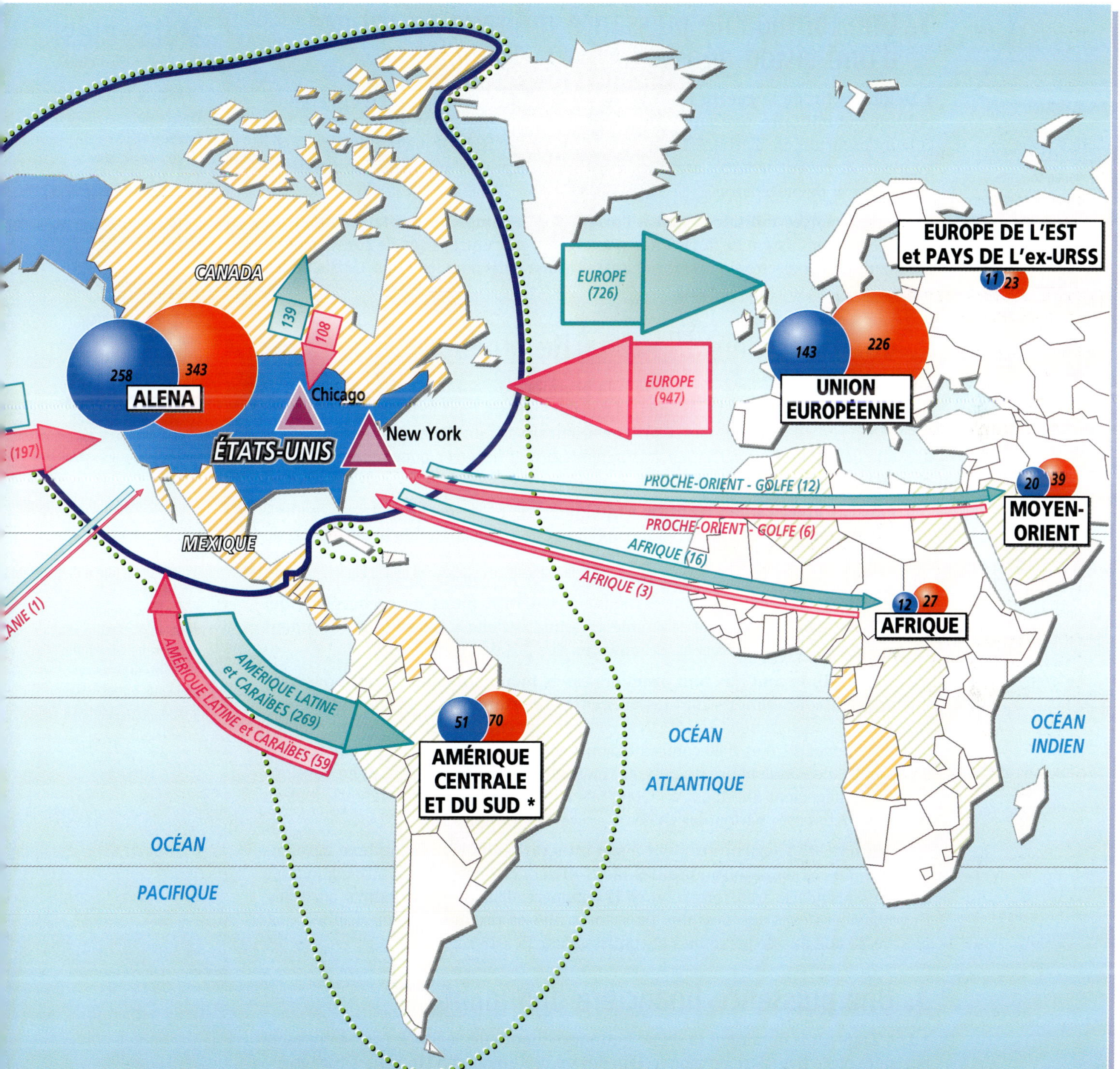

Questions

- Pour quelles régions du monde le commerce américain est-il un moteur important de développement ? Avec quel bilan pour les États-Unis ?
- Pour quelles régions du monde les investissements américains sont-ils un moteur important de développement ? Avec quel bilan pour les États-Unis ?
- À partir des échanges commerciaux, des échanges d'IDE* et des zones de libre-échange, caractérisez chacune de ces régions par rapport aux États-Unis.

1 L'hyperpuissance militaire et économique

1. Une formidable puissance militaire au service d'une vision géostratégique du monde

• **Depuis la fin de la guerre froide, les États-Unis sont la seule superpuissance politique et militaire,** une suprématie qui leur impose une vision géoplanétaire (4), et leur donne un rôle d'arbitre dans les affaires du monde. Pour maintenir leur hégémonie, ils disposent de forces armées, mais ils doivent aussi s'appuyer sur un système d'alliances et de partenaires.

• **Leurs dépenses militaires sont à l'origine d'un complexe militaro-industriel** qui associe le ministère de la Défense (Pentagone) aux entreprises de constructions aéronautiques et électroniques fabriquant les armements dont les Etats-Unis sont les premiers exportateurs mondiaux.

Cartes Majeures

Le monde sous le contrôle des États-Unis *(pages 78-79)*

Dossier

Les États-Unis, « gendarmes du monde » *(pages 90-91)*

2. Une exceptionnelle capacité productive

• **L'économie étatsunienne est de loin la première du monde.** Portée par un marché intérieur de près de 290 millions de consommateurs dont le pouvoir d'achat est très élevé, mais largement ouvert sur l'extérieur du fait du **libre-échange*** généralisé, elle doit sans cesse s'adapter à la conjoncture et innover pour ne pas être débordée par la concurrence extérieure.

• **L'industrie américaine s'identifie à quelques gigantesques entreprises leaders dans leur branche d'activité** (3). Mais plus que la production des biens, même de haute technologie (informatique, biotechnologie), ce sont les activités de services, notamment les plus sophistiquées (recherche-développement, conception, activités financières...) , concentrées dans certains lieux **(CBD*, parcs de recherche*)** qui portent l'économie. Dans cette économie « postindustrielle », **les services occupent 75 % de la population active, et créent plus des 3/4 des richesses** (1, 3).

Dossier

L'innovation à l'origine d'une nouvelle géographie de l'industrie *(pages 112-113)*

• **Les États-Unis sont aux tout premiers rangs mondiaux pour les grandes productions agricoles dont ils sont les premiers exportateurs** (2). Même s'ils ne peuvent faire des exportations de céréales « l'arme alimentaire » qu 'ils avaient brandie dans les années 1970 et 1980 contre l'Union soviétique, ils font de leurs exportations au titre de l'aide alimentaire un puissant moyen d'influence sur les pays en développement et négocient durement à l'OMC* avec les autres pays exportateurs, tout en cherchant à imposer partout les OGM.

• **L'efficacité de l'agriculture tient à son intégration dans un complexe agro-industriel** qui va de la fourniture des biens et services nécessaires aux exploitants agricoles jusqu'à la transformation et la commercialisation des produits agricoles. L'agrobusiness est l'une des plus puissantes filières productives américaines, employant 20 millions de personnes et contribuant à 15 à 18 % du PIB.

3. Une puissance financière dominante

• **Les États-Unis dominent la scène boursière mondiale,** le Stock Exchange est la première place boursière du monde, loin devant le Kabuto-cho japonais. **Chicago** est la première place mondiale pour les marchés à terme sur les matières premières, et fixe les cours mondiaux, notamment ceux des céréales. New York dispute à Londres la première place pour les activités des banques d'affaires qui gèrent fortunes privées et capitaux des monarchies pétrolières, et sont les maîtres-d'œuvre incontournables des grandes fusions d'entreprises à l'échelle mondiale (3).

• **Le dollar est la monnaie de référence ;** la moitié des transactions commerciales dans le monde est libellée en dollars et il est considéré autant comme moyen d'échanges que comme valeur refuge pour les particuliers.

Mots-clés

New York Stock Exchange (NYSE) : la Bourse de New York, localisée à Wall Street au Sud de l'île de Manhattan, est la première bourse de valeurs du monde avec 58 % de la capitalisation boursière mondiale. Son indice des valeurs, le Dow Jones, créé en 1891, sert de référence aux cotations boursières sur toutes les autres places de la planète.

OGM (Organisme génétiquement modifié) : organisme vivant dont on a modifié le patrimoine génétique en y insérant un ou plusieurs gènes issus d'un autre organisme vivant.

* voir Lexique

1. Chicago sur le lac Michigan

Le célèbre *Skyline* du centre d'affaires de Chicago, le second des États-Unis : une image de la concentration de la puissance dans les grandes métropoles.

2. Le leadership agricole (2000)

	Part des É.-U. dans la production mondiale	Rang mondial	Part des productions allant à l'exportation
Blé	7,7 %	4	44 %
Maïs	39,6 %	1	20 %
Riz	1,7 %	11	53 %
Soja	41,3 %	1	43 %
Coton	20,1 %	2	48 %

Source : ***Images économiques du monde 2004*** **– 2003.**

3. La puissance des grandes entreprises

Classement des 100 premières entreprises des États-Unis selon leur chiffre d'affaires[1] *(nombre d'entreprises par secteur)*

• **Communication – Internet – Informatique** *(IBM, la mieux classée, est 9e/100)*	27
• **Banques – Services financiers** *(Citigroup : 7e/100)*	18
• **Raffinage – Énergie** *(Exxon Mobil : 2e/100)*	15
• **Assurances – Secteur de la santé** *(American Intl. Group : 12e/100)*	14
• **Grande distribution** *(Wal-Mart Stores : 1er/100)*	11
• **Industries chimiques** *(Procter & Gamble : 35e/100)*	5
• **Industries automobiles** *(General Motors : 2e/100)*	3
• **Grandes marques** (Philip Morris, Pepsi, Coca) *(Philip Morris : 10e/100)*	3
• **Industries aéronautiques** *(Boeing : 16e/100)*	2
• **Transformation de produits agricoles** *(ConAgra : 61e/100)*	2

1. Parmi les 500 plus grandes entreprises mondiales, un tiers est américain.

4. La puissance donne aux États-Unis des responsabilités planétaires

Couverture du magazine américain *Newsweek*.

2 Les États-Unis fascinent le monde

1. Une exceptionnelle attractivité migratoire

• **Plus que jamais, les États-Unis sont un des « havres » du monde.** L'accélération des flux d'immigrants observée depuis un quart de siècle a contribué pour plus de 30 % à la croissance démographique. C'est une source permanente d'enrichissement humain : la législation migratoire est assouplie pour attirer des étrangers qualifiés. Ce « brain drain » colle à la demande : 195 000 visas « HIB » en 2000, deux fois moins en 2002 (6).

• **L'immigration bouleverse la composition ethnique du pays.** Aux grandes vagues européennes de la première moitié du XXe siècle, ont succédé celles en provenance des pays en développement qui représentent depuis une vingtaine d'années 85 % des immigrants. Les gros contingents sont fournis par le Mexique (24 %), les Caraïbes et le reste de l'Amérique latine, mais les immigrants asiatiques arrivent de plus en plus nombreux, les Chinois, les Vietnamiens… débordant désormais les Philippins. Pour la première fois, en 2000, **les Hispaniques constituent la première minorité des États-Unis,** avant les Noirs.

Dossier

Les États-Unis et le continent américain : vers l'intégration ? *(pages 92-93)*

2. Les séductions de la « puissance douce »

• **La puissance culturelle, ou « puissance douce », s'exprime à travers la culture dite populaire,** largement produite et diffusée par une poignée de grandes firmes mondialement connues : McDonald's, Coca Cola ou Pepsi Cola, Disney, et plus encore par les grands médias de l'information et de la communication. Musique, modes vestimentaires décontractées « à la californienne », habitudes alimentaires (du hamburger aux « soft drinks » plus ou moins allégés), séries télévisées (**soap operas*** et **sitcoms**), films à gros budget, parcs à thèmes sont autant de produits conçus pour plaire au plus grand nombre et destinés à être vendus dans le monde entier. Cette puissance irrésistible de diffusion s'exprime dans les chiffres sur les échanges audiovisuels avec le reste du monde : **les États-Unis exportent en valeur dix fois plus qu'ils n'importent, l'Union européenne en absorbant 80 %** (5).

• **L'influence des élites culturelles n'est pas moins grande.** Elle repose sur une exceptionnelle infrastructure d'universités, de bibliothèques, de musées et de fondations. Écrivains, journalistes, artistes contribuent plus que d'autres à la diffusion des valeurs américaines, et singulièrement de l'idéologie capitaliste et libérale. **Ce sont des États-Unis que partent les modes de pensée,** conformistes ou non vis-à-vis de l'idéologie dominante (5).

• **Cette domination culturelle est portée par la place de l'anglo-américain,** qui inonde de ses néologismes les autres langues et qui s'est imposé comme le vecteur quasi-exclusif des échanges internationaux commerciaux, scientifiques et diplomatiques. Elle n'est pas sans susciter des inquiétudes dans les autres pays qui prétendent eux aussi participer du « village culturel mondial ».

3. Une idéologie capitaliste dominante

• **Les États-Unis sont le laboratoire du capitalisme libéral.** Les économistes et les hommes d'affaires américains ont donné au monde les méthodes modernes de travail et de gestion, les techniques de publicité, de vente, de crédit. Depuis une vingtaine d'années, **l'ultralibéralisme américain inspire les politiques économiques dans le monde :** privatisations et désengagement de l'État, remise en cause de l'État providence, libre-échange généralisé, pressions sur les grandes organisations internationales (FMI*, OMC*) pour qu'elles imposent le modèle américain dans le monde.

Mots-clés

Brain drain : ou « drainage des cerveaux », concrétisé sur le plan légal par un quota, fixé annuellement par le Congrès, de visas spéciaux accordés à des étrangers très qualifiés : ingénieurs, scientifiques, universitaires.

La puissance douce ou « soft power » : repose sur des éléments aussi diffus que la culture, les valeurs, l'idéologie, les institutions. Elle est définie dès les années 1980 par les politologues américains comme le moyen privilégié pour les États-Unis d'atteindre des objectifs internationaux grâce à la capacité de séduction et d'attraction du modèle américain.

Sitcom : comédie de situation : série télévisée destinée aux ménagères et diffusée pendant la journée ; financées initialement par les fabricants de lessive (d'où leur nom de *« soap opera »*, elles constituent la majeure partie des exportations d'émissions de télévision étatsuniennes.

* voir Lexique

5. La domination mondiale du cinéma américain (Birmanie, Brésil, France)
Les États-Unis constituent le premier exportateur de films et de produits audiovisuels dans le monde.

6. Attirer les élites étrangères : le « Brain drain »

Au cours des dix dernières années, le boom technologique américain s'appuie massivement sur un système de visas spécifiques destinés aux chercheurs étrangers : permis de travail temporaire « HIB » dont 195 000 ont été délivrés en 2000. On évalue l'économie de formation ainsi réalisée à 7 milliards de dollars. Sur environ 500 000 titulaires de « HIB », plus de 100 000 vivent dans le Nord de la Californie, essentiellement dans la Silicon Valley où un tiers des ingénieurs serait immigré avec des salaires de 15 à 30 % inférieurs à leurs homologues américains.
Alors que l'Inde forme chaque année 150 000 ingénieurs ou scientifiques et dispose d'un potentiel local de 600 000 informaticiens, 500 000 travaillent aux États-Unis. Les États-Unis sont aussi le pays qui attire le plus grand nombre d'étudiants étrangers dans les institutions d'enseignement supérieur.

L. Carroué, *Géographie de la mondialisation,* A. Colin – 2002.

- Couverture du *Time* – 19 janvier 2004.
- La « Green Card ».

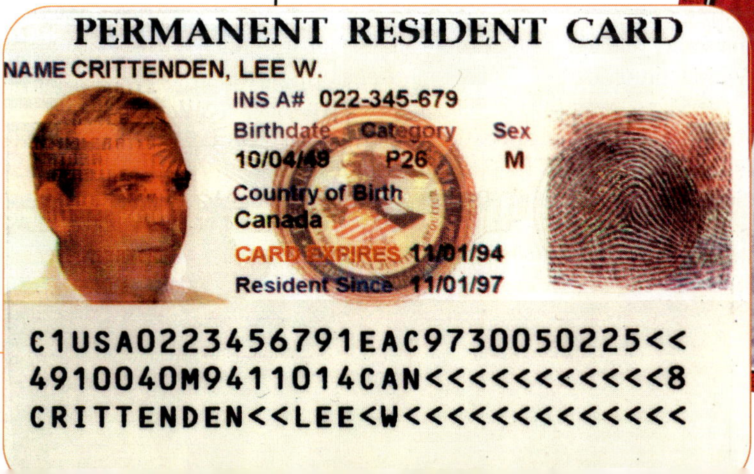

.3 L'incontournable marché américain

1. Le premier commerçant de la planète

• **Les États-Unis sont à la fois les premiers exportateurs et les premiers importateurs du monde.** Mais leur influence tient d'abord à l'importance de leurs importations (22 % du total mondial en 2001), un des moteurs du système économique mondial. Cette position dominante leur permet d'imposer de fait les règles du jeu du commercial international (9).

• **Près des 2/3 du commerce se font avec les pays développés et de plus en plus, avec les NPI**, aux premiers rangs desquels se trouvent le Mexique, partenaire désormais privilégié dans le cadre de l'Alena, et les « dragons » asiatiques (Taiwan, Corée du Sud, Malaisie, Chine). En quelques années, la Chine est devenue le troisième fournisseur des États-Unis et dégage un excédent commercial supérieur à celui du Japon.

• **80 % des produits échangés sont des produits manufacturés, mais les États-Unis sont aussi de grands exportateurs de produits agricoles et de services** (19 % des exportations mondiales). Gros consommateurs d'énergie, ils doivent acheter plus de la moitié de leurs besoins en pétrole, une dépendance aux implications géostratégiques majeures. Les importations de produits bruts concernent aussi les denrées agricoles tropicales et les minerais.

Cartes Majeures

Les États-Unis, moteur de l'économie mondiale *(pages 80-81)*

Dossier

Les États-Unis et le continent américain : vers l'intégration ? *(pages 92-93)*

2. Le premier déficit du monde

• **En ouvrant largement leurs frontières,** les États-Unis ont fait le choix délibéré d'abandonner des pans entiers de leur système productif ou de le transférer à l'étranger et d'y substituer des importations, quitte à **laisser filer un déficit commercial abyssal** (7). C'est une politique qu'ils sont les seuls à pouvoir mener dès lors que la valeur de leur monnaie n'est pas liée au niveau de la balance des paiements américaine, mais à la confiance qu'ont les détenteurs de dollars dans l'économie américaine (9).

• **Les détenteurs étrangers de dollars, qu'ils soient particuliers, firmes ou États, n'ont de cesse de placer leurs excédents aux États-Unis.** C'est ainsi que le gouvernement américain finance son déficit budgétaire en plaçant chaque année des bons du Trésor auprès des principaux pays détenteurs de dollars, le Japon (1/3 des bons émis par le Trésor jusqu'en 2001), la Chine et Hong Kong, l'Allemagne, la Corée du Sud et les membres de l'OPEP*.

3. Les États-Unis au centre des flux de capitaux

• **Le bilan des IDE signale la place fondamentale des États-Unis dans les stratégies d'investissement des FTN***, qu'elles soient américaines ou étrangères. Les États-Unis représentent le quart des IDE dans le monde, leurs investissements équilibrant d'ailleurs les investissements des étrangers sur leur territoire.

• **Géographiquement, les investissements américains restent fondamentalement orientés vers l'Europe** (plus de la moitié) et leurs voisins immédiats, **le Canada et le Mexique**. Les firmes américaines sont présentes dans tous les secteurs de l'économie mondiale, dans l'exploitation des ressources naturelles comme le pétrole, dans l'industrie et dans les services, depuis la banque et les assurances jusqu'à l'immobilier (8). **Les États-Unis sont aussi le tout premier pays d'accueil des IDE** (10). Les Européens, notamment les Britanniques qui, par ailleurs relaient d'importants fonds d'origine moyen-orientale, dominent avec plus des 2/3 des IDE, pour l'essentiel investis dans l'industrie et les services.

Cartes Majeures

Le poids écrasant de la Triade capitaliste *(pages 20-21)*

Sujet Bac n° 5

L'espace mondial : centres d'impulsion et flux *(pages 64-65)*

Mots-clés

ALENA (Association de libre-échange nord-américain) : associe, depuis 1993, les États-Unis, le Canada, et le Mexique.

IDE : (Investissement direct à l'étranger.)

* voir Lexique

7. Le déficit commercial des États-Unis

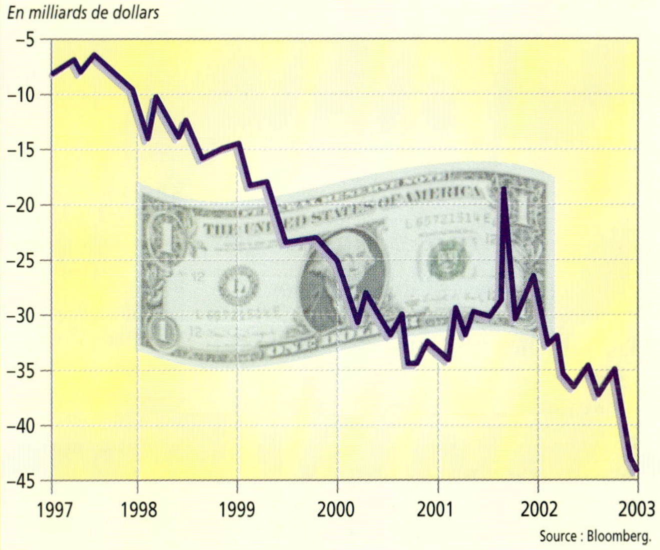

Source : Bloomberg.

Le déficit commercial américain, qui ne cesse de s'aggraver, est largement créé par les importations de services et de marchandises en provenance des filiales des multinationales étatsuniennes installées à l'étranger.

8. L'omniprésence des produits américains dans le monde

Pepsi à Shanghai ; Microsoft à Tokyo.

9. Les « premiers de la classe » en 2002

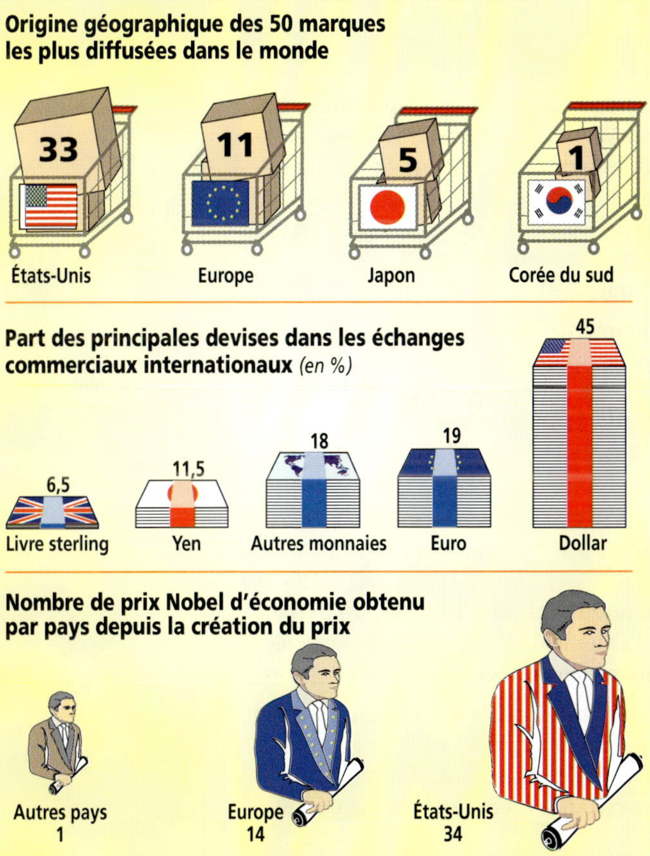

Source : *Alternatives internationales*, n° 1 – mars/avril 2002.

10. L'ouverture aux investissements étrangers

L'entrée de Dannon sur le marché boursier américain.
Mitsubishi à New York.

4 Les fragilités de l'hyperpuissance

1. Une économie puissante, mais des faiblesses structurelles

• **Le libéralisme économique a des conséquences douloureuses : des fractures sociales et géographiques.** En effet, si le système libéral favorise les initiatives et l'enrichissement individuel, **la prospérité n'est pas pour tous** (11) : le 1/5e le plus riche de la population dispose de 50 % des revenus des ménages (45 % en 1985) ; le 1/5e le plus pauvre n'en a que 3,5 % (4 % en 1985). Les retournements brutaux de la conjoncture laissent nombre de personnes marginalisées, dépendant d'une aide sociale chichement mesurée, premières victimes des politiques de restriction des budgets sociaux. **10 à 12 % de la population vivent sous le seuil de la pauvreté** (chômeurs, personnes âgées, familles monoparentales...). La drogue et la violence font des ravages chez les jeunes.

Cartes Majeures
Les États-Unis, moteur de l'économie mondiale
(pages 80-81)

• **Le choix du libre-échange sans entrave a entraîné l'abandon de pans entiers de l'industrie nationale.** Les délocalisations à l'étranger et les importations massives de produits manufacturés expliquent la grande précarité de l'emploi salarié. Elles déstabilisent les villes et les régions qui ne parviennent pas à s'intégrer dans « la nouvelle économie » (13).

• **Les restrictions budgétaires, imposées par la baisse des impôts, ont fragilisé les services publics.** Services sociaux, logement, éducation, infrastructures et transports en commun souffrent particulièrement. Les budgets des villes et des États ne suivent plus. Un État comme la Californie, pourtant le plus riche du pays, est en quasi-faillite. La privatisation imprudente de l'électricité a entraîné un effondrement de son système de distribution et de gigantesques pannes de courant.

2. Le modèle américain contesté

Dossier
Les États-Unis, « gendarmes du monde »
(pages 90-91)

• **À l'intérieur, il y a moins d'unanimité que l'on croit et des pans entiers de l'opinion s'interrogent, contestent les choix** politiques, économiques, sociaux et environnementaux de l'administration au pouvoir à Washington. Plus grave, **les États-Unis ne parviennent pas à intégrer convenablement leurs minorités,** et notamment la plupart des Noirs, qui demeurent les laissés-pour-compte du « rêve américain ». Il y a là un facteur de déstabilisation sociale d'autant plus dramatique que les minorités s'affrontent, comme le montrent les émeutes dans les quartiers pauvres de Los Angeles, opposant émigrés asiatiques, Latinos, et Noirs.

Sujet Bac n° 8
Les États-Unis, superpuissance ?
(pages 136-137)

• **À l'extérieur, au-delà de la guerre larvée menée par les invisibles réseaux du terrorisme international,** les États-Unis doivent compter avec les hésitations de certains de leurs plus vieux alliés qui n'acceptent pas un retour à l'**unilatéralisme**, que celui-ci prenne la forme d'interventions militaires (Irak en 2003) ou du refus par Washington de ratifier certains traités internationaux comme celui de Kyoto sur la réduction des énergies polluantes (12).

3. Une Amérique dépendante ?

• **Les Étatsuniens sont les premiers consommateurs et importateurs de pétrole de la planète.** Ils dépendent de l'étranger pour la moitié de leurs besoins de pétrole ; cette dépendance pétrolière constitue une faiblesse géostratégique.

• **Il faut aussi rappeler à quel point l'économie américaine est dépendante de ses créanciers,** c'est-à-dire de tous ceux qui – pour le moment – acceptent de financer les déficits abyssaux des États-Unis vis-à-vis de l'extérieur. Les États-Unis sont devenus les premiers débiteurs de la planète. **Ils vivent à crédit au-dessus de leurs moyens.** Pour combien de temps encore ?

Mots-clés

Unilatéralisme : posture politique d'un État, généralement puissant, qui impose ses vues et décisions au reste du monde.

11. L'autre Amérique
Les contrastes entre riches et pauvres s'accroissent aux États-Unis.

12. Une Amérique contestée ?
De nombreuses publications récentes remettent en cause la puissance américaine.

13. Certes, l'Amérique fascine, mais…

L'exportation du modèle américain ne va pas de soi : associée à la double image d'un libéralisme économique absolu et à la « prédation » environnementale, la puissance américaine est remise en cause par les mouvements altermondialistes. Perçue comme « décadente » sur le plan des valeurs morales et porteuse d'un message universaliste irrespectueux des cultures nationales, elle est la cible désignée des mouvements fondamentalistes.
L'Amérique est également au centre des débats sur le « modèle social européen » : l'Union européenne devrait, selon certains, défendre et préserver des « valeurs » supposées européennes, comme la cohésion sociale, grâce aux mécanismes de redistribution des fonds publics, au maintien de services publics forts, etc. Quelques dossiers provoquent même des divergences profondes : le refus des États-Unis de signer le protocole de Kyoto ; l'opposition résolue à la Cour pénale internationale…

***Questions internationales,* n° 3,**
La Documentation Française – Sept. 2003.

Dossier

Les États-Unis, « gendarmes du monde »

Les États-Unis sont de fait les acteurs centraux du système de sécurité collective mondial depuis l'effondrement de l'Union soviétique.

Bien que leur opinion soit généralement réticente aux interventions militaires outre-mer, l'ampleur des intérêts américains à l'étranger, et la nécessité de faire face au terrorisme international, conduisent les États-Unis à intervenir un peu partout dans le monde, avec ou sans l'accord des instances internationales.

1. La superpuissance militaire

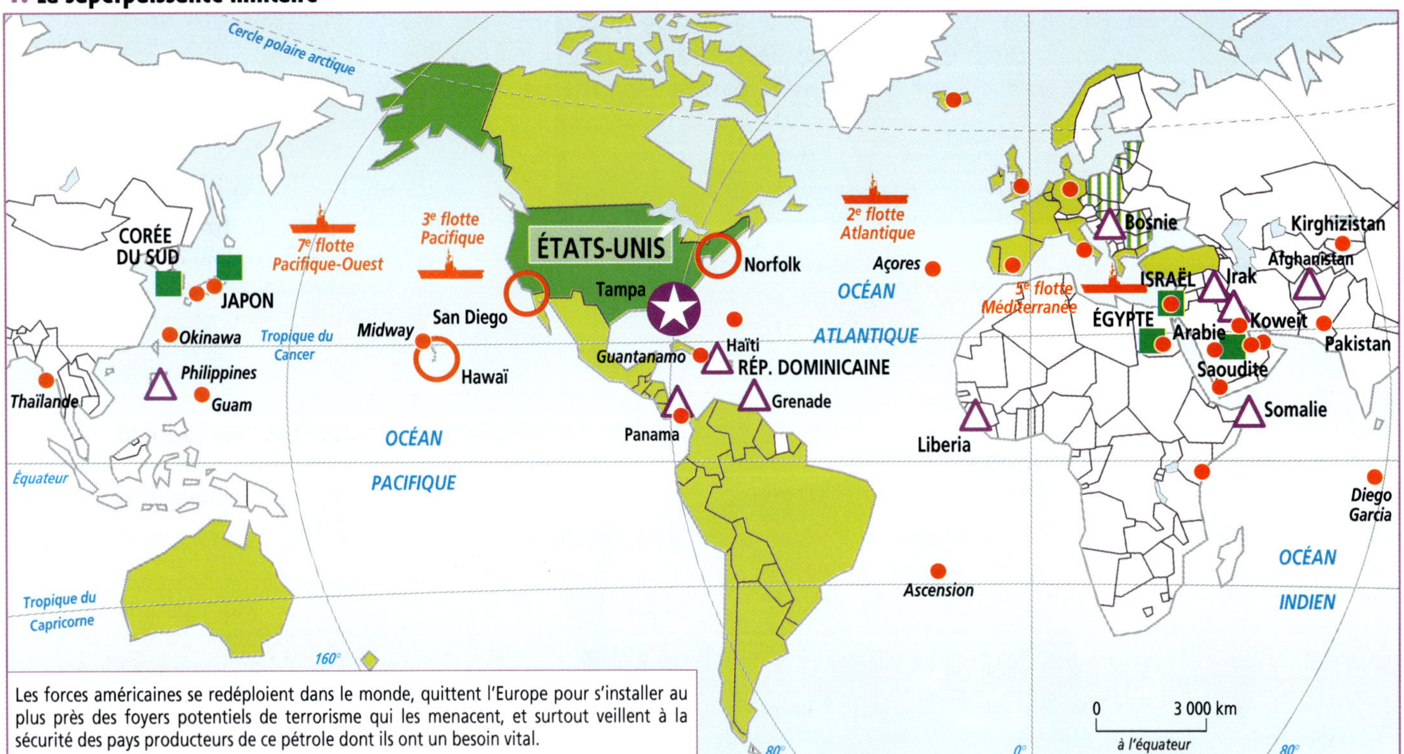

Les forces américaines se redéploient dans le monde, quittent l'Europe pour s'installer au plus près des foyers potentiels de terrorisme qui les menacent, et surtout veillent à la sécurité des pays producteurs de ce pétrole dont ils ont un besoin vital.

SYSTÈMES D'ALLIANCES
- OTAN-ANZUS-TIAM
- Extension OTAN 1999-2004
- Autres alliés importants

CAPACITÉS DE DÉPLOIEMENT DES FORCES À L'ÉTRANGER
- Bases et facilités navales et aériennes
- Grandes bases arrières aux États-Unis
- Flottes de guerre américaines

INTERVENTIONS ÉTATSUNIENNES DEPUIS LA FIN DE LA GUERRE FROIDE
- Intervention militaire
- Centre de commandement

2. Le premier budget militaire du monde

a. Les budgets de la Défense dans le monde
(en % des dépenses mondiales)

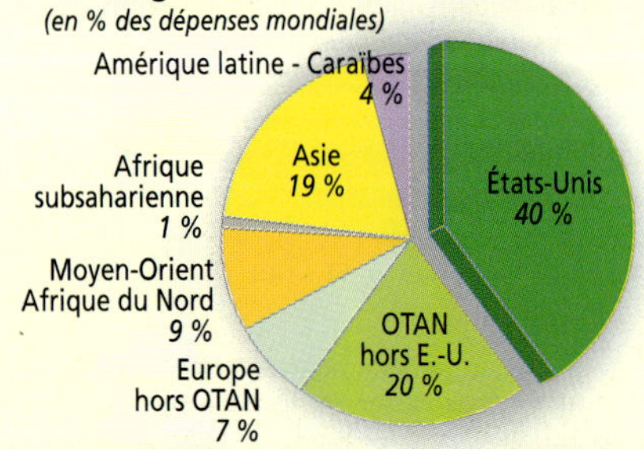

b. Les budgets de la Défense des États-Unis
(en milliards de dollars)

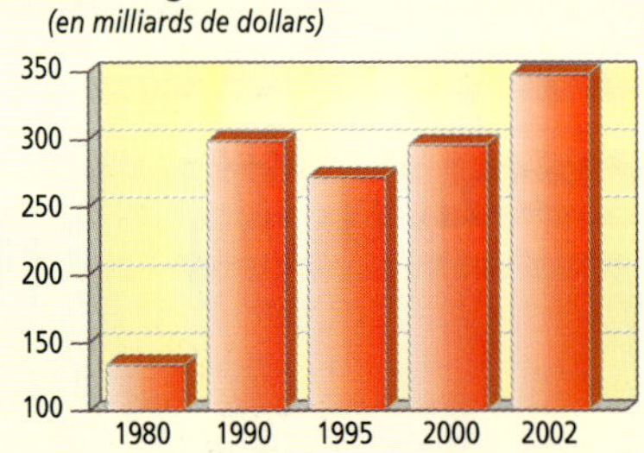

Source : *Sciences Humaines*, numéro spécial, n°21 - mai/juin 2003.

3. Les ventes d'armes dans le monde

(Année 2000 – en milliards de dollars)

États-Unis	18,6
Russie	7,7
France	4,1
Allemagne	1,1
Royaume-Uni	0,6
Chine	0,4
Italie	0,1
Monde	36,9

4. La géographie de la Défense aux États-Unis

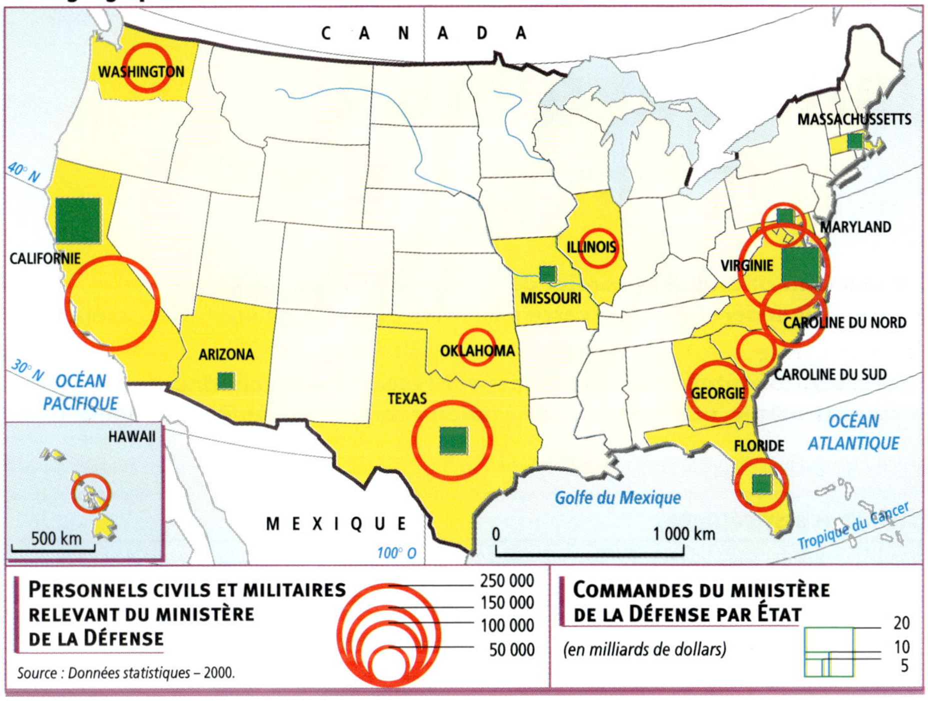

6. La guerre médiatisée

La victoire des troupes américaines à Bagdad est mise en scène pour les médias du monde entier. (Photographie du 9 avril 2003.)

5. Quelques programmes militaires

Programmes	Entreprises concernées	Budget global (en milliards de dollars)
F-35 (avion)	Lockheed Martin	200
F-22 (avion)	Lockheed Martin et Boeing	60
Missile Defense (MD)	Seront nombreuses : déjà LM, Boeing, etc.	48
Comanche (hélicoptère)	United Tech, Boeing	48
V22 (avion-hélicoptère)	Textron	40
F-18, E/F (avion)	Boeing, GE, Northrop Grumman	15
Trident II (missile)	Lookheed Martin	11
Frégates AEGIS	General Dynamics	non connu
Apache (hélicoptère)	Northrop Grumman et Lockheed M	3,5
Porte-avion CVN 77	Northrop Grumman	non connu
NSSN (sous-marin)	Northrop Grumman	non connu
UVA (avion sans pilote)	AAI	non connu

Source : Site Internet www.unites.ugam.ca/grim.

7. L'interventionnisme des États-Unis contesté

Manifestation à San Francisco contre la guerre en Irak, le 25 octobre 2003.

Questions

1. Quels sont les moyens de l'hégémonie militaire des États-Unis (1, 2, 3, 5 et Photographie p. 74-75) ?
2. Comment la puissance militaire s'inscrit-elle dans l'économie et l'espace américains (2, 3, 4, 5) ?
3. Quels sentiments les Américains ont-ils face aux interventions militaires à l'étranger (6, 7) ?

Dossier

Les États-Unis et le continent américain : vers l'intégration ?

Dès leur naissance en 1776, les États-Unis ont nourri le projet de libérer le continent, alors sous domination coloniale européenne, et de le fédérer dans un vaste ensemble continental dont ils auraient naturellement été le guide.

Depuis, les États-Unis n'ont cessé d'exercer une tutelle parfois pesante sur l'ensemble du continent. Aujourd'hui, leur « ombre portée » est plus subtile, et c'est par l'intégration économique qu'ils entendent exercer leur influence.

1. Les États-Unis et le continent américain : des relations assymétriques

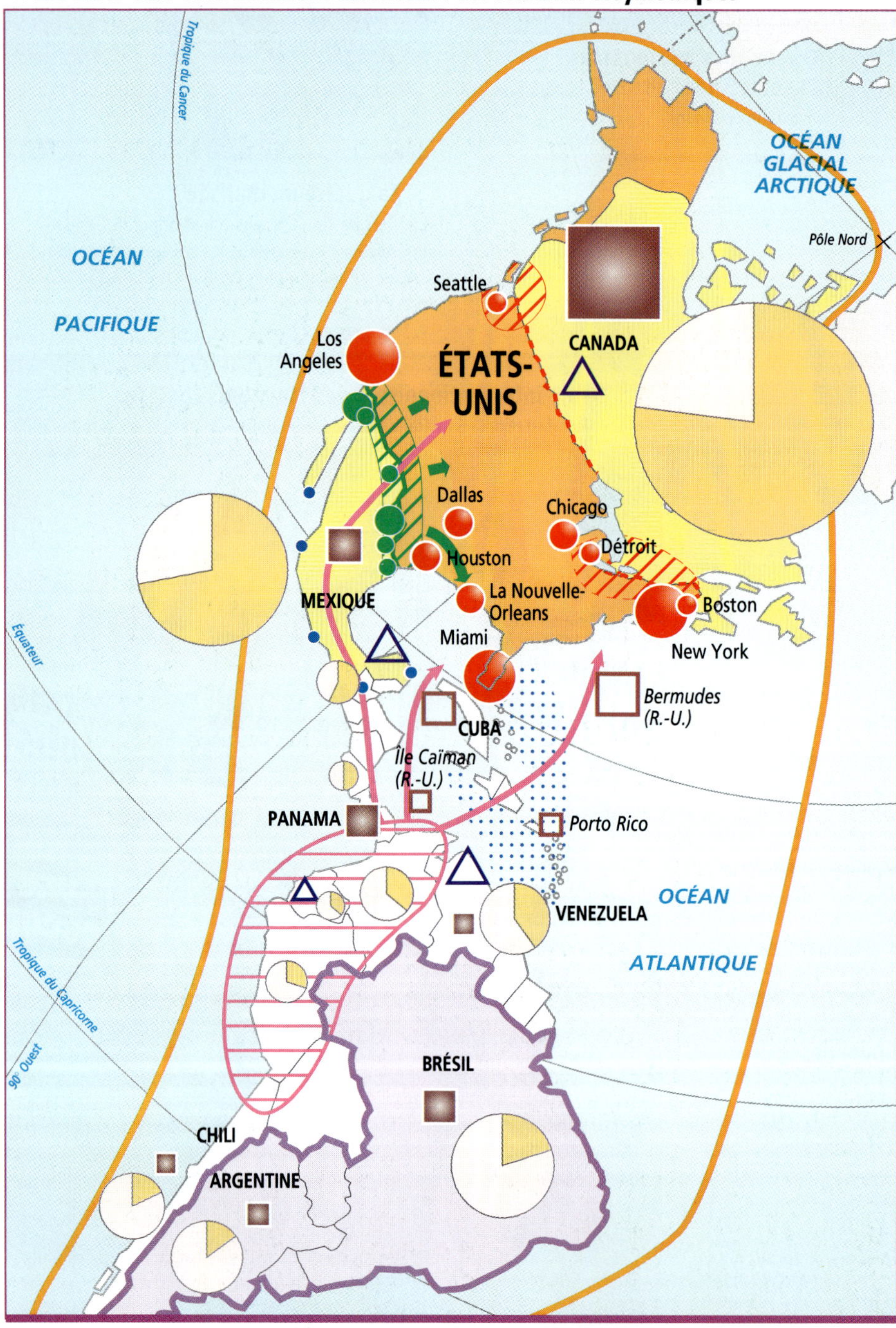

2. Origine de l'immigration aux États-Unis

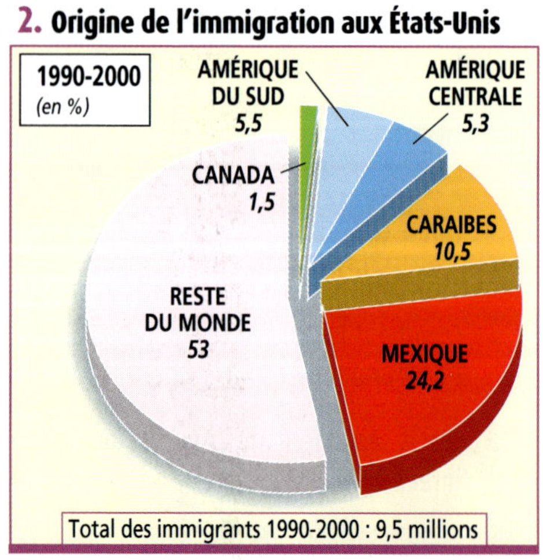

3. L'espace frontalier États-Unis/ Mexique en voie d'intégration

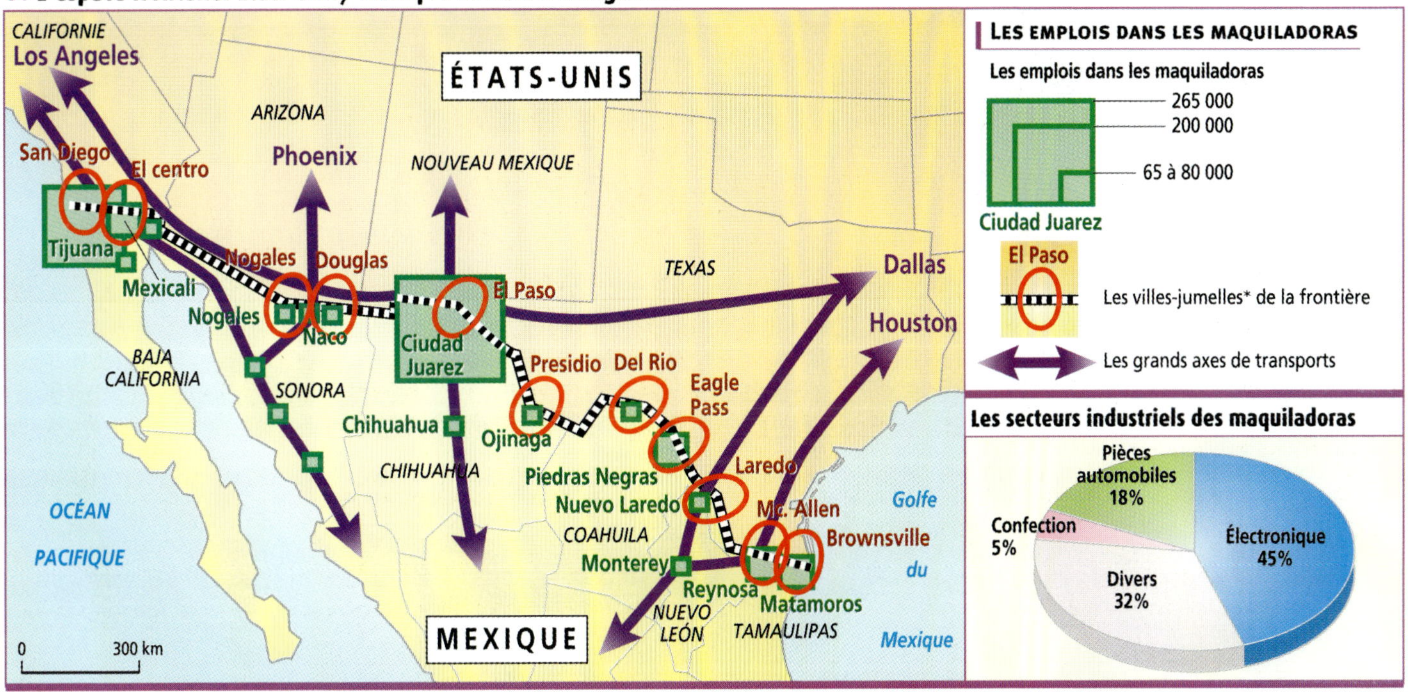

5. La délocalisation des usines vers le Mexique

Dessin de Mike Lane, *The Baltimore Sun*.
Repris dans le *Courrier international* – 1er septembre 2003.

4. Le Canada, 51e État des États-Unis ?

Comme l'admettait publiquement un Premier ministre canadien des années 1960, le Canada est en fait un satellite politique des États-Unis et il ne pourrait en être autrement puisque 60 % de ses échanges commerciaux s'effectuent avec ce seul pays.
Le véritable problème est pourtant plus dans la propriété économique que dans les échanges commerciaux, car une part importante de l'activité commerciale entre les deux pays vient de sociétés américaines établies au Canada. Ce sont les investissements directs des capitaux américains dans l'exploitation des richesses naturelles canadiennes (pétrole, bois, minéraux) et dans l'industrie manufacturière de l'Ontario (notamment l'automobile) qui menacent la souveraineté du pays. La faible capacité du Canada à résister aux pressions économiques et diplomatiques de son voisin résulte de la faiblesse des investissements canadiens par rapport aux investissements et aux lobbies américains.

***Géographie universelle*, Hachette/Reclus – 1992.**

6. Le Brésil et le Mercosur*, môle de résistance ?

Minée par la banqueroute argentine, l'union douanière sud-américaine (Mercosur) cherche un second souffle dans les négociations qu'elle mène simultanément avec les États-Unis et l'Union européenne. Leader « émergent » sur la scène internationale, le président brésilien Lula da Silva cherche, aussi, à fédérer les résistances régionales face à la toute puissance américaine.
« Le Mercosur est un destin, l'ALCA[1] une option », résumait son prédécesseur. [...] À Brasilia, la consolidation du marché sud-américain a toujours primé sur la création, sous l'égide de Washington, d'une zone de libre-échange des Amériques [...] ».

1. ALCA (ou ZLEA) : zone de libre-échange des Amériques.

J.-J. Sévilla, *Le Monde* – 11 juin 2003.

Questions

1. Quels sont les principaux aspects de la domination des États-Unis sur le continent américain (1, 2, 3, 4, 5) ? Quelles en sont les limites (1, 6) ?
2. Quels sont les principaux espaces d'intégration transfrontalière (1, 3) ?
3. Montrez que le niveau d'intégration économique des pays du continent américain est inégal.

CHAPITRE 4

L'organisation du territoire des États-Unis

PROBLÉMATIQUES

CARTES MAJEURES

LEÇONS

DOSSIERS

SUJETS BAC

Les Grandes Plaines, « grenier » agricole des États-Unis

Sur des millions de km², le quadrillage régulier des fertiles plaines du Middle West, ici dans l'Indiana, rappelle que ces terres ont été cadastrées avant d'être dévolues exclusivement au maïs et au soja, deux des cultures qui ont fait la puissance agricole des États-Unis, premiers producteurs et exportateurs mondiaux.

Le territoire, fondement et reflet de la puissance des États-Unis

• ***Avec 9,6 millions de km², troisième superficie du monde*** *(après la Russie, le Canada et quasiment à égalité avec la Chine),* ***les États-Unis disposent d'un territoire immense et riche*** (Cartes pages 98-99), *occupé pour l'essentiel en à peine plus d'un siècle (1776-1898) par des immigrants venus en majorité d'Europe* (Carte page 103). *Dès l'origine, les pères fondateurs de l'Union ont partagé les mêmes valeurs, celles d'une société de migrants et de pionniers entreprenants, prêts à conquérir leur place dans un nouvel « éden ».*

• ***Cet état d'esprit demeure et inspire encore les Étatsuniens****, y compris les immigrants qui continuent d'affluer de toute la planète, et de gonfler la population, aujourd'hui la troisième du monde (****291 millions d'habitants*** *en 2003).*

• ***L'organisation du territoire des États-Unis est fortement influencée*** *par cet esprit de conquête et de grande mobilité, par le dynamisme de la population, et par l'ouverture du pays sur le continent américain et sur le monde.*

Exploiter les ressources du territoire
Le défi de la mise en valeur des réserves pétrolières en Alaska dans un environnement arctique très contraignant et particulièrement fragile.

1. En quoi le territoire est-il facteur de puissance ?

➡ **Les richesses de cet État-continent sont considérables** et sont longtemps apparues comme inépuisables (forêts, terres arables, réserves d'énergie et de minéraux de toute nature). En dépit des contraintes naturelles, ces richesses furent rapidement accaparées, parfois sans précaution.

➡ **Cette exploitation précoce a fait la fortune initiale du pays,** et plus encore celle des grandes entreprises capitalistes. Aucun autre pays de cette envergure n'a réussi à **maîtriser un aussi vaste espace national** et mis en valeur de manière aussi poussée un énorme potentiel agricole, énergétique et minier, notamment grâce à un exceptionnel réseau de moyens de transports à l'échelle continentale *(Cartes pages 102-103 ; Leçon page 104).*

Le territoire maîtrisé par les moyens de transports
Aéroport international d'Atlanta.

2. En quoi la distribution spatiale de la population indique-t-elle les lieux de la puissance ?

➡ **Les États-Unis sont nés de l'océan Atlantique** dont ils ont tiré très tôt les richesses qui ont fait de leurs villes-ports les bases-arrières de la conquête du continent. **La plus grande partie de la population continue de vivre à l'Est du pays,** notamment dans les métropoles littorales d'où s'est organisée la poussée territoriale au-delà des Appalaches jusqu'au Pacifique *(Cartes pages 100-101).*

➡ **Premières portes d'entrée migratoire ou postes avancés de la conquête, les villes ont été les lieux à la fois absorbants et irradiants du « rêve américain ».** Aujourd'hui, c'est naturellement dans les villes, surtout les plus grandes en position littorale, que s'exprime géographiquement la puissance des États-Unis *(Leçon page 106 ; Sujet Bac page 146).*

Centre-ville animé, ici New York
Les grandes villes concentrent à la fois les populations et les pouvoirs politiques et économiques.

3. Comment s'organise le territoire de la première puissance mondiale ?

➡ **Jusqu'aux années 1960, la puissance s'est longtemps identifiée géographiquement aux grandes concentrations industrielles des métropoles du Nord-Est** et aux plaines céréalières du Middle-West. Le Sud et l'Ouest apparaissaient alors comme des espaces périphériques, spécialisés, exploités pour le plus grand profit du « centre ».

➡ **Cette hiérarchie régionale a été largement modifiée depuis un demi-siècle.** Certes le Nord-Est atlantique demeure le cœur de la puissance nationale et mondiale, mais la dynamique démographique et économique se porte désormais sur une **ceinture périphérique** qui s'étend des littoraux du Pacifique jusqu'à ceux du Sud-Est atlantique ; cette « Sun belt* » (ceinture du soleil) est jalonnée de quelques points forts qui sont autant de **nouveaux centres moteurs du pays et de l'économie mondiale** : la Californie, le Texas, la Floride *(Leçon page 108 ; Dossiers pages 110, 128, 130).*

Sun City : l'attraction du Sud
Implantée près de Phoenix, dans l'Arizona, cet immense lotissement a été spécialement conçu pour des retraités venant majoritairement du Nord-Est.

Cartes Majeures

Atouts et contraintes d'un État-continent

1. L'immensité du territoire : un atout majeur

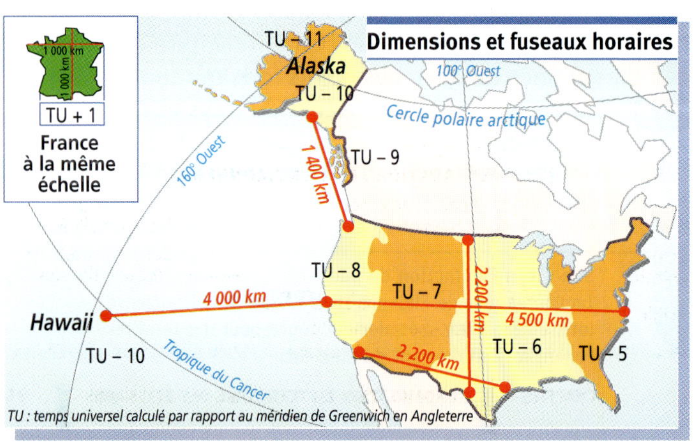

Questions

- Quels sont les grands ensembles de reliefs et les principaux types de climats **(cartes 1 et 2)** ?
- À quelles contraintes naturelles et à quelles menaces environnementales les États-Unis sont-ils confrontés **(carte 3)** ?

2. Les climats : la grande diversité

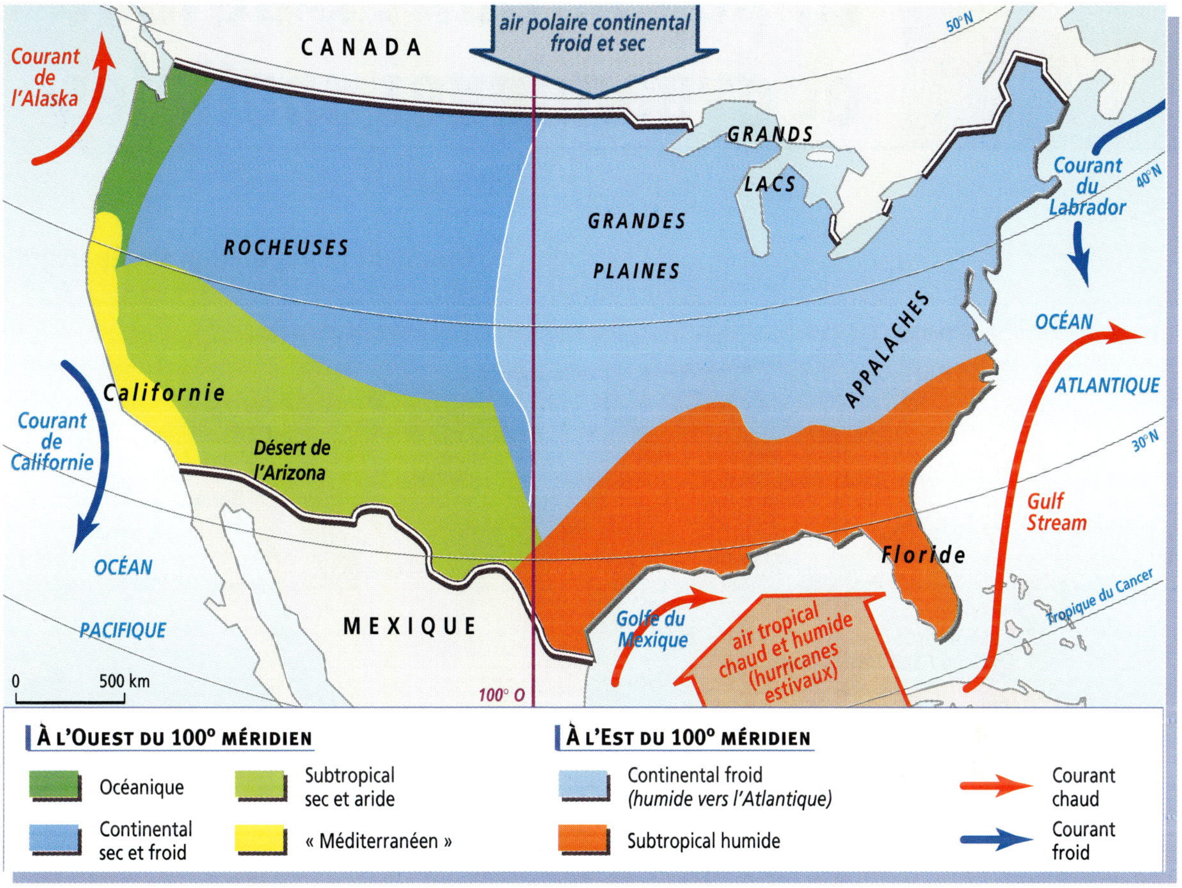

3. Une nature excessive, un environnement menacé

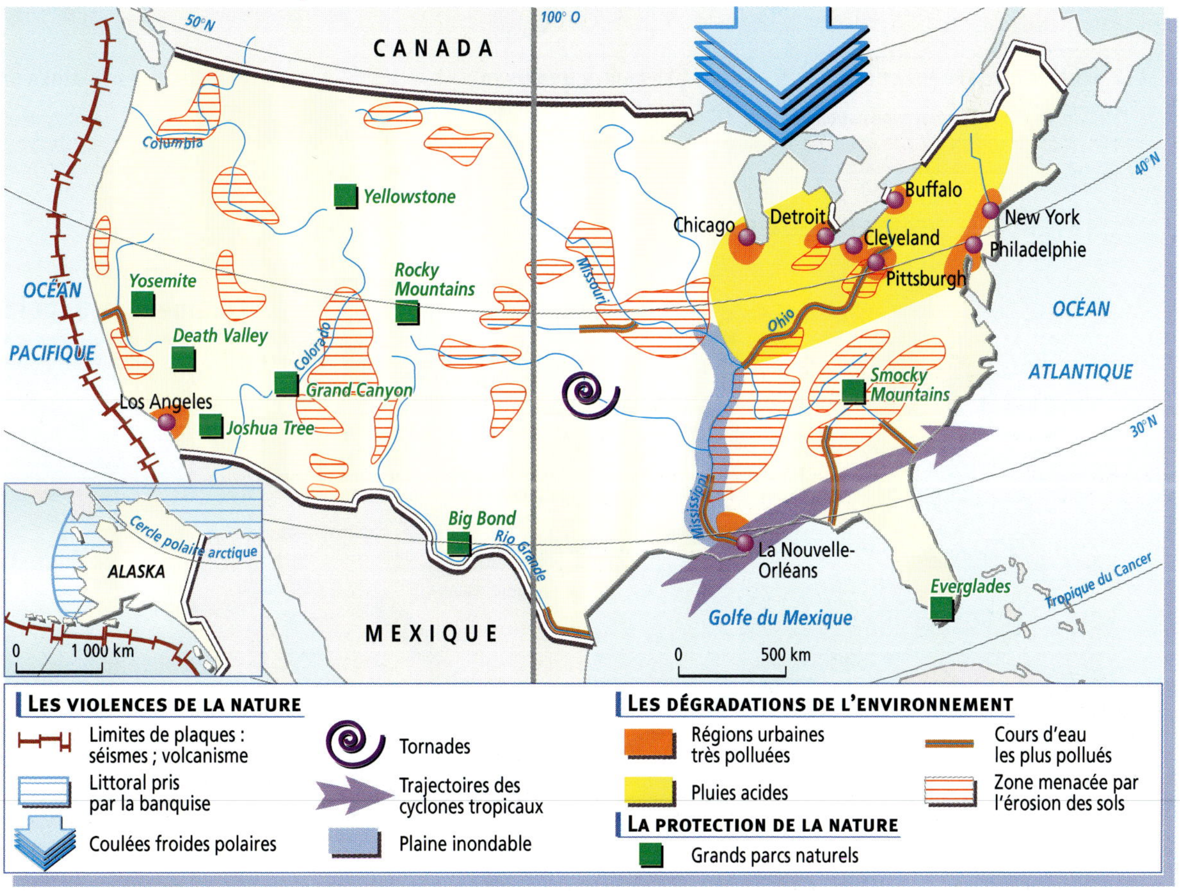

Cartes Majeures

La population : distribution et dynamiques spatiales

1. Comment la population se répartit-elle sur le territoire ?

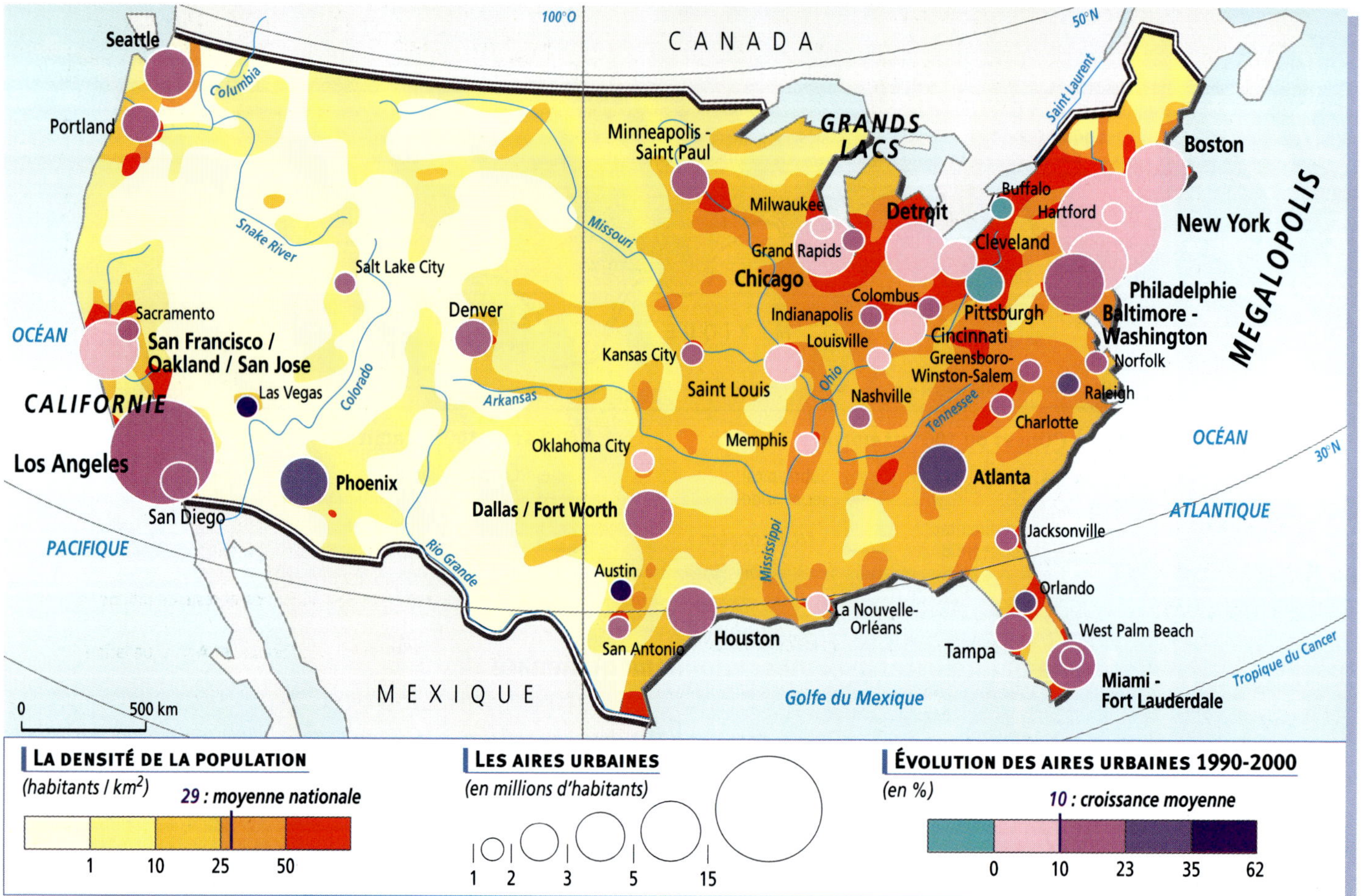

2. Comment la population évolue-t-elle ?

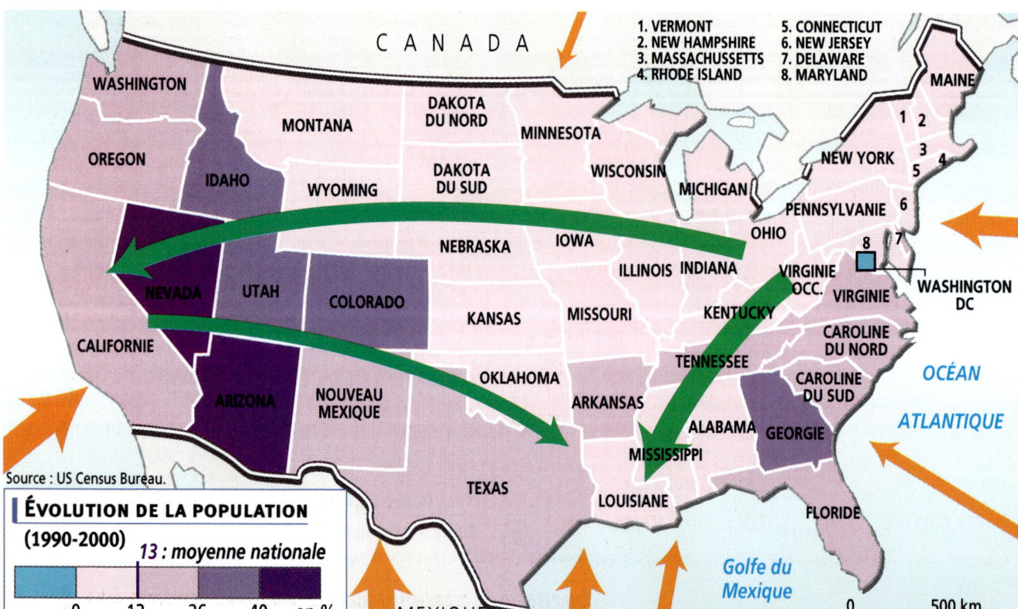

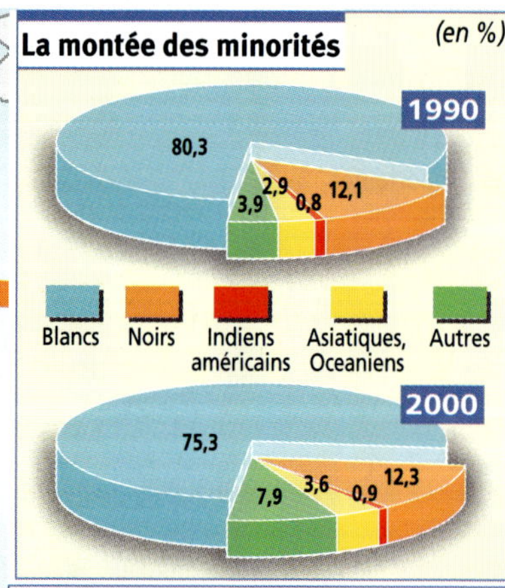

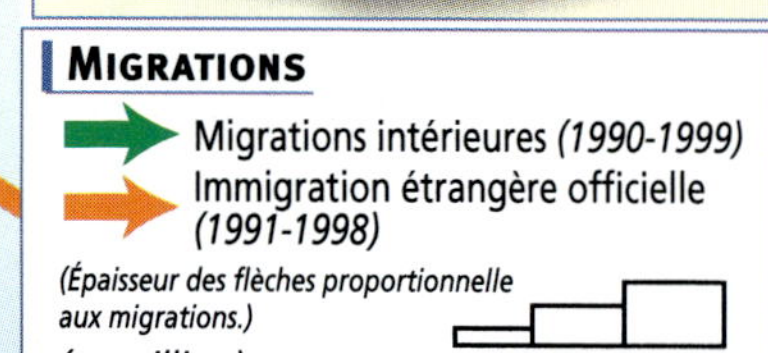

3. Les dynamiques des interfaces*

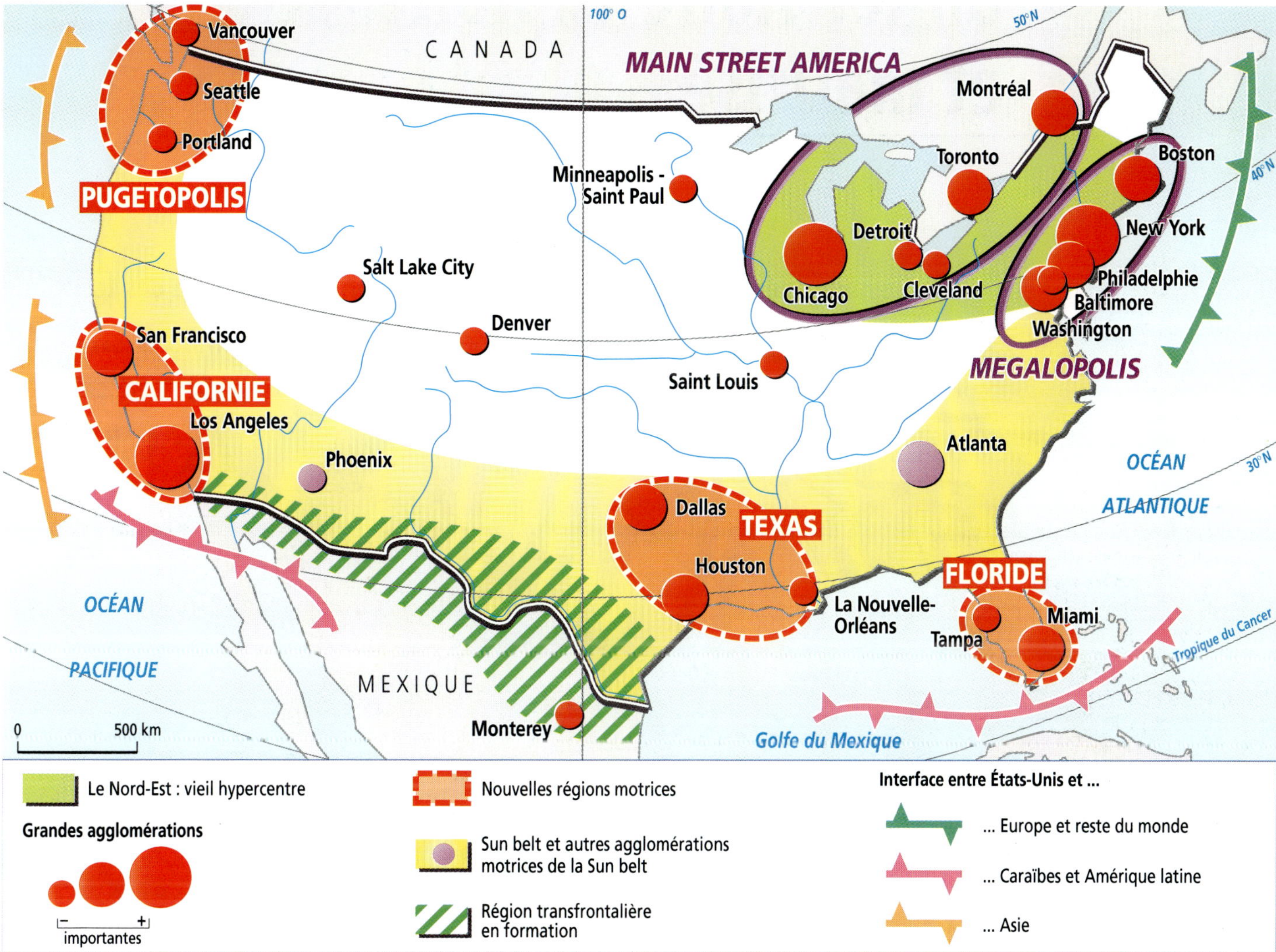

4. Repères : une fédération de 50 États

Questions

- Décrivez la répartition spatiale de la population sur le territoire des États-Unis **(carte 1)**. Vous pouvez vous aider de la **carte 4.**
- Quelles sont les principales dynamiques de la population **(cartes 1 et 2)** ?
- Quel est le rôle des interfaces* dans les dynamiques actuelles du territoire **(carte 3)** ?

Cartes Majeures

Un territoire exploité et maîtrisé

1. Les ressources énergétiques du continent nord-américain au service des États-Unis

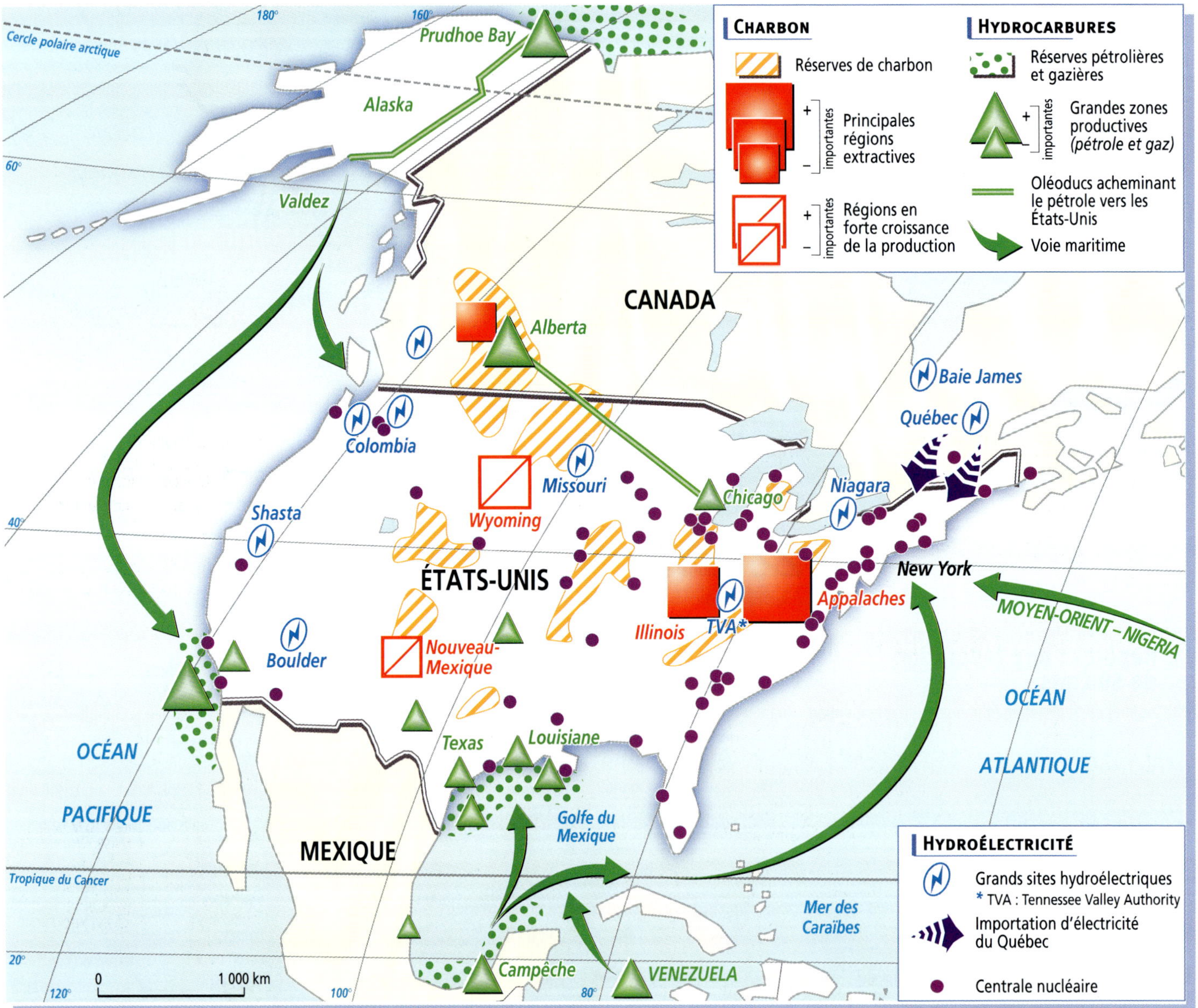

Questions

- Comment les Américains ont-ils construit leur territoire **(carte 3)** ? Combien de temps a duré cette conquête ?
- Quelles sont les grandes régions pourvoyeuses d'énergie sur le territoire des États-Unis **(carte 1)** ? Quelle est la situation énergétique des États-Unis par rapport à l'Amérique du Nord ?
- Comment les Américains ont-ils équipé leur territoire pour en faire un atout de leur puissance **(carte 2)** ? Pourquoi peut-on dire que le territoire est maîtrisé ?

2. Un territoire ouvert et structuré par un dense réseau de transports

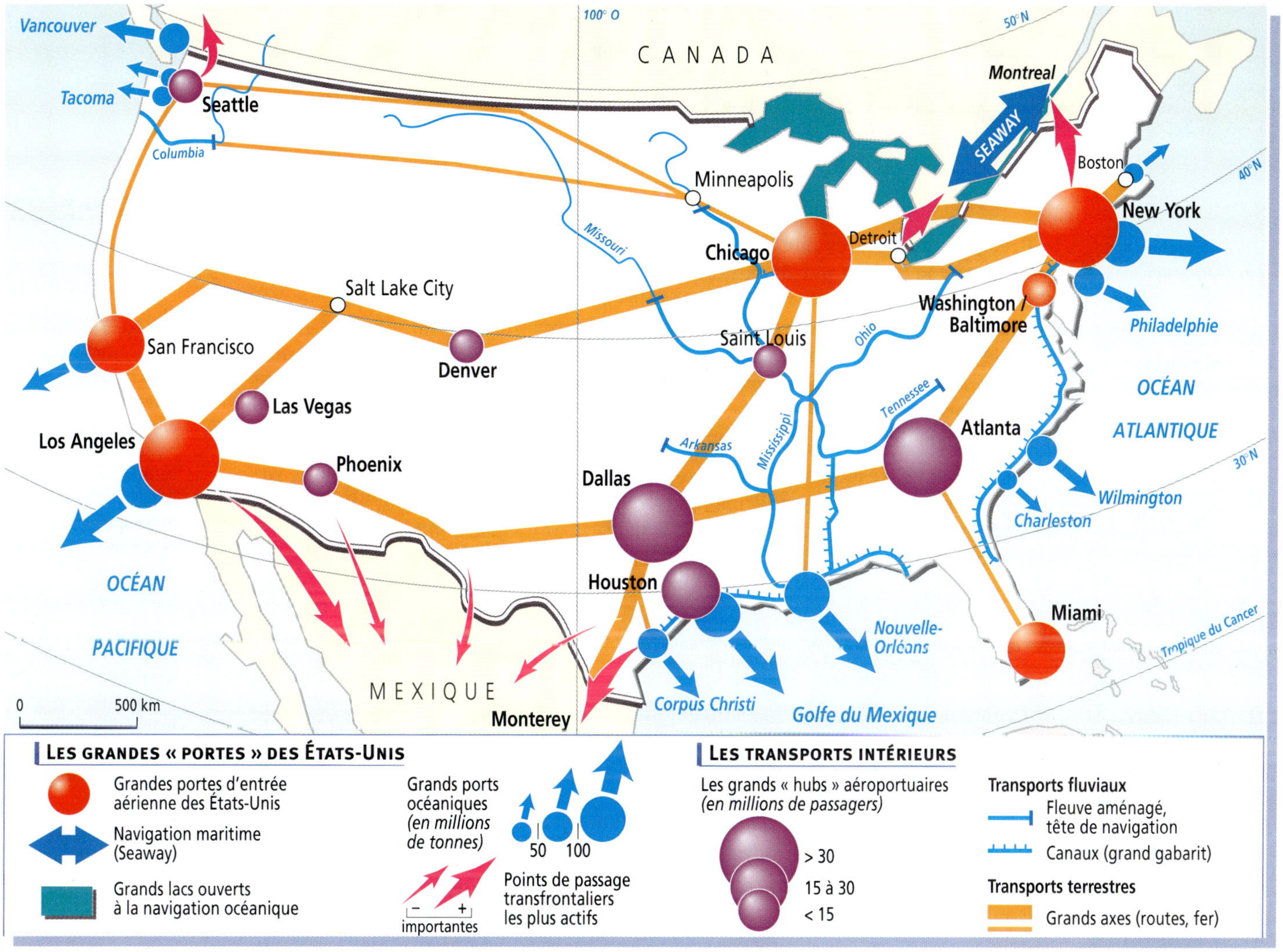

3. L'appropriation du territoire : de l'Atlantique au Far West

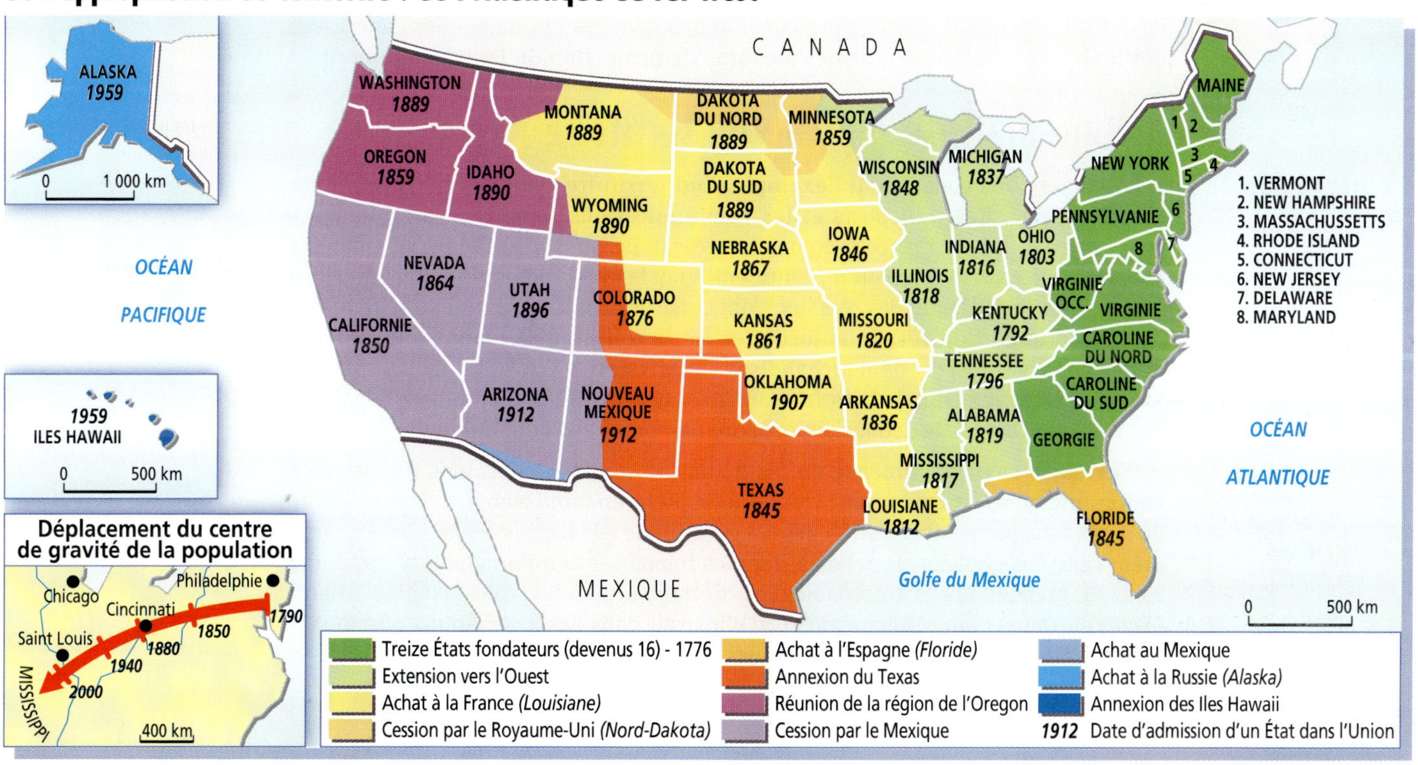

1 Un territoire immense et maîtrisé

1. Une immensité, source de richesses

Cartes Majeures
Atouts et contraintes d'un État-continent *(pages 98-99)*

Cartes Majeures
Un territoire exploité et maîtrisé *(pages 102-103)*

• **Presque aussi vastes que le continent européen, les États-Unis s'ouvrent largement sur le monde par deux façades maritimes** (20 000 kilomètres de côtes) et s'articulent autour de **trois grands ensembles de reliefs**. À l'Est, les **Appalaches** recèlent un fort potentiel énergétique (charbon, hydroélectricité) qui a assuré, dès le XIXe siècle, le développement de la « **Manufacturing belt** » ; au centre, les **Grandes Plaines**, drainées par le Mississippi et ses affluents, constituent la plus riche région agricole des États-Unis ; à l'Ouest, les **Hautes Terres** recèlent une large gamme de minerais et de ressources énergétiques et un potentiel touristique remarquable **(1)**.

• **De colossales réserves énergétiques** ont fait la fortune initiale des grandes sociétés pétrolières. Mais les principaux gisements d'hydrocarbures sont en voie d'épuisement, et ils ne sont que partiellement relayés par les gisements **off-shore** (golfe du Mexique, Californie) et ceux du Nord de l'Alaska.

2. Une nature généreuse et parfois excessive, un potentiel menacé ?

Cartes Majeures
Atouts et contraintes d'un État-continent *(pages 98-99)*

• **L'immensité, l'étalement en latitude, la disposition du relief sont à l'origine d'une grande variété de climats.** Cette diversité, liée souvent à de gigantesques travaux pour développer l'irrigation **(2)**, permet aux États-Unis de produire une large palette de cultures : céréales et soja des Grandes Plaines ; tabac, coton, canne à sucre ou agrumes des marges tropicales depuis les littoraux de la Floride jusqu'au Texas ; vignobles et fruits des régions de climat méditerranéen en Californie…

• **Certains de ces milieux sont exposés à des risques naturels** : à l'Ouest, sismicité et volcanisme ; dans les Grandes Plaines, coulées d'air froid polaire, tornades, inondations catastrophiques du Mississipi, érosion éolienne ou torrentielle ; dans le Sud-Est, **hurricanes** **(1)**.

• **La surexploitation des ressources,** le gaspillage, des aménagements imprudents aggravant les risques naturels et les pollutions diverses ont amené les Américains, dès les années 1930, à prendre des **mesures de protection de l'environnement**.

3. Une maîtrise globale du territoire

Cartes Majeures
Le territoire exploité et maîtrisé *(pages 102-103)*

Sujet Bac n° 18
Les États-Unis, un espace maîtrisé *(pages 150-151)*

• **Les États-Unis constituent l'exemple d'un territoire rapidement et complètement maîtrisé. Les transports et les communications sont indissociables de la puissance.** La mise en place précoce d'un réseau de transports de masse, canaux et chemins de fer, vers l'intérieur du continent, a fait la fortune des métropoles du Nord-Est et de Chicago. Depuis, les réseaux n'ont cessé de se moderniser et de se renforcer. Malgré **un important réseau autoroutier** **(3)**, la route n'a pas supplanté le chemin de fer pour le transport de marchandises. Le **Mississipi** et ses affluents aménagés, interconnectés aux Grands Lacs, forment un système cohérent de transport et fait de La Nouvelle-Orléans le débouché portuaire des Grandes Plaines.

• **C'est dans ce pays immense où les distances sont considérables que les télécommunications et l'avion ont trouvé leur plein épanouissement.** L'avion assure 90 % des transports publics intercités. La géographie des transports aériens est largement celle des grandes métropoles, dont les immenses aéroports mêlent trafic intérieur et grandes lignes internationales. Certaines grandes villes, comme Atlanta, Dallas ou Denver ont résolument choisi d'investir dans des installations ultramodernes pour attirer les compagnies aériennes dans leur « **hub** ».

Mots-clés

Hub : au sens premier, « moyeu » (d'une roue) ; par extension, point central d'un réseau de transport où est assuré un maximum de correspondances. Dans le domaine aérien, aéroport, centre de redistribution des lignes aériennes.

Hurricane : cyclone tropical qui touche la côte du Sud-Est des États-Unis à la fin de l'été.

Manufacturing belt : « ceinture industrielle » ; ce terme est apparu en 1927 pour désigner les États du Nord-Est des États-Unis où s'était développée, dans la fin du XIXe siècle, la grande industrie (sidérurgie, automobile, textiles…).

Off-shore : « loin du rivage » ; ce terme qualifie un gisement ou une opération industrielle en mer. Le terme est surtout utilisé pour les plates-formes d'exploration des hydrocarbures.

1. Splendeur et violence du cadre naturel

Dégâts causés par le cyclone Andrew en Louisiane en 1992 ;
Bryce Canyon, un des hauts lieux touristiques des Hautes Terres de l'Ouest.

2. L'eau, une ressource vitale

Les disponibilités en eau sont une des richesses fondamentales des États-Unis, même si elles sont inégalement distribuées du fait des conditions climatiques, de la configuration des grands bassins fluviaux et de la présence éventuelle de nappes phréatiques. Les ressources sont considérables : puissance des fleuves alimentés par d'immenses bassins (celui du Mississipi-Missouri couvre plus de 3 millions de km², six fois la France !) ; gigantesques nappes phréatiques (celle d'Ogallala dans les Grandes Plaines du Nebraska jusqu'au Nord du Texas permet d'irriguer 6 millions d'hectares).
En un peu plus d'un demi-siècle, des années 1900 aux années 1960, ces ressources ont été captées, stockées derrière de gigantesques barrages, transférées par canaux sur des centaines de km. Sans cette maîtrise hydraulique, rendue possible par d'énormes investissements publics que seule une grande puissance pouvait mobiliser, jamais le Sud-Ouest aride (Californie, Arizona) n'aurait atteint son niveau actuel de développement.

G. Dorel – Février 2004.

3. Le réseau routier et autoroutier, ici autoroute à Seattle constitue un élément clé de la maîtrise de l'immense territoire étatsunien

2 Le territoire peuplé et urbanisé

1. Toujours un grand dynamisme démographique

• **La population des États-Unis (291 millions d'habitants en 2003) continue d'augmenter rapidement (25 % en 20 ans)** par accroissement tant migratoire que naturel. Avec un **indice de fécondité*** de 2,1 en 2002, les États-Unis sont un des seuls pays occidentaux à maintenir leur seuil de renouvellement démographique. C'est un atout essentiel pour les marchés du travail et de la consommation, mais aussi pour les échanges internationaux : la diversité multiethnique de cette population ouvre les États-Unis sur tous les continents.

• **L'Est, précocement occupé, reste plus densément peuplé**, alors qu'à l'Ouest le peuplement a pris la forme de noyaux denses mais isolés. C'est le résultat des **importants mouvements migratoires internes et externes** (6), surtout vers les villes, qui ont progressivement modifié cet ordonnancement en privilégiant les **régions littorales du Sud-Est et du Sud-Ouest**. Ces migrations sont le reflet de l'évolution économique et sociale du pays.

2. Les grandes métropoles, symboles de la puissance

• **Aux États-Unis, pays de forte urbanisation** (80 % de la population), **métropolisation (5) et mondialisation vont de pair** : les douze premières régions urbaines, qui comptent ensemble plus de cent millions d'habitants, sont des villes internationales qui vivent au rythme de l'économie mondiale.

• **Au sommet de la hiérarchie, New York, Los Angeles** (4), **San Francisco, Chicago,** et la capitale fédérale **Washington**, s'inscrivent dans la liste des **villes mondiales**, là où se prennent les décisions politiques, économiques, financières, lieux d'innovation technologique et culturelle. Ces grandes métropoles entretiennent d'étroites **relations avec le reste du monde** avec qui elles sont reliées par un exceptionnel réseau de communications et d'informations.

• **Au cœur des métropoles, le « Central business district » (CBD) ou,** plus largement **« Downtown »**, avec leurs **gratte-ciel prestigieux**, sont le reflet de la puissance économique des États-Unis ; paradoxalement les vieux quartiers résidentiels qui les entourent se sont souvent dégradés (**ghettos***) ; certains, cependant, ont fait l'objet **d'opérations de rénovation réussies** qui attirent les talents et créateurs du monde entier. En périphérie, s'étendent de **gigantesques banlieues pavillonnaires**, les « **suburbs** », différenciées selon les revenus, les ethnies…

3. Des espaces métropolitains éclatés

• **Si les CBD conservent leurs atouts, notamment dans le secteur de la finance, les villes se sont restructurées en fonction des nouvelles exigences économiques** (7) : nombreuses sont les sociétés (notamment celles engagées dans les nouvelles technologies) qui s'installent en périphérie des grandes agglomérations. De **nouveaux noyaux** concentrant commerces, bureaux et **parcs scientifiques*** se sont ainsi multipliés en marge des grandes villes (d'où leur nom de « **edge cities** »), où les entreprises trouvent des locaux plus fonctionnels, meilleur marché, et plus proches des résidences banlieusardes de leurs cadres et employés. De ce fait **la ville américaine devient polynucléaire**.

• **Cette fragmentation se double d'une ségrégation socio-spatiale** : ces agglomérations multiethniques offrent une **juxtaposition de quartiers extrêmement disparates**, tant sur le plan économique que culturel.

Cartes Majeures
La population : distribution et dynamique spatiale *(pages 100-101)*

Sujet Bac n° 7
Les États-Unis, un territoire peuplé et métropolisé *(pages 134-135)*

Dossier
New York, ville mondiale *(pages 32-33)*

Photographie
Manhattan, un des grands centres de décision de la planète *(pages 68-69)*

Sujet Bac n° 16
Les métropoles des États-Unis, quelle organisation, quelles évolutions ? *(pages 146-147)*

Mots-clés

Central business district (CBD) : quartier des affaires ; la bourse et les banques en sont les éléments moteurs.

Downtown : nom désignant le centre-ville. Plus vaste que le CBD, il englobe les quartiers administratifs (Civic center) et des quartiers résidentiels plus ou moins dégradés.

Edge city (edge : lisière, bordure) : nom donné, aux États-Unis, aux noyaux urbains qui se forment à la périphérie des villes, près des autoroutes ou des aéroports, regroupant des centres commerciaux, des parcs de bureaux.

Métropolisation : concentration des hommes et des activités dans quelques très grandes villes, les métropoles.

Suburb : banlieue dont l'habitat typique est la maison individuelle. La ségrégation socio-spatiale marque aussi les banlieues ; ainsi, les **ethnoburbs** désignent les quartiers de banlieue peuplés d'immigrants d'une même origine.

* voir Lexique

4. Los Angeles : métropole « culturelle » de la côte Pacifique

Los Angeles fait figure de « centre culturel international ». Plus de 420 000 personnes y sont employées dans les industries culturelles dont le tiers dans les productions cinématographiques. Los Angeles est aussi devenue un centre mondial du design, dans les domaines de l'automobile ou de l'habitat.

5. Une forte croissance urbaine

Le moteur de la croissance urbaine est la population hispanique, jeune, urbaine, en augmentation de 60 % depuis 1990 et sur le point de dépasser, en nombre, la minorité noire.

Cette croissance démographique a d'abord eu pour effet de revitaliser les grandes villes que les années 1970 et 1980 avaient laissées mortes : New York, par exemple, est passée de 7 à 8 millions d'habitants. Sur les dix plus grandes villes des États-Unis, seules deux, Philadelphie et Detroit, n'ont pas vu leur population augmenter au cours des dix dernières années ; les trois grandes villes du Texas (Houston, Dallas, San Antonio) ont connu des taux de croissance de 20 % en moyenne. La population de Phœnix, en Arizona (1,3 million d'habitants) a augmenté de 34,3 %. Chicago (2,9 millions d'habitants) a réussi à inverser le déclin dont souffrait sa population depuis 50 ans : deux fois supérieure à ce que les démographes attendaient, la croissance de Chicago s'explique par l'afflux d'Hispaniques (aujourd'hui un quart de la population) et d'Asiatiques, dont la présence a augmenté de 20 % en 10 ans. Les villes moyennes (250 000 à 2 millions d'habitants) ont encore plus profité de la croissance que les grandes villes.

***Le Monde* – 11 avril 2001.**

6. Une nation de migrants

Liberté religieuse, liberté politique, liberté d'entreprendre : en deux siècles, le « rêve américain » a conduit plus de 50 millions de personnes à immigrer aux États-Unis, surtout des Européens et, aujourd'hui, des Latinos* et des Asiatiques.

L'extrême diversité des origines nationales des Américains conduit à un profond débat de société entre assimilation des immigrants (« melting-pot* ») et affirmation des identités communautaires à base ethnolinguistique (« salad-bowl* » ou développement séparé*). **Y. Boquet, *Les États-Unis*, Belin – 2003.**

7. Schéma de la structure et des dynamiques d'une aire urbaine

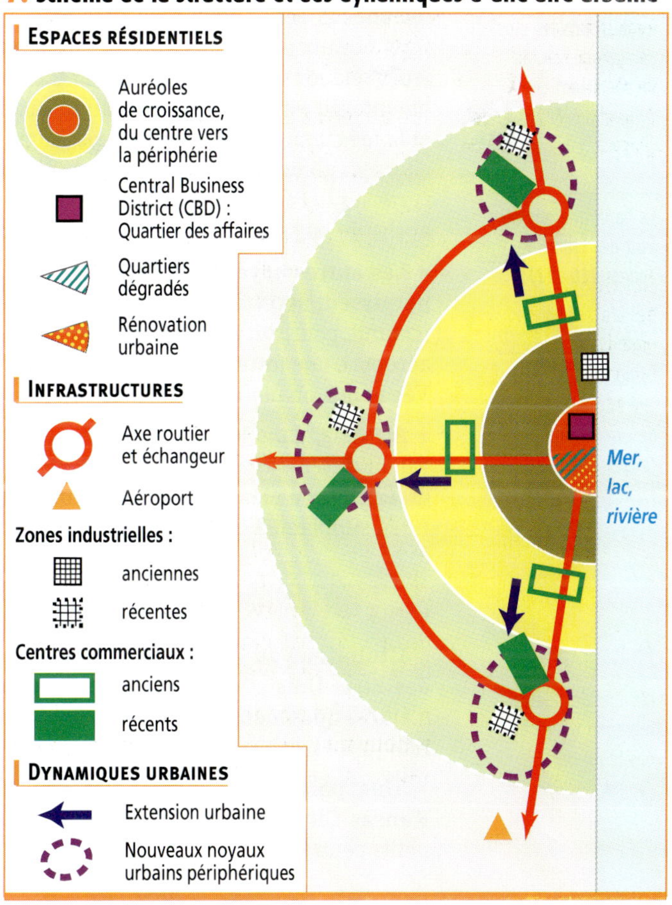

3 Une division tripartite du territoire

1. Le Nord-Est, un des tout premiers centres du monde

• **Avec sa centaine de millions d'habitants, le Nord-Est, berceau des États-Unis, conserve sa puissance** décisionnelle, financière et intellectuelle. Il reste la première région industrielle du pays (45 % de l'emploi industriel).

• **Les grandes métropoles se renouvellent grâce aux hautes technologies ;** mais ce renouveau est inégal : des villes comme **Pittsburgh, Cleveland** et davantage encore **Detroit** et **Buffalo** semblent avoir plus de difficultés, que celles de la **Megalopolis**, pour passer du système industriel **fordiste*** qui avait fait leur puissance, au système **postindustriel**.

2. Le « croissant périphérique » : un dynamisme en « archipel »

• **De la Virginie au Nord-Ouest pacifique, en passant par les États du golfe du Mexique, une quinzaine d'États forment la Sun belt*, la « ceinture du soleil ».** Celle-ci est caractérisée par la douceur (relative) de son climat, la vive croissance de la population (4 Étatsuniens sur 10 y vivent) et un remarquable dynamisme économique porté par les industries de pointe, l'**agribusiness** et le tourisme. La population se concentre dans un chapelet de métropoles bien reliées entre elles et avec le reste du monde, mais séparées par des vides.

• **Quatre régions motrices s'y individualisent :** la **Floride**, dont la situation aux portes des Caraïbes et de l'Amérique latine, le tourisme et l'agribusiness ont fait la fortune ; le **Texas**, dont plus de la moitié de ses 20 millions d'habitants sont dans les trois noyaux urbains de **Dallas, Houston** et **San Antonio**, enrichis par le pétrole et leurs relations avec le Mexique ; la **Californie**, qui doit sa place à sa position en double interface avec les mondes latino-américain et asiatique ainsi qu'à **San Francisco** et la mégalopole en formation **Los Angeles-San Diego** qui captent l'essentiel des richesses californiennes ; **la Pugetopolis** (de Portland à Seattle jusqu'à Vancouver), ouverte sur le Pacifique d'où lui viennent immigrants et investissements. Cette dernière abrite de puissantes firmes comme **Boeing** et **Microsoft**.

• **Les autres noyaux urbains, bien que constitués de puissantes métropoles, apparaissent secondaires** comparés aux centres moteurs : **Atlanta**, métropole du Sud (connue pour son entreprise-phare Coca-Cola), dont la réussite repose sur un grand aéroport, une forte industrialisation (électronique, aéronautique…) ; **Phoenix** ou **Las Vegas** qui, en plein désert, enregistrent des records de croissance démographique.

• **Au-delà, dans le Pacifique,** des « têtes de pont » sont dynamisées par la mise en valeur de leurs ressources naturelles : l'**Alaska** grâce à l'exploitation pétrolière et à la grande pêche ; les **îles Hawaï** où une économie de services, fondée sur le tourisme (9), a supplanté l'économie de plantations (ananas, canne à sucre).

3. L'intérieur : une diagonale du vide ?

• **L'intérieur du continent** juxtapose d'immenses espaces, **« greniers » agricoles** des États-Unis et du monde, dans les Grandes Plaines (10) ou le « Vieux Sud », et d'autres quasiment vides (Rocheuses) parsemés d'îlots miniers, agricoles (8) ou touristiques et de parcs naturels.

• **Une poignée de métropoles** concentre les industries et les services comme **Kansas City, Denver et Salt Lake City**. Les autres noyaux urbains ne sont que de petits centres de services.

Cartes Majeures
La façade atlantique, un espace majeur de l'Amérique du Nord *(pages 118-119)*

Sujets Bac n°s 9 et 10
Le territoire des États-Unis : quelle organisation, quelles dynamiques ? *(page 138)*
Organisation et dynamiques du territoire des États-Unis *(page 139)*

Dossier
La Floride, un des États les plus dynamiques de la façade atlantique *(pages 128-129)*

Dossier
La Californie, premier État des États-Unis *(pages 110-111)*

Dossier
Le golfe du Mexique, une périphérie désormais intégrée *(pages 130-132)*

Photographie
Les Grandes Plaines, « grenier » agricole des États-Unis *(pages 94-95)*

Mots-clés

Agribusiness ou agrobusiness : complexe qui intègre toutes les activités centrées sur la production agricole, de l'amont (fourniture de biens et de services aux exploitations agricoles) jusqu'à l'aval (industries agroalimentaires, transport…).

Postindustriel : système économique marqué par le recul du secteur secondaire dans la structure du PNB et la répartition des emplois au profit des secteurs tertiaire et quaternaire*.

8. Les immenses espaces de l'Ouest intérieur
Des espaces quasiment vides essentiellement voués à l'agriculture extensive, au tourisme et à l'exploitation des ressources minières.

9. Le tourisme à Honolulu
Au cœur du Pacifique, les îles Hawaï sont devenues un grand pôle touristique fréquenté autant par les Nord-Américains que par les Japonais.

10. Les Grandes Plaines : un des « greniers » du monde

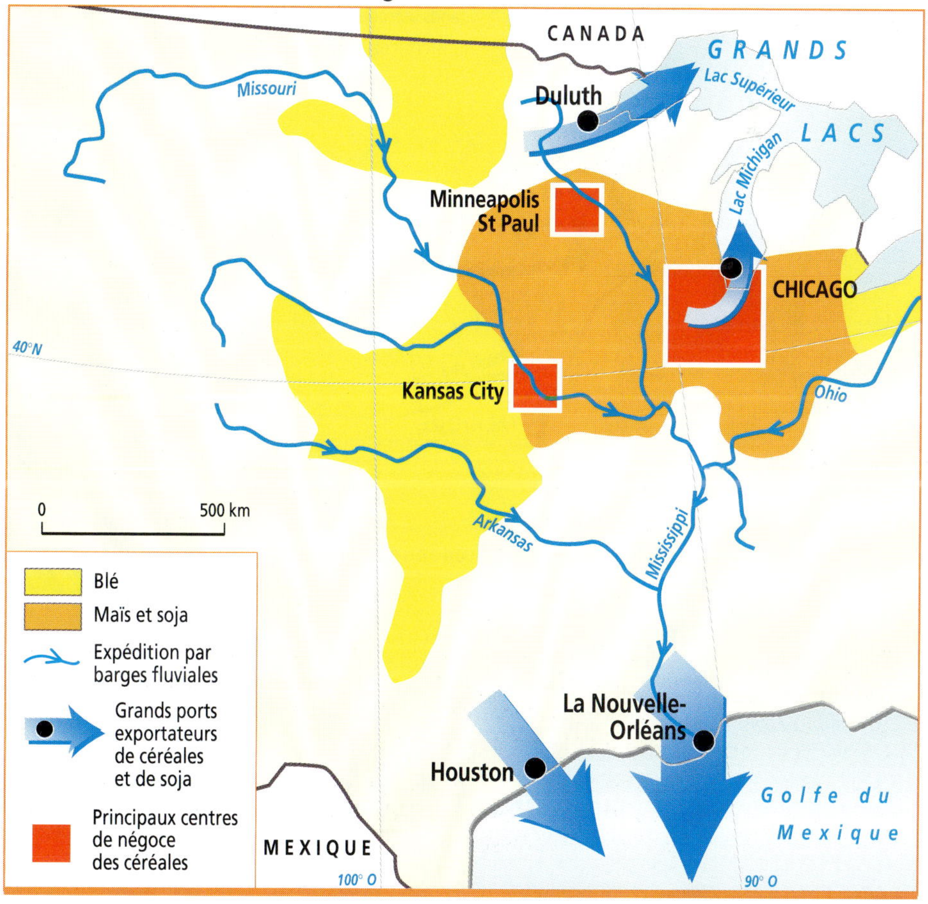

La Californie, premier État des États-Unis

- **La Californie bénéficie d'une situation exceptionnelle entre les États-Unis, l'Amérique latine et les pays riverains du Pacifique. Elle accueille le quart des immigrants entrant légalement aux États-Unis. Premier État américain par la population, la Californie, seule, serait la sixième puissance économique du monde.**
- **Cette dynamique californienne est cependant non seulement très sensible à la conjoncture, mais c'est aussi un défi permanent à la nature.**

1. L'environnement californien

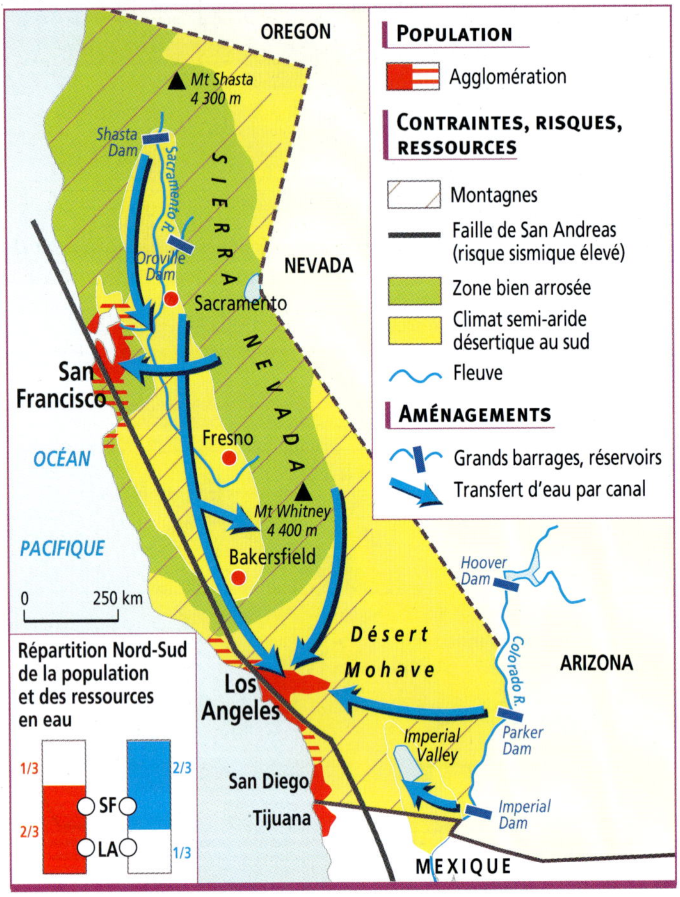

2. La Californie dans l'ensemble étatsunien (2002)

- **Population :** 35 millions d'habitants (24 millions en 1980) ; 12 % de la population des États-Unis.
- **Superficie :** 405 000 km^2 ; 4,4 % de la superficie des États-Unis.
- **Densité :** 85 habitants/km^2 (États-Unis : 31) ; les 3/4 des habitants vivent sur le littoral entre San Francisco et la frontière mexicaine.
- **Revenu moyen annuel des ménages :** 47 500 dollars mais 14 % d'entre eux vivent en-dessous du seuil de pauvreté (contre 12 % à l'échelle nationale).
- **Production industrielle :** 1,8 million de salariés ; 12 % du total national.
- **Production agricole :** 16 % de la valeur de la production végétale étatsunienne : coton, légumes, vignes, mais aussi premier producteur de lait.

3. Le commerce extérieur californien

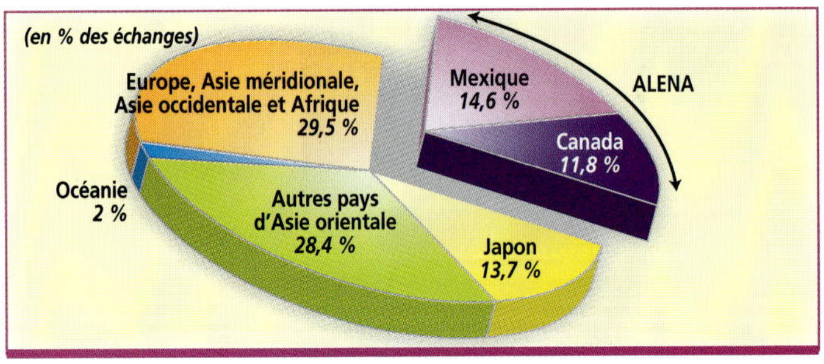

4. Hollywood : un rôle vedette dans l'économie californienne

Si l'économie de la Californie, le « Golden State », a souffert de la compression des effectifs dans le secteur de l'aéronautique et de la défense, mais le complexe industriel du divertissement (cinéma, télévision, musique, multimédia, parcs d'attraction, merchandising) prend la relève.
Le chiffre de l'emploi dans ces secteurs a augmenté à un rythme plus rapide que n'importe quel autre secteur industriel, y compris le secteur high-tech de la Silicon valley... La production est toujours, et même de plus en plus, concentrée en Californie du Sud qui abrite actuellement 70 % des tournages de films et 80 % de séries télévisées, au point que Los Angeles connaît même une pénurie de studios.

Le Monde – **3 novembre 1998.**

5. La Silicon Valley, une région sensible à la conjoncture

La crise de l'informatique a ébranlé la Silicon Valley. En 18 mois, de 2001 à mi-2002, la région a perdu 9 % de ses emplois (soit 127 000 personnes), et la moitié des gains accumulés pendant la dernière période de croissance (1998-2000).
Le phénomène n'est cependant pas que conjoncturel car la vallée, initialement spécialisée dans le « hardware » avec ses grands établissements, se tourne vers le « software » où dominent les petites entreprises de moins de vingt personnes.
En réalité, la Silicon Valley vit une nouvelle mutation ; après avoir été portée par les commandes militaires dans les années 1960, par la révolution des semi-conducteurs dans les années 1970, par celle des micro-processeurs et des PC dans les années 1980, puis par Internet dans les années 1990, la Californie vit les années 2000 au rythme de l'instrumentalisation médicale avancée, une combinaison du « software » et des biotechnologies. 37 000 personnes sont déjà employées dans ce secteur dans la seule Silicon Valley, la plus grosse concentration aux États-Unis.

New York Times **– 20 janvier 2003.**

6. Los Angeles, ville cosmopolite

La croissance de la population californienne est autant due à la croissance naturelle qu'aux flux migratoires. Au cours des deux dernières décennies, la population « anglo » est restée la même, pendant que les populations hispaniques doublaient et que la population asiatique triplait...
La métropole de Los Angeles comprend 7 millions d'« Anglos » et 9 millions de personnes appartenant à des races et ethnies différentes, dont 6,5 millions d'Hispaniques et 1,8 million d'Asiatiques. Au fur et à mesure que la population devient de plus en plus diversifiée, des enclaves ethniques continuent d'émerger.

C. Ghorra-Gobin, *Villes et sociétés urbaines aux États-Unis*, A. Colin – 2003.

7. Les hautes technologies au cœur du succès californien
Les laboratoires Livermore travaillent sur le plus puissant laser du monde.

8. La difficile cohabitation des populations
Manifestation des commerçants coréens après les émeutes de 1992 dont ils furent les premières victimes.

Questions

1. Quelles sont les principales caractéristiques de la Californie (1, 2) ? Quels sont les atouts et les contraintes de l'environnement naturel ?

2. Qu'est-ce qui fait le dynamisme, mais aussi la fragilité de cet État (2, 4, 5, 6, 7, 8) ?

3. Comment s'exprime la situation de la Californie en double interface avec l'Amérique latine et l'Asie (3, 6, 8) ?

Dossier

L'innovation à l'origine d'une nouvelle géographie de l'industrie

L'économie américaine est portée par une exceptionnelle capacité innovatrice qui constitue un facteur décisif de sa puissance : à eux seuls, les États-Unis représentent 35 % de la capacité mondiale de la recherche-développement* (contre 27 % pour l'Europe et 15 % pour le Japon).

Cette avance décisive n'est pas sans inquiéter leurs partenaires dont certains n'hésitent pas à parler de « l'imperium technologique mondial des États-Unis ». Mais l'innovation ne se porte pas partout sur le territoire étatsunien avec la même intensité ; elle entraîne une nouvelle géographie de l'industrie.

1. Recherche-développement : l'avance américaine

a. Les prix Nobel depuis 1901

	1901-1945	1946-1975	1976-1999
États-Unis	20	79	100
Royaume-Uni	26	34	11
Allemagne	38	12	11
France	15	5	5
Russie-URSS	2	7	1
Japon	0	1	3
Total	142	166	151

b. La distribution géographique de la recherche-développement

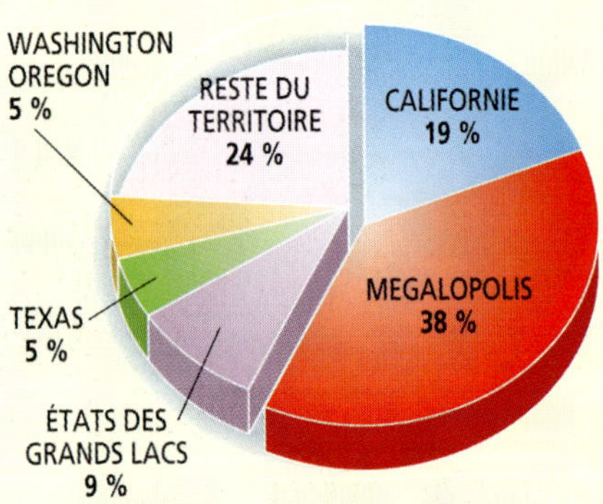

2. Les dynamiques de la carte industrielle

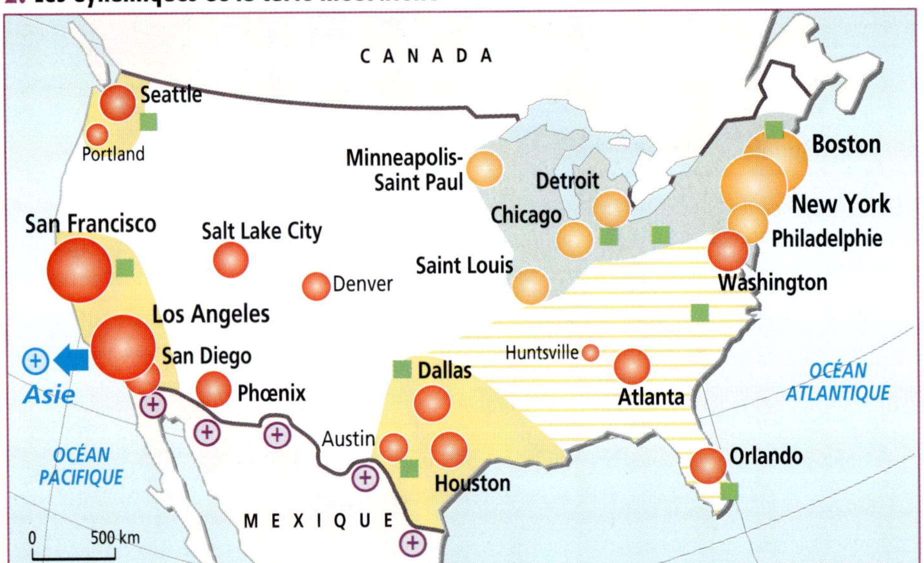

Schéma

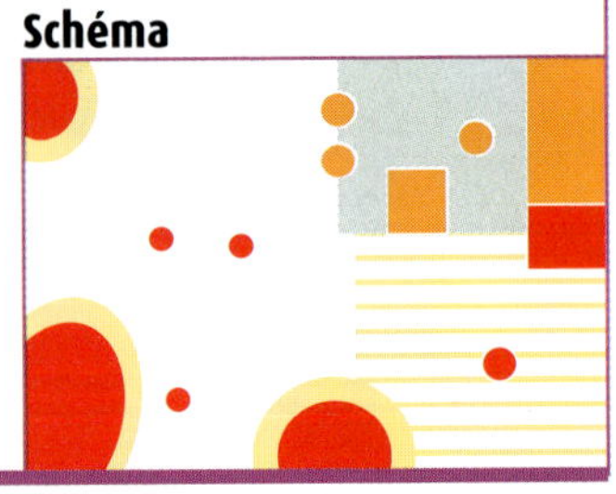

3. Le MIT, une « usine à idées » pour l'industrie

Cinquante-sept prix Nobel. Un étudiant sur trois en programme de thèse. 40 % d'étrangers parmi les étudiants de troisième cycle. [...] Depuis sa fondation à Boston, le « Massachusetts institute of technology » (MIT) cultive avec succès l'interdisciplinarité et les rapports étroits avec les milieux d'affaires.

[...] *« Le MIT, avec la proximité de Harvard, est un incroyable terreau d'idées nouvelles,* note Alemis Borisy, ancien étudiant à Harvard et PDG de CombinatoRx, une société de biotechnologie basée à Boston. *Les contacts formels et informels entre les gens créent un contexte de fermentation permanent et, si vous ajoutez à cela l'approche pratique du MIT sur la manière de transformer ces idées en quelque chose de concret, vous avez là un terrain d'innovation formidable. »* Le MIT détient 1 600 brevets actifs qui rapportent plusieurs dizaines de millions de dollars par an en droits. Parallèlement, le MIT forme les futurs capitaines d'industrie à la gestion et a essaimé plus de 4000 entreprises dans le monde.

L. Mailhes, *Les Échos* – 29 octobre 2003.

4. L'empire Microsoft : de Redmond au monde

Le siège social de Microsoft ressemble à un campus universitaire. 11 000 des 23 000 salariés du groupe y travaillent à la mise au point de nouveaux produits et à l'encadrement de la société. Innovation et monopolisation, internationalisation et personnalisation autour de la figure du fondateur, sont les maîtres mots de cette société qui est aujourd'hui en position hégémonique pour les systèmes d'exploitation des micro-ordinateurs (Windows) et pour les logiciels d'application (traitement de texte, tableur, et maintenant accès à Internet, domaine qu'elle avait négligé initialement).
Microsoft s'est très rapidement internationalisée. Le groupe est présent aujourd'hui dans une soixantaine de pays. Il y réalise 57 % de son chiffre d'affaires, notamment en Europe (32 %) où il a créé en 1998 à Cambridge (Grande-Bretagne) un nouveau centre de recherches. C'est un moyen de drainer en Europe les talents locaux.

***Documentation photographique,* n° 8006, « La puissance des États » – 1998.**

5. Le siège mondial de Microsoft à Redmond
Au bord du Pacifique, dans l'État de Washington, à 15 km de Seattle, Bill Gates a fait construire le siège social de sa firme sur une quarantaine d'hectares, dans un massif forestier.

6. La diversification de Microsoft

Vainqueur incontestable des quatre années de son procès antitrust, [...] fort d'une trésorerie qui n'a fait qu'embellir (près de 40 milliards au début du procès !), bien plus diversifié aujourd'hui, le premier éditeur de logiciels au monde sort finalement quasiment intact du tribunal. [...]
En rachetant Great Plains et Navision, Microsoft a clairement montré ces dernières années son intention de sortir de son pré carré. Désormais, Windows ne représente que 34 % de son chiffre d'affaires, contre 53 % en 1998. L'éditeur souhaite également aller voir au-delà des seuls PC et serveurs, avec des ambitions de plus en plus apparentes dans la téléphonie mobile. Il s'est même transformé en constructeur de consoles de jeux vidéo, disposant de tout le temps qu'il désire pour imposer sa Xbox. Si on ajoute « .net », sa stratégie destinée à la construction des applications Internet de demain (les fameux « services Web »), on a une image de l'impressionant virage amorcé en quatre ans.

A. Ruello, *Les Échos* – 5 novembre 2002.

7. Bill Gates avec deux cadres indiens de son entreprise, formés dans leur pays d'origine (janvier 2003)

Questions

1. Sur quoi repose la capacité innovatrice des États-Unis (1, 3, 4, 7) ?
2. Décrivez la nouvelle carte de l'industrie et les nouveaux espaces industriels produits par l'innovation (1, 2, 3, 5).
3. En quoi Microsoft est-il un exemple de la puissance américaine reposant sur l'innovation (4, 5, 6, 7) ?

CHAPITRE 5

La façade atlantique de l'Amérique du Nord

PROBLÉMATIQUES

CARTES MAJEURES

LEÇONS

DOSSIERS

SUJETS BAC

Composition

Étude d'un ensemble documentaire

Croquis

Miami, capitale mondiale de la croisière

Miami est le premier port de croisières du monde. C'est le port d'attache des plus grands paquebots qui sillonnent l'année durant la mer des Caraïbes, premier espace mondial pour ce type de trafic (44 % de l'offre, contre 14 % pour la Méditerranée).

Une des grandes façades maritimes du monde ?

• ***La façade atlantique de l'Amérique du Nord correspond aux régions qui font face à l'océan Atlantique, depuis le golfe du Saint-Laurent au Nord, jusqu'à la presqu'île du Yucatan au Sud. Les Grands Lacs,*** *bien qu'au cœur du continent, appartiennent de fait à cette façade, leur émissaire naturel étant le fleuve Saint-Laurent accessible, depuis 1959, aux navires de haute mer* (Carte page 118).

• ***Espace majeur de l'aire de puissance de l'Amérique du Nord,*** *cette façade alterne* ***des lieux de faibles densités*** *où les espaces « naturels » dominent, et* ***de puissantes régions urbaines*** *qui se présentent selon* ***deux lignes parallèles*** *: celle du* ***littoral,*** *la Megalopolis, les grandes agglomérations portuaires du golfe du Mexique ; celle de* ***l'arrière-pays,*** *en liaison directe avec les ports de la côte : les agglomérations riveraines des Grands Lacs et du Saint-Laurent, les villes du piedmont appalachien.*

Le Saint-Laurent
Une porte d'entrée majeure dans le continent américain jusqu'aux Grands Lacs.

1. Quels ont été les atouts du développement de cette façade ?

➡ **La façade atlantique se déroule sur plus de 4 000 km, du 60e au 20e degrés de latitude Nord.** Elle présente une grande diversité de reliefs et de climats : côtes rocheuses et grands estuaires au Nord du cap Hatteras sous l'influence du courant froid du Labrador ; côtes basses au Sud, baignées par le courant chaud du Gulf Stream. Sa plate-forme continentale est riche en eaux poissonneuses et en ressources minérales *(Carte page 119).*

➡ **Le développement de cette façade a été plus ou moins précoce :** le Nord-Est des États-Unis et le Sud-Est du Canada doivent leur fortune au fait qu'ils sont les espaces fondateurs de ces deux nations à partir desquelles s'organisa la conquête du continent ; l'essor des littoraux du golfe du Mexique est lié, lui, à l'exploitation des hydrocarbures et du tourisme *(Cartes pages 118-119, Leçon page 120, Dossier page 130).*

Le Mexique mise sur son tourisme littoral, accueillant majoritairement des touristes nord-américains.

2. Quel est le poids de cette façade ?

➡ **Au sein de l'Alena*, la façade atlantique « pèse » d'un poids considérable : 220 millions d'habitants (plus d'un Nord-Américain sur deux) et deux tiers du PIB.** Elle compte 21 des 25 plus grands ports nord-américains, de puissantes régions urbaines qui s'inscrivent aujourd'hui dans le réseau des villes-monde qui gouvernent la planète.

➡ **C'est le résultat de l'évolution des échanges entre les États-Unis et le reste du monde,** auquel s'ajoute le mouvement d'intégration à l'échelle du continent nord-américain *(Leçon page 122).*

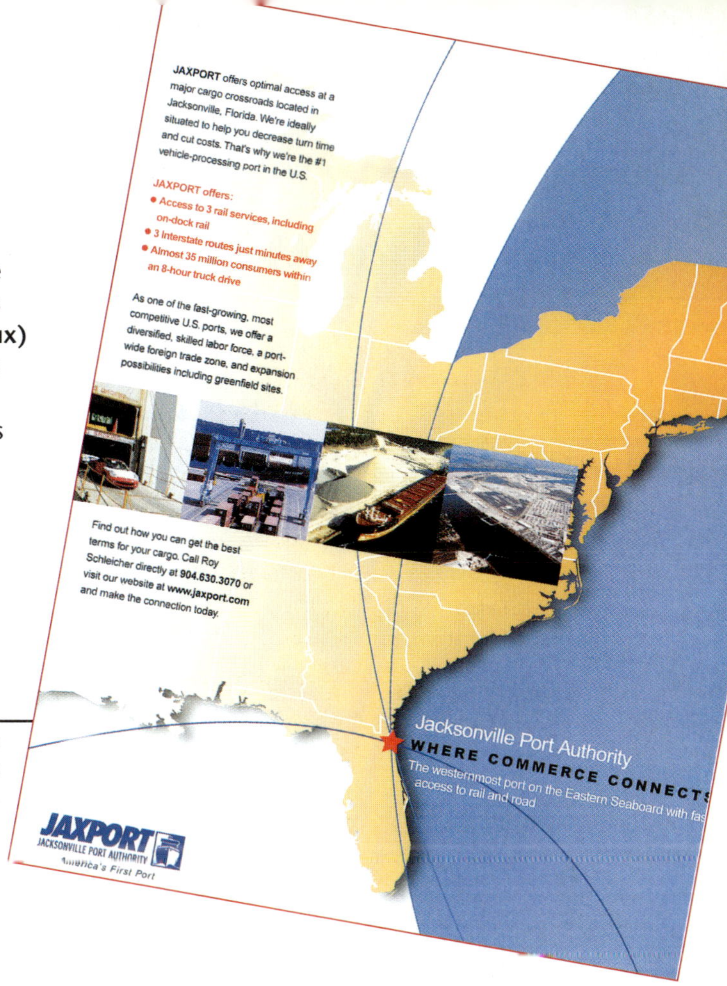

Jacksonville
Un des nombreux ports qui assurent la puissance maritime du littoral atlantique.

3. Quelle place occupe la Megalopolis ?

➡ **La grande conurbation du Nord-Est américain, qui s'étend de Boston à Washington, est la plus puissante de trois mégalopoles du monde** (comparée aux mégalopoles européenne et japonaise). Première porte d'entrée de l'Amérique, elle est le premier foyer économique du monde.

➡ **La Megalopolis réunit une grande partie des pouvoirs de l'État le plus puissant de la planète :** aux sièges du gouvernement fédéral et des grandes entreprises américaines, aux grandes universités et à leurs laboratoires de recherche s'ajoutent les sièges des grandes organisations internationales (ONU*, FMI*, Banque mondiale) *(Leçon page 124, Dossier page 32).*

La Maison Blanche et le Nasdaq*
Deux symboles de la puissance politique et financière de la Megalopolis.

Cartes Majeures

La facade atlantique, un espace majeur de l'Amérique du Nord

1. La façade atlantique : entre le Grand large et le continent nord-américain

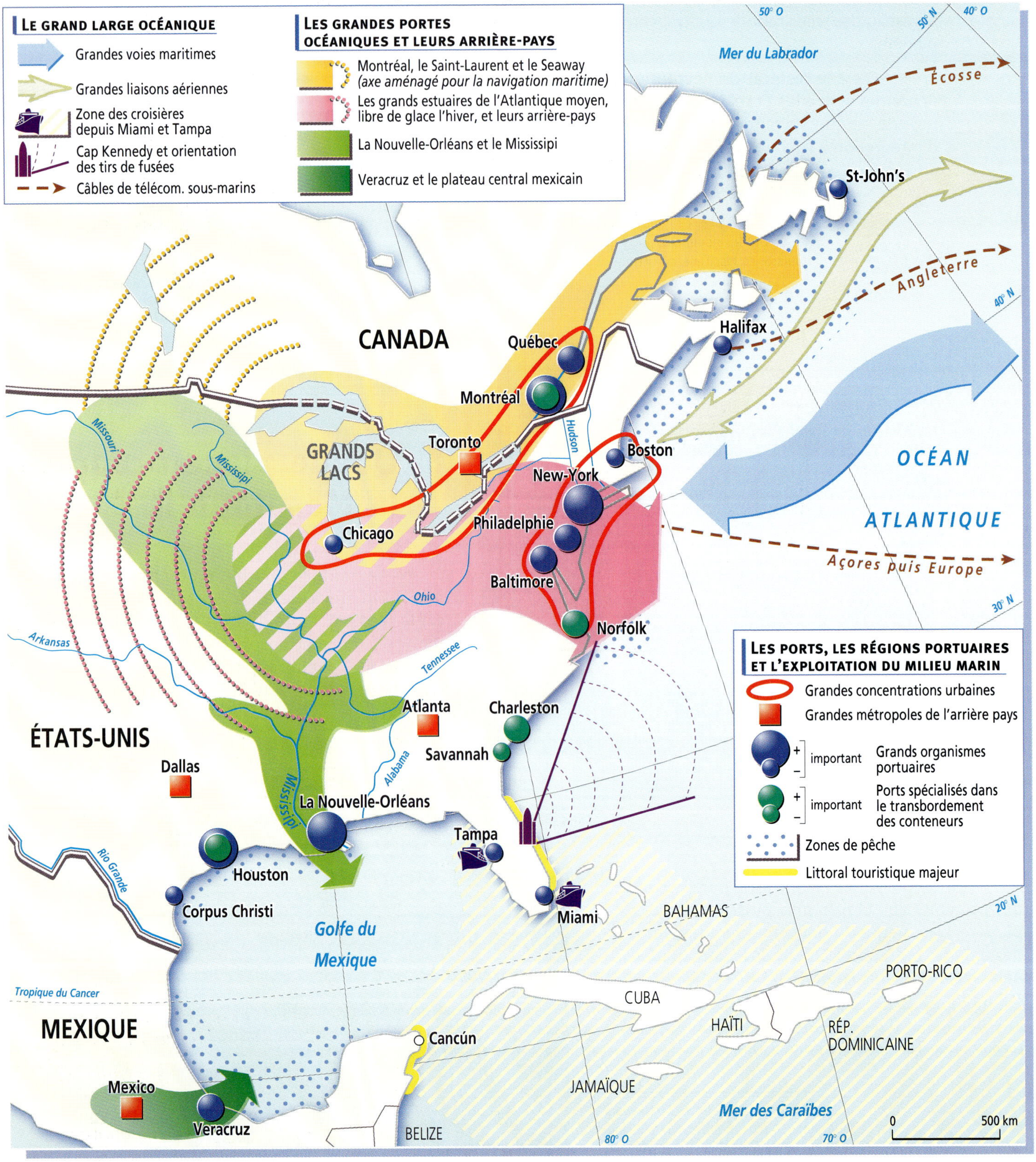

2. Atouts et contraintes de l'espace

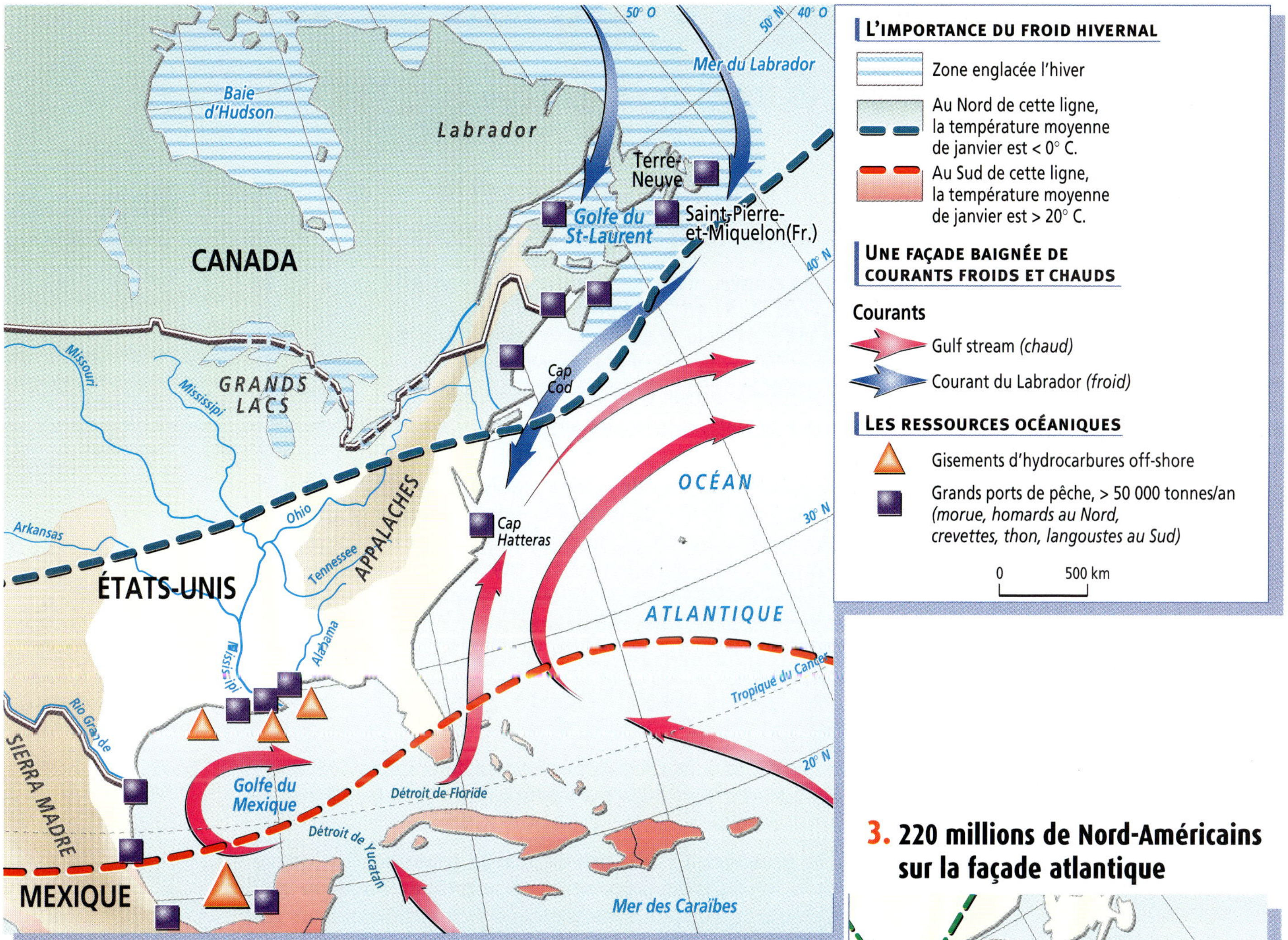

3. 220 millions de Nord-Américains sur la façade atlantique

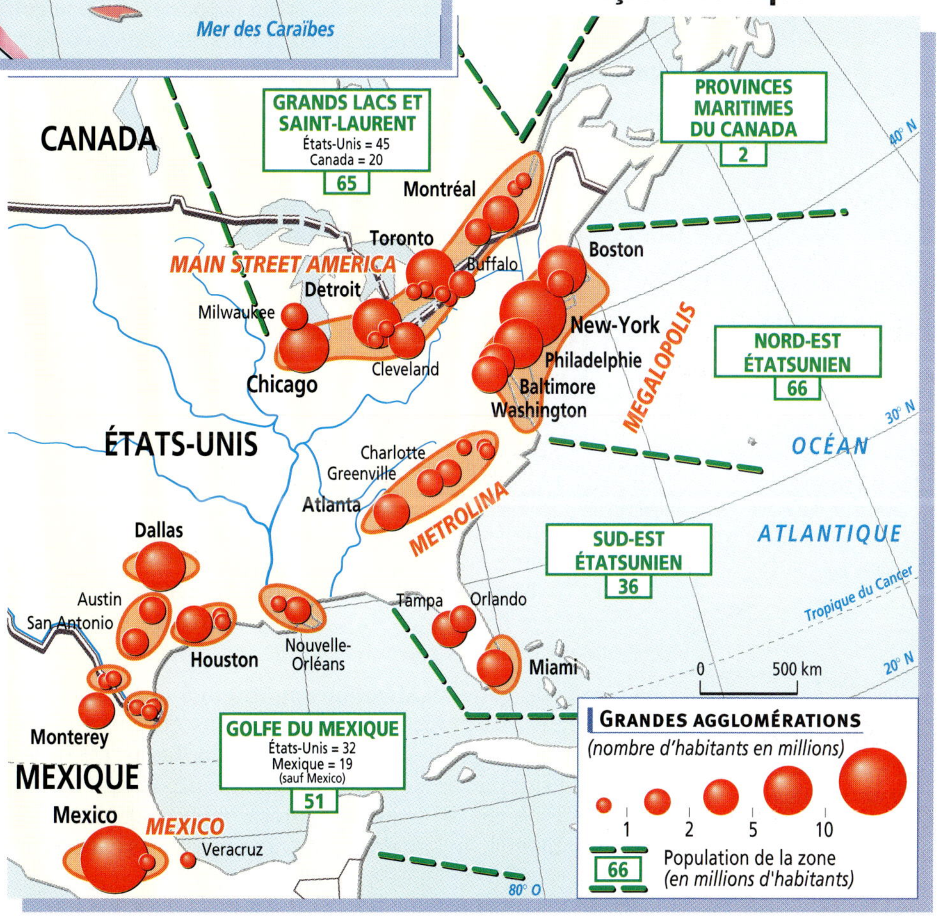

Questions

- Quels sont les principaux atouts et contraintes de la façade atlantique de l'Amérique du Nord **(carte 2)** ? Quelles oppositions naturelles majeures observe-t-on ?
- Quelles sont les grandes concentrations urbaines **(carte 3)** ?
- Relevez les différentes formes d'ouverture de cette façade sur l'Atlantique **(carte 1)**. Expliquez et justifiez le titre de la carte.

1 Une longue façade océanique face à l'Europe

1. Une façade initialement plus ouverte sur le grand large que sur le continent

• **L'Amérique du Nord ne s'ouvre naturellement sur l'océan Atlantique qu'au Sud**, par le golfe du Mexique. Au Nord, **les Appalaches forment une barrière** qui n'est franchissable que par deux étroits couloirs : la vallée du **Saint-Laurent** et celle de l'**Hudson**. Au Sud, côté mexicain, la **Sierra Madre orientale**, dont les sommets dépassent les 4 000 mètres, sépare la plaine littorale des hauts plateaux du centre. Ce sont les plaines et les estuaires qui ont donc fixé précocement les hommes et leurs ports (3).

• **Le littoral présente deux grands types de reliefs : au Nord** du cap Hatteras, les côtes rocheuses et les falaises présentent **de profonds estuaires** qui sont autant de **sites portuaires naturels ; au Sud**, les côtes sableuses et les lagunes dominent, dans lesquelles les rares fleuves se fraient difficilement un passage ou construisent des deltas immenses comme celui du Mississipi ; **les sites portuaires naturels y sont rares**, et sujets aux ravages destructeurs des **hurricanes***.

Cartes Majeures
La façade atlantique, un espace majeur de l'Amérique du Nord *(pages 118-119)*

Carte
L'Amérique du Nord *(page 72)*

2. La porte d'entrée des Européens

• **Les Européens ont abordé le continent** à partir des premiers voyages d'exploration **par le Sud et par le Nord**. Ces deux voies de pénétration déterminent le partage du continent entre les puissances maritimes européennes de l'époque : l'Espagne, l'Angleterre, la France et les Pays-Bas (3).

• **Au Sud, les Espagnols, premiers arrivés, privilégient la route la plus longue** mais la plus facile en raison des alizés qui les portent vers le **golfe du Mexique** dont ils prennent le contrôle à partir de comptoirs maritimes où se rassemblent leurs galions. **Vera Cruz** sert de base arrière à Cortés pour conquérir l'Empire aztèque.

• **Au Nord**, Sebastiano Cabot **et** Jacques Cartier **empruntent la route la plus courte**, mais aussi la plus dangereuse car il faut remonter en latitude pour trouver des vents porteurs qui les conduisent jusqu'au **Saint-Laurent**. Avec l'avènement de la navigation à vapeur, les **ports du Nord-Est** du continent, les plus proches en distance de l'Europe, s'imposent définitivement, notamment pour l'arrivée des immigrants (2).

3. Une façade qui recèle d'importantes ressources naturelles

• **Le plateau continental*, baigné par deux courants froid et chaud, abrite une faune exceptionnelle. Au Nord**, les parages de Terre Neuve et leurs eaux riches en morue ont attiré très tôt les Européens du Nord sur cette côte pourtant inhospitalière. Âprement disputées entre les puissances riveraines, y compris **la France** qui y est toujours présente grâce à ses îles de Saint-Pierre-et-Miquelon, **les ressources de morue et de homards sont aujourd'hui menacées. Au Sud**, sur le plateau continental au large du Yucatan, **la pêche industrielle prospère**, mais au risque d'un épuisement rapide des ressources locales en crevettes.

• **La façade du golfe du Mexique appartient à une des grandes régions pétrolières mondiales.** La production repose de plus en plus sur les réserves du plateau continental, au **large de la Louisiane et du Texas** (25 % de la production étatsunienne), et surtout sur les nouveaux champs **off-shore*** du **golfe de Campêche, au Mexique** (1). À ces réserves en hydrocarbures, s'ajoutent celles, prometteuses, du plateau continental au large des provinces maritimes canadiennes.

Cartes Majeures
La façade atlantique, un espace majeur de l'Amérique du Nord *(pages 118-119)*

Dossier
Le golfe du Mexique, une périphérie désormais intégrée *(pages 130-132)*

Mots-clés

Cortés, Hernán : conquistador espagnol du Mexique ; en 1519, il fonde la ville de Veracruz avant de marcher sur Tenochtitlan (aujourd'hui Mexico).

Cabot, Sebastiano : navigateur italien qui, au service de la couronne britannique, découvre en 1508 les parages de Terre-Neuve, et parvient jusqu'à la baie d'Hudson.

Cartier, Jacques : navigateur français qui découvre l'estuaire du Saint-Laurent en 1534.

* voir Lexique

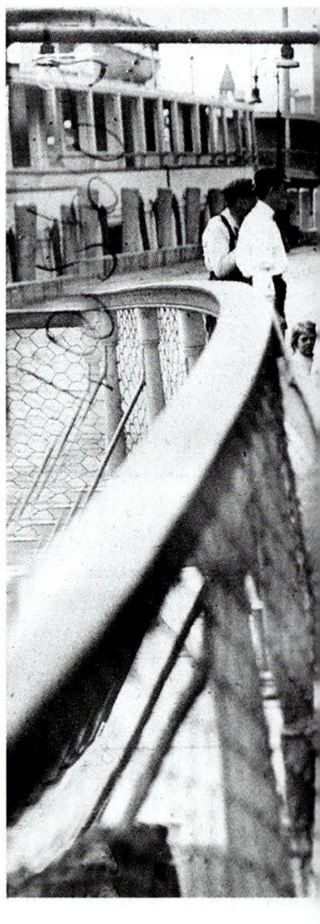

1. Plates-formes pétrolières dans le golfe de Campêche (Mexique)

Le golfe du Mexique constitue la plus importante région pétrolière du continent américain.

2. Arrivée d'immigrants à New York au début du XXe siècle

C'est par Ellis Island que des millions d'Européens sont entrés aux États-Unis.

3. La conquête du continent depuis la côte Atlantique

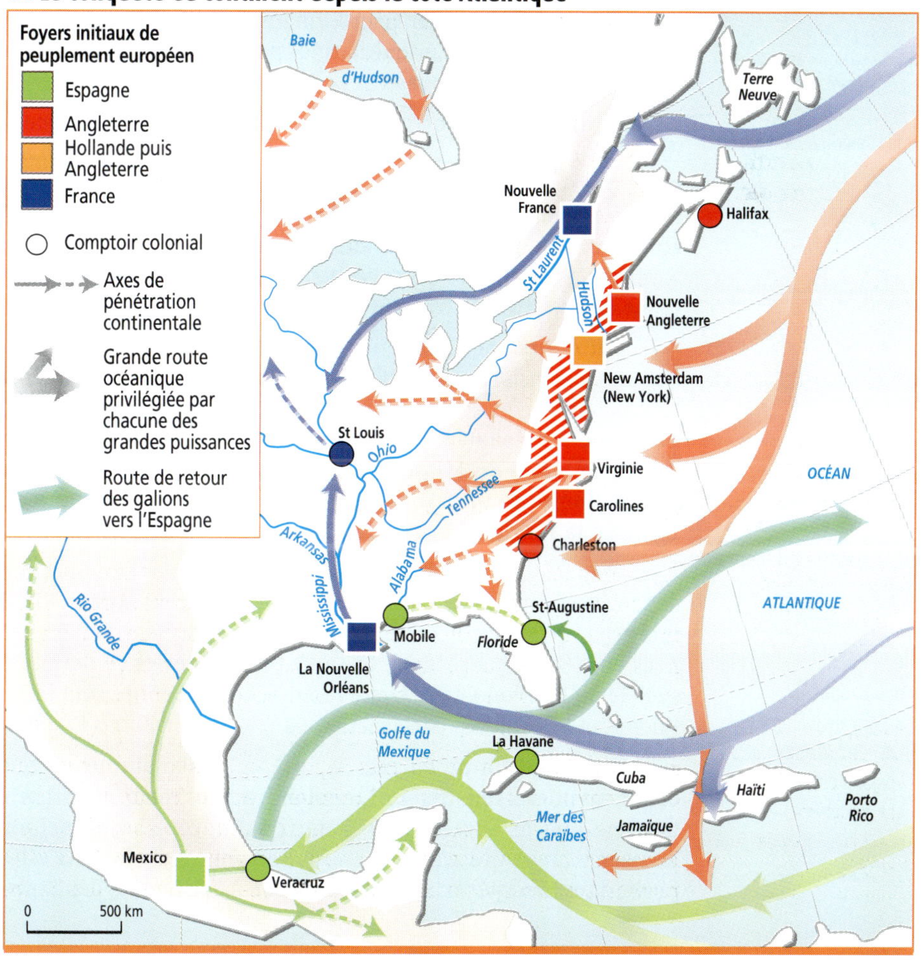

.2 À l'interface de l'Amérique du Nord et du monde

1. Une façade ouverte sur le monde, et d'abord sur l'Europe

• **Les États-Unis comme le Canada** sont nés de l'Atlantique et **demeurent d'abord des puissances atlantiques**, même si leur poussée continentale les a amenés à regarder vers le Pacifique. En revanche, **le Mexique est resté un pays tourné vers l'intérieur**, peu ouvert sur les océans, d'où sont venus ses conquérants et par où sont parties ses richesses à l'époque coloniale, avant que le pays ne se tourne finalement vers les États-Unis pour exporter ses ressources.

• **La façade américano-canadienne avec ses remarquables sites portuaires, y compris ceux des Grands Lacs, est un des hauts lieux du commerce maritime mondial** (5). Les ports sont au débouché de grands faisceaux ferroviaires et autoroutiers transcontinentaux par où transitent **les 2/3 du trafic maritime du continent :** hydrocarbures et céréales dans les ports du Golfe ; trafic divers et conteneurs sur la côte atlantique ; céréales, minerai de fer et charbon sur les Grands Lacs et le Seaway. **Ce trafic maritime souligne l'interface avec l'Europe :** plus de **80 % du commerce maritime avec l'Europe** passent par les ports de la façade atlantique, y compris les conteneurs venus d'Asie qui sont transbordés par un « pont transcontinental » ferroviaire (4).

2. Quelle organisation spatiale pour cette façade ?

• **La façade est divisée en grands ensembles régionaux** (6), mais l'intensité des relations entre le continent nord-américain et le reste du monde, tout particulièrement l'Europe et l'Amérique latine, permet de **distinguer quatre grands types d'espaces géographiques**.

• **Les grandes portes océaniques ouvertes sur le monde :** ce sont les grands organismes portuaires des estuaires du Nord-Est et des Grands Lacs, à la fois puissants pôles de transports maritimes et terrestres, et métropoles d'envergure mondiale **(la Megalopolis, Chicago)** ; les métropoles portuaires du Sud, **La Nouvelle-Orléans et Houston**, au débouché des Grandes Plaines ; mais aussi **Miami**, qui vit désormais davantage de son rôle de pôle d'échanges avec le monde latino-américain que du tourisme qui a fait sa fortune initiale.

• **Les littoraux spécialisés**, marqués par une activité dominante qui a pu leur donner une dimension continentale, voire mondiale : ainsi le tourisme en Floride et dans le Yucatan (avec ses **monuments mayas** et surtout sa grande station balnéaire de **Cancun**) ; l'exploitation et la transformation des hydrocarbures dans **les ports du Texas, du delta du Mississipi et du golfe de Campêche au Mexique** ; l'agribusiness (agrumes, canne à sucre, riz) sur **les littoraux tropicaux du Golfe et de l'intérieur de la Floride**. **Vera Cruz** n'est resté, pour sa part, que le port de Mexico.

• **Les espaces transfrontaliers** que l'ouverture des frontières et la libéralisation des échanges entre les trois pays de l'Alena* renforcent : **sur le Rio Grande**, où s'impose une géographie de **villes jumelles***, de part et d'autre du fleuve ; la région des Grands Lacs et le Saint-Laurent (la **« Main Street America »**) devenue un espace transnational tant les économies étatsuniennes et canadiennes sont imbriquées, les échanges libérés, et les cultures partagées.

• **Au-delà du littoral, l'arrière-pays s'organise autour de quelques très grosses agglomérations** qui assurent le relais avec les métropoles portuaires : **Atlanta**, qui polarise tout le Sud-Est des États-Unis grâce à sa plate-forme aéroportuaire, la deuxième après Chicago ; **Dallas**, qui rayonne sur tout le Sud-Ouest et, au-delà, sur le Nord du Mexique en voie d'intégration à l'économie des États-Unis.

Cartes Majeures
La façade atlantique, un espace majeur de l'Amérique du Nord *(pages 118-119)*

Dossier
Un espace transfrontalier, la « Main Street America » *(pages 126-127)*

Sujets Bac nos 11 et 12
L'organisation de la façade atlantique de l'Amérique du Nord *(pages 140-141)*

Dossier
La Floride, un des États les plus dynamiques de la façade atlantique *(pages 128-129)*

Dossier
Le golfe du Mexique, une périphérie désormais intégrée *(pages 130-132)*

Mots-clés

Pont transcontinental : transport international reliant l'Asie à l'Europe en passant des ports de la côte ouest des États-Unis à ceux de la côte est (Houston, Charleston, Savannah...) par la voie ferroviaire.

Seaway : grande voie maritime du Saint-Laurent jusqu'aux Grands Lacs. Entre Montréal et le lac Érié, la voie maritime, complétée en 1959, offre une profondeur de 8,2 mètres. Sept écluses donnent accès au lac Ontario ; huit autres, celles du canal Welland, permettent de franchir l'escarpement du Niagara jusqu'au lac Érié.

* voir Lexique

4. L'intensité de la vie portuaire

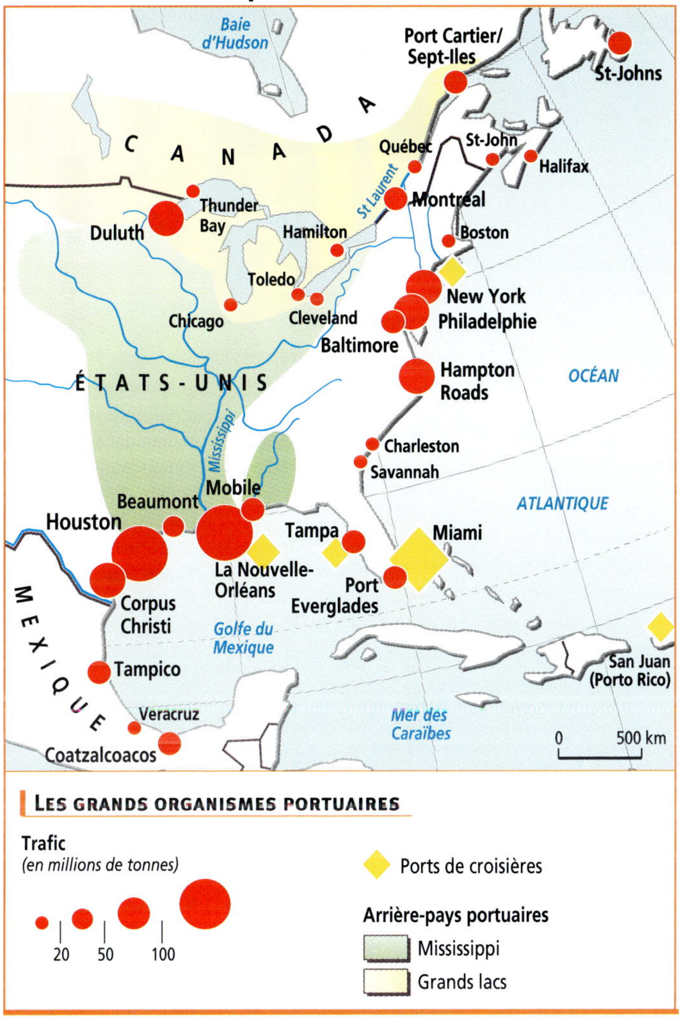

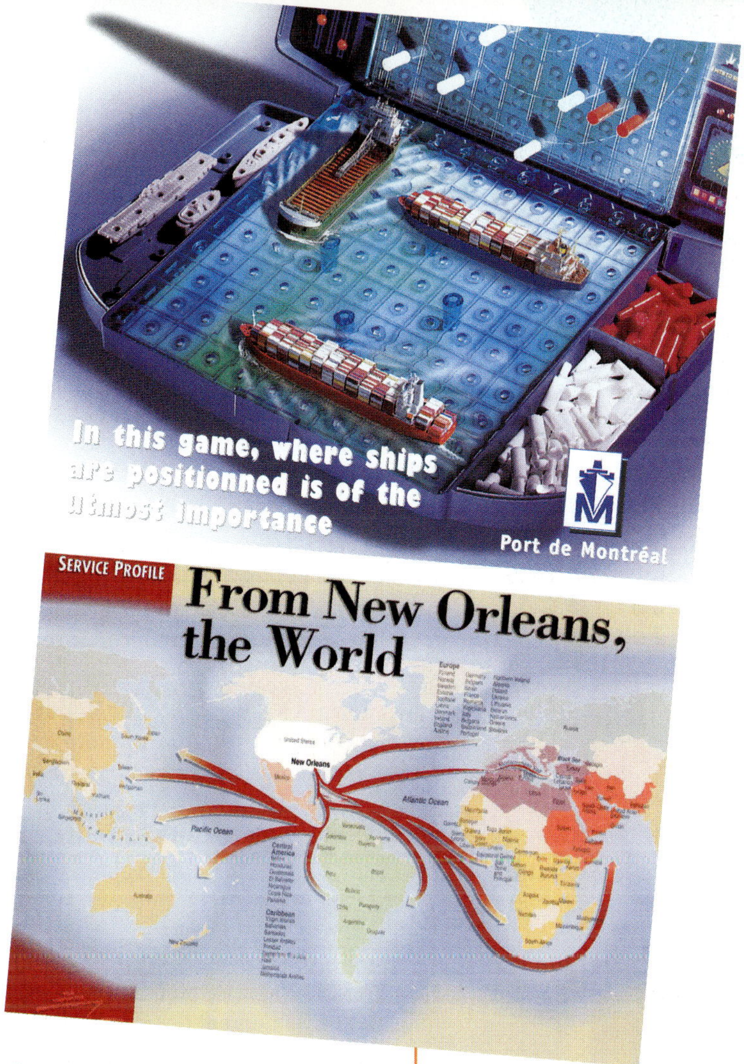

5. Montréal et La Nouvelle-Orléans
Deux ports majeurs de la façade atlantique de l'Amérique du Nord.

6. Les grands ensembles régionaux de la façade atlantique

Golfe du Mexique		États-Unis	Canada
Mexique : du Rio Grande au Yucatan	**États-Unis : Floride, Mississipi, Louisiane, Texas**	**Façade de l'océan atlantique**	**Provinces maritimes : Sud du Québec et de l'Ontario**
• **Plaine côtière** Longtemps délaissée, mais aujourd'hui **dynamisée** par : – l'exploitation des hydrocarbures ; – le grand tourisme international (Cancun) ; – l'agriculture de plantation ; – le mouvement d'industrialisation « maquiladoras* » à la frontière du Rio Grande (villes jumelles* et intégration croissante à l'Amérique anglo-saxonne).	• **Plaine côtière et axe du Mississipi** Autrefois une périphérie, **aujourd'hui un espace intégré** à l'économie des États-Unis, grâce : – à l'exploitation des hydrocarbures ; – à l'agribusiness (canne à sucre, coton, agrumes...) ; – au grand commerce maritime (La Nouvelle-Orléans, Tampa et Mobile en interface avec les Caraïbes). • Aujourd'hui, cet espace constitue **un des nouveaux centres moteurs des États-Unis** avec ses grandes métropoles texanes.	• **Contraste Nord-Sud de part et d'autre du cap Hatteras :** – au Nord, **les grands estuaires**, « portes d'entrée » du continent qui ont fixé précocement des villes devenues les premiers foyers d'activité du continent (Megalopolis) ; – au Sud, **une plaine côtière** qui s'inscrit désormais dans la « **Sun belt*** » : Atlanta et la Metrolina* ; la Floride, espace du tourisme de masse continental avec Miami en interface entre les États-Unis et le monde latino-américain.	• **Les « Maritimes », périphéries éloignées des centres canadiens** • **L'axe du Saint-Laurent jusqu'aux Grands Lacs** (la « Main Street America » de Chicago à Québec en passant par les deux grandes métropoles canadiennes Montréal et Toronto) : – **des ressources pour le continent** : pêche, hydroélectricité, bois ; – une intégration croissante des économies étatsunienne et canadienne : **une région frontière en cours d'intégration continentale.**

3 La Megalopolis, « un des lieux emblématiques du monde »

1. Le couloir urbain de la côte Est

• **La Megalopolis est une concentration urbaine de 45 millions d'habitants** (16 % de la population des États-Unis) dont 39 millions vivent dans quatre énormes aires métropolitaines, elles-mêmes noyées dans un ensemble de villes moyennes et de campagnes urbanisées, reliées les unes aux autres par un dense réseau de moyens de communication (7).

• **Cette « Babylone moderne »** regroupe 8 millions de Noirs, 3,5 millions de Latinos, 1,5 million d'Asiatiques ; en fait, tous les peuples du monde se retrouvent dans la Megalopolis qui demeure la **première région d'immigration du pays** (avant même la Californie).

• **Les ports, les aéroports, les téléports* concourent à faire de la Megalopolis un lieu central pour toute la planète**, le cœur d'un « Empire américain » universel. Toutes les grandes villes sont des ports, comportant des lignes régulières avec le reste du monde. Mais, aujourd'hui, c'est la fonction aéroportuaire qui compte le plus, notamment pour **New York, premier « hub* » aéroportuaire du pays**.

2. New York et Washington, des villes-monde

• **Respectivement capitale économique et capitale politique des États-Unis, New York et Washington commandent le monde.** D'abord par **l'action internationale du gouvernement** des États-Unis. L'une et l'autre abritent aussi les **sièges d'organismes internationaux** incontournables (8), l'ONU (New York), le FMI et la Banque mondiale (Washington). Les centres d'affaires des villes de la Megalopolis abritent les sièges de 169 des 500 premières entreprises américaines et de 55 des 500 premières firmes mondiales. **Centre financier global**, la ville de New York compte 12 % des salariés du secteur financier des États-Unis ; ses Bourses de valeurs (**NYSE* et NASDAQ**) réalisent 72 % des transactions mondiales. La **reconstruction du World Trade Center (WTC)** va-t-elle entraîner le retour des activités qui avaient déménagé après l'attentat du 11 septembre 2001 (9, 10) ?

• **Ces métropoles partagent, avec Boston, le rôle de cœur culturel du pays**, dictant la mode comme les idées : 50 % de l'édition, les magazines et les journaux les plus influents *(New York Times, Wall Street Journal)*. Leurs **universités**, les plus anciennes et les plus prestigieuses du pays (Harvard, MIT, Columbia, Princeton), attirent les talents et les étudiants du monde entier, contribuant plus que tout à la puissance intellectuelle et scientifique des États-Unis.

3. Une puissance économique formidable, mais menacée

• **Produit d'une longue accumulation de richesses amorcée dès le XVIIe siècle, la Megalopolis contribue pour 1/5 des richesses du pays.** Elle reste un des noyaux de la « **Manufacturing belt*** » où cohabitent secteurs traditionnels inégalement modernisés (aciéries, confection, grosse mécanique, chimie...) et industries de haute technologie (informatique, filière de la santé, biotechnologies).

• **Mais le recul industriel a été sévère dans certains secteurs** ; il explique que la Megalopolis ne représente plus que 14 % de l'emploi industriel du pays contre 24 % en 1960. Les délocalisations vers le Sud du pays ou à l'étranger, la concurrence des autres régions, toutes engagées dans la grande bataille des nouvelles technologies, expliquent ce déclin relatif, compensé en terme d'emplois par les services.

Cartes Majeures
La façade atlantique, un espace majeur de l'Amérique du Nord *(pages 118-119)*

Dossier
New York, ville mondiale *(pages 32-33)*

Photographie
Manhattan, un des grands centres de décision de la planète *(pages 68-69)*

Mots-clés

Megalopolis : inventé par le géographe français Jean Gottmann en 1960, le terme de Megalopolis s'applique à la conurbation établie sur 800 km de long, en bordure de l'Atlantique, entre Boston et la baie de la Chesapeake.

MIT (Massachusetts institute of technology) : université scientifique de Cambridge, en banlieue de Boston (État de Massachusetts). C'est un des piliers de la puissance universitaire de Boston et une des bases de la croissance des activités de haute technologie de la région.

NASDAQ (National association of security dealers automated quotation) : installée au cœur de Times Square, cette bourse spécialisée dans la cotation des jeunes entreprises, engagées dans les nouvelles technologies, n'a pris son envol qu'à partir des années 1990.

* voir Lexique

7. La Megalopolis

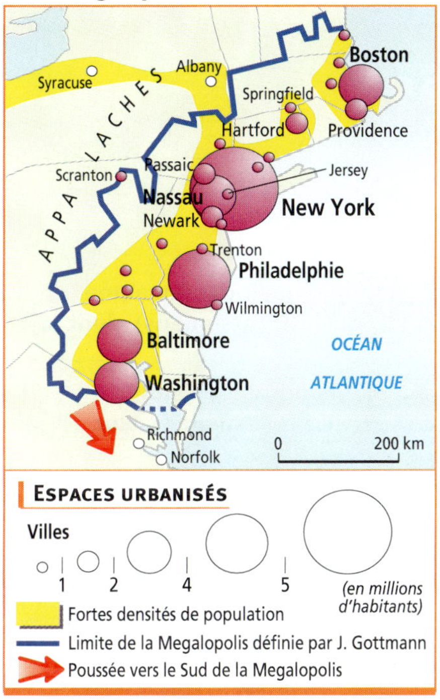

8. Le siège de l'ONU à New York

Un des symboles du rôle international de la Megalopolis.

9. Reconstruire le World Trade Center ?

L'attentat contre les deux tours du WTC a frappé une économie déjà en difficulté sur le plan conjoncturel, la vive croissance des années 1990 ayant cessé depuis deux ans. Au moins 40 000 emplois ont été perdus directement ou indirectement, notamment dans les services financiers, l'hôtellerie, la restauration et les transports aériens.

La ville va reconstruire le WTC, mais nombre d'observateurs posent la question de l'opportunité de construire des bureaux alors qu'un cinquième des bureaux disponibles est actuellement vacant dans un quartier totalement bouleversé et qui va vivre dix ans de grands travaux de réaménagement.

Nombre de compagnies ont préféré quitter définitivement Downtown* pour s'installer à la périphérie, notamment dans l'État du Connecticut. Mais les firmes et les institutions les plus importantes comme le New York Stock Exchange (qu'on voyait mal quitter son célèbre immeuble sur Wall Street), American Express, Merrill Lynch et Goldman Sachs y sont restées. Délocalisées à Brooklyn ou à Midtown ou plus loin encore, nombre de petites entreprises ne veulent plus y revenir malgré les crédits d'impôts que leur octroie la ville et le gouvernement fédéral.

G. Dorel, *La Megalopolis américaine,* CND – 2003.

10. Le projet de reconstruction du World Trade Center

Proposé par l'architecte Daniel Libeskind, le projet a été retenu par la ville de New York.

Dossier

Un espace transfrontalier, la « Main Street America »

- **Des rives occidentales du lac Michigan à l'estuaire du Saint-Laurent se développe une longue traînée urbaine qui regroupe 65 millions de personnes (deux tiers des Canadiens et 16 % des Étatsuniens), dont la plupart dans de grandes agglomérations.**
- **Longtemps séparées, tant que le Canada a voulu protéger son industrie, les deux économies se sont progressivement intégrées et sont désormais très dépendantes l'une de l'autre, le traité de l'Alena* ayant éliminé les derniers obstacles tarifaires à leurs échanges.**

1. Le Saint-Laurent en hiver près de Trois-Rivières (Québec)

Depuis sa mise en service, en 1959, le « Seaway* » voit transiter annuellement de 40 à 50 millions de tonnes de marchandises : exportations de produits agricoles et de charbon des États-Unis à destination de l'Europe, transport de minerai de fer du Labrador à destination des centres de sidérurgie des Grands Lacs...

2. Les États-Unis, premiers importateurs de ressources naturelles canadiennes

Produits	Principales provinces productrices	Part des É.-U. dans les exportations
Minerai de fer	Québec, Labrador, Terre-Neuve	50 %
Papier journal	Québec, Ontario	72 %
Hydroélectricité	Québec	10 %

3. De Québec à Chicago : la « Grande Rue américaine »

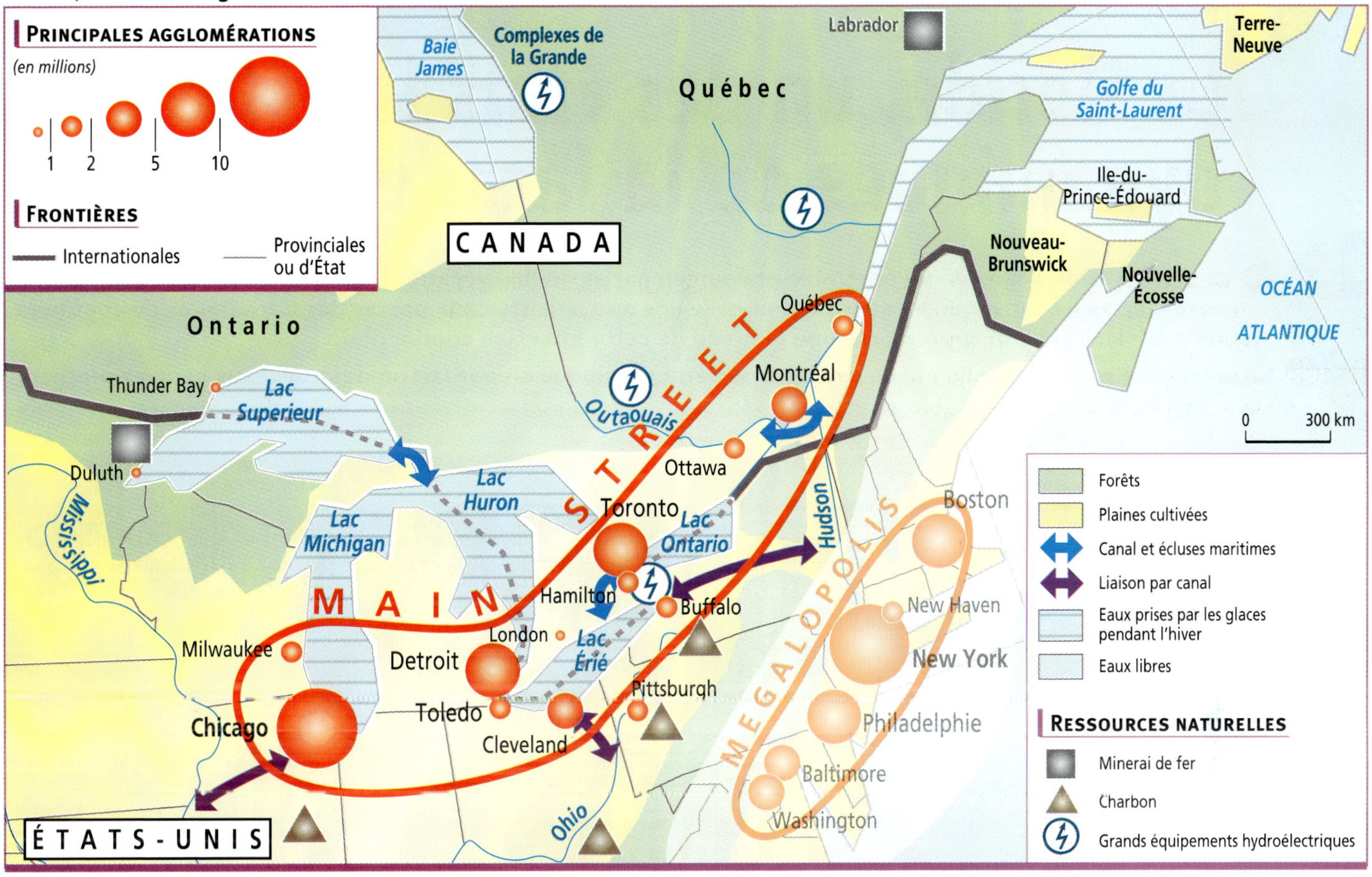

4. Le Saint-Laurent, « berceau de la nation québécoise et porte de l'empire américain »

Axe d'enracinement du peuple québécois, le fleuve Saint-Laurent permet à la France d'acquérir, dès 1750, presque tout l'intérieur du continent, de l'Acadie à la Louisiane. Mais, très vite, le peuple québécois la considérera comme une mer intérieure plutôt que comme une grande porte continentale donnant accès au cœur de l'Amérique du Nord.

Le Saint-Laurent est aujourd'hui une route navigable de grand gabarit, longue de 3 770 km, et ouverte « à l'année » jusqu'à Montréal, grâce à des ouvrages et à des services appropriés à la navigation d'hiver (brise-glace). En amont de Montréal, la navigation qui cesse de la mi-décembre à la fin mars est possible jusqu'aux Grands Lacs grâce à des écluses et des canaux.

En croissance régulière jusqu'au milieu de la décennie 1970, le trafic s'est tassé depuis ; d'autres utilisations (récréation, le tourisme) se sont développées.

***Géographie Universelle*, Hachette-Reclus – 1992.**

5. Une puissante région industrielle

Appuyée sur le charbon et le minerai de fer, est née, de part et d'autre de la frontière, une puissante industrie lourde largement financée par des capitaux américains : sidérurgie, grosse mécanique, matériaux de transports dont l'automobile. Malgré les crises qui frappèrent la région, il s'y réalise encore les deux tiers de la production industrielle du Canada et plus du quart de celle des États-Unis.

De nombreuses activités concourent à la mise en place d'une grande région transfrontalière : l'intensité des échanges entre les deux pays (15 % en valeur des échanges commerciaux de marchandises dont l'essentiel vient des deux provinces de l'Ontario et du Québec) ; des grandes villes semblables (CBD* et banlieues), même évolution vers la « nouvelle économie », notamment l'informatique, les biotechnologies... ; des grandes entreprises intégrées présentes de part et d'autre de la frontière (automobile, aluminium, spiritueux...).

G. Dorel – Novembre 2003.

Questions

1. Quels ont été les atouts essentiels du développement de cette région transfrontalière (1, 3, 4, 5) ? Quels sont les aménagements qui ont favorisé son essor ?
2. Quelles sont les industries implantées dans cette « Grande Rue Américaine »? Quels sont les signes visibles de l'intégration économique entre les deux pays (2, 3, 4, 5) ?
3. À quelles difficultés la région a-t-elle été confrontée. Quelles activités ont permis une reconversion ?

Dossier

La Floride, un des États les plus dynamiques de la façade atlantique

- **La Floride se distingue dans l'ensemble étatsunien par sa double vocation : celle liée à son rôle de premier centre d'accueil touristique du continent et celle liée à sa situation aux portes des Caraïbes et du continent latino-américain. Miami apparaît comme le nœud de cette interface continentale.**
- **Sa prospérité exceptionnelle et son dynamisme démographique en ont fait un des nouveaux centres moteurs de la « Sun belt* ».**

1. La Floride : un autre Sud

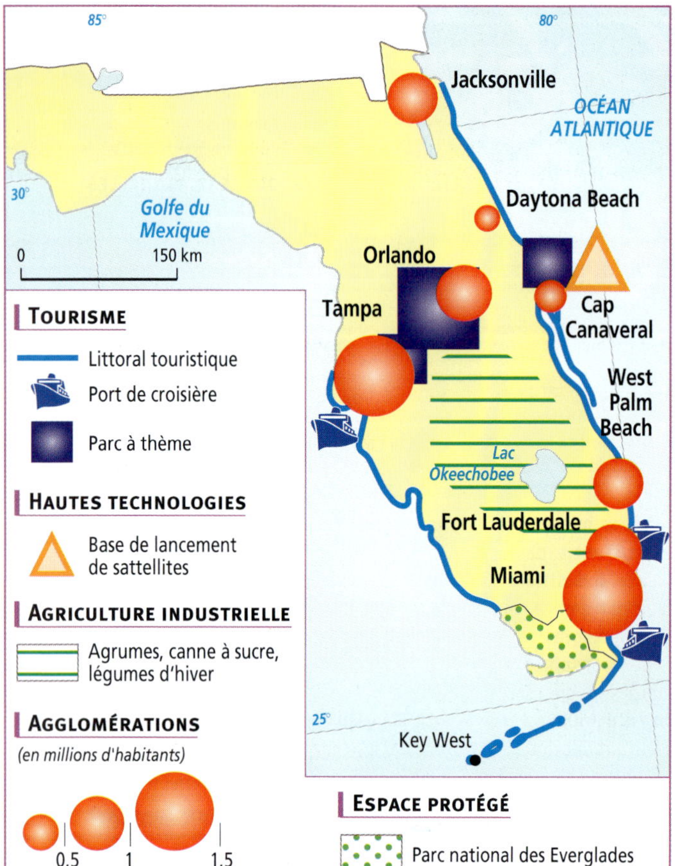

2. Miami, porte d'entrée des Amériques

3. La vitalité démographique

	Population Floride	Rang national	Croissance décennale Floride	Croissance décennale États-Unis
1950	2 771 000	20		
1960	4 952 000	10	78,7 %	18,5 %
1970	6 791 000	9	37,1 %	13,4 %
1980	9 746 000	7	43,5 %	11,3 %
1990	12 938 000	4	32,7 %	9,8 %
2000	15 998 200	4	23,5 %	13,1 %

4. Miami, centre moteur de l'espace caraïbe et latino-américain

- **Liaisons aéroportuaires** (reliée à 74 villes d'Amérique latine).
- **Lieu de séjours des bourgeoisies latino-américaines.**
- **Une des premières places bancaires des États-Unis :** accueil et recyclage des capitaux latino-américains.
- **Une des grandes portes d'entrée migratoire étatsuniennes,** notamment pour les Cubains.
- **Premier port de croisière du monde,** essentiellement à destination des Caraïbes.

5. Champs d'agrumes en Floride

Premier producteur d'agrumes des États-Unis, la Floride produit des jus concentrés et surgelés dans les usines des géants de l'agrobusiness : Tropicana (Nestlé), Minute Maid (Coca-Cola).

6. Orlando, capitale mondiale des parcs à thème

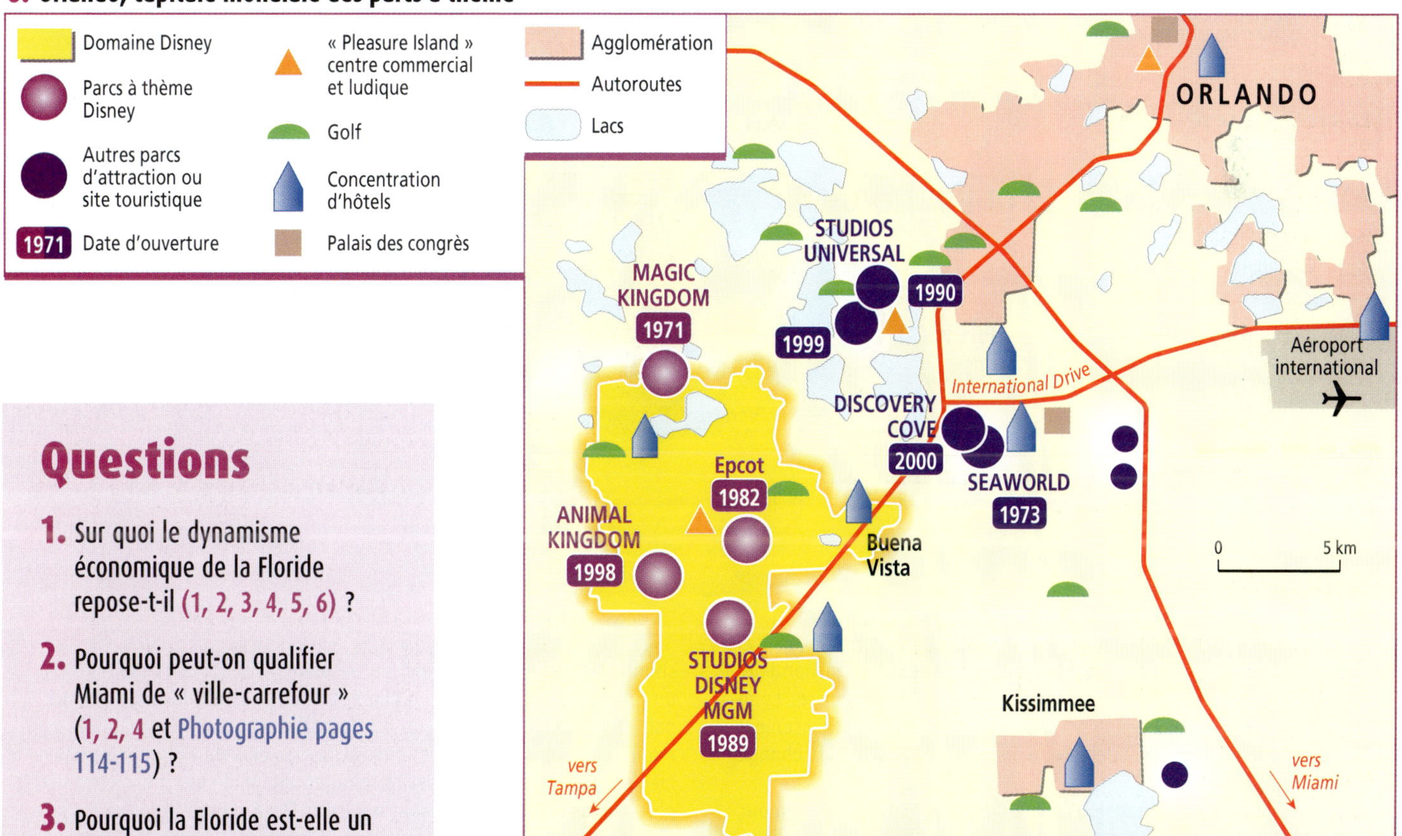

Amorcée en 1971 avec l'arrivée de Disney, la vague des parcs à thème a déferlé sur cette région du centre de la Floride. Pas moins de neuf parcs sont aujourd'hui ouverts au public (65 millions d'entrées, dont 45 pour les quatre installations de Disney). L'agglomération a été bouleversée par ce « boom touristique » : 100 000 chambres d'hôtel, un aéroport qui traite autant de passagers que celui de Miami, une population qui a triplé (1,54 million d'habitants en 2002).

Questions

1. Sur quoi le dynamisme économique de la Floride repose-t-il (1, 2, 3, 4, 5, 6) ?
2. Pourquoi peut-on qualifier Miami de « ville-carrefour » (1, 2, 4 et Photographie pages 114-115) ?
3. Pourquoi la Floride est-elle un des lieux de la puissance américaine ?

Le golfe du Mexique, une périphérie désormais intégrée

Six États mexicains et cinq États étatsuniens sont ouverts sur cette façade inégalement peuplée, longtemps même délaissée. Ces régions littorales participent aux changements radicaux que l'on observe en Amérique du Nord, depuis une trentaine d'années.

Le développement de leurs activités économiques a attiré nombre de migrants et a favorisé la croissance de puissantes agglomérations.

1. Le golfe du Mexique

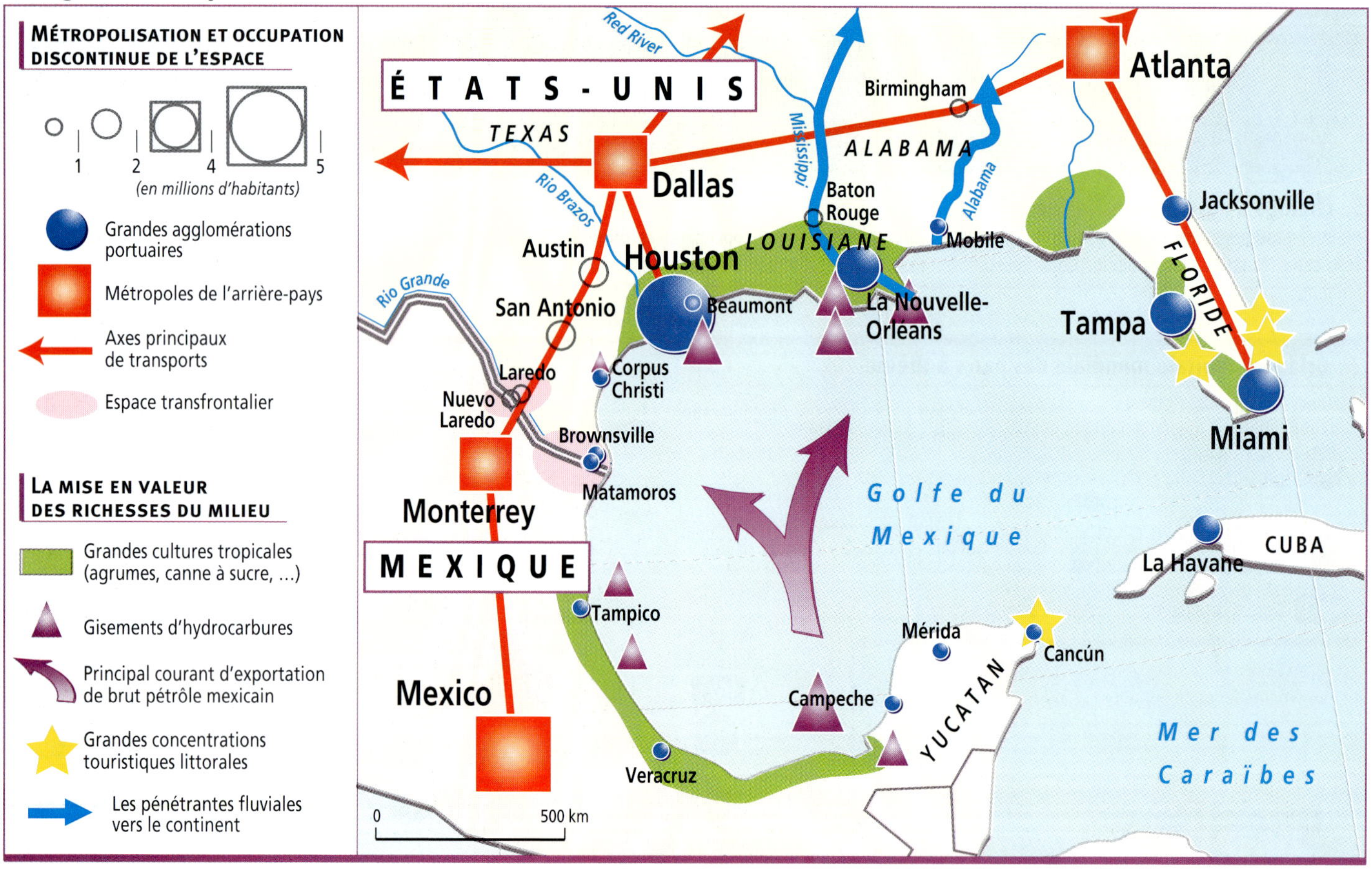

2. Au Mexique : un exemple de mutation régionale

L'économie des régions orientales du Mexique a reposé traditionnellement sur les plantations tropicales et sur l'activité portuaire. Longtemps, ces régions ont semblé victimes d'un certain engourdissement. Depuis les années 1970, elles témoignent de la vigueur des changements qui s'opèrent [...].

L'activité pétrolière a changé d'échelle après 1973, avec une production multipliée par six et une modification des localisations puisque les trois vieux gisements de Reynosa, Tampico et Poza Rica ne représentent plus que 4 % de la production totale, alors que ceux offshore* du golfe de Campêche en assurent 72 % et ceux de Tabasco, un peu à l'Ouest, 22 %. Par ailleurs, le tourisme est devenu le principal levier de développement du Yucatan avec son imposant patrimoine archéologique et ses longs littoraux de sable blanc ourlant la mer des Caraïbes. Cancun est devenu, en moins de vingt ans, l'un des plus grands complexes internationaux et l'État de Quintana Roo, où il se trouve, est largement créateur d'emplois et présente le solde migratoire le plus élevé du pays.

F. Carré et A. de Seguin,
***Mexique, Golfe, Caraïbes, une Méditerranée américaine ?*, PUF – 1998.**

3. Le golfe du Mexique

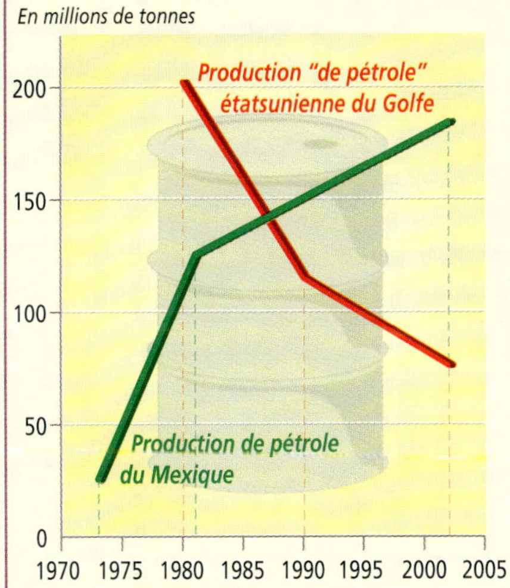

Le pétrole, garant de la dette mexicaine

La montée en puissance de la production pétrolière du Mexique l'a propulsé au 4e rang mondial. Dans les années 1994-1995, le Mexique a connu une sévère crise de paiements extérieurs qui l'a amené à solliciter l'aide du FMI* et l'appui des États-Unis. Cinquante milliards de dollars ont été ainsi dégagés. Cependant, cette aide était assortie de conditions particulières de redressement budgétaire et surtout, elle imposait aux importateurs étatsuniens de pétrole mexicain (87 % des exportations mexicaines de brut vont aux États-Unis) de verser les sommes correspondantes au règlement de la dette directement sur un compte spécial de la Banque fédérale de réserve des États-Unis.

4. Au Texas : du pétrole à l'électronique

L'économie cyclique du pétrole a entraîné une nécessaire diversification : elle assurait 26 % du PIB texan en 1981, 10 % en 2000.

Les nouveaux moteurs de l'économie texane sont l'aviation et la technologie. Fief d'American Airlines, l'aéroport de Dallas-Fort Worth est le troisième du monde. Il a joué un rôle important dans la relocalisation des sièges sociaux de firmes new yorkaises (Exxon, magasins JC Penney, assurances) et l'essor de Texas Instruments ou Motorola. À Austin (capitale de l'État), un autre technopôle s'est développé, appuyé sur l'université d'État et soutenu par des financements fédéraux et locaux. À Houston, la NASA (centre Johnson) et les hôpitaux de recherche complètent cette diversification.

Y. Boquet, *Les États-Unis*, Mémento Belin – 2003.

5. Houston, métropole texane, une des capitales mondiales du pétrole

Son port, relié à la mer par un canal maritime, frangé d'installations pétrochimiques, importe en masse du pétrole brut du Mexique et du Venezuela. Son centre d'affaires abrite les bureaux de la plupart des grandes entreprises mondiales du pétrole et de l'énergie en général.

6. Cancun : grand pôle touristique mexicain

Station balnéaire planifiée et financée sur des fonds publics (1971), Cancun compte aujourd'hui 20 000 chambres hôtelières de standing international. À elle seule, Cancun représente le quart des recettes touristiques du Mexique, la plupart des clients étant des Nord-Américains.

7. La frontière : un espace d'intense activité économique

Les villes frontières concentrent les activités (maquiladoras* côté mexicain) et sont l'objet d'un intense trafic routier stimulé par l'Alena.

Questions

1. Quelles sont les activités motrices de la région du golfe du Mexique (1, 2, 3, 4, 5, 6, 7) ? Quelles grandes évolutions ces activités connaissent-elles ?
2. Quels sont les signes de l'intégration des économies américano-mexicaines (1, 2, 3, 6, 7) ?
3. Montrez en quoi l'organisation de la façade du golfe du Mexique est caractéristique de l'ensemble de la façade atlantique de l'Amérique du Nord.

Cahiers du BAC

Composition

Étude d'un ensemble documentaire

Croquis

Méthode du schéma

Sujet BAC nº 7

Les États-Unis, un territoire peuplé et métropolisé

Qu'est-ce qu'un schéma ?

Un schéma est une simplification d'une carte.
- Il résulte de la sélection et de la représentation des **éléments fondamentaux de l'organisation et des dynamiques du territoire étudié.**
- Le schéma permet **de montrer ou d'expliquer un phénomène géographique :** *répartition de la population, contrastes régionaux…*
- Le schéma est construit sur un fond de carte aux **contours très épurés (1)**.

Pourquoi réaliser des schémas ?

Les schémas vous seront utiles en vue de :
- **La rédaction de la composition.**

Il est fortement conseillé de réaliser des schémas qui illustreront l'argumentation des différents paragraphes du devoir **(2, 3, 4, 5)**.
- **La réalisation du croquis de géographie.**

Les schémas vous aideront à mémoriser et à spatialiser les éléments indispensables à la réalisation du croquis.

Comment réaliser un schéma ?

Il faut procéder en trois étapes :
1. **Simplifier les contours de la carte :** à partir d'un fond de carte, il s'agit de dessiner un contour facile à reproduire et à mémoriser **(1)**.
2. **Simplifier les informations :** sélectionner les informations qui feront apparaître les traits fondamentaux du phénomène géographique étudié.
3. **Réaliser le schéma** en utilisant les figurés du langage cartographique. Prévoir une légende et un titre.

1. De la carte au schéma

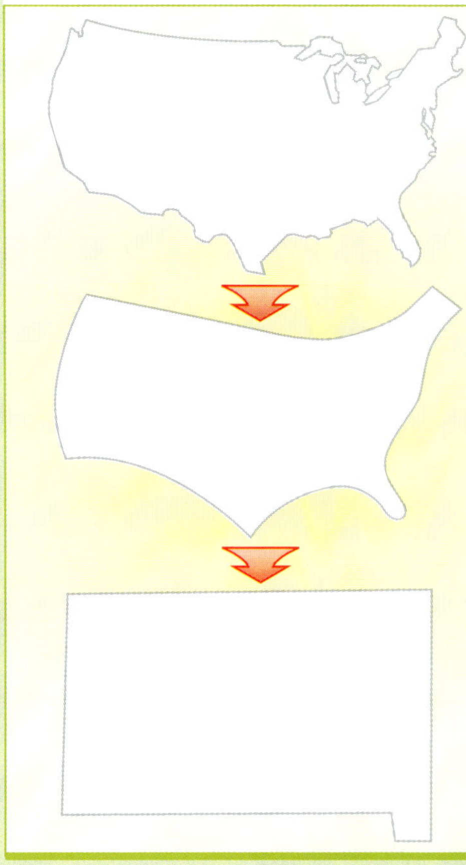

Schéma 2 : Distribution de la population

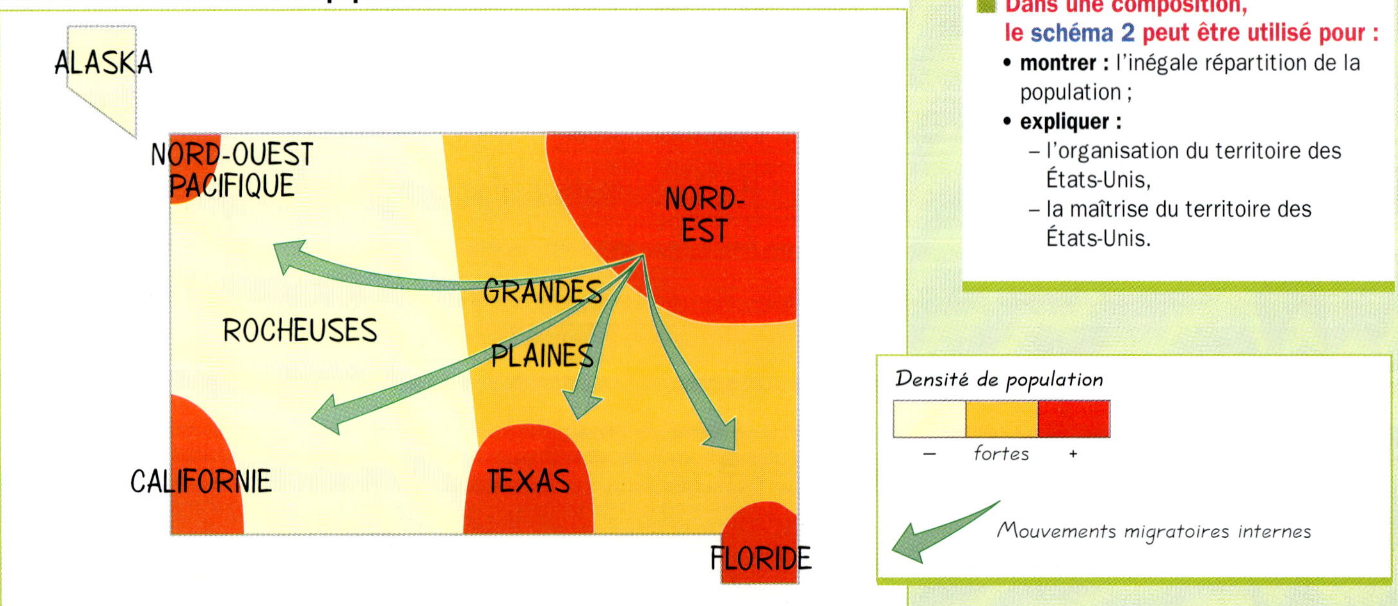

Dans une composition, le schéma 2 peut être utilisé pour :
- **montrer :** l'inégale répartition de la population ;
- **expliquer :**
  - l'organisation du territoire des États-Unis,
  - la maîtrise du territoire des États-Unis.

■ **Dans une composition, le schéma 3 peut être utilisé pour :**
- **montrer :** la localisation et l'importance des villes américaines ;
- **expliquer :**
  - l'organisation du territoire des États-Unis,
  - la maîtrise du territoire des États-Unis,
  - la répartition de la population.

Schéma 3 : Un territoire métropolisé

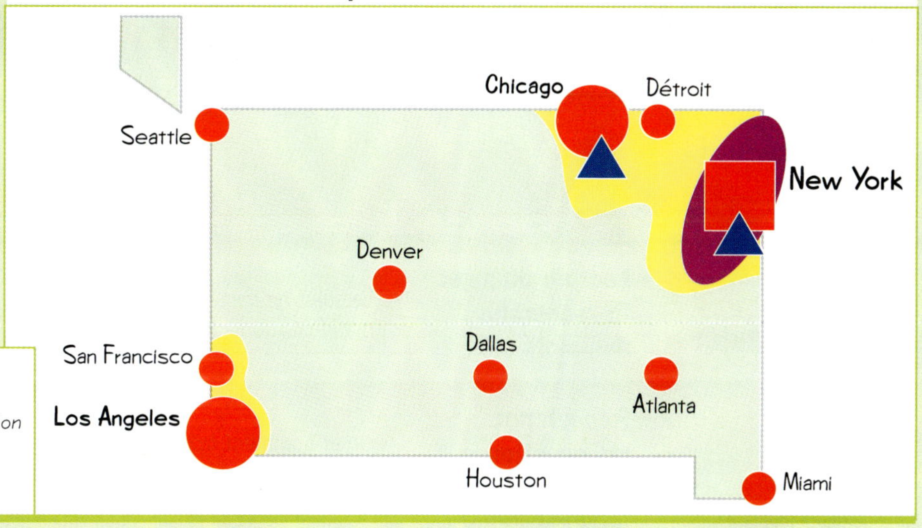

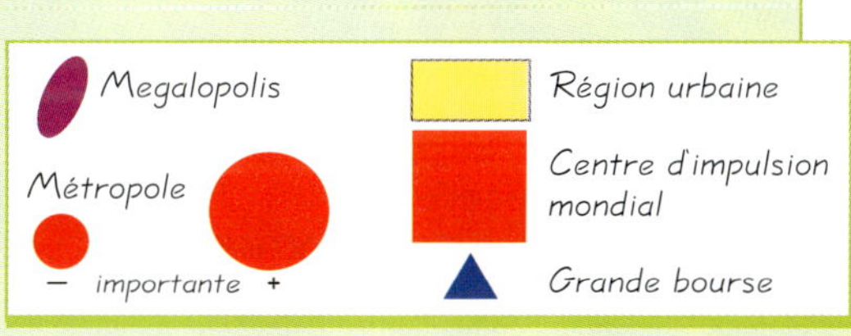

■ **Dans une composition, le schéma 4 peut être utilisé pour :**
- **montrer :** la mobilité de la population américaine ;
- **expliquer :**
  - les dynamiques du territoire des États-Unis,
  - l'évolution de la répartition de la population.

Schéma 4 : Les dynamiques du peuplement

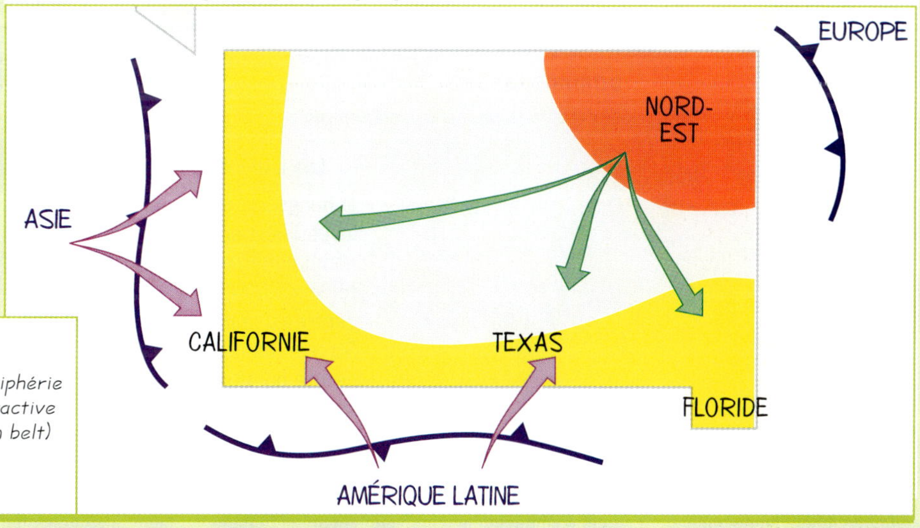

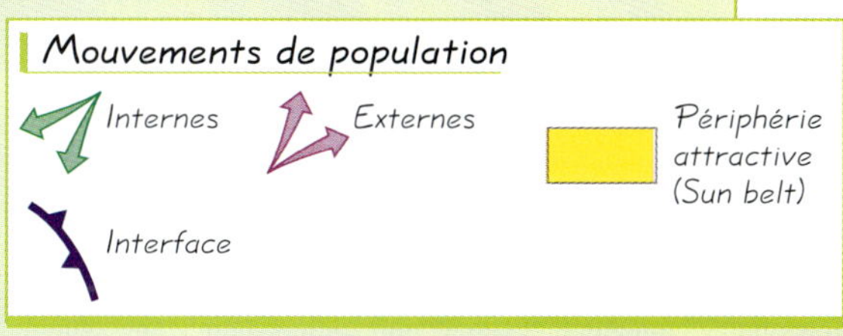

■ **Dans une composition, le schéma 5 peut être utilisé pour :**
- **montrer :** les fondements naturels du territoire des États-Unis ;
- **expliquer :**
  - la répartition de la population,
  - la maîtrise du territoire des États-Unis.

Schéma 5 : Atouts et contraintes du territoire

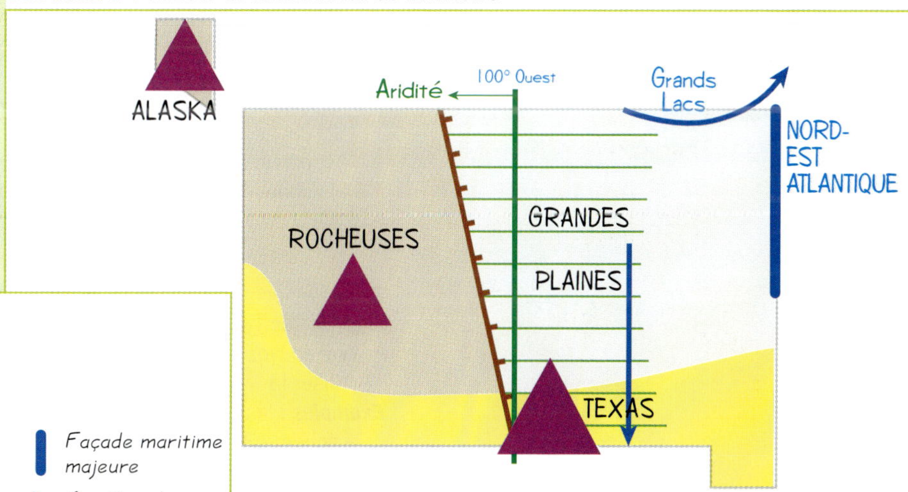

Sujet BAC n° 8 Les États-Unis, superpuissance ?

Étapes		Entraînement
1 Analyser le sujet	• Lecture du sujet et recherche des mots-clés	• Le sujet ne porte pas sur le territoire, ni sur l'économie des États-Unis, mais sur les manifestations de la puissance américaine
2 Poser la problématique	• Recherchez les questions que la formulation du sujet induit	• Où et comment la présence des États-Unis se manifeste-t-elle ? • De quels moyens disposent-ils pour assumer une présence quasi planétaire ? • Leur rayonnement est-il sans limites ?
	• Formulation de la problématique	• Aujourd'hui, l'hégémonie des États-Unis est incontestable. Comment le « modèle américain » s'impose-t-il à la planète entière ?
3 Élaborer le plan	• Mobilisez vos connaissances	• Pour recenser rapidement au brouillon les connaissances et les exemples correspondant au sujet, on peut s'aider d'un tableau, organisé en fonction de la problématique et dans lequel seront listés les mots-clés. ***Exemple :*** (voir tableau ci-dessous)

Les aspects de la puissance	Les moyens de la puissance
– échanges commerciaux, investissements ; – nombreuses métropoles ; – terre d'immigration ; – centres d'impulsion planétaire (Wall Street, Chicago…) ; – centre politique (Washington, ONU) ; – dollar ; – FTN ; – modèle culturel ; – contrôle des réseaux (médias, Internet).	– ressources, immensité du territoire ; – situation géographique (interfaces) ; – innovation, recherche-développement, grandes universités et grands laboratoires ; – 3e population du monde ; – immigration (brain drain) ; – capitaux ; – crédits militaires ; – Alena, ZLEA (projet) ; – rôle majeur après 1945, fin de l'isolationnisme, OTAN…) ; – dollar roi (Bretton Woods) ; – rôle dans le GATT, l'OMC.

• **Classement des connaissances**

• Il faut ensuite **rassembler les informations en 3 grands thèmes** qui constitueront les **parties de la composition**. En fonction de la problématique du sujet, on pourra retenir les thèmes suivants :
- 1re partie : Les États-Unis, un rayonnement sans égal.
- 2e partie : Une superpuissance aux multiples atouts.
- 3e partie : Des limites à la superpuissance ?

• Dans chaque partie, les idées et exemples seront regroupés en paragraphes.

Conseil : *pour gagner du temps, vous pouvez surligner, dans le tableau réalisé au brouillon, les thèmes identiques.*

Exemple : pour la colonne 2, on a surligné les acteurs humains (en rose), naturels (en vert), économiques (en jaune), politiques (en bleu).

• Vous pouvez illustrer votre argumentation au moyen de schémas. (Utiliser la Méthode du schéma p. 134-135.)

Exemples : les schémas p. 134-135 peuvent illustrer :
- schéma 3 : le poids des métropoles ;
- schéma 4 : la mobilité de la population américaine ;
- schéma 5 : les ressources du territoire.

4 **Rédiger la composition**

• L'introduction

Présentation du sujet • Les États-Unis sont une puissance de premier plan : son PIB, le premier de la planète, est près de deux fois supérieur au PIB du pays suivant, le Japon. Aucun État n'échappe à l'influence de cette superpuissance.

Problématique • Comment les États-Unis parviennent-ils à imposer leur « modèle » et leur vision du monde à l'espace mondial tout entier ?

Plan du devoir • On montrera, en premier lieu, en quoi les États-Unis sont une superpuissance. On analysera, dans un deuxième temps, les fondements de cette hégémonie pour s'interroger ensuite sur la remise en cause de leur rayonnement.

• Le développement

Partie 1

1. Les États-Unis, un rayonnement sans égal

- **Une présence planétaire qui revêt plusieurs formes**
  - **Politique et militaire :** le seul « gendarme du monde » ; budget de la défense le plus élevé de la planète (Dossier p. 90-91, Cartes Majeures p. 78-79, Leçon p. 82-83).
  - **Économique :** centre d'impulsion majeur (métropoles mondiales) ; rôle au sein des organisations internationales (FMI, OMC...) ; forte capacité d'innovation (informatique, OGM, médecine..) ; puissance des FTN ; place importante dans les échanges mondiaux (Cartes Majeures p. 80-81, Leçon p. 82-83).
  - **Monétaire :** le dollar, monnaie des règlements financiers internationaux.
  - **Culturelle :** langue internationale ; attraction des universités et des laboratoires ; diffusion du modèle par les FTN (Coca-Cola, McDonald's...), le cinéma, les réseaux de communication (Internet, CNN...).
- **Une influence particulièrement forte sur le continent américain**
  - Des échanges commerciaux et des investissements considérables.
  - Une terre d'accueil.
  - Une intégration économique forte : Alena, ZLEA (Dossier p. 92-93).
  - De véritables régions transfrontalières : Mexamérique, Main-Street, Puget-Sound).

Transition *Quels facteurs expliquent une telle puissance ?*

Partie 2

2. Une superpuissance dont les atouts sont multiples

- **Historiques et politique :** rôle majeur après 1945 (Bretton Woods, FMI...) ; rôle renforcé avec la fin de la Guerre froide ; puissance militaire, alliances (Otan).
- **Économiques :** capitaux abondants (innovation, RD); FMN puissantes ; exportations (agroalimentaire, haute technologie...) ; rôle dans l'Alena, l'Apec (Dossier p. 112-113).
- **Humaines :** population importante à haut niveau de vie ; immigration « brain-drain » ; le multiculturalisme : un atout face à la mondialisation des produits (Cartes Majeures p. 100-101, Leçon p. 106) .
- **Territoriaux :** ressources naturelles ; espace maîtrisé ; espace ouvert sur l'Europe, l'Asie et l'Amérique (Cartes Majeures p. 98-99 et 102-103, Leçon p. 104).

Transition *Mais l'exercice de la suprématie des États-Unis est de plus en plus controversé.*

Partie 3

3. Des limites à la puissance ?

- **De multiples concurrents :** Union européenne, Japon, NPI ; résistances à l'intégration autour des États-Unis en Amérique latine (Mercosur) (Leçon p. 88).
- **Contestation du modèle** (libéralisme absolu, dégradation environnementale...) par les mouvements altermondialistes, le terrorisme international...
- **Forte dépendance par rapport à l'étranger :** pétrole, déficit des balances commerciale et budgétaire.
- **Une superpuissance traversée par des crises :** société inégalitaire ; villes en crise (ghettos) ; problème des minorités toujours posé...

• La conclusion

Bilan • Avec la mondialisation, le contrôle des réseaux de production, d'informations, de capitaux, d'innovation, assure l'hégémonie des États-Unis dans le monde.

Perspectives • Mais le statut de superpuissance n'exclut pas la montée de problèmes internes et externes au pays.

Sujet BAC n° 9 — Le territoire des États-Unis : quelle organisation, quelles dynamiques ?

Étapes		Entraînement
1 Analyser le sujet	• Lisez attentivement le sujet	• Quels sont les mots ou expressions clés du sujet ? • Quels éléments entrent dans l'organisation du territoire des États-Unis ? • Définissez les expressions « dynamiques », « puissance mondiale ».
2 Poser la problématique	• Recherchez les questions que la formulation du sujet induit	• Quels sont les grands traits de l'organisation du territoire des Etats-Unis ? • Quels sont les principaux ensembles spatiaux ? • Quelles sont ses dynamiques : régions, villes, en croissance, en déclin… ? • Ces dynamiques peuvent-elles s'expliquer par le rayonnement des États-Unis ? (Utiliser les Cartes Majeures du Chapitre 4 p. 98-103 et le Sujet Bac n° 10.)
	• Formulez la problématique	• À partir des réponses aux questions précédentes, rédigez la problématique du sujet.
3 Élaborer le plan	• Mobiliser les connaissances	• Listez, au brouillon, les arguments, les exemples indispensables afin de caractériser l'organisation du territoire des États-Unis. (Utiliser les Leçons p. 104-109.).
	• Classez les connaissances	• Pour chaque ensemble spatial, rassemblez les informations retenues en distinguant : ses caractères économiques, humains ; son évolution récente et ses relations avec le continent nord-américain et/ou l'espace mondial.
4 Rédiger la composition	• L'introduction	• Rédigez l'introduction en faisant apparaître la problématique et le plan du devoir.
	• Le développement	• Rédigez le développement en vous aidant du plan ci-dessous.
	Partie 1	**1. L'organisation du territoire** • **Le Nord-Est, région centrale** – Par sa superficie, sa population, son réseau urbain, sa puissance industrielle. – Les facteurs de la puissance : peuplement et mise en valeur ancienne, ressources naturelles, réseaux de communication denses… • **Une « Sun belt » attractive** – Une région « archipel » (Floride, Texas, Californie, Nord-Ouest atlantique). – Des caractères spécifiques : forte croissance démographique et économique, industries high-tech, ressources naturelles, potentiel touristique. • **Des espaces intermédiaires peu peuplés** – Espaces agricoles ou « naturels » : Grandes Plaines, Rocheuses, Alaska (**Réalisez un schéma** des grands types d'espaces ; aidez-vous du Sujet Bac n° 10.)
	Transition	*Organisation et dynamiques du territoire correspondent à la place des États-Unis dans le monde.*
	Partie 2	**2. Des dynamiques qui transforment le territoire** • **Le « croissant périphérique » en plein essor :** – L'ouverture de l'économie des États-Unis sur l'espace mondial. – L'attraction exercé sur les flux migratoires internationaux. – Le rôle des métropoles dotées de parcs scientifiques. • **Le Nord-Est est toujours le cœur des États-Unis, un des centres du monde** – Centre d'impulsion (politique, économique, financier) planétaire. – Grande façade maritime, grands aéroports… – Centre historique et culturel au rayonnement mondial. • **Un rôle de plus en plus important** – Des métropoles, carrefour de communications (« hubs »). – Des régions frontalières : Mexamérique, Main Street, Pugetopolis.
	• La conclusion	• Dressez un bilan et dégagez des perspectives.

Croquis

Sujet BAC n° 10

Organisation et dynamiques du territoire des États-Unis

Croquis : Organisation et dynamiques du territoire

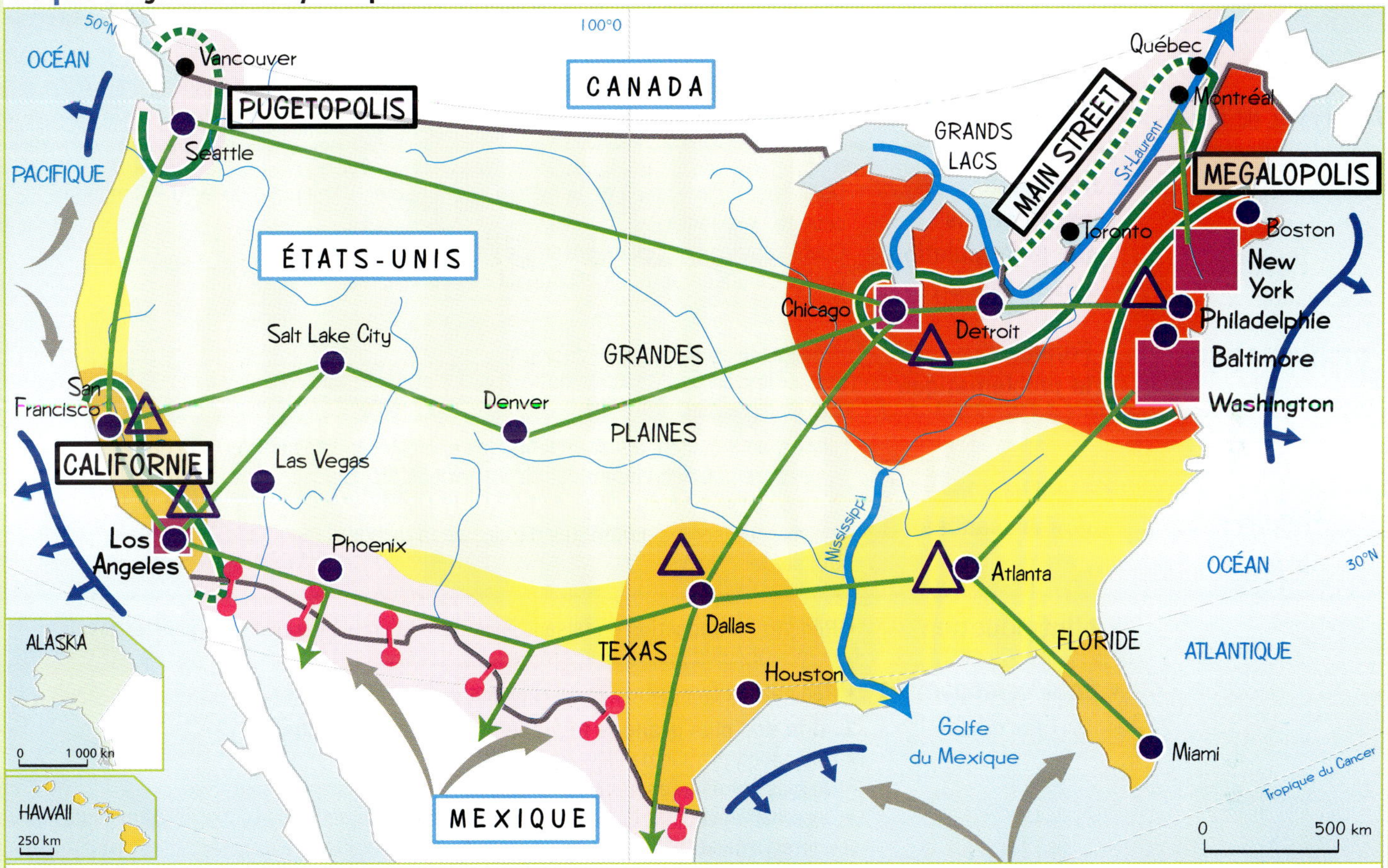

Les contrastes du territoire

- Nord-Est, cœur des États-Unis, « Centre du monde »
- Région motrice en essor
- Le « croissant périphérique » (Sun belt)
- Régions transfrontalières
- Région agricole ou espace naturel (forêt, tourisme, ressources énergétiques et/ou minières)
- Aire urbaine et son prolongement au-delà de la frontière

Les éléments de l'organisation du territoire

- Grand aéroport (hub)
- Axe navigable majeur
- Axe terrestre
- Maquiladoras

Les dynamiques spatiales d'une puissance mondiale

- Centre d'impulsion mondial
- Grande métropole
- Façade portuaire
- Pays de l'ALENA
- Flux migratoire

Entraînement

1. Quelles informations sont regroupées dans la première rubrique de la **légende** ? À quel mot-clé du sujet répondent-elles ?

2. Quels figurés montrent :
– le dynamisme des États de la périphérie du territoire ;
– le rôle majeur du Nord-Est ;
– la position des États-Unis en Amérique et dans l'espace mondial.

3. Le **croquis** et les sous-titres de la **légende** forment-ils une réponse au sujet ? Justifiez votre réponse.

Séries ES et L

Composition

Sujet BAC n° 11

L'organisation de la façade atlantique de l'Amérique du Nord

Étapes		Entraînement
1 Analyser le sujet	• Lisez attentivement le sujet	• Quel est le mot-clé du sujet ? • Que faut-il entendre par : « Organisation de la façade atlantique de l'Amérique du Nord ? »
2 Poser la problématique	• Recherchez les questions que la formulation du sujet induit	• Quelle est l'importance de la façade atlantique de l'Amérique du Nord ? Comment peut-on l'expliquer ? • Quels sont les principaux ensembles spatiaux ? • Qu'est-ce qui caractérise chacun de ces ensembles ?
	• Formulez la problématique	• Rédigez la problématique du sujet. (Utiliser les Cartes Majeures du Chapitre 5 et les Problématiques p. 116-117.)
3 Élaborer le plan	• Mobilisez les connaissances	• Listez, au brouillon, les arguments, les exemples indispensables afin de : – décrire la façade atlantique de l'Amérique du Nord ; – relever ses atouts ; – caractériser les différentes régions de la façade. (Utiliser le Chapitre 5.)
4 Rédiger la composition	• L'introduction	• Rédigez l'introduction en faisant apparaître la problématique et le plan du devoir.
	• Le développement	• Rédigez la composition en vous aidant du plan ci-dessous.
	Partie 1	**1. Une des plus grandes façades maritimes du monde** • Une concentration de très grands ports. • De puissantes aires urbaines et des centres d'impulsion planétaires. • Des bastions industriels (« Manufacturing belt »), des pôles touristiques majeurs (Floride, Yucatan).
	Transition	*Comment expliquer l'importance de cette façade ?*
	Partie 2	**2. De nombreux atouts** • Un littoral ouvert sur le monde : des sites portuaires, des axes de pénétration : Mississippi, St-Laurent, Grands Lacs. • La porte d'entrée des Européens, une interface majeure vers l'Atlantique. • Des ressources naturelles. • Une façade en voie d'intégration du Canada jusqu'au Mexique : rôle de l'Alena.
	Transition	*Quels sont les contrastes régionaux de la façade ?*
	Partie 3	**3. L'organisation de la façade atlantique de l'Amérique du Nord** • Le Nord-Est, cœur de la façade : Grands Lacs, Megalopolis. • Au Sud, des littoraux spécialisés : agriculture, tourisme, exploitation des hydrocarbures. • Au Nord et au Sud, des régions transfrontalières en formation. • Un arrière-pays organisé par de grandes métropoles (Mexico, Dallas, Atlanta...). (Utiliser le Sujet Bac n° 12.)
	• La conclusion :	
	Bilan	• Donnez une réponse à la problématique.
	Perspectives	• Montrez quel rôle peut jouer la façade atlantique de l'Amérique du Nord dans l'organisation du continent américain et de l'espace mondial.

Séries ES et L

Croquis

Sujet BAC n° 12

L'organisation de la façade atlantique de l'Amérique du Nord

Croquis : L'organisation spatiale de la façade atlantique de l'Amérique du Nord

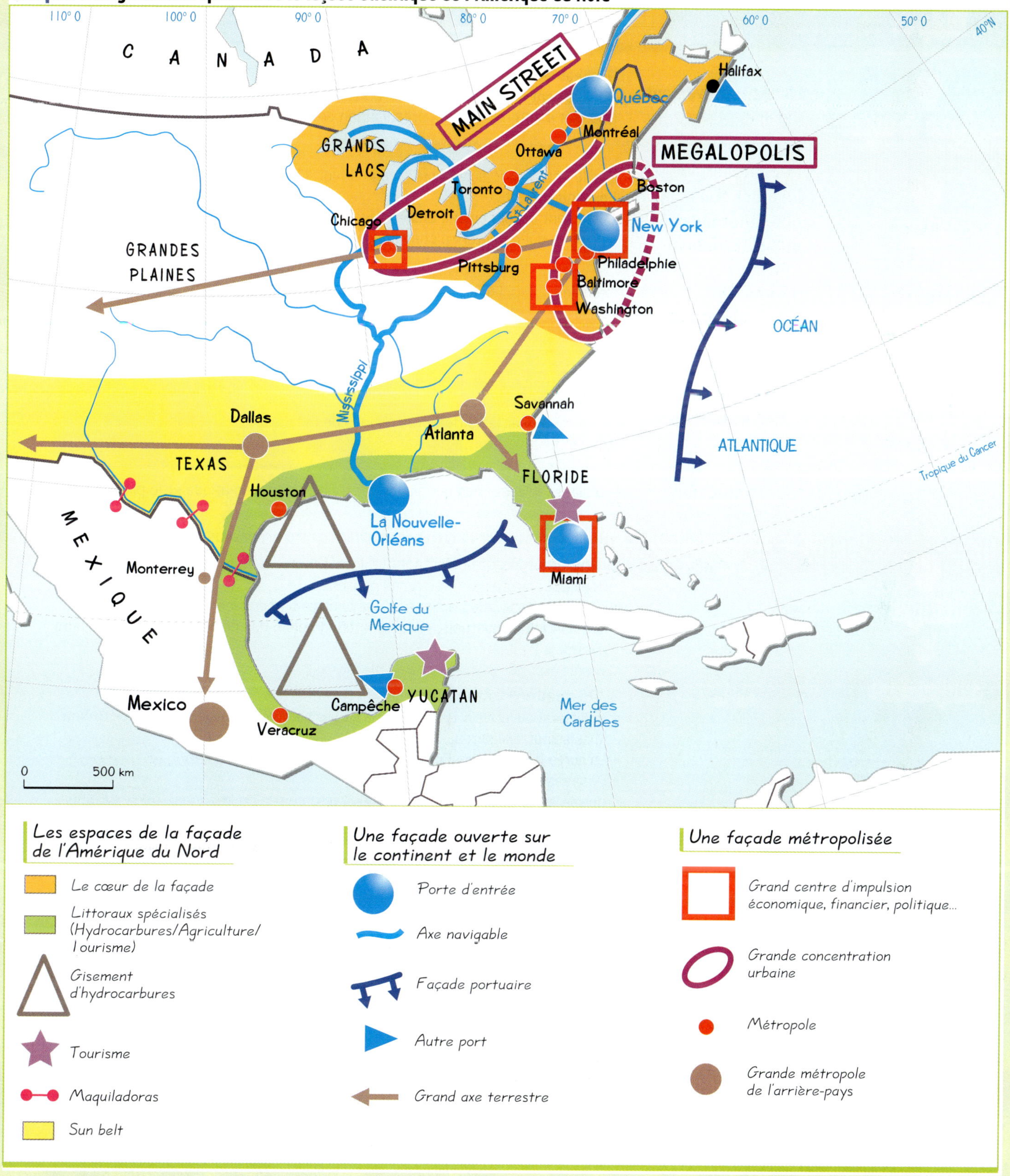

Série S

Composition

Sujet BAC n° 13 — L'organisation de la façade atlantique des États-Unis

Étapes	Entraînement	
1 Analyser le sujet	• **Lisez attentivement le sujet**	• Quel est le mot clé du sujet ? • Quelles sont les limites spatiales du sujet ? • Que faut-il entendre par : « Organisation de la façade atlantique des États-Unis ? »
2 Poser la problématique	• **Recherchez les questions que la formulation du sujet induit**	• Quelle est l'importance de la façade atlantique des États-Unis ? Comment peut-on l'expliquer ? • Quels sont les principaux ensembles spatiaux ? • Qu'est-ce qui caractérise chacun de ces ensembles ?
	• **Formulez la problématique**	• Rédigez la problématique du sujet. (Utiliser les Cartes Majeures du Chapitre 5 et les Problématiques p. 116-117)
3 Élaborer le plan	• **Mobilisez les connaissances**	• Listez, au brouillon, les arguments, les exemples indispensables afin de : – décrire la façade atlantique des États-Unis ; – relever ses atouts ; – caractériser les différentes régions de la façade. (Utiliser le Chapitre 5.)
4 Rédiger la composition	• **L'introduction**	• Rédigez l'introduction en faisant apparaître la problématique et le plan du devoir.
	• **Le développement**	• Rédigez la composition en vous aidant du plan ci-dessous.
	Partie 1	**1. Une des plus grandes façades maritimes du monde** • Une concentration de très grands ports. • De puissantes aires urbaines et des centres d'impulsion planétaires. • Des bastions industriels, « Manufacturing belt », des pôles touristiques majeurs (Floride).
	Transition	*Comment expliquer l'importance de cette façade ?*
	Partie 2	**2. De nombreux atouts** • Un littoral ouvert sur le monde : des sites portuaires, des axes de pénétration : Mississippi, St-Laurent, Grands Lacs. • La porte d'entrée des Européens, une interface majeure. • Des ressources naturelles. • Une façade en voie d'intégration du Canada jusqu'au Mexique : rôle de l'Alena.
	Transition	*Quels sont les contrastes régionaux de la façade ?*
	Partie 3	**3. L'organisation de la façade atlantique des États-Unis** • Le Nord-Est, cœur de la façade : Grands Lacs, Megalopolis. • Au Sud, des littoraux spécialisés : agriculture, tourisme, exploitation des hydrocarbures. • Au Nord et au Sud, des régions transfrontalières en formation. • Un arrière-pays organisé par de grandes métropoles (Dallas, Atlanta...). (Utiliser le Sujet Bac n° 14.)
	• **La conclusion :**	
	Bilan	• Donnez une réponse à la problématique.
	Perspectives	• Montrez quel rôle peut jouer la façade atlantique des États-Unis dans l'organisation du continent américain et de l'espace mondial.

Croquis

Sujet BAC n° 14 — L'organisation de la façade atlantique des États-Unis

Croquis : L'organisation spatiale de la façade atlantique des États-Unis

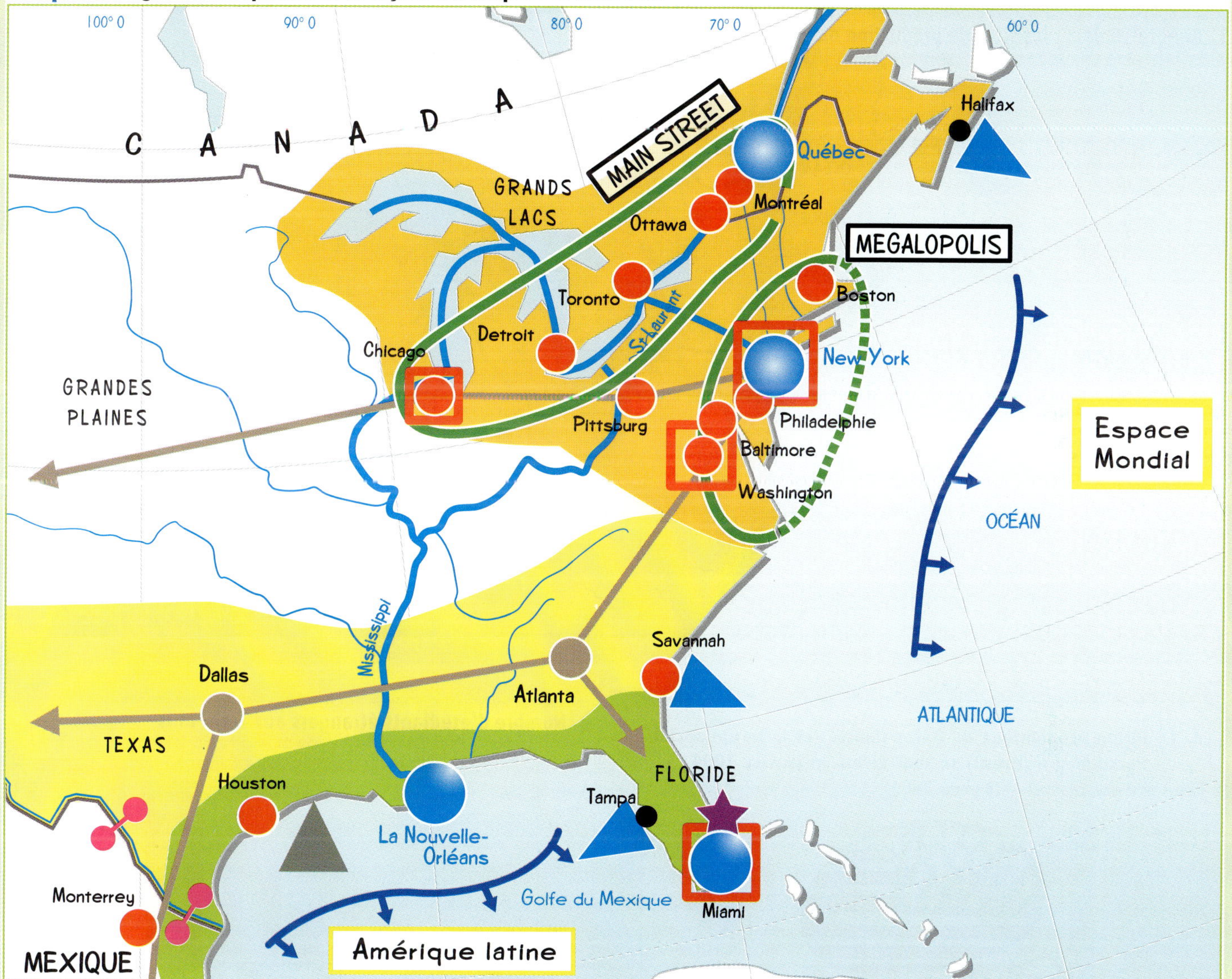

Les espaces de la façade des États-Unis

- Le cœur de la façade
- Littoraux spécialisés (Hydrocarbures/Agriculture/Tourisme)
- Gisement d'hydrocarbures
- Tourisme
- Maquiladoras
- Sun belt

Une façade ouverte sur le continent et le monde

- Porte d'entrée océanique
- Axe navigable
- Façade portuaire
- Autre port
- Grand axe terrestre

Une façade métropolisée

- Grand centre d'impulsion économique, financier, politique...
- Grande concentration urbaine
- Métropole
- Grande métropole de l'arrière-pays

Sujet BAC n° 15 — Les États-Unis, une superpuissance ?

1. General Motors : les sites de production dans le monde

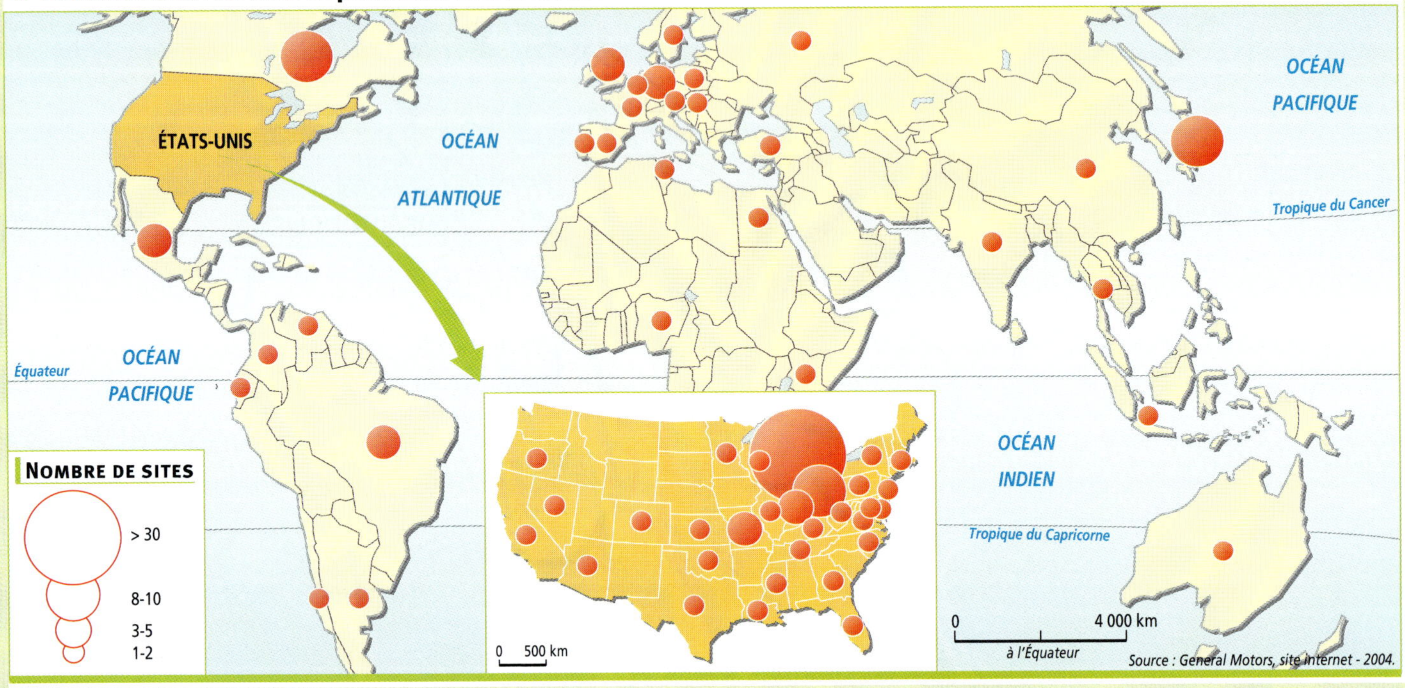

Source : General Motors, site internet - 2004.

2. Le forum économique de Davos (Suisse) et le forum social de Porto Alegre (Brésil) se sont tenus en janvier 2004

(Dessin de Plantu, *Le Monde* – 28 janvier 2002.)

3. Nombre d'étudiants étrangers aux États-Unis

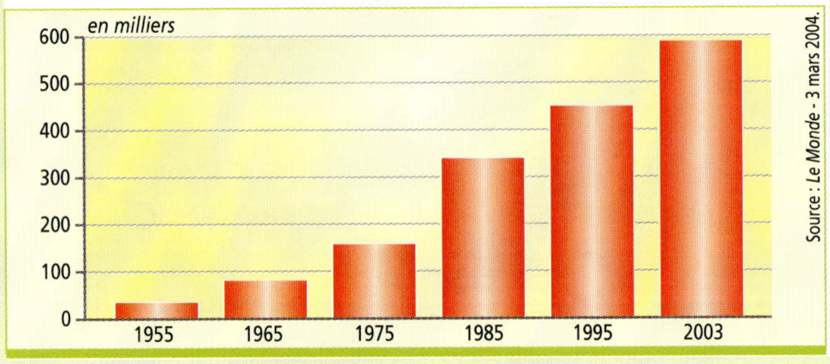

4. Le cinéma américain domine le monde

La part de marché du film national recule sur la plupart des marchés européens : elle est de 35 % en France, de 22 % en Italie, de 12 % en Allemagne et de 8 % au Royaume-Uni.

Selon l'Observatoire européen de l'audiovisuel, la part du cinéma américain, qui a diminué sur une décennie, était encore de 64 % du marché européen en 2001 (contre 73 % en 1992).

Enfin, si la part du film étranger aux États-Unis a doublé en 10 ans, elle reste modeste puisqu'elle ne représentait en 2002 que 6 % du marché (3,3 % en 1993).

Site Internet Yahoo cinéma – Mai 2003.

5. Carte Majeure : Les États-Unis, moteur de l'économie mondiale

(Se reporter à la carte p. 80-81.)

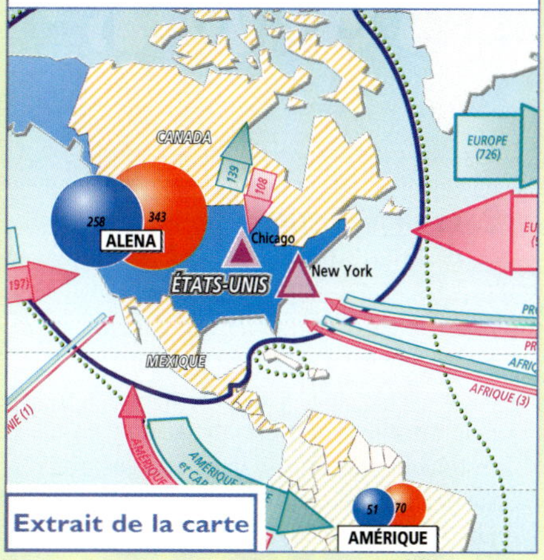

Extrait de la carte

1re Partie

Analysez l'ensemble documentaire en répondant aux questions suivantes.

1. En utilisant le **document 5**, montrer pourquoi les États-Unis peuvent être qualifiés de « centre » économique du monde.
2. La puissance économique des États-Unis s'exerce-t-elle de la même manière sur tous les continents ?
3. Commentez le **document 2**. Quel est son intérêt par rapport au sujet ?
4. Dans quels domaines la puissance des États-Unis est-elle particulièrement affirmée **(doc. 1, 3 et 4)**. Définissez le terme « superpuissance ».
5. Quels aspects et quelles limites de la puissance des États-Unis n'apparaissent pas dans l'**ensemble documentaire** ?

2e Partie

À l'aide des réponses aux questions, des informations contenues dans les documents et de vos connaissances, rédigez une réponse organisée au sujet posé.

Étapes		Entraînement
1 Partie 1 Réponse aux questions	• **Analyse des questions**	• Quelles questions s'adressent à : – un seul document ? – plusieurs documents ?
	• **Travail sur les documents**	***Conseil :*** *avant de formuler une réponse, analysez le document.* • Exemple **document 2**. – Quelle est la nature du **document 2** et quels événements représentent-ils ? – Quels pays sont présents : au forum de Davos ? à celui de Porto Alegre ? – Comment interprétez-vous le dessin dans la bulle en haut ? – Pourquoi l'auteur a-t-il associé New York à Davos ? – Qu'apporte ce document à la compréhension du sujet ?
	• **Réponses aux questions**	• Répondez aux questions en exploitant le travail effectué sur les documents.
2 Partie 2 Rédaction de la réponse au sujet	• **Mobilisation des informations et organisation de la réponse**	• À partir des informations tirées des documents et des connaissances, on peut dégager **plusieurs thèmes** : – une très grande puissance économique ; – un rayonnement culturel planétaire ; – une domination contestée ?
	• **Rédaction de la réponse**	***Exemple de pistes pour la mise en forme de l'introduction et du premier paragraphe de la réponse.***
	Rappel de la problématique	Aucun État au monde n'échappe, sous une forme ou sous une autre, à la domination des États-Unis.
	La première phrase résume le thème abordé dans le paragraphe	**La superpuissance des États-Unis se traduit d'abord par un poids économique considérable.** Les États-Unis sont au cœur du commerce mondial. Ils émettent et attirent les capitaux du monde entier.
	Arguments ou exemples tirés des connaissances	Leur industrie et leur agriculture sont particulièrement puissantes. Par leur population, la 3e au monde, leur marché intérieur est vaste. Ils contrôlent également les flux financiers ou de marchandises au moyen de puissantes Bourses (New York, Chicago). Les États-Unis jouent un rôle majeur en Europe, en Asie et surtout en Amérique du Nord (Alena) et en Amérique latine (projet ZLEA). Leur puissance est lisible au travers du palmarès de leurs FTN. • Rédigez la suite de la réponse, paragraphes 2 et 3. (Utiliser le Chapitre 3.)

Étude d'un ensemble documentaire

Sujet BAC n° 16 Les métropoles des États-Unis, quelle organisation, quelles évolutions ?

1. Boston : le CBD* d'une des métropoles de la Megalopolis

2. La ville américaine : déclin ou renaissance ?

Une caractéristique majeure des villes américaines est « l'effet du beignet » : le centre se vide de sa substance. Emplois industriels et population y ont fortement décliné depuis un demi-siècle. Detroit exprime sans doute le mieux cette spirale du déclin qui frappe les grandes villes du Nord-Est du pays.

Le centre-ville juxtapose alors un CBD* fréquenté par l'élite économique et des ghettos* peuplés de pauvres ne pouvant s'offrir une voiture pour vivre et se rendre en banlieue.

Privée de ressources, la ville est confrontée à des cas sociaux difficiles, à la dégradation de logements insalubres et squattés, et à la criminalité violente des gangs contrôlant leurs territoires de revente de drogue. Investisseurs, employeurs potentiels et commerçants sont peu tentés par ces quartiers délabrés à la clientèle insolvable et à la population peu employable par la nouvelle économie. Seuls des immigrants coréens se risquent parfois à y travailler dans de rares boutiques.

Par contre, la banlieue résidentielle a les moyens financiers d'offrir des services de qualité à ses résidents. Attirés par les emplois en périphérie urbaine, les nouveaux immigrants asiatiques ne s'installent plus au centre et trouvent un travail plus vite que les Noirs du ghetto. Le cœur de la vie chinoise de Los Angeles n'est plus le Chinatown du centre-ville, mais une commune de banlieue, Monterey Park, alias « Little Taipeh ».

Les municipalités encouragent cependant un retour de populations aisées dans les centres des villes par des campagnes de promotion urbaine (« Pittsburgh, la ville au sourire »...), des politiques d'aide à la réhabilitation de l'habitat ou la rénovation radicale du cœur urbain (remplacement de bâtiments vétustes par des immeubles résidentiels luxueux).

Y. Boquet, ***Les très grandes concentrations urbaines,*** **SEDES – 2000.**

3. L'espace urbain d'Atlanta

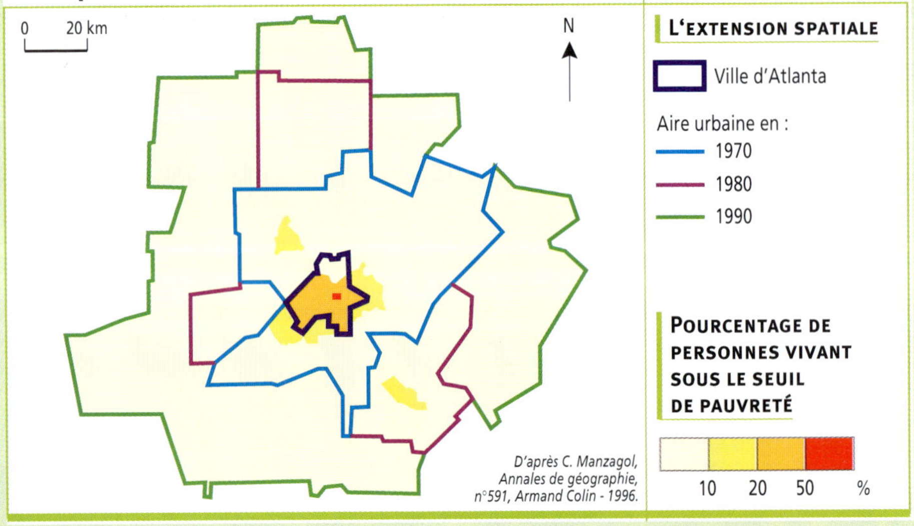

D'après C. Manzagol, Annales de géographie, n°591, Armand Colin - 1996.

4. Carte Majeure : 220 millions de Nord-Américains sur la façade atlantique

(Se reporter à la carte 3 p. 119.)

5. Carte Majeure : Comment la population se répartit-elle sur le territoire ?

(Se reporter à la carte 1 p. 100.)

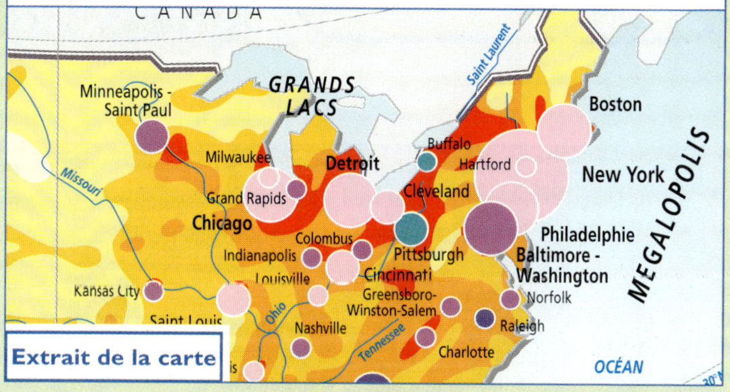

1re Partie — **Analysez l'ensemble documentaire en répondant aux questions suivantes.**

1. À l'aide des **documents 1**, **2** et **3**, décrivez l'organisation de l'espace d'une grande métropole des États-Unis.
2. Quelles transformations les villes américaines connaissent-elles ?
3. À partir des **documents 4** et **5**, montrez la localisation et l'inégal dynamisme démographique des principales métropoles américaines.
4. À l'aide de l'ensemble des **documents**, précisez le sens des termes « métropole », « mégalopole ».
5. Quels éléments de la puissance des métropoles des États-Unis ne figurent pas dans l'**ensemble documentaire** ?

2e Partie — **À l'aide des réponses aux questions, des informations contenues dans les documents et de vos connaissances, rédigez une réponse organisée au sujet posé.**

Étapes		Entraînement
1 Partie 1 Réponse aux questions	• **Analyse des questions**	• Lisez attentivement toutes les questions.
	• **Travail sur les documents**	• Sélectionnez, dans les documents, les informations utiles au traitement des questions. ***Conseil :*** *afin de gagner en efficacité, notez au brouillon les connaissances qu'évoque chacun des documents.*
	• **Réponses aux questions**	• Répondez aux questions.
2 Partie 2 Rédaction de la réponse au sujet	• **Mobilisation des informations et organisation de la réponse**	• On a listé ci-dessous les principales informations fournies par les documents. Regroupez-les en **deux ou trois thèmes** formant une réponse au sujet. – Forte population – Rythme de croissance soutenu – Paupérisation de la ville – Nombreuses fonctions supérieures – Quartiers dégradés – Industries traditionnelles en crise – Étalement spatial – Mégalopole, concentration urbaine transfrontalière – Quartier des affaires (CBD) • Complétez ces thèmes à partir de vos connaissances. (Utiliser le Dossier p. 32-33 ; la Leçon p. 106-107.)
	• **Rédaction de la réponse**	• Rédigez la réponse au sujet

Sujet BAC n° 17 — États-Unis : quels sont les lieux de la puissance ?

1. La Bourse de Chicago
Ici se décide la valeur de la plupart des cours des produits agricoles.

2. Des villes « laboratoires »

L'institut de recherche médicale Stowers a l'ambition de devenir l'un des premiers au monde dans son domaine et de faire de Kansas City une ville-phare de la recherche médicale.
Adossé à une fondation qui gère 1,7 milliard de dollars, il occupe un ancien hôpital de 200 000 m², rénové de fond en comble. Il a ouvert ses portes à la fin de l'année 2000 et abrite déjà 18 laboratoires. Son but est d'en accueillir 40 ou 50.
Il est prévu de construire, à proximité, un nouveau campus pour obtenir une « taille critique » de 70 à 80 laboratoires, selon son président, le professeur William Neaves.
Afin d'installer sa notoriété, le « Stowers » a recruté ses chercheurs aux États-Unis, en Chine, en Australie, en Russie, en Angleterre... et en France. Olivier Pourquié, 39 ans, directeur de recherche au CNRS à Marseille, y est venu l'été 2002.

E. Leser, *Le Monde* – 3 mars 2004.

3. Métropoles technopolitaines

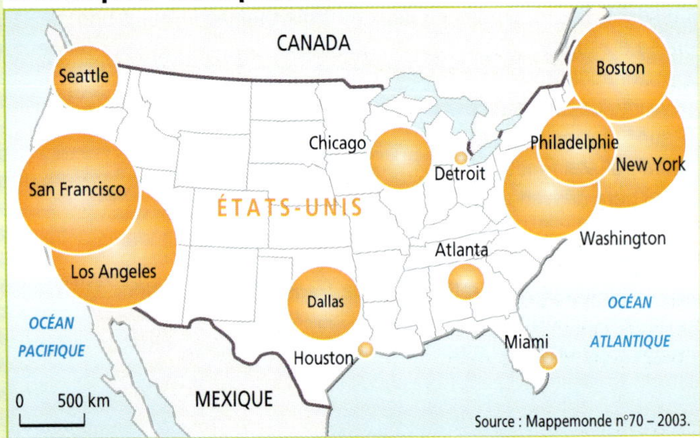

Principales agglomérations classées en fonction de leurs activités liées aux technologies de l'information, aux industries biopharmaceutiques et aérospatiales.

4. San Francisco et la Silicon Valley

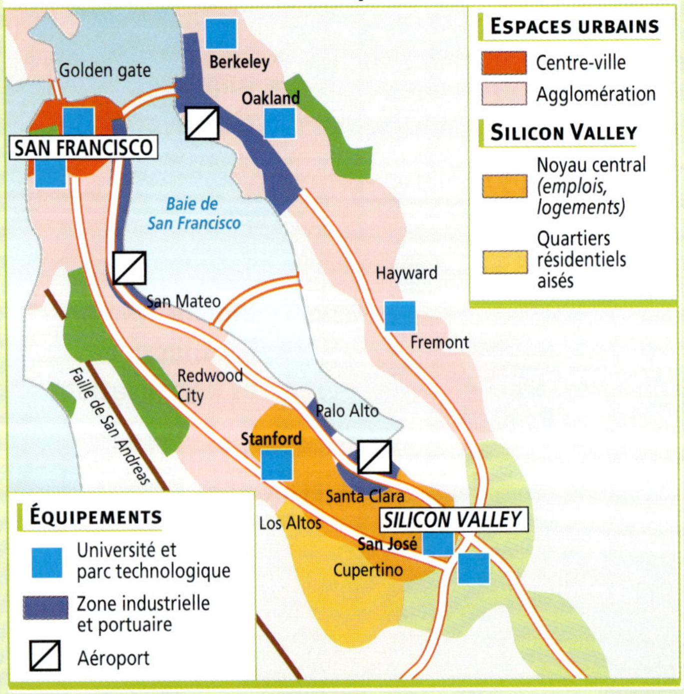

5. Carte Majeure : Le monde sous le contrôle des États-Unis

(Se reporter à la carte p. 78-79.)

1re Partie — **Analysez l'ensemble documentaire en répondant aux questions suivantes.**

1. Dans quelles parties du monde et sous quelles formes se manifestent la présence et la puissance des États-Unis **(doc. 5)** ?
2. Quels atouts des villes des États-Unis montrent les **documents 1**, **2**, **3** et **5** ?
3. D'après l'ensemble des **documents**, montrez que la puissance des États-Unis se manifeste à différentes échelles.
4. Y a-t-il d'autres lieux (ville, région, espace...) de la puissance des États-Unis, que l'**ensemble documentaire** ne fait pas apparaître ?

2e Partie — **À l'aide des réponses aux questions, des informations contenues dans les documents et de vos connaissances, rédigez une réponse organisée au sujet posé.**

Étapes		Entraînement
1 **Partie 1** Réponse aux questions	• **Analyse des questions**	• Lisez attentivement toutes les questions.
	• **Travail sur les documents**	• Sélectionnez, dans les documents, les informations utiles au traitement des questions.
	• **Réponses aux questions**	• Répondez aux questions en exploitant le travail effectué sur les documents. ***Pistes de réponse possible à la question 4.*** **L'ensemble documentaire ne montre pas un certain nombre de lieux qui symbolisent aussi la puissance des États-Unis :** – les villes-mondiales, centres d'impulsion planétaires que sont New York (Wall Street) ou Washington (la Maison-Blanche) par exemple ; – aucun document ne fait allusion aux espaces frontaliers avec le Mexique ou le Canada où se manifeste pourtant la forte attractivité des États-Unis ; – pas de document sur la présence économique dans pratiquement tous les pays du monde, ni sur l'agrobusiness (un paysage des Grandes Plaines, « grenier » des États-Unis par exemple).
2 **Partie 2** Rédaction de la réponse au sujet	• **Mobilisation des informations et organisation de la réponse**	• À partir des informations tirées des documents et de vos connaissances, il est possible d'organiser la réponse afin de montrer que les lieux de la puissance des États-Unis se situent à : – l'échelle mondiale ; – l'échelle régionale ; – l'échelle des villes et au sein des villes, les universités, laboratoires de recherches...
	• **Rédaction de la réponse**	• Rédigez la réponse au sujet

Sujet BAC n° 18

Les États-Unis, un espace maîtrisé

1. Première phase de la réalisation du croquis

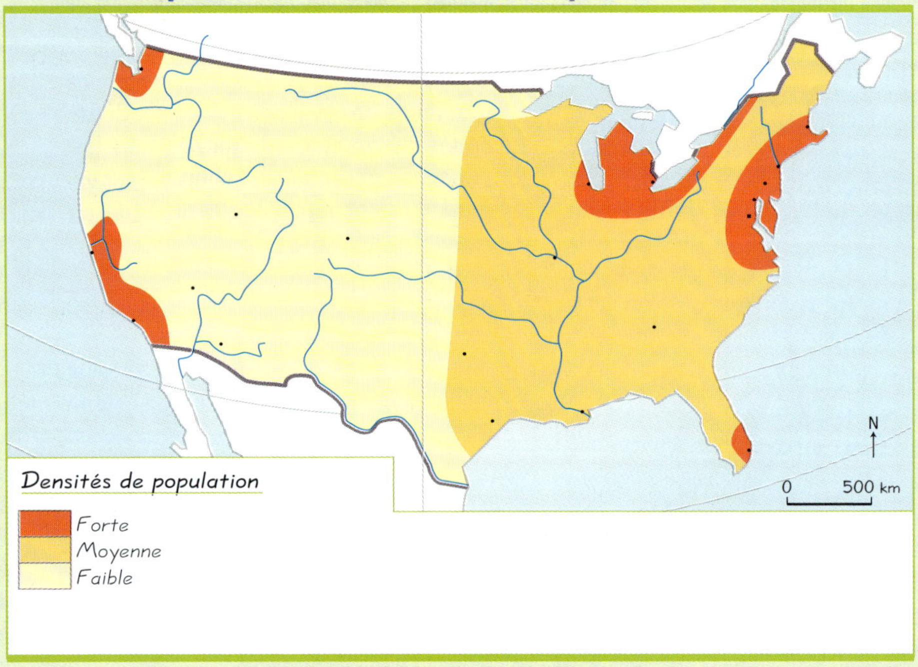

2. Deuxième phase de la réalisation du croquis

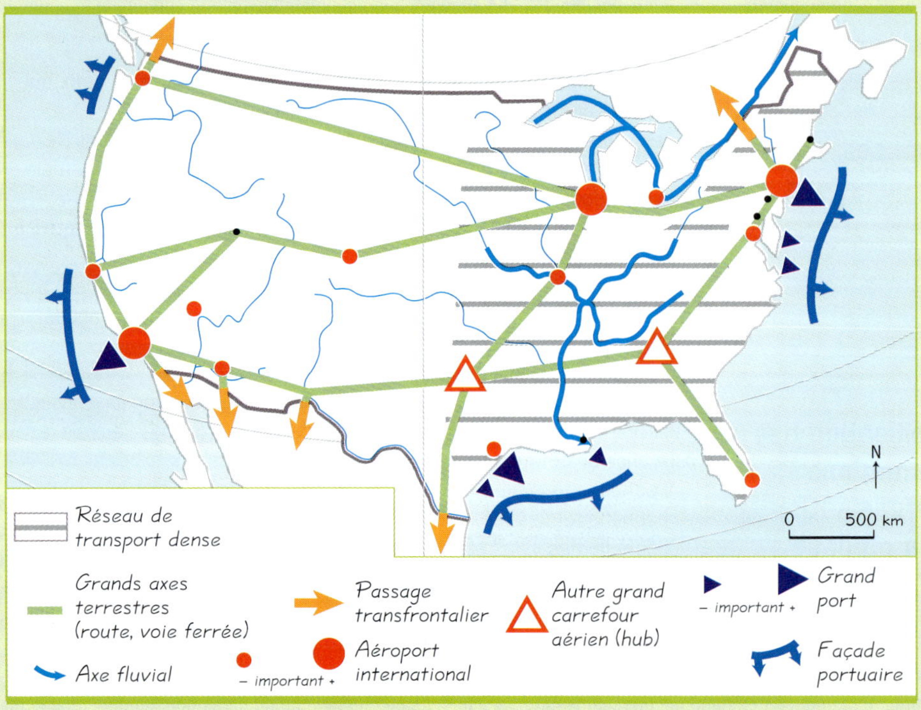

Pour réussir le croquis

Le croquis doit être réalisé avec soin. L'attention portée à sa réalisation conditionne en grande partie sa note.

Pour réussir la réalisation du croquis, procédez en **trois temps** :

1. Première phase (1) :
Sur le fond de carte, tracer au crayon à papier les limites des différentes zones de densité de population. Ensuite, colorier chacun des espaces.

2. Deuxième phase (2) :
Indiquez sur le croquis toutes les informations à traduire par des :
- figurés ponctuels
- des flèches ou des traits.

⇨ *Respectez les règles du langage cartographique* (Utilisez Le langage cartographique p. 368).

⇨ *Ne pas surcharger le croquis d'informations, ce qui nuirait à sa lisibilité.*

3. Troisième phase (croquis 3)
Rédigez la nomenclature. Celle-ci doit :
- fournir des repères en fonction du sujet : villes, régions, États, océans...
- être écrite horizontalement (sauf pour les fleuves) et hiérarchisée (taille des noms identique pour un même type d'information).

3. Croquis : Les États-Unis : un territoire maîtrisé et ouvert sur le monde

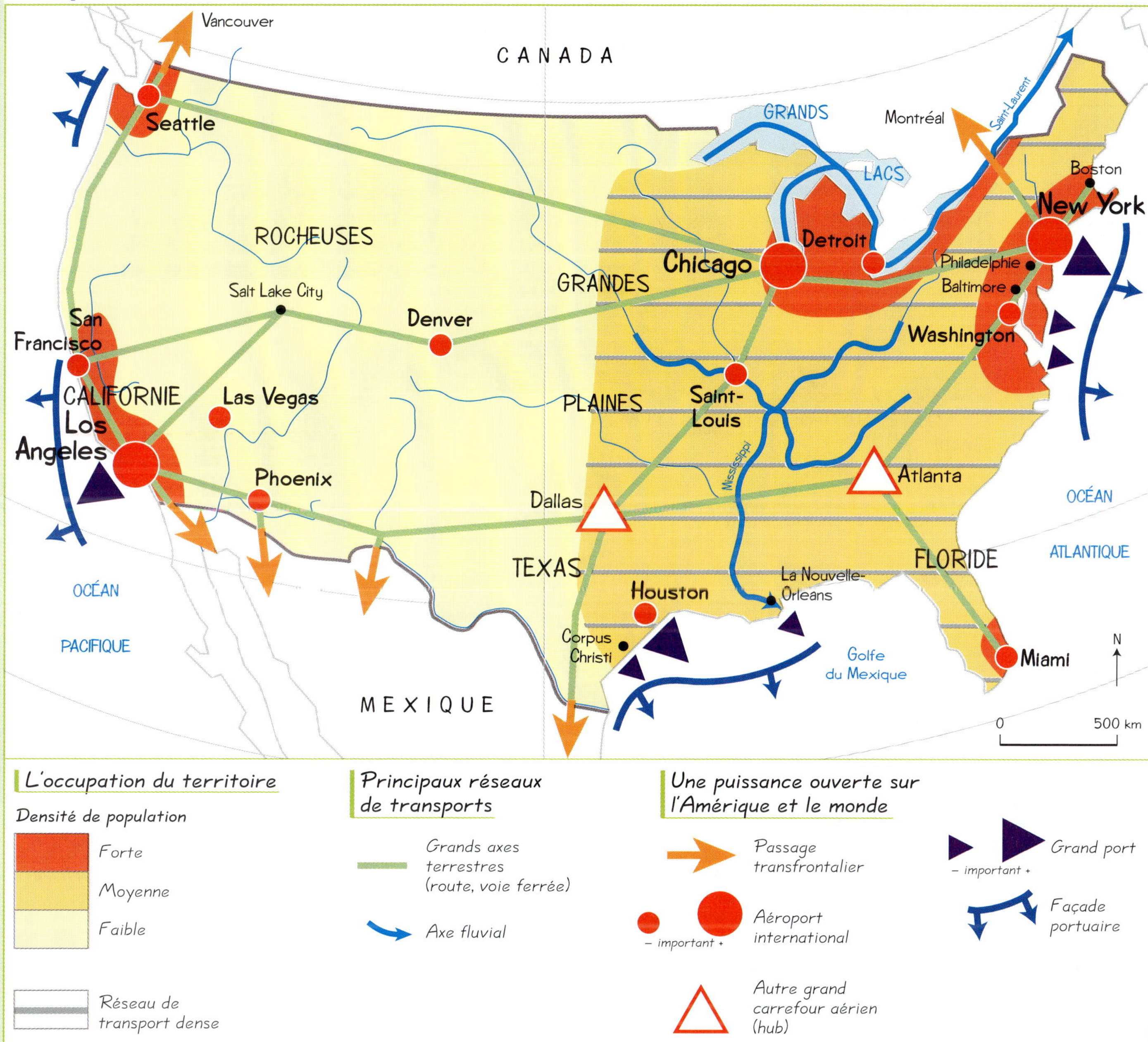

Entraînement

1. Quel est le mot-clé du sujet ?
Pourquoi, en fonction du sujet, est-il nécessaire de montrer quelle est la répartition de la population sur le territoire **(1)** ?

2. Quels réseaux de communication assurent la maîtrise du territoire **(2)** ? Quelle direction ont-ils principalement ?

3. Quels sont les grands nœuds de communication **(2)** ? Précisez ce qu'est un « hub* ».

4. Les États-Unis sont-ils ouverts sur le monde **(2)** ? Comment, sur le croquis, cette information est-elle représentée **(croquis 3)** ?

5. Le **croquis 3** et sa **légende** répondent-ils à la question posée par le sujet ? Justifiez votre réponse.

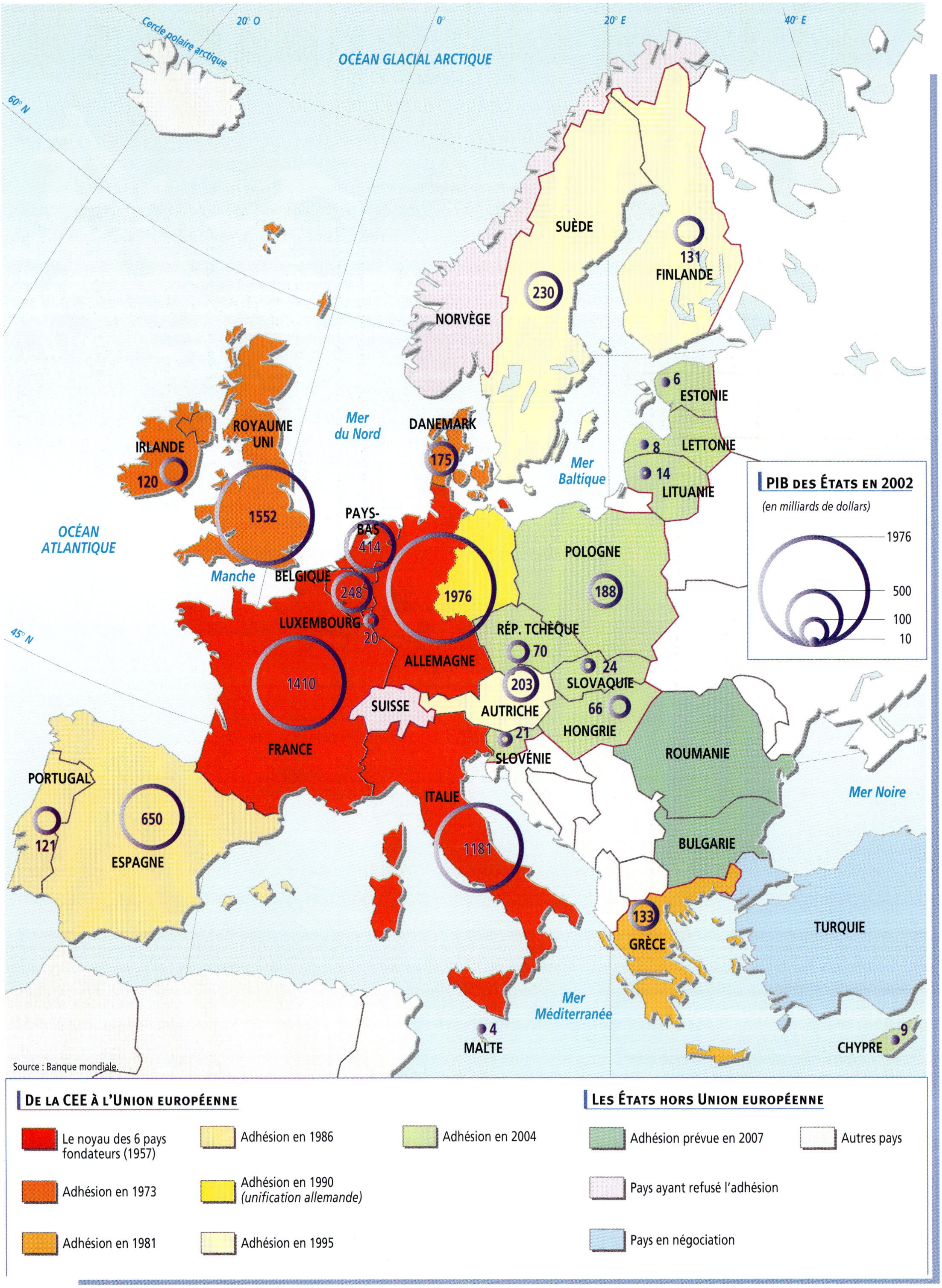
Cercle polaire arctique
20° O
0°
20° E
40° E
60° N
45° N
OCÉAN GLACIAL ARCTIQUE
OCÉAN ATLANTIQUE
Mer du Nord
Mer Baltique
Manche
Mer Noire
Mer Méditerranée
SUÈDE
230
FINLANDE
131
NORVÈGE
ESTONIE
6
LETTONIE
8
LITUANIE
14
IRLANDE
120
ROYAUME UNI
1552
DANEMARK
175
PAYS-BAS
414
BELGIQUE
248
LUXEMBOURG
20
ALLEMAGNE
1976
POLOGNE
188
RÉP. TCHÈQUE
70
SLOVAQUIE
24
AUTRICHE
203
HONGRIE
66
SLOVÉNIE
21
SUISSE
FRANCE
1410
ROUMANIE
BULGARIE
ITALIE
1181
PORTUGAL
121
ESPAGNE
650
GRÈCE
133
TURQUIE
MALTE
4
CHYPRE
9
PIB DES ÉTATS EN 2002
(en milliards de dollars)
1976
500
100
10
Source : Banque mondiale.
DE LA CEE À L'UNION EUROPÉENNE
Le noyau des 6 pays fondateurs (1957)
Adhésion en 1973
Adhésion en 1981
Adhésion en 1986
Adhésion en 1990 (unification allemande)
Adhésion en 1995
Adhésion en 2004
LES ÉTATS HORS UNION EUROPÉENNE
Adhésion prévue en 2007
Pays ayant refusé l'adhésion
Pays en négociation
Autres pays

L'Union européenne

L'Union européenne, de 6 à 25, un poids grandissant dans le monde.

Ariane : une réussite économique européenne

La fusée européenne Ariane domine toujours le marché mondial des lanceurs de satellite, 25 ans après son premier lancement de la base guyanaise de Kourou. L'Agence spatiale européenne (ESA), créée en 1973, à l'initiative de la France, regroupe des entreprises de 12 pays européens.

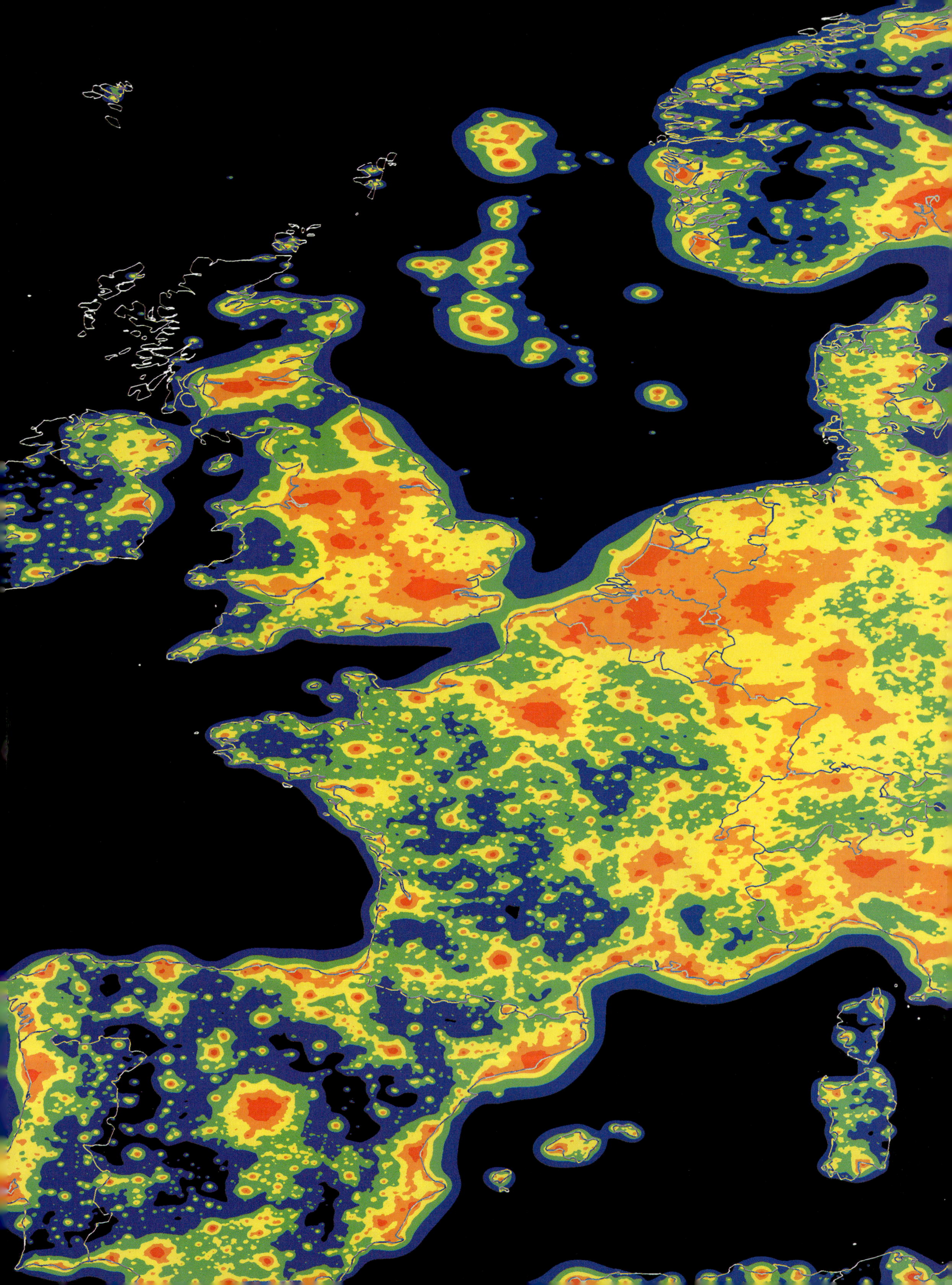

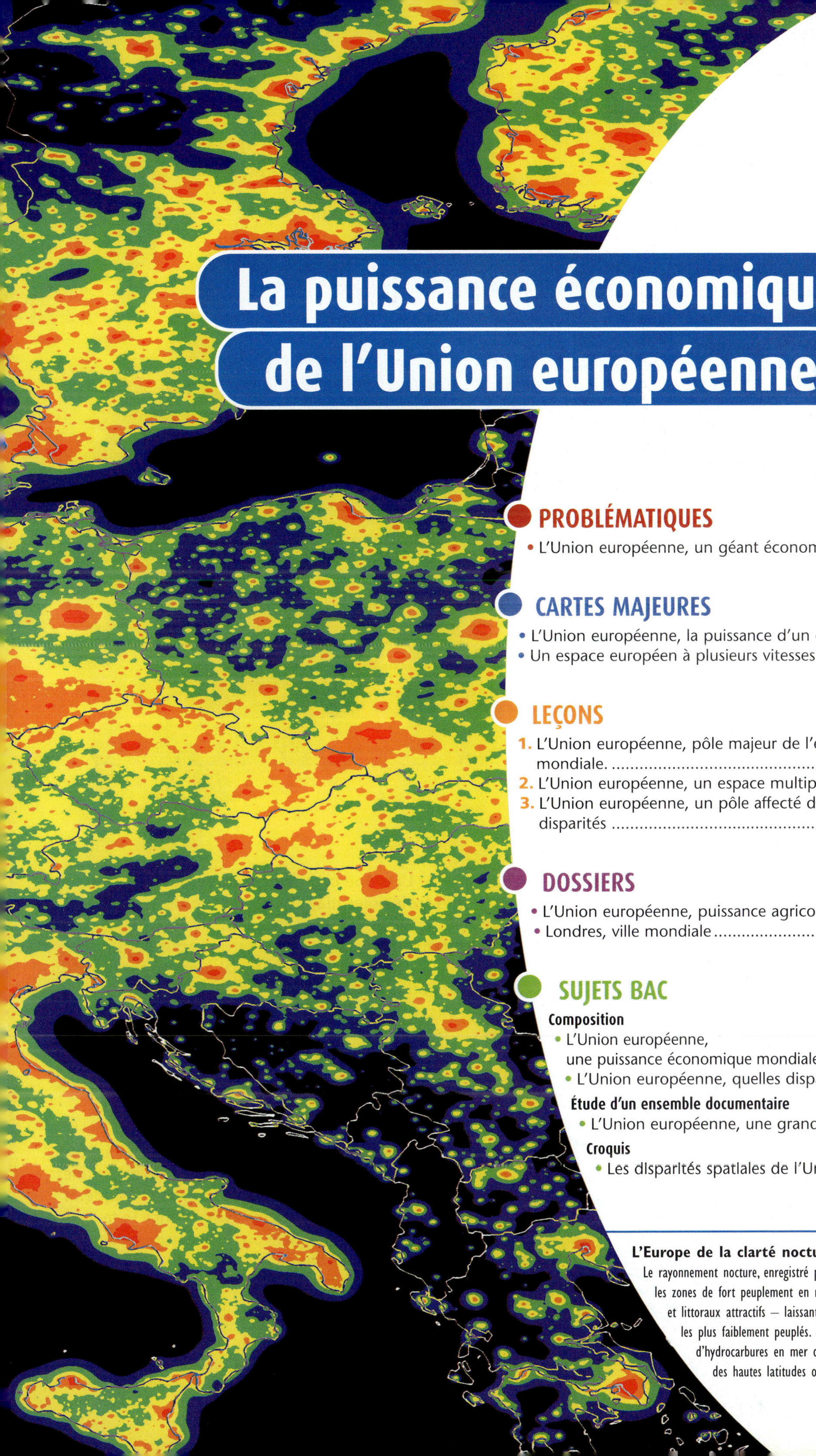

CHAPITRE 6

La puissance économique de l'Union européenne

PROBLÉMATIQUES

CARTES MAJEURES

LEÇONS

DOSSIERS

SUJETS BAC

L'Europe de la clarté nocturne

Le rayonnement nocture, enregistré par satellite, met en évidence les zones de fort peuplement en rouge et en orange – métropoles et littoraux attractifs – laissant en bleu et en noir les espaces les plus faiblement peuplés. Ressortent aussi les exploitations d'hydrocarbures en mer du Nord et certaines régions des hautes latitudes où l'on consomme beaucoup d'énergie.

L'Union européenne, un géant économique ?

• ***L'Union européenne (UE) est le fruit d'un projet politique unique*** *construit après la Seconde Guerre mondiale sur des grands principes : égalité, paix, solidarité, développement pour tous.*

• ***Construite à six en 1957,*** *la Communauté européenne s'est progressivement élargie et transformée en* ***Union en 1993*** *;* ***depuis 2004, elle comprend 25 membres*** *dont des États qui étaient autrefois « satellites » de l'ex-URSS* (Carte page 152). *Le continent européen s'identifie de plus en plus à l'Union européenne.*

• ***L'UE n'est pas seulement une juxtaposition d'États*** *ayant abaissé entre eux leurs barrières douanières pour constituer un grand marché de libre-échange ; c'est aussi* ***une ambitieuse Union économique et monétaire.***

L'Union européenne à 25 : un ensemble de 450 millions d'habitants
Courrier international n° 659 – Juin 2003.

1. Quelle place pour l'Union européenne dans le monde ?

L'euro prend son envol
Dessin de Plantu – Octobre 1998.

➡ **L'Europe communautaire est aujourd'hui un des trois pôles majeurs de l'économie mondiale,** aussi bien par l'importance et la diversité de ses productions de biens et de services, que par sa place dans le commerce international *(Cartes pages 20, 22 et 158)*. Elle est **au cœur de la mondialisation** : son **marché de 450 millions de consommateurs** attire toutes les grandes firmes mondiales et elle compte près de 140 entreprises parmi les 500 plus grandes du monde *(Dossier page 30)*.

➡ **Mais l'UE demeure une construction avant tout économique**, depuis **la PAC***, première politique commune *(Dossier page 168)*, jusqu'à l'instauration d'une monnaie commune, **l'euro** *(Leçon page 162)*. **L'Europe politique et sociale est loin d'être aussi avancée ;** faute de parler d'une seule voix, l'Europe peine à se faire entendre sur la scène diplomatique et militaire internationale *(Sujet Bac page 192)*.

2. Quels sont les espaces de la puissance européenne ?

➡ **Il n'existe pas, au sein de l'UE, un hypercentre qui,** à l'image de Manhattan, **commanderait l'ensemble de l'espace économique.** La puissance économique européenne repose sur **un réseau de métropoles mondiales concurrentes** : à Rotterdam, la suprématie portuaire *(Dossier page 186)* ; à Londres, les affaires et la gestion des marchés *(Dossier page 170)* ; à Paris, Rome, la culture ; à Francfort, la Banque centrale européenne… *(Leçon page 164).*

➡ **La puissance économique de l'UE n'est pas sans engendrer des inégalités internes qui s'expriment à des échelles multiples,** malgré une politique de cohésion économique visant à la fois à réduire les disparités entre les régions et à favoriser les coopérations régionales transfrontalières *(Cartes page 160).*

Francfort-sur-le-Main
Capitale économique et financière de l'Allemagne, Francfort est aussi le siège de la Banque centrale européenne.

3. Gérer les disparités régionales ?

➡ **L'espace européen risque de voir se renforcer ses disparités internes :** la concurrence économique mondiale exacerbée avantage les principales métropoles, les régions « centrales » de chaque pays, quelques façades maritimes (mer du Nord, mer Baltique) et les détroits qui les relient *(Leçon page 166).*

➡ **L'avenir de l'UE repose donc sur la capacité à concilier performance économique** à l'échelle mondiale **et réduction des disparités et discontinuités internes,** notamment frontalières. La poursuite de la politique de solidarité des territoires est plus que jamais nécessaire avec l'entrée dans l'Union en 2004 de pays au niveau de vie très inférieur à la moyenne communautaire *(Sujet Bac page 196).*

Deux défis pour l'Union européenne
- L'archaïsme de l'agriculture des nouveaux pays adhérents, ici la Pologne.
- Structurer l'Europe par un réseau TGV (*Le Monde* – Mai 2003).

Cartes Majeures

L'Union européenne : la puissance d'un espace unique

1. L'Union européenne, premier pôle commercial mondial

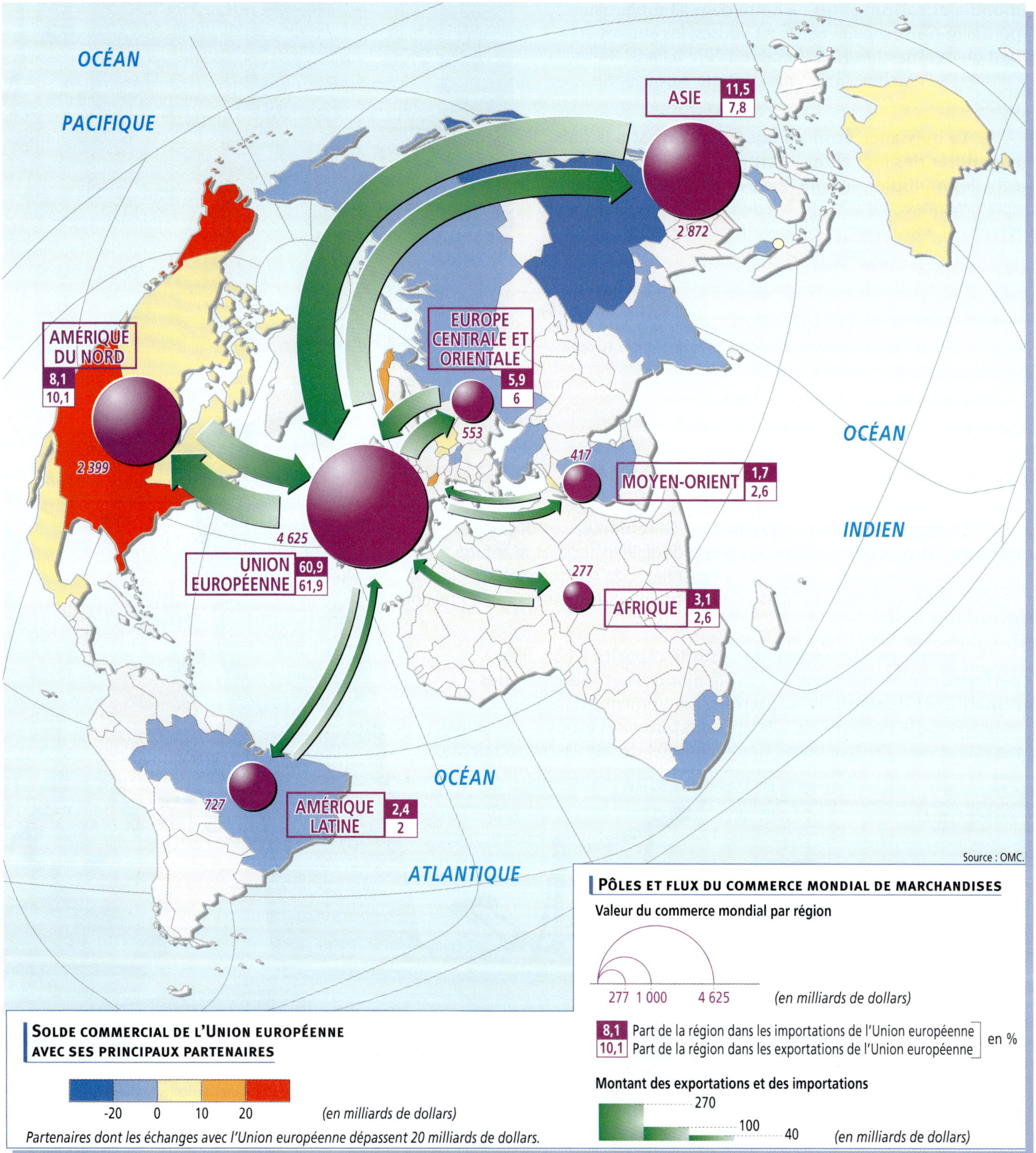

2. L'Union européenne, un espace multipolaire

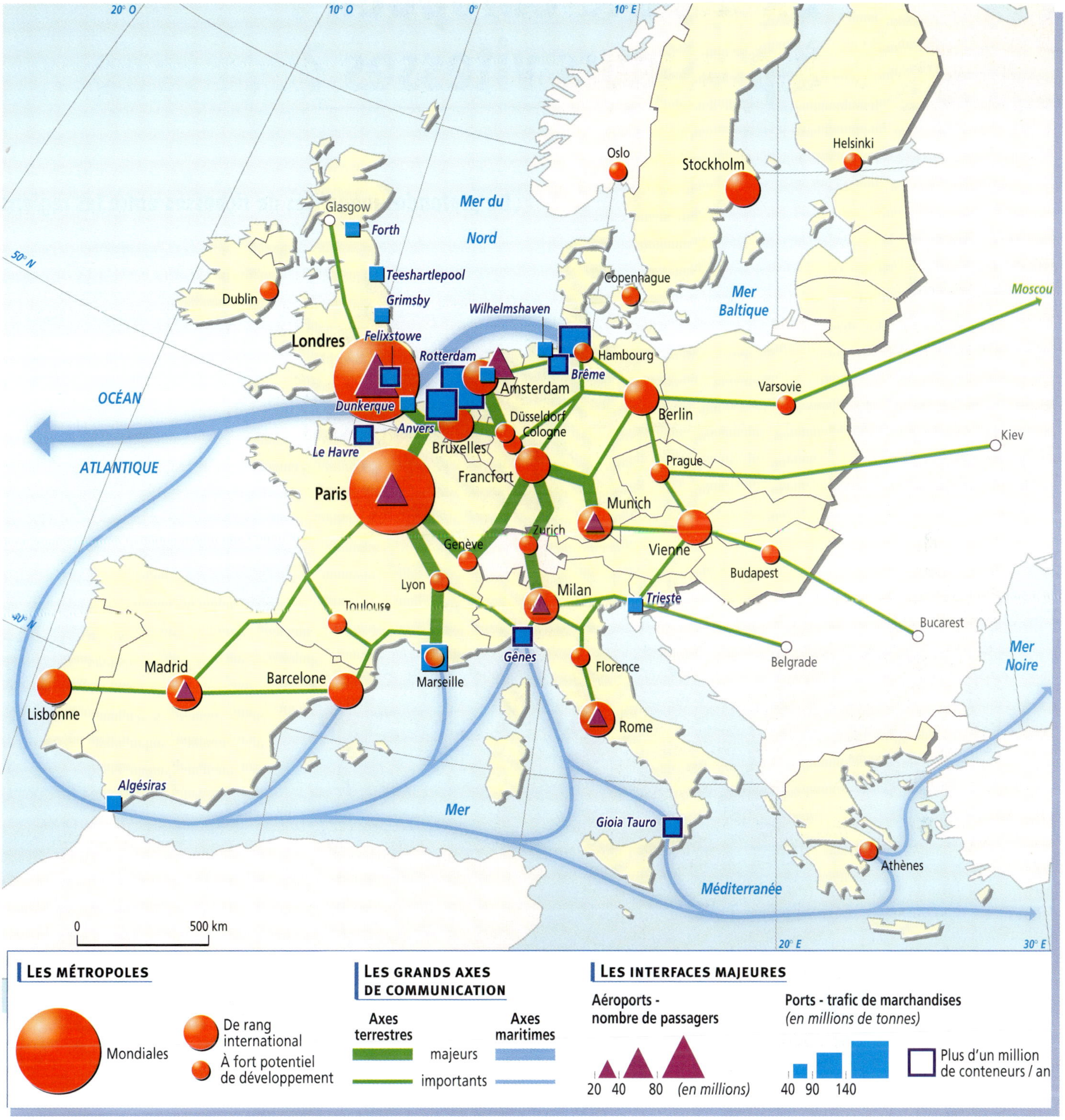

Questions

- Quel est le poids de l'Union européenne dans le commerce mondial des marchandises **(carte 1)** ? Quels sont ses principaux partenaires ?
- Quels sont les principaux lieux où s'affirme la puissance de l'Union européenne **(carte 2)** ? Pourquoi peut-on parler d'un « espace multipolaire » ?

Cartes Majeures

Un espace européen à plusieurs vitesses ?

1. De profondes inégalités de richesses entre les régions

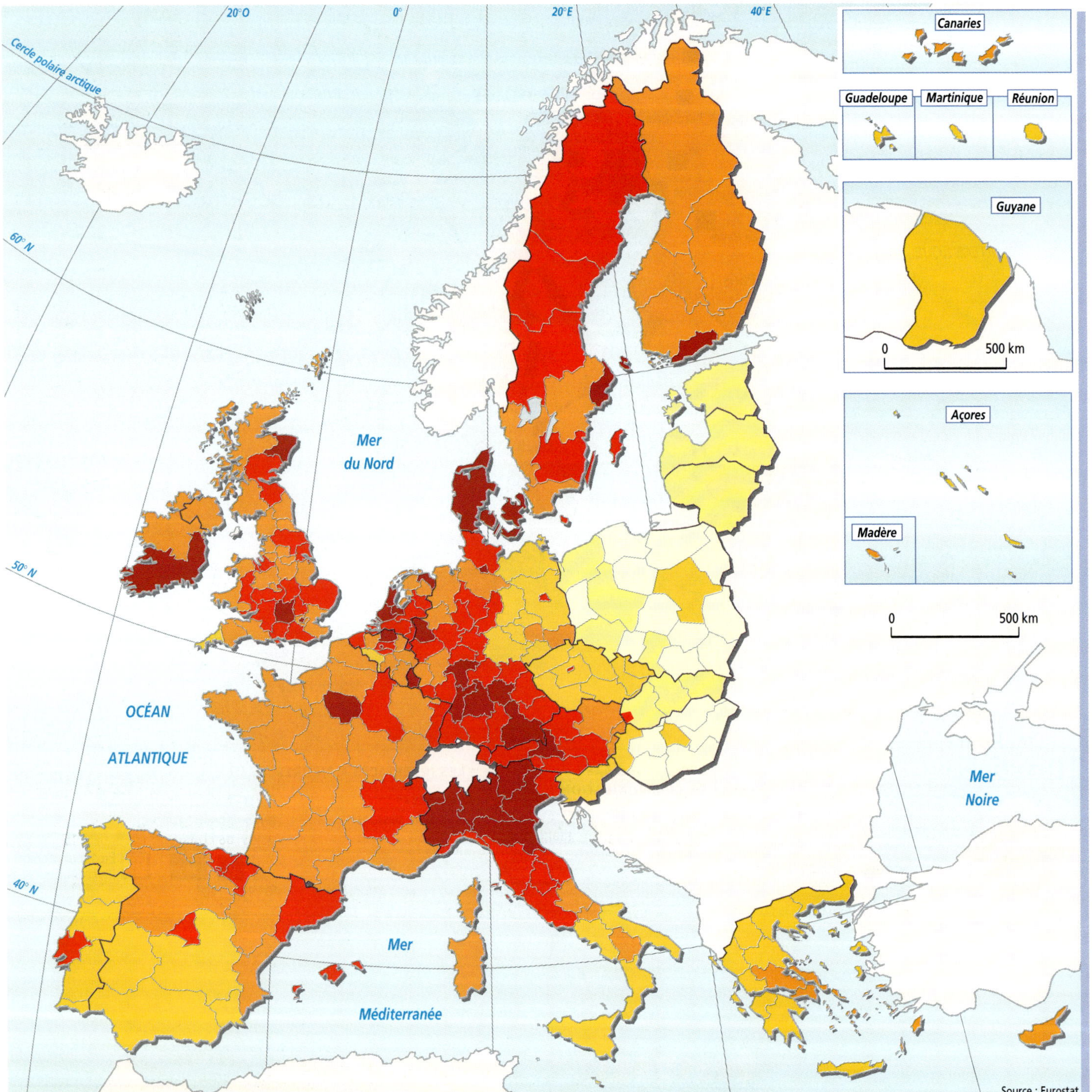

Source : Eurostat.

PIB* PAR HABITANT PAR RÉGION EN 1999 *(en SPA [1])*

8 10 15 20 25 *(en milliers)*

1 : Standard de pouvoir d'achat (SPA) : monnaie artificielle qui corrige le PIB exprimé en euros en tenant compte des différences liées aux prix et aux salaires de chaque pays.

2. Centres et périphéries : la difficile cohésion du territoire de l'Union européenne

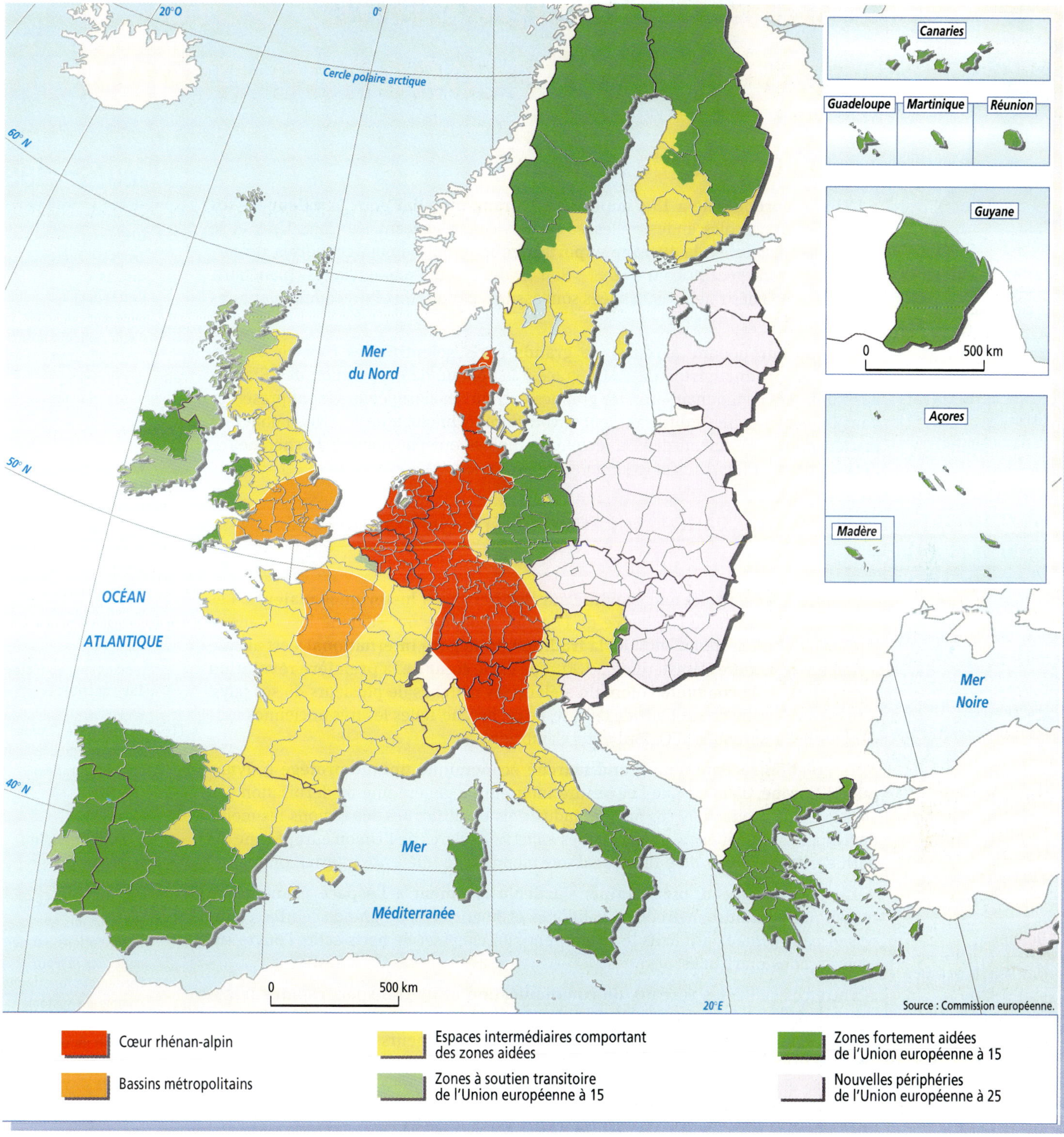

Questions

- Montrez l'ampleur des disparités de richesses à l'intérieur de l'Union européenne **(cartes 1 et 2)**. Quelles régions constituent les « centres » les plus riches de l'Union européenne ? Quelles régions sont les plus aidées ?
- Quel sera l'impact de l'élargissement aux dix nouveaux États d'Europe de l'Est sur l'évolution de ces disparités **(cartes 1 et 2)** ?

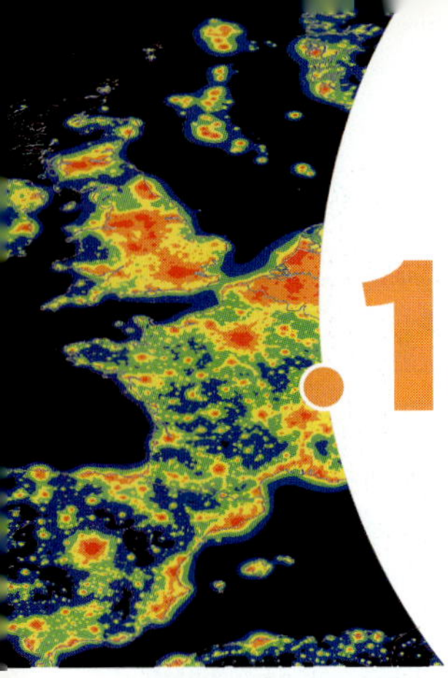

1 L'Union européenne, pôle majeur de l'économie mondiale

1. Un des pôles de la Triade

• **L'Union européenne à 15 s'impose au 1er rang mondial pour la valeur de ses productions** agricoles, industrielles et de services, devançant les États-Unis et le Japon. De même, **c'est la 1re zone exportatrice mondiale** de marchandises, de services, la 1re zone réceptrice d'**IDE** (1). Son rayonnement commercial est planétaire, même si les 2/3 des valeurs échangées sont assurés par des flux intracommunautaires (4).

• **L'Union européenne a réussi de grands paris scientifiques** (Ariane Espace, Airbus), **ou productivistes** (la **PAC**), grâce à la volonté de coopération des États et aux politiques communautaires. De grandes entreprises européennes sont présentes dans le monde entier, y diffusant leur savoir-faire technologique (2). Néanmoins, en matière d'investissements dans la recherche-innovation et de nombre de chercheurs, l'écart avec les États-Unis et le Japon est préoccupant (1).

Cartes Majeures
Le poids écrasant de la Triade capitaliste (pages 20-21)

Dossier
L'Union européenne, puissance agricole mondiale (pages 168-169)

2. Une puissance qui repose sur de solides fondements

• **La puissance européenne s'appuie sur des héritages historiques majeurs.** Les grandes compagnies de commerce de l'époque moderne ont sillonné les océans et jeté les bases du **système-monde** ; la **tradition du négoce international** s'est ancrée à Hambourg, Londres, Amsterdam… L'Europe est le **cœur de la première révolution industrielle** et la **conquête coloniale** a élargi les marchés de plusieurs de ses pays. Elle est aussi riche de ses lieux de culture, de recherche, telles les très anciennes universités de la Sorbonne, d'Oxford et de Cambridge…

• **La création récente d'un grand marché économique unique protégé a dynamisé l'Europe,** d'autant que l'ouverture intérieure a généré une modernisation des structures de production ; les bassins industriels en difficultés, les régions les moins développées ont bénéficié d'importantes aides financières de l'Union européenne. La dernière étape, l'**euro**, dote l'Europe d'une monnaie de référence internationale.

• **L'espace européen, bien drainé, s'articule aisément à l'espace économique mondial.** De grandes métropoles politiques et financières, de grands centres culturels et patrimoniaux attractifs le structurent ; un chapelet de ports actifs l'ouvre sur **trois façades maritimes**.

• Entre ces lieux, **des réseaux de communication et de transport rapides** (autoroutes, voies ferrées) assurent la fluidité, la cohérence et **l'attraction de l'espace économique européen :** aéroports, grands ports à conteneurs, plates-formes multimodales* (Roissy), couloirs de communications rapides.

Sujet Bac n° 19
L'Union européenne, une puissance économique mondiale ? (pages 192-193)

Cartes Majeures
L'Union européenne, la puissance d'un espace unique (pages 158-159)

Dossier
Rotterdam, la première porte maritime de l'Union européenne (pages 186-187)

3. Des défis à relever pour s'affirmer pleinement

• **L'approfondissement de l'Union est un enjeu essentiel :** le choix entre devenir une vaste zone de libre-échange suivant les vœux britanniques ou un espace fédéral multipliant les politiques communes, fera de l'Union une puissance plus ou moins reconnue dans le monde (3).

• **De fait, le caractère limité de la construction politique européenne est un handicap.** Il se traduit par la difficulté de parler d'une seule voix sur la scène internationale où se prennent des décisions économiques majeures comme la libéralisation des échanges commerciaux.

• **Enfin, l'élargissement de l'espace unique pourrait affaiblir l'Europe :** la mise à niveau économique des nouveaux adhérents s'annonce difficile, leur volonté d'intégration politico-économique à la « vieille Europe » hésitante et inégale.

Sujet Bac n° 23
L'Union européenne, une grande puissance ? (pages 198-199)

Mots-clés

IDE (Investissements directs à l'étranger) : dépenses d'équipements faites hors de leur pays par des firmes transnationales.

PAC (Politique agricole commune) : mise en place dès le traité de Rome*, elle a permis à l'UE de devenir autosuffisante et même largement excédentaire en termes de productions agricoles. Elle constitue le premier poste de dépenses de l'Union (45 % des crédits communautaires).

Système-monde : le monde d'aujourd'hui est constitué d'espaces qui sont mis en interrelations par de multiples réseaux ; l'ensemble fonctionne comme un système dont aucun lieu de la planète ne se situe à l'écart.

* voir Lexique

1. L'Union européenne, pôle de la Triade

En 2001	Union européenne		États-Unis	Japon
Population *(en millions d'habitants)*	(à 15) (à 25)	380 454	291	127
PNB ppa* *(en milliards de dollars)*	(à 15) (à 25)	9 120 9 911	9 993	3258
PNB par habitant *(en dollars)*	(à 15) (à 25)	23 950 21 810	34 280	25 550
Commerce mondial des marchandises *(en milliards de dollars)*	Exp. Imp.	2 291 2 334	731 1 180	403 349
Commerce mondial des services *(en milliards de dollars)*	Exp. Imp.	612 605	263 188	64 107
IDE* *(en milliards de dollars)*	Entrants : Sortants :	323 365	124 114	6 38
Nombre de chercheurs pour 1000 emplois		5,8	8,6	9,7
Dépenses en recherche *(en % du PIB)*	Publiques : Entreprises :	0,65 1,06	0,71 1,88	0,58 2,16

Sources : INED, OMC, Cnuced, OCDE.

2. BASF, un des trois géants de la chimie allemande : une présence mondiale

3. L'Europe en déclin ?

Si les tendances lourdes se prolongent, la croissance moyenne de l'Union européenne devrait plafonner à 2,3 % par an jusqu'en 2020, puis chuter à 1,1 % entre 2020 et 2050. En conséquence, son poids dans la production mondiale totale passerait de 23 % en 2000, à 21 % en 2020 et 12 % en 2050. L'Amérique maintiendrait *grosso modo* sa place, tandis que l'Asie monterait en puissance, la Chine en particulier... Que l'économie mondiale demeure sous l'emprise américaine ou qu'elle soit repolarisée en faveur de l'Asie, l'Europe, sortie du jeu, n'aurait pas son mot à dire. Les raisons en sont doubles, portant sur les deux moteurs qui tirent la prospérité d'un pays sur le long terme : une démographie défaillante et une productivité du travail insuffisante. Le taux de fécondité européen (1,4 enfant par femme) reste inférieur au seuil de renouvellement (2,1) et l'immigration est trop faible pour « sortir de l'hiver démographique ». En revanche, l'Alena bénéficie, au rythme actuel prolongé jusqu'en 2050, d'une fécondité proche du seuil de renouvellement et d'un apport supplémentaire de près de 50 millions d'immigrés.

On peut cependant envisager deux variantes plus positives pour l'Europe. Elles passent par la création d'une plus vaste zone de « développement intégré » comprenant la Russie et les pays du Sud de la Méditerranée. Dans une première variante, l'Europe engage, en parallèle, une politique démographique active et ouvre ses frontières à 30 millions d'immigrés. Dans ce cas, elle conserve une meilleure part du PIB mondial (19 % en 2050) et peut y associer ses partenaires (13 %). Dans le second scénario, rien n'est accompli dans les domaines de la démographie et de l'immigration. L'UE perd alors de son poids (elle descend à 11 % en 2050), mais les partenaires de sa zone intégrée en gagnent (+ 14 %).

É. Le Boucher, *Le Monde* – 4 mai 2003.

4. L'importance du commerce intracommunautaire (en 2000)

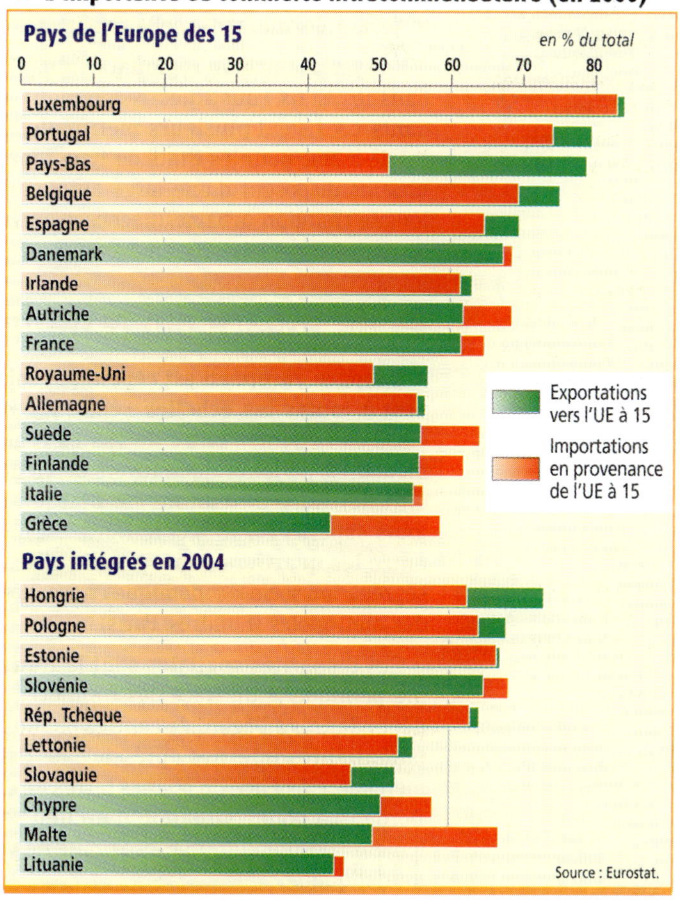

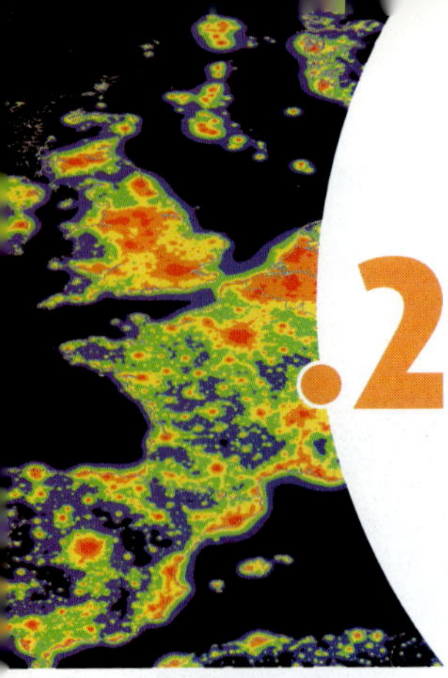

2 L'Union européenne, un espace multipolaire

1. Les métropoles, cœur de la puissance européenne

Dossier
Londres, ville mondiale *(pages 170-171)*

• **Les grandes métropoles concentrent les fonctions de commandement.** Outre les capitales de grands États anciennement formés comme Londres, Paris, Madrid, elles correspondent au centre de régions économiquement fortes, telles Milan en Lombardie, Düsseldorf en bordure de la Ruhr, Barcelone en Catalogne, ou à des interfaces importantes dotées de vastes arrière-pays (Rotterdam pour le couloir rhénan, Hambourg…) (7).

• **Toutes ces grandes villes constituent les nœuds de puissants réseaux internationaux** qui se concrétisent par des liaisons aériennes fréquentes, des autoroutes, des trains à grande vitesse, des partenariats transnationaux divers (6). La puissance européenne s'appuie donc sur un large espace bénéficiant d'une accessibilité performante, de réseaux de circulation et d'échanges articulés autour de **hubs***, des plates-formes multimodales, **d'interfaces***, autant de lieux qui gèrent la circulation des flux.

2. Un polycentrisme reposant sur des pôles dynamiques

• **La puissance économique européenne ne s'appuie donc ni sur un seul centre, ni sur un seul axe** (8). Elle s'ancre dans des structures multiples, organisées selon des logiques nationales. Le polycentrisme dominant est le fruit de l'histoire d'États souvent rivaux, aux frontières longtemps fermées. D'ailleurs, seuls les pays puissants et anciens, ou héritiers d'Empires, disposent d'une métropole-capitale exerçant une forte suprématie, sans réelle rivalité, telles Vienne, Budapest, Paris.

Cartes Majeures
L'Union européenne, la puissance d'un espace unique *(pages 158-159)*

• **Le système urbain régional le plus fréquent est en effet multipolaire** (5) : ainsi, dans les **États constitués récemment** sur la base de territoires autrefois indépendants, coexistent **plusieurs métropoles**, comme Milan, Rome, Naples en Italie ; il en est de même pour les **États de type fédéral** du monde rhénan où les différents pôles urbains disposent d'une large autonomie. Ailleurs, le **polycentrisme** résulte d'une longue tradition urbaine (négoce, franchises*) ou d'activités industrielles à l'origine de denses semis de villes moyennes : Nord de la France, Randstad*, vallée du Rhin.

3. Un espace qui reste hétérogène

Cartes Majeures
Un espace européen à plusieurs vitesses ? *(pages 160-161)*

• **L'espace européen est cependant loin d'être homogène** ; les **disparités** s'observent **à toutes les échelles** : entre les États (variations d'IDH de 0,941 en Suède à 0,800 en Lettonie), **entre de vastes régions économiques** (régions centrales, intermédiaires, périphériques, foyers de vieille industrialisation à la reconversion parfois difficile), **au sein d'un même État** (entre le Mezzogiorno au taux de chômage toujours supérieur à 15 % et le Nord-Est de l'Italie où le taux est inférieur à 5 %), voire **entre les quartiers d'une grande ville**. Ainsi les prix des logements entraînent une ségrégation socio-économique croissante qui atteint des sommets dans les plus grandes métropoles (Londres, Paris).

Sujets Bac n°s 21 et 22
L'Union européenne, quelles disparités spatiales *(page 196)*
Les disparités spatiales de l'Union européenne *(page 197)*

• **Ces disparités spatiales sont la traduction des héritages de l'histoire :** instabilité politique et du tracé des frontières, structures sociales et agraires sclérosantes, dépendances à l'égard de centres politiques extérieurs. Elles rendent compte aussi de **potentialités internes** : présence de richesses naturelles, tradition urbaine et commerciale, existence de bonnes terres de cultures comme dans le Bassin parisien et les Börde*. La **bonne situation d'un lieu** par rapport à d'autres espaces intervient également : position littorale, proximité de voies de communication, accès à la montagne touristique…

Mots-clés

Plates-formes multimodales : vastes espaces à proximité des grandes métropoles ou à proximité des nœuds de réseaux de transports où plusieurs modes de transports se rencontrent : route, rail, liaison aérienne et parfois voie d'eau.

Polycentrisme : qui possède plusieurs centres ; ici la notion s'applique à l'espace européen et aux États ayant plusieurs métropoles à la tête de leur hiérarchie urbaine.

* voir Lexique

5. Trois variables du polycentrisme européen

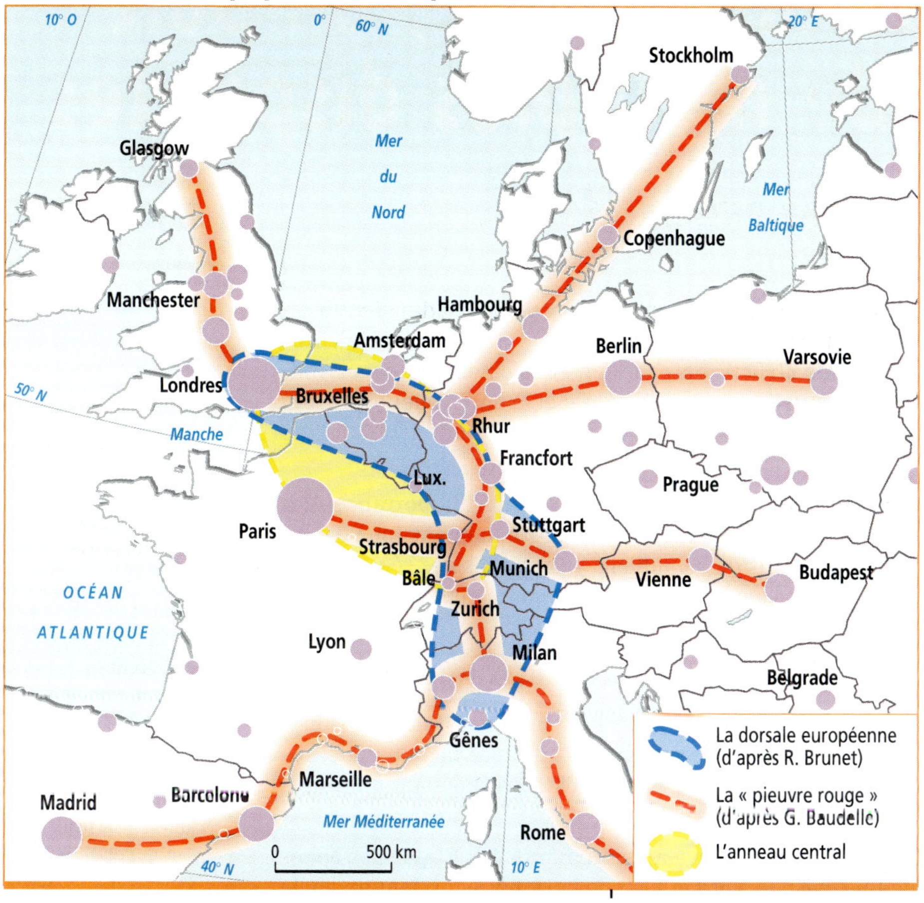

6. Relier les métropoles européennes

Publicité parue dans *Le Monde* – 6 novembre 2003.

7. Hiérarchie urbaine en Europe

Deux métropoles européennes dominent toutes les autres par leur influence : Paris et Londres. Leurs « dauphines » Madrid et Milan, deux cités fortes de leur population (3e rang pour Madrid, 6e pour Milan), de leur aéroport, de leur place financière, de leurs salons et de leur recherche. Elles font pratiquement jeu égal avec Amsterdam, même si celle-ci occupe un rang démographique plus modeste (34e) [...].

En 1989, Roger Brunet avait lancé avec fracas un concept étrange : la « banane bleue ». « Aujourd'hui, l'Europe est plus équilibrée, “multipolaire”, analyse Nicolas Jacquet, patron de la Datar*. Elle est passée de la “dorsale européenne” à la “grappe de raisin multicolore”. » À l'Est, Berlin, Vienne et Munich ont mis à profit la chute du Mur et l'élargissement. Au Sud, Madrid, Barcelone, Lisbonne et Rome ont progressé. Tout comme, au Nord, Stockholm, mais aussi Oslo, Helsinki et Dublin... Pour les sièges sociaux, la « dorsale européenne » apparaît toujours très puissante.

M. Feltin, *L'Express* – 27 mars 2003.

8. Le polycentrisme européen des flux téléphoniques (2001)

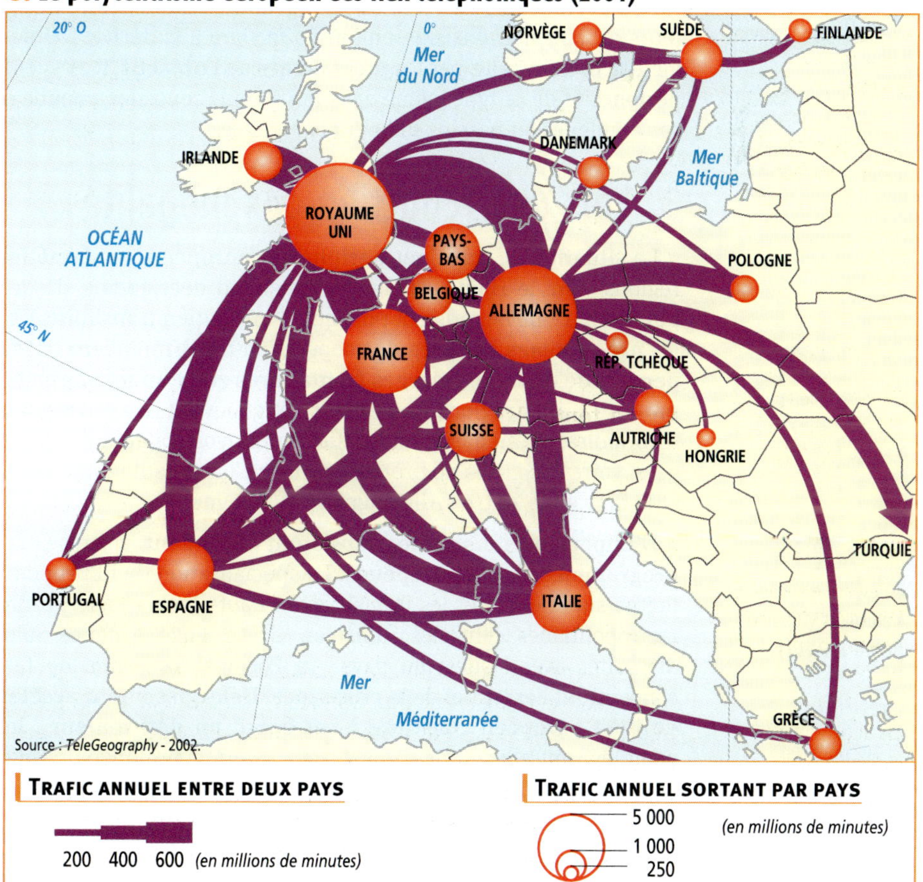

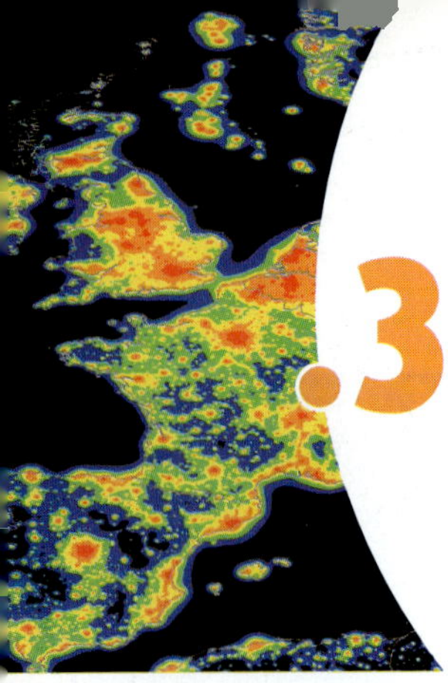

3 L'Union européenne, un pôle affecté de multiples disparités

1. L'Union européenne présente des espaces périphériques étendus

Cartes Majeures
Un espace européen à plusieurs vitesses ? *(pages 160-161)*

• **L'Union européenne reconnaît l'existence d'espaces périphériques* qui regroupent 22 % de la population de l'Union** et bénéficient, pour la période 2000-2006, de 70 % des crédits des **fonds structurels** : zones de faiblesse économique (faibles PIB, chômage élevé), marges peu peuplées (Nord de la Scandinavie) ou encore espaces en reconversion (anciens pays noirs de Belgique, du Nord de la France, de Grande-Bretagne).

• **L'élargissement de l'Union augmente considérablement l'importance des espaces devant être aidés** (éligibles) (10) : sur 105 millions d'habitants que comptent les 10 nouveaux pays intégrés, plus de 98 millions vivent dans des régions dont le PIB moyen est inférieur à 75 % de la moyenne communautaire élargie.

2. Des périphéries à toutes les échelles

Sujets Bac n°s 21 et 22
L'Union européenne, quelles disparités spatiales *(page 196)*
Les disparités spatiales de l'Union européenne *(page 197)*

• **À l'échelle de l'Union se distinguent des périphéries « proches »** (Irlande, Corse, Mezzogiorno italien, de nombreuses régions d'Espagne ou de Grèce, la plupart des régions des nouveaux membres…) **et des ultrapériphéries** correspondant à l'Outre-mer éloigné : les DOM français, les îles Canaries, les Açores et Madère.

• **L'opposition centre-périphéries* s'observe au sein même des États :** par opposition à l'agglomération de Budapest, le Nord et l'Est de la Hongrie forment un angle mort le long de la Roumanie et de la frontière avec l'Ukraine. Une même dualité se décèle en Slovaquie, entre la région occidentale de Bratislava et l'Est du pays (12).

• **Des périphéries existent aussi à grande échelle, celle des grandes villes :** secteurs urbains marginalisés, en difficulté voire à la dérive. L'Union européenne intervient, à cette échelle, par les programmes de **l'objectif 2*** (11) et **Urban***. Il existe des périphéries de ce type même dans les régions centrales, comme dans le Benelux avec ses banlieues ou bassins industriels en crise.

3. Vers une réduction des inégalités ?

• **La situation de certaines périphéries européennes s'améliore :** une douzaine de régions, dont le Hainaut belge, le Flevoland néerlandais, désormais non éligibles à **l'objectif 1***, ne bénéficient plus que d'un soutien transitoire. De même, depuis 1990, les **programmes Interreg** de coopération transfrontalière ont **favorisé le développement de certaines marges frontalières** grâce au financement à 50 % d'importants projets (9). Les régions frontalières sont souvent des espaces en recomposition, des laboratoires d'aménagement spatial après avoir longtemps été des périphéries négligées, voire des glacis de protection entre États hostiles, par exemple entre l'Autriche et la Slovaquie, entre l'Allemagne et la Pologne.

Cartes Majeures
Un espace européen à plusieurs vitesses ? *(pages 160-161)*

• **D'importantes disparités subsistent cependant, voire se creusent, en dépit des programmes d'aide européens.** La spécialisation de l'Europe dans les activités tertiaires supérieures et les industries de haute technologie profite d'abord aux zones métropolitaines centrales : ainsi en Grèce, l'axe Athènes-Salonique accentue les disparités avec l'Ouest du pays ; au Portugal, la région de Lisbonne et le littoral concentrent l'essentiel de la croissance. **L'élargissement accéléré vers des régions de l'Est européen constitue à cet égard un défi majeur :** les populations européennes sont-elles prêtes à participer à l'effort prolongé de solidarité internationale et interrégionale ?

Mots-clés

Fonds structurels : crédits qui financent la politique économique et sociale de l'Union européenne visant la réduction des inégalités entre les régions.

Ultrapériphérique : se dit d'une région européenne caractérisée par la combinaison de handicaps : éloignement, insularité, faible superficie, contraintes climatiques, de relief, dépendance économique…

Interreg : programme d'aide de l'Union européenne destiné, depuis 1990, à développer la coopération transfrontalière, interrégionale et transnationale. Interreg I couvre la période 1990-1993, Interreg II 1994-1999 et Interreg III, 2000-2006.

* voir Lexique

9. La coopération transfrontalière entre le Nord-Pas-de-Calais et le Kent (Royaume-Uni)

Interreg 1* : 83 dossiers financés

Répartition en 5 sous-programmes :

- **A :** transports, infrastructures : 4 dossiers
- **B :** aménagement, environnement : 31 dossiers
- **C :** développement économique : 14 dossiers
- **D :** éducation, formation : 15 dossiers
- **E :** tourisme : 19 dossiers

Interreg 2* : 177 dossiers financés

Répartition en 4 axes :

- **Axe A :** une région intégrée : 23 dossiers
- **Axe B :** attractivité et promotion du réseau transmanche : 72 dossiers
- **Axe C :** développement économique et technologique : 32 dossiers
- **Axe D :** mobilité et formation des ressources humaines : 50 dossiers

J.-P. Renard, *BAGF* – Juin 2003.

10. L'élargissement à 25 : de nouvelles périphéries qui accroissent fortement les espaces qui doivent être aidés

Le retard agricole dans un village roumain de la région de Maüsen ; dessin de Serguei.

11. L'objectif 2* pour Vienne

Vienne est incontestablement le centre économique de l'Autriche, dont l'importance peut paraître démesurée par rapport à la taille de ce pays. L'histoire de l'Empire austro-hongrois peut expliquer cette hypertrophie de la capitale. Néanmoins, comme dans beaucoup de métropoles, des périphéries marginalisées intra-urbaines apparaissent avec force. Ainsi, les arrondissements de Brigittenau et de Leopoldstadt, qui comptent plus de 60 000 habitants, répondent aux critères de marges territoriales que l'UE entend désormais aider et rénover dans le cadre de l'objectif 2.

Il s'agit bien de zones urbaines en difficulté : densité de population très élevée, faible qualité des logements, taux de chômage supérieur à la moyenne nationale, taux de criminalité élevé par rapport à l'ensemble de la ville de Vienne. La concentration de populations étrangères y est forte (Turcs, ex-Yougoslaves, Nord-Africains...), les emplois mal rémunérés.

Commission européenne - 2003.

12. Slovaquie : centre et périphéries

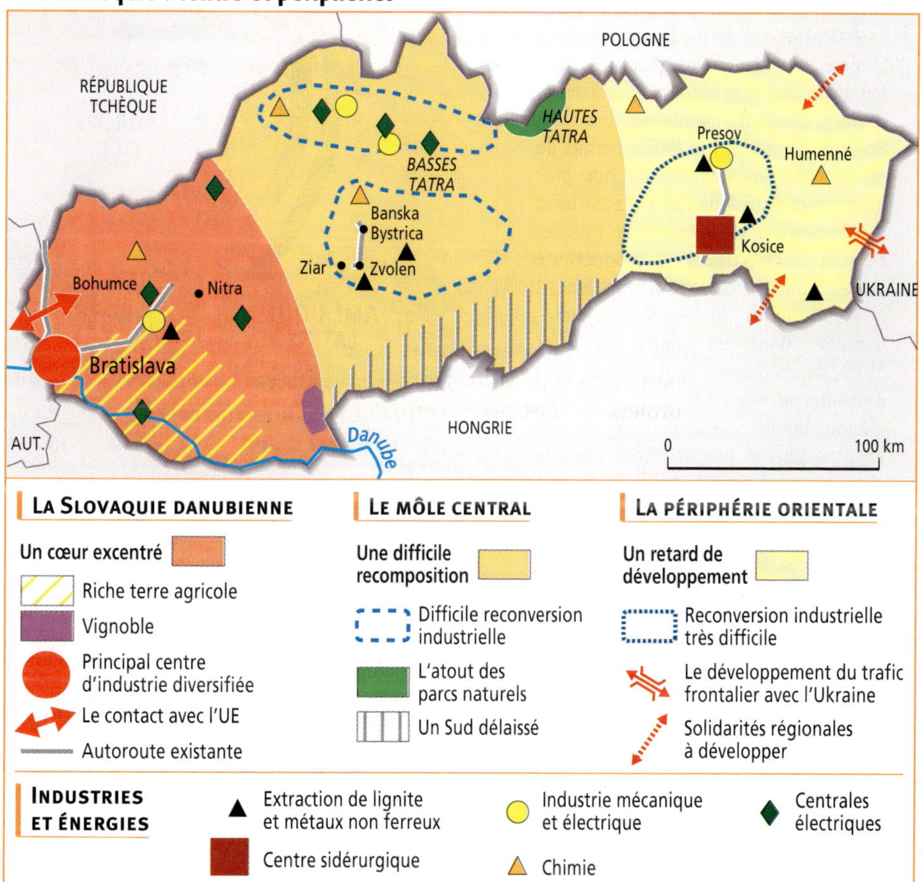

Dossier

L'Union européenne, puissance agricole mondiale

L'Union européenne partage, avec les États-Unis, le premier rang mondial pour la production et la commercialisation des produits agricoles. Cette puissance agricole européenne, récente, s'est construite essentiellement à partir des années 1960.

À l'heure de l'élargissement à dix nouveaux membres, l'UE doit cependant approfondir la réforme de sa politique agricole commune (PAC) pour à la fois gérer les différentes conséquences du modèle productiviste mis en place depuis 40 ans et satisfaire aux exigences internationales de suppression des subventions agricoles.

1. Les fruits de la PAC

En 1962, les 6 États membres de la CEE, alors déficitaires pour la plupart de leurs productions agricoles, mettent en place la Politique agricole commune (PAC).
Le succès de cette politique tient à la mise en place d'un véritable marché commun : unicité du marché (suppression des barrières douanières, harmonisation des règles sanitaires et des normes techniques), unité des prix (instauration de mécanismes régulateurs), préférence communautaire (achats de produits d'origine communautaire) et solidarité financière (ressources affectées à des dépenses communes et non en fonction des contributions des États membres).
En une génération, la PAC a permis de fournir aux consommateurs des produits de qualité à des prix accessibles, de moderniser les moyens de production et de multiplier la productivité par 2, 3 ou 4 selon les secteurs avec 2 à 3 fois moins de besoins en main-d'œuvre. Dans les années 1970 et 1980, des excédents sont apparus dans plusieurs secteurs : lait, vin, céréales, viande bovine ; le marché ne les absorbe plus et leur stockage pèse de plus en plus lourd dans le budget communautaire. La PAC est amenée à s'adapter par des réformes successives : la politique de soutien des prix est remplacée par une politique de soutien des revenus agricoles. Autre élément important de cette réforme : la protection de l'environnement et le développement du potentiel naturel des campagnes (reboisement des terres agricoles, développement du tourisme rural...).

Sources d'Europe.

2. Les exportations de produits agricoles en 2002

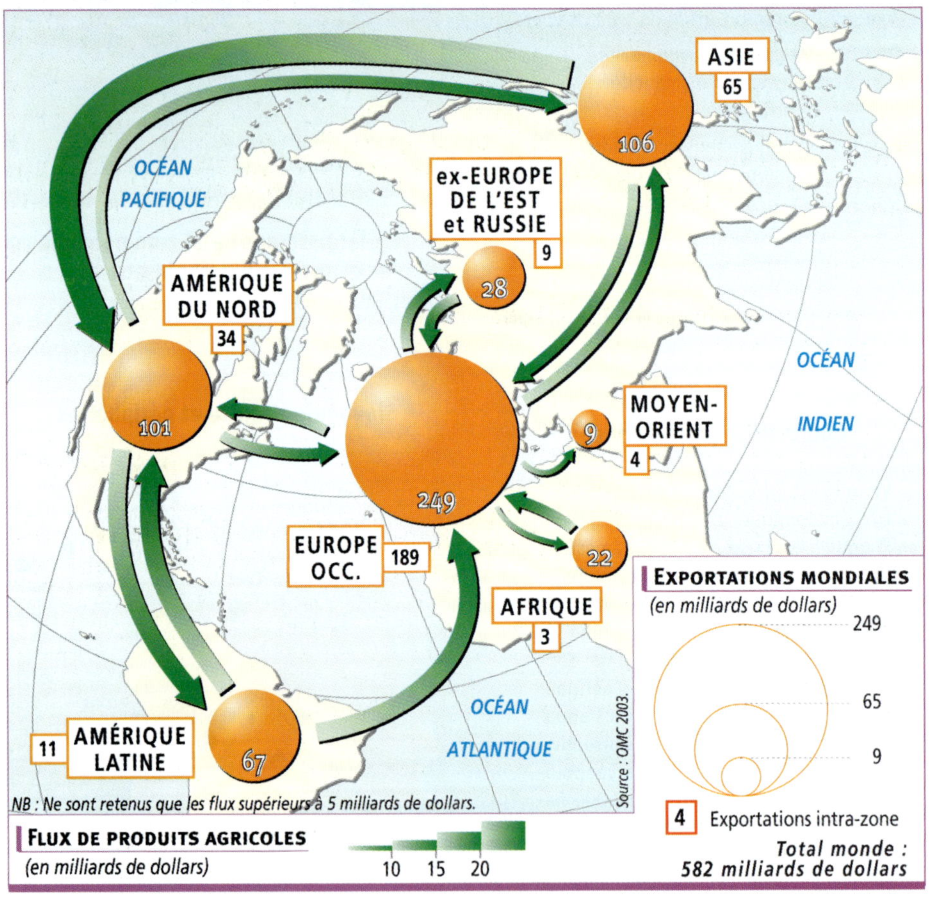

Questions

1. Analysez la puissance agricole européenne à l'échelle mondiale (1, 2, 3, 5).
2. Quelles sont les raisons de cette réussite de l'Europe agricole (1, 3) ?
3. Quelles sont les difficultés et les nouvelles orientations de la politique agricole de l'Union européenne (1, 4, 6) ?

3. La floriculture néerlandaise : une agriculture très intensive
Produites sous serres, les fleurs sont acheminées à la vente aux enchères d'Aalsmeer, puis diffusées en Europe et dans le monde par avion.

4. Des espaces qui participent inégalement à la puissance

L'UE comporte des espaces marginaux de la production agricole incluant l'Islande, l'Écosse, la Scandinavie, la Finlande, les États baltes, une partie de la Pologne, la Slovaquie, la Slovénie, les îles méditerranéennes, ou encore la Grèce. Les milieux (climat, qualité des sols), la faiblesse des surfaces agricoles, les conditions sociales et techniques de productions, limitent leur contribution à la puissance agricole européenne. En revanche, le Benelux, l'Allemagne surtout dans sa partie rhénane, la France (Nord, bassin parisien), le bassin de Londres, la plaine du Pô, les huertas* espagnoles de la côte méditerranéenne, constituent le cœur de la puissance agricole européenne.
Au-delà de ces régions dynamiques, s'est mise en place une littoralisation très poussée des élevages industriels de porcs et de volailles autour des ports en Bretagne, aux Pays-Bas (à proximité de Rotterdam), en Allemagne du Nord, en Catalogne, en liaison avec l'importation d'oléagineux et de produits de substitution aux céréales.

J.-P. Renard – Février 2004.

5. La puissance de production de l'UE

Producteurs	Blé *(millions de tonnes)*	Betterave à sucre *(millions de tonnes)*	Bovins *(millions de têtes)*	Porcins *(millions de têtes)*
UE (à 25)	136	132	90	151
Chine populaire	91	12	106	465
États-Unis	44	25	97	59
Russie	51	16	27	16
Inde	72	–	222	–
Brésil	3	–	176	30
Australie	9	–	30	–
Argentine	13	–	51	4,2

Source : *Images économiques du monde* – 2004.

6. Cesser de produire plus

C'est en profondeur qu'il faut refondre le contrat entre la société européenne et ses agriculteurs. « Produire toujours plus » a-t-il encore un sens ? Il faut rompre avec cette course folle à la productivité à tout prix, conduite au mépris de l'emploi, de l'environnement, de la qualité des aliments.
C'est pourquoi il me paraît indispensable d'inventer un nouveau contrat entre l'Europe et ses agriculteurs, fondé sur un objectif nouveau : produire mieux. Produire mieux en termes d'emplois, de pratiques environnementales, de qualité et de sécurité sanitaire des aliments.
Le mécanisme de cette « modulation » est simple : il consiste à plafonner les aides directes, les aides de marché, celles qui sont proportionnelles à la quantité produite, et qui profitent donc plus aux gros producteurs, pour réorienter les crédits ainsi dégagés vers le deuxième pilier de la PAC : le « produire mieux ».

J. Glavany, ancien ministre de l'Agriculture, *Le Monde* – 6 avril 2001.

Londres, ville mondiale

Capitale du Royaume-Uni, forte de plus de 7 millions d'habitants, Londres est située à l'extrémité Nord-Ouest de la mégalopole européenne dont elle constitue un maillon essentiel.

Londres hérite du passé prestigieux de capitale du plus grand empire colonial du monde ; elle demeure une interface* privilégiée entre l'Europe et le monde et l'une des plus importantes métropoles mondiales par sa puissance financière.

1. La City « royaume du capital »
La City occupe toujours le premier rang mondial sur le marché des changes, le marché de l'assurance et de la réassurance (Lloyds).

2. Une puissance financière mondiale

Ce qui sauve le Royaume-Uni, ce sont les restes imposants de sa puissance bancaire. La City de Londres possède la plus grande concentration de banques (plus importante que Manhattan) et d'entreprises financières du monde, témoins de son rôle impérial depuis l'époque de la reine Victoria. On y trouve 520 banques issues de presque tous les pays du monde. En étroite connexion avec les bourses de New York et de Chicago, elle est, avec ses marchés à terme, un trait d'union entre l'Europe et l'Amérique.
Londres tient un rôle décisionnel à l'échelon mondial dans six domaines financiers et économiques : le marché des frets et des assurances maritimes (Llyods, Baltic Exchange) ; le marché à terme des métaux précieux (Metal Exchange, Standard Bank of London) ; le marché des produits tropicaux (Plantation House, Spot) ; le marché des fourrures en provenance du Canada, de Scandinavie, de Russie... ; le marché des peintures et des œuvres d'art (Sotheby's, Christies, Bouham) ; le marché pétrolier.

B. Dezert, *L'Europe, géographie historique, sociopolitique et économique,* Nathan – 1998.

3. Le PIB des dix premières villes européennes

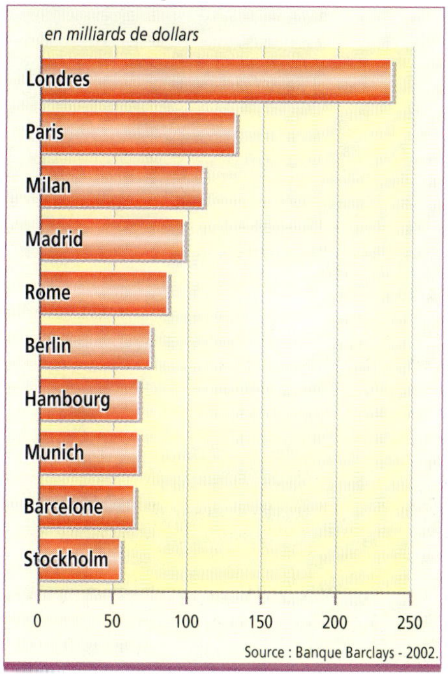

4. La bourse du pétrole de Londres

L'« International petroleum exchange » (IPE) est l'un des deux grands marchés à terme* des produits pétroliers dans le monde.

5. Un péage urbain à Londres

Depuis février 2003, un péage électronique (taxe de 5 livres) a été instauré dans le centre de Londres, soit 20 km² couvrant la totalité de la City et une partie de Westminster. Depuis, il apparaît que le trafic routier s'en est trouvé fluidifié, la fréquentation des transports en commun augmentée ; mais l'impact sur l'activité commerciale est controversé. L'actuel maire de Londres propose de doubler la surface concernée.

6. La City de Londres, place financière mondiale

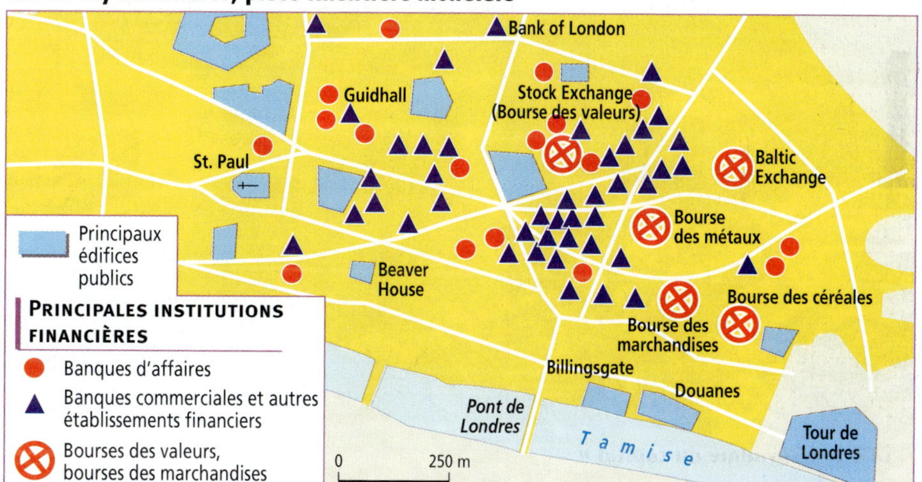

Questions

1. Quels éléments permettent de classer Londres parmi les très grandes villes européennes et mondiales (2, 3) ?

2. Quel rôle joue Londres, en particulier dans le domaine financier (1, 2, 4, 6) ?

3. Pour résoudre les problèmes de congestion liés à la très forte concentration d'activités d'une ville mondiale, quelle solution a été choisie dans le domaine des transports (5) ?

1
2
Aéroport
La Nieuwe Maas
Le Waalhaven
Le Eemhaven
Port pétrolier de Pernis
7
① Pont Erasmus de l'architecte Van Berkel & Bos symbolisant le renouveau du port intérieur
② Quartiers centraux de Rotterdam
③ Bassin Prince Guillaume Alexandre
④ Bassin Princesse Béatrice
⑤ Bassin Prince Jean Friso
⑥ Quartiers d'habitation de Charcois avec leurs vastes espaces verts
⑦ Quartier de Pernis

CHAPITRE 7

L'Europe rhénane

Eemhaven, un des bassins du port de Rotterdam

La photographie montre les anciens bassins des années 1920-1930, bien desservis par les autoroutes et chemins de fer, et reconvertis au trafic des conteneurs (cf. ③, ④, et ⑤) pour lequel Rotterdam, soumis à la concurrence asiatique, a régressé du troisième au septième rang mondial. Plusieurs éléments notables : l'imbrication des espaces portuaires et résidentiels ; l'importance des plans d'eau et des espaces verts.

L'Europe rhénane, « cœur » de l'Union européenne

■ ***L'Europe rhénane est un grand espace économique transfrontalier*** *qui s'étend sur 750 km des Alpes suisses jusqu'à la mer du Nord. Centré sur le Rhin, il recouvre, sur 250 000 km² environ,* ***un ensemble de petites entités politiques intégrées dans sept États*** *: provinces belges et néerlandaises ; Länder allemands (Rhénanie du Nord-Westphalie, Rhénanie-Palatinat, Hesse, Sarre, Bade-Wurtemberg) ; cantons suisses ; régions françaises (Nord-Pas-de-Calais, Alsace, Lorraine)* (Carte page 176).

■ ***Cette « dorsale européenne » est traversée par de puissants flux*** *d'hommes, de biens, de services et d'informations, générateurs de la richesse et de la puissance des villes, mais aussi sources de nuisances et de pollutions diverses* (Cartes pages 178-179).

Deux images du Rhin près de Rüdesheim (Allemagne)
L'occupation traditionnelle des rives et le puissant trafic de marchandises.

1. En quoi cette région est-elle le cœur de l'Union européenne ?

➡ **Densément peuplée et urbanisée, l'Europe rhénane a une structure polynucléaire ;** elle n'a pas un centre, mais plusieurs : des métropoles rhénanes, concurrentes et complémentaires, parfois regroupées en conurbation *(Carte page 177)*.

➡ **Dans cet ensemble, un des berceaux de la civilisation européenne, qui regroupe plus de 80 millions d'habitants** et quelques villes parmi les plus prestigieuses d'Europe, l'industrie et le commerce, très actifs, ont donné naissance à **l'une des économies les plus prospères du monde** *(Leçon page 180)*.

La prospérité industrielle de l'espace rhénan
Les laboratoires pharmaceutiques Sandoz à Bâle (Suisse) et le siège de DaimlerChrysler à Stuttgart (Allemagne).

2. Quel rôle jouent les échanges et la circulation dans cet espace ?

Amsterdam, puissante plate-forme multimodale[A]
Publicité du port d'Amsterdam insistant sur sa compétitivité et sur son intermodalité.

➡ **Esquissée dès le Moyen Âge, l'économie d'échanges forge l'unité de ce vaste ensemble** longtemps morcelé par les barrières physiques (Rhin, montagnes) et politiques ; celle-ci est renforcée par une unité culturelle propre à ce monde rhénan tolérant, berceau de l'humanisme (Erasme*) et de l'idée européenne.

➡ **Un faisceau d'infrastructures complet et performant**, articulé à de grands nœuds d'échanges, innerve tout l'espace rhénan et supporte un trafic énorme ; il se prolonge vers Londres (Nord-Ouest), Milan (Sud) et Vienne (Sud-Est), **mettant ainsi en relation l'Europe du Nord-Ouest, l'Europe méditerranéenne et l'Europe danubienne.** Devant faire face à de lourds problèmes environnementaux, l'espace rhénan doit aussi s'adapter à l'évolution du contexte européen et aux exigences de la mondialisation au prix de lourds investissements et en combinant les divers modes de transport *(Cartes pages178-179, Leçon page 182, Dossiers pages 186-190).*

3. Comment s'organise l'espace rhénan ?

➡ **Les facteurs de diversité sont nombreux dans cet espace** : l'histoire, les milieux naturels, le contexte politique ; là est né le Marché commun, là sont **les capitales de l'Union européenne (Bruxelles, Luxembourg, Strasbourg)** ; mais l'Europe rhénane comprend aussi la Suisse qui a refusé d'adhérer à l'Union européenne.

➡ **Les moteurs économiques se trouvent dans les aires métropolitaines** qui concentrent les fonctions de commandement*, **et dans les grands ports du delta du Rhin et de la Meuse,** qui desservent le vaste **hinterland*** continental. Il en résulte un poids dominant de la zone septentrionale *(Leçon page 184, Dossier pages186-187).*

Bruxelles, Luxembourg, Strasbourg
Les trois capitales de l'Europe dans l'espace rhénan.

Un espace transnational fortement peuplé et urbanisé

1. L'espace rhénan au « centre » de l'Europe

2. Le cœur de l'Europe densément peuplée

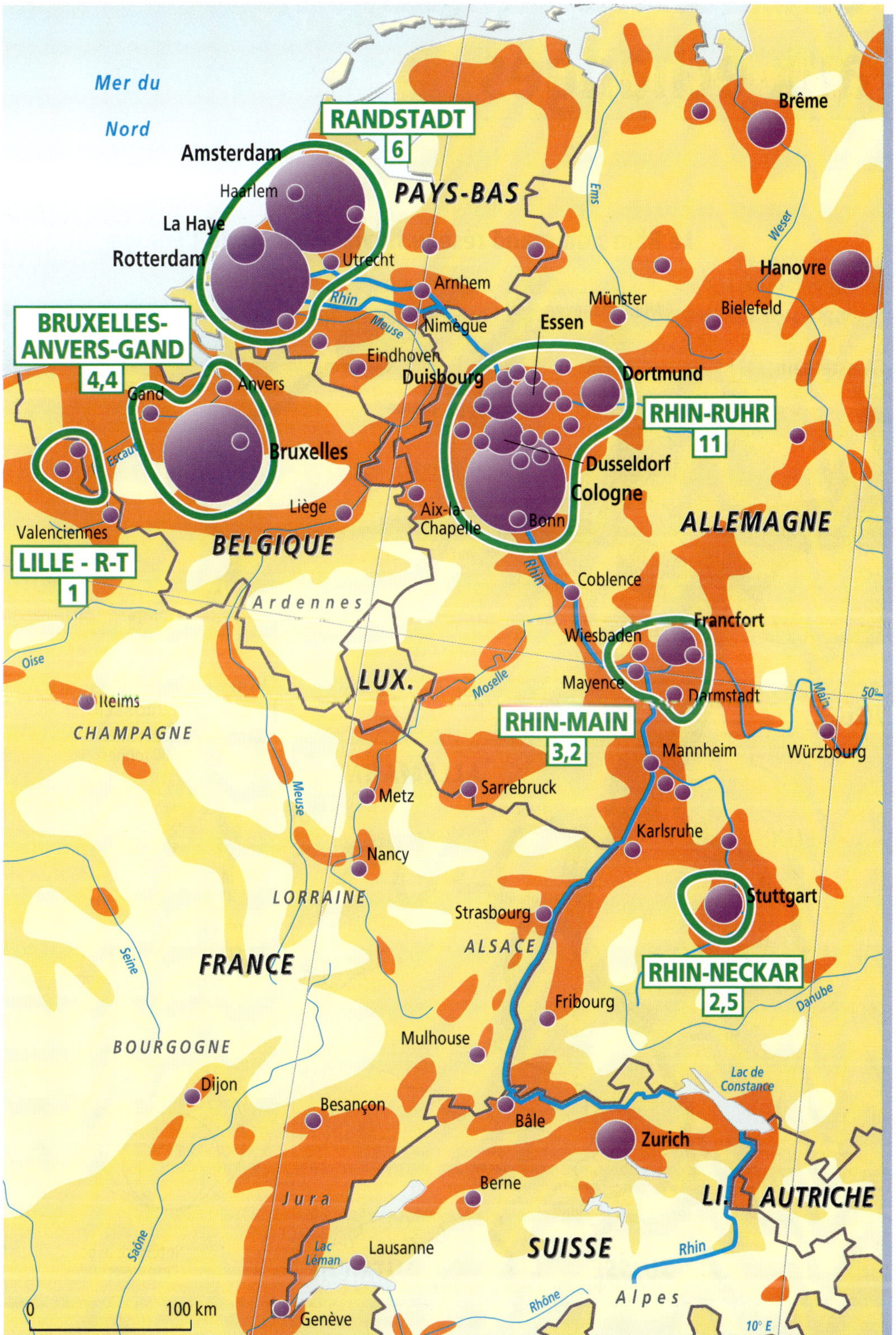

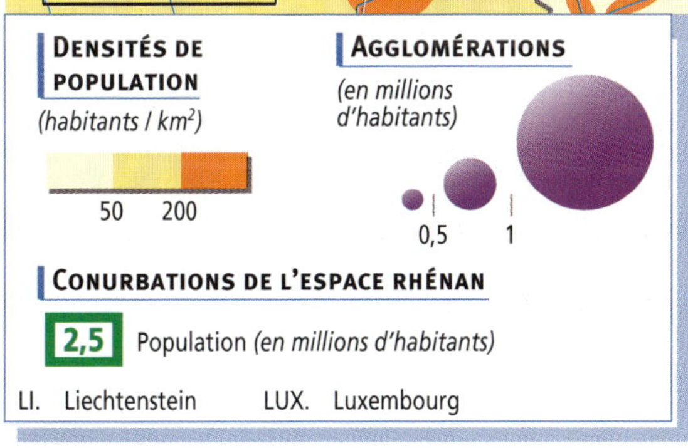

Questions

- Délimitez ce qui peut être considéré comme « l'espace rhénan » **(carte1)**.
- Pourquoi peut-on qualifier cette partie du continent « d'Europe des hautes densités » **(carte 2)** ?
- Repérez, nommez, et hiérarchisez les grands ensembles urbains qui structurent cet espace rhénan **(cartes 1 et 2)**.

Cartes Majeures

Un axe central en Europe, lié aux échanges

1. Le Rhin : un grand réseau fluvial au cœur de l'Europe

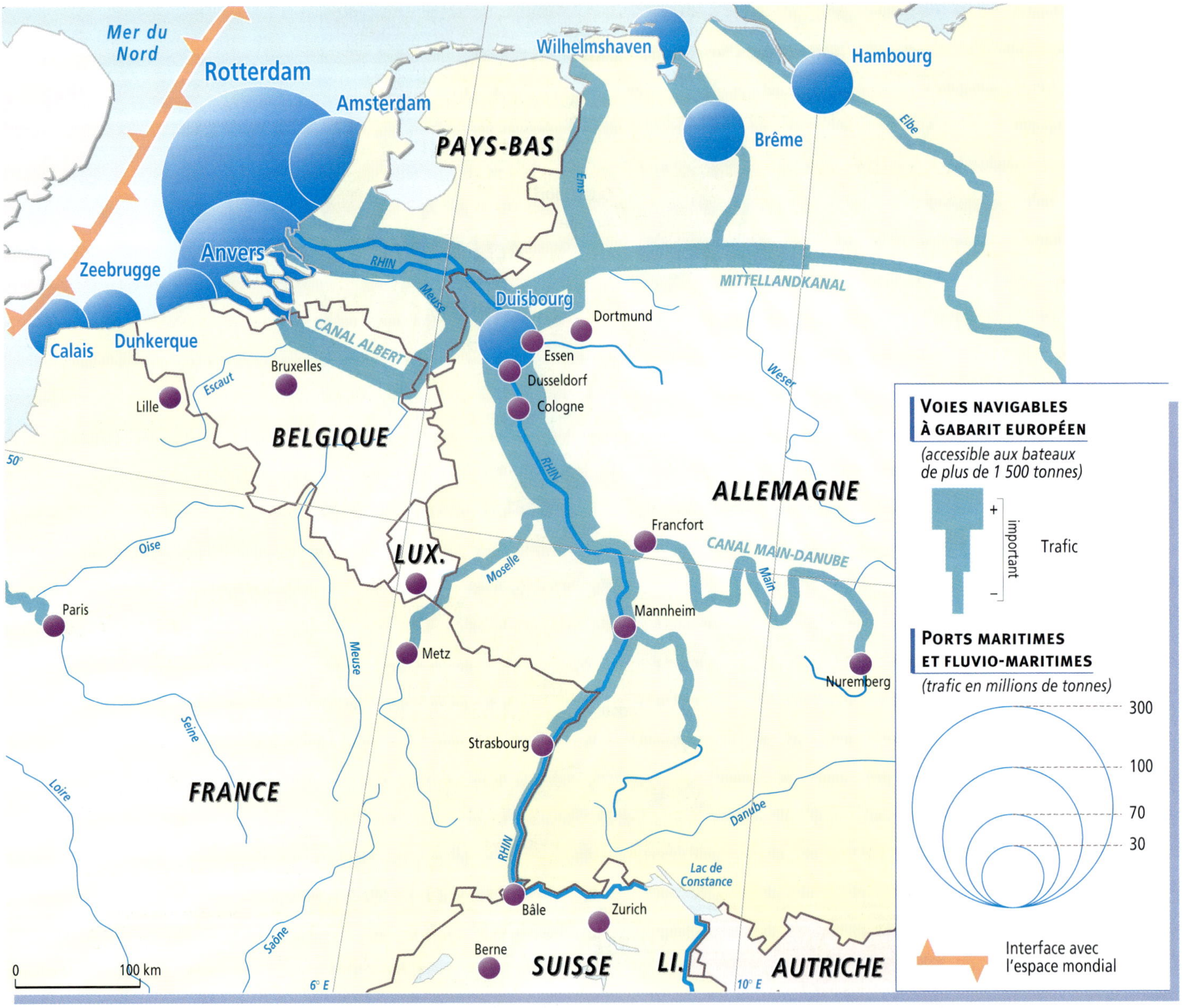

Questions

- Quels sont les types d'infrastructures et d'aménagements qui favorisent les échanges dans l'espace rhénan **(cartes 1 et 2)** ?
- Pourquoi peut-on qualifier cette partie du littoral de la mer du Nord de « façade maritime* » ? Nommez et hiérarchisez les principaux ports **(cartes 1 et 2)**.
- Cet espace a été présenté comme une « écharpe de richesses et de puissance » au sein de l'Europe ; justifiez cette affirmation.

2. Un espace organisé par le Rhin

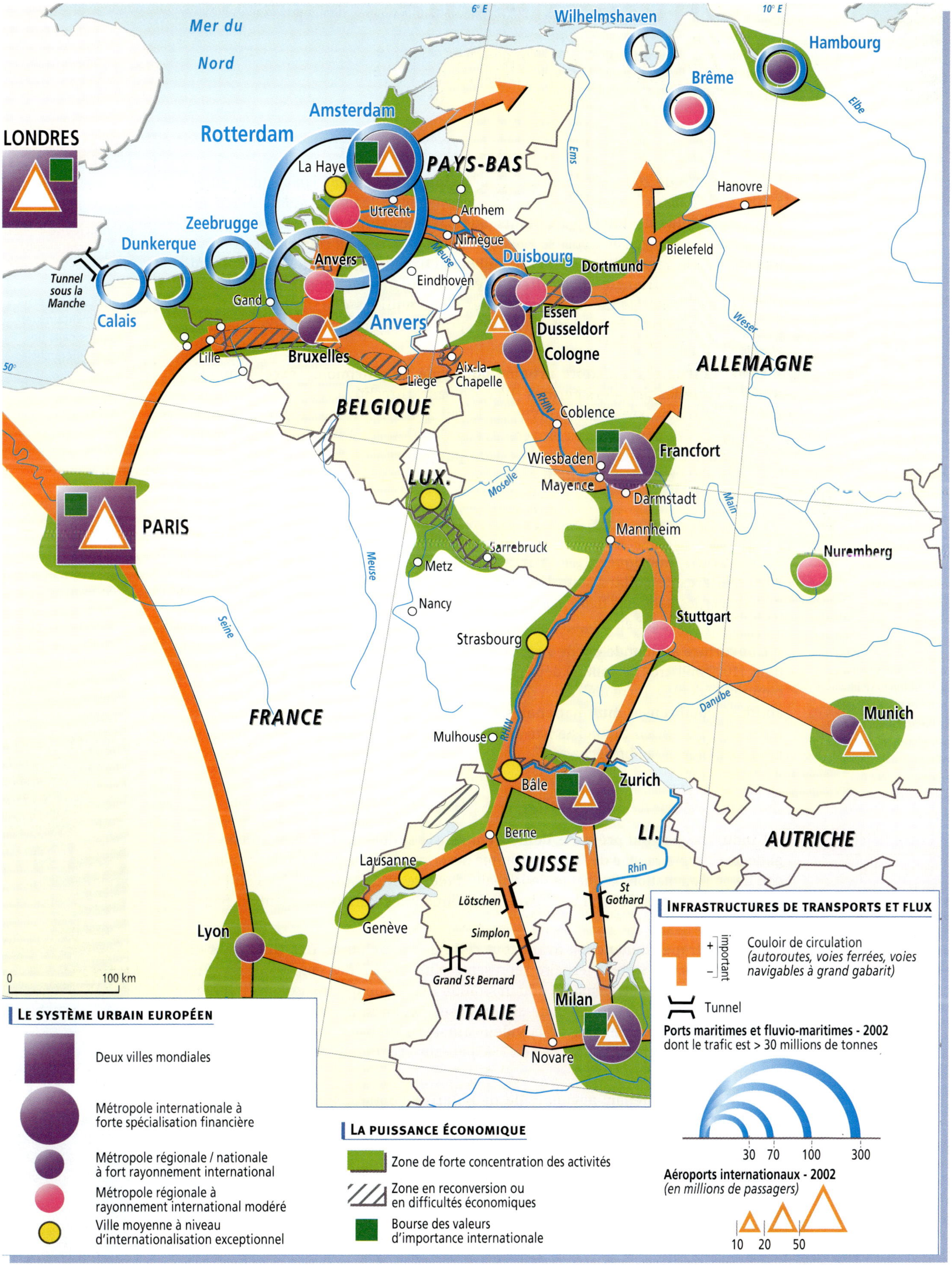

1 L'Europe des hautes densités

Cartes Majeures

Un espace transnational fortement peuplé et urbanisé
(pages 176-177)

1. L'Europe rhénane, royaume des villes

• **Les densités de 200 à 500 habitants/km² s'étalent largement**, jamais inférieures à 100, sauf dans les montagnes. Pas de villes géantes, mais **un semis serré de 60 villes de plus de 100 000 habitants**, aux paysages aérés d'espaces verts, fruits d'un urbanisme soigné et séculaire (1). Cette trame s'épaissit en **conurbations polynucléaires** : la région Rhin-Ruhr (11 millions d'habitants), la **Randstad Holland** (6 millions), le triangle **Bruxelles-Anvers-Gand** (4,4 millions), **Rhin-Main** (3,2 millions). L'Europe rhénane compte près de **80 millions de citadins**, germanophones en majorité, mais avec une forte présence d'immigrés (Turcs, Italiens, Yougoslaves, Maghrébins).

• **Deux millénaires d'histoire urbaine ont légué un patrimoine exceptionnel ; Rome a semé les premiers germes** (Bâle, Cologne, Utrecht), fécondés par le florissant commerce du XIIe siècle au XVIIe siècle qui a fait la fortune de places comme Francfort et des ports (Bruges, Anvers, Amsterdam). Après 1850, l'industrialisation ajoute une nouvelle strate urbaine dans les « **pays noirs** » (Ruhr, Sarre, Borinage) et les **villes de la chimie** sur le Rhin.

2. Le premier foyer économique européen

Dossier

Rotterdam, la première porte maritime de l'Union européenne
(pages 186-187)

• **Étroitement imbriquées, les activités de l'espace rhénan génèrent un PIB de 2000 milliards de dollars, soit le quart de celui de l'Union européenne** (3). Le niveau de vie des habitants figure parmi les plus élevés du monde, le chômage reste très modéré (3 à 5 %, sauf en Belgique et dans certaines zones industrielles).

• **L'ouverture au monde est de règle, depuis toujours** (4). Le volume des exportations (1000 milliards de dollars) dépasse celui des États-Unis (960) ou du Japon (450), bien plus peuplés. Terre d'élection des investissements étrangers, l'Europe rhénane abrite de **nombreuses multinationales** (2, 4). N'est ce pas la Hollande, que K. Marx qualifiait de « nation capitaliste par excellence », qui entre 1570 et 1700 inventa la multinationale et le libre-échange ?

3. Une économie fondée sur l'échange

Cartes Majeures

Un axe central en Europe, lié aux échanges
(pages 178-179)

• **L'industrie, partout présente, demeure un socle solide.** L'abondance minière (lignite de Cologne, houille de la Ruhr) compte désormais moins que l'ampleur du marché de consommation, la qualité de la main-d'œuvre et de la recherche, l'efficacité des circuits commerciaux, grâce auxquels foisonnent les PMI, notamment en Bade-Wurtemberg.

• **Mais l'Europe rhénane est avant tout celle des marchands, des financiers et des employés.** Le secteur tertiaire représente plus des 2/3 des emplois et du PIB, dans trois domaines : **transports**, administration (en raison des institutions internationales, et de la structure politique décentralisée), enfin la **finance**, en plein essor. **En Suisse, celle-ci crée 40 % de la valeur ajoutée** ; le Luxembourg est un paradis fiscal* (2), Francfort (bourse fondée en 1585) et Amsterdam sont des places financières importantes.

• **Dans l'espace rhénan, aucune ville ne polarise, comme Paris et Londres, les plus hautes fonctions**, que se partagent des métropoles, toujours proches, à la fois complémentaires et rivales : ainsi **Düsseldorf** (banques publiques, capitale de Land, commerce de gros) et **Cologne** (commerce de détail, congrès, université). La dissémination des lieux d'emplois et d'habitat suscite une **grande mobilité des citadins**, grâce aux **réseaux maillés*** serrés d'autoroutes et de transports collectifs.

Mots-clés

Conurbation polynucléaire : groupement de villes proches les unes des autres, individualisées mais complémentaires et associées dans un système hiérarchisé.

* voir Lexique

1. **Amsterdam : la qualité de la vie est compatible avec les hautes densités**

2. **Luxembourg : la puissance financière d'un « paradis fiscal* »**

3. Le poids économique de l'Europe rhénane

Aires économiques	PIB *(en milliards de dollars)*	Population *(en millions)*	Trafic des ports maritimes *(en millions de tonnes)*	Surface *(km^2)*
Aire métropolitaine de Tokyo	1 450	33	475	6 500
Aire métropolitaine de New York	830	25	275	1 500
Europe rhénane dont :	2 060	80	675	256 000
– Allemagne rhénane	970	39		113 000
– Benelux	678	27	–	75 000
– Suisse	286	7	–	41 000
– France rhénane	126	7	–	27 000

4. Une économie ouverte sur le monde

Pays	Part du commerce extérieur dans le PIB *(en %)*	Poids des IDE* dans le PIB *(en %)*	Nombre de filiales de multinationales implantées	Nombre de multinationales parmi les 100 premières du monde
Belgique	165	38	2 000	1
Pays-Bas	129	40	2 259	5
Luxembourg	321	38	–	–
Suisse	84	35	5 774	5
Rhénanie-Westphalie	49	10[1]	11 445	7
France rhénane	82	12[1]	9 350	0
États-Unis	24	9	18 900	27
Japon	19	4	3 014	16
Royaume-Uni	56	25	2 609	10

1. Pays entier

.2 Un couloir parcouru par de gigantesques flux

1. Un faisceau d'infrastructures unique au monde

• **Le Rhin en est l'artère maîtresse.** Depuis l'ouverture du col routier du St-Gothard (1230), cette **grande voie d'échanges entre Méditerranée et mer du Nord,** esquissée par Rome, s'est constamment modernisée, en surmontant la double barrière des Alpes et des multiples frontières. **Un trafic énorme** (650 millions de tonnes) emprunte ce corridor articulé sur **de puissants** nœuds logistiques* comme Francfort-sur-le-Main ou Cologne, et **débouche sur les ports de la mer la plus fréquentée du monde** (5).

• **Amorcé vers 1825, l'aménagement du Rhin en voie navigable à grand gabarit a ouvert une « autoroute liquide »** de Rotterdam à Bâle. Les réseaux ferroviaires (la ligne Milan-Bâle-Francfort en forme d'ossature avec son prolongement vers Cologne et Amsterdam) et autoroutiers (axe Hambourg-Francfort-Bâle dès 1962, aujourd'hui dédoublé) étendent leurs ramifications, **rattachant le monde rhénan à Londres, Paris, Milan et l'Europe orientale**.

2. Un trafic international en constante progression

• **La mondialisation, la déréglementation*, le grand marché européen sont à l'origine**, comme l'essor propre de ce grand espace, d'un **trafic croissant** (7, 8). Les **ports maritimes** aménagent **d'immenses terminaux** où sont chargés des millions de conteneurs, sur des convois de 4 à 6 barges (équivalent de 1000 poids lourds) ou sur des trains, vers l'intérieur du continent. La Lombardie de son côté génère un gros trafic routier vers l'Arc alpin.

• **De nouveaux opérateurs privés** (les suisses Danzas, Panalpina, Kühne & Nagel, l'allemand Schenner-Stinnes) assurent le fonctionnement de **chaînes logistiques complexes** combinant tous les modes de transport. Le **fret aérien** s'accroît (UPS à Cologne, DHL à Bruxelles, TNT à Liège), et **Francfort se hisse au 3e rang des aéroports européens**.

3. De nouveaux aménagements... jusqu'à quand ?

• **L'asphyxie menace l'espace rhénan** (6). Les autoroutes sont saturées (la moitié supporte plus de 50 000 véhicules/jour) et le trafic routier devrait s'accroître encore de 20 % d'ici 2020.

• **Les plaintes des riverains contre les nuisances** (bruit, pollution, embouteillages, accidents) se multiplient (9). En réponse, on accroît les vitesses de transport (TGV, ICE), mais surtout l'Union européenne favorise la mise en place de **corridors ferrés*** depuis les grands ports du delta vers l'intérieur. On crée aussi de **nouvelles infrastructures** : TGV Paris-Lille vers Amsterdam et Cologne (au prix de la construction d'un énorme tunnel sous la ville), une nouvelle gare sous l'aéroport de fret de Bruxelles-Zaventem achevée en 1998. La Suisse programme le percement de tunnels de ferroutage « route roulante », à travers les Alpes, pour écarter les poids lourds de ses routes. **Mais les coûts sont énormes, les délais de construction longs :** par exemple, le tunnel du St-Gothard, le plus long du monde (57 km, 6 milliards d'euros, achèvement en 2012) ; d'autre part, chaque infrastructure nouvelle attire un trafic supplémentaire.

• **Il ne serait pas étonnant qu'une partie de ce trafic Nord-Sud emprunte à nouveau le vieil itinéraire français** via Metz et l'axe rhodanien, qui, valorisé par Rome, fit aux XIIe et XIIIe siècles les fortunes des villes de Champagne...

Dossier
Le Rhin, l'axe de transport majeur de l'Europe *(pages 188-190)*

Cartes Majeures
Un axe central en Europe, lié aux échanges *(pages 178-179)*

Dossier
Rotterdam, la première porte maritime de l'Union européenne *(pages 186-187)*

Photographie
Eemhaven, un des bassins du port de Rotterdam *(pages 172-173)*

Mots-clés

ICE
homologue du TGV en Allemagne.

Nœuds logistiques :
lieux concentrant de grands équipements de transport (ports, gares...) et des plate-formes de stockage et de redistribution, interconnectés et complémentaires, en vue d'une gestion optionnelle des flux de marchandises.

* voir Lexique

5. **Les relations fluvio-maritimes de Duisburg, premier port fluvial européen**

6. **L'axe rhénan est saturé ; ici dans la région de la Rhur (Allemagne)**

7. **Le trafic de marchandises par modes de transports – 2002** *(en milliards de tonnes/km)*

Pays	Route			Fer			Voies navigables		
	Volume	Intensité spatiale[1]	Part de marché *(en %)*	Volume	Intensité spatiale[1]	Part de marché *(en %)*	Volume	Intensité spatiale[1]	Part de marché *(en %)*
Allemagne	278	780	67	74,4	208	18	62,7	176	15
Belgique	42	1380	76	7,3	239	13	5,9	193	11
Pays-Bas	32	787	42	3,7	90	6	40,7	980	52
Luxembourg	0,5	193	36	0,6	232	43	0,3	116	21
Suisse	19	472	68	9,0	218	31,5	0,1	3	0,5
France	184	334	76	50,0	91	20,5	7,1	13	3,5

1. Volume transporté (en milliards de tonnes/km) par rapport à la superficie du pays : indicateur de la charge du trafic sur le territoire.

8. **La croissance prévisible des trafics en Allemagne – 1992-2010** *(en %)*

Marchandises	
Rail	+ 59
Route	+ 59
Voies navigables	+ 63
Voyageurs	
Rail	+ 66
Route	+ 19
Avions	+ 110

9. **Manifestation dans les rues de Francfort-sur-le-Main contre l'extension de l'aéroport**
« Le bruit des avions rend malade. »

3 L'axe rhénan : l'organisation de l'espace central de l'Europe

1. Les lieux du pouvoir

• **Nœuds actifs des échanges mondiaux, les régions métropolitaines de l'espace rhénan contrôlent les fonctions de commandement* économique** (sièges de grandes firmes, banques, bourses, congrès) **et politique** (13). Mais les plus hautes fonctions se fixent parfois, dans cet espace polynucléaire, sur de petites villes comme **Luxembourg** (80 000 habitants) une des capitales de l'Europe, et pôle financier majeur ou encore Vevey qui abrite le siège de Nestlé, **Lausanne** ceux de l'OMC et du Comité international olympique (CIO). Le rayonnement incomparable de **Genève** (l'autre capitale de l'ONU avec New York) est sans proportion avec sa taille.

• **De grandes places financières** comme **Francfort** (411 institutions bancaires, dont la **BCE**) ou **Zurich** (spécialiste de la gestion des fortunes privées et du commerce de l'or) ont un rayonnement mondial (12). Les institutions européennes se partagent entre **Bruxelles** (siège de la Commission), **Luxembourg** et **Strasbourg**. **L'Europe rhénane est le berceau de l'Union européenne.**

Sujet Bac n° 20
L'Europe rhénane, « cœur » de l'Union européenne ?
(pages 194-195)

2. De puissants pôles industriels

• **Les zones anciennement industrialisées** (charbon, métallurgie, textile) comme Liège, le Borinage ou la Sarre, **sont en repli** et souffrent du chômage. **La Ruhr** (5 millions d'habitants), où de nombreux grands groupes ont leur siège social (Ruhrgao, Aral, Thyssen, Krupp), accélère sa tertiarisation (10) dans ses pôles majeurs (Essen, Dortmund) et se rattache par Duisburg à l'axe métropolitain rhénan (Düsseldorf, Cologne, Bonn).

• **De véritables nébuleuses industrielles** s'organisent autour de **Stuttgart** (500 000 emplois dans l'automobile avec Daimler-Benz et Porsche, l'électrotechnique avec Bosch, l'informatique, les biotechnologies), de **Bâle** (pharmacie), **Ludwigshafen-Mannheim** (chimie, mécanique), dans les vallées alpines aussi.

Sujet Bac n° 25
Rhin-Ruhr, centre de l'Europe rhénane ?
(pages 202-203)

Sujet Bac n° 26
L'Europe rhénane, un axe industriel et urbain
(pages 204-205)

3. Le « Northern Range », fenêtre maritime de l'Union européenne

• **Le delta du Rhin, de la Meuse et de l'Escaut forme la partie centrale, la plus active du Northern Range.** En position dominante, ce dernier reste soumis à la concurrence d'Amsterdam (5e port européen), Gand et surtout **Anvers** (2e port européen).

• **Éclipsant Bruges, Anvers a connu une prospérité éclatante au XVIe siècle.** Malgré la proximité de l'Angleterre et des bassins industriels belges et allemands, le port est supplanté par **Rotterdam**, mieux placé pour capter le trafic international rhénan. Au fond de l'estuaire de l'Escaut, à 75 km de la mer, il a maintenu son rang grâce à l'industrialisation (pétrochimie, automobiles) et la conteneurisation accélérée.

Sujet Bac n° 24
Quelles portes maritimes pour l'Europe rhénane ?
(pages 200-201)

Dossier
Rotterdam, la première porte maritime de l'Union européenne
(pages 186-187)

4. L'écrin montagneux est devenu attractif

• **Les moyennes montagnes** hercyniennes (Ardenne belge, massif schisteux rhénan, Vosges et Forêt noire), compartimentées, tôt industrialisées, deviennent **d'immenses espaces de récréation** (forêts, lacs, ski, thermalisme) des populations citadines proches (11).

• **Les Alpes suisses**, où le Rhin et le Rhône prennent leur source, **sont le berceau de la nation helvétique**. Longtemps barrière formidable, elles ont échappé au dépeuplement et au déclin, grâce aux subventions à l'agriculture, à la petite industrie de précision, et surtout au tourisme (stations réputées de Davos, St Moritz, Gstaad ou Zermatt). À l'écart, **le Jura** suisse, moins riche, souffre de la crise de l'industrie horlogère.

Mots-clés

BCE
Banque centrale européenne : créée en 1999, la BCE se substitue partiellement aux banques centrales des pays membres de l'Union économique et monétaire.

Northern Range : alignement de ports maritimes sur la Manche et la mer du Nord, s'étirant du Havre à Rotterdam et Amsterdam.

* voir Lexique

10. **La reconversion des équipements industriels de la Ruhr, ici, la mine de Zollverein (Essen, Allemagne)**
Principale région industrielle du Nord-Ouest européen, la Ruhr est très lourdement frappée par la crise des industries minières et sidérurgiques.

11. **La Forêt noire est devenue un espace de récréation très recherché par les habitants des zones urbaines**
Ici, le lac de Titisee.

12. Le royaume de l'argent

La puissance financière de l'Europe n'est pas exclusivement concentrée à Londres et Paris. Les villes rhénanes se partagent un pouvoir financier appréciable, s'inscrivant dans une tradition d'échange séculaire. Francfort, berceau des Rothschild, a ouvert une Bourse dès 1585 ; Amsterdam en 1611.

La Suisse est devenue une place forte de la finance mondiale. Zurich concentre 58 000 emplois dans le secteur financier (banques, assurances) et réalise 80 % du chiffre d'affaires des banques suisses, qui dépasse... 2000 milliards d'euros ! Siège de la puissante UBS (Union des banques suisses), elle gère un tiers de la fortune transfrontalière mondiale (soit autant que les États-Unis et le Royaume-Uni réunis !) ; c'est le premier marché mondial de l'or, et de la réassurance.

Luxembourg est également devenue un paradis fiscal. Le secteur bancaire y emploie 70 000 personnes et réalise un tiers du PIB du pays. Dans cette petite ville, se pressent 189 banques (19 en 1960), 358 compagnies d'assurances et 14 335 holdings.

J.-M. Holz – Janvier 2004.

13. Localisation des principales organisations internationales dans l'espace rhénan

Villes	Institutions européennes	Institutions internationales
Bruxelles	- **Commission européenne** - **Conseil des ministres de l'UE** - Comité économique et social européen - Euratom - Union de l'Europe Occidentale (UEO)	- **OTAN**
Luxembourg	- **Cour de justice** - Cour des comptes - **Banque européenne d'investissement** (BEI) - Eurostat - CECA	
La Haye	- Europol	- **Tribunal pénal international** - Cour internationale de justice (ONU)
Strasbourg	- **Parlement européen** - **Conseil de l'Europe** - Cour européenne des Droits de l'Homme - Médiateur européen - Commission centrale pour la navigation du Rhin	
Francfort	- **Banque centrale européenne (BCE)**	
Bâle		- Banque des règlements internationaux (BRI)
Lausanne		- Comité International Olympique (CIO) - **Organisation mondiale du commerce (OMC)**
Gland (Nord de Nyon, Suisse)		- World wild fund for nature (WWF) - Union mondiale pour la nature (UICN)
Genève	- UE de Radiodiffusion	- **ONU (Cnuced, HCR, OMS)** - Organisation internationale du travail (OIT) - Organisation météorologique mondiale (OMM) - **CERN** (Centre européen de recherche nucléaire) - **Croix-Rouge** - Union internationale des télécommunications (UIT)

Rotterdam, la première porte maritime de l'Union européenne

Rotterdam est l'un des premiers ports mondiaux ; idéalement situé au débouché de l'Europe rhénane, il a maintenu sa prééminence grâce à l'action de la municipalité et des autorités portuaires pour s'adapter continuellement à la concurrence internationale.

Point de convergence de 450 lignes de navigation, le port dessert, par un faisceau d'axes de transports unique au monde, un vaste hinterland* puissamment industrialisé, peuplé de 150 millions d'habitants à haut niveau de vie.

1. L'extension du port de Rotterdam

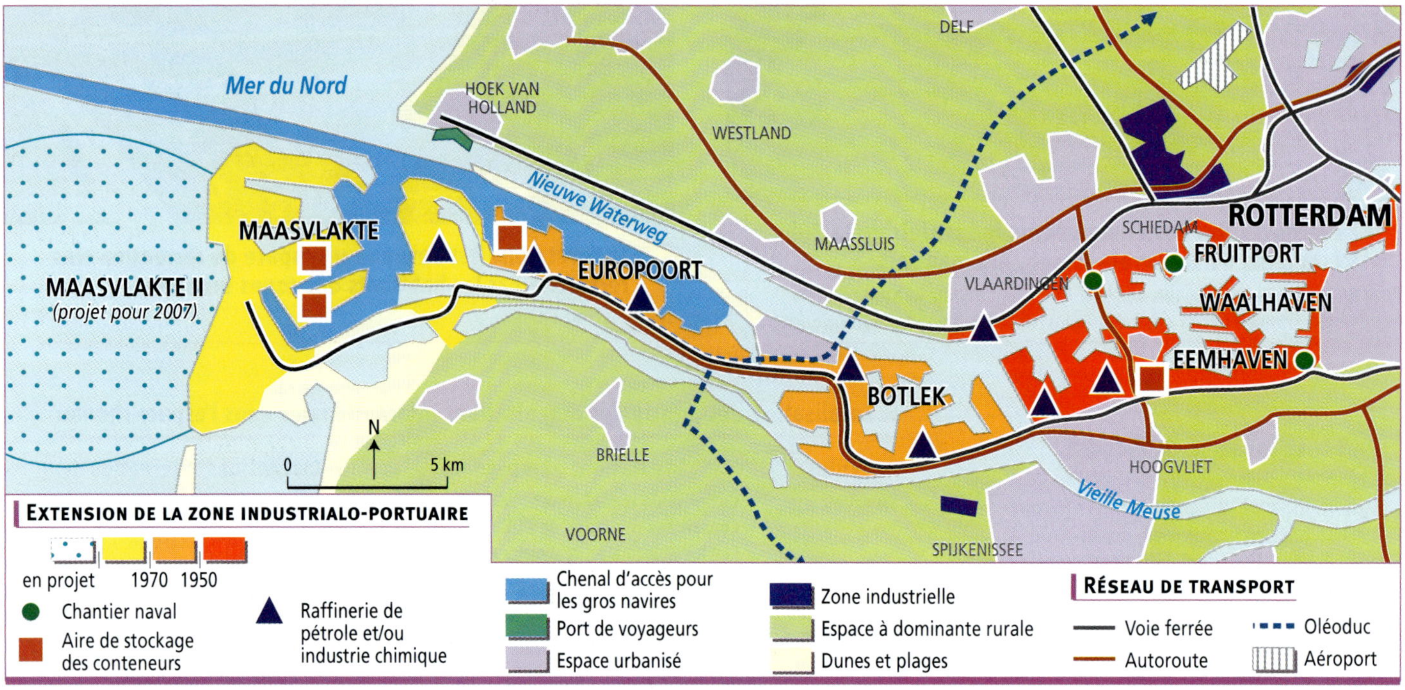

2. Un des grands ports du monde

Resté longtemps dans l'ombre d'Anvers et d'Amsterdam, Rotterdam doit sa fortune à l'ouverture d'une voie d'eau artificielle en accès direct à la mer (le *Nieuwe Waterweg*, 1872) et à l'essor industriel de la Ruhr. Devenu le débouché naturel de l'Europe rhénane, le port a conservé le double avantage de la plus courte distance à la mer et au Rhin. La ville de Rotterdam, détruite à 80 % en 1940, a donné priorité à la reconstruction du port, déclaré d'intérêt national. Spécialisé dans le stockage et le raffinage pétroliers dès 1930, il profite de l'essor de l'Europe et ravit à New York, en 1962, la première place mondiale qu'il défend jusqu'à nos jours, talonné par Singapour.

Au prix d'aménagements toujours plus vastes, le complexe portuaire s'étire sur 30 km vers la mer, accessible 24h/24h sans écluse ni pont. L'outil est performant : immenses plans d'eau, 22,50 m de tirant d'eau (record mondial), faible coût d'immobilisation des navires grâce à une manutention rapide, desserte terrestre exceptionnelle.

Soumis à la concurrence d'Anvers et des ports asiatiques, Rotterdam poursuit ses investissements : projet *Maasvlakte II* (2007), ligne de fret ferroviaire *(Betuwe Lijn)* vers Cologne et Düsseldorf ; le programme *Port 2010* donne la priorité au trafic de conteneurs, à l'environnement et à l'implantation de services financiers de multinationales (BP, Amoco, Dow Chemical)...

J.-M. Holz – Janvier 2004.

3. L'arrière-pays du port de Rotterdam

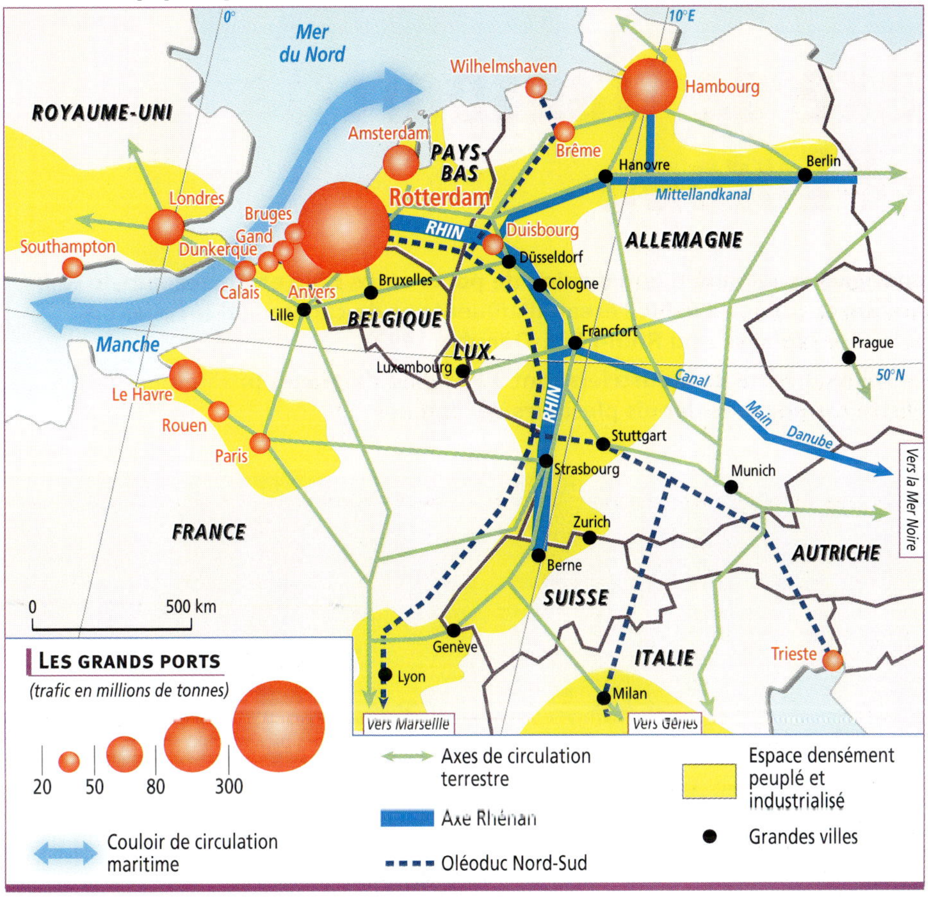

4. Le trafic du port de Rotterdam

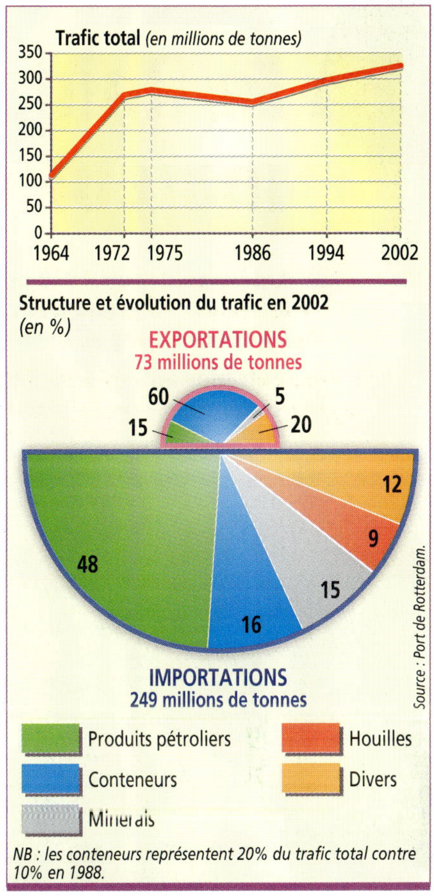

5. Conteneurs : la concurrence asiatique

Les 10 premiers ports à conteneurs en 2002 *(en millions d'euros)*

1.	Hong Kong	16,2
2.	Singapour	15,9
3.	Pusan *(Corée du Sud)*	9,4
4.	Shanghai *(Chine)*	8,6
5.	Kaohsiung *(Taiwan)*	8,5
6.	Shenzen *(Chine)*	7,6
7.	**Rotterdam** *(Pays-Bas)*	6,5
8.	Los Angeles *(États-Unis)*	6,1
9.	Hambourg *(Allemagne)*	5,4
10.	**Anvers** *(Belgique)*	4,8

6. Rotterdam partage avec Singapour le rang de premier port mondial

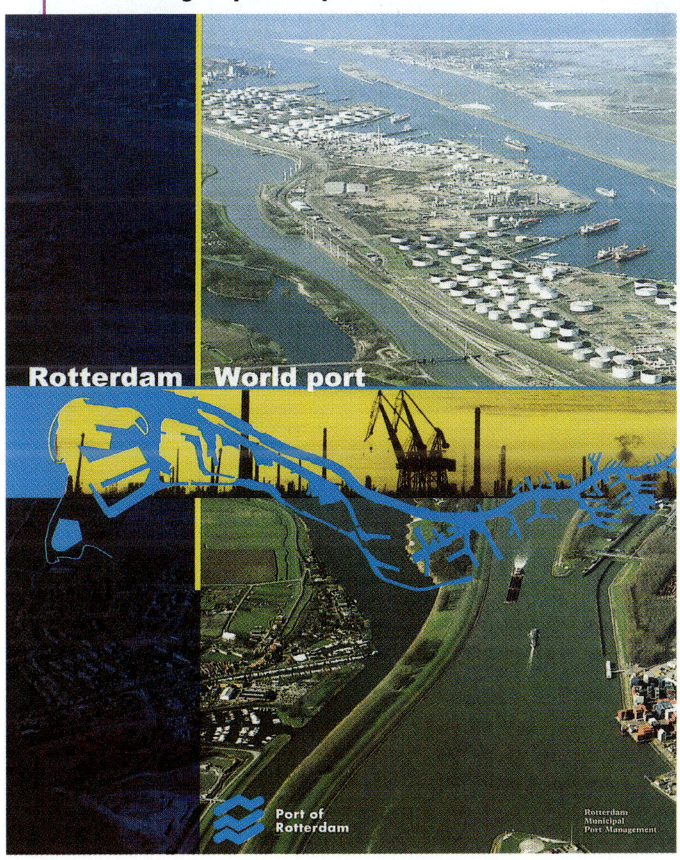

Questions

1. Situez le port de Rotterdam. Quel est son arrière-pays ? Comment est-il relié à cet arrière-pays (1, 3) ?

2. Quels sont les avantages de ce port ? Comment s'est-il adapté pour faire face à la concurrence mondiale (1, 2) ?

3. Comment les installations portuaires et le trafic reflètent-ils les dimensions européenne et mondiale du port de Rotterdam (1, 4, 5, 6 et photographie pages 172-173) ?

Dossier

Le Rhin, l'axe de transport majeur de l'Europe

Aménagé depuis 1850 pour la navigation, jalonné d'une dizaine de ports entre Bâle et Rotterdam, le Rhin est devenu un grand axe économique européen avec le réseau d'affluents et de canaux qui le relient à Berlin, Hambourg et Brème, et à la mer Noire (canal Rhin-Main-Danube, 1992).

Les multiples aménagements et les rejets urbains et industriels sont à l'origine de graves problèmes d'environnement contre lesquels la lutte est engagée depuis plusieurs décennies.

1. Duisburg, premier port fluvial d'Europe

Avec un trafic de 36 millions de t., il compte 24 bassins et 40 km de quais sur une surface de 1 000 ha. Le charbon importé est la principale marchandise.

2. Une véritable « autoroute liquide »

Depuis la Convention de Mannheim (1868) et le Traité de Versailles (1919) rétablissant la libre navigation et son statut international, le Rhin est devenu « le fleuve le plus utile du monde ». Sur ce fleuve le plus fréquenté d'Europe circulent des milliers de chalands, des convois poussés de six barges (jusqu'à 15 000 tonnes) reliant Rotterdam à Duisburg en 24 heures et même des cargos fluvio-maritimes jusqu'à Duisburg.

Le trafic total atteint 311 millions de tonnes en 2002. Longtemps réservé aux pondéreux (charbon, minerais, matériaux de construction) le trafic se diversifie. Le nombre de conteneurs transportés (1,3 million d'EVP* en 2002) s'accroît de 10 % par an ; les usines Ford de Cologne expédient 50 000 voitures par an vers le port néerlandais de Flessinge par bateaux de 650 véhicules, celle de John Deer à Mannheim 15 000 tracteurs par an.

Lieu de légendes, le Rhin est également sillonné de bateaux de croisière ; la célèbre flotte « blanche » de la KD, créée en 1853, transporte trois millions de touristes par an. La vallée du Rhin supporte aussi un intense trafic ferroviaire : chaque jour 464 trains empruntent ses deux rives, cinq ponts permettant aux trains de marchandises de changer de rive en fonction du trafic.

J.-M. Holz – Février 2004.

3. Les mutations d'un trafic intense

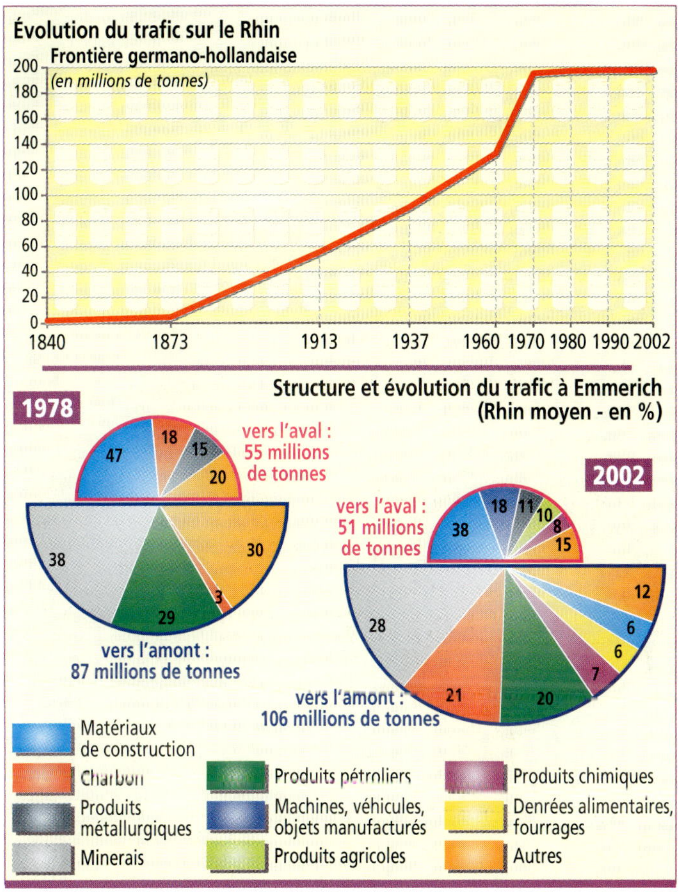

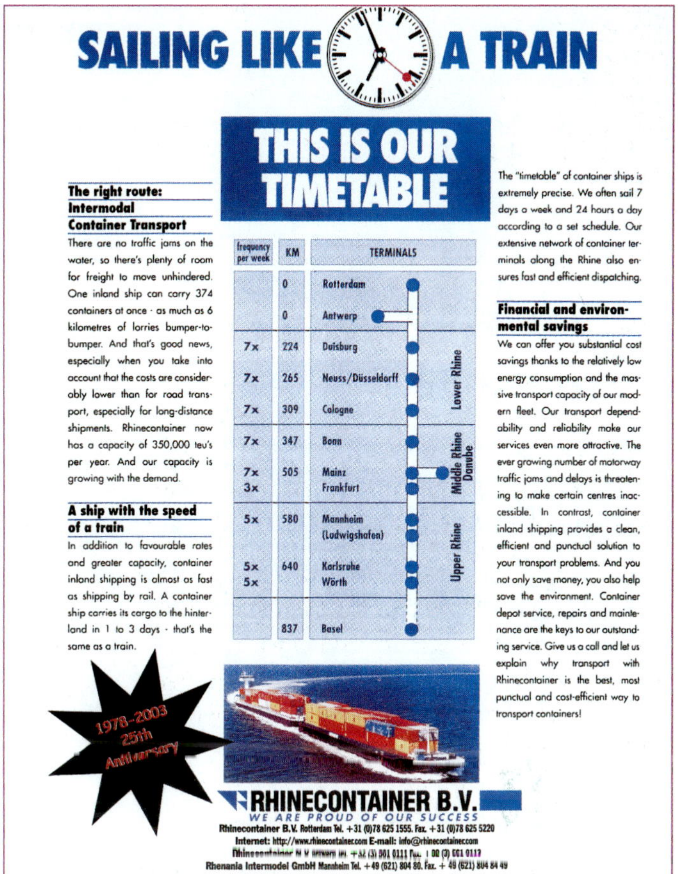

4. Les conteneurs : un trafic devenu majeur sur le Rhin

5. Le Rhin, une grande artère économique

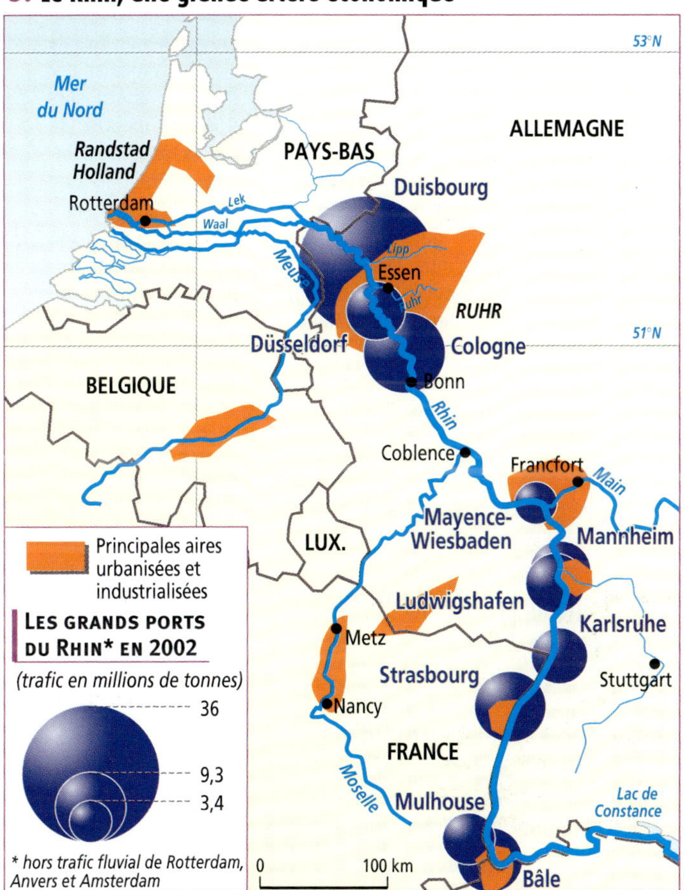

6. Le Rhin, lieu de croisières

De nombreux poètes, peintres... (Victor Hugo, Goethe, Turner...) ont rendu hommage au Rhin.

7. Des aménagements multiples aux conséquences graves

Les aménagements pour la navigation, la protection contre les crues et l'hydroélectricité ont raccourci le Rhin d'un quart de sa longueur entre Bâle et la frontière de la Hesse. Des effets secondaires, lourds de conséquences, se manifestent sur le Rhin supérieur : la vitesse du courant s'accroît rapidement, les îles sont détruites, les refuges et les frayères à poissons disparaissent.

8. Le Rhin, le fleuve le plus propre d'Europe ?

De puissants complexes industriels sont établis dans les villes riveraines ; la pollution est donc un problème crucial sur le cours inférieur du fleuve. La lutte contre la pollution est organisée par les États riverains qui coopèrent au sein de la Commission Internationale de Protection du Rhin (CIPR) créée en 1950.

En 1986, la catastrophe de l'usine chimique Sandoz à Bâle avait été un véritable électrochoc : le Rhin était, sinon mort, du moins dans un coma profond. Les États riverains ont alors intensifié la lutte contre la pollution : dans la dernière décennie, plus de 90 milliards de francs ont été injectés dans ces opérations. En attendant la fermeture en 2004 des mines de potasse d'Alsace, un accord a été conclu en 1991 pour réguler le déversement des chlorures. Les usines se sont dotées de bassins de confinement pour éviter les rejets toxiques. Cependant des progrès restent à faire pour certains métaux lourds. Aujourd'hui l'exploitation intensive des sols par l'agriculture tient une part significative de cette pollution diffuse, que le CIPR compte combattre en mettant en place des pratiques agricoles moins nuisibles à la qualité de l'eau.

Grâce au travail accompli depuis 10 ans, on peut considérer que le Rhin est le fleuve le plus propre d'Europe. Toutefois il faut préciser que le Rhin est propre d'un point de vue physico-chimique, mais pas selon les normes bactériologiques.

European Rivers Network – 2003.

9. Faire face à la congestion

La croissance prévisible du trafic de marchandises dans l'axe rhénan rend nécessaire la mise en place de nouveaux moyens de transports. Les autoroutes sont engorgées (80 000 véhicules par jour autour de Cologne et Francfort). Les trains de conteneurs venus d'Anvers (*« Rhin d'acier »* depuis 2002) et bientôt de Rotterdam (*« Betuwe Lijn »* en 2007) soulagent les routes encombrées. Il est prévu de doubler la ligne ferroviaire Cologne-Bâle d'ici 2012 ; une nouvelle ligne de trains rapides ICE Cologne-Francfort s'écartant de la vallée va franchir les monts du Westerwald et du Taunus. Pour le fret ferroviaire futur, l'axe rhénan risque d'être contourné, par exemple par la *« Magistrale Eco-Fret »* française de Dunkerque/Calais à la Méditerranée via Metz et Dijon.

J.-M. Holz – Janvier 2004.

Questions

1. Pourquoi peut-on qualifier le Rhin d'« autoroute liquide » ? Comment le trafic a-t-il évolué sur le fleuve (1, 2, 3, 4) ?

2. Quelles sont les autres utilisations de ce fleuve et de sa vallée (2, 5, 6) ?

3. Quels sont les dangers qui menacent le Rhin et sa vallée (7, 8, 9) ? Comment y fait-on face ?

Cahiers du BAC

Composition

- Sujet Bac n°19 L'Union européenne, une puissance économique mondiale ?
- Sujet Bac n°20 L'Europe rhénane, « cœur » de l'Union européenne
- Sujet Bac n°21 L'Union européenne, quelles disparités spatiales ?

Étude d'un ensemble documentaire

- Sujet Bac n°23 L'Union européenne, une grande puissance ?
- Sujet Bac n°24 Quelles portes maritimes pour l'Europe rhénane ?
- Sujet Bac n°25 Rhin-Rhur, centre de l'Europe rhénane ?

Croquis

- Sujet Bac n°22 Les disparités spatiales de l'Union européenne
- Sujet Bac n°26 L'Europe rhénane, un axe industriel et urbain

Sujet BAC n° 19 — L'Union européenne, une puissance économique mondiale ?

Pour réussir la composition

En géographie, la réalisation de schémas est particulièrement conseillée (voir Sujet Bac n° 7).

Intégré dans la composition, le schéma permet de :

- **remplacer une partie du devoir.** Pour certains sujets, lorsque l'on fait allusion à la répartition de la population, des ressources… il peut se substituer à plusieurs phrases de la composition ;
  ⇒ *Dans ce cas, faire référence au schéma par l'expression « **voir schéma** ».*
- **soutenir l'argumentation** de la composition lorsqu'il s'agit de décrire un phénomène ;
  ⇒ *Dans ce cas, on peut gagner en précision en utilisant l'expression « **on observe sur le schéma…** ».*

Schéma : Les contrastes spatiaux de l'Union européenne

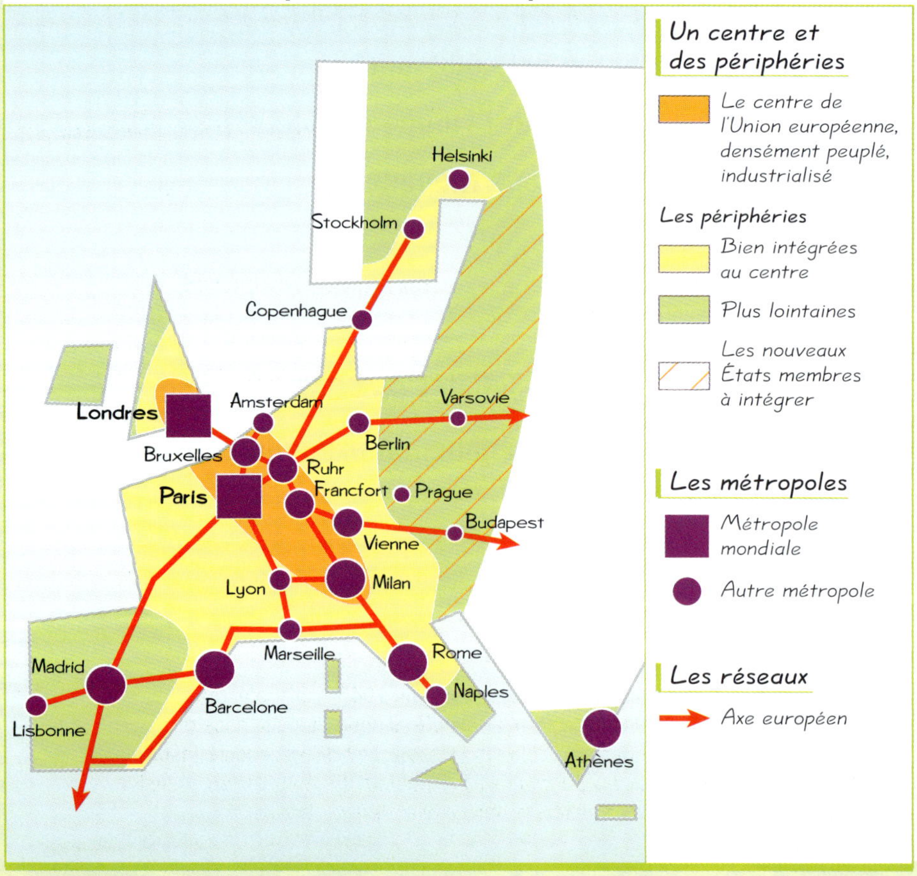

Que montre le schéma ?

- Le **schéma** met en évidence les disparités de l'espace de l'Union européenne.
- Il montre :
  - le **cœur ou « centre »**, qui rassemble les éléments principaux de la puissance économique de l'UE : population, industries, grandes villes…Il correspond à la Mégalopole européenne. Là aussi se trouvent les institutions de l'UE : Bruxelles, Strasbourg, Luxembourg et Francfort (BCE) ;
  - les **espaces périphériques** qui se différencient en raison de leur plus ou moins grande intégration au cœur de l'UE. Intégration par :
    - la présence de foyers industriels (Catalogne) ;
    - de grandes métropoles aux fonctions internationales (Rome) ;
    - de réseaux de communication (Ouest de la France).

Les États entrés dans l'UE en 2004 constituent un autre type de périphérie.

Quand utiliser le schéma ?

Le schéma peut être utilisé dans des compositions portant sur :

- **L'Union européenne** :
  ⇒ ***Exemples :***
  - *les contrastes spatiaux de l'Union européenne ;*
  - *l'organisation de l'espace de l'UE.*
- **L'Europe rhénane**
  ⇒ ***Exemples :***
  - *l'Europe rhénane, « cœur » de l'UE ;*
  - *l'Europe rhénane, axe urbain et industriel.*

Étapes		Entraînement
1 Introduction		Une grande puissance économique mondiale : un des trois pôles de la Triade. Elle puise ses forces de l'histoire, de l'organisation de l'espace, de sa société. Récemment, la création de la CEE puis de l'UE a accentué sa position de puissance économique mondiale. Toutefois la puissance économique européenne est encore inachevée.

2 Développement

Partie 1

1. Comment la puissance économique mondiale de l'UE se manifeste-t-elle ?

- **Un des trois pôles de la Triade et des métropoles internationales.**

(Leçons p. 162-167, Dossiers p. 168-171.)

Conseils : *ici, intégrer le schéma. Faites y référence par l'expression « voir schéma ».*

- **Le premier pôle commercial mondial :**
  - des positions dominantes pour certains pays (Allemagne, France, R.-U., etc.) ;
  - importance déterminante du commerce intra-communautaire.
- **L'UE, un grand foyer économique attractif :**
  - importance des courants d'immigration internationale et transcontinentale ;
  - le premier centre d'accueil des IDE* (entreprises américaines et japonaises) ;

(Cartes Majeures p. 158-159.)

Transition *Comment peut-on expliquer la puissance de l'UE ?*

Partie 2

2. Quels sont les fondements de cette puissance ?

- **Des causes culturelles :**
  - la tradition du négoce, la civilisation urbaine ancienne, berceau du capitalisme.
- **Les acteurs de la puissance :**
  - les entrepreneurs et les salariés formés ;
  - les milieux de la finance et les Bourses : Londres, Francfort, Paris, Amsterdam ;
  - les pouvoirs publics et leurs politiques (régions, États, UE).

(Leçon p. 162.)

- **Les facteurs de la puissance :**
  - les révolutions industrielles depuis le XIXe siècle ;
  - innovations scientifiques et technologiques (prix Nobel, traditions universitaires) ;
  - réseaux de communications denses et performants.

Conseils : *ici, faites référence au schéma par l'expression « voir schéma ».*

Transition *La puissance de l'UE ne rencontre-t-elle pas des limites ?*

Partie 3

3. Toutefois, une grande puissance mondiale encore inachevée

- **Des domaines économiques en difficultés :**
  - une maîtrise insuffisante des réseaux de communication et d'information ;
  - les difficiles reconversions des anciens bassins d'industries de main-d'œuvre ;
  - montée d'autres concurrences (asiatiques...).
- **Des limites internes :**
  - d'importantes disparités économiques entre les 25 membres ;

Conseils : *Décrivez les disparités en utilisant l'expression « on observe sur le schéma ».*

  - une construction politique limitée ;
  - un déficit d'attractivité : fuite des cerveaux vers les États-Unis.

(Cartes Majeures p. 160-161 et Leçon p. 166.)

3 Conclusion

Le développement économique européen depuis 1945 a été remarquable.
À la différence du Japon ou des États-Unis d'Amérique, la puissance de l'UE n'est pas celle d'un État indépendant : la cohésion interne de l'UE est encore insuffisante.
L'élargissement de l'UE à 25 États va-t-il permettre de renforcer sa cohésion économique et politique ou va-t-il la rendre plus difficile ?

Séries ES et L

Composition

Sujet BAC nº 20

L'Europe rhénane, « cœur » de l'Union européenne ?

Étapes	Entraînement	
❶ **Analyser le sujet**	• **Lecture du sujet et recherche des mots-clés**	• Le sujet ne porte pas sur l'Union européenne en elle même, mais sur un espace vital pour l'Europe des 25. • C'est le sens du mot « cœur » utilisé ici à la place du terme plus géographique de « centre », c'est-à-dire du ou des lieux qui concentrent les hommes, la puissance économique, les réseaux, les pouvoirs de décision…
❷ **Poser la problématique**	• **Recherche des questions que la formulation du sujet induit**	• Comment se manifeste la puissance de l'espace rhénan ? • Pourquoi cet espace, qui déborde sur plusieurs États, est-il devenu un espace moteur de l'Europe ? • L'accumulation des hommes et des activités n'a-t-elle pas des conséquences environnementales ?
	• **Formulation de la problématique**	• Qu'est-ce qui fait la puissance de cet espace transfrontalier ? Comment est-il organisé ? Cet espace n'est-il pas fragilisé par la trop forte concentration des industries, des villes… ?
❸ **Élaborer le plan**	• **Mobiliser les connaissances**	• Pour recenser rapidement au brouillon les connaissances et les exemples correspondant au sujet, on peut s'aider d'un tableau organisé en fonction de la problématique et dans lequel seront listés les arguments qui seront développés dans la composition .
	• **Classement des connaissances**	• Il faut ensuite rassembler les informations en thèmes qui constitueront les parties de la composition. En fonction de la problématique du sujet, on pourra retenir les **thèmes suivants** : – 1re partie : L'Europe rhénane, un espace « central ». – 2e partie : Les facteurs de la puissance. – 3e partie : L'Europe rhénane, un environnement dégradé ? • Dans chaque partie les idées et exemples seront regroupés en paragraphes.

Exemple :

Caractères de l'espace rhénan
– Localisation par rapport à l'UE. *– Population, villes.* *– Industries, communications.* *– Richesse économique, financière…* *– Capitales de l'UE…*
Origines de la puissance
– Un axe ancien. *– Un bastion de la Révolution industrielle de l'Europe du XIXe siècle.* *– Des ressources naturelles.* *– Un couloir de circulation, un axe ouvert sur l'océan, le continent.* *– De nombreux aménagements…*
L'environnement en question
– Un espace pollué. *– Intensité de la circulation, un espace surchargé.* *– Des espaces à reconvertir…*

4 **Rédiger la composition**

• L'introduction

Présentation du sujet L'Europe rhénane est un espace transnational, central au cœur de l'Europe.

Problématique Cette région qui met en relation l'Europe du Nord-Ouest, l'Europe méditerranéenne et l'Europe centrale est traversée par de puissants flux, bases de sa richesse et de sa puissance. C'est un espace très peuplé, ponctué de grandes métropoles.

En quoi l'Europe rhénane est-elle le cœur de l'Union européenne ?

Plan du devoir Quels sont les facteurs de sa puissance ?
Comment s'organise-t-elle ? Quels problèmes rencontre-t-elle ?

• Le développement

Partie 1

1. L'Europe rhénane, un espace « central »

- **Du littoral de la mer du Nord à la Suisse un espace qui concentre :**
  - la richesse de l'UE : 25 % du PIB de l'Union y est réalisé ; des niveaux de vie très élevés ; les taux de chômage les plus bas de l'UE ;
  - les pouvoirs économiques et financiers : FTN (Nestlé, Philips...) ; banques (BCE), Bourses, paradis fiscaux ; institutions de l'UE : Bruxelles, Luxembourg, Strasbourg.
- **De très fortes densités de population :**
  - densités supérieures à 400 habitants par km^2 ; au total environ 80 millions de personnes (Carte Majeure 2 p. 177, Leçon p. 180).
- **Un dense semis de villes :**
  - villes regroupées en conurbations (Rhin-Ruhr, Randstad Holland) ;
  - grandes variétés de fonctions urbaines : industrielles, commerçantes...
- **De puissantes régions industrielles** (grands bassins industriels ou villes).
- **Une intense circulation :**
  - terrestre : voies d'eau, voies ferrées, autoroutes, oléoducs, gazoducs ;
  - une grande façade maritime (Cartes Majeures p. 178-179, Leçon p. 182).

Transition *Comment cet espace, à cheval sur plusieurs États, a-t-il pu s'affirmer ?*

Partie 2

2. Les facteurs de la puissance

- **Héritages :**
  - ancienneté de la vie de relation (depuis le Moyen-Âge, puissants courants d'échanges mer du Nord/Méditerranée) ;
  - présence de grands foyers culturels ;
  - centre de gravité de l'Europe des marchands et des banquiers (capitaux) ;
  - lieu de naissance de la Révolution industrielle (charbon, acier...).
- **Aménagements :**
  - le Rhin, un axe aménagé : digues, canaux, tunnels ;
  - grands ports de la façade de la mer du Nord (Dossier p. 186-187).
- **Situation :** espace ouvert sur l'océan mondial, l'Italie du Nord, l'Europe danubienne.
- **Ressources naturelles :** gisements de charbon (Ruhr, Sarre) ; hydroélectricité.
- **Des espaces complémentaires et concurrents :** métropoles puissantes, régions industrielles, villes-ports, espaces récréatifs (montagnes).

Transition *L'intensité des échanges, la concentration d'activités industrielles n'est pas sans effet sur l'environnement.*

Partie 3

3. L'Europe rhénane, un environnement dégradé ?

- **Des espaces à reconvertir ou en cours de reconversion** (friches industrielles).
- **Des espaces saturés** (Dossier p. 188-190) :
  - congestion des voies de circulation, besoin d'espace ;
  - des milieux fragilisés par les aménagements : vallée du Rhin ;
  - des nuisances qui provoquent des mouvements de protestation.
- **Nécessité de gérer l'espace :** coût élevé de la protection et de la gestion de cet espace sensible.

• La conclusion

Bilan • L'Europe rhénane, qui a bénéficié d'avantages déterminants, constitue au sein de l'UE une « écharpe » de puissance et de richesse.

Perspectives • Cette région donne aujourd'hui des signes de saturation qui pourraient favoriser l'essor des espaces voisins.

Séries ES et L

Composition

Sujet BAC n° 21 — L'Union européenne, quelles disparités spatiales ?

Étapes		Entraînement
1 Introduction	• **Problématique**	L'Union européenne, construite sur la base d'un ensemble d'États très différents les uns des autres, ne peut pas être actuellement homogène et ce, en dépit de ses politiques d'intégration, de coopération, d'aide aux régions en retard...
	• **Plan de la composition**	Comment évaluer ces disparités ? Quelles sont leurs origines et comment évoluent-elles ? Quelle est leur géographie ?
2 Développement	**Partie 1**	**1. D'importantes disparités** • **Des disparités :** en termes de richesse et de développement ; de structuration de l'espace par les grandes métropoles ; d'accessibilité ou d'enclavement. (Utiliser la Leçon 3 p. 166 et les Cartes Majeures p. 160-161.) • **Des disparités à toutes les échelles :** – opposition nette entre les anciens membres de l'UE et les nouveaux venus ; (Utiliser les Leçons 2 et 3 p. 164 et 166.) – à l'intérieur des États ; – à grande échelle, au sein des grandes agglomérations.
	Transition	*Quelles sont les origines de ces disparités ?*
	Partie 2	**2. Une tendance difficile à inverser** • **L'origine des disparités** est plus humaine que naturelle. (Utiliser la Leçon 1 p. 162.) • **Des disparités persistantes** du fait : de l'élargissement rapide de l'UE vers l'Est en 2004 ; de la mondialisation et de la métropolisation qui avantagent certains territoires. (Utiliser la Leçon 3 p. 166, le Dossier p. 186-187 et les Cartes Majeures p. 160-161.) • **Les politiques nationales** d'aménagement des territoires, la politique régionale de la CEE puis de l'UE, depuis 1975, ont toutefois limité les écarts spatiaux. (Utiliser la Leçon 3 p. 166.) • Les disparités sociales, un enjeu européen : en termes budgétaires (objectif de cohésion et d'intégration européenne) ; en termes politiques (la réduction des disparités est un objectif de la construction européenne).
	Transition	*L'ampleur des disparités permet d'individualiser différents types d'espaces dans l'Union.*
	Partie 3	**3. Des espaces nettement différenciés** • **Des espaces enclavés, périphériques et marginalisés.** (Utiliser le croquis du Sujet Bac n° 22 p. 197.) • **Des espaces spécialisés plus ou moins fragiles :** espaces industriels à l'avenir incertain, des territoires dévolus au tourisme... (Utiliser la Leçon 3 p. 166 et les Cartes Majeures p. 160-161.) • **Des espaces périphériques dynamisés :** espaces centraux des pays périphériques ; espaces transfrontalier ; régions en développement à partir de délocalisations industrielles. • **Des zones centrales de la puissance économique européenne :** grandes régions métropolitaines ; cœur de la dorsale européenne ; espaces intermédiaires aux liens étroits avec les espaces centraux. (Utiliser les Dossiers p. 170-171 et p. 186-187.)
3 Conclusion	*Bilan*	• Les disparités spatiales sont donc multiples en Europe.
	Perspectives	• Elles représentent un enjeu majeur pour l'Europe de demain ; la réussite du projet européen passe nécessairement par leur réduction. Leur portée dépasse donc nettement le seul champ de l'économie.

Séries ES et L

Croquis

Sujet BAC n° 22

Les disparités spatiales de l'Union européenne

Croquis : Les contrastes spatiaux de l'Union européenne

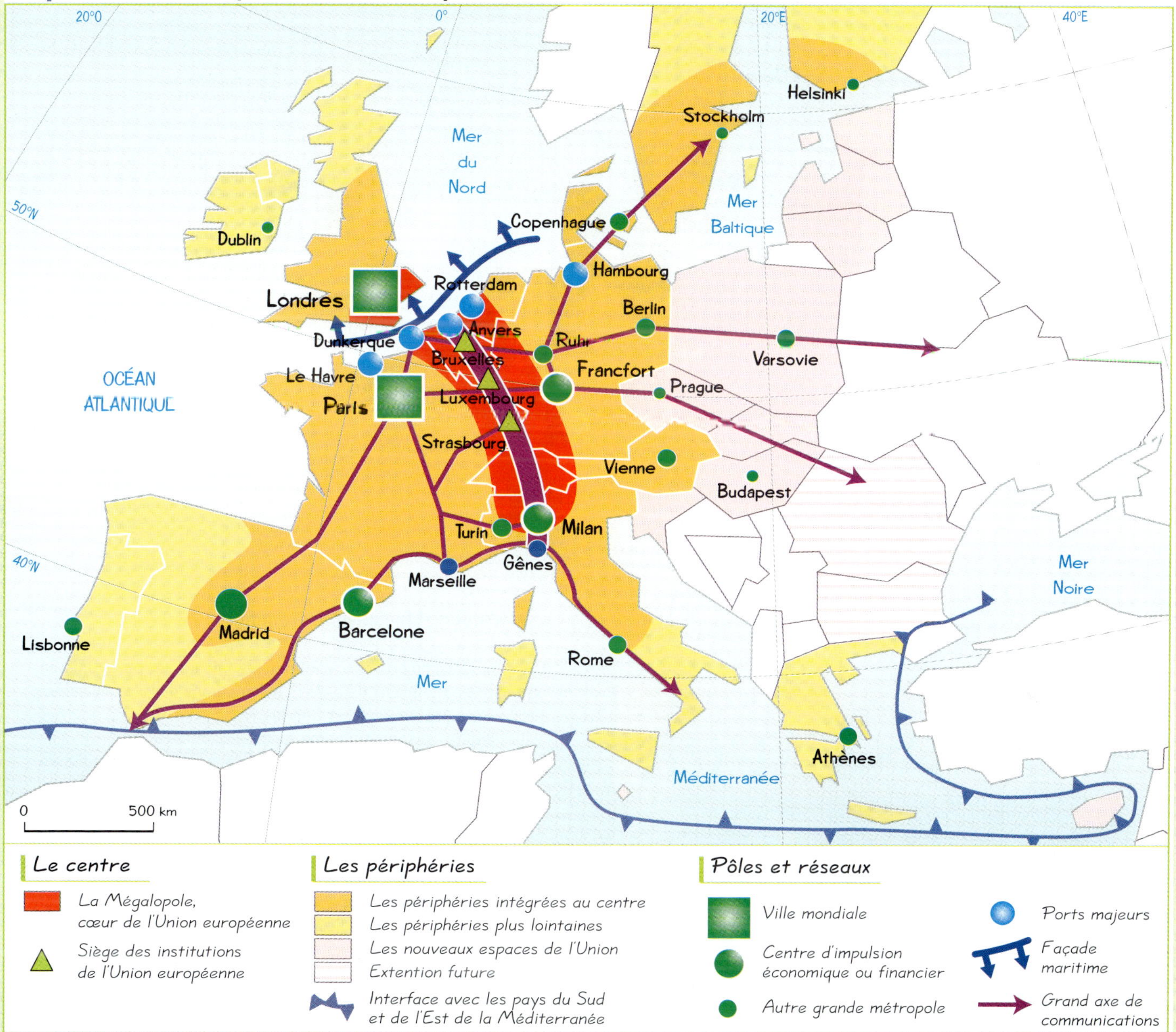

Entraînement

1. Que faut-il comprendre par « disparités spatiales » ? Comment les a-t-on représentées sur le **croquis** ?

2. Quelles sont les principales disparités de l'Union européenne ? (Utiliser le Chapitre 6 et le Sujet Bac n° 21.)

3. À l'aide du **croquis** et de sa **légende**, listez les caractères de chacun des types d'espaces cartographiés.

4. Où sont situés les espaces centraux ? les espaces en marge ?

Sujet BAC nº 23

L'Union européenne, une grande puissance ?

1. PNB des grands ensembles géographiques du monde (2002)

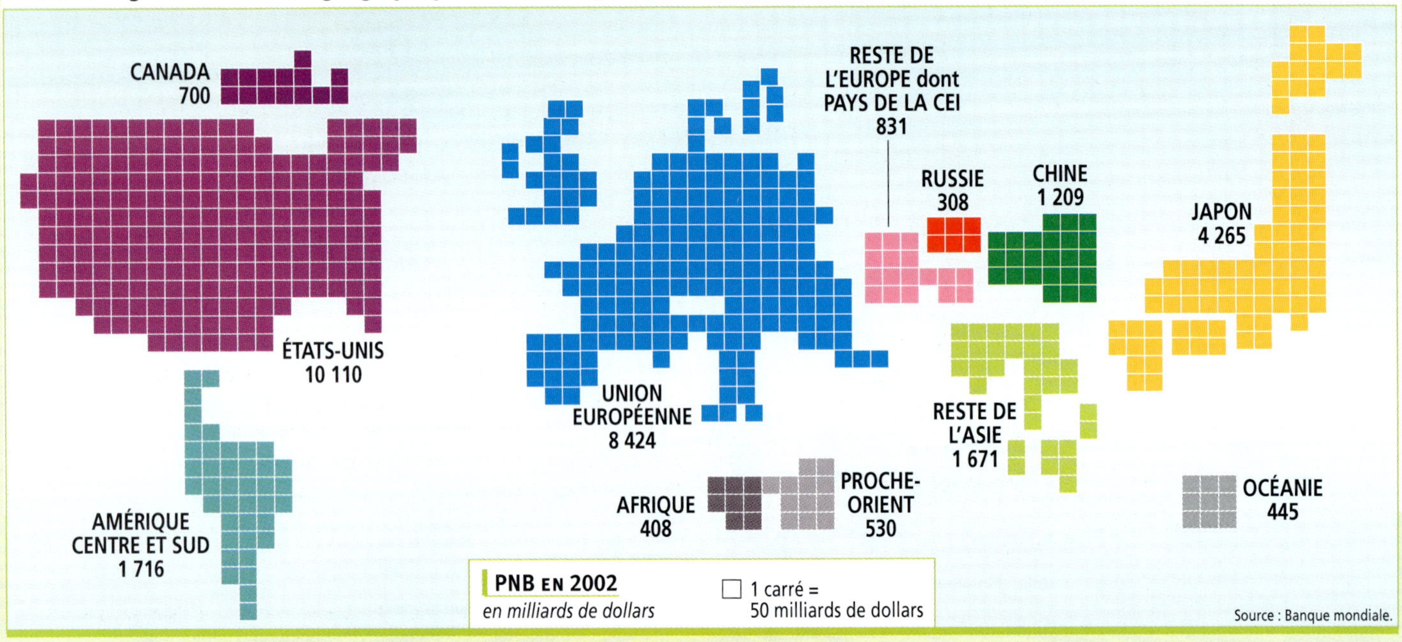

2. Airbus, symbole de la puissance de l'industrie aéronautique européenne

Couverture de *BusinessWeek* – 10 novembre 2003.

3. L'Europe et la nouvelle économie

La croissance américaine repose sur le fait qu'aux États-Unis on dépose deux fois plus de brevets qu'en Europe dans les domaines de la haute technologie et que les jeunes firmes sont, non pas plus nombreuses qu'en Europe, mais plus innovantes [...]. À la différence de la Silicon Valley américaine, l'Europe manque de champions tels que Microsoft, Intel, Cisco, IBM, Dell, Compaq, AOL, etc. Tout au plus peut-elle opposer quelques points forts dans le domaine clé des téléphones mobiles.

Dans le classement des 100 premières entreprises de la nouvelle économie réalisé par *BusinessWeek*, l'Europe compte 6 firmes, contre 75 aux États-Unis.

D. Cohen, *La mondialisation et ses ennemis*, Grasset – 2004.

4. Principaux exportateurs de blé (2002)

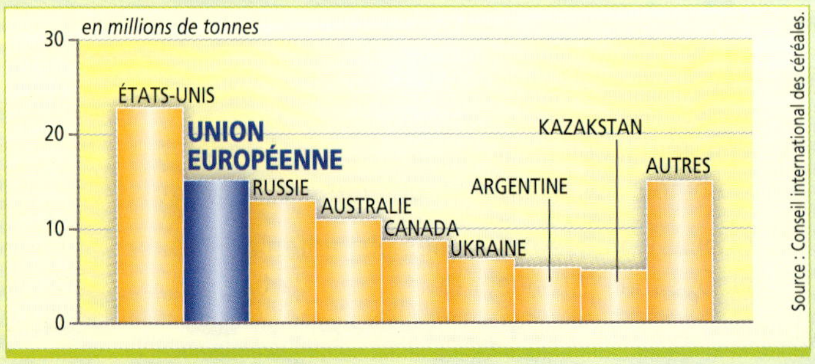

5. Carte Majeure : L'Union européenne, premier pôle commercial mondial

(Se reporter à la carte 1 p. 158.)

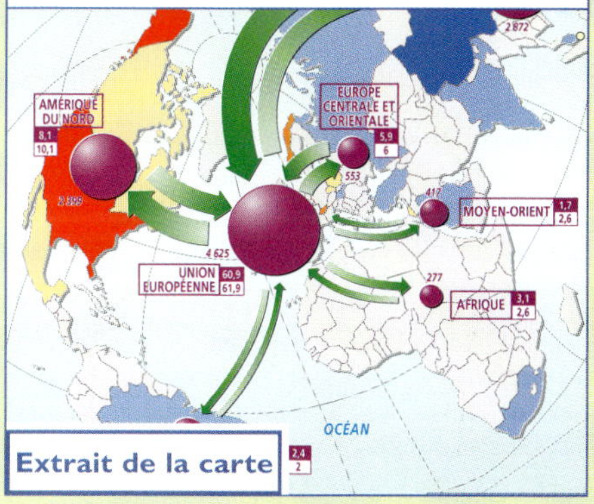

Extrait de la carte

1re Partie — **Analysez l'ensemble documentaire en répondant aux questions suivantes.**

1. Analysez le **document 1** en précisant le type de représentation choisi.
2. Quelle est la place de l'UE dans le commerce mondial **(document 5)** ? Quels sont ses principaux partenaires ?
3. D'après les **documents** du dossier, quels secteurs de l'activité économique fondent la puissance de l'UE ? Dans quels domaines l'UE accuse-t-elle un certain retard ?
4. Quels éléments, susceptibles de montrer la puissance ou les points faibles de l'UE, ne figurent pas dans l'**ensemble documentaire** ?

2e Partie — **À l'aide des réponses aux questions, des informations contenues dans les documents et de vos connaissances, rédigez une réponse organisée au sujet posé.**

Entraînement

2 Partie 2

Rédaction de la réponse au sujet

• Mobilisation des informations et organisation de la réponse

• À partir des informations tirées des documents et des connaissances, il est possible d'organiser la réponse en **plusieurs thèmes** :
- l'UE, un pôle de richesse, une puissance économique ;
- l'UE, une puissance au cœur des échanges mondiaux ;
- des limites à cette puissance.

• Rédaction de la réponse

Exemple de réponse au sujet

Phrase introductive

L'Union européenne est une grande puissance économique. Cette puissance qui se manifeste sous plusieurs formes est-elle sans limites ?

1er paragraphe

L'UE est un des grands pôles de richesse de la planète.
Le PNB de l'UE à 25 États se rapproche de celui des États-Unis tandis qu'il est le double de celui du Japon. Cette richesse visible sur la carte par anamorphose, traduit en fait la puissance économique de l'Union.
L'UE dispose d'une industrie et d'une agriculture fortes. Elle peut, dans plusieurs secteurs économiques, rivaliser avec les États-Unis et le Japon. Ainsi Boeing est-il mis à mal par Airbus, tandis que les exportations de céréales de l'UE (notamment de la France) se partagent les marchés internationaux avec les États-Unis.

Exemples tirés des connaissances

De grandes régions économiques, quelquefois transnationales, et des métropoles au rayonnement mondial (Londres, Paris...) sont les lieux où se concentre la puissance de l'Europe.

2e paragraphe

L'UE est un grand pôle du commerce mondial.
En valeur, le commerce de l'UE est le double de celui des États-Unis ou du Japon. Des flux de marchandises relient surtout l'UE aux deux autres pôles de la Triade. Mais l'UE commerce, soit en important (de la Chine, de la Russie, du Moyen-Orient...), soit en exportant (vers l'Amérique du Nord et le Mexique, l'Australie...) avec toutes les grandes régions du monde. En cela, elle est au cœur de la mondialisation de l'économie. Sans oublier le commerce intra-communautaire (2/3 des échanges de l'UE).

3e paragraphe

Une puissance économique incomplète ?
Dans les secteurs de la nouvelle économie, l'UE souffre d'un déficit en matière d'innovation, à la fois par rapport aux États-Unis et au Japon. L'UE est par ailleurs « victime » de la « fuite de ses cerveaux » au-delà de l'Atlantique. Ses firmes (FTN) ne sont pas parmi les plus puissantes au monde.

Exemples tirés des connaissances

L'UE est confrontée aussi à la reconversion de ses vieux bassins industriels alors que la concurrence asiatique fait rage. La puissance de l'UE est inégalement partagée entre les 25 États membres.

Phrase de conclusion

Depuis 1945, l'UE a accédé progressivement au rang de grande puissance bien que celle-ci soit encore inachevée.

Étude d'un ensemble documentaire

Sujet BAC n° 24

Quelles portes maritimes pour l'Europe rhénane ?

1. Le port d'Anvers

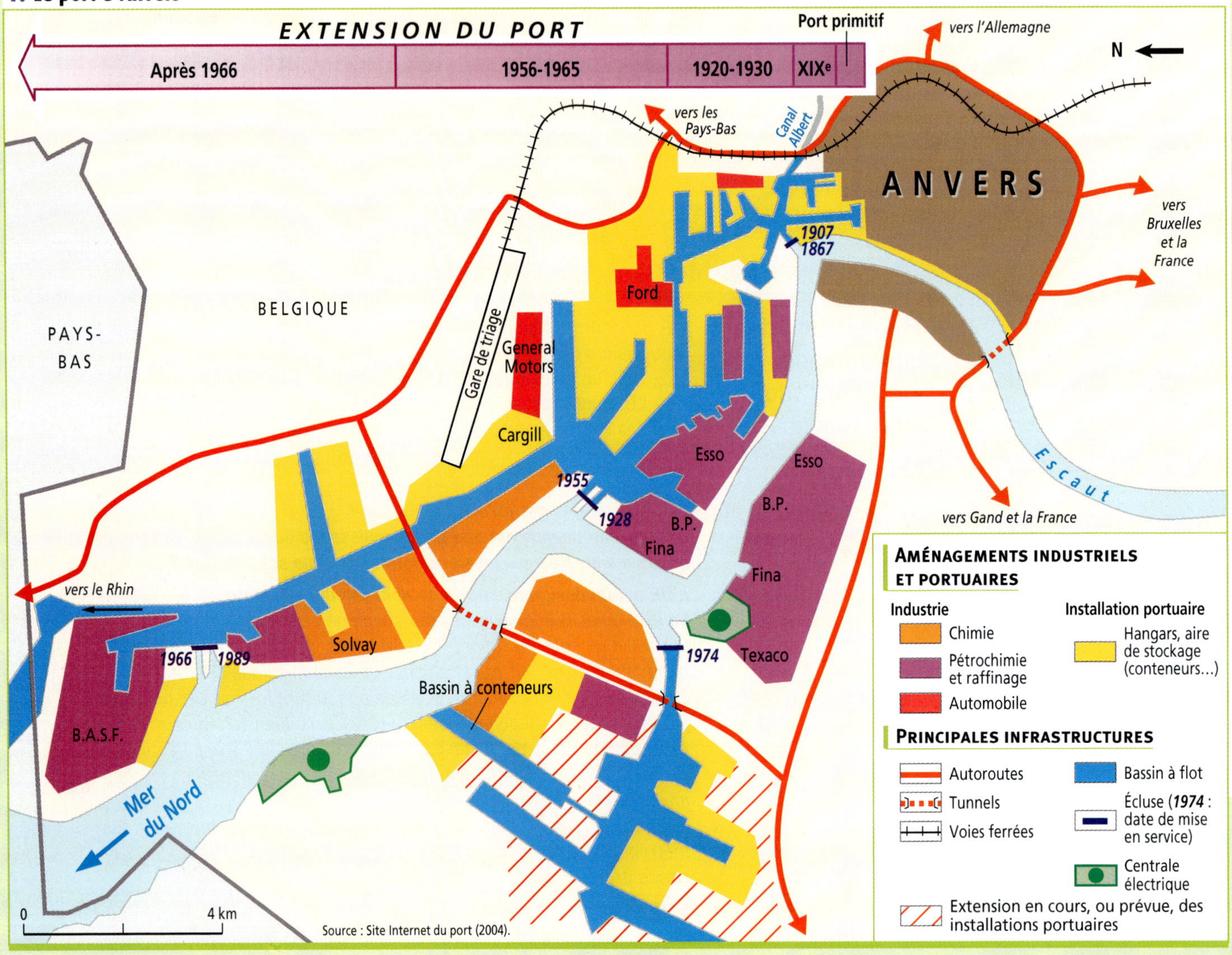

2. Les ports du delta du Rhin

Ports hanséates, propriétés de la ville avec laquelle ils partagent leur nom, Rotterdam, Anvers et Amsterdam, disposent d'une localisation exceptionnelle, au débouché de la voie rhénane, c'est-à-dire d'un axe multiséculaire, et des régions qui regroupent une part importante des forces de l'Europe. En soi, le Rhin est déjà source de puissance : à l'amont de la frontière allemande, toute une série de villes fluviales apportent leur impulsion, la plus forte étant Duisbourg. La vallée regroupe aussi les apports du rail et de la route et noue de multiples croisements.

Aussi le trafic maritime de ce delta [...], est-il énorme : plus de 500 millions de tonnes avec Zeebrugge qui est un peu à l'écart mais relève des mêmes mécanismes. On y trouve le premier port de l'économie allemande (Rotterdam), le troisième (Anvers) et le cinquième (Amsterdam).

A. Vigarié, *Les littoraux, espaces de vie,* SEDES – 1998.

3. Carte Majeure : Le Rhin, un grand réseau fluvial au cœur de l'Europe

(Se reporter à la carte 1 p. 178.)

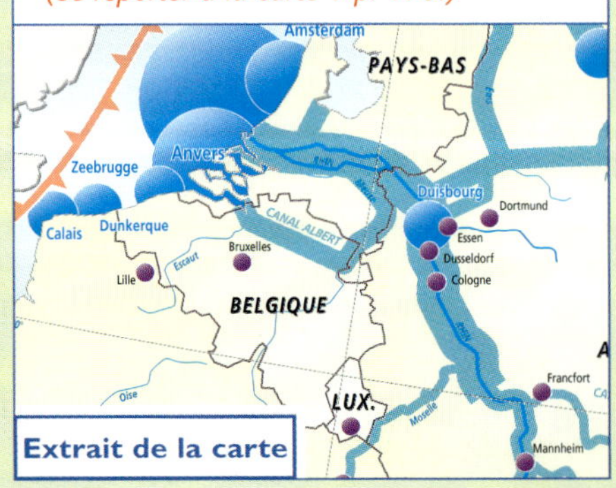

4. L'arrière-pays d'Anvers

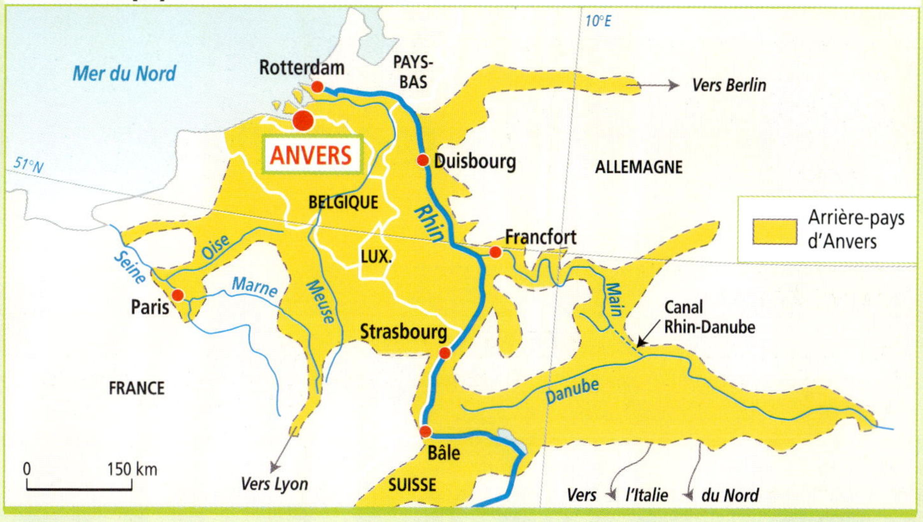

5. Couverture du *MOCI* – 18-24 décembre 2003

1re Partie

1. Quelle est la situation du port d'Anvers en Europe **(document 5)** ?
2. D'après les **documents 1 et 2**, quelles sont les fonctions du port d'Anvers ?
3. À quoi correspond le terme d'« arrière-pays » **(documents 2, 3 et 4)**.
4. À l'aide de l'ensemble des **documents**, montrer l'importance de la façade maritime de l'Europe.
5. Limites du dossier : quelles relations, qui n'apparaissent pas dans l'**ensemble documentaire**, peut-on établir entre l'importance de cette façade maritime et la mondialisation de l'économie ?

2e Partie

À l'aide des réponses aux questions, des informations contenues dans les documents et de vos connaissances, rédigez une réponse organisée au sujet posé.

Étapes		Entraînement
1 Partie 1 Réponse aux questions	• **Analyse des questions**	• Lire attentivement les questions afin de répartir correctement vos réponses.
	• **Travail sur les documents**	• Sélectionnez, sur chaque document, les informations utiles au traitement des questions.
	• **Réponse aux questions**	• Répondez aux questions *Exemple : piste de réponse à la question 5 : les « limites du dossier ».* • Demandez-vous : – qu'est ce que la mondialisation ? Qu'est-ce qui caractérise les échanges mondiaux ? – le dossier documentaire comporte-t-il des documents qui montrent : les flux de marchandises dans l'espace mondial ? Les grandes façades maritimes du monde ? • À l'aide de vos connaissances, lister les arguments et les exemples qui permettent de démontrer qu'en raison de la mondialisation de l'économie, les ports de l'Europe rhénane sont une porte d'entrée et de sortie des marchandises en provenance et à destination du monde entier.
2 Partie 2 Rédaction de la réponse au sujet		• Rédigez la réponse au sujet. (Utiliser le Chapitre 1.)

Séries ES et L

Étude d'un ensemble documentaire

Sujet BAC n° 25

Rhin-Ruhr, centre de l'Europe rhénane ?

1. L'usine Opel de Bochum

2. Rhin-Ruhr

La vallée du Rhin organise, en d'immenses conurbations industrielles (Rhin-Neckar, Rhin-Main, Rhin-Ruhr), toute l'économie de l'Ouest de l'Allemagne, avant de rejoindre la mer à Rotterdam, premier port du monde.
La voie rhénane, en facilitant l'importation de minerai de fer, a permis le maintien de la plus grande partie de la sidérurgie allemande sur ses sites traditionnels à l'intérieur des terres.
Ce gigantesque complexe logistique fluvial est en effet le débouché de la première agglomération urbaine d'Allemagne, la région Rhin-Ruhr, qui rassemble plus de 11 millions d'habitants sur 9000 km^2, dans de fortes densités humaines (1 220 habitants par km^2).
Construite autour de Duisbourg, Bochum, Essen ou Dortmund sur le charbon et l'acier, elle fut le siège de puissants *Konzerne* comme Krupp, Röchling ou Thyssen, qui jouèrent un rôle central dans l'histoire économique et politique du pays.

TDC, n° 861 – Octobre 2003.

3. La Ruhr, région verte ?

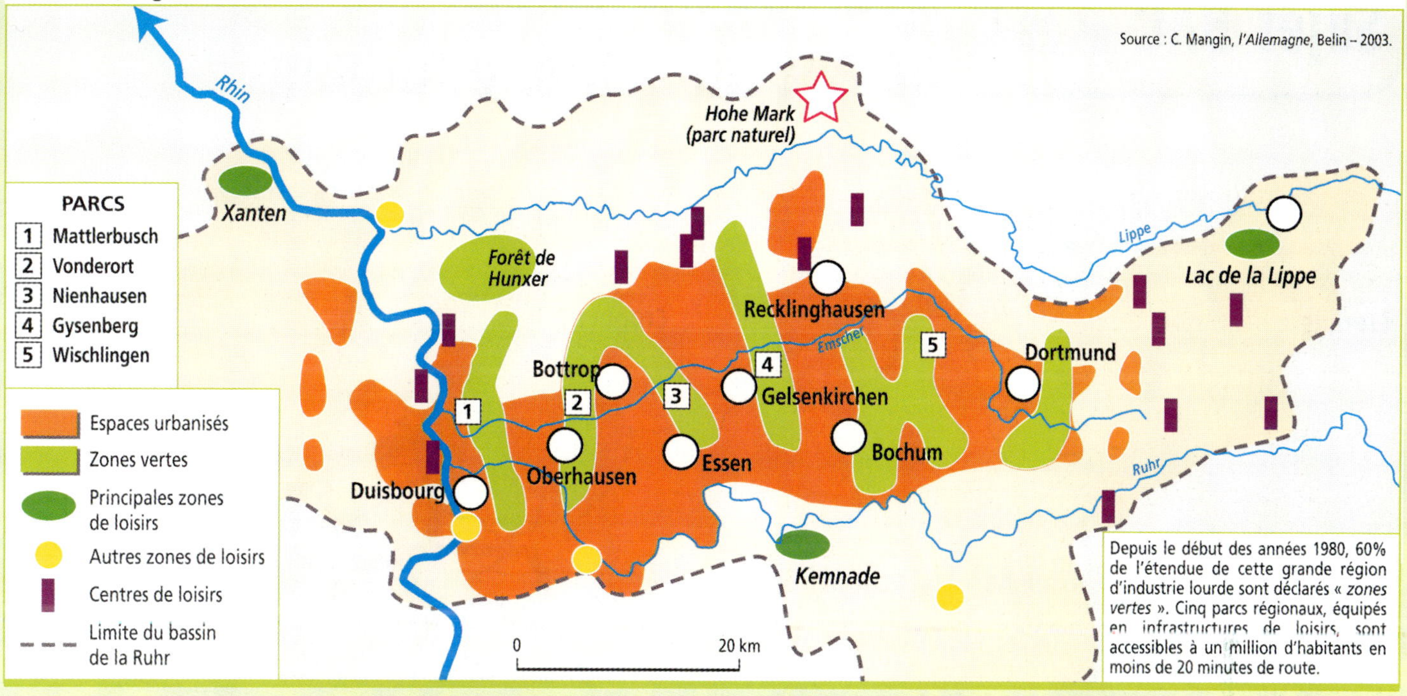

Depuis le début des années 1980, 60% de l'étendue de cette grande région d'industrie lourde sont déclarés « *zones vertes* ». Cinq parcs régionaux, équipés en infrastructures de loisirs, sont accessibles à un million d'habitants en moins de 20 minutes de route.

4. Rhin-Ruhr, au cœur de l'axe rhénan

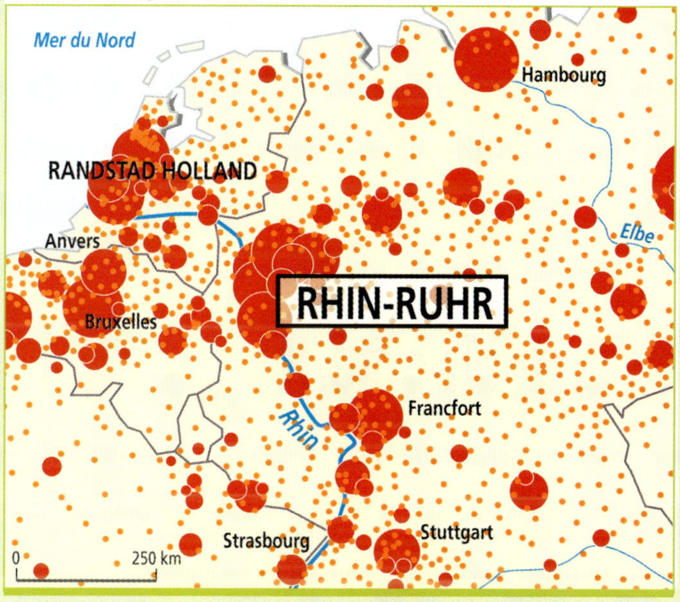

5. Carte Majeure : Un espace organisé par le Rhin

(Se reporter à la carte 2 p. 179.)

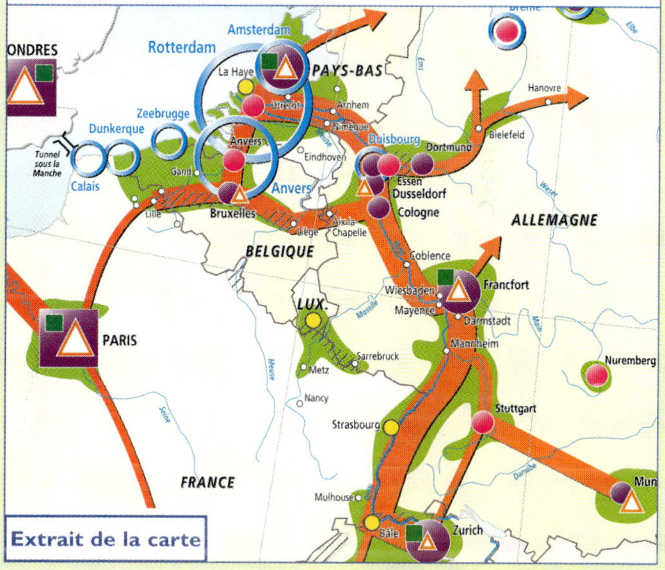

1re Partie **Analysez l'ensemble documentaire en répondant aux questions suivantes.**

1. Comparez les informations fournies par les **documents 4** et **5** : dites pourquoi la puissance de la Ruhr est-elle liée à la présence du Rhin ?
2. Montrez que la Ruhr est une grande région industrielle en reconversion **(doc. 3)** ?
3. Quelles sont les fonctions des villes de la région Rhin-Ruhr **(doc. 1, 2, 5)**?
4. À l'aide du **document 5**, justifiez l'expression utilisée dans le sujet : « centre de l'Europe rhénane ».
5. Quels autres espaces sont aussi des « centres » de l'Europe rhénane.

2e Partie **À l'aide des réponses aux questions, des informations contenues dans les documents et de vos connaissances, rédigez une réponse organisée au sujet posé.**

Séries ES et L

Croquis

Sujet BAC n° 26 L'Europe rhénane, un axe industriel et urbain

Croquis 1

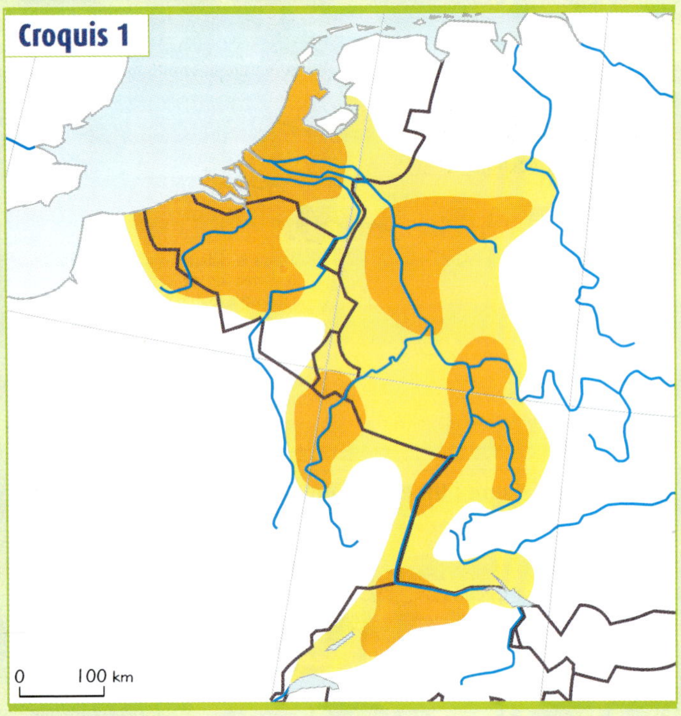

Croquis 2

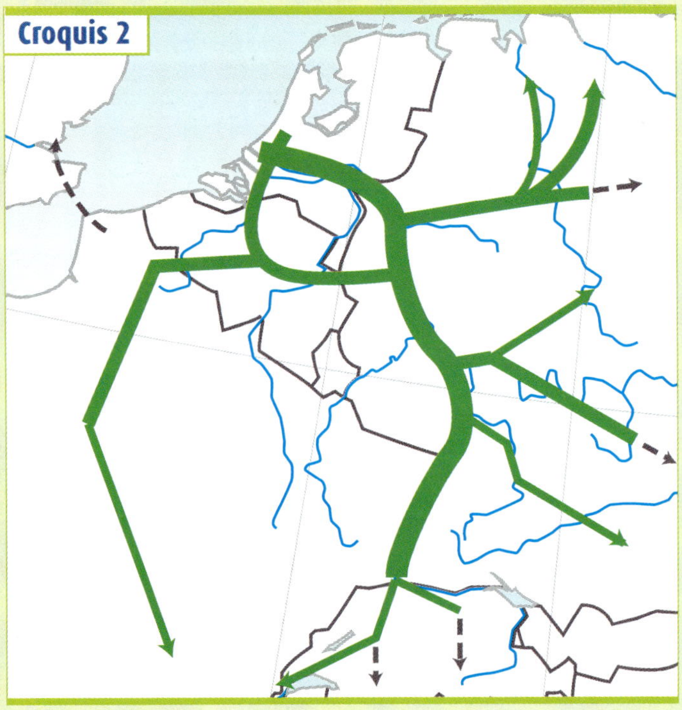

Croquis 3

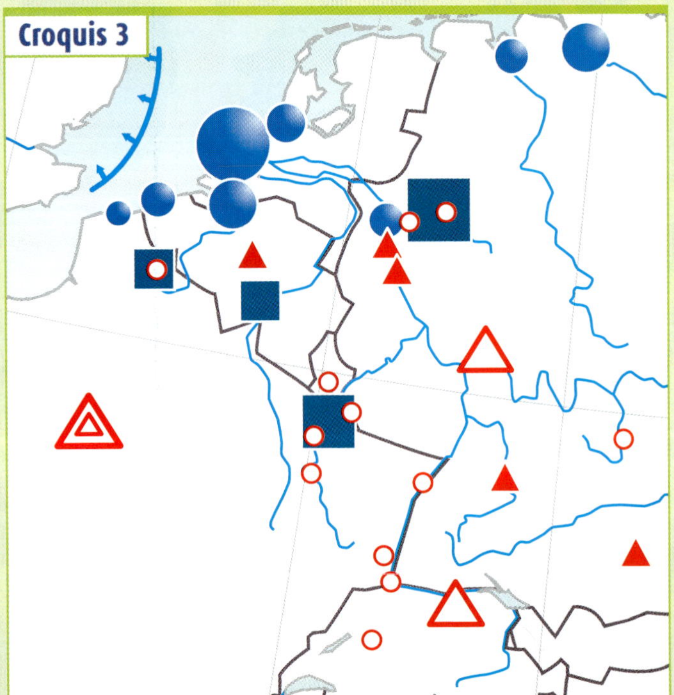

Entraînement

1. Quels types de figurés sont utilisés sur les **croquis 1, 2 et 3** (Utiliser Le langage cartographique p. 368) ?
2. Sur le fond de carte, dans quel ordre faut-il reporter les différents types de figurés pour réaliser correctement le croquis (Voir « **Pour réussir le croquis** » du Sujet Bac n° 18 p. 150-151) ?
3. Des **croquis 1, 2 et 3** lequel montre :
   - les limites de l'espace rhénan ?
   - l'axe rhénan ?
   - les villes et les régions industrielles ?
4. Pourquoi a-t-on indiqué, sur le **croquis 4**, les ports et la façade portuaire ?
5. Comment le **croquis 4** montre-t-il que l'axe rhénan est au cœur de l'Europe ?

4. L'espace rhénan, un axe industriel et urbain au cœur de l'Europe

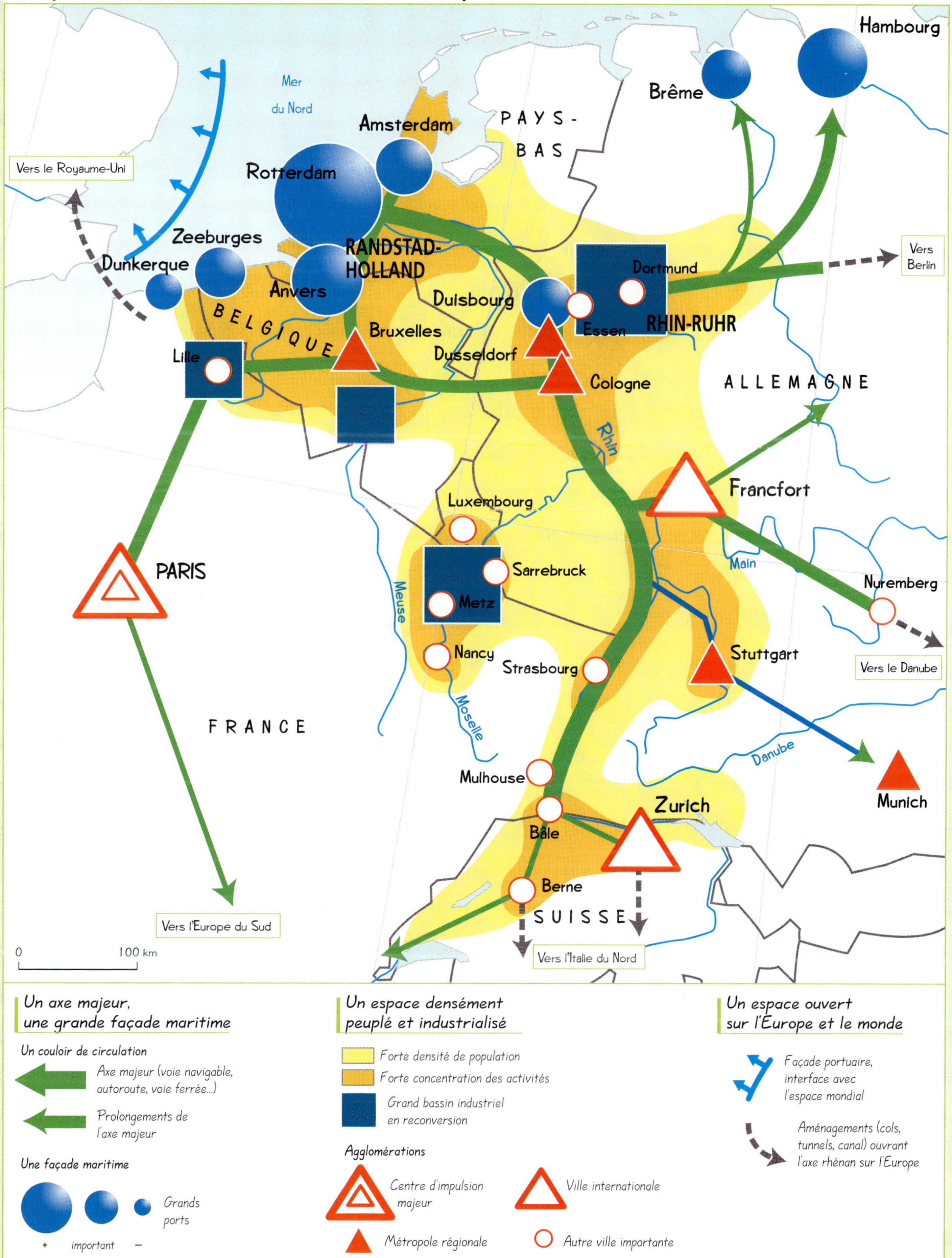

MONGOLIE
MANDCHOURIE
Changchun
RUSSIE
Vladivostok
ÎLES KOURILES
Sapporo
HOKKAIDO
Shenyang
40°
NAN SHAN
Huang He
Beijing
Tianjin
Dalian
Pyongyang
CORÉE DU NORD
Mer du Japon
HONSHU
JAPON
Séoul
Lanzhou
Jinan
Qingdao
CORÉE DU SUD
Tokyo
Yokohama
Pusan
Kyoto
Kobé
Nagoya
Osaka
Hiroshima
Zhengzhou
Xi'An
Mer Jaune
Xuzhou
Fukuoka
CHINE
Plaine de Chine
Nanjing
KYUSHU
Chengdu
Chang Jiang
Wuhan
Shanghai
Mer de Chine Orientale
Hangzhou
Chongqing
ÎLES RYU-KYU (JAPON)
Irrawaddy
Plateau de Chine du Sud
Fuzhou
Taipei
MYANMAR
Xi Jiang
Guangzhou (Canton)
Tropique du Cancer
Salouen
Hong Kong
TAIWAN
Gaoxiong
Hanoi
Haiphong
LAOS
HAINAN
Vientiane
THAÏLANDE
Mékong
Bangkok
VIÊT-NAM
CAMBODGE
Phom Penh
Hô Chi Minh-Ville
Mer de Chine Méridionale
Manille
LUÇON
PHILIPPINES
Mer des Philippines
OCÉAN PACIFIQUE
ÎLES MARIANNES
MINDANAO
Davao
PALAU
Medan
Kuala Lumpur
Bandar Seri Begawan
BRUNEI
SABAH
MALAISIE
Singapour
SARAWAK
Équateur
SUMATRA
BORNEO
KALIMANTAN
SULAWESI (CÉLÈBES)
NOUVELLE-GUINÉE
Palembang
Ujung Pandang
PAPOUASIE-NOUVELLE-GUINÉE
Mer de Java
Jakarta
INDONÉSIE
Bandoung
Surabaya
JAVA
BALI
Dili
TIMOR ORIENTAL
OCÉAN INDIEN
100° E
130° E
0
500 km
RELIEF
(en mètres)
5 000
2 000
500
200
0
AGGLOMÉRATIONS
Capitale d'État
Villes importantes

L'Asie orientale

La cité-État de Singapour

Singapour est né de son port, aujourd'hui ultra-moderne, premier lieu de transit des conteneurs circulant sur les routes mondiales. La ville a vu croître un district d'affaires (CBD*) lui aussi parmi les plus actifs d'Asie, à la mesure du rôle financier et industriel de ce pôle majeur.

L'Asie orientale

Coca-Cola
NEC

CHAPITRE 8

Une aire de puissance en expansion

Un symbole de la Chine moderne ?

En face du centre historique de Shanghai, de l'autre coté de la rivière Huangpu, Pudong est un nouvel ensemble urbain qui compte déjà un million d'habitants. Au-delà du centre d'affaires (visible sur la photo), on trouve des zones industrielles de hautes technologies, des centres de recherche, des résidences. Pudong a son port, et son centre est relié au nouvel aéroport par un train à sustentation magnétique ultra-rapide.

Problématiques

L'Asie orientale en mouvement ?

• ***L'aire de puissance asiatique est formée d'éléments discontinus,*** *éparpillés sur une vaste superficie ; elle intègre des bordures du continent asiatique, des îles et des archipels. Elle s'est constituée plus récemment que les autres aires de puissance, et ses limites évoluent très rapidement* (Carte page 206).

• ***La rapidité de son développement au cours des années 1960 jusqu'à la fin des années 1980*** *a incité bien des observateurs à considérer que cette aire pouvait changer l'équilibre mondial à moyen terme. Mais des difficultés graves* ***(stagnation de l'économie japonaise*** *depuis les années 1990, diffusion d'une* ***crise*** *née en Thaïlande en 1997) ont conduit à des jugements plus nuancés et démontré que l'Asie orientale associe, à des facteurs favorables, des éléments de faiblesse.*

Une aire de puissance éclatée à la recherche d'une unité
Revue *France Japon éco* – Printemps 2003.

1. Pourquoi l'Asie orientale est-elle une aire de puissance originale ?

➡ **L'Asie orientale, telle qu'elle est définie par le programme (Japon, Corée du Sud, Taiwan, Chine littorale, Singapour),** est très hétérogène par la taille des États, leur structure politique et économique *(Carte page 213 ; Sujet Bac page 246)*. Les relations entre les différents pays ne sont pas gérées par des accords d'ensemble, mais par des traités bilatéraux et des accords entre firmes. Seule l'Association des nations de l'Asie du Sud-Est (Asean*) coordonne les activités, mais elle ne regroupe qu'une partie des pays de l'aire de puissance.

➡ **Ce domaine a pourtant un certain nombre de caractères communs** à la base de sa définition comme aire de puissance : de très fortes densités démographiques *(Carte page 212)*, l'originalité de certaines bases culturelles qui conduit à le qualifier d'aire « sinisée », des taux de croissance économique remarquables dans les dernières décennies, mais aussi, le poids de l'industrie *(Leçon page 214)*. **En dépit de son rôle économique considérable, l'Asie orientale pèse peu dans la stratégie mondiale.**

L'Asean
La seule organisation économique regroupant une partie des pays de l'Asie orientale.

2. Comment cette aire de puissance s'est-elle constituée ?

➡ **Pour l'essentiel, l'aire de puissance s'est constituée par la diffusion de progrès économiques et de changements sociaux à partir du Japon,** une diffusion encore en cours. Expliquer le développement de cet ensemble pose un problème majeur, en raison de son hétérogénéité et de son caractère relativement récent.

➡ **L'émergence de cette aire a été facilitée par les atouts importants** dont elle dispose, comme les masses démographiques, l'association d'une main-d'œuvre de haut niveau technique et de populations forcées d'accepter des bas salaires ou des comportements de soumission aux règles édictées par les entreprises.

➡ **Deux questions se posent alors :** comment est né le pôle japonais ? Par quels mécanismes s'est faite la diffusion de la modernisation à partir de ce pôle *(Leçons pages 216, 218)*.

Une aire animée par le Japon
• Le gouverneur japonais de Toyama montre la « Méditerranée de l'Asie ».
• Dessin publié dans le *Financial Times* en 1991 représentant un vol d'oies sauvages dirigé par le Japon.

3. Quelles sont les forces et les faiblesses de l'aire asiatique ?

➡ **La diversité des pays composant l'aire de puissance a permis la formation d'un système productif efficace** *(Sujet Bac page 244)*. Ce circuit intégré est articulé autour de quelques lieux d'échanges et de production majeurs, comme Singapour *(Dossier page 224)*. Mais les inégalités entre pays et régions restent importantes ; elles évoluent rapidement comme le montre l'étonnante croissance de la Chine, notamment de sa façade littorale *(Photographie page 208 ; Dossier page 222)*.

➡ **Après des périodes de croissance remarquable, les crises** ont été expliquées par des facteurs multiples. Il est en particulier difficile de faire la part respective des problèmes de conjoncture et des erreurs de gestion, des faiblesses liées aux structures sociales et aux traits culturels *(Leçon page 220)*.

Deux aspects de la situation de l'aire asiatique
• La croissance rapide de la Chine (*L'Expansion* – Novembre 2003).
• La crise financière qui a touché l'Asie orientale à la fin des années 1990 (dessin de Plantu).

Cartes Majeures

Une aire fortement peuplée et éclatée

1. L'Asie orientale dans l'Asie des hautes densités de population

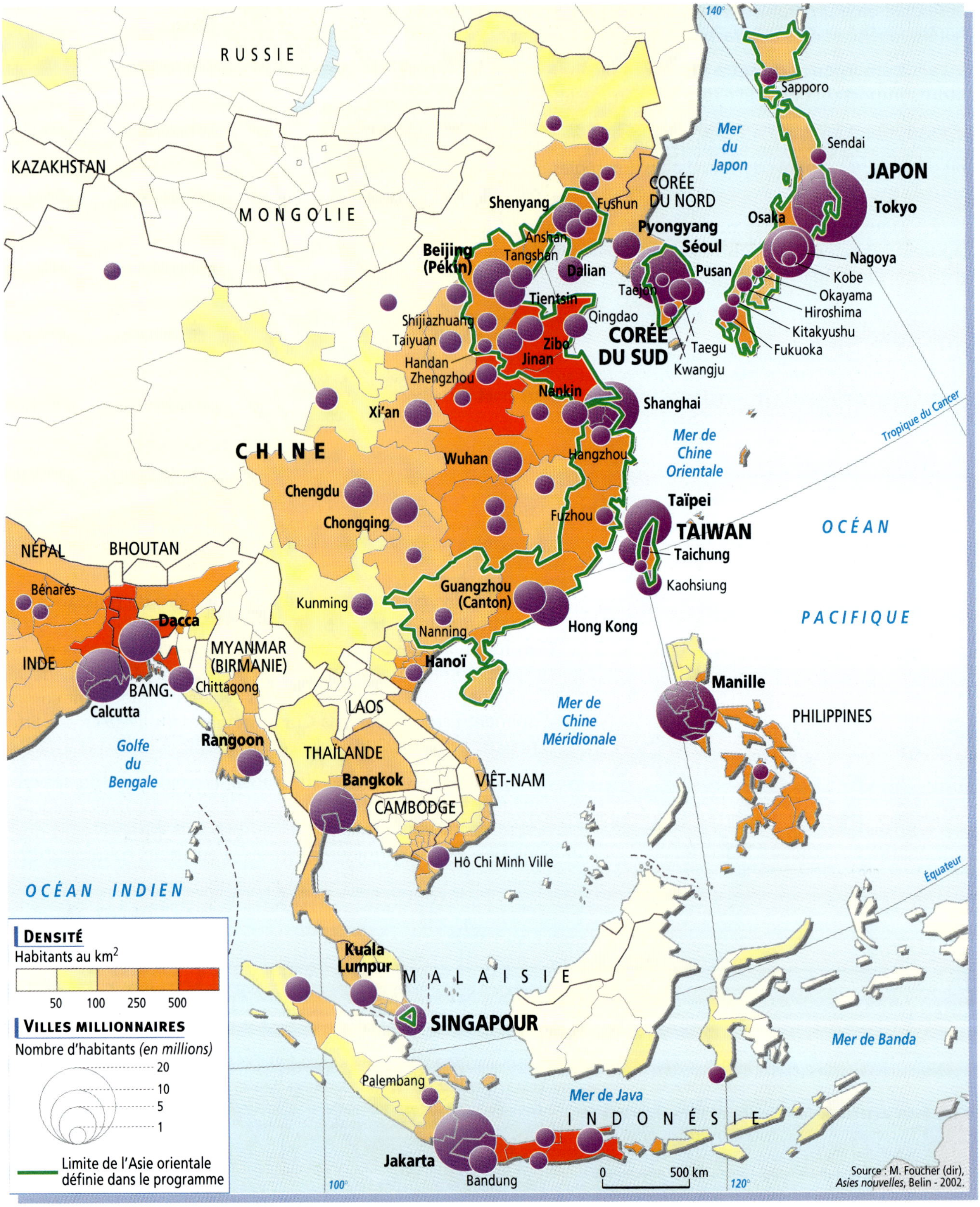

2. Une aire de puissance éclatée

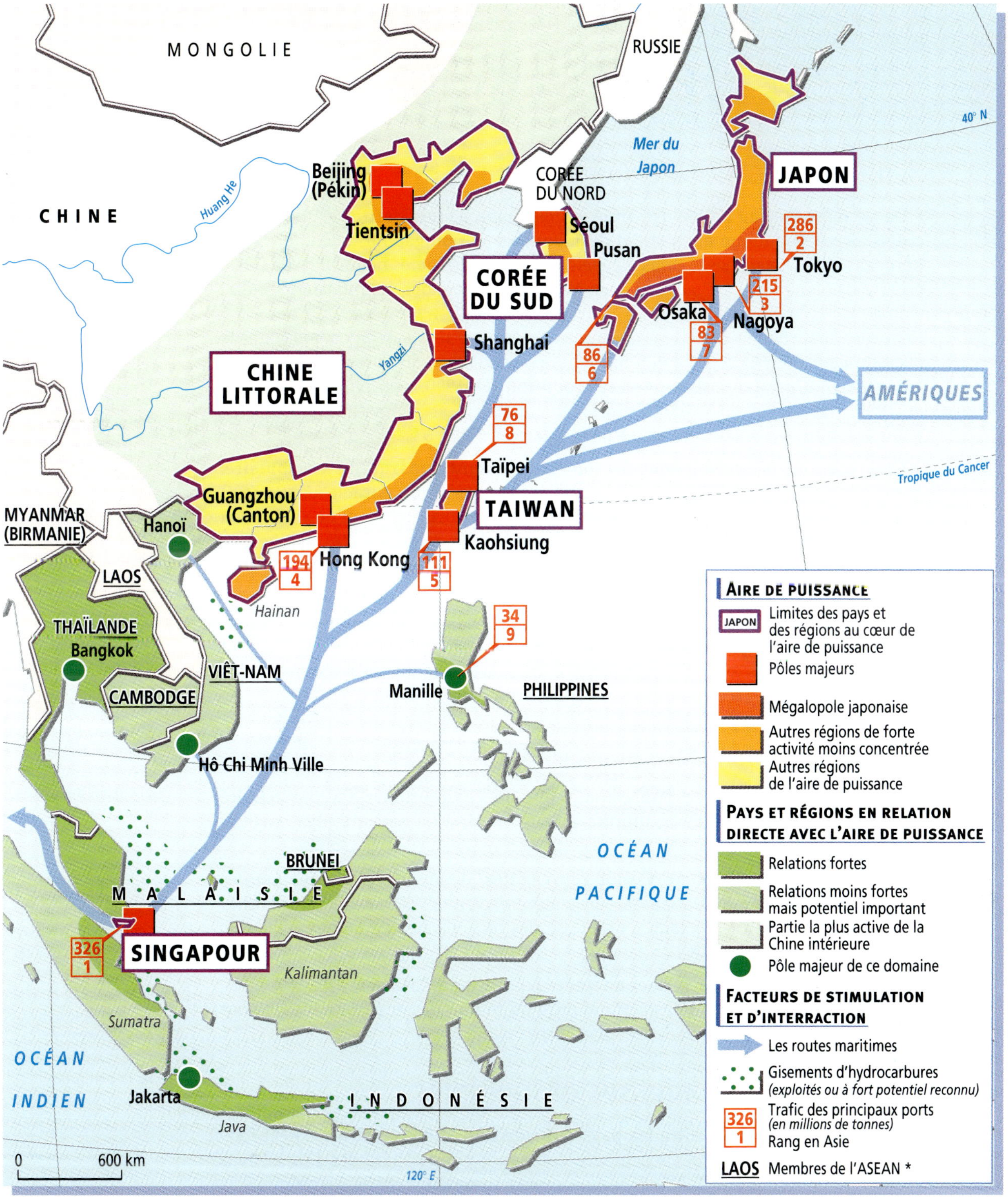

Questions

- Repérez l'espace de l'aire de puissance de l'Asie orientale retenu dans le cadre de votre programme (Japon, Chine littorale, Taiwan, Corée du Sud, Singapour). Quelles en sont les densités de population et les principales villes **(carte 1)** ?
- Quels sont les pôles économiques majeurs de cette aire de puissance **(carte 2)** ? Quelle est l'importance des ports pour cette aire de puissance ?
- Avec quels pays et quelles régions cette aire de puissance a-t-elle des relations privilégiées **(carte 2)** ?

1 Une aire de puissance « récente » et dynamique

Cartes Majeures
Une aire fortement peuplée et éclatée *(pages 212-213)*

Carte
L'Asie orientale *(page 206)*

1. Une croissance économique spectaculaire

• **Des années 1960 au milieu des années 1990 émerge, puis s'affirme, une aire de croissance économique qui s'étend du Japon jusqu'à Singapour.** Elle intéresse la Corée du Sud, Taiwan, des régions dispersées dans les îles et les péninsules de l'Asie orientale, notamment en Thaïlande et en Malaisie. Elle englobe maintenant le littoral chinois.
Cette aire a affiché **des taux de croissance très forts**, d'abord au Japon, puis dans le reste du domaine (7,2 % par an en moyenne pour la Corée du Sud et Singapour de 1965 à 1995). **Un ralentissement s'est produit après 1990, aggravé par une crise en 1997,** mais le domaine a été très inégalement affecté, et la croissance s'est maintenue ou a repris (taux de croissance de la Chine en 2003 : 9 %) (2).

• **Ce processus de développement rapide et puissant a marqué le vocabulaire.** Bien qu'il n'intéresse qu'une partie du continent, on a parlé de **« miracle asiatique »** ; c'est dans cette aire qu'a été employé pour la première fois le concept de **« nouveau pays industriel » (NPI)** ; de façon plus imagée, ces pays ont été qualifiés de « **dragons** » ou de « **tigres** » (1).

• **Au cours de cette période, la région a accru son poids et sa présence sur les marchés de la planète.** Elle effectue environ **1/5 des exportations mondiales**, notamment pour les produits des industries manufacturières : ceux-ci représentent près de 85 % de leurs exportations. Malgré la diversité des situations, les niveaux de vie ont augmenté de façon sensible par rapport au reste du monde (2, 3).

Dossier
La Chine littorale, « atelier du monde » *(pages 222-223)*

2. Un élément majeur de la réussite : l'industrie

• **Plus que d'autres aires de puissance, celle de l'Asie orientale a une activité industrielle importante.** On a pu dire qu'elle est déjà, et sera de plus en plus, **« l'atelier du monde »**.

• **Tous les types d'industrie y sont représentés**, depuis les industries lourdes (constructions navales, sidérurgie), jusqu'aux fabrications de matériel informatique (4). Dans tous ces domaines, on utilise des technologies de pointe, comme le montre le développement de la robotique.

• **Les industries motrices se sont succédé dans le temps.** Au cours du processus, chaque pays a adopté des industries qui ont profité d'**avantages comparatifs** pour impulser son décollage, avant d'être relayées par d'autres.

Sujet Bac n° 30
L'Asie orientale, une aire d'échanges ? *(pages 250-251)*

Dossier
Singapour, le premier des grands « hubs » asiatiques *(pages 224-225)*

Sujet Bac n° 32
La façade maritime de l'Asie orientale, un aspect de la mondialisation ? *(pages 254-255)*

3. Des relations intenses et multiples

• **L'importance des flux entre les pays qui constituent l'aire est un aspect fondamental de sa définition.** C'est la vive croissance qui a généré des flux de tous types (maritimes, aériens, de télécommunications). Ils ont été rendus possibles par la construction d'importantes infrastructures modernes.

• **On retrouve une structure semblable en « hubs and spokes » dans tous les types de flux et tous les modes de transports.** Des carrefours majeurs assurent les contacts avec les flux mondiaux et les redistributions à l'intérieur de l'Asie. L'Asie orientale contient à la fois les **premiers ports du monde** pour le trafic d'ensemble et celui des conteneurs (Singapour, Hong Kong, Kaohsiung, Pusan, les grands ports japonais de la Mégalopole) ; quelques aéroports majeurs ; un réseau de Bourses bien reliées entre elles par des télécommunications de tous types, câbles sous-marins comme satellites.

Mots-clés

Avantage comparatif : avantage acquis par une activité, souvent de production, du point de vue des prix et de la qualité du produit, par rapport à l'offre des concurrents.

Hubs and spokes : (termes anglais signifiant moyeux et rayons d'une roue) : réseau de transports organisé en « centres » (les hubs) qui communiquent entre eux et redistribuent produits et informations le long d'itinéraires secondaires qui divergent à partir d'eux (les spokes).

Tigres et dragons : évocation de l'agressivité des pays d'Asie. Chez certains auteurs, les dragons sont la Corée du Sud, Taiwan, Singapour et Hong Kong ; les tigres sont les pays de la péninsule indochinoise.

1. Hong Kong, un des quatre « dragons »
Rétrocédée par la Grande-Bretagne à la Chine en 1997, Hong Kong (7 millions d'habitants sur 1 084 km²) a connu une croissance spectaculaire depuis les années 1960. À la charnière entre la Chine communiste et le monde capitaliste, elle s'est affirmée comme une des plaques tournantes de l'Asie.

2. Le dynamisme de l'Asie orientale

a. Quatre décennies de croissance

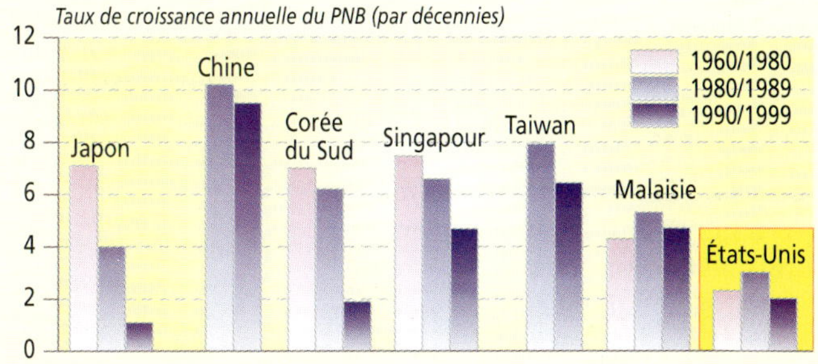

b. Valeur du PIB par habitant

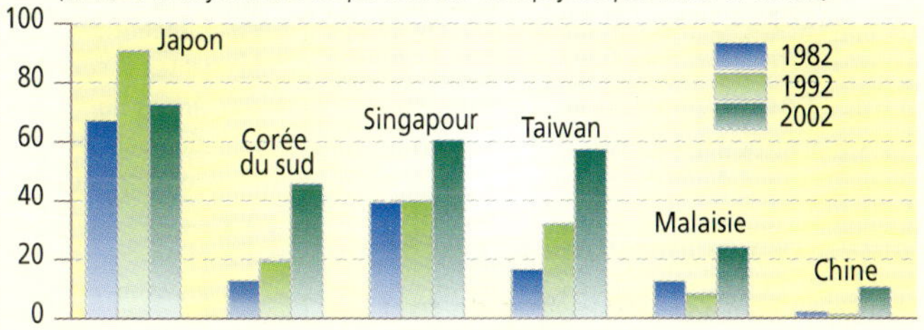

3. L'Asie orientale

	Espace au programme	Périphéries*
• **Population** *(en millions)*	800	1 060
(en % du monde)	13	17
• **Superficie** *(en milliers de km²)*	1 970	11 200
(en % du monde)	1,5	8,4
• **Densité** *(habitants/km²)*	406	–
• **PNB ppa*** *(en milliards de dollars)*	7 500	3 500
(en % du monde)	16,5	7,7
• **PNB ppa par habitant** *(en dollars)*	9 470	3 300

4. Taiwan : un des hauts lieux mondiaux des industries électroniques

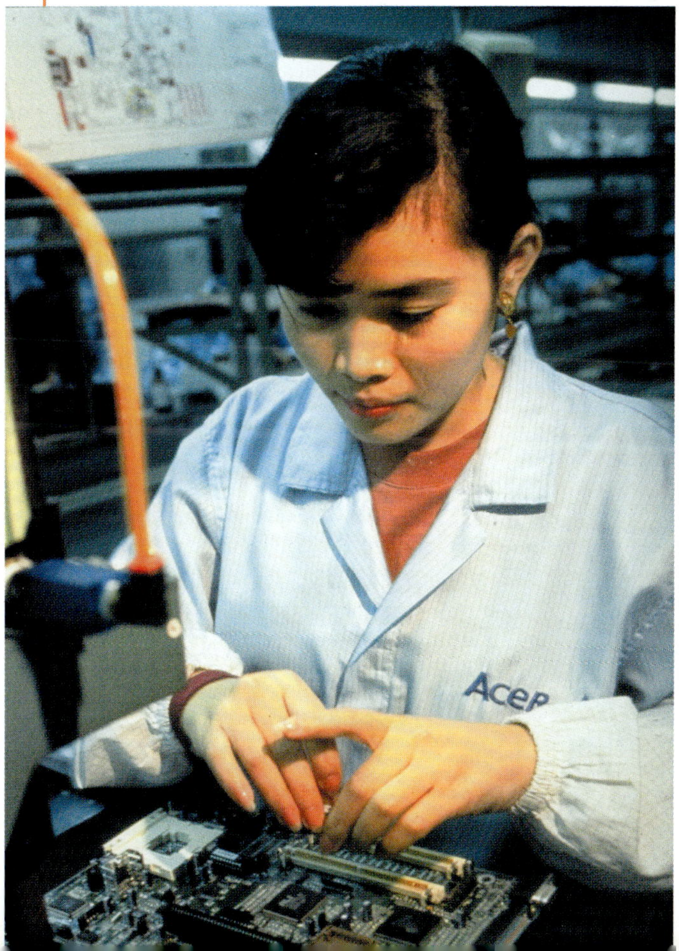

2 L'émergence et l'expansion de l'aire de puissance asiatique

1. Le Japon, précurseur

• **Comprendre l'évolution du Japon est très important pour analyser l'aire asiatique.** Le Japon est entré relativement tôt dans la voie de la construction d'une économie industrielle moderne. On date cet avènement de la « période du **Meiji** ». Dès le début de cette ère nouvelle, les structures féodales se sont adaptées et traduites dans la genèse de grandes firmes industrielles et financières, les **zaibatsu***.

• **C'est après la Seconde Guerre mondiale que le Japon a pris un essor décisif.** Il est rapidement passé, pour les États-Unis, du statut de vaincu surveillé à celui d'allié et de partenaire économique privilégié, car il paraissait capable de constituer un obstacle au développement du communisme qui s'étendait en Asie continentale. Du milieu des années 1950 aux années 1980, le Japon a connu une **phase de « haute croissance »**. **Les années 1990 ont marqué un ralentissement** qui amène certains à parler de **crise du modèle japonais**.

Sujet Bac n° 27
L'aire de puissance asiatique : aspects, facteurs, limites *(pages 244-245)*

2. Les bases de la puissance japonaise

• **Les grands acteurs du développement, firmes et État, ont réalisé une synergie efficace.** L'économie est dominée par de grandes firmes, les **Keiretsu**, qui réalisent des concentrations du type **conglomérat** (6). Les firmes industrielles sont soutenues par le secteur bancaire et appuyées par de grandes firmes commerciales, les **Sogo-Shosha***. **L'intervention de l'État** est souple, mais efficace. Le **MITI*** joue un grand rôle dans l'information des firmes et les négociations internationales. Les grandes firmes utilisent le travail d'une multitude de petites entreprises qui leur sont subordonnées. Les conditions de travail et de rémunération y sont très inférieures.

• **Les caractères socioculturels du pays ont aussi un rôle important.** On insiste souvent sur la valorisation du consensus et du travail qui assure un attachement des travailleurs à leur entreprise. Une certaine frugalité, une faiblesse relative des systèmes de retraite et de protection sociale sont des facteurs de taux d'épargne très élevés, favorables à l'investissement.

3. La diffusion du modèle japonais

• **La diffusion de l'économie moderne à partir du Japon a joué un rôle essentiel dans la formation même de l'aire de puissance asiatique** (7, 8). Le processus de base a été le besoin de main-d'œuvre qu'il a fallu aller chercher de plus en plus loin du centre japonais au fur et à mesure de la transformation économique et sociale des pays les premiers affectés (5).

• **Ainsi s'est formée une structure en cercles concentriques autour du Japon** : un premier cercle comprenant la Corée du Sud, Taiwan, Singapour et Hongkong, alors cité-État extérieure à la Chine ; un second cercle avec la Malaisie, la Thaïlande et une partie de l'Indonésie et des Philippines ; c'est dans une troisième étape que la Chine littorale s'est intégrée au système spatial. Elle a bénéficié des investissements des **Chinois d'Outre-mer** attirés par les perspectives offertes et par les avantages consentis par le gouvernement chinois.

• **Le rôle des États-Unis a aussi été considérable ;** ils ont ouvert leur marché et ont investi dans cette région qui était considérée comme un cordon de protection bordant les États communistes.

Sujet Bac n° 28
L'Asie orientale, unité ou diversité ? *(pages 246-247)*

Cartes Majeures
Une aire fortement peuplée et éclatée *(pages 212-213)*

Sujet Bac n° 34
L'Asie orientale, une aire de puissance en expansion ? *(page 257)*

Mots-clés

Chinois d'Outre-mer : ensemble de populations émigrées ou surtout de descendants d'émigrés dans les pays d'Asie de l'Est et du Sud. Ils ont souvent connu une réussite économique qui leur permet de disposer de capitaux importants. Leur rôle est, par exemple, fondamental à Singapour où ils constituent près de 80 % de la population.

Conglomérat : en économie, forme de concentration qui associe, dans un même groupe, des firmes qui pratiquent des activités sans relations techniques les unes avec les autres ; son intérêt est avant tout financier. Le conglomérat s'oppose aux concentrations verticales associant des firmes dont chacune se spécialise dans un stade de la fabrication d'un même produit final et aux concentrations horizontales entre firmes qui ont des activités semblables.

Meiji : empereur du Japon (1852-1917). L'ère Meiji désigne, à partir de 1868, la nouvelle politique de modernisation et d'ouverture du Japon.

* voir Lexique

5. Quelques aspects et conséquences de l'implication japonaise sur le continent

Le centre de gravité économique du Japon se déplacera de l'Est vers l'Ouest au fur et à mesure que les pays asiatiques se développeront. Fukuoka, bien situé au Nord de Kyushu, est la fenêtre de l'archipel sur l'Asie. Les dirigeants de Fukuoka, font le pari de l'Asie et des « leading industries » (dont les technologies de l'information, les semi-conducteurs ou l'automobile), pour damer le pion à Tokyo. Pour eux, le rebond économique de la Corée du Sud et l'émergence de la Chine remettront leur ville (1,3 million d'habitants) au cœur du futur Japon. Mais, dans certains secteurs, comme les semi-conducteurs, la concurrence asiatique se fait sentir. « C'est pour cela que nous devons monter en gamme et investir dans la recherche-développement », souligne-t-on à la préfecture.

Autrefois, Hakata (l'ancien nom de Fukuoka) a été un « hub » avant l'heure, dans des réseaux marchands d'Asie. Mais après la Deuxième Guerre mondiale, le Japon s'est reconstruit autour de Tokyo et de Yokohama, véritables portes d'entrée des États-Unis, alors que les régions autour de la mer du Japon se voyaient tout d'un coup privées de leur arrière-pays traditionnel, avec la fin de la colonisation, l'arrivée des communistes au pouvoir en Chine, la guerre de Corée, etc.0

Mais les performances économiques récentes des deux voisins sont une aubaine pour Fukuoka. On veut y attirer les investisseurs étrangers en vantant cette position intermédiaire entre le Japon et l'Asie (continentale).

Y. Bougon, Chambre de commerce et d'industrie française au Japon 2001.

6. La puissance des grandes entreprises japonaises : le siège social de Daiwa Bank

7. La genèse d'un axe économique majeur

La Haute Croissance japonaise des années 1950-1980 a été un facteur notable de l'évolution des États voisins, atteints par vagues successives par les conséquences indirectes de la croissance japonaise. La modernisation de l'économie, l'augmentation des salaires a conduit les firmes japonaises à spécialiser leurs établissements dans des activités de recherche et de fabrication de haut niveau technologique, et à s'adresser ailleurs pour trouver une main-d'œuvre moins payée pour les tâches d'exécution.

La Corée du Sud, Taiwan, Hong Kong, à un moindre degré Singapour ont été les premiers atteints par cette vague de transferts des rôles. Dans une série d'étapes suivantes, le processus s'est répété. Les pays de la première génération ont connu à leur tour les hausses de salaires, les progrès techniques, les capacités d'initiative, et finalement le désir de trouver de nouvelles sources de main-d'œuvre moins chère. De proche en proche, l'industrialisation a gagné.

F. Durand-Dastès – Décembre 2003.

8. L'industrie automobile japonaise en Asie orientale

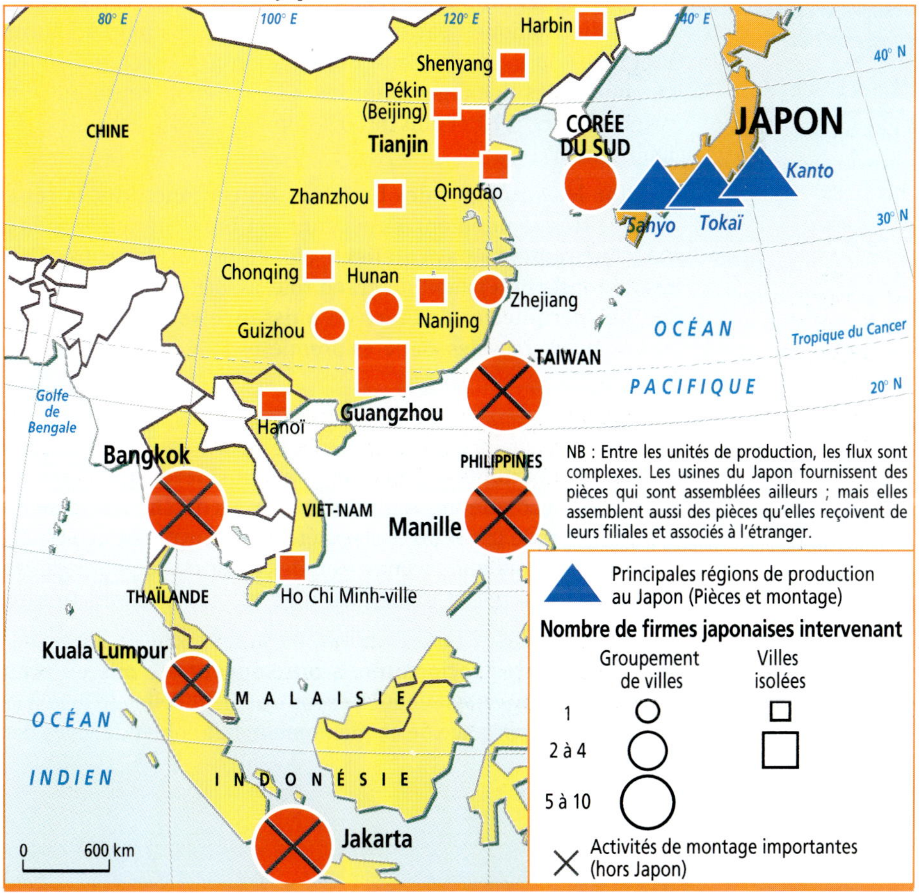

3 Quelle intégration régionale de l'Asie orientale ?

1. La diversité des chemins et des structures

• **Les chemins vers la modernité ont été très différents selon les situations antérieures et les caractères des espaces** (12). Les cités-États, **Singapour** et **Hong Kong** (avant son retour à la Chine avec un statut spécial en 1997) ont profité de l'accumulation de capitaux due à leur activité commerciale pour investir massivement dans des fabrications modernes ; le rôle de grandes compagnies multinationales y est important. La **Corée du Sud** a imité de très près le modèle japonais, avec le développement de grandes sociétés à l'image des Kereitsu, les « **Chaebols** ». À **Taiwan**, le tissu industriel est fait d'une grande quantité d'entreprises petites et moyennes. La **Chine**, depuis l'ouverture de son économie, surtout sur son littoral, a bénéficié d'**investissements étrangers massifs**.

• **L'organisation de l'espace diffère d'un pays à l'autre.** Cependant, l'évolution économique et la croissance démographique ont provoqué partout la formation de **fortes concentrations d'activités**, dans des aires déjà très densément peuplées (9). Partout **les ports jouent un rôle attractif majeur**. En **Corée**, un couloir de développement relie les villes-ports de Séoul et Pusan, en passant par Taegu et Taejon, quatre villes millionnaires qui totalisent 20 millions d'habitants. À **Taiwan**, les trois ports de la côte Ouest sont chacun au centre de zones d'industrie diffuses. Les centres majeurs sont plus espacés sur la côte chinoise.

Dossier
Singapour, le premier des grands « hubs » asiatiques *(pages 224-225)*

2. Le « circuit intégré asiatique »

• **Les différents pays sont de plus en plus intégrés dans un circuit qui porte au maximum l'efficacité de la production.** Ce sont les grandes firmes qui ont organisé les échanges et diversifié les implantations des fabrications. Les composants des matériels électroniques, par exemple, circulent d'un pays à l'autre, et aboutissent dans les usines de montage. Cette organisation a pour conséquence **une augmentation constante des échanges internes à la zone** ; ils représentaient 25 % du commerce extérieur vers 1970, et plus de 50 % depuis 1995. L'électronique représente 45 % de ces mouvements.

• **Selon les stratégies des firmes et les conjonctures, la répartition des activités change très rapidement.** Cependant, la Chine littorale hors de Hong Kong garde encore des traits de « **pays atelier** », alors que dans les autres États de l'aire les activités de conception jouent un grand rôle, associées à la production de haute technologie. **Les périphéries de l'aire de puissance sont importantes** comme pays ateliers et comme sources des matières premières (11).

Cartes Majeures
Une aire fortement peuplée et éclatée *(pages 212-213)*

Sujet Bac n° 30
L'Asie orientale, une aire d'échanges ? *(pages 250-251)*

Dossier
La Chine littorale, « atelier du monde » *(pages 222-223)*

3. Une aire culturelle ?

• **Dans une certaine mesure, on peut considérer que l'aire de puissance coïncide en partie avec une aire culturelle***. On a cherché les caractères communs de l'organisation et de la culture des sociétés qui pourraient expliquer la rapidité de la modernisation économique. Pour bien des auteurs, on peut reconnaître l'existence d'un « **asiatisme** » fondé avant tout sur un système de valeurs très différentes de celles de « l'Occident » (10).

• **Ces caractères socioculturels ont souvent été mis en relation avec la culture « confucéenne »**, notamment à cause du rôle qu'elle attribue à la collectivité et au savoir. Mais l'importance de ce phénomène fait l'objet de vives discussions.

Sujet Bac n° 28
L'Asie orientale, unité ou diversité ? *(pages 246-247)*

Mots-clés

Asiatisme : système de valeurs qui inclut toujours la valorisation de l'éducation, le respect dû aux anciens, le goût du travail, la discipline individuelle et collective, le sens de l'épargne…

Chaebol : grande entreprise coréenne à structure conglomérale*.

Pays atelier : terme qui désigne un pays où prédominent la fabrication de pièces ou l'assemblage de composants élaborés ailleurs, ainsi que des industries de faible niveau technologique comme la confection. Leur avantage vient du faible prix de la main-d'œuvre. La situation de « pays atelier » a été un stade du développement de la plupart des pays asiatiques, mais ils l'ont en général dépassé. Même en Chine, ce dépassement s'esquisse.

* voir Lexique

9. Les pôles de croissance de la Corée du Sud

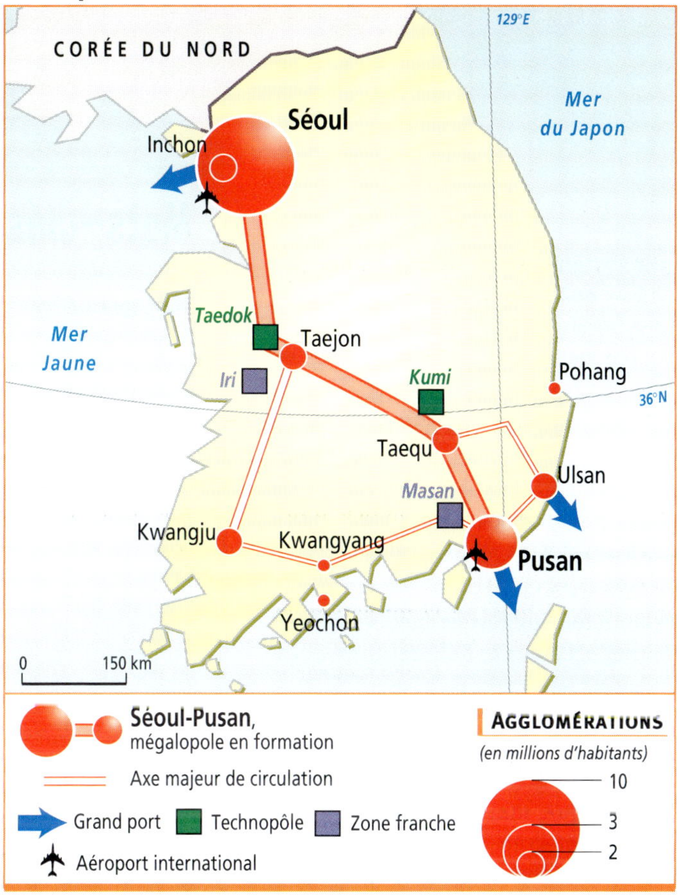

10. Dans les sociétés asiatiques (ici Osaka), la cohésion des groupes est un gage d'efficacité

11. La division du travail en Asie

Le Japon reste au sommet ; il conçoit les composants complexes et diffuse la fabrication dans toute l'Asie. La Chine occupe une place de plus en plus centrale en devenant l'atelier d'assemblage final. Singapour se veut un centre technique. Corée et Taiwan abandonnent l'assemblage pour monter en gamme. Malaisie et Thaïlande demeurent encore des ateliers. Toute la chaîne s'imbrique, de la recherche à la vente.

E. le Boucher, *Le Monde* – 24 novembre 2003.

12. Facteurs de développement des NPI d'Asie

	Corée du Sud	Taiwan	Hong Kong	Singapour
Avantages initiaux	Aide des États-Unis (raisons stratégiques)	Aide des États-Unis (raisons stratégiques)	Fonction de port de transit. Longtemps seule ouverture de la Chine	Fonction de port de collecte et d'entrepôt
Caractères et statut politique	Dictature, puis passage à la démocratie	Dictature, puis passage à la démocratie	Colonie britannique, puis retour à la Chine. Statut spécial depuis 1997	Cité-État depuis 1965. Démocratie autoritaire
Intervention économique de l'État	Forte	Forte	Faible dans la colonie. Reste limitée	Forte
Agents économiques caractéristiques	Grandes firmes (chaebols)	Petites et moyennes entreprises	Firmes financières. Entrée des firmes multinationales	Firmes financières. Multinationales
Spécialités des phases de démarrage	Constructions navales	Électronique	Jouets et gadgets. Confection, électronique	Réparation navale, confection, électronique et optique
• Population *(en millions)*	47	22	7	4
• PNB ppa* par habitant *(en dollars)*	17 300	17 400	25 150	22 850
Inégalités devant la crise de 1997	Impact fort. Remise en cause de la structure des chaebols et du système bancaire	Impact relativement limité. Politique de crédit prudente, réserves de devises	Des difficultés boursières. Le dynamisme de la Chine continentale maintient l'activité	La crise chez les voisins affecte l'activité du port Mais l'impact reste limité

4 Une aire asiatique vulnérable

1. Le modèle en question ?

• **Des crises graves ont souligné les limites du système économique asiatique.** La crise japonaise de 1990, liée à l'éclatement de la « **bulle spéculative** », a été suivie d'**une décennie de croissance ralentie**. Elle a été un facteur de la **crise financière**, partie de Thaïlande en 1997, qui a entraîné des perturbations économiques et sociales dans toute la région (13, 14).

• **Les origines de ces difficultés font l'objet de vives discussions parmi les économistes,** mais les avis convergent sur quelques points : la critique d'une valorisation du profit à court terme, qui conduit à des investissements à rentabilité incertaine, à des spéculations immobilières notamment, rendues possibles par un système bancaire qui a consenti des prêts imprudents (« **mauvaises dettes** »), et par des liens de complicité entre les décideurs politiques et financiers.

• **Mais il semble que bien des prévisions pessimistes suggérées par ces crises aient été exagérées.** Des taux de croissance non négligeables ont été retrouvés dès les années 2000.

2. Particularismes politiques et tensions

• **Sauf en Chine, les régimes sont de type démocratique, mais les situations politiques sont différentes.** Au **Japon**, le parti libéral démocrate semble usé par des décennies au pouvoir ; en **Corée du Sud** et à **Taiwan**, la démocratie a succédé à des périodes de dictature, avec des évolutions parfois chaotiques. À **Singapour**, un parti unique assure la pérennité du pouvoir de la famille de Lee Kuan Yew, Premier ministre pendant 30 ans. La **Chine** a un régime autoritaire, avec domination du Parti communiste. Le pouvoir du gouvernement central doit cependant composer avec les autorités provinciales. La **coexistence de l'autoritarisme politique et d'une libéralisation économique** a une certaine efficacité économique et un pouvoir attractif pour les investisseurs internationaux.

• **La disparité des régimes politiques n'est pas favorable à la mise en place de structures de coopération économique et à la solution des conflits.** Le plus important concerne les **rapports entre la Chine et Taiwan**. La première considère Taiwan comme une province qui doit un jour revenir dans le giron de la République populaire de Chine, fût-ce avec un statut spécial, comme celui de Hongkong. Les forces qui souhaitent le maintien de l'indépendance de Taiwan sont bien implantées dans l'île (16).

• **Des conflits territoriaux opposent tous les États bordiers de la mer de Chine méridionale** à propos du contrôle des îles qu'elle contient. Enfin, les anciennes colonies du Japon, Taiwan et la Corée, gardent de mauvais souvenirs de l'occupation, et les relations sont régulièrement empoisonnées par l'évocation de ce passé...

3. Acuité des problèmes de l'environnement

• **Les très fortes densités de population, en particulier sur des bandes côtières étroites, ont conduit à une forte artificialisation des milieux.** Elle favorise notamment la pollution des airs et des eaux.

• **Cette densité est aussi un facteur aggravant des effets de deux fléaux naturels, les séismes et les typhons.** Les premiers sont particulièrement fréquents dans les guirlandes insulaires, comme au Japon, mais ils affectent tout le domaine, y compris la Chine continentale. Les seconds peuvent atteindre toutes les côtes de la région et y provoquer des dégâts considérables (15).

Sujet Bac n° 27

L'aire de puissance asiatique : aspects, facteurs, limites *(pages 244-245)*

Dossier

La baie de Tokyo en quête de nouveaux équilibres *(pages 240-242)*

Mots-clés

Bulle spéculative : mécanisme de croissance qui comporte deux étapes. Une phase de croissance provoque des achats qui font monter les prix et permettent des bénéfices dont l'annonce attire de nouveaux achats, donc de nouvelles hausses. Le processus s'arrête, en général, quand l'écart entre les prix et l'état réel de l'économie devient trop grand. On parle d'éclatement, comme celui d'une bulle de savon devenue trop grande.
Ce phénomène affecte entre autres les prix fonciers et ceux des valeurs immobilières.

Mauvaises dettes : dettes contractées par des entrepreneurs insolvables auprès de banques qui prêtent sans contrôler suffisant les perspectives de rentabilité des entreprises. Et aussi, dettes contractées à leur tour par des banques mises en difficulté.

13. Les effets de la « crise asiatique »

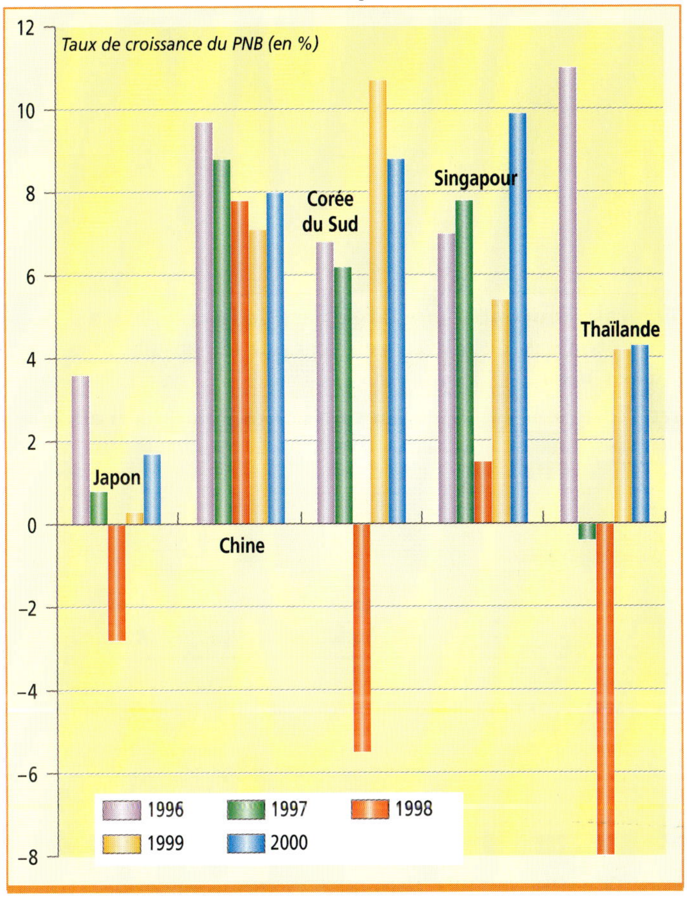

14. La crise financière de la fin des années 1990 a touché la majeure partie de l'Asie orientale

Couverture du magazine *Croissance*, n° 411 – Janvier 1998.

15. Les typhons peuvent provoquer des dégâts considérables

Pékin – Juillet 2002.

16. Manifestation pour le maintien de l'indépendance à Taiwan (1996)

Cette question est source de vives tensions avec la Chine.

Dossier

La Chine littorale, « atelier du monde »

Malgré sa superficie relativement réduite, la Chine littorale concentre une large part de la croissance spectaculaire de l'économie chinoise. Sa modernisation a été facilitée à deux reprises par les possibilités d'ouverture sur l'extérieur, au XIXe siècle puis, surtout, après 1980.

L'évolution récente a entraîné de grandes inégalités, entre l'intérieur et les régions littorales, mais aussi entre les différents espaces de la Chine littorale.

1. La Chine littorale, le cœur battant de la Chine

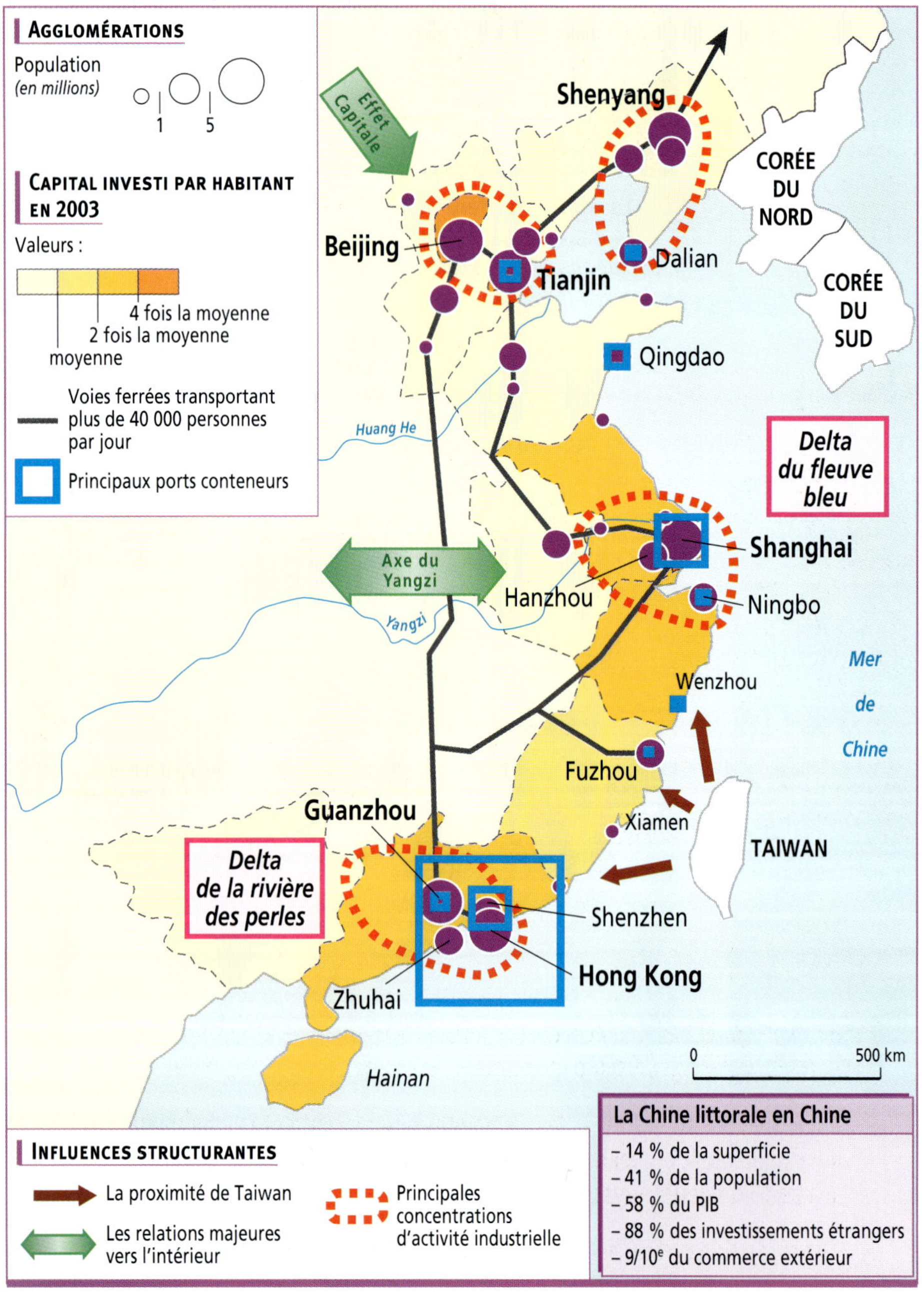

2. Investir en Chine, pourquoi le faire, pourquoi se méfier ?

« Avancer avec précaution ».
Dessin paru dans *Harvard Business Review.*

La Chine n'attire pas seulement parce qu'elle est grande ou que son économie connaît un rythme de croissance très rapide ; c'est surtout parce que toutes les multinationales à travers le monde sont affectées par l'impact des bas prix de son industrie sur les prix mondiaux [...].

La croissance étonnante du pays et l'explosion de son marché intérieur sont prometteuses. Les avantages comparatifs de l'industrie chinoise en font une plate-forme à partir de laquelle on peut exporter vers le reste du monde.

La Chine a développé une combinaison puissante de facteurs favorables : une main-d'œuvre disciplinée et à bas prix ; un personnel technique formé ; des incitations, fiscales et autres, pour attirer les investissements ; des infrastructures suffisantes pour permettre des opérations de fabrication industrielle et d'exportation efficaces. Mais la faiblesse de la gestion et l'environnement très changeant constituent des contraintes et des risques qui pèsent sur les investissements.

***Harvard Business Review* – 2003.**

3. La Chine et son littoral : des rapports évolutifs

Périodes	Le littoral dans le reste de la Chine
Du XIVe au XIXe siècles Fermeture de la Chine sur elle-même. Fin des entreprises maritimes des siècles précédents.	Le littoral reste actif et peuplé, mais ne bénéficie pas de stimulation économique particulière.
À partir du milieu du XIXe siècle Les puissances européennes obligent le gouvernement chinois à nouer des liens avec l'extérieur.	Des « traités inégaux » attribuent des avantages commerciaux et des souverainetés partielles aux puissances maritimes (Européens, mais aussi Japonais et Américains). Certaines villes-ports ont plusieurs « concessions », d'autres sont ouvertes à un seul pays.
Après la victoire des communistes en 1948	Politique largement autarcique. Politique de développement de la Chine intérieure et de freinage de l'urbanisation littorale. Hong Kong est cependant utilisé comme ouverture sur l'extérieur.
Depuis les années 1970/1980 Ouverture générale de l'économie sur l'extérieur. Abandon de l'autarcie et des protections ; entrée dans l'OMC* en 2001.	Les régions côtières retrouvent un rôle essentiel. Après l'ouverture de ports et la création de zones économiques spéciales, l'activité moderne diffuse autour de pôles.

4. Dongguan, une ville champignon
Les capitaux étrangers, ici Nestlé, investissent massivement dans les villes proches de la Chine littorale.

5. Le palmarès chinois

Productions *(en % de la production mondiale)*

Photocopieurs 70 %

Ordinateurs 50 %

Bicyclettes 60 %

Chaussures 50 %

Exportations *(en % des échanges mondiaux)*

Jouets 60 %

Téléviseurs 14 %

Textile 15 %

Mat. électrique 12 %

6. L'association TCL-Thomson

La compagnie chinoise TCL s'est alliée avec la compagnie française Thomson pour former la plus grande association (« joint venture ») du monde en matière de télévision. « TCL-Thomson produira 18 millions de postes de télévision, remplaçant Sony à la place de premier producteur mondial », selon Li Dongsheng, président de TCL international, et Charles Dehelly, PDG de Thomson.
Les deux compagnies combinent leurs activités DVD et télévision. Le capital total sera de 450 millions d'euros, possédé pour 67 % par TCL et 33 % par Thomson. La compagnie utilisera les réseaux de distribution de TCL en Chine, Viêtnam et Allemagne, et ceux de Thomson en Europe, au Mexique et en Thaïlande.

Le quotidien du peuple **– 5 novembre 2003.**

Questions

1. Que représente la Chine littorale par rapport à l'ensemble de la Chine (1, 3) ? Qu'est-ce qui explique son dynamisme ? Quels en sont les pôles majeurs ?
2. Quels sont les avantages et les contraintes que rencontrent les multinationales qui s'implantent en Chine (2) ? Dans quels secteurs l'économie chinoise apparaît-elle particulièrement dynamique (4, 5, 6) ?
3. À partir de l'ensemble des documents, justifiez le titre du dossier.

Dossier

Singapour, le premier des grands « hubs » asiatiques

Favorisé depuis le XIXe siècle par une position exceptionnelle (sur une grande route maritime mondiale), le port de Singapour est maintenant le premier au monde avec Rotterdam. Mais la cité-État, née grâce à lui, est aussi un centre de productions industrielles moderne et une place financière majeure.

Une « démocratie autoritaire » a pris en charge l'aménagement de l'île, gérant le manque de place et la co-existence d'une population majoritairement d'origine chinoise avec des minorités malaises et indiennes.

1. La cité-État de Singapour : un territoire constamment remodelé

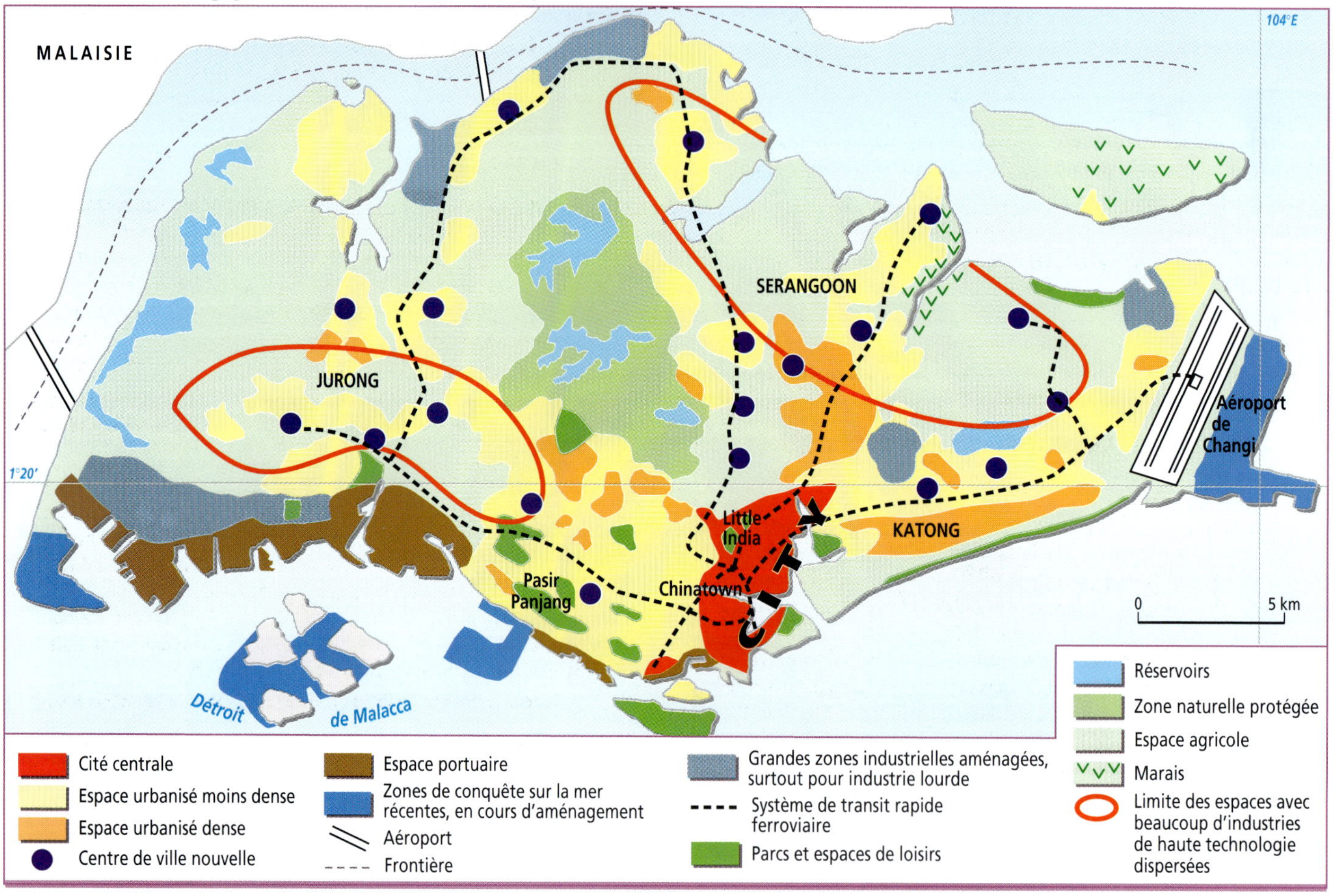

2. Aspects de la gestion autoritaire de l'espace

Le site primitif est au centre de la côte Sud de l'île. Il a été profondément transformé par le foisonnement des grands immeubles de bureaux. Toutefois, on a récemment commencé à protéger les quartiers traditionnels comme Chinatown et Little India. L'urbanisation s'est d'abord faite le long de la côte Sud : quartiers résidentiels à l'Est, extension portuaire et industrie lourde à l'Ouest (Singapour est le troisième ensemble mondial pour le raffinage de pétrole).

Le désir de contrôler l'urbanisation s'est exprimé dans la planification des villes nouvelles, le long de deux axes Nord/Sud, qui laissent subsister une aire protégée au centre. Un réseau ferroviaire rapide a été mis en place, pour limiter l'usage de la voiture individuelle. Les industries de haute technicité sont largement dispersées dans et autour des villes nouvelles.

Sources diverses.

3. Le port de Singapour : de grands avantages, quelques limites

• ***La position***
Singapour est un transit naturel, pratiquement inévitable, pour les bateaux assurant la liaison entre Asie et Europe, notamment vers les ports chinois, japonais, australiens. Quelque 400 routes maritimes passent par Singapour, liant la cité-État à plus de 700 ports dans 130 pays.

• ***Qualités naturelles***
Le seul port en eau profonde de la zone. L'île comporte deux façades maritimes, à l'Est et à l'Ouest.

• ***Une position maintenue grâce à des investissements considérables***
Les terminaux de conteneurs sont particulièrement modernes. On arrive à effectuer 243 déplacements de conteneurs en une heure, contre environ 150 dans bien des ports européens. Le matériel de manutention et l'informatisation de la gestion réduit le temps de séjour des navires et assure une grande flexibilité.

• ***De nouvelles ressources***
La « Port of Singapore Authority » valorise son savoir-faire : vente de logiciels pour la gestion des piles de conteneurs, prise en charge de gestion de terminaux dans 9 pays, dont 4 en Europe.

• ***Mais...***
Le détroit de Malacca est une aire de piraterie. Ses conséquences restent limitées, mais elle tend à se développer.
Hong Kong s'est aussi beaucoup modernisé. Les ports du détroit de Malacca comme port Kelang et les ports de la côte chinoise concurrencent Singapour.
Son trafic est aussi très sensible à la conjoncture mondiale.

***Journal de la Marine Marchande* – 16 novembre 2001.**

5. Singapour joue la carte de l'intégration régionale

Les investissements singapouriens se sont développés dans les régions voisines. La première étape, dans les années 1980, est l'État de Johore en Malaisie. La seconde, à la fin des années 1990, est Batam, une île de l'archipel de Riau en Indonésie, accessible de Singapour en une demi-heure de bateau. Cette association de Singapour-Johore-Riau est à l'origine d'une coopération transfrontalière dénommée « triangle de croissance », le « SIJORI » pour « Singapour-Johore-Riau ».
Les entreprises singapouriennes localisées à Singapour utilisent une main-d'œuvre très qualifiée travaillant dans des industries de pointe et de haute technologie. Elles délocalisent à Johore les industries nécessitant une main-d'œuvre semi-qualifiée, et vers Batam les activités à fort investissement-travail pour lesquels les bas salaires sont plus déterminants que le niveau de qualification.

N. Fau, *Nouvelles organisations régionales en Asie orientale* – 2003.

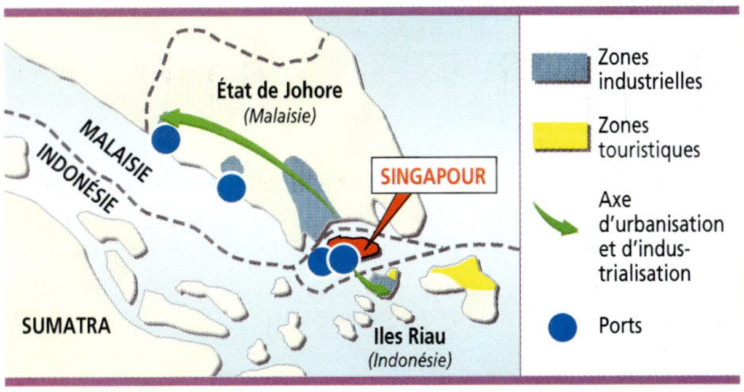

4. La restructuration du centre-ville entre CBD* et conservation du patrimoine traditionnel

6. Du XIXe au XXe siècles : la permanence dans les relations

L'entrée du port anglais (surgi des marais à partir de 1820) était complètement franche ; les navires y mouillaient et en sortaient sans payer ni droits de douane ni impôts d'aucune sorte. La ville appartenait à tous : Chinois, Hindous, Malais et Arabes s'y installaient facilement. Le riz, le café, toutes les denrées des régions tropicales y trouvaient des navires en partance pour l'Europe.

Élisée Reclus, *Géographie Universelle*, Tome 8 – 1883.

Les armateurs, tirant pleinement profit des possibilités logistiques du conteneur, ont mis en place depuis le début des années 1990 une artère circumterrestre de circulation des marchandises qui permet de relier en continu les trois pôles économiques majeurs de la planète. Les États asiatiques, notamment le Japon, et les autres nouveaux pays industriels, ont joué un rôle majeur. Elle place cette région au centre de l'économie mondiale. Singapour est le premier des grands hubs de l'Asie.

Antoine Frémont, *Nouvelles organisations régionales en Asie* – 2003.

Questions

1. Localisez la cité-État de Singapour (Carte page 206). Quels sont les avantages liés à sa localisation (3, 6) ?
2. Comment s'est développé le port de Singapour ? Comment s'explique sa puissance (1, 3, 6 et photographie page 207) ?
3. Décrivez l'organisation de l'espace de Singapour (1, 2, 4). Quel en est le principal acteur ? Comment se développe la coopération transfrontalière (5) ?

① Rainbow Bridge
② Terminal de Tyosu
③ Terminal Harumi
④ Waterfront City (en construction)
⑤ Bassin à bois (remblaiement très récent)
⑥ Parc Kasai
⑦ Un quai à conteneurs

CHAPITRE 9

La Mégalopole japonaise

PROBLÉMATIQUES

CARTES MAJEURES

LEÇONS

DOSSIERS

SUJETS BAC

L'aménagement spectaculaire de la baie de Tokyo
La photographie montre essentiellement des espaces remblayés. Ceux du premier plan suivent l'ancien littoral. Puis, les bassins du port alternent avec les terre-pleins occupés par les terminaux. Si les conquêtes sur la baie se poursuivent (bassin à bois...), les terre-pleins sont de plus en plus utilisés pour le logement, les loisirs et les services (Waterfront city, Parc marin d'Odaiba, Parc Kasai).

La Mégalopole japonaise, un des « centres » du monde ?

• **Le Japon, archipel de plus de 4 000 îles, dont quatre majeures (Hokkaido, Honshu, Kyushu, Shikoku** (Cartes pages 230-231), ***présente un caractère paradoxal*** *: bien que le pays soit relativement peu étendu (377 837 km²), les densités d'occupation (population du pays :* ***128 millions d'habitants ; densité : 339 habitants/km²****) et l'intensité de l'activité sont encore augmentées par une forte concentration dans une* ***Mégalopole gigantesque****, l'une des premières du monde.*

• ***Cette Mégalopole se différencie des autres mégalopoles mondiales*** *par l'importance de sa population (100 millions d'habitants), par son étirement en une très longue et mince bande littorale au Sud-Est du Japon, par sa dissymétrie due à la domination de l'agglomération de Tokyo, et par la place que tiennent les industries, notamment les industries lourdes et les puissantes activités portuaires* (Dossiers pages 238-242).

Tokyo : la concentration de population dans une des plus grandes agglomérations de la planète

Le port d'Osaka : une des ouvertures du Japon sur le monde
(Document ville d'Osaka.)

1. Comment s'explique cette concentration « mégapolitaine » ?

➡ **La Mégalopole a des racines anciennes.** Elle occupe une partie du pays considérée depuis longtemps comme privilégiée. Ayant pris son élan dès le début de **l'ère Meiji***, elle a acquis un avantage initial qui lui a permis de concentrer au maximum les activités développées pendant la **Haute Croissance***.

➡ **La concentration des hommes, des activités et des équipements résulte en partie de l'exiguïté du territoire japonais**, mais elle est sans doute surtout due à des considérations économiques et à la stratégie des firmes. L'ouverture sur l'extérieur du Japon, grand importateur de matières premières et de produits agricoles, et grand exportateur de produits industriels, a fortement **valorisé les localisations littorales** *(Leçon page 232).*

2. Qu'est-ce qui fait la puissance de la Mégalopole ?

➡ **La Mégalopole japonaise constitue un des centres de commandement de la planète, le cœur du pôle asiatique de la Triade.** Elle concentre une part majeure des Japonais, les plus puissantes agglomérations du pays avec à leur tête Tokyo *(Leçon page 234)*, une gamme d'activités extrêmement variée (la plus grande concentration industrielle du monde), l'essentiel des pouvoirs politiques, économiques et financiers. Elle constitue l'une des plus importantes façades maritimes de la planète, **interface majeure mettant le Japon en relation avec l'Asie orientale et l'ensemble du monde**.

➡ **La Mégalopole se présente sous la forme d'un ruban très fortement urbanisé de plus de 1 000 km**, étiré le long du littoral pacifique du Japon. Les immenses aires urbaines sont reliées entre elles par des réseaux de communication extrêmement denses, véritables ossatures de la Mégalopole *(Cartes Majeures pages 230-231 ; Leçon page 232)*.

Tokyo, les activités marchandes : un des facteurs de la puissance de la Mégalopole

3. À quelles difficultés majeures la Mégalopole est-elle confrontée ?

➡ **La Mégalopole souffre d'une hyperconcentration :** enchevêtrement de l'habitat, des activités, des moyens de communication, destruction du patrimoine paysager, fortes pollutions… De plus, la concentration humaine et celle des activités accroît encore la **vulnérabilité*** aux risques naturels majeurs qui menacent gravement l'archipel.

➡ **Les problèmes d'environnement ont été particulièrement graves pendant la période de la Haute Croissance.** Le ralentissement économique, les décentralisations des industries vers le reste du Japon et vers l'étranger, la pression forte des mouvements de protection de l'environnement ont nettement amélioré la situation *(Leçon page 236)*, mais bien des difficultés demeurent *(Dossier page 240)*.

Conséquence de l'hyperconcentration : la surcharge des lieux publics

Cartes Majeures

La Mégalopole, le « centre » du Japon

1. La Mégalopole : le « cœur » du Japon

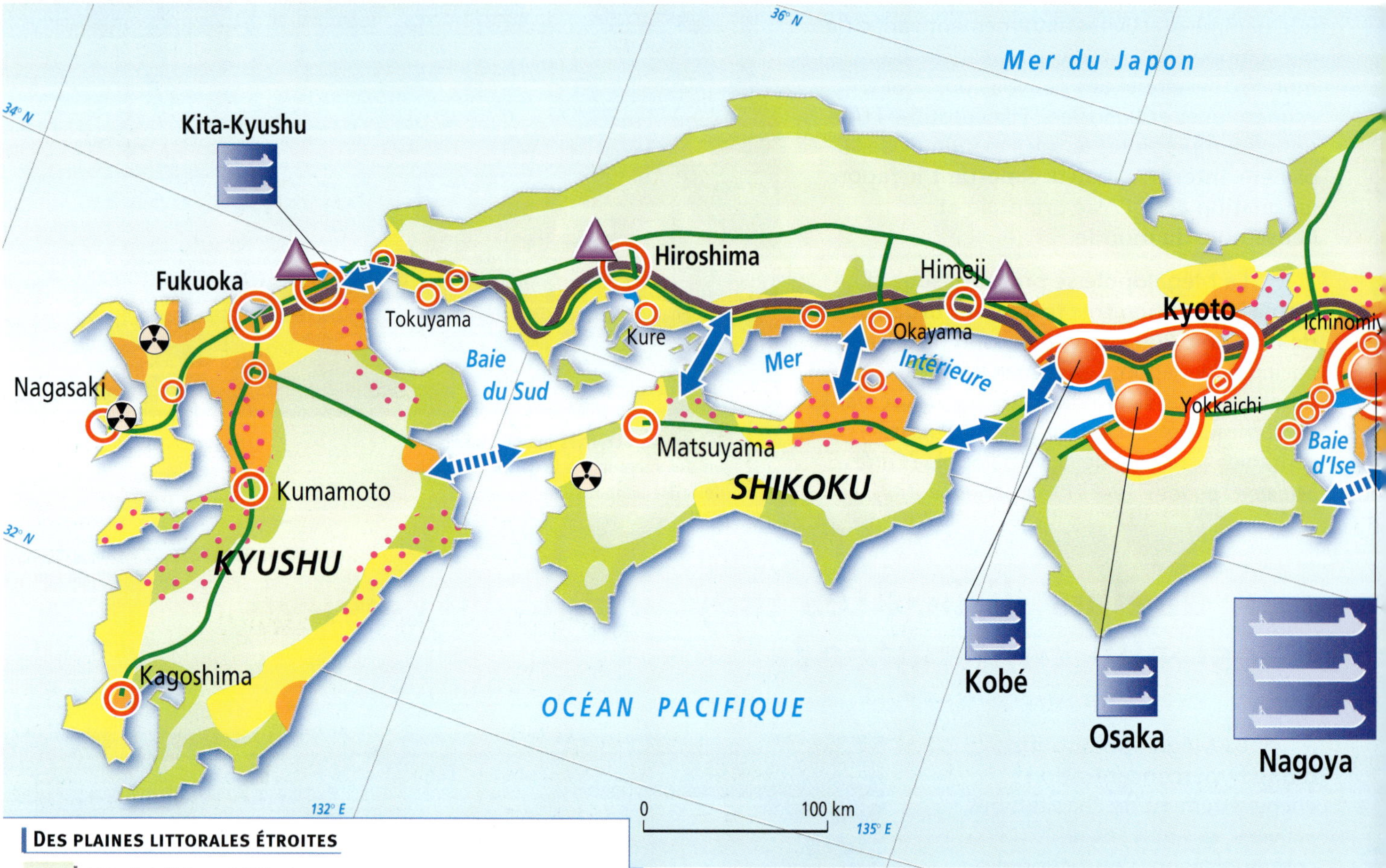

Des plaines littorales étroites

Altitude inférieure à 200 mètres

La contration des populations

Densités (*habitants / km²*) 300 500

Aires urbaines des trois agglomérations majeures

Noyaux de ces agglomérations

0,3 0,5 1 Autres villes importantes (*en millions d'habitants*)

Les infrastructures, ossature de la Mégalopole

Shinkansen (TGV)

Autoroutes principales

Liaisons inter-îles (*ponts ou association ponts-tunnels*)

Liaisons en cours ou en projet

Des activités caractéristiques d'un pôle d'activité d'échelle mondiale

Trafic des grands ports (*en millions de tonnes*)
> 150
100 - 150
80 - 100

Installations portuaires souvent sur remblaiements

Industrie lourdes

À l'écart des centres majeurs, centrales thermonucléaires

Zones vers lesquelles se fait la décentralisation des industries de haute technologie

Questions

- Situez la Mégalopole dans l'ensemble de l'espace japonais **(cartes 2, 3, 4)**. Quelles sont les contraintes naturelles qui pèsent sur cet espace ? Quels en sont les atouts ?
- Quels sont les pôles urbains et économiques majeurs de la Mégalopole **(carte 1)** ? Quelles infrastructures majeures relient les différents points de la Mégalopole et permettent son ouverture sur l'extérieur ?
- Pourquoi peut-on dire que la Mégalopole est un espace saturé ?

2. Les plaines concentrent les populations

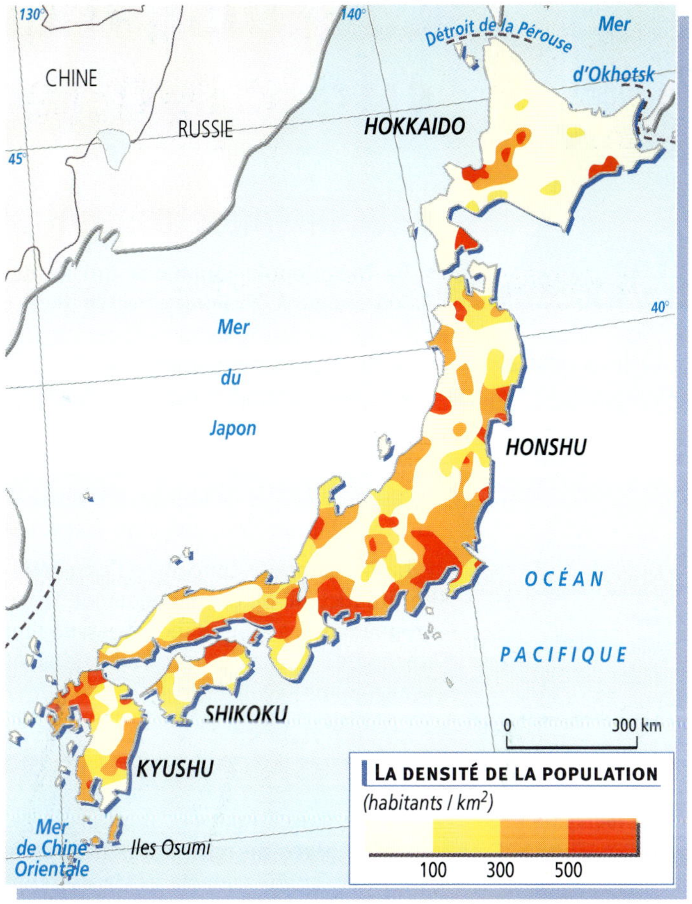

3. Le poids des contraintes naturelles

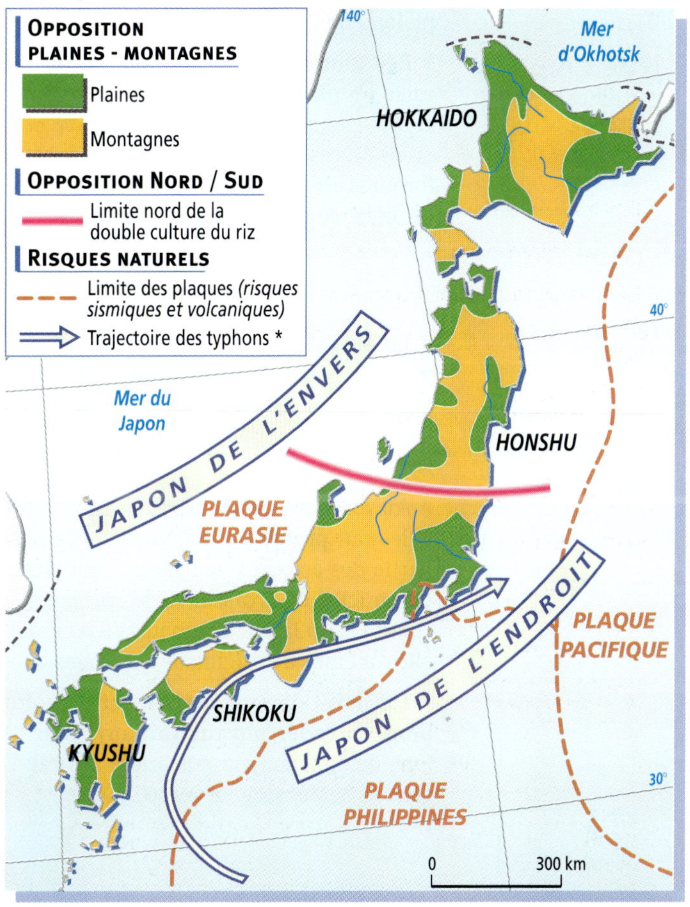

4. Un espace organisé autour de la Mégalopole

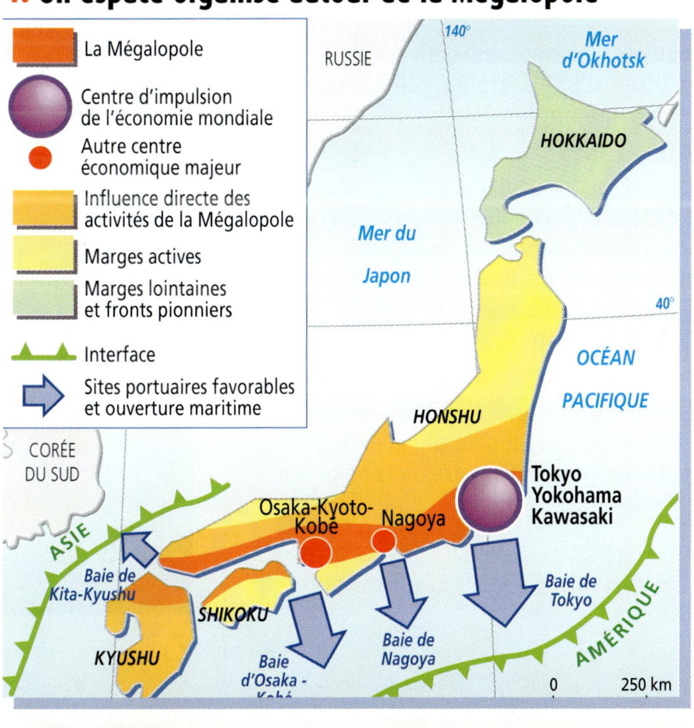

1 La puissance concentrée sur le littoral du Pacifique

Cartes Majeures
La Mégalopole, le « centre » du Japon *(pages 230-231)*

Dossier
Tokyo, ville mondiale *(pages 238-239)*

Photographie
L'aménagement spectaculaire de la baie de Tokyo *(pages 226-227)*

Dossier
La baie de Tokyo en quête de nouveaux équilibres *(pages 240-242)*

Sujet Bac n° 29
La Mégalopole japonaise *(pages 248-249)*

1. La première concentration industrielle du monde

- **La Mégalopole japonaise qui se déroule sur plus de 1 000 km, du Nord de Tokyo jusqu'à Fukuoka,** est le plus long ensemble urbain linéaire du monde. Presque continu, diversifié, il regroupe un peu plus de **100 millions d'habitants** (soit 80 % de la population japonaise).
- **Cette Mégalopole s'est formée en trois temps :** d'abord par la réunion d'agglomérations urbaines anciennes, Tokyo, Nagoya, et le triangle Osaka-Kobé-Kyoto (**Tokaïdo**) ; puis par le développement de l'urbanisation dans les années 1960, jusqu'au Nord de l'île de Kyushu (Fukuoka, Kita-Kyushu) ; enfin par l'extension, dans les années 1980, au Nord de Tokyo jusqu'à Sendaï.
- **La Mégalopole concentre l'essentiel des activités du Japon,** dans les fonctions de production, de commandement et de recherche. C'est un axe industriel, qui regroupe tous les types d'industries, de l'industrie lourde comme la sidérurgie et la pétrochimie (1), jusqu'aux productions incorporant peu de matière première mais beaucoup de savoir-faire.

2. Un espace structuré par les transports

- **L'ouverture du pays et son développement économique se sont traduits par la mise en place de puissantes infrastructures portuaires et industrielles sur les littoraux.** La Mégalopole est la **deuxième façade maritime du monde** en termes d'activité. Quatre ensembles concentrent les 3/4 du trafic. Dans l'ordre : les baies de Tokyo et d'Osaka-Kobé, de Nagoya, de Kita-Kyushu. De grandes zones industrielles portuaires (ZIP) ont été aménagées par creusement des plaines littorales et remblaiements, pour créer des terre-pleins et des îles artificielles.
- **Les dimensions et l'étalement de cette région ont été rendus possibles par la mise en place de moyens de transports rapides** très diversifiés. Le système ferroviaire est axé sur le **Shinkansen** (2) et complété par des lignes de banlieue qui forment un réseau très dense. Il est associé à un important ensemble de routes et d'autoroutes. Des ouvrages d'art spectaculaires, ponts et tunnels, ont permis de surmonter les inconvénients de l'insularité (3).

3. La genèse de la Mégalopole

- **La Mégalopole japonaise a des racines historiques anciennes,** avec la mise en place dans une partie du pays relativement favorisée, **d'une série de villes**, chacune située dans une plaine cultivée, ouverte sur la mer, qui ont toutes joué un rôle politique important dans l'ancien Japon (Tokyo, Nagoya, villes du triangle Osaka-Kobé-Kyoto).
- **Au moment du démarrage de la modernisation, à partir des années 1860,** ces villes ont profité de leurs avantages politiques et démographiques pour attirer une partie des activités nouvelles. C'est alors qu'ont commencé à fonctionner **des séries de boucles de croissance**, les premières industries en attirant de nouvelles (4), suscitant l'installation d'activités de commandement et la construction d'infrastructures, elles-mêmes à l'origine de nouvelles activités.
- **Du point de vue spatial, cette évolution s'est traduite par l'établissement de liens entre les noyaux initiaux,** avec une urbanisation de plus en plus continue le long de l'axe majeur suivant le littoral. Des relations perpendiculaires à cet axe ont étendu la Mégalopole vers l'intérieur.

Mots-clés

Shinkansen : train à grande vitesse circulant depuis 1964. D'abord limité à l'axe Tokyo-Osaka, le réseau à grande vitesse a été étendu vers le Sud et vers le Nord. Cette extension a permis le développement de la Mégalopole et a élargi sa zone d'influence.

Tokaïdo : l'axe Tokyo-Kyoto est désigné par le nom historique donné à l'une des cinq routes rayonnant autour d'Edo (la future Tokyo), construites par les souverains Tokugawa à partir du XVIe siècle.

1. Activités plus développées dans les cités que dans l'ensemble du Japon

Tokyo	
	• Instruments de précision • Machines électriques • Articles de maroquinerie • Édition/Impression
Osaka	
	• Confection textiles • Produits métalliques • Métaux non ferreux • Acier • Meubles • Papeterie
Région de Nagoya	
	• Matériel de transport • Automobiles • Acier • Élastique • Caoutchouc • Textiles
Hiroshima	
	• Matériel de transport • Automobiles • Machines • Machines-outils

2. Une image « mythique » de la Mégalopole : des rizières, le Shinkansen et, au second plan, le mont Fuji

La Mégalopole se présente comme un axe où se succèdent pêle-mêle centres urbains, banlieues, industries, cultures maraîchères, lambeaux de rizières.

3. Les axes de communication jouent un rôle majeur dans l'organisation de la Mégalopole (pont entre Honshu et Shikoku)

4. Une ville spécialisée, Toyota city

La ville de Koromo était une ville d'élevage du ver à soie, prospère depuis la seconde moitié du XIXe siècle. Mais elle déclina avec le recul des industries de la soie à partir des années 1930.

C'est alors qu'intervint Sakichi Toyoda, dont la compagnie fabriquait des métiers à tisser. Celle-ci se lança dans l'automobile en 1933. Pour plus de lisibilité, Toyoda se transforma en Toyota ; la ville adopta le nom de Toyota city en 1959.

Aujourd'hui, plus de 80 % des 400 000 habitants travaillent dans l'automobile. Tout ici est Toyota : le travail, donc, les voitures, bien entendu, les loisirs, le sport, mais aussi la politique : le maire et une dizaine de conseillers municipaux sont tous issus de l'entreprise.

La ville est cernée par douze usines Toyota.

L. Flandre, *L'Humanité* – Avril 1998.

2 Des conurbations géantes dominées par Tokyo

1. Une structure urbaine déséquilibrée

• **La Mégalopole se présente comme un chapelet d'aires métropolitaines qui s'égrènent le long d'un axe, du Nord de la plaine du Kantô à Fukuoka.** Dix villes dépassent le million d'habitants, et trois aires métropolitaines regroupent 44 % de la population totale sur environ 6 % du territoire. Ce sont des centres anciens, dont l'essor date de **l'ère Meiji*** : **Tokyo**, capitale et port ; **Osaka-Kobé**, capitalisme commercial et textile ; **Nagoya**, bourgeoisie d'affaires, coton et laine.

• **Aujourd'hui, un Japonais sur quatre vit dans la région de Tokyo** (plus de 32 millions d'habitants). C'est un centre de commandement national et mondial et, avec plus de 30 % de la production, la **première région industrielle du pays**. Cette concentration est due à un avantage initial : choisie comme capitale au début de l'ère Meiji, Tokyo a tout de suite pris de l'avance sur ses voisines en attirant industries et services.

• **Le triangle Osaka-Kobé-Kyoto (« Kinki ») est le deuxième noyau de peuplement,** avec plus de 22 millions d'habitants et 20 % de la production industrielle. La conurbation cherche à concurrencer le Kantô en mettant l'accent sur les fonctions de recherche et de décision. Entre les deux, **Nagoya** s'est spécialisée dans l'industrie automobile et la mécanique de précision.

• **À l'Ouest de Kobé,** la Mégalopole se fragmente en de **multiples centres** moins peuplés mais très actifs.

Cartes Majeures
La Mégalopole, le « centre » du Japon (pages 230-231)

Sujet Bac n° 33
La Mégalopole japonaise : centre du Japon, centre du monde ? (page 256)

Mots-clés

Kantô : plaine de 1 200 km² dans laquelle s'est développée la Mégalopole de Tokyo.

* voir Lexique

2. Les paysages urbains de la puissance

• **Les villes ont parfois des centres affirmant leur personnalité historique,** avec des patrimoines artistiques très riches, comme à Kyoto ; mais elles sont de plus en plus organisées autour de pôles, notamment autour des grandes gares, regroupant grands magasins, banques, bureaux, hôtels (7).

• **Les villes se sont étendues sur leurs périphéries avec une urbanisation souvent désordonnée,** associant les quartiers pavillonnaires, les ensembles de hautes tours, les centres commerciaux ; leurs banlieues ont souvent fini par se rejoindre.

• **Le désir de trouver de la place a conduit à gagner des terrains sur la mer** grâce à des remblaiements massifs. Mais, grâce à la densification des réseaux de communication, les industries les moins liées aux ports sont déplacées de l'espace littoral vers les bordures de **l'arrière-pays montagnard, lieu privilégié pour l'installation des technopôles** (5, 6).

Photographie
L'aménagement spectaculaire de la baie de Tokyo (pages 226-227)

3. Tokyo dans sa conurbation

• **Autour de la baie de Tokyo, quatre villes (Tokyo, Yokohama, Kawasaki et Chiba) rassemblent au total près de 14 millions d'habitants.** Un liseré d'installations portuaires et industrielles, en partie implantées sur de gigantesques remblaiements, borde la baie. L'urbanisation s'étend vers l'intérieur.

• **La ville de Tokyo, avec 8,2 millions d'habitants est le noyau principal.** La croissance s'est faite sans mise en œuvre de plans d'ensemble, malgré les reconstructions après le séisme de 1923 et les bombardements de 1945. **Le paysage est marqué par l'opposition entre de grandes étendues de maisons basses au-dessus desquelles se dressent les hautes tours des centres d'affaires.** L'étroitesse relative des rues et la complexité de leur tracé a conduit à la construction d'autoroutes urbaines et d'un réseau dense de chemins de fer métropolitains.

Dossier
La baie de Tokyo en quête de nouveaux équilibres (pages 240-242)

Dossier
Tokyo, ville mondiale (pages 238-239)

5. Les extensions de la Mégalopole

Lors de la Haute Croissance*, « combinat » devient l'équivalent de zone industrielle littorale : il a pour attribut le terre-plein gagné sur la mer. Les usines, modernes et de grande taille, sont fondées sur la transformation d'une ou plusieurs matières premières. À Mizushima, l'acier que fabrique Kawasaki Seietsu est directement consommé par la mécanique lourde et par les automobiles de Mitsubishi.

L'ère des grands combinats est désormais révolue... Les nouvelles localisations industrielles correspondent aux secteurs d'activité dominés par l'électronique et la mécanique de précision, beaucoup moins exigeantes en matière d'espace. Elles n'ont pas besoin de la proximité du littoral ou d'un port.

Ainsi s'élabore une nouvelle organisation spatiale dans la Mégalopole, un triptyque de localisation où s'échelonnent, de la mer vers l'intérieur des terres, le combinat, la ville, et les zones à industries récentes et technopôles.

Ph. Pelletier, *Géographie Universelle*, Belin-Reclus – 1994.

6. Le technopôle de Tsukuba au Nord-Est de Tokyo

7. Osaka, au cœur de la Mégalopole japonaise

Entre tradition (le château) et modernité (le centre commercial mondial), la « ville des merveilles » soigne son image.

3 Les problèmes d'un espace profondément transformé

1. Une façade en danger de nature

• **Les risques liés aux calamités naturelles qui affectent le Japon sont aggravés dans la région mégalopolitaine.** Sa position sur la côte Sud-Ouest l'expose particulièrement aux typhons et tsunamis. Les plaines littorales où elle est construite sont affectées par les inondations et leurs terrains alluviaux meubles aggravent les effets des séismes (8, 9).

• **À cette augmentation des aléas* par rapport au reste du pays, s'ajoute dans la Mégalopole celle de la vulnérabilité***, due à la concentration de la population et des édifices. Parmi les séismes graves du XXe siècle, les plus meurtriers ont affecté Tokyo en 1923 (140 000 victimes) et Kobé en 1995 (plus de 6 000 victimes).

• **Cependant, les Japonais ont mis au point des adaptations séculaires et pris des mesures de prévention face aux menaces de la nature** (10) ; les constructions modernes, particulièrement importantes dans la Mégalopole, utilisent des procédés antisismiques ; mais les destructions importantes à Kobé, en 1995, ont montré les limites de leur efficacité.

Cartes Majeures
La Mégalopole, le « centre » du Japon *(pages 230-231)*

2. Les hautes densités et les transformations de l'espace

• **La Mégalopole est caractérisée par de fortes concentrations de bâtiments et d'infrastructures.** C'est à la fois une conséquence de la forte population du pays et de la recherche de profits rapides qui a entraîné une concentration des hommes et des activités et une certaine négligence vis-à-vis des conséquences des aménagements.

• **Dans une grande partie de la Mégalopole, l'artificialisation de la nature a atteint un degré rarement égalé dans le monde,** notamment le long des littoraux, avec les remblaiements massifs pour faire de la place aux aménagements portuaires, aux combinats industriels, voire à des ensembles de logements. Autour de la mer intérieure, célèbre pour la beauté de ses paysages, les transformations ont été particulièrement sensibles.

• **La Mégalopole a également été très affectée par les pollutions.** Certes, quelques-uns des accidents les plus graves, au Japon, ont affecté des centres situés hors de la Mégalopole, comme Minamata (pollution par le mercure). Mais la Mégalopole est affectée par les **pollutions de l'air** dans les centres urbains et près des usines, et par celle des eaux, notamment littorales, avec la prolifération des algues rouges liée à **l'eutrophisation***.

Dossier
La baie de Tokyo en quête de nouveaux équilibres *(pages 240-242)*

Sujet Bac n° 31
La Mégalopole, « cœur » économique du Japon ? *(pages 252-253)*

3. Réactions et adaptations

• **La population japonaise a fortement réagi aux menaces contre l'environnement.** Une série de mouvements, parfois violents, parfois fondés sur des actions juridiques de longue haleine, englobés sous l'appellation de **« mouvement habitant* »**, sont nés très précocement au Japon (11).

• **Ce militantisme a abouti à des transformations, après la Haute Croissance.** La réglementation plus sévère contre les pollutions industrielles, le déplacement vers le reste de l'Asie de fabrications, l'étalement de l'habitat vers l'intérieur, ont allégé les problèmes de la Mégalopole. On a même envisagé de **déplacer hors de Tokyo la capitale du Japon**, mais le projet a été abandonné.

• **La pollution a pris de nouvelles formes :** les sources diffuses de pollution, comme les automobiles ou les engrais (utilisés par exemple sur les terrains de golf dans la Mégalopole) ont remplacé les sources industrielles, plus faciles à contrôler.

Dossier
Tokyo, ville mondiale *(pages 238-239)*

Mots-clés

Tsunami : terme japonais désignant un raz de marée consécutif à un séisme ou à une éruption volcanique sous-marine.

Typhon : terme japonais (lit. « le vent ») employé par les météorologistes pour désigner une tempête tropicale, dépression atmosphérique mobile très accentuée, circulant d'Est en Ouest sur les océans aux basses latitudes. Synonyme asiatique de cyclone tropical ou d'ouragan.

* voir Lexique

8. La gravité particulière des séismes dans l'espace mégalopolitain

La secousse du 17 janvier 1995 a touché le cœur d'une région peuplée de plus de 1,5 million d'habitants dans la région de Kobé et Osaka. Ce séisme a été l'un des plus meurtriers du siècle, puisque 6 000 personnes ont trouvé la mort, 35 000 autres ont été blessées, et 300 000 étaient sans foyer au lendemain du tremblement de terre. 180 000 bâtiments ont été endommagés ou détruits.

Les secteurs les plus affectés par le tremblement de terre sont répartis tout le long du littoral ainsi que dans les vallées alluviales des cours d'eau situés entre Osaka et Kobé. En effet, la grande majorité des désordres superficiels les plus importants engendrés par le séisme sont dus à un phénomène bien connu, la liquéfaction des sols. Les sols alluviaux ou remblayés sont riches en eau en raison de leur perméabilité. Or, lors des secousses, l'eau et les particules fines sont dissociées, ce qui fait perdre toute cohérence à la couche concernée.

Association Catnat. (www.catnat.net).

9. La ville de Kobé a subi des dégâts considérables lors du séisme du 17 janvier 1995 (magnitude 7,2 sur l'échelle de Richter)

10. Les Japonais multiplient les mesures de prévention contre les risques naturels (séismes)

11. Les mouvements de défense de la qualité de l'environnement sont particulièrement actifs

Manifestation contre la pollution au mercure à Kumamoto (île de Kyushu) en avril 1993.

Dossier

Tokyo, ville mondiale

- **Tokyo fait partie du petit groupe des « villes mondiales » qui réunissent une forte masse de population, de très importantes activités de commandement (90 des sièges sociaux des 500 premières firmes mondiales), de gestion financière, de production de haut niveau technique, et qui sont liées entre elles par un réseau de relations très dense.**
- **La taille de la Mégalopole et l'hyperconcentration posent de multiples problèmes d'aménagement qui ont conduit les autorités à envisager le déplacement de la capitale.**

1. L'organisation du cœur de la mégapole de Tokyo

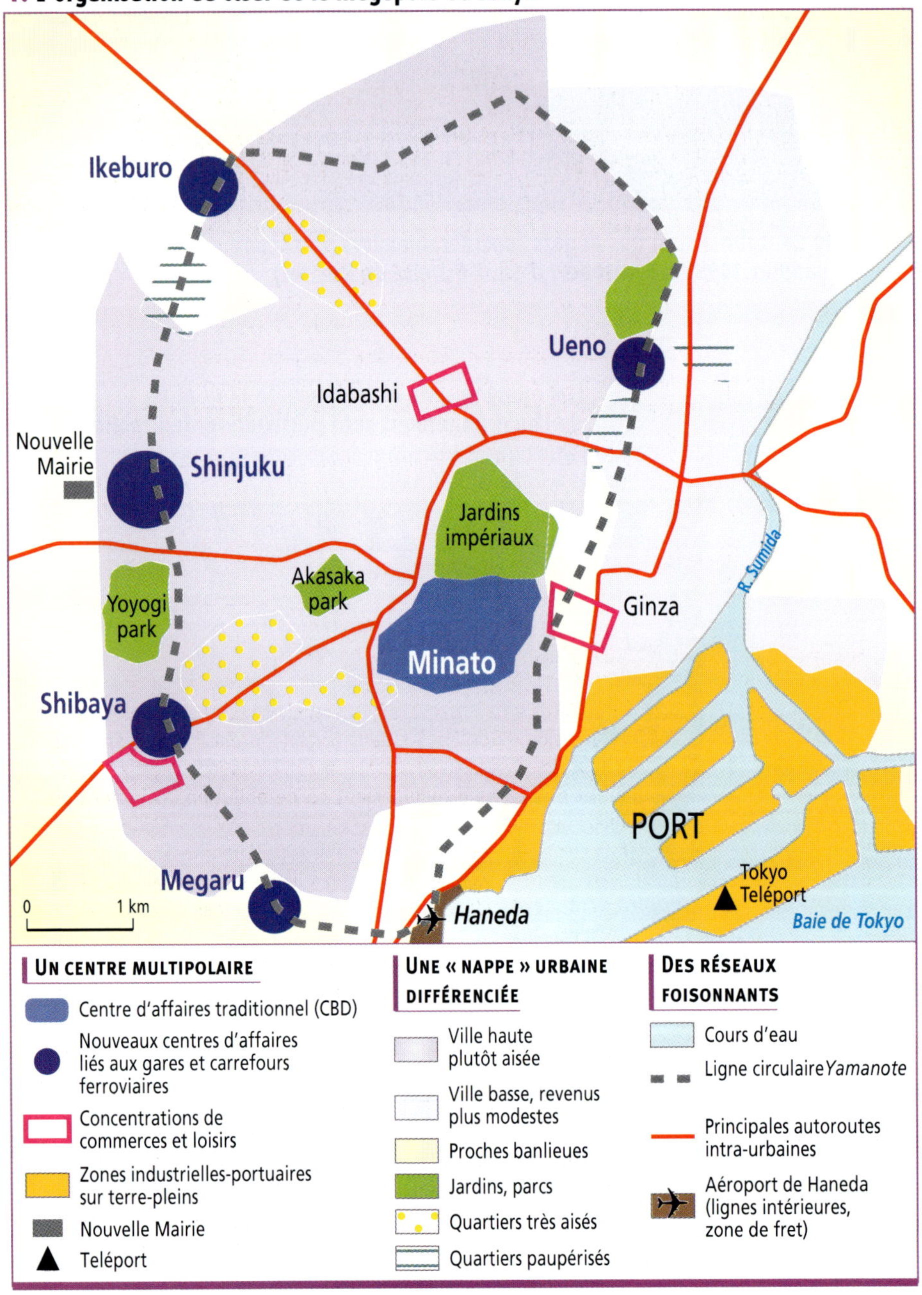

2. Tokyo, des obstacles à l'aménagement

Il a été difficile, dans de grandes parties de la ville, de construire en hauteur à cause du parcellaire en blocs de faible dimension séparés par des rues étroites.

Comparons par exemple Tokyo et Manhattan. Manhattan contient de multiples espaces qui exploitent les avantages d'une intégration verticale des activités. Les avenues et les rues de Manhattan ont respectivement autour de 30 mètres et de 18 mètres de large, formant une grille de blocs qui ont en moyenne 11 800 m² de superficie. Au centre de Tokyo, les rues ont en moyenne 6 à 8 mètres de large, et créent des blocs avec une moyenne de 1 000 mètres carrés. Ces petits blocs, qui sont en outre subdivisés en plusieurs propriétés privées, gênent le développement d'utilisation planifié et organisé de l'espace urbain.

This Week Index, Tokyo – 2002.

3. La deuxième Bourse du monde

Bourses *(en 2002)*	**Capitalisation** *(en milliards de dollars)*
1. New York Stock Exchange	9 015
2. Bourse de Tokyo (Kabuto-Cho)	2 070
3. NASDAQ (É.-U.) : bourse de valeurs technologiques	1 990
4. London Stock Exchange	1 800
5. EURONEXT* (Bourses de Paris, Amsterdam, Bruxelles et Lisbonne)	1 540

4. Le centre d'affaires de Shinjuku

Conçu dans les années 1960, ce nouveau CBD* regroupe une vingtaine de gratte-ciel. Ces tours qui abritent la mairie, le centre administratif du Grand Tokyo, les grands hôtels internationaux, les sièges sociaux de firmes prestigieuses, symbolisent la puissance de Tokyo, un des centres d'impulsion de la planète.

5. La préfecture de Tokyo, cœur du Japon

La concentration des richesses et du tertiaire de haut niveau

Indicateurs	Part de Tokyo *(en %)*
Population	10
Produit régional brut	17
Ventes annuelles des commerces	32
Nombre de compagnies ayant une capitalisation > 1 million de yens	47

Une production tournée vers l'innovation

Secteurs	Part dans la production du Japon *(en %)*
Édition et imprimerie	31
Matériels électriques et électroniques	25
Équipements de transport	8

Questions

1. Quels sont les caractères qui font de Tokyo le cœur du Japon et une ville mondiale **(1, 3, 4, 5)** ?

2. Quels problèmes se posent à l'aménagement de Tokyo **(1, 2)** ? Où se situe le nouveau centre de Shinjuku ? Quelles sont ses fonctions **(1, 4)** ? Pourquoi le projet de déménagement de la capitale a-t-il été abandonné **(6)** ?

6. Déplacer la capitale ?

Au milieu des années 1980, les médias, certains cercles politiques et plusieurs intellectuels posent la question du déménagement de la capitale. En effet, à une situation déjà détériorée par les problèmes d'engorgement ou de pollution, s'ajoutent les impacts liés au gonflement de la « Bulle foncière » (1985-1990). Les journalistes dénoncent à l'envi le gouffre que représenterait Tokyo, sorte de « trou noir » absorbant énergies et capitaux, concentrant décideurs et décisions, sans donner de contrepartie suffisante au reste du pays.
Le 24 décembre 1992, la Diète vote la Loi relative au déplacement des activités parlementaires et afférentes. En septembre 2000, le gouvernement annonce qu'il retire ses projets de déménagement de la capitale. Des raisons budgétaires et financières sont invoquées mais aussi la résistance de la techno-bureaucratie, ainsi que l'opposition des politiciens tokyotes. Il est possible que le projet ait été en fait torpillé dés juin 1996 lorsque le gouvernement déclara que le déplacement du Palais impérial – et donc de l'empereur – n'était plus à l'ordre du jour.

Ph. Pelletier, ***Documentation photographique,*** **n° 8029 – Octobre 2002.**

Dossier

La baie de Tokyo en quête de nouveaux équilibres

Sur le littoral de la baie de Tokyo s'est développé un puissant ensemble industrialo-portuaire appuyé sur la mégapole de Tokyo, par le biais d'infrastructures aménagées pendant la période de Haute Croissance. La lutte contre les pollutions diverses a freiné ces aménagements et réorienté l'usage des terre-pleins.

Depuis le milieu des années 1990, le littoral de la baie suscite un nouvel intérêt en raison des problèmes liés à l'extension de la Mégalopole. Les Japonais découvrent le front de mer.

1. La baie de Tokyo : l'aménagement des littoraux et des terre-pleins

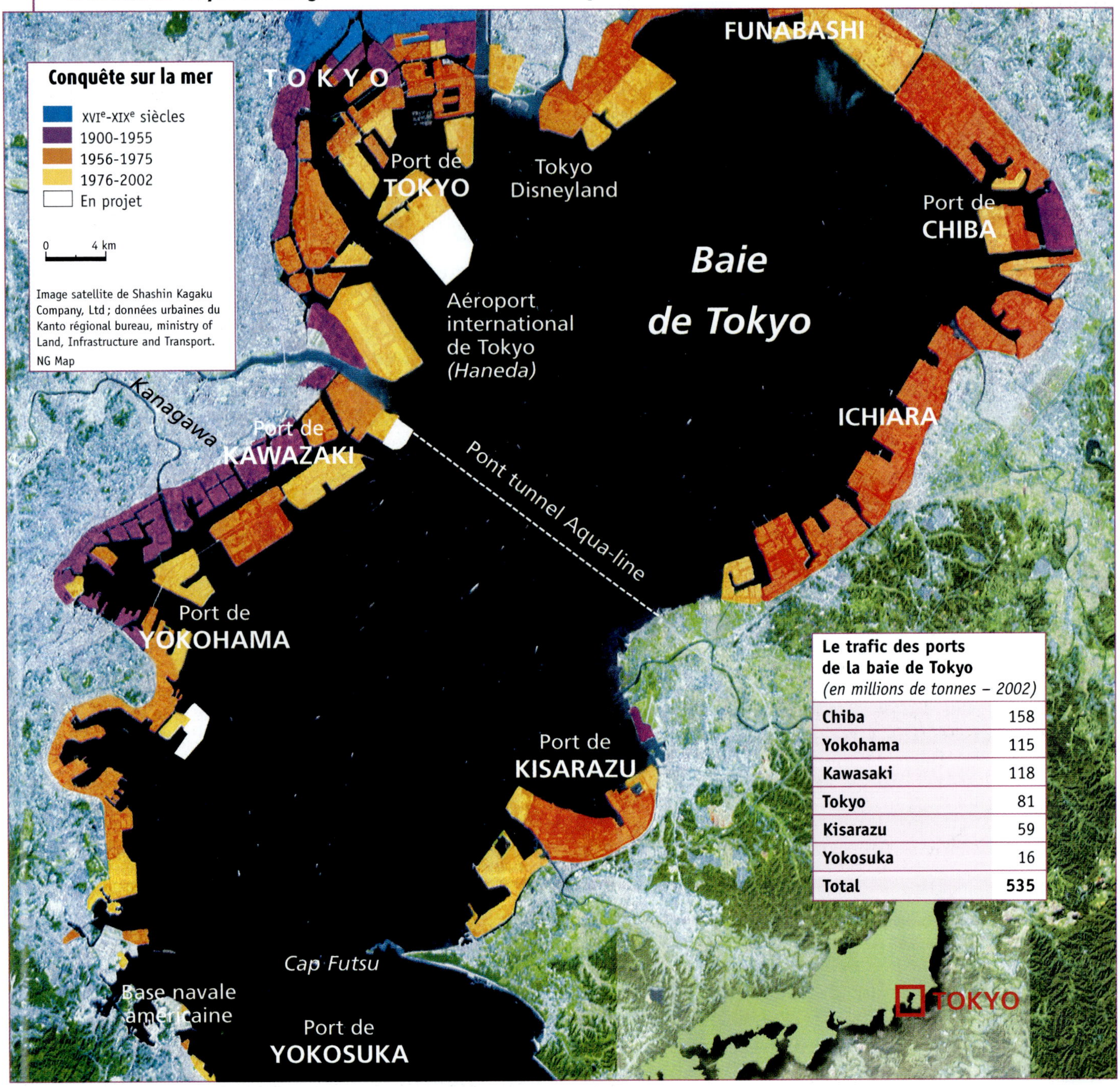

Le trafic des ports de la baie de Tokyo *(en millions de tonnes – 2002)*	
Chiba	158
Yokohama	115
Kawasaki	118
Tokyo	81
Kisarazu	59
Yokosuka	16
Total	**535**

2. Trafic du port de Tokyo
(trafic international - 2002)

Exportations du port de Tokyo *(en %)*

Machines électriques et autres	38
Produits chimiques industriels	11
Automobiles	7
Métaux	6
Autres produits industriels	5
Papier et pâte à papier	4
Caoutchouc et produits de caoutchouc	4
Produits de la mer	3
Autres	22

Importations du port de Tokyo *(en %)*

Produits alimentaires	25
Matériels ménagers	6
Produits de la mer	6
Machines	5
Produits animaux	5
Bois	5
Produits des industries agroalimentaires	5
Papier et pâte à papier	5
Autres produits industriels	4
Autres	34

3. L'organisation du port de Tokyo

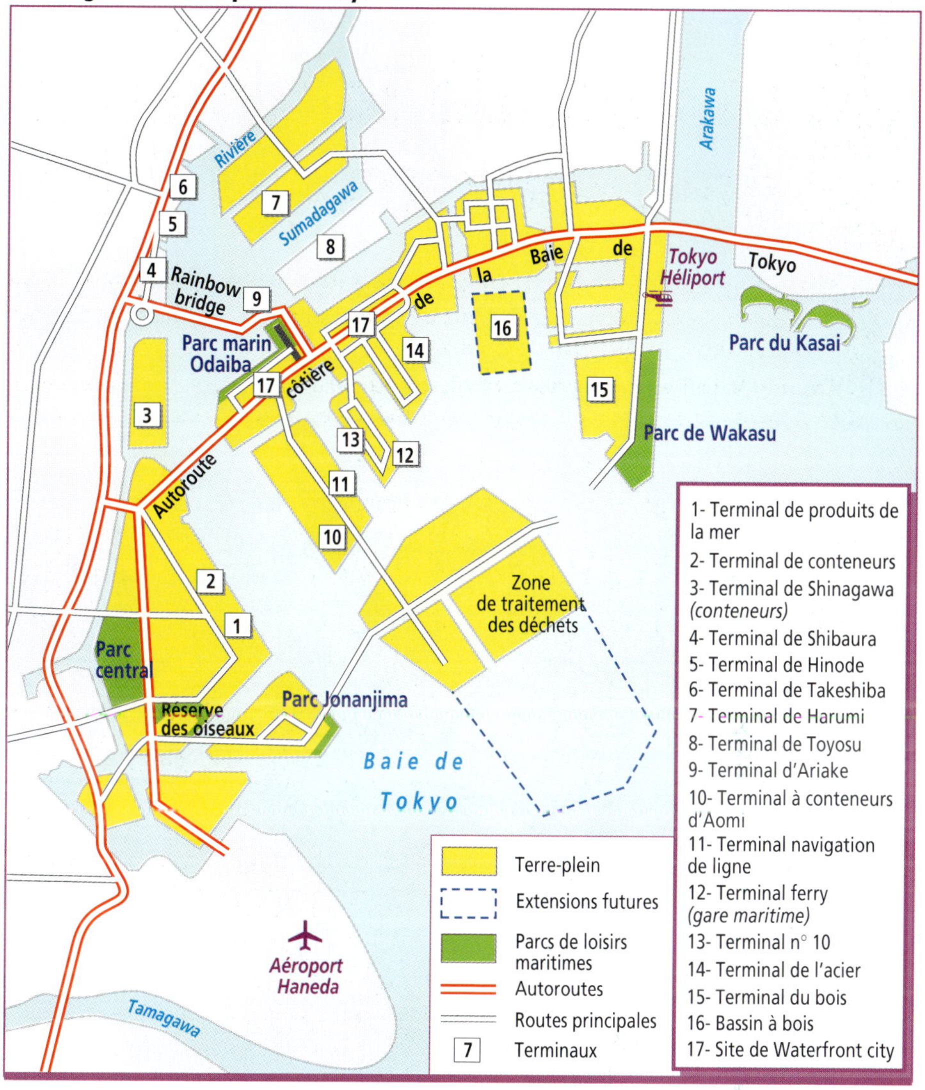

4. Faire face aux problèmes d'environnement

Dans la zone métropolitaine qui entoure la baie, la pollution de l'air la plus visible a été beaucoup réduite par les réglementations strictes. Il demeure un problème grave avec les gaz d'échappement des automobiles. Le contrôle des échappements a été efficace, mais la croissance constante de la circulation en a affaibli les effets. La qualité de l'eau, dans les rivières et dans la baie, a été améliorée par l'efficacité des usines de traitement.

Une des principales questions qui se posent aux autorités locales est celle des déchets, industriels et domestiques, en particulier des déchets non combustibles, à cause des difficultés pour localiser les installations. L'administration locale doit faire face à l'attitude « pas dans mon jardin » des habitants. Les deux tiers des déchets sont brûlés, l'autre tiers est utilisé pour les remblaiements dans la baie. Mais le ralentissement progressif des remblaiements aggravera le problème dans un avenir proche.

New agglomeration and Tokyo problems, Unipress – 2001.

5. Le parc de Kasai : un nouvel usage des terre-pleins (loisirs, logements...)

6. **Le nouveau quartier d'Okawabata River City 21**

Au débouché de la rivière Sumida dans la baie, ce nouveau quartier de logements haut de gamme a été construit au début des années 1990 à l'emplacement d'anciens chantiers navals. Un exemple de nouvelle utilisation du front de mer (Waterfront).

7. Le redéploiement de la mégapole autour de la baie

La saturation des espaces périurbains intérieurs et l'allongement considérable des distances donnent un nouvel intérêt au littoral. La mégapole tokyoïte se redéploie sur la baie grâce à de grands projets d'aménagement mêlant opérateurs publics et surtout privés.

À l'instar des opérations urbaines développées dans le port de Tokyo par les pouvoirs publics, d'autres ont vu le jour : Minato Mirai 21 à Yokohama avec l'Immobilière Mitsubishi et la ville de Yokohama (186 hectares et 10 000 habitants prévus) ; Makuhari Messe à Chiba avec Nippon Steel et la ville de Chiba (437 hectares et 26 000 habitants prévus) ; Kawasaki Civil Port Island à Kawasaki sur 443 hectares... De grands aménagements qui se font non sans risques dans le contexte de récession économique. Réservés à l'industrie pendant la Haute Croissance*, les terre-pleins se voient désormais assigner une vocation beaucoup plus urbanistique de logement, de bureaux et de tourisme urbain.

Ph. Pelletier, ouv cité.

8. Nouveaux aspects de l'utilisation des terre-pleins : Waterfront city

Waterfront city (la « cité du front de mer »), située au centre du littoral de la baie de Tokyo, est en cours de développement par l'administration métropolitaine de Tokyo, dans le cadre d'un des plus grands aménagements du monde. Elle est près de l'aéroport de Haneda et liée par une autoroute à celui de Narita. Elle est bien desservie par les chemins de fer.

La cité est bien équipée en infrastructures hautement résistantes aux risques naturels. Des esplanades en bordure de l'eau et des espaces verts en font un ensemble attractif, un paysage urbain doté de confort et de sérénité. On y développe une ville aux avantages multiples, combinant des fonctions d'activité, de résidence, de loisir.

Le prix du terrain dans la « Waterfront city » est avantageux : 236 000 yens par m^2, contre 888 000 près de Shibuya station et 810 000 à Shinjuku...

D'après un document de Tokyo Metropolitan government – 2001.

Questions

1. Décrivez les évolutions des aménagements de la baie de Tokyo, en particulier ceux réalisés depuis les années 1950 (1, 3). Quels ports majeurs et quelles activités font de la baie de Tokyo l'ensemble portuaire le plus important du monde (1, 2) ?

2. Comment a évolué la fonction et l'environnement des terre-pleins dans les années 1990 (4, 5, 6) ? Pourquoi ?

3. Pourquoi le littoral est-il de nouveau attractif (7, 8) ? Quelles sont les caractéristiques des nouvelles opérations ?

Cahiers du BAC

Composition

Sujet Bac n°27 L'aire de puissance asiatique : aspects, facteurs, limites

Sujet Bac n°28 L'Asie orientale, unité ou diversité ?

Sujet Bac n°29 La Mégalopole japonaise

Étude d'un ensemble documentaire

Sujet Bac n°30 L'Asie orientale, une aire d'échanges ?

Sujet Bac n°31 La Mégalopole, « cœur » économique du Japon ?

Sujet Bac n°32 La façade maritime de l'Asie orientale, un aspect de la mondialisation ?

Croquis

Sujet Bac n°33 La Mégalopole japonaise : centre du Japon, centre du monde ?

Sujet Bac n°34 L'Asie orientale, une aire de puissance en expansion ?

Composition

Sujet BAC n° 27

L'aire de puissance asiatique : aspects, facteurs, limites

Schémas : Les phases de l'expansion de l'aire de puissance asiatique

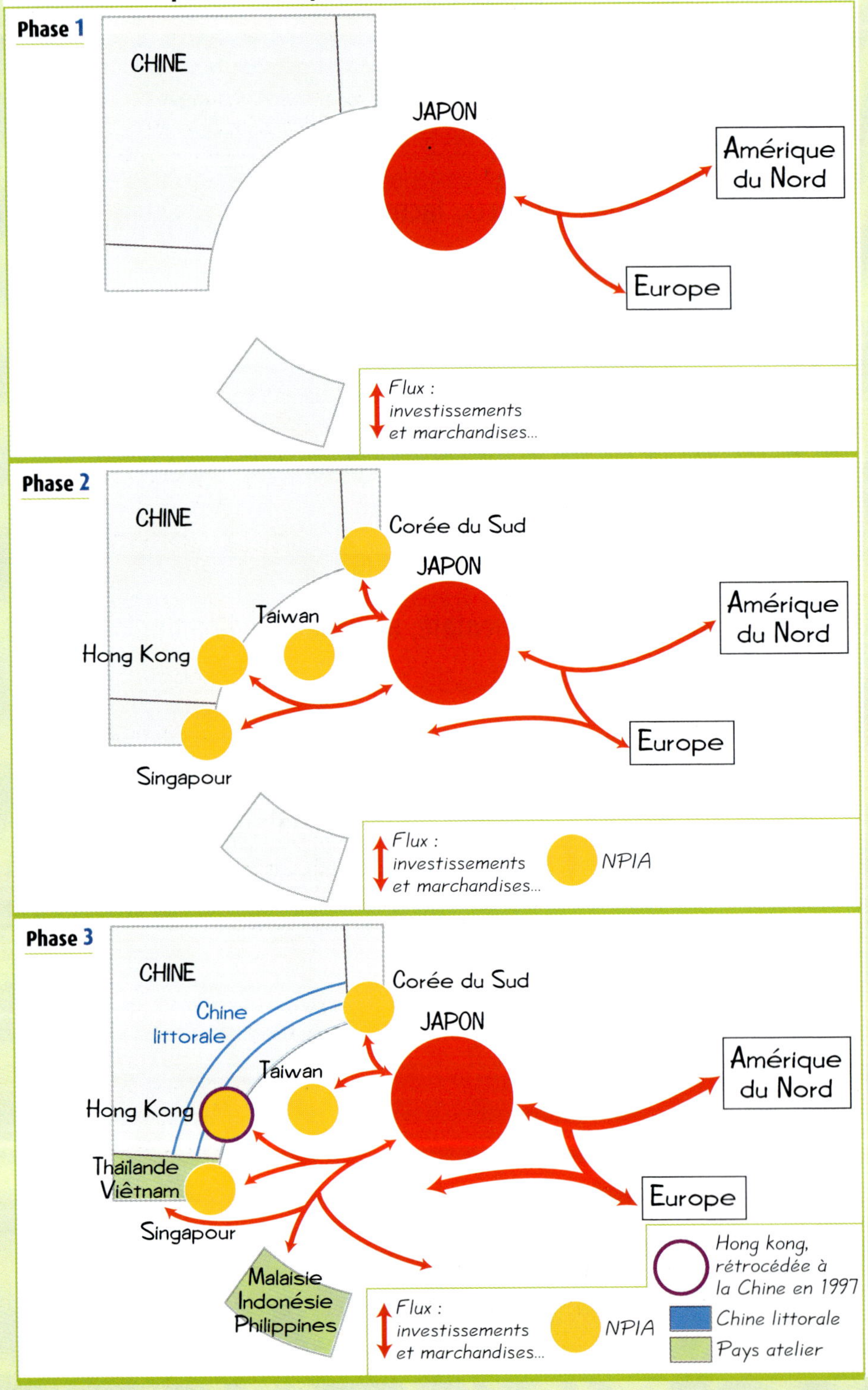

Les schémas de la composition

- L'**Asie orientale est une aire de puissance en expansion** continue depuis l'après Seconde Guerre mondiale.
- Le Japon, les « nouveaux pays industriels » ensuite, la Chine et les « pays-ateliers » d'Asie du Sud-Est aujourd'hui constituent les pôles dynamiques de cette aire.
- **Leur croissance économique est liée à l'existence de flux intenses** entre eux et avec le reste du monde : investissements (délocalisation des FTN*), échanges de marchandises, de produits bruts...

⇨ *Des schémas, utilisables dans la composition, peuvent traduire l'évolution spatiale de l'aire de puissance asiatique.*

- **Phase 1 :** Le Japon est la seule grande puissance économique de l'Asie orientale.

- **Phase 2 :** Le Japon, à la recherche de bassins de main-d'œuvre, investit dans un premier ensemble de pays : Corée du Sud, Taiwan, Singapour et Hong Kong alors cité-État, les NPI.

- **Phase 3 :** Les transformations économiques et sociales des pays du « premier cercle » des NPI, poussent les entreprises à investir plus loin.
Les « pays-ateliers » entrent dans l'aire de puissance : Malaisie, Indonésie, Philippines, Thaïlande suivis de la Chine qui s'ouvre à l'économie de marché.

Étapes		Entraînement
1 Introduction	**• Problématique**	L'Asie orientale (Japon, Corée du Sud, Taiwan, Chine littorale, Singapour), soit 1,4 % des terres émergées, rassemble 13 % de la population mondiale, mais fournit près de 17 % du produit économique mondial et 1/5e des exportations mondiales. En trois décennies (1960-1990), cette région a connu une croissance exceptionnelle, partie du
	Annonce de la partie 1	Japon pour s'étendre aux NPI, puis aux régions environnantes. C'est ce que nous traiterons en premier lieu.
	Annonce de la partie 2	Ce miracle économique suscita des interrogations ; plusieurs facteurs, que nous verrons dans la seconde partie du devoir, furent avancés pour expliquer les performances de la région.
	Annonce de la partie 3	Mais la crise, qui déstabilisa les économies à la fin des années 1990, vint rappeler leur vulnérabilité.

2 Développement

Partie 1

1. Quelles sont les caractéristiques de cette aire de puissance ?

- **Un grand foyer de population** (environ 800 millions d'habitants) : masses de main-d'œuvre à bon marché, mais dispersées dans des archipels, des péninsules, sur des littoraux (Cartes Majeures p. 212-213, Leçon p. 214).
- **La forte croissance économique :**
  - l'industrie, clé de cette croissance ;
  - diversité des industries ;
  les industries manufacturières sont la « colonne vertébrale » du développement.
- **Un processus rapide de développement qui se lit dans :**
  - la progression du PIB et des revenus ;
  - le poids de la région dans l'économie mondiale ;
  - et même dans le vocabulaire : « dragons », « tigres »...
- **Une région structurée** par des flux de tous types organisés en puissants réseaux.

Conseil : *réalisez des schémas selon les modèles de la page précédente.*

- **La plus grande façade maritime du monde.**
- **Une intégration régionale** par l'industrie avec des stratégies de délocalisations et une division régionale du travail.

Transition *Sur quelles bases cette puissance s'est-elle formée ?*

Partie 2

2. Les facteurs

- **Rôle des investissements étrangers :** États-Unis, Japon, Chinois d'Outre-mer..., (Leçons 2 et 3 p. 216 et 218).
- **Modèle de développement** fondé sur l'industrialisation en fonction des avantages comparatifs : association de masses de main-d'œuvre de haut niveau technique, de solides classes d'entrepreneurs, de valeurs asiatiques (Dossier p. 222-223).
- **Marchés intérieurs prometteurs :** hausse du niveau de vie.
- **Création de zones franches :** ZES chinoises par exemple.
- **Ouverture des marchés internationaux :** mondialisation, infrastructures modernes (ZIP*), progrès des transports maritimes (porte-conteneurs)...

Transition *Le modèle de croissance de l'aire asiatique n'est-il pas remis en question ?*

Partie 3

3. Les limites

- **Le modèle économique remis en question** par l'éclatement de la bulle spéculative*, les mauvaises dettes*, mauvaise gestion, collusion des milieux politiques et économiques (Leçon 4 p. 220).
- **L'absence de véritable intégration** régionale ou monétaire. Des économies sensibles à la conjoncture régionale ou mondiale (Cartes Majeures p. 212-213).
- **L'existence de tensions politiques** entre certains États, de risques politiques au sein des États : des démocraties fragiles.
- Saturation des espaces, pollution... (Dossier p. 240-242.)

3 Conclusion

Bilan • L'aire asiatique occupe une place majeure dans le fonctionnement du monde actuel.

Perspectives • Cette aire manque de cohésion du fait de la montée en puissance d'un grand nombre d'États de plus en plus en concurrence.

Sujet BAC n° 28 L'Asie orientale, unité ou diversité ?

Étapes		Entraînement
1 Analyser le sujet	• **Lecture du sujet et recherche des mots-clés**	• Le sujet invite à traiter l'unité et la diversité de l'Asie orientale en tant qu'aire de puissance (Introduction de partie p. 70-71).
2 Poser la problématique	• **Recherchez les questions que la formulation du sujet induit**	• L'aire de puissance de l'Asie orientale possède-t-elle des caractères communs ? • En quoi est-elle une aire fragile ?
	• **Formulation de la problématique**	• De toute évidence, il existe en Asie orientale un ensemble de pays aux traits identiques, surtout en ce qui concerne leur essor économique. Quelles en sont les forces et les faiblesses ?
3 Élaborer le plan	• **Mobilisez les connaissances**	• Pour gagner du temps, au brouillon, listez rapidement les connaissances et les exemples utiles au traitement du sujet ***Exemples :*** – fortes densités de population ; – rôle du Japon en Asie orientale ; – hiérarchie entre États ; – gros exportateurs de produits manufacturés ; – forte concurrence interne ; – grands ports ; – culture commune ; – superficies très différentes ; – stratégies de croissance semblables ; – régimes politiques divers ; – peuplement littoral ; – zones franches littorales ; – grande façade maritime ; – tensions politiques, litiges frontaliers ; – métropoles centres d'impulsion économique... (Se reporter au Chapitre 8.)
	• **Classement des connaissances**	• Il faut ensuite rassembler les informations en **2 grands thèmes** qui constitueront les parties de la composition. En fonction de la problématique du sujet, on peut retenir les thèmes suivants : – 1re partie : L'Asie orientale, un grand nombre de points communs. – 2e partie : Une grande diversité. • Dans chaque partie, les idées et exemples seront regroupés en paragraphes. ***Conseil :*** *pour cela vous pouvez surligner, dans la liste relevée au brouillon, les thèmes identiques.* On a surligné en rose les points communs, en jaune les différences. ***Conseil :*** *n'oubliez pas de réaliser, lorsque cela est possible, des schémas.* (Méthode du schéma p. 134-135) Pour ce sujet, vous pouvez insérer un schéma qui montrera l'importance des échanges entre les pays de l'Asie orientale. ***Exemples :*** schémas de la p. 244.

4 **Rédiger la composition**

• L'introduction

Problématique Comparée aux deux autres aires économiques, l'aire de l'Asie orientale se distingue par son essor économique rapide et récent à tel point que l'on a parlé de

Annonce de la partie 1 « miracle asiatique ». En ce sens, on peut parler d'unité de l'aire (première partie du devoir).

Mais les États qui composent l'aire de l'Asie orientale ont un rôle politique ou militaire

Annonce de la partie 2 faible, contrastant avec leur importance économique. En son sein, on note bien des différences, voire une certaine hétérogénéité, ce que montrera la seconde partie de la composition.

• Le développement

Partie 1

1. L'Asie orientale, un grand nombre de points communs

- **La structure naturelle de l'aire :** archipels, péninsules, dispersés sur la façade pacifique de l'Asie.
- **Existence de très fortes densités démographiques** enracinées dans l'histoire (plus de 400 habitants. au km²) qui en font un puissant foyer de population. (Leçon p. 214 et Cartes Majeures p. 212-213.)
- **Originalité des bases culturelles** qui ont conduit à qualifier cette aire d'aire « sinisée » ; une aire culturelle fondée sur un même système de valeurs, on a pu parler d'un « asiatisme ». (Leçon p. 218.)
- **Des taux de croissance économique remarquables :**
  - des années 1960 au milieu des années 1990, des taux supérieurs à 5 % (pour la Corée du Sud et Singapour des taux moyens annuels de 7,5 % de 1965 à 1995) ;
  - la crise de la fin des années 1990 a affecté toutes les économies mais de façon inégale ; reprise actuelle de la croissance. (Leçon p. 220.)
- **L'industrie à la base de la stratégie de développement** : d'abord les industries d'assemblage, puis on en vient à la conception en laissant le rôle d'atelier à la périphérie ; développement en fonction des avantages comparatifs (faible coût de la main-d'œuvre).
- **Le poids de l'industrie dans des économies extraverties ;** tous les types d'industries ; industries lourdes ; industries informatiques et robotique. (Dossier p. 222-223.)
- **Poids de la région dans les exportations mondiales,** part considérable des produits manufacturiers dans les exportations.
- **Présence de très grands ports** (Dossier p. 224-225.)
- **Rôle moteur du Japon** dans la diffusion du développement dans toute l'aire.

Conseil : *réalisez un schéma sur le modèle de celui de la p. 244.*

Transition *Peut-on véritablement parler d'unité de l'aire asiatique ou bien relève-t-on des clivages, des faiblesses ?*

Partie 2

2. Une grande diversité

- **Diversité :**
  - par la taille des États : Chine immense, Singapour cité-État ;
  - les structures politiques et économiques (originalité du système chinois).
- **Héritage de l'histoire :** tensions entre États, démocraties fragiles...
- **Un modèle de développement identique, mais des différences** en raison :
  - des structures économiques et sociales ;
  - de l'ancienneté du développement ;
  - des types d'industrie, de la place dans la division régionale du travail,...
- **Différences aussi dans l'organisation spatiale :** à partir des littoraux, diffusion spatiale concentrique ou linéaire (Chine littorale, couloir de développement en Corée du Sud entre Séoul-Pusan, dans l'archipel japonais extension de la Mégalopole...). (Leçon p. 218.)
- **Des pays de plus en plus concurrents ;** hiérarchie économique : puissance mondiale, NPI, puissances émergentes (Chine, Asie du Sud-Est).

• La conclusion

Bilan • L'aire asiatique possède de fortes spécificités qui s'enracinent autour d'un même schéma de croissance économique.

Perspectives • Celle-ci ne risque-t-elle pas de créer des disparités entre États ?

Sujet BAC n° 29 La Mégalopole japonaise

Des schémas pour accompagner la composition

Schéma 1 : L'organisation de l'espace de la Mégalopole

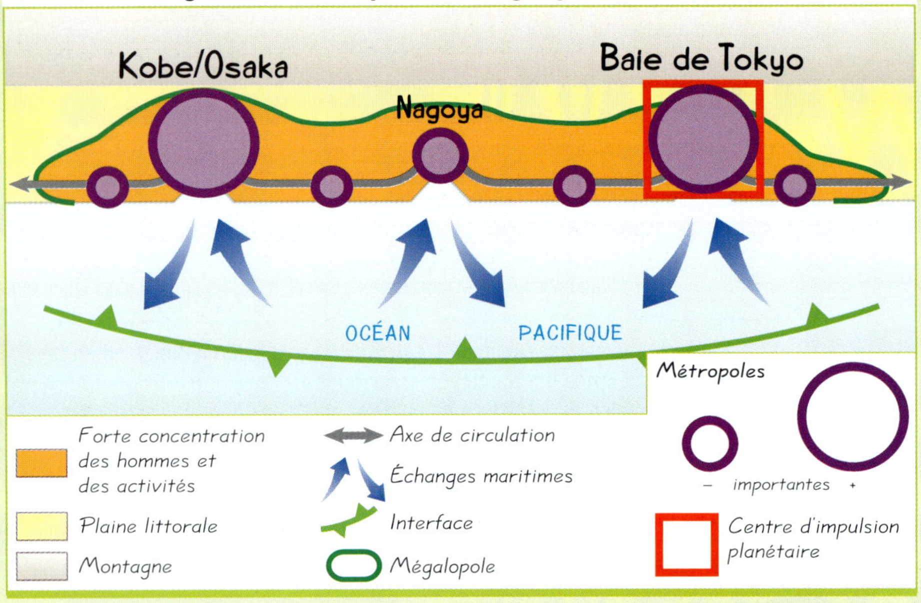

Schéma 2 : Organisation et dynamique d'un espace urbain de la Mégalopole

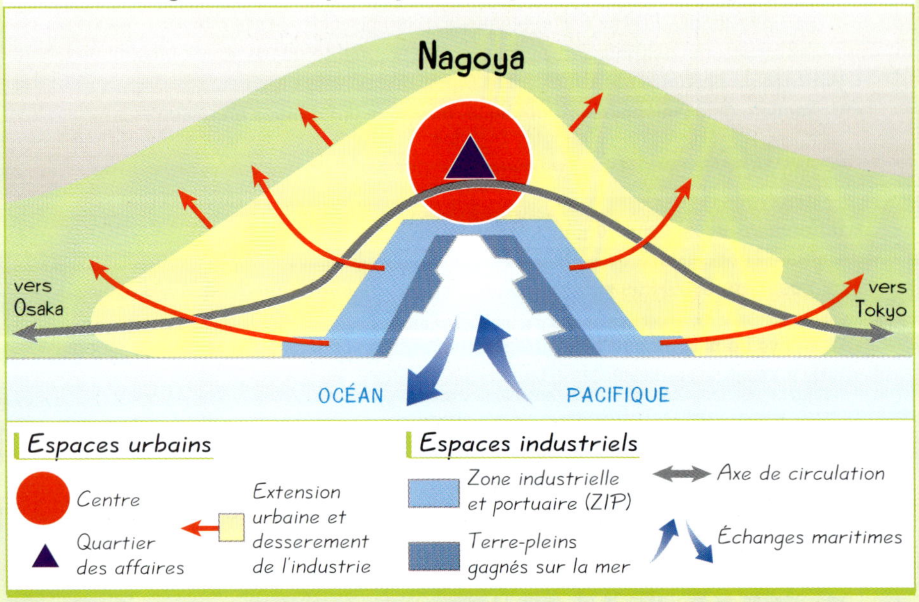

Que montrent les schémas ?

- **Schéma1 :** il présente :
  - **le cadre naturel** dans lequel s'inscrit la Mégalopole : une étroite bande de plaines littorales bordées de montagnes ;
  - **la structure de la Mégalopole :** un espace de très fortes densités de population ; un chapelet de villes reliées par des réseaux de communication ;
  - **le fonctionnement de la Mégalopole :** un espace d'échanges internes (réseaux de transport) et externes, par son ouverture sur le monde (interface).

- **Schéma 2 :** il montre la **littoralisation des hommes et des activités**.

Le schéma met en évidence, à grande échelle, à la fois les fonctions et l'organisation de l'espace de la Mégalopole, son extension, mais aussi ses contraintes (aménagements réalisés sur la mer, terre-pleins).

⇨ ***Attention :*** *ce schéma n'est pas à l'échelle de la Mégalopole, mais d'une aire urbaine autour d'une baie : Nagoya par exemple.*

Quand utiliser les schémas ?

Les schémas peuvent être utilisés dans des compositions portant sur :

- la Mégalopole japonaise
  ⇨ ***Exemples :***
  - *L'organisation de l'espace de la Mégalopole.*
  - *La Mégalopole « centre » du Japon, centre du monde ?*
- L'Asie orientale
  ⇨ ***Exemples :***
  - *Les espaces moteurs de l'Asie orientale.*

Étapes	Entraînement	
1 Introduction	**•Présentation du sujet**	Sur le littoral pacifique du Japon, s'étale la Mégalopole japonaise du Nord de Tokyo à Fukuoka à l'Ouest.
	•Problématique	Cette Mégalopole se différencie des deux autres Mégalopoles par son étirement sur une mince bande littorale, ses densités de population très élevées, la place de l'industrie, des ports et le poids de l'agglomération de Tokyo.
	•Plan du devoir	Comment peut-on expliquer une telle concentration sur le « Japon de l'Endroit* » ? Quels problèmes se posent à la Mégalopole ?

2 Développement

Partie 1

1. La puissance japonaise concentrée sur le littoral Pacifique

1er paragraphe • Le plus long ensemble urbain linéaire du monde : 80 % de la population du Japon, soit près de 100 millions d'habitants sur environ 1 000 km de long. (Leçon p. 232-233 et Cartes Majeures p. 230-231.)

2e paragraphe • Un chapelet d'aires urbaines métropolitaines dont trois mégapoles ; centres d'impulsion économique. (Leçon p. 234-235 et Dossier p. 238-239.)

3e paragraphe • Une concentration des activités de commandement, de recherche, de production.

4e paragraphe • Puissance et diversité des infrastructures de transport : voies ferrées (Shinkansen) ; autoroutes ; aéroports ; ports : une des plus grandes façades maritimes du monde ; un ensemble de ports qui reçoivent les 3/4 du trafic du pays. (Leçon p. 232-233 et Dossier p. 240-242.)

5e paragraphe • De très vastes zones industrielles au bord de l'eau. (Leçon p. 234-235 et Dossier p. 238-239.) (Réalisez un schéma sur le modèle du **schéma 1**.)

Transition *Quels éléments expliquent l'importance de la Mégalopole japonaise ?*

Partie 2

2. De multiples facteurs expliquent la présence de la Mégalopole

- **Une puissance déjà ancienne :**
  - les pouvoirs politiques et économiques étaient tôt installés au Sud d'Honshu ;
  - un essor économique qui date du XIXe siècle (Ere Meiji) : accumulation des capitaux, essor d'une bourgeoisie d'affaires et des sites industriels (textile).
- **Un littoral privilégié :** plaines littorales assez étendues, climat favorable (peu de neige ; contraste avec le « Japon de l'Envers* »), littoral « ouvert » (baies...).
- **Le littoral possède des atouts décisifs :**
  - durant la période de Haute Croissance* du Japon : la stratégie des firmes, qui importent les matières premières et exportent les produits manufacturés, favorise l'implantation littorale de l'industrie ;
  - en raison du rôle joué par le Japon en Asie orientale (investissements vers les NPI, la Chine, délocalisation des industries...)

Transition *La Mégalopole ne connaît-elle pas des problèmes environnementaux ?*

Partie 3

3. La Mégalopole espace saturé ?

- **Des aménagements gigantesques :** terre-pleins, tunnels, ports, réseaux de transport entre les différentes aires urbaines et les îles. (Leçon p. 236-237 et Dossier p. 240-242.)
- **Une Mégalopole en extension :** étalement des aires urbaines, desserrement des industries vers la périphérie. (Réalisez un schéma sur le modèle du **schéma 2**.)
- **Des villes en restructuration :** nouveaux centres d'affaires, hautes tours de logement, technopôles...
- **Un espace à hauts risques naturels** (typhons, séismes, tsunamis) et technologiques ; fortes densités de population et transformation de l'espace aggravent les risques, multiplient les nuisances (pollution des eaux, de l'air).
- **Un espace saturé et une dégradation des paysages.**

3 Conclusion

Bilan • La Mégalopole est l'espace central du Japon.

Perspectives • La concentration des hommes et des activités pose la question de la gestion de son environnement.

Sujet BAC n° 30 — L'Asie orientale, une aire d'échanges ?

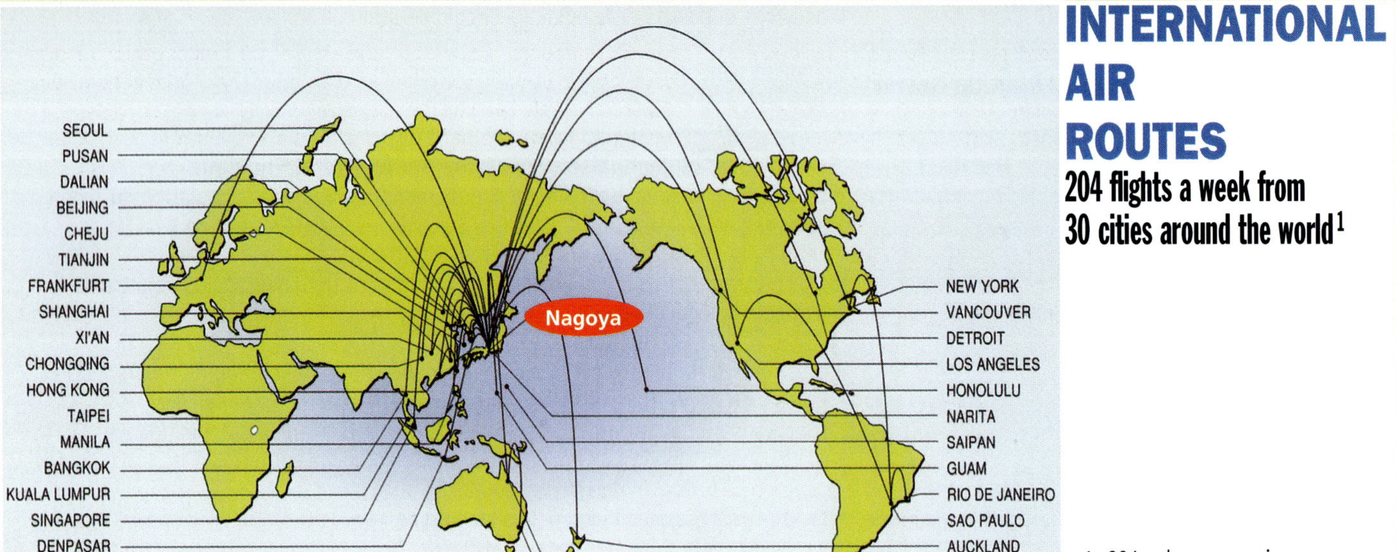

1. 204 vols par semaine en provenance de 30 villes à travers le monde.

1. Les liaisons aériennes de l'aéroport de Nagoya

L'aéroport de Nagoya se présente comme un des pôles importants d'échanges entre l'Asie orientale et le monde (carte extraite d'une brochure de la ville de Nagoya – 2003).

2. Les échanges de marchandises

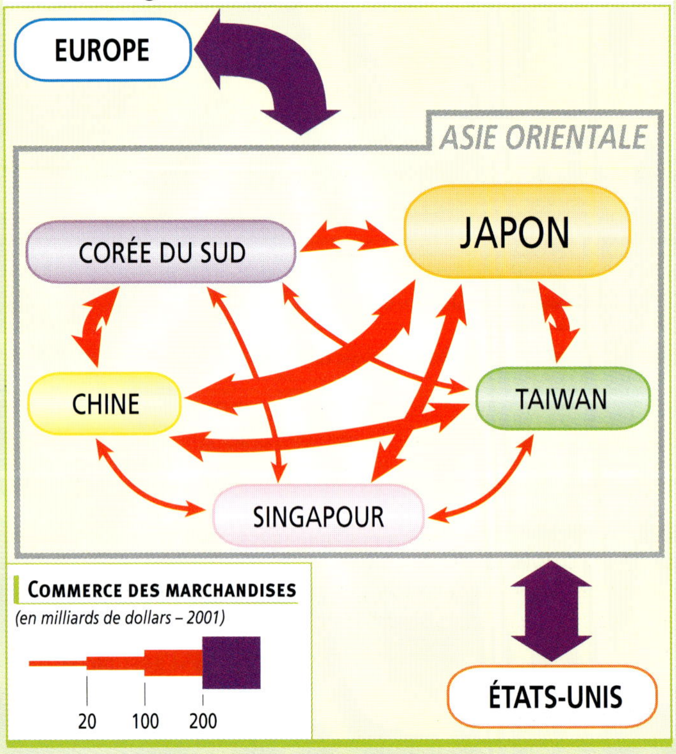

3. L'Asie, un grand marché commun ?

L'Asie n'est plus une liste de pays différents qui exportent en Amérique et en Europe ; l'Asie devient un continent intégré avec une économie commune dans laquelle chacun se spécialise sur ses atouts. Tous y gagnent, et si le Japon peut s'être soucié dans le passé de voir grossir le rival chinois, il s'en réjouit maintenant : la reprise actuelle de l'économie nippone s'explique en partie par le bond de ses exportations vers la Chine, tandis que celles vers les États-Unis sont menacées par la baisse du dollar. Chine et Japon : voilà une grande réconciliation historique de la nouvelle Asie.

Les exportations asiatiques vers le monde occidental ont été depuis vingt ans le moteur du développement du Japon, puis des « Tigres » (Taiwan, Corée du Sud, Philippines, Thaïlande, Malaisie, Indonésie...), et maintenant de la Chine et du Vietnam. Elles continuent de croître vivement pour représenter 770 milliards de dollars (en 2001), soit 12 % du total du commerce mondial. Mais le commerce à l'intérieur de la zone progresse maintenant encore deux fois plus vite : de 1 % en 1975, sa part dans le commerce mondial est montée à 6,5 %. [...]

Le schéma de développement de chacun des pays a été le même : s'appuyer sur ses bas coûts de main-d'œuvre pour importer des composants, les assembler, puis exporter. Ensuite, au fur et à mesure que la population s'intègre dans les usines et voit son niveau de vie augmenter, passer progressivement à des produits de plus haute valeur ajoutée et laisser les ateliers de montage au pays voisin. Aujourd'hui, ce processus est troublé par la Chine, qui a les moyens d'être, tout à la fois, un atelier pas cher et un laboratoire high-tech.

É. Le Boucher, *Le Monde* – 24 novembre 2003.

4. Un axe économique majeur

La réalité d'un axe économique majeur longeant le littoral pacifique de l'Asie s'est confirmée avec le temps.
Constituée au XIXe siècle sur le trajet reliant Singapour à Hong Kong, la route maritime à laquelle il correspond canalise aujourd'hui, quotidiennement, des centaines de navires, « vraquiers », pétroliers, porte-conteneurs...
Les premiers ports mondiaux de conteneurs et les principaux opérateurs de la spécialité se localisent en Asie du Sud-Est : les « hubs* » d'Hong Kong, Singapour et Kaohsiung (Taiwan), et au-delà, ceux de Pusan (Corée du Sud) et des ports japonais, pratiquement alignés, en forment la colonne vertébrale.
Les flux aériens et les grands aéroports s'alignent aussi selon la même direction, se confondant parfois avec les grands ports maritimes en « hubs » géants : hormis Tokyo, quatrième aéroport mondial, les premières plates-formes aériennes de la zone sont dans l'ordre Séoul, Hong Kong, Bangkok et Singapour, qui traitent annuellement entre 25 et 35 millions de passagers chacune. Les « flux de télécommunications » consolident aujourd'hui l'axe littoral, où sont posés les câbles sous-marins utilisés pour les « autoroutes » de l'information. Du Japon, et de plus en plus des quatre « dragons », les flux financiers asiatiques paraissent enfin glisser le long de la même voie, aiguillés par un chapelet de Bourses de valeurs dominées par Hong Kong.

H. Tertrais, *L'Asie du Sud-Est*, Folio actuel – 2002.

5. Carte Majeure : Un trafic aérien très polarisé

(Se reporter à la carte 3 page 23.)

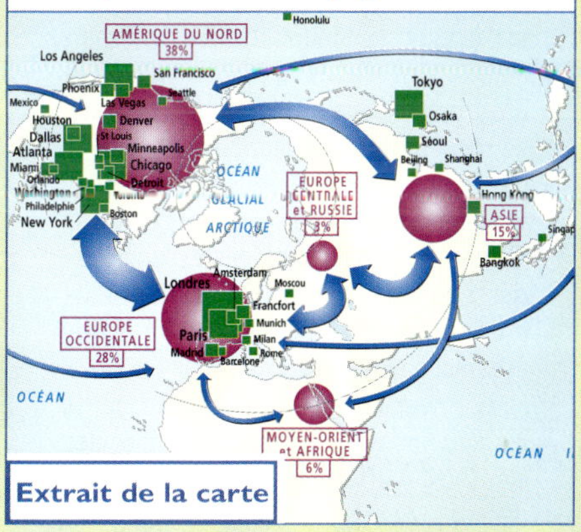

1re Partie — **Analysez l'ensemble documentaire en répondant aux questions suivantes.**

1. À l'aide des **documents 2** et **5**, décrivez la place et la destination des échanges de marchandises de l'Asie. Quels pays de l'Asie orientale contribuent le plus à ces échanges mondiaux ?
2. Quels types de flux existent entre les pays d'Asie orientale ?
3. En utilisant les **documents 1** et **4**, indiquez quelle est la traduction spatiale des flux. Précisez la définition du terme « hub ».
4. Quel(s) **document(s)** donne(nt) des informations justifiant l'essor des flux entre les pays de l'Asie orientale ? Justifiez votre réponse.
5. Quels facteurs et quels acteurs du développement de la puissance commerciale de l'Asie orientale n'apparaissent pas dans l'**ensemble documentaire** ?

2e Partie — **À l'aide des réponses aux questions, des informations contenues dans les documents et de vos connaissances, rédigez une réponse organisée au sujet posé.**

Étapes		Entraînement
1 Partie 1 Réponse aux questions	• **Analyse des questions**	• Pourquoi sur le **document 4** a-t-on surligné certaines phrases ? Pour quelle(s) réponse(s) donnent-elles des informations très utiles ? • Donnez la définition du terme « hub* ».
	• **Travail sur les documents**	• Lisez attentivement toutes les questions • Quelles questions nécessitent la mise en relation de plusieurs documents ?
	• **Réponse aux questions**	• Répondez aux questions en exploitant le travail effectué sur les documents.
2 Partie 2 Rédaction de la réponse au sujet	• **Mobilisation des informations et organisation de la réponse**	• À partir des informations tirées des documents et des connaissances, on peut dégager les **thèmes suivants** : – une grande aire d'échanges ; – une grande diversité de flux ; – de grands carrefours des échanges : ports, aéroports, Bourses... • Complétez ces thèmes en utilisant les Leçons p. 216 à 219 et le Dossier p. 224-225.
	• **Rédaction**	• Rédigez la réponse au sujet.

Sujet BAC n° 31 La Mégalopole, cœur économique du Japon ?

1. Osaka : la concentration de l'habitat et des activités dans la plaine littorale et les terre-pleins gagnés sur la mer

2. Les industries lourdes

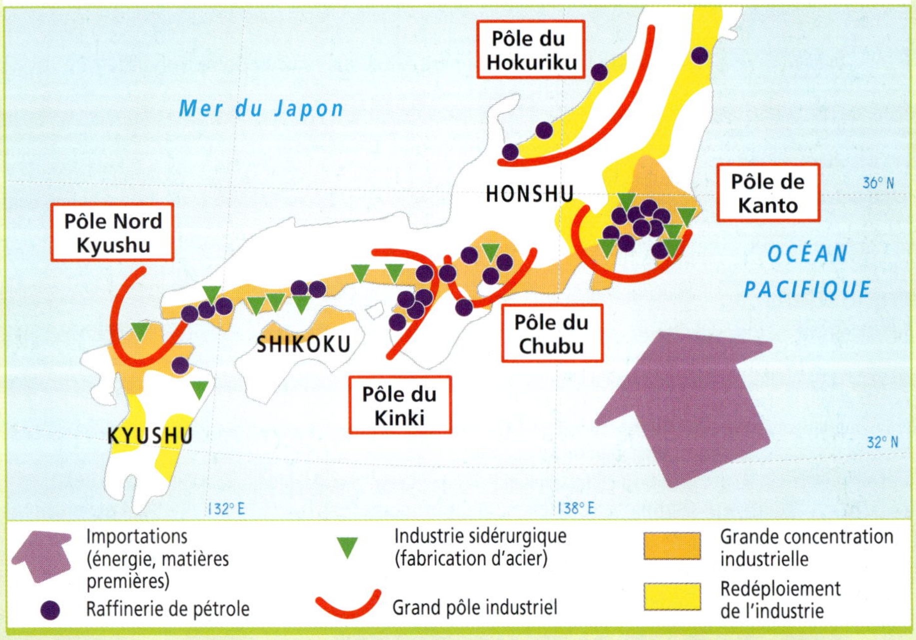

3. Recompositions spatiales

Les industries de machines électriques, de mécanique et d'instruments de précision ont essaimé dans l'archipel.

Si l'on prend l'exemple emblématique des grandes entreprises de semi-conducteurs, on constate que, tout en investissant à l'étranger, elles s'orientent vers la province japonaise : NEC plutôt vers l'Ouest et le Sud-Ouest, Hitachi plutôt vers l'est, Mitsubishi plutôt le Kinki et le Hokuriku. Kyûshû est devenu la Silicon Island du Japon mais, à l'inverse de la Silicon Valley californienne, il ne s'agit pas d'un espace de recherche et développement.

Les industries légères se regroupent également dans des « districts industriels » qui recouvrent des espaces variés : soit des zones rurales bien délimitées, soit des quartiers intra-urbains.

Mais, inversement à cet essaimage et parallèlement à la concentration des capitaux, s'effectue une concentration dans deux secteurs d'activités qui touchent principalement la Mégalopole, les mégapoles et singulièrement Tokyo, donc des espaces urbains : l'industrie lourde et semi-lourde d'une part, les services de pointe d'autre part (recherche et développement, finances, direction, grand commerce).

La forte restructuration interne de l'industrie lourde a pour conséquence de rassembler la production dans quelques sites centraux, les plus performants et les plus modernes. La sidérurgie est désormais concentrée sur le littoral de la baie de Tokyo.

L'industrie automobile est pionnière dans cette réorganisation des processus de production in situ. À quelques exceptions près, elle reste localisée dans les banlieues arrières de la Mégalopole (Nissan a fermé son usine-mère de Zama près de Yokohama mais a gardé ses sites les plus récents au Nord de Tokyo). Même la fabrication des ordinateurs et des composants, secteurs dynamiques de l'industrie légère, est concentrée à Tokyo et dans le Kantô.

P. Pelletier, ***Le Japon, une puissance en question*** **– Octobre 2002.**

4. Carte Majeure : La Mégalopole : le « cœur » du Japon

(Se reporter à la carte 1 pages 230-231.)

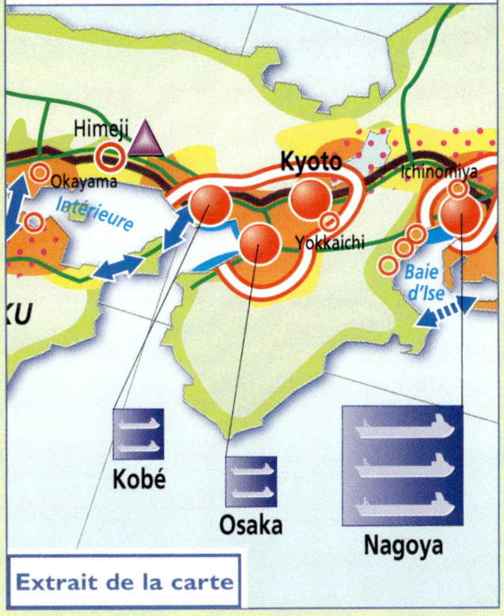

Extrait de la carte

5. Ferme d'élevage dans la région d'Hiroshima

1re Partie Analysez l'ensemble documentaire en répondant aux questions suivantes.

1. À l'aide des **documents 1** et **4**, donnez les grands caractères de la Mégalopole japonaise ?
2. Où sont situées les grandes concentrations industrielles ? Comment évoluent-elles spatialement ?
3. D'après les **documents**, expliquez l'importance des villes portuaires de la Mégalopole.
4. À l'aide des **documents**, montrez que la Mégalopole est un espace saturé.
5. Quels éléments, montrant l'importance de la Mégalopole par rapport à l'Asie orientale et à l'espace mondial, n'apparaissent pas dans l'**ensemble documentaire** ?

2e Partie À l'aide des réponses aux questions, des informations contenues dans les documents et de vos connaissances, rédigez une réponse organisée au sujet posé.

Étapes	Entraînement	
1 Partie 1 Réponse aux questions	• **Réponse aux questions**	• Après avoir analysé les questions et travaillé sur les documents, répondez à chacune des questions.
2 Partie 2 Rédaction de la réponse au sujet	• **Mobilisation des informations et organisation de la réponse**	• Dans la liste ci-dessous, choisissez les **thèmes** qui, en fonction des documents et de vos connaissances, permettent de répondre au sujet posé : – un espace densément peuplé et urbanisé ; – un espace dépendant ; – une exceptionnelle concentration d'industries ; – un espace à risques ; – une grande façade portuaire ; – un manque évident d'espace ; – une redistribution des activités dans l'archipel ; – Tokyo, ville mondiale ; – la Mégalopole, cœur du Japon, un des centres du monde.
	• **Rédaction de la réponse**	• Rédigez la réponse au sujet. (Utiliser le Chapitre 9.)

Étude d'un ensemble documentaire

Sujet BAC n° 32 La façade maritime de l'Asie orientale, un aspect de la mondialisation ?

1. Singapour, plus grand port d'Asie orientale

2. Les ports de l'Asie orientale

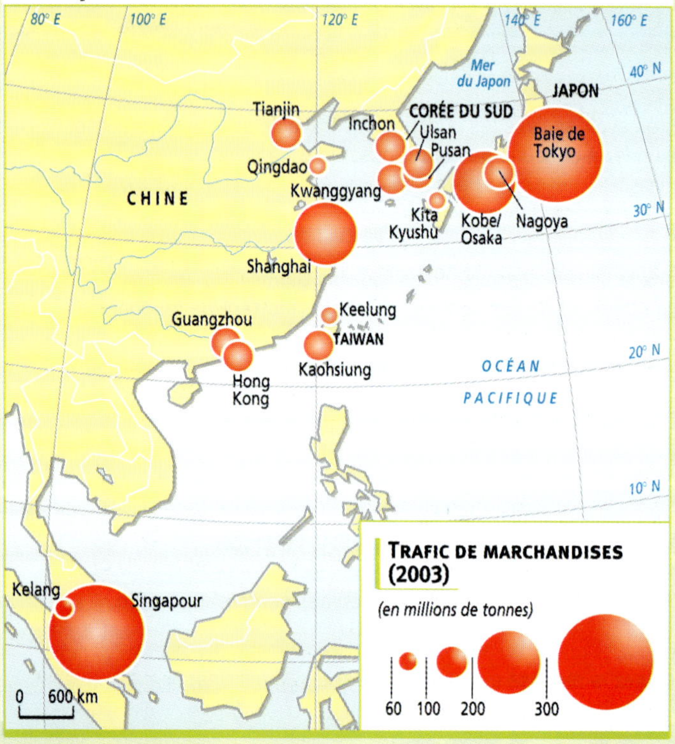

3. Une Asie mondialisée

Longtemps dominé par le Japon, l'Extrême-Orient voit aujourd'hui surgir des foyers dynamiques sur toutes les façades maritimes du domaine. La façade pacifique de l'Asie est un « noyau lourd » du commerce mondial. Trois éléments résument cette polarisation.

Tout d'abord, l'Asie orientale possède une puissance d'investissement considérable. À travers les firmes multinationales (FMN), le Japon, la Corée du Sud ou Taiwan, sans compter Hong Kong et Singapour, placent, de diverses manières, de l'argent à l'étranger. La mondialisation entraîne la délocalisation des productions et la mise en place de flux complexes, internes aux FMN. Le transfert de toute une série de fabrications vers l'Asie de l'Est traduit cette forte attractivité de la zone.

Enfin, le « retour à la géographie » donne à ces régions-carrefours et à ces routes maritimes une position-clé dans la nouvelle organisation mondiale. Ces façades largement ouvertes sur le Pacifique constituent un atout ; au début du XXIe siècle, les États riverains de cet océan posséderont la moitié des agglomérations de plus de 25 millions d'habitants de la planète.

J. Paulet, *L'Asie et la mondialisation*, Ellipses – 1999.

4. **Les exportations de marchandises (en 2002)**

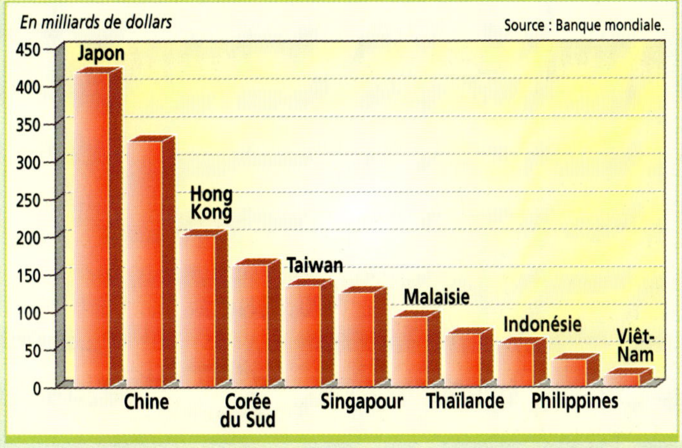

5. **Carte Majeure : Un réseau maritime sélectif**

(Se reporter à la carte 2 pages 23.)

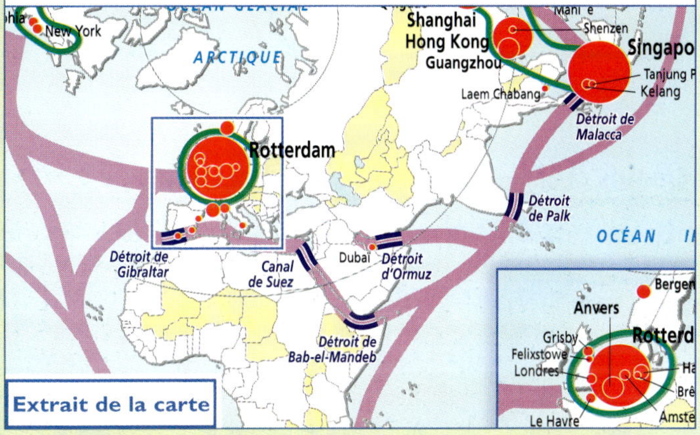

1re Partie **Analysez l'ensemble documentaire en répondant aux questions suivantes.**

1. À l'aide des **documents 2** et **5**, indiquez ce que recouvre l'expression « façade maritime* ».
2. Quels sont les atouts de la façade maritime de l'Asie orientale **(doc. 2, 3)** ?
3. En quoi les **documents 1** et **2** révèlent-ils l'organisation de l'aire de l'Asie orientale ?
4. Quelles relations peut-on établir entre l'importance des ports de la façade maritime de l'Asie orientale et la mondialisation de l'économie **(doc. 3, 4)** ?
5. Le **document 1** montre-t-il seulement le port de Singapour ?
Quelle autre fonction de la ville met-il en évidence ?
Pourquoi ?

2e Partie **À l'aide des réponses aux questions, des informations contenues dans les documents et de vos connaissances, rédigez une réponse organisée au sujet posé.**

Étapes — Entraînement

Étapes		
1 Partie 1 Réponse aux questions	• **Analyse des questions**	• Lisez attentivement toutes les questions.
	• **Travail sur les documents**	• Sélectionnez, dans les documents, les informations utiles au traitement des questions.
	• **Réponse aux questions**	• Pour répondre aux questions, recherchez dans votre manuel : – la définition de « façade maritime » (Utiliser le Lexique p. 360-363) ; – la définition de « mondialisation » (Introduction de la Partie 1 p. 14-15.) ; – quels sont les atouts de la façade de l'Asie orientale liés à sa position dans le monde ? (Utiliser les Cartes Majeures p. 212-213.) – quelle est l'organisation de l'aire de l'Asie orientale ? (Utiliser le Chapitre 8.) – quelle est l'importance de Singapour en dehors de sa fonction portuaire ? (Utiliser le Dossier p. 224-225.)
2 Partie 2 Rédaction de la réponse au sujet	• **Mobilisation des informations et organisation de la réponse**	***Conseil :*** *avant d'organiser la réponse relisez le sujet.* • Quels sont les mots ou expressions clés du sujet ? • Quels traits caractéristiques de la mondialisation (flux de marchandises, de capitaux, stratégie des FTN...) seront utiles pour justifiez l'essor de la façade de l'Asie orientale ? (Chapitre 1.)
	• **Rédaction de la réponse**	• Regroupez les informations tirées des documents et des connaissances en deux ou trois thèmes formant une réponse au sujet. • Rédigez la réponse au sujet.

Croquis

Sujet BAC n° 33 — La Mégalopole japonaise : centre du Japon, centre du monde ?

Croquis : L'organisation spatiale de la Mégalopole

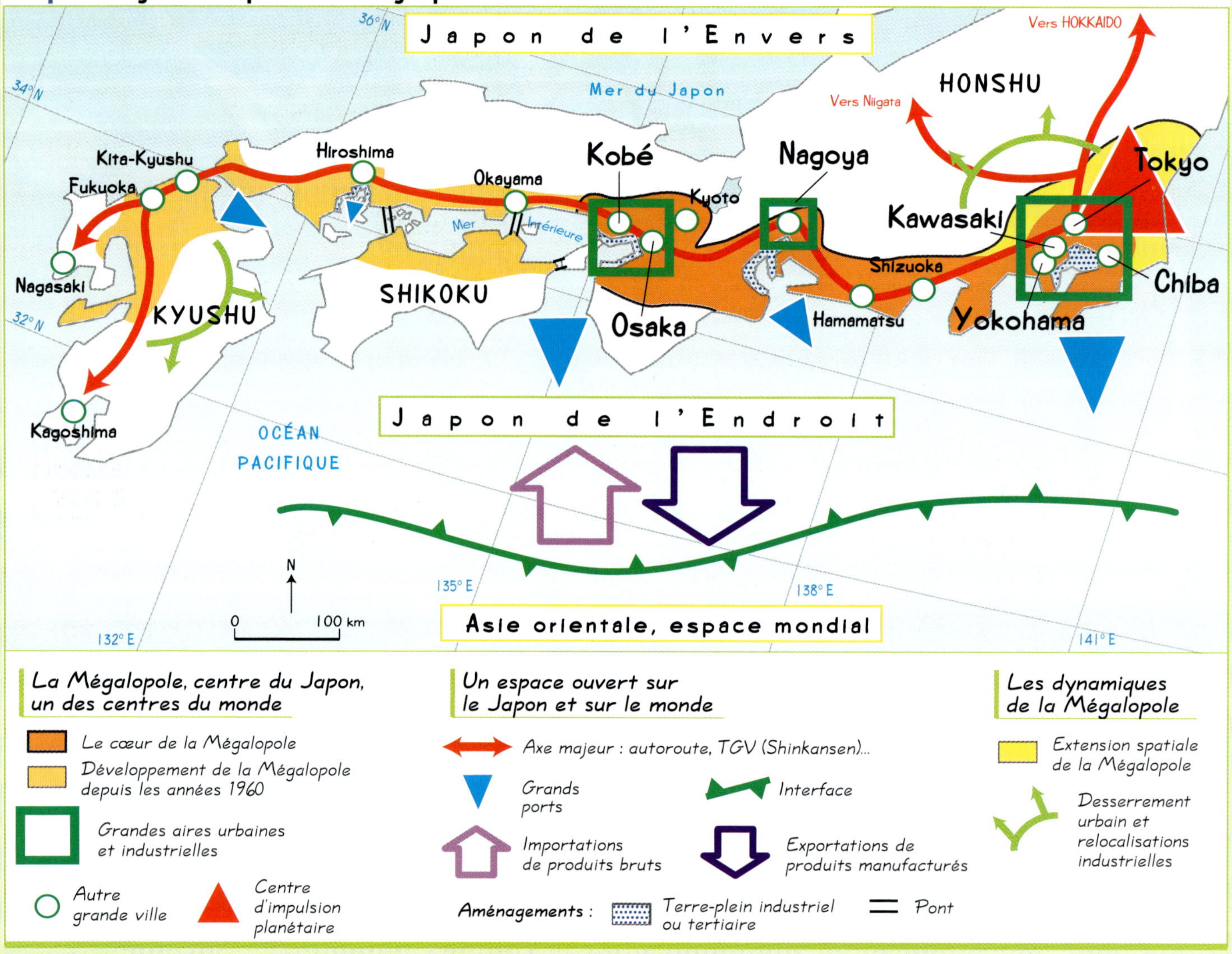

Entraînement — Sujet BAC n° 33

1. Que doit montrer le **croquis** ?
2. L'organisation de la **légende** répond-elle au sujet ? Justifiez votre réponse.
3. Où est le « cœur » de la Mégalopole ?
4. Comment le **croquis** montre-t-il que la Mégalopole japonaise est un espace central à l'échelle du Japon et le monde ?

Entraînement — Sujet BAC n° 34

1. Relevez et définissez les mots (ou expressions) importants du sujet (Utiliser le Lexique p. 360-363).
2. Quels sont les pôles majeurs de l'Asie orientale ?
3. Quels figurés montrent l'interdépendance des États ?
4. Sur le croquis, qu'est-ce qui permet de montrer qu'il s'agit d'une « aire en expansion » ?

Sujet BAC n° 34

L'Asie orientale, une aire de puissance en expansion ?

Croquis : **L'organisation de l'espace de l'Asie Orientale**

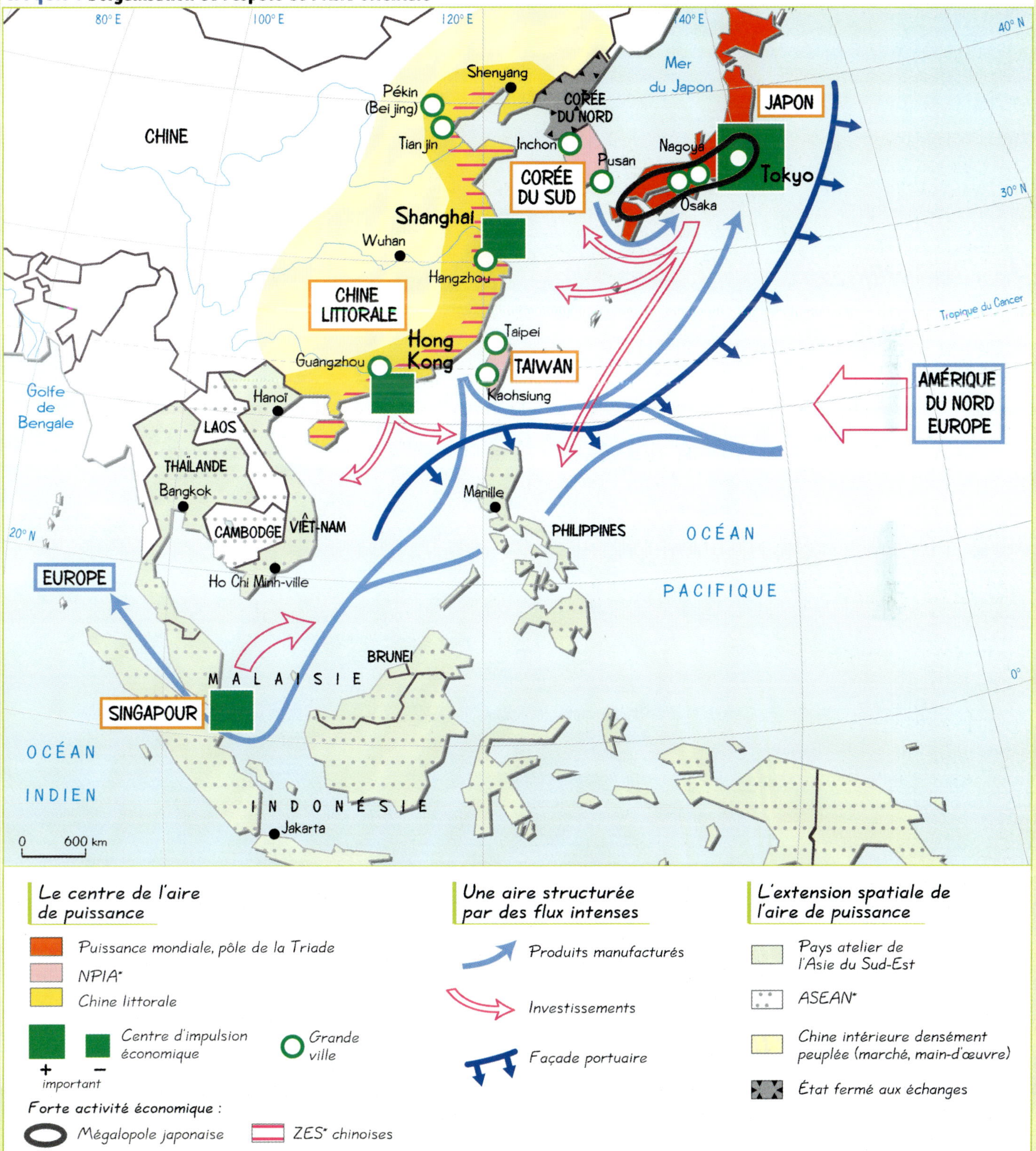

Des mondes en quê

Les problèmes du développement en Afrique : village malien près de Kayes
Cette région d'Afrique subsaharienne demeure une des plus pauvres du monde. La productivité du travail agricole reste très médiocre d'autant que la pauvreté alimente d'importantes migrations vers la capitale, Bamako, et l'étranger. Le développement humain très faible du Mali (0,337 en 2001 soit le 172e rang sur 175 pays classés) s'accompagne d'une marginalisation croissante dans l'économie mondiale qui rend d'autant plus hypothétique toute perspective de développement.

te de développement

PARTIE 3

INTRODUCTION
PARTIE 3

Qu'est-ce que le développement ?

• Le développement désigne l'amélioration des conditions de vie de toutes les couches d'une population qui peut alors satisfaire ses besoins essentiels. Cela suppose que les fruits de la croissance économique ne soient pas confisqués par quelques-uns aux dépens des autres.

• Le développement implique aussi la démocratie, le respect des droits de l'Homme et des libertés pour que les citoyens participent pleinement aux objectifs sociaux de leur pays. Le développement doit aussi être durable* dans le temps.

• Les niveaux de développement sont très inégaux et les formes de développement diversifiées selon les États. Le processus même de développement peut-être remis en cause, comme dans le cas des pays de l'ex-URSS, suite à l'échec de la voie socialiste.

1 Des Suds en quête de développement

➡ **À l'échelle mondiale, les contrastes entre les pays du Nord et les pays du Sud sont toujours forts.** Ils s'observent selon de nombreux critères économiques, sociaux et démographiques. Les indicateurs utilisés identifient les pays du Sud par des traits communs en termes de pauvreté, de démographie, de santé, d'éducation, de types d'activités dominants…

➡ **Les pays du Sud se différencient cependant entre eux de manière croissante.** Quelques pays d'Asie sont même désormais considérés comme des pays développés (Singapour, Corée du Sud…) ; à l'inverse, certains pays stagnent, voire même régressent comme en Afrique où les obstacles au développement sont multiples.

➡ **Il n'y a pas aujourd'hui dans le monde de modèle de développement « unique », mais des politiques plus ou moins efficaces.** Nombre de pays en développement souffrent de la faiblesse de leur État, de son incapacité à faire régner la paix et le droit.

L'Afrique pauvre : bidonville à Nairobi
Avec un IDH* de 0,489, le Kenya figure parmi les pays les moins avancés (PMA*) de la planète.

2 Entre Nord et Sud, l'espace méditerranéen

➡ **L'espace méditerranéen est un pont entre des continents inégalement développés.** La Méditerranée constitue une limite entre le Nord et le Sud. Sur la rive Nord, les États qui bordent la Méditerranée sont intégrés à l'aire de puissance de l'Europe du Nord-Ouest. À l'opposé, sur les rives Sud et Est de la Méditerranée, la plupart des États appartiennent à l'ensemble des pays en développement.

➡ **Espace d'échanges importants depuis des millénaires, la Méditerranée est une interface* majeure entre l'Afrique, le Moyen-Orient et l'Europe.** Par leur nature et leur orientation, ces échanges montrent le poids encore prépondérant des États européens. Mais ils sont aussi en mesure de favoriser la croissance et à terme, le développement des États du Sud et de l'Est de la Méditerranée.

➡ **L'inégale insertion des différents États dans le processus de mondialisation** est une des causes de la diversité des situations de développement observées dans l'espace méditerranéen.

Marseille, une ville tournée vers les échanges méditerranéens

3 La Russie : vers un nouveau développement ?

➡ **En Russie, la question du développement se pose en des termes différents de ceux de l'ensemble des pays du Sud.** Née de la dislocation récente de la puissante URSS au début des années 1990, la Russie s'est trouvée confrontée à une remise en cause de ses fondements politiques, économiques et territoriaux.

➡ **La Russie connaît une période de difficultés.** Dans les années 1990, avec la récession économique, les conditions de vie se sont fortement dégradées, les inégalités sociales se sont beaucoup aggravées. Par certains côtés, la situation de la Russie peut être comparable à celle d'un certain nombre de pays en développement.

➡ **Cependant, la Russie dispose d'atouts indéniables dans sa quête d'un nouveau développement :** vaste territoire, ressources abondantes, tradition industrielle, population formée, poids diplomatique… Depuis le début des années 2000, le pays a renoué avec la croissance économique : **la reconstruction de la Russie et la recomposition de son territoire sont engagées**.

Moscou, deux images de la Russie
• La pauvreté au quotidien pour une partie de la population.
• Un nouvel accès à la consommation pour une autre partie.

www.bangalorebest.com
STPI
SILICON VALLEY
BRAND BUSTERS
global edge
Quantum
Object Orb Technologies Pvt. Ltd.
NORMAN
KEONICS
TATA CONSULTANCY SERVICES
digital
Digital GlobalSoft Limited
QC Infotech Pvt. Ltd.
Live Wire Electronics
MRO
Getting You Networked
WIND RIVER
accenture
CYPRESS
SAMSUNG
KRONE
ANZ Information Technology
i-flex solutions
BARCO
HUGHES
DAIMLERCHRYSLER Research and Technology India
iwan
SAMSUNG
zener systems
EMC² where information lives
YOKOGAWA BLUE STAR
Ordyn
KINFOTECH
SystemLogic
Altair Engineering
yukthi
LG
LG Electronics India Pvt. Ltd.
PAGEPOINT SERVICES
DATA ACCESS
WeP
WIPRO
UTILITY BUILDING
COMPUTER WAREHOUSE
Honeywell
IBM
ARIBA
Xalted
i2
Netkraft
INFOTECH
Biocon
STPI
Electronics Imaging
Valicert
FLEXTRONICS
Infosys
WEBSTORM
Satyam
SAP
i2
symphony
National Semiconductor
Telelogic
EMC² where information lives
BOSCH
Network solutions
SYNOPSYS
Infotech
logica CMG
Bangalorebest
ProcessMind
Multi Software Systems
Mindteck
AVEVA
MOTOROLA
AVNET MAX
iGATE
ALLEGRO NETWORKS
Essae
Ample
IndTeleSoft
JULY
CDAC CENTRE FOR DEVELOPMENT OF ADVANCED COMPUTING
CITRIX
D'GIPRO
sage
Computer Associates
MOTOROLA
TEXAS INSTRUMENTS
AK
Visual WEB SOLUTIONS
i2
APARA
AAI
intel
National Semiconductor
Bangalorebest
Business best placed
TATA TELECOM
TEXAS INSTRUMENTS
LG Soft India
SOBHA RENAISSANCE
ionidea
hp invent
SAP Labs
TATA CONSULTANCY SERVICES
Indias best
ITPL
WHITEFIELD
AIRPORT
KEMP FORT
ULSOOR LAKE
M.G. ROAD
Trinity Circle
CUBBON PARK
VIDHANA SOUDHA
ELECTRONIC CITY
SHOPPERS' STOP
RAHEJA TOWERS
MITTAL TOWERS
Dickenson Road
Cubbon Road
K.H. Road
Residency Road
Richmond Road
Hosur Road
Airport Road
CMH Road

Les Suds

Bangalore, une Silicon Valley indienne

L'Inde mise sur les services pour asseoir son développement. Avec ses 150 000 ingénieurs, Bangalore est la principale concentration de haute technologie du pays.

Agriculture moderne irriguée au Maroc, près de Rabat

Les techniques modernes (ici, cercles d'irrigation par pivot) sont-elles un outil au service du développement des pays du Sud ?

CHAPITRE 10

Unité et diversité des Suds

PROBLÉMATIQUES

CARTES MAJEURES

LEÇONS

DOSSIERS

SUJETS BAC

São Paulo, les contrastes urbains d'une ville du Sud
Troisième agglomération du monde avec plus de 18 millions d'habitants, São Paulo est la principale métropole économique du Brésil et de l'Amérique latine. Elle symbolise les inégalités de développement qui peuvent se lire aussi bien à l'échelle d'un espace urbain, comme ici, qu'à l'échelle planétaire.

Un ou des Suds ?

• **Le terme « Sud » désigne l'ensemble des pays en développement.** *Il fait référence à une* **opposition Nord/Sud** *persistante entre pays riches et pays pauvres, qui reste une clé majeure de lecture du monde. Cette coupure demande toutefois à être affinée car le monde est devenu plus complexe.*

• **De fait les pays du Sud se différencient d'une manière croissante sans qu'on puisse définir un modèle unique de développement.** *Les disparités de développement s'expliquent par les choix et priorités des gouvernements, l'existence ou non d'une paix civile tout autant que par l'insertion différenciée des pays dans la mondialisation.*

Angola : un PMA* victime de la famine
15 % de la population sont menacés par la famine dans le pays ravagé par une guerre civile depuis son indépendance en 1975.
(Affiche Médecins sans frontières.)

1. Nord/Sud, une distinction encore d'actualité ?

➡ **Le développement se pose aujourd'hui en des termes nouveaux :** à l'origine, le **Tiers-monde** désignait un ensemble de pays sous-développés, souvent récemment décolonisés, dans un monde bipolaire dominé par l'opposition entre les États-Unis et l'URSS. Mais **la disparition de la coupure Est/Ouest n'efface pas la coupure Nord/Sud** qui prend son sens désormais dans le cadre d'une économie mondialisée *(Sujet Bac page 286)*.

➡ **La pauvreté de masse demeure une réalité à l'échelle du monde** *(Leçon page 270)*. Les conditions de vie s'améliorent dans certains pays du Sud, mais les besoins élémentaires de nombre d'hommes en nourriture, en soins *(Dossier page 282)*, en éducation sont loin d'être satisfaits. Pire, l'ampleur des inégalités sociales et spatiales bloque tout développement dans les pays les plus pauvres *(Leçon page 270)*.

L'opposition Nord/Sud persiste
La conférence de l'OMC* de Cancun (Mexique) en septembre 2003 en a donné confirmation.

2. Quels sont les obstacles au développement ?

➡ **Les pays du Sud souffrent de graves maux internes qui entravent le développement.** Les conditions naturelles ne sont pas plus ingrates qu'ailleurs (certains de ces pays regorgent de ressources minérales), mais **les problèmes sociopolitiques sont multiples** : croissance démographique trop rapide, crise agraire, inégalité excessive entre les riches et les pauvres, corruption de l'appareil d'État qui paralyse l'économie *(Sujet Bac page 288)*.

➡ **Les pays du Sud doivent faire face de plus à une situation persistante de dépendance vis-à-vis des pays du Nord.** Celle-ci n'est pas directement politique puisque la décolonisation est achevée depuis plusieurs décennies, mais **économique et parfois culturelle**. Cette **domination est contestée** par les PED qui réclament plus d'équité **(commerce équitable*)** dans les relations internationales *(Leçon page 272)*.

À quand un commerce plus équitable ?
La recherche d'un nouvel ordre commercial international plus équitable est toujours d'actualité pour les pays du Sud.
Courrier international n° 670 – Septembre 2003.

3. Pourquoi distinguer des Suds ?

➡ **Les situations des pays du Sud sont de plus en plus hétérogènes** : ils se différencient par leur superficie, leur population, et aussi par les choix faits par leurs dirigeants politiques et leur insertion différenciée dans l'économie mondialisée. Ils se concurrencent en effet sur les différents marchés et **les plus pauvres d'entre eux souffrent d'une marginalisation croissante** *(Leçon page 274)*.

➡ **Le développement reste un impératif : de surcroît, ses inégalités ne se lisent pas seulement à l'échelle mondiale.** Les disparités s'accroissent à toutes les échelles : entre les continents, à l'échelle des pays, des régions, des villes. Elles rendent compte des inégalités sociales criantes comme dans le **cas brésilien** *(Cartes Majeures pages 276-277, Dossier page 278, Sujets Bac pages 290 et 292)*. Plus que jamais, **le développement est donc un défi social.**

Deux images des Suds
- La fracture numérique (*Croissance* n° 450 – Juillet-août 2001.
- L'émergence de certains grands pays du Sud (*Alternatives Économiques* n° 222 – Février 2004).

Des inégalités de développement aux multiples facettes

1. Riches et pauvres : un fossé qui se creuse

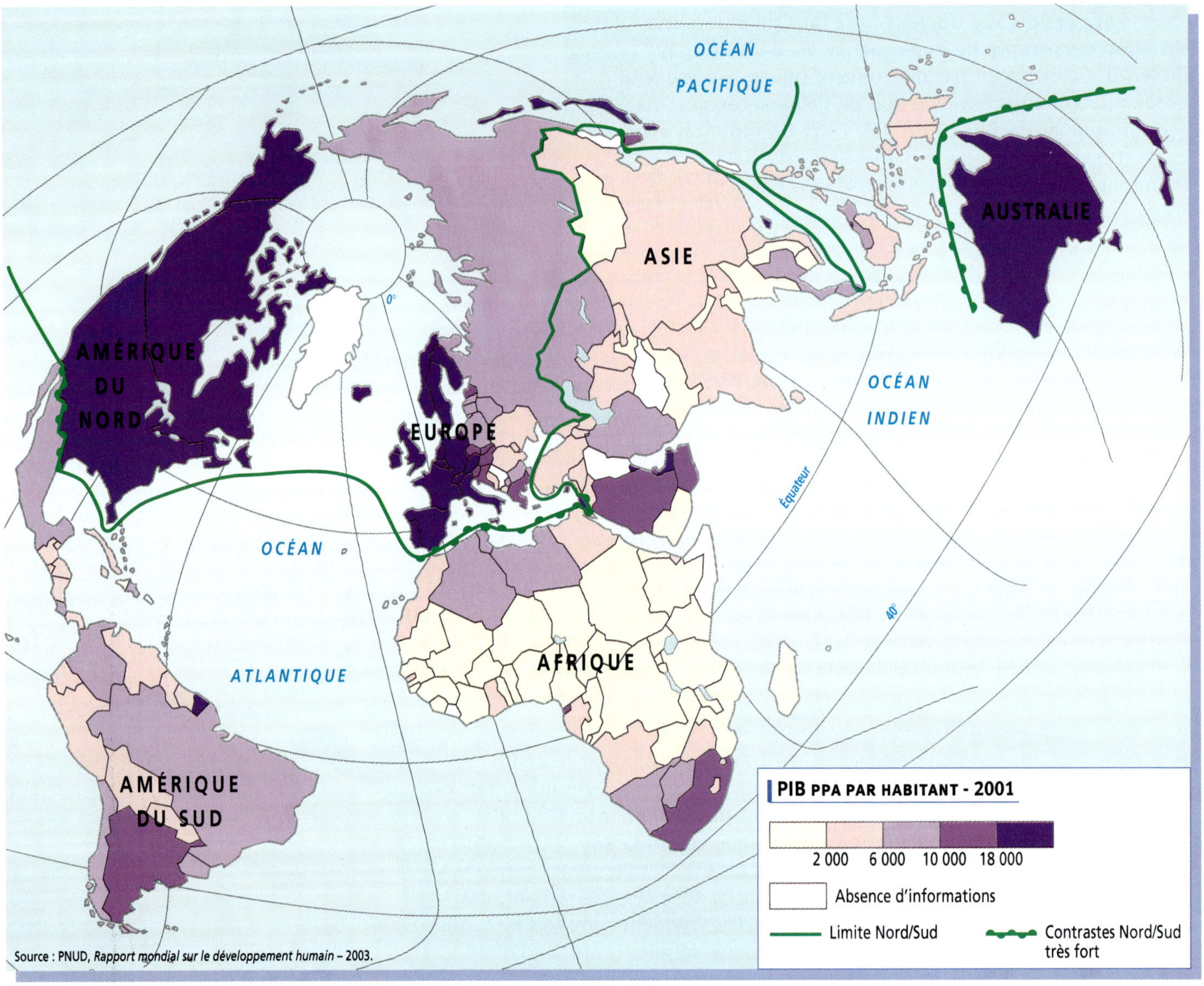

Source : PNUD, *Rapport mondial sur le développement humain* – 2003.

Questions

- En quoi Nord et Sud s'opposent-ils sur chacune des **cartes (1, 2 et 3)** ?
- Pourquoi est-il justifié de parler « des Suds » sur les **trois cartes** ?
- Les inégalités de développement sont-elles identiques sur les **trois cartes** ?

2. Un bien-être encore mal partagé

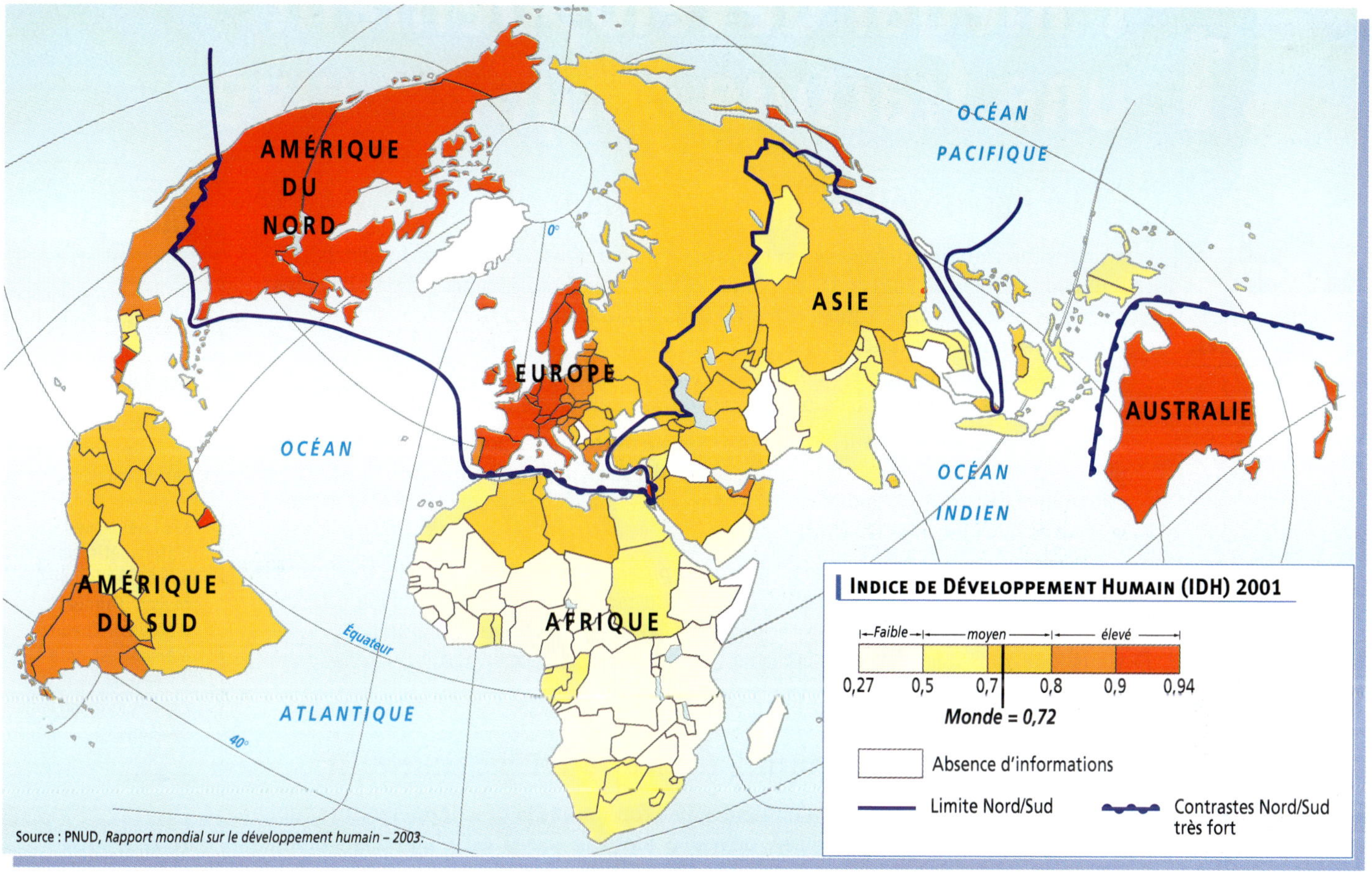

3. La fracture sanitaire

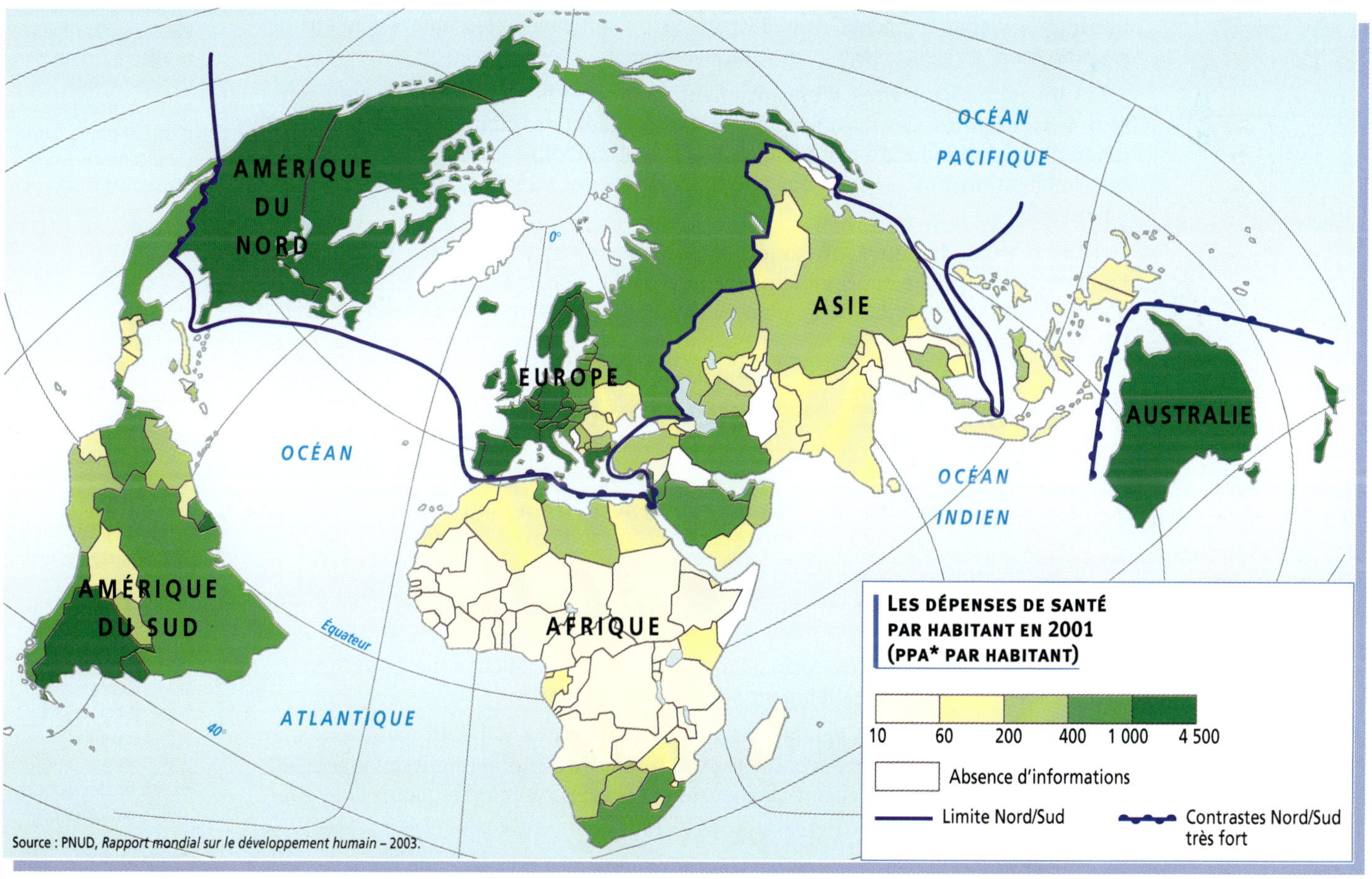

1 L'inégal développement, une fracture toujours vive

1. La pauvreté est loin d'être vaincue

• **La production des richesses est toujours très concentrée :** les pays industrialisés représentent plus de 80 % du PIB* mondial ; à l'inverse, le PIB cumulé des 49 **Pays les moins avancés (PMA*)** équivaut à celui de la seule Autriche. **L'ampleur des inégalités de revenus est donc considérable :** le **PIB-ppa*** varie entre 53 800 dollars par habitant (Luxembourg) et 470 dollars (Sierra Leone) ; de plus **ces inégalités se creusent :** dans les années 1990, le revenu moyen par habitant a diminué dans 54 pays.

• **La grande pauvreté touche une part importante de la population mondiale :** plus de 1,2 milliard de personnes vivent au-dessous du **seuil de pauvreté** (moins d'un dollar par jour) ; 2,8 milliards d'hommes vivent avec moins de 2 dollars par jour, y compris dans les pays du Nord.

• **La pauvreté ne se réduit pas à la seule pauvreté monétaire,** car les richesses, selon l'usage qui en est fait, améliorent plus ou moins les conditions de vie offertes aux habitants : l'**Indicateur de pauvreté humaine (IPH)** identifie le nombre d'individus souffrant des manques les plus élémentaires : il est supérieur à 30 % dans 46 pays (3).

Cartes Majeures
Un monde divisé à l'heure de la mondialisation *(pages 40-41)*

Cartes Majeures
Des inégalités de développement aux multiples facettes *(pages 268-269)*

2. Les multiples visages de la pauvreté humaine

• **La croissance économique n'engendre pas forcément le développement** (4) qui suppose un mieux-être généralisé, délicat à mesurer car il est d'abord qualitatif. L'**IDH**, qui synthétise trois données majeures, oscille de 0,944 (Norvège) à 0,275 (Sierra Leone). Seuls 55 pays connaissent un développement humain élevé (0,8 ou plus),

• **La faim est encore une réalité pour 800 millions d'habitants** des PED. La sous-nutrition a même augmenté dans 25 pays. À l'insuffisance calorique s'ajoutent la **malnutrition*** et son cortège de maladies associées.

• **Les inégalités sanitaires, d'encadrement médical et de dépenses de santé sont tout aussi criantes :** les maladies infectieuses touchent des communautés entières : tuberculose (2 millions de morts/an), paludisme (1 million), sida dont 92 % des victimes habitent un PED. 34 pays ont même une espérance de vie plus faible en 2000 qu'en 1990.

• **L'instruction demeure un enjeu majeur :** malgré des progrès significatifs, l'alphabétisation des adultes est loin d'être générale : on compte encore 880 millions d'**analphabètes***, dont 2/3 de femmes ; 115 millions d'enfants ne vont pas encore à l'école primaire (1).

Cartes Majeures
Des inégalités de développement aux multiples facettes *(pages 268-269)*

Dossier
La santé, une des plaies des pays du Sud *(pages 282-284)*

3. L'ampleur des inégalités, obstacle au développement

• **Les inégalités sociales excessives constituent un frein majeur au développement :** le faible effectif de la classe moyenne réduit le marché de consommation intérieur, ce qui freine les investissements productifs.

• **L'inégalité entre les hommes et les femmes, incompatible avec le développement, est très forte dans les Suds.** Au contraire, l'augmentation de la scolarisation des filles a de nombreuses conséquences positives : réduction de la fécondité, meilleures santé et alimentation pour elles et leurs enfants (2).

• **La force des inégalités spatiales entre régions, entre villes et campagnes, à l'intérieur même des tissus urbains traduit un mal-développement** qui touche en premier les habitants des régions intérieures et ceux des campagnes moins dotées de services que les villes.

Mots-clés

IDH (Indicateur ou Indice de développement humain) : synthétise trois données : le PIB réel par habitant, l'espérance de vie, et le niveau d'éducation (évalué par le taux d'alphabétisation des adultes et le nombre moyen d'années d'études). Chaque élément est noté entre 0 et 1 ; l'IDH constitue la moyenne des trois.

IPH (Indicateur ou Indice de pauvreté humaine) : pour les pays du Sud, l'IPH mesure les déficits élémentaires : faible longévité (risque de décéder avant 40 ans), manque d'éducation de base (pourcentage d'analphabètes), non-accès aux ressources de santé et à l'eau potable, nombre d'enfants de moins de cinq ans victimes de malnutrition. Un indice spécifique (IPH 2) est calculé pour les pays du Nord.

Seuil de pauvreté (monétaire) : seuil de revenu fixé à 1 dollar par jour en parité de pouvoir d'achat à l'échelle du monde ; pour les pays du Nord, il est calculé sur la base de 2 dollars par jour. Il existe également des seuils nationaux.

* voir Lexique

1. L'alphabétisation, un enjeu majeur de développement

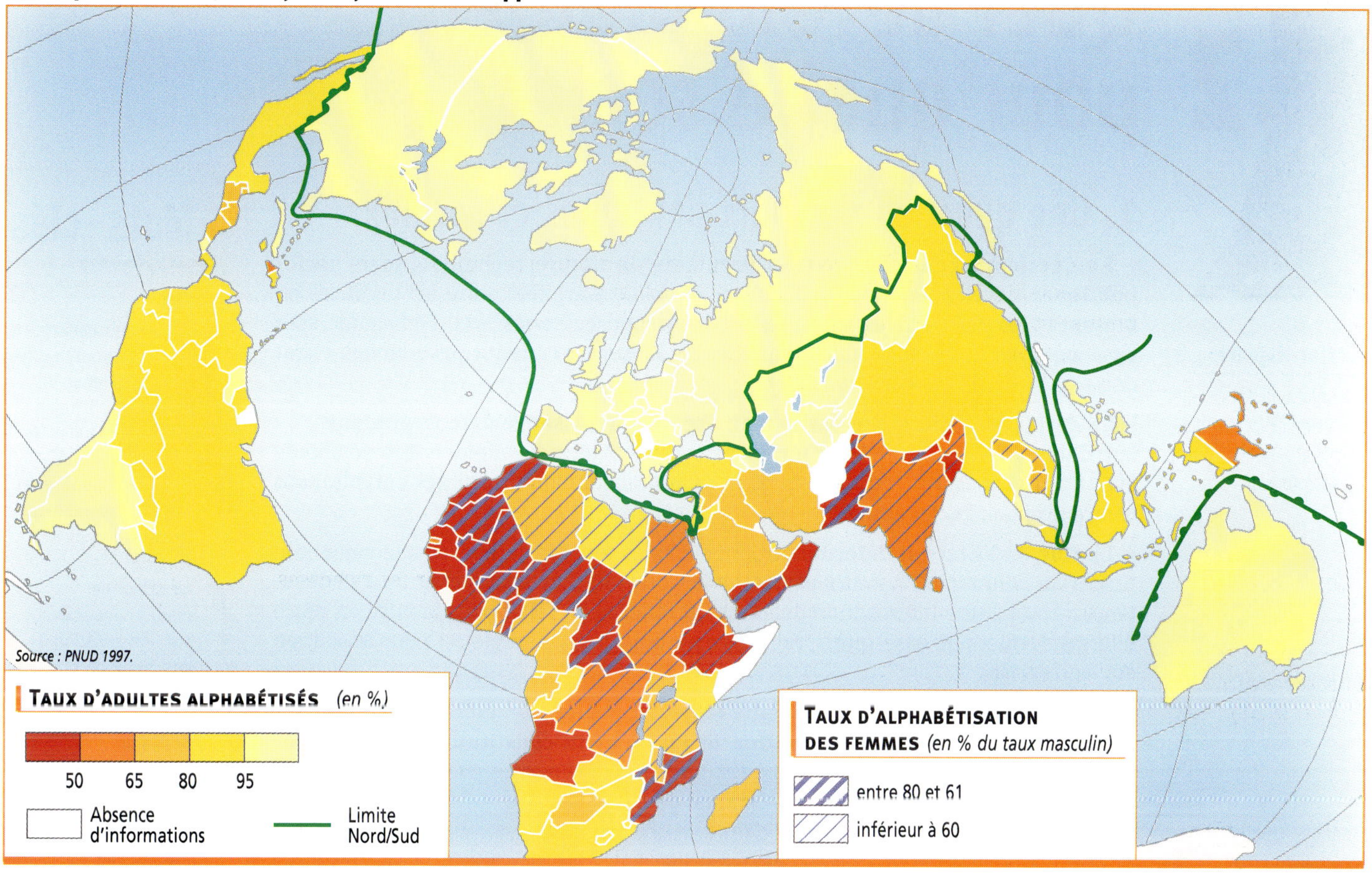

2. L'éducation des filles, un défi pour le Sud

Au Niger, si une femme est allée à l'école primaire, les chances de survie de son bébé augmentent de 60 %. Il s'agit là d'une preuve extraordinaire du pouvoir de l'éducation qui réussit à transformer la vie d'une famille.

Dans les PED, ce sont les femmes qui prennent les décisions quotidiennes, qui façonnent l'avenir d'une famille et d'une communauté. Si une femme peut lire, elle est alors capable de comprendre la posologie sur une boîte de médicaments, le mode d'emploi d'un préservatif ou d'un paquet de semences. Bref, elle a alors le pouvoir de modifier le monde qui l'entoure. Au Niger, aujourd'hui, moins de 10 % des femmes savent lire et écrire contre 20 % des hommes [...].

Dans les pays en développement, ce sont fréquemment des attitudes et des stéréotypes culturels qui contribuent à empêcher les filles d'aller à l'école : « Les filles font beaucoup de travail au sein de leur famille. Si elles ne sont pas là, qui va les remplacer ? ».

M. Robinson, *Le Monde* – 9 mars 2003.

3. Le faible développement des Suds

	Afrique Sub-saharienne	Pays arabes	Asie du Sud	Asie de l'Est et Pacifique	Amérique latine et Caraïbes	Total mondial
PIB-ppa *(en dollars par habitant)*	1 831	5 038	2 730	4 233	7 050	7 376
Nombre de personnes vivant avec moins d'un dollar par jour *(en millions)*	315	6	488	279	57	1 169
Nombre de personnes souffrant de malnutrition *(en millions)*	183	32	333	193	55	827
Nombre de filles d'âge scolaire non scolarisées *(en millions)*	22	5	26	7	1	63
Nombre de décès chez les moins de 5 ans *(en millions)*	5	0,6	3,6	1,4	0,4	11
Nombre de personnes privées d'un accès à des points d'eau aménagés *(en millions)*	264	40	216	440	69	1 160

Source : Pnud – 2003.

4. La croissance économique, condition nécessaire du développement ?

Années 1990-1999	Afrique Sub-saharienne	Afrique du Nord et Proche-Orient	Asie du Sud	Asie de l'Est et Pacifique	Amérique latine et Caraïbes
Taux de croissance annuel *(en %)*	– 0,4	1	3,3	6,4	1,6
Évolution du pourcentage de pauvres *(en %)*	+ 1,6	+ 0,1	– 8,4	– 14,9	+ 0,1

Source : Pnud – 2003.

2 Quel développement pour quelle société ?

1. Une question de choix politiques et sociaux

• **Le développement n'est pas un problème de nature technique, mais socio-politique :** développer suppose d'investir et oblige à arbitrer entre les urgences du présent et les perspectives à long terme. Les dépenses de santé et d'éducation sont aussi un investissement productif, car elles améliorent la capacité des hommes à produire.

Cartes Majeures
Un monde divisé à l'heure de la mondialisation *(pages 40-41)*

• **Le développement passe par la maîtrise de la croissance démographique** (5) : la réduction de la natalité permet d'investir davantage, mais elle doit être combinée avec d'autres mesures : éducation des filles, interdiction du travail des enfants, lutte contre le chômage des adultes...

• **Le rôle de l'État est déterminant,** même si les tenants du libéralisme veulent le limiter au minimum. Plusieurs pays, telle la Corée du Sud, sont parvenus à se développer grâce à une intervention puissante et efficace de l'État pour la mise en place d'infrastructures de base (ports, routes, communications, énergie) et pour le soutien aux entreprises.

• Si un État fort est seul à pouvoir faire respecter le droit ou lutter contre la corruption, **la démocratie est une condition et un élément constitutif du développement**; les populations ne participent aux efforts exigés par les choix de développement que si elles bénéficient d'un minimum de justice sociale.

2. Que produire et comment ?

• **L'agriculture devrait rester une priorité pour le développement, même lorsque les dangers de famine sont écartés** car 70 % des personnes les plus pauvres en dépendent (6). La modernisation, grâce aux investissements lourds dans l'irrigation, la motorisation ou les produits chimiques, peut faire tomber les paysans dans la dépendance des grandes firmes agroalimentaires et gonfler le chômage rural. Le progrès technique doit donc s'inscrire dans des structures de production qui permettent aux plus pauvres d'augmenter leur faible productivité.

Photographie
Algérie, un développement fondé sur l'industrie lourde *Page 295*

• **Faire de l'industrialisation le moteur du développement pose aussi d'importants défis,** comme la formation et la qualification de la main-d'œuvre. Certains pays, comme l'Algérie, ont ainsi développé une industrie lourde exigeant beaucoup de capitaux, mais peu de main-d'œuvre.

3. Comment réduire la dépendance et s'insérer dans la mondialisation ?

Cartes Majeures
Une mondialisation très déséquilibrée *(pages 22-23)*

• **La place des pays du Sud dans le commerce mondial reste faible :** l'instabilité des prix et la trop faible rémunération des produits exportés constituent de lourds handicaps, tout comme la concurrence inégale des pays du Nord qui font bénéficier leurs entreprises de subventions ou aident les exportations, et mettent en place des protections douanières (7).

Dossier
Commerce agricole mondial et inégalités de développement *(pages 50-52)*

• **La situation financière de beaucoup de pays du Sud est préoccupante :** ils subissent la volatilité et le choix très sélectif des investissements étrangers. Certains souffrent d'un endettement paralysant et doivent se plier aux exigences du FMI qui impose des choix libéraux aux conséquences sociales lourdes.

• **Certains pays du Sud sont cependant parvenus à diversifier leur industrie et leurs exportations.** Ils retrouvent une convergence d'intérêts qui leur permet parfois de s'opposer aux projets des pays du Nord, comme ce fut le cas lors de la réunion de l'OMC à Cancun en 2003.

Mots-clés

FMI (Fonds monétaire international) : créé à la Conférence de Bretton Woods, en 1945, pour aider les pays à éviter les désordres monétaires. Devenu favorable aux mécanismes du marché, il conditionne maintenant souvent son intervention à des choix de type libéral par les États qui lui demandent son aide.

Productivité : mesure l'efficacité du travail et s'exprime par la quantité de biens produits par heure de travail.

* voir Lexique

5. La contrainte démographique pèse encore sur les Suds

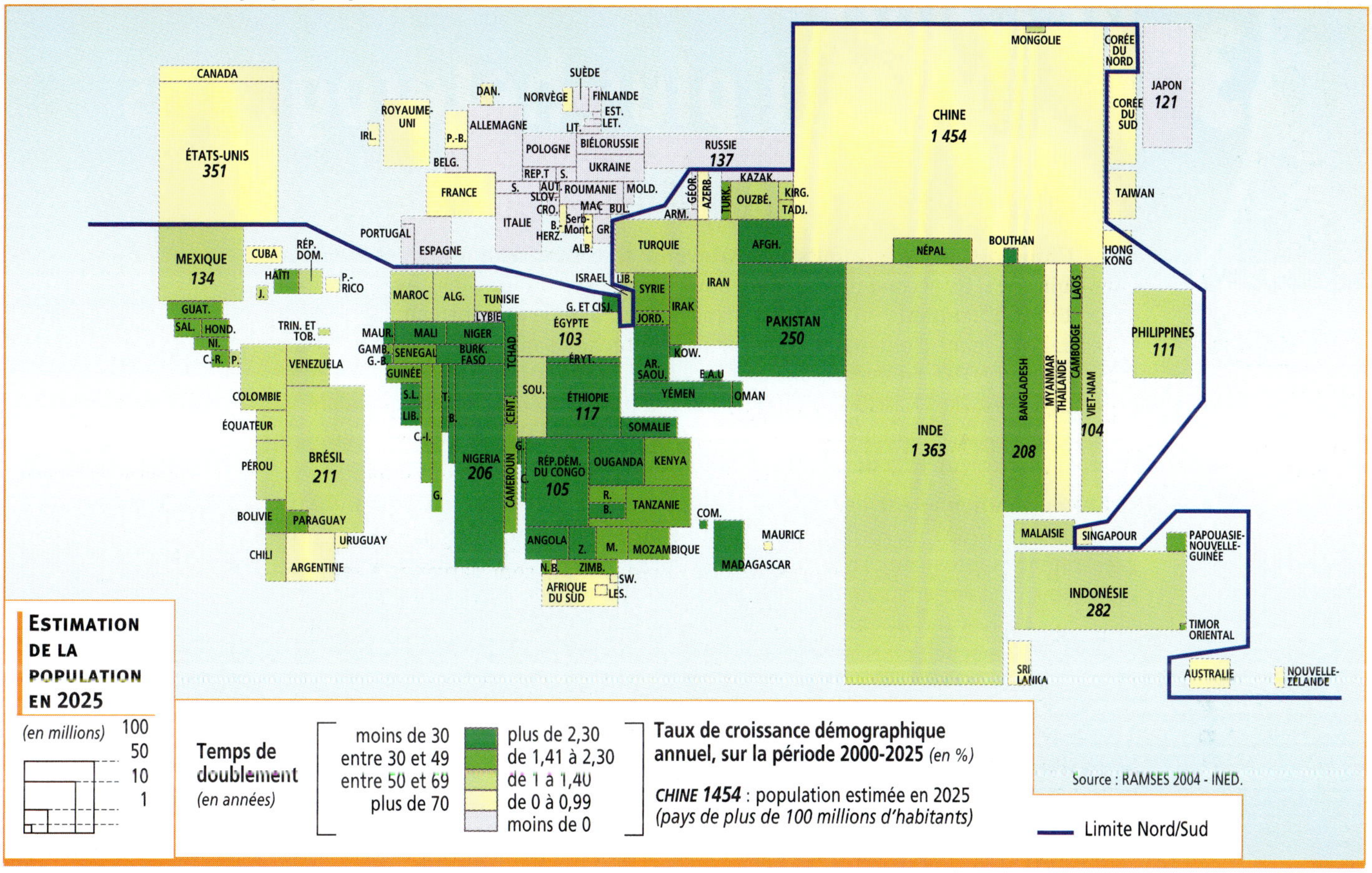

6. Quand l'Asie néglige ses paysans

Depuis 1980, dans la plupart des pays, les fonds publics destinés à l'agriculture sont en baisse. L'irrigation ralentit sa progression, en raison de canaux mal entretenus, de pompes électriques en panne par manque de courant. Les routes rurales s'abîment faute d'entretien. La recherche agricole bat de l'aile. [...] Jusque vers 1990, la forte poussée du secteur rural a exercé de multiples effets d'entraînement sur l'ensemble de l'économie : besoins d'intrants industriels dans l'agriculture, besoin d'électricité et de routes, essor du commerce et des petites industries. À l'inverse, la hausse des revenus ruraux a été stimulée par la progression des ventes de viande, de fruits, de légumes et de céréales en ville. [...]
L'écart entre élites urbaines et paysans n'est pas nouveau, mais il ne cesse de croître. Les réformes économiques en cours depuis une vingtaine d'années (hausse du commerce extérieur, investissements étrangers, transferts de technologie, informatique) tendent à faire oublier le sort des paysans.

G. Étienne, *Le Monde* – 17 juillet 2003.

7. La crise du café

Exode rural, arrêt de la scolarisation des enfants, impossibilité de se payer les médicaments de base, malnutrition : la crise du café frappe les plus pauvres. [...] On considère qu'environ 70 % de la production mondiale de café provient d'exploitations dont la superficie est inférieure à 10 hectares. Les producteurs ne reçoivent qu'environ 6 % de la valeur d'un paquet de café vendu dans les supermarchés et les épiceries. En Ouganda, le producteur de café reçoit 14 cents (0,14 dollar américain) par kilo pour son café vert non transformé, alors que le prix moyen du kilo de café soluble avoisine 26 dollars au Royaume-Uni.

M. Laronche, *Le Monde* – 24 septembre 2002.

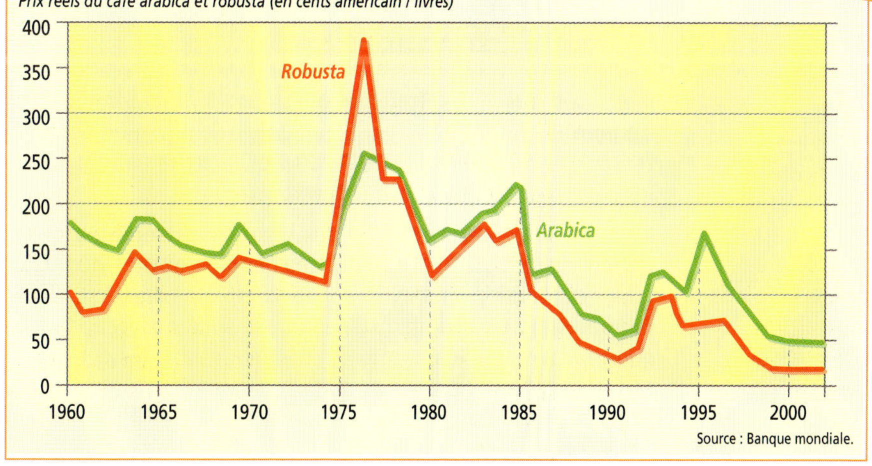

3 Des Suds de plus en plus hétérogènes

1. Deux géants incontournables

• **La Chine dispose des atouts pour devenir une très grande puissance :** son **PNB-ppa*** est le second du monde après celui des États-Unis. Avec presque **1,3 milliard d'habitants** en 2003, elle dispose d'un marché de consommation considérable, d'une main-d'œuvre nombreuse et bon marché, ce qui attire les investisseurs étrangers. Si l'**IDH*** est encore modeste (0,721 en 2001, 104e rang mondial), l'espérance de vie est de 71 ans et l'alphabétisation a beaucoup progressé. Cependant, la forte croissance économique a aggravé les **inégalités sociales et spatiales** entre le littoral et l'intérieur, et la **démocratie est toujours absente**.

• **L'Union indienne est dans une situation comparable :** presque **1,1 milliard d'habitants** en 2003, un PNB-ppa par habitant modeste (2 450 dollars), mais **des progrès remarquables** dans l'agriculture (la révolution verte a écarté le risque de disette), dans l'industrie (y compris des branches de haute technologie) et dans les services. Les classes sociales aisées forment un marché de consommation qui dépasse celui de l'Allemagne... mais **beaucoup d'Indiens vivent encore dans la pauvreté** (9).

Dossier
La Chine littorale, « atelier du monde » *(pages 222-223)*

2. Les progrès rapides mais ambigus des pays émergents

• **Par leur poids démographique, d'autres pays constituent aussi des puissances régionales.** Certains, comme le **Brésil** ou le **Mexique**, qui avaient développé une industrie en fermant leurs frontières pour se protéger de la concurrence des pays industriels, s'ouvrent désormais à la compétition internationale et accueillent des capitaux étrangers.

• **La spirale de croissance a touché une nouvelle vague de pays en Asie du Sud-Est :** après la **Corée du Sud et Taiwan, devenus pays du Nord, Thaïlande, Malaisie, Philippines, Vietnam** sont désormais des pays ateliers visant l'exportation. Cette insertion dans la mondialisation leur a assuré un décollage rapide, mais les place dans une dépendance forte à l'égard de l'étranger (10, 11).

• **Les pays exportateurs d'hydrocarbures bénéficient d'une source de revenus importante, quoique fluctuante :** les pétromonarchies conservatrices et peu peuplées du Golfe persique présentent le plus grand décalage entre revenus et autres composantes du développement humain. Au Venezuela, en Algérie, l'investissement industriel a été privilégié, mais une grande fraction de la population connaît toujours le chômage et la pauvreté.

Dossier
Brésil, un développement inégal à toutes les échelles *(pages 278-281)*

Sujets Bac nos 35 et 36
Un ou des Suds ? *(pages 286 et 287)*

Photographie
Algérie, un développement fondé sur l'industrie lourde *(page 295)*

* voir Lexique

3. Une large partie des Suds est frappée de marginalisation

• **Au Sud aussi, les flux commerciaux et de capitaux se concentrent en fait sur un nombre réduit de pays :** bon nombre de pays peu peuplés, enclavés, ayant peu de ressources naturelles, sont à l'écart ; les facteurs politiques, le chaos des guerres civiles compromettent aussi tout développement.

Les disparités à l'échelle des grands ensembles régionaux de la planète s'accroissent : si l'Asie du Sud, très peuplée, abrite encore un grand nombre de pauvres, des progrès significatifs sont accomplis ; à l'inverse **l'Afrique noire connaît une paupérisation absolue :** dépendance alimentaire accrue, ravages du sida et des guerres civiles, poids minime et déclinant dans les échanges internationaux (8). Le commerce extérieur y reste typique du sous-développement : exportation de produits bruts et de produits agricoles, importation de produits manufacturés.

Leçon
Les lieux de la mondialisation *(pages 28-29)*

Dossier
La santé, une des plaies des pays du Sud *(pages 282-284)*

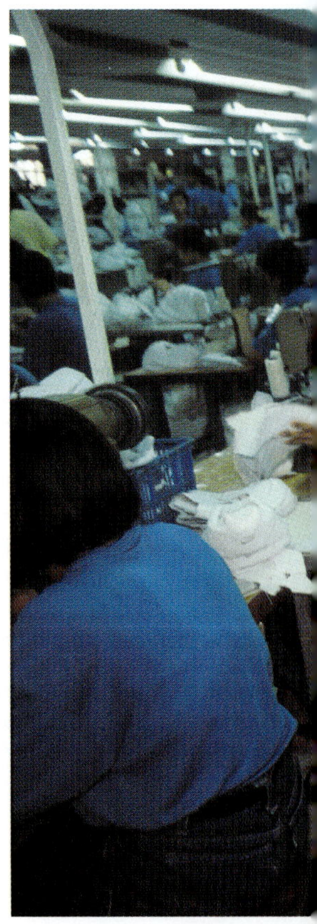

8. Centrafrique : les oubliés de la mondialisation

En 1997, la France décide de fermer ses bases militaires et réduit son aide. Privé de ces subsides dont il était fortement tributaire, l'État centrafricain s'effondre. Sur le plan intérieur, il est victime de l'instabilité politique et de l'instrumentalisation de la diversité ethnique par les différents clans qui s'opposent.
Révoltes militaires et prolifération des milices ravagent Bangui, la capitale. La corruption se généralise, ce qui n'a rien d'étonnant, les 17 000 fonctionnaires n'étaient plus payés depuis 29 mois. Les conflits armés à ses frontières entraînent un vaste afflux de réfugiés et le blocage de l'axe de transport de l'Oubangui, accentuant ainsi l'enclavement du pays.
Avec une production en net recul depuis 1990, l'économie est au point mort. Seuls 460 kilomètres de routes sont bitumés, pour un réseau de 24 000 kilomètres. La province est de plus en plus livrée aux bandits de grands chemins ; elle retourne à l'agriculture de subsistance ; les commerçants musulmans, victimes de poussées xénophobes, quittent le pays. L'éducation est devenue une fiction avec la multiplication des « années blanches » et le non versement des bourses aux étudiants, alors que 56 % de la population est analphabète. Le taux de mortalité infantile est de 97 ‰ et environ un quart de la population adulte est contaminée par le sida.
Cette situation est propice à la mise en place de nouvelles logiques criminelles d'accaparement des quelques richesses disponibles. Les forêts méridionales sont surexploitées par des groupes d'investisseurs malaisiens, indonésiens et chinois. Les revenus des diamants échappent largement au budget de l'État, du fait des exportations frauduleuses, évaluées à 50 % de la production et couvertes par les plus hautes autorités.

L. Carroué, *Alternatives Économiques* – Octobre 2001.

9. Un paradoxe du développement indien

L'Inde est une puissance informatique (2e exportateur mondial de logiciels), mais la population reste globalement pauvre.

10. Un travail en usine à Jakarta (Indonésie) qui justifie le qualitatif de « pays-atelier »

11. Les investisseurs étrangers quittent l'Indonésie

Mille emplois seront supprimés quand l'usine du géant japonais de l'électronique Sony partira pour la Malaisie, afin de demeurer présente dans la zone de libre-échange que forment dix pays du Sud-Est asiatique [...].
Le coût de la chaussure indonésienne est désormais supérieur d'au moins 10 % à ce qu'il est en Chine ou au Vietnam. Les géants du secteur – Nike, Reebok, Adidas – éprouvent d'autant plus de facilités à déplacer leurs lieux de production qu'ils font appel à des sous-traitants dans les pays où ils s'implantent. Le secteur du textile (confection), qui emploie plus d'un million de personnes, est aussi affecté. En un an, 37 entreprises sud-coréennes ont fermé boutique pour s'installer en Birmanie ou au Vietnam [...]
Les financiers se font rares en Indonésie : pendant les neuf premiers mois de 2002, les investissements étrangers ont baissé de 11 %. Avec les désinvestissements en cours, le flux de capitaux est devenu négatif (de 5,7 milliards d'euros en 2001).

J.-C. Pomonti, *Le Monde* – 25 février 2003.

Cartes Majeures

Un ou des Brésil ?

1. Une population tout en contrastes

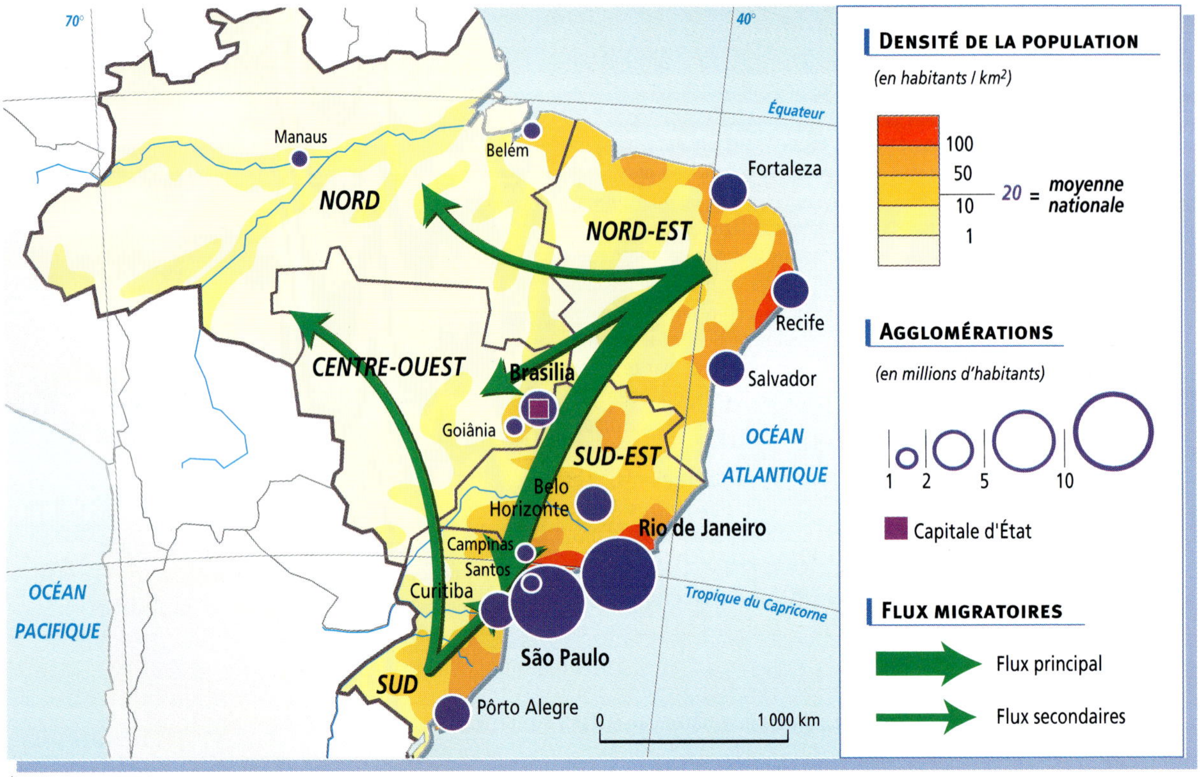

2. Le territoire, immense, est inégalement mis en valeur

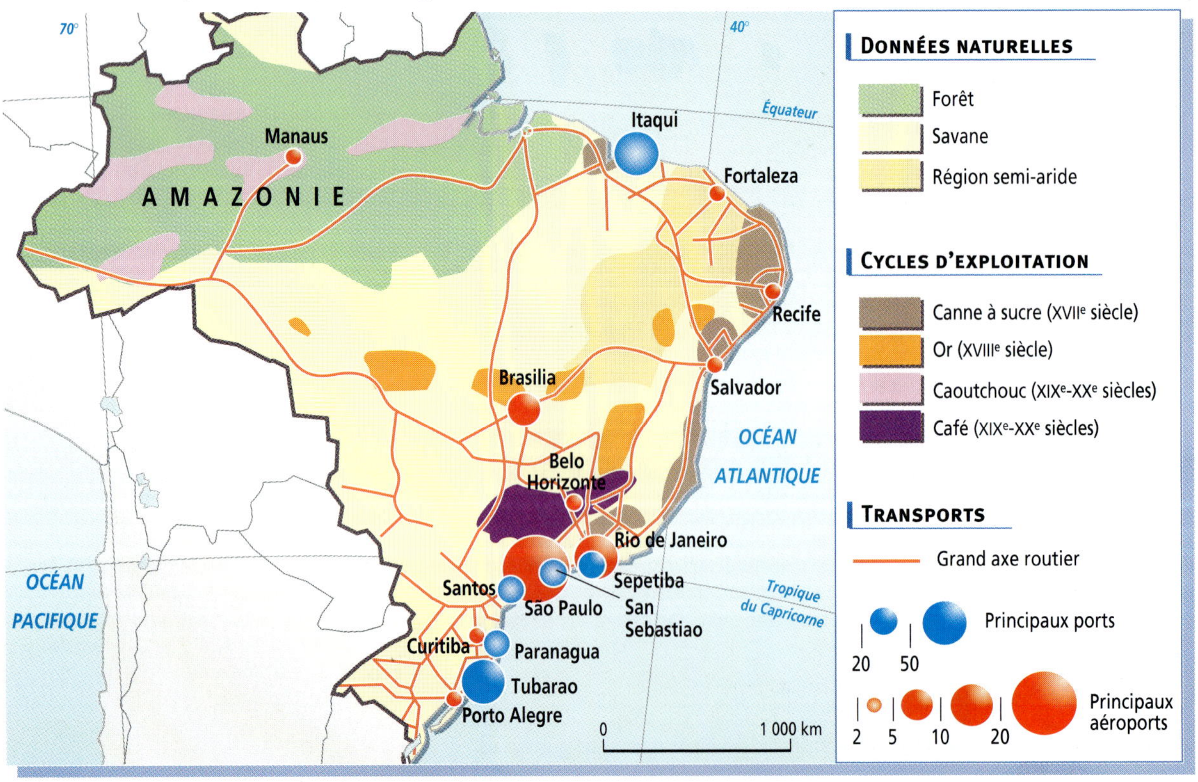

3. La production de richesses est très concentrée

a. La production agricole (par États) — b. La production industrielle (par États) — c. La production de services (par États)

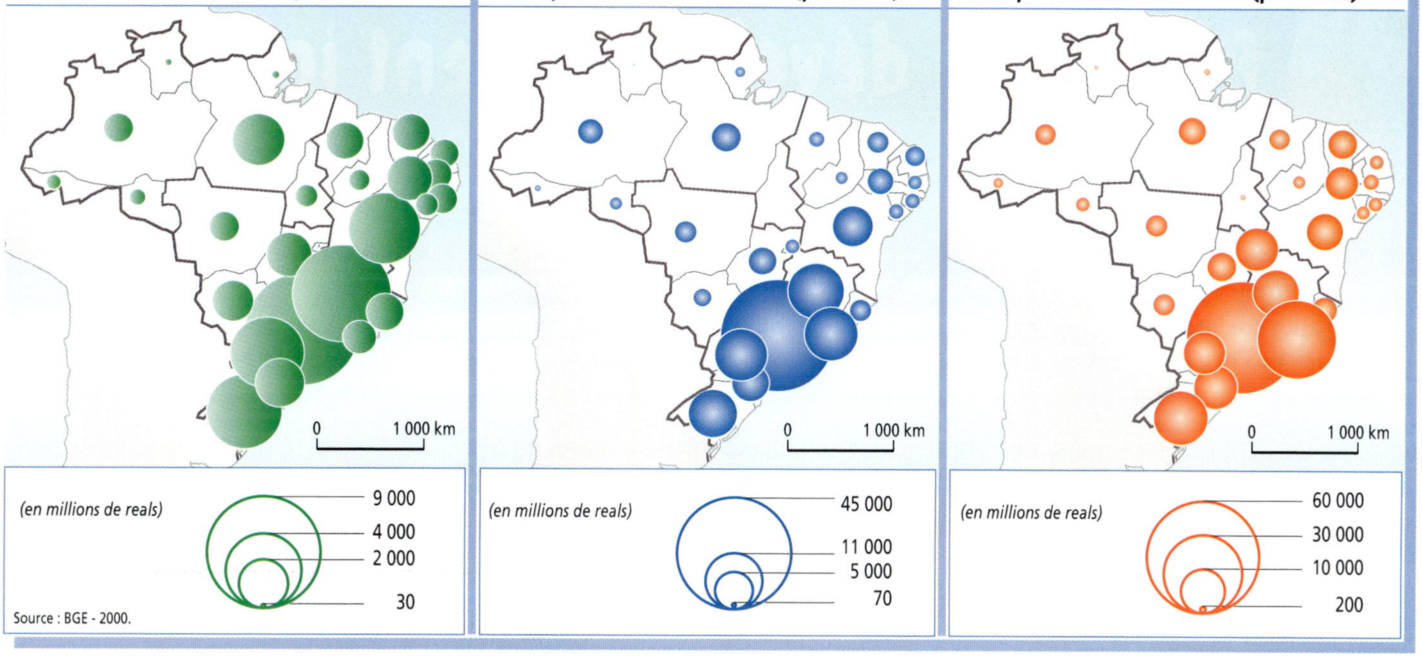

4. Les territoires sont inégalement développés

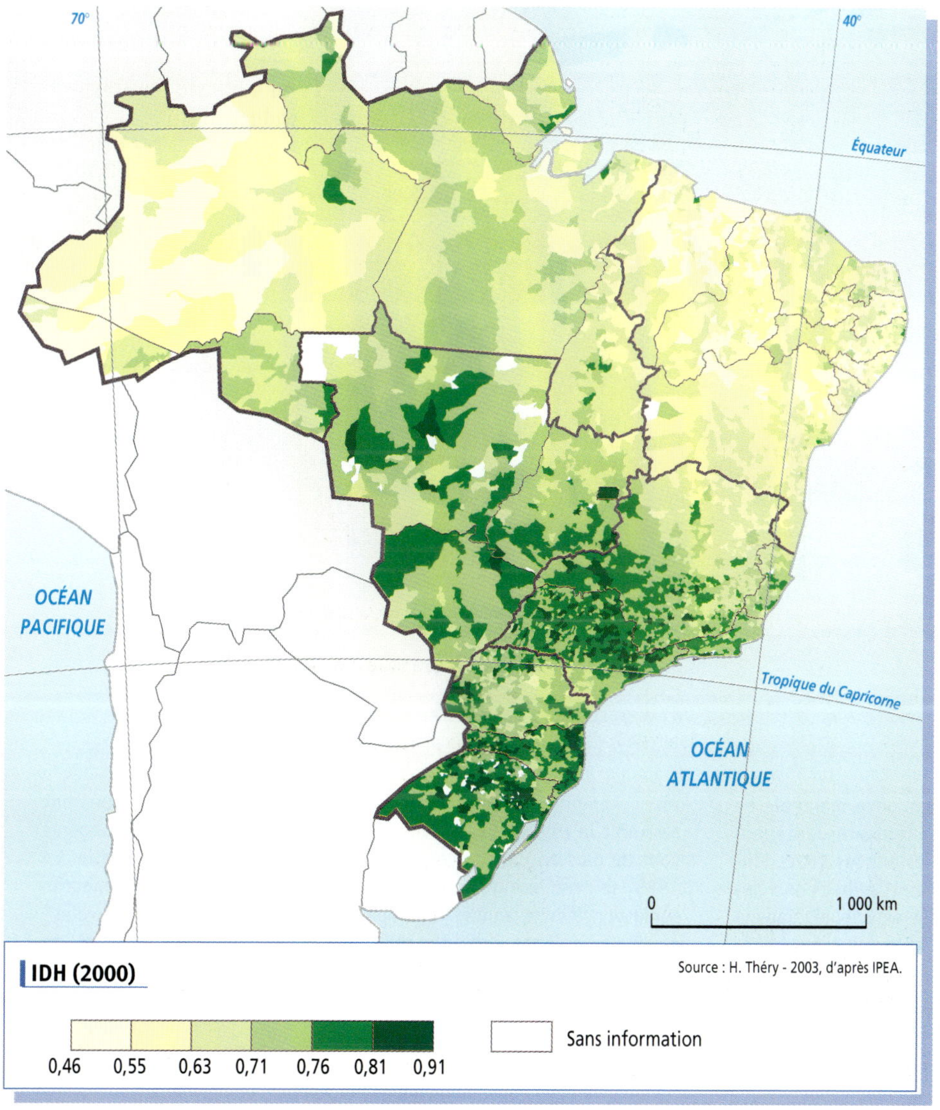

Questions

- Pour chacune des **cartes**, relevez les oppositions majeures entre les régions brésiliennes.
- Quelle région apparaît comme le « centre » du pays ?
- Quelles sont les régions les plus déshéritées ?

Dossier

Brésil, un développement inégal à toutes les échelles

Immense territoire de 8,5 millions de km², le Brésil est aujourd'hui la 9e puissance économique du monde, mais il ne se situe qu'au 65e rang mondial pour le développement humain (IDH).

La société brésilienne est l'une des plus inégalitaires du monde : le revenu des 20 % de Brésiliens les plus riches est 32 fois supérieur à celui des 20 % de Brésiliens les plus pauvres. Ces inégalités se traduisent dans l'espace brésilien à toutes les échelles.

1. Entre les régions : les fractures de l'inégal développement

Dans le passé, le Brésil a connu plusieurs cycles économiques fondés sur l'exploitation d'une richesse ; au XXe siècle de même, ses différentes stratégies d'industrialisation ont engendré d'importants déséquilibres entre les régions qui opposent un centre et des périphéries.

1. Au Sud-Est : un Brésil industrialisé
Ici, une usine Renault à Curitiba.

2. Brésil : vers quel développement ?

Dès le XVIIe siècle, le Brésil s'est inséré dans l'économie mondiale en exportant des produits tropicaux, mais dans un contexte de dépendance à l'égard des pays plus développés. Dans les années 1930, l'industrialisation a démarré grâce à des investissements publics et à des barrières douanières protégeant de la concurrence extérieure. Dans la période 1964-1985, sous un régime militaire, le revenu a été concentré sur des catégories urbaines relativement privilégiées pour que les industries de biens durables, telle l'automobile, prennent leur essor.
Aujourd'hui, outre des produits agricoles (café, cacao, soja, agrumes) et minéraux (fer), le Brésil exporte de nombreux produits manufacturés, y compris des automobiles et des avions. Les privatisations ont restreint le rôle de l'État dans la production et les firmes étrangères sont de plus en plus présentes. Depuis le retour de la démocratie, en 1985, se pose la question d'une croissance visant enfin des objectifs sociaux : réforme agraire dans les campagnes, résorption des favelas* et de la violence urbaine, réduction de la poche de pauvreté du Nordeste, progression des fronts pionniers des plateaux intérieurs et d'Amazonie, dans le respect des populations indiennes et de l'environnement.

B. Bret – Octobre 2003.

3. Nord-Est / Sud-Est : deux trajectoires opposées

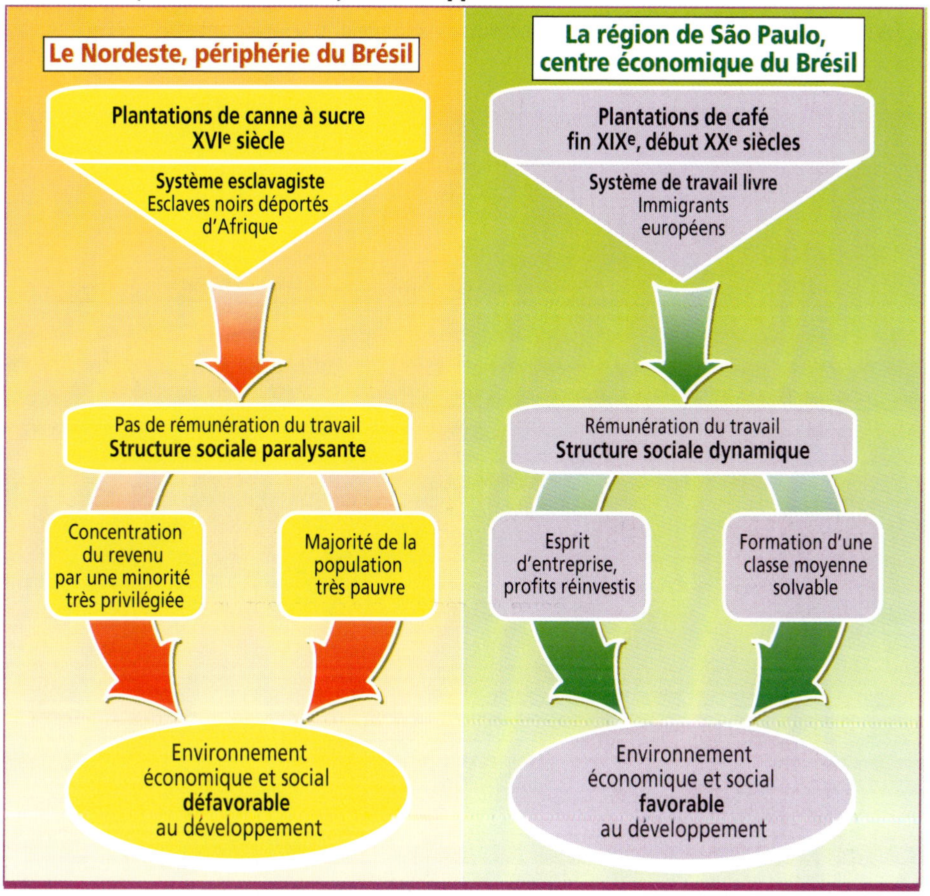

4. La pauvreté du Nord-Est

Couverture de la revue brésilienne *Veja* – Mai 1998

5. À quelles régions profite le Mercosur* ?

Si le Nordeste souffrait déjà, dans les limites du Brésil, de sa position géographique excentrée, ce handicap se trouve aggravé à l'échelle du Mercosur*. Dans ce contexte, les premiers rôles sont tenus par des métropoles, telles que São Paulo et Buenos Aires ; les autres centres de décision doivent redéfinir leur stratégie de positionnement, ce qui est relativement aisé pour Rio de Janeiro, Curitiba, Porto Alegre et Montevideo, peut être moins facile pour Belo Horizonte, très délicat pour Salvador et Recife. Le Mercosur à quatre dessine une carte qui donne une place privilégiée au bassin du rio Parana-rio Paraguay et pose un problème aux autres régions.

B. Bret, *Revue française de géoéconomie,* n° 6 – 1998.

6. Inégalités de revenus : une fracture sociale et spatiale

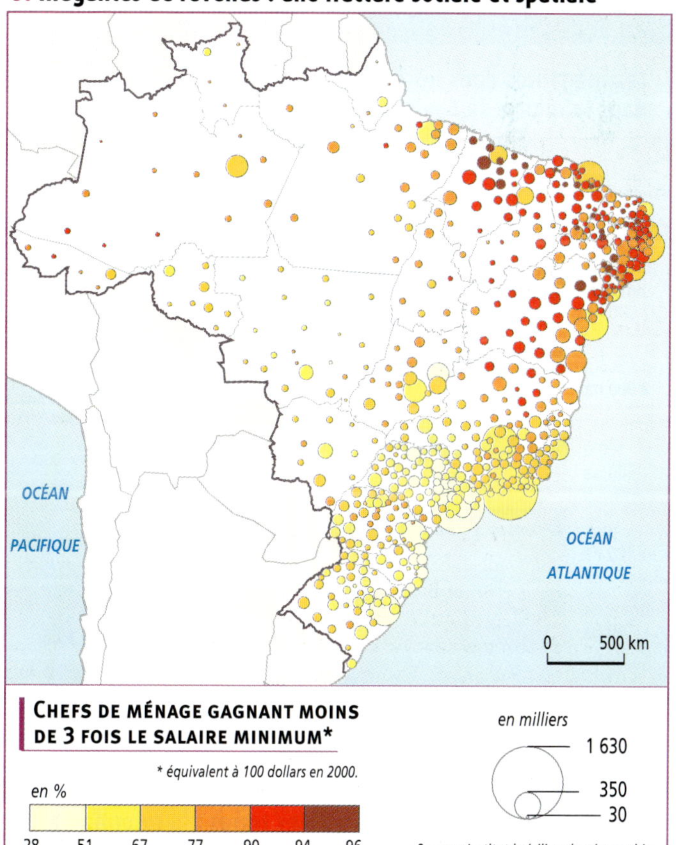

Source : Institut brésilien de géographie et de statistiques (IBGE)- 2000.

Questions

1. Quel est le principal contraste régional du Brésil ? Décrivez-en les différents aspects (1, 3, 4, 6 et Cartes Majeures pages 276-277).

2. En quoi les inégalités spatiales s'enracinent-elles dans l'histoire du pays (2, 3) ?

3. Quelle est l'évolution actuelle de ces inégalités (2, 5) ?

2. Partout au Brésil, une mosaïque d'inégalités

Le mal-développement touche la majorité des 176 millions de Brésiliens où qu'ils habitent : les inégalités sont criantes dans toutes les régions, aussi bien dans les campagnes que dans les villes.

7. Les inégalités dans les campagnes : un latifundio* dans la région de São Paulo

8. De profondes inégalités foncières

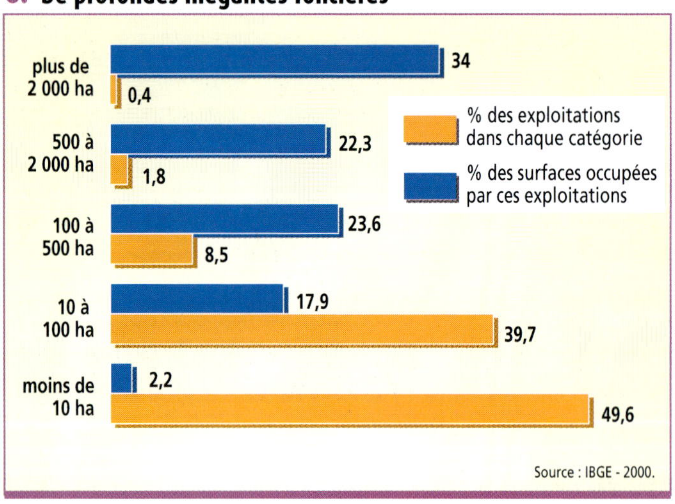

9. Mieux répartir les terres : la réforme agraire

Affiche d'une campagne nationale : « La terre à ceux qui la travaillent ».

10. De fortes disparités à l'intérieur des régions

Pour chaque région, a été prise en compte la commune présentant l'IDH le plus élevé et la commune présentant l'IDH le moins élevé.

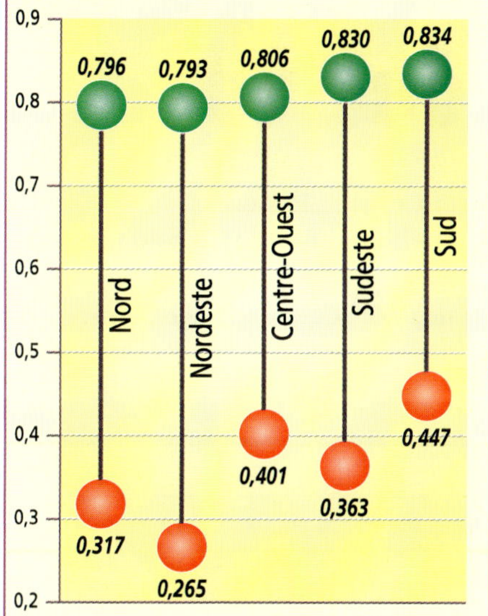

Source : IBGE.

11. São Paulo : les inégalités à deux échelles

a. L'IDH dans l'État de São Paulo (selon les communes)

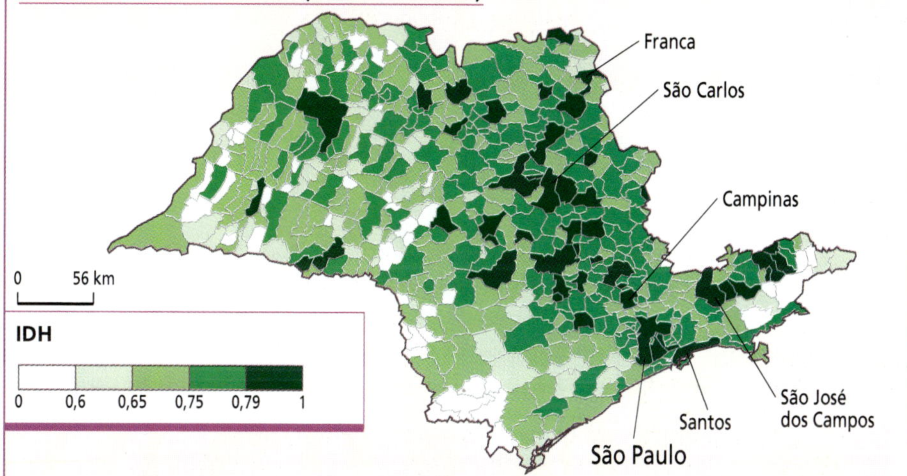

b. Les inégalités de revenus dans l'aire métropolitaine de São Paulo

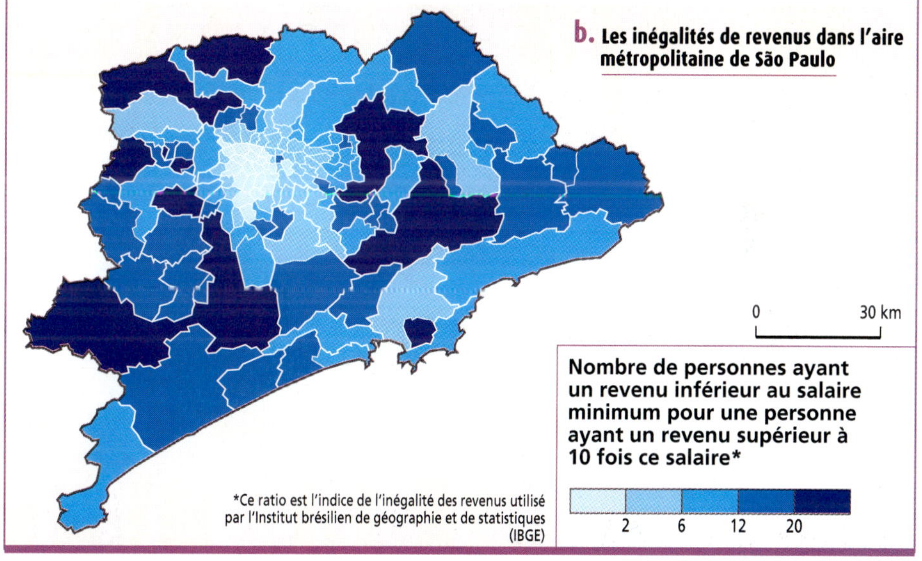

*Ce ratio est l'indice de l'inégalité des revenus utilisé par l'Institut brésilien de géographie et de statistiques (IBGE)

12. Quelles possibilités de réforme pour le gouvernement ?

Depuis le 1er janvier 2003, le président brésilien est Lula Da Silva, ancien ouvrier syndicaliste. Sa marge de manœuvre s'annonce étroite.

Questions

1. Analysez les inégalités entre les villes et le reste du territoire ; faites de même à l'intérieur des espaces urbains (10, 11, photographie pages 264-265).

2. À quelles autres échelles les inégalités sont-elles perçues (7, 8, 10) ?

3. En quoi la réduction de ces inégalités est-elle un défi (9, 12) ?

Dossier

La santé, une des plaies des pays du Sud

- **La santé est un enjeu de développement majeur : l'un et l'autre se renforcent mutuellement. Or les inégalités dans la situation sanitaire des peuples demeurent flagrantes à l'échelle du monde : le Sud fait toujours face à des pathologies de masse dans un contexte de pauvreté.**
- **L'épidémie de sida donne à cette fracture une ampleur dramatique car elle a des conséquences économiques et sociales sans égales. Elle pose de manière aiguë la question de l'accès aux soins.**

1. La mortalité des enfants de moins de 5 ans

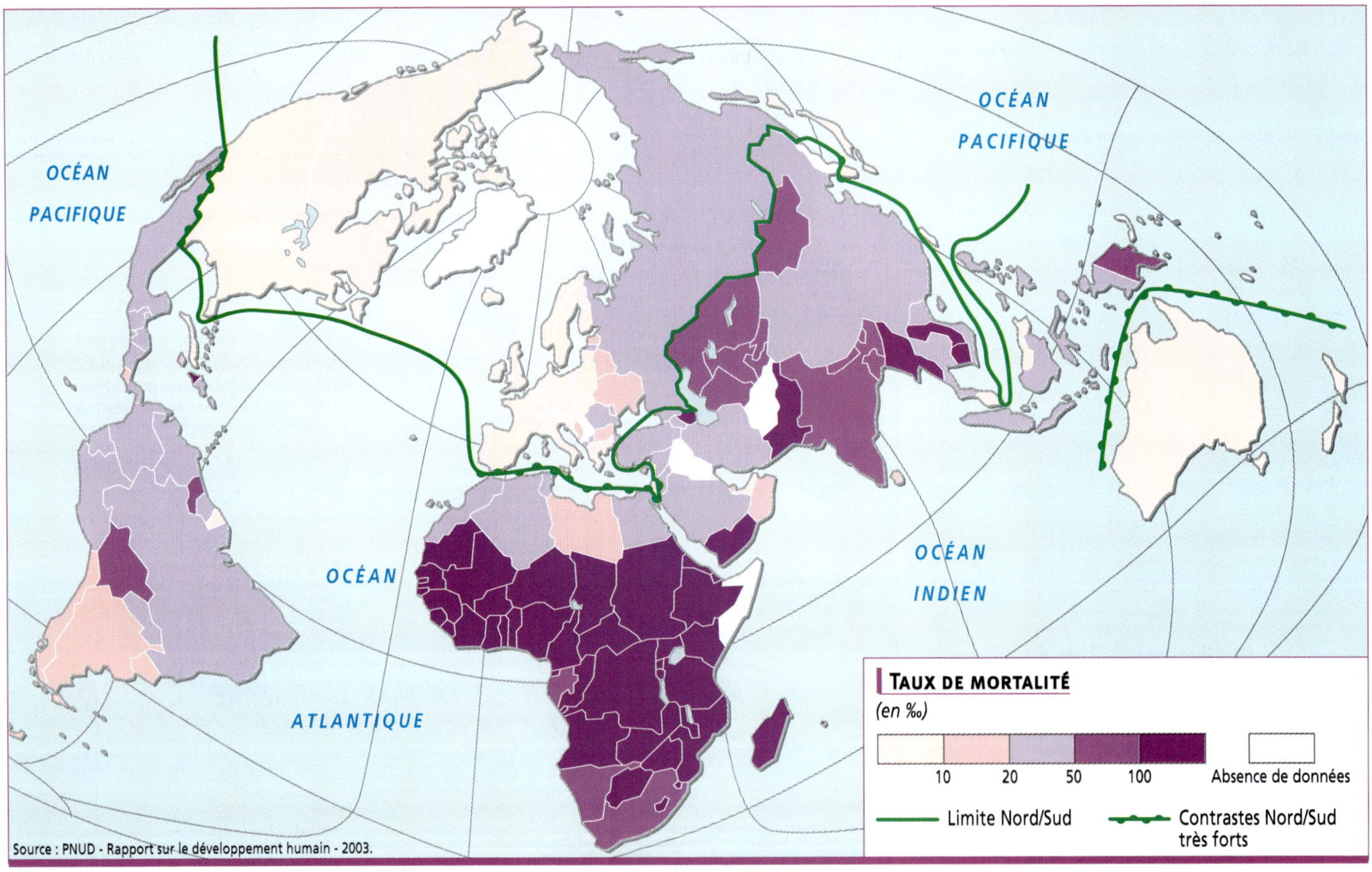

2. Des pathologies différentes au Nord et au Sud

Au Nord, c'est l'âge, les maladies cardio-vasculaires, le cancer et les maladies liées à la surcharge de poids et à la sédentarité qui provoquent les décès. Dans le Sud, ce sont les maladies parasitaires telles que le paludisme, les maladies infectieuses telles que la tuberculose, et les maladies de carence liées à la sous-nutrition et à la malnutrition qui font des ravages. Toutefois, si le Nord échappe aux maladies du Sud, l'inverse n'est pas vrai : les transformations démographiques, la présence de minorités sociales aisées et l'urbanisation font qu'aujourd'hui le Sud ajoute les maladies du Nord à celles qui l'accablent traditionnellement.

La bilharziose est une maladie tropicale car la transmission du parasite d'un malade à un individu sain est impossible dans les zones climatiques comportant un hiver froid. Ce n'est pas pour autant une fatalité tropicale : transmettent ou contractent la maladie seulement les personnes qui, ne disposant pas d'installations sanitaires, entrent en contact avec l'eau polluée par le parasite. La lutte contre les maladies parasitaires passe par l'aménagement des milieux et par les progrès de l'hygiène (accès à l'eau propre et assainissement).

B. Bret – Octobre 2003.

3. Les ventes de médicaments

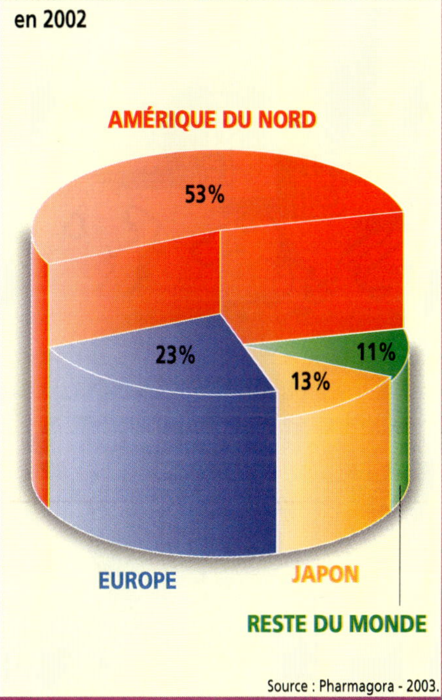

Source : Pharmagora - 2003.

4. Des inégalités face à la santé qui se creusent

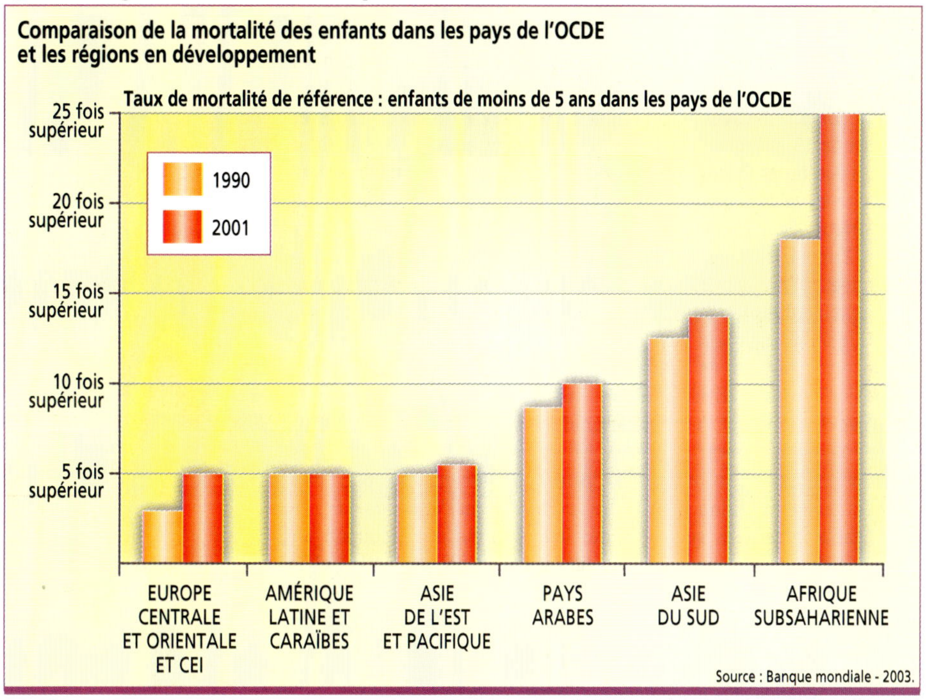

Source : Banque mondiale - 2003.

5. Des médicaments enfin accessibles ?

Selon l'Onusida, 96 % des malades n'ont pas accès aux médicaments antiviraux qui ont révolutionné le traitement de la maladie du sida dans les pays riches. En 2002, plusieurs multinationales ont accepté de céder leur traitement à prix coûtant. À l'automne 2003, les 146 pays membres de l'Organisation mondiale de la santé (OMC) ont enfin donné leur feu vert à l'importation par les pays pauvres de médicaments génériques. Mais le texte encadre très strictement les dérogations et, selon les ONG, ce compromis ne changera rien pour des millions de personnes infectées : la liste des pays est limitative, les pays du Nord craignant que, par ricochet, les génériques n'inondent leurs propres marchés.

En octobre 2003, la Fondation Clinton a conclu un accord avec quatre fabricants indiens et sud-africains de médicaments génériques pour réduire d'un tiers à la moitié le prix des antirétroviraux. Aujourd'hui, les traitements génériques coûtent 55 cents, les médicaments de marque 1,54 dollar. Ce plan concerne l'Afrique et les pays des Caraïbes, où la Fondation Clinton travaille. La Fondation espère que deux millions de malades pourront recevoir ces trithérapies d'ici 2008.

Sources diverses.

6. Afrique : une situation désastreuse

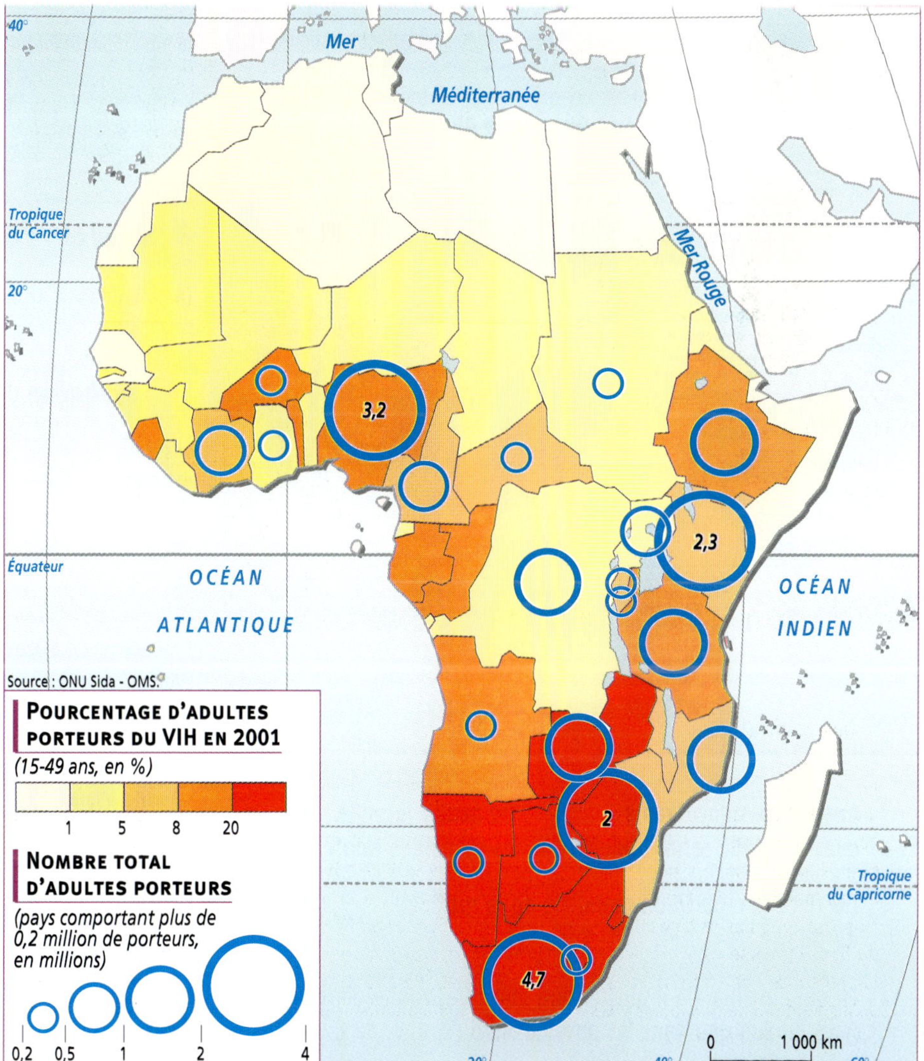

7. Une menace pour le développement

Les premiers cas de sida ont été identifiés au début des années 1980 et, en 1990, on recensait une dizaine de millions d'individus contaminés. Cette maladie a déjà fait 22 millions de morts et plus de 13 millions d'orphelins. En tuant des adultes dans la fleur de l'âge ou en les empêchant de travailler, elle peut compromettre le développement. Le VIH/sida paralyse des pans entiers de l'Afrique. En 1998, elle a provoqué le décès de 1 300 enseignants en Zambie, soit les deux tiers de ceux qui sont formés chaque année. À l'horizon 2020, les pays africains les plus touchés pourraient perdre plus du quart de leur population active.
L'Ouganda est le seul pays d'Afrique subsaharienne à avoir amorcé un retournement de tendance après que l'épidémie eut atteint des proportions critiques. Pour sa part, le Sénégal a réussi à maîtriser dès le début la propagation du VIH/sida, grâce à des mesures d'urgence concertées. Mais, selon une enquête, la moitié des adolescents du continent africain ignorent qu'une personne apparemment saine peut être porteuse du VIH/sida. Et, à l'échelle mondiale, seuls 7 % des individus qui ont recours à un mode de contraception utilisent des préservatifs, protection efficace contre le virus.
Si l'Afrique subsaharienne concentre environ 70 % des cas de VIH/sida, l'épidémie provoque également des ravages dans d'autres régions. La situation de la Chine, de l'Inde et de la Fédération de Russie, pays très peuplés où le taux d'infection par le VIH risque d'augmenter fortement, inquiète particulièrement.

PNUD, Rapport 2003.

9. La réduction de l'espérance de vie due au sida

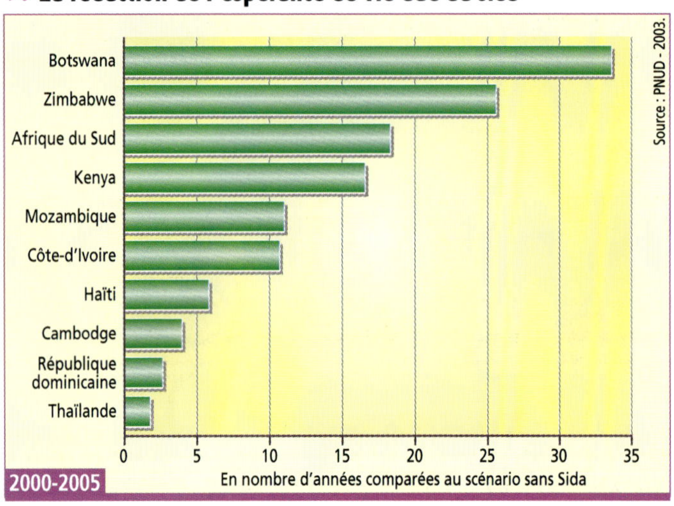

Questions

1. Analysez les documents 1, 2, 3, 4. De quelle façon la question de la santé traduit t-elle les inégalités Nord/Sud ?

2. Décrivez la répartition mondiale de la maladie du sida (6, 7, 8, 10).

3. En quoi le Sida est-il plus encore une catastrophe dans les pays du Sud que dans les pays du Nord (5, 6, 7, 8, 9, 10) ?

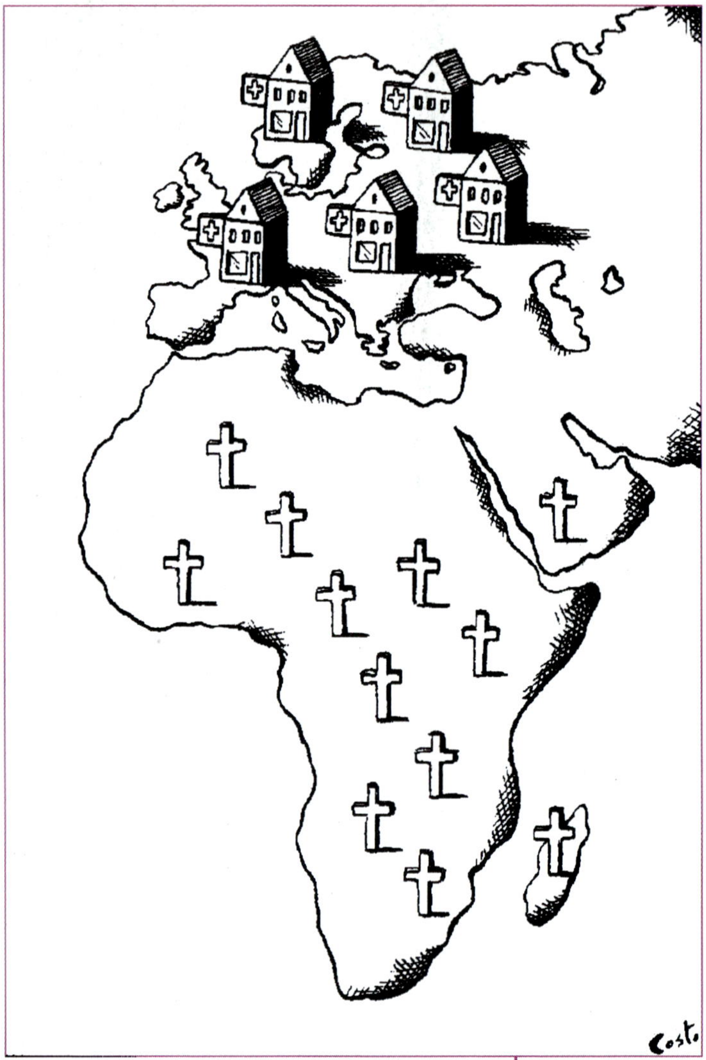

8. Inégaux face au sida

Pharmacies et trithérapies au Nord, cimetières au Sud.
(Dessin de Cost, *Le Soir* – Juillet 2002.)

10. La diffusion de l'épidémie du sida (fin 2003)

Les deux nombres, dans les colonnes, correspondent à la fourchette des estimations.

	Adultes et enfants vivant avec le VIH/sida *(en millions)*	Proportion d'adultes vivant avec le VIH/sida en 2003 *(%)*	Nouveaux cas d'infection chez les adultes et les enfants *(en milliers)*
Afrique subsaharienne	25-26,2	7,5-8,5	30 000-34 000
Afrique du Nord et Moyen-Orient	0,47-0,173	0,2-0,4	43-67
Asie du Sud et du Sud-Est	4,6-8,2	0,4-0,8	610-1 100
Asie de l'Est et Pacifique	0,7-1,3	0,1-0,1	150-270
Amérique latine	1,3-1,9	0,5-0,7	120-180
Caraïbes	0,35-0,59	1,9-3,1	45-80
Europe orientale et Asie centrale	1,2-1,8	0,5-0,9	180-280
Europe occidentale	0,52-0,68	0,3-0,3	30-40
Amérique du Nord	0,79-1,2	0,5-0,7	36-54
Australie et Nouvelle-Zélande	0,012-0,018	0,1-0,1	0,7-1
TOTAL	**34-46**	**0,9-1,3**	**4 200-5 800**

Sources : Onusida-OMS – 2003.

Cahiers du BAC

Composition

Sujet Bac n°35 Un ou des Suds ?

Étude d'un ensemble documentaire

Sujet Bac n°37 Un Sud inégalement développé ?

Sujet Bac n°38 Brésil, quelles inégalités de développement ?

Croquis

Sujet Bac n°36 Un ou des Suds ?

Sujet Bac n°39 Les contrastes de développement au Brésil

Sujet BAC n° 35 Un ou des Suds ?

Étapes		Entraînement
1 Analyser le sujet	• Lisez attentivement le sujet	• Quels sont les mots-clés et les limites spatiales du sujet ? • Précisez le sens du mot « Sud ». • Pourquoi a-t-on utilisé le singulier et le pluriel dans la formulation du sujet ?
2 Poser la problématique	• Recherchez les questions que la formulation du sujet induit	• Quels sont les caractères communs des pays en développement (PED) du Sud ? • Y a-t-il des différences au sein de cet ensemble ? • Peut-on encore parler d'un Sud pour qualifier des situations aujourd'hui très contrastées ?
	• Formulez la problématique	• Rédigez la problématique du sujet. (Utiliser les pages Problématiques p. 266-267.)
3 Élaborer le plan	• Mobilisez et classez les connaissances	• Listez, au brouillon, les arguments, les exemples indispensables pour répondre à la problématique.
4 Rédiger la composition	• L'introduction	• Rédigez l'introduction en faisant apparaître la problématique et le plan du devoir.
	• Le développement	• Rédigez la composition en vous aidant du plan ci-dessous. (Utiliser le Chapitre 10.)
	Partie 1	**1. Le Sud, un ensemble de pays en développement** • Faiblesse des revenus et existence d'une pauvreté de masse. • Retards socio-culturels importants : – un IDH faible ; la faim qui touche encore 800 millions de personnes ; des problèmes sanitaires (sida...) (Utiliser le Dossier p. 282) ; – la persistance d'un certain analphabétisme. • Faible industrialisation ; dépendance économique, financière, commerciale, technologique... • Faible place dans l'économie mondialisée. (Utiliser les Cartes Majeures p. 268-269.)
	Transition	*L'ensemble des pays du Sud est-il homogéne ?*
	Partie 2	**2. Le Sud, des situations très contrastées** • Peuplement : des géants tels que l'Inde et la Chine et des pays peu peuplés. • Démographie : croissance démographique maîtrisée chez certains, encore très forte chez d'autres. • Industrialisation : existence de NPI, en Asie principalement, de pays-ateliers... • Agriculture : certains pays sont devenus des grands de l'agroalimentaire (Brésil) (Utiliser le Dossier p. 278). • Insertion dans la mondialisation et la participation aux échanges internationaux.
	Transition	*On doit désormais utiliser le pluriel pour désigner les pays en développement du Sud.*
	Partie 3	**3. Les Suds, des situations diverses liées à la mondialisation** • Puissances régionales (Chine, Brésil, Inde, Mexique...). • Pays-ateliers en cours d'industrialisation rapide (Asie du Sud-Est). • Pays pétroliers qui bénéficient de la rente des hydrocarbures. • PMA (Afrique sub-saharienne...) (Utilisez le Sujet Bac n° 36).
	• La conclusion	• Donnez une réponse à la problématique. • Montrez qu'entre les PED, les écarts de développement sont de plus en plus forts.

Sujet BAC n° 36 Un ou des Suds ?

Croquis : Le Sud, une grande diversité des situations

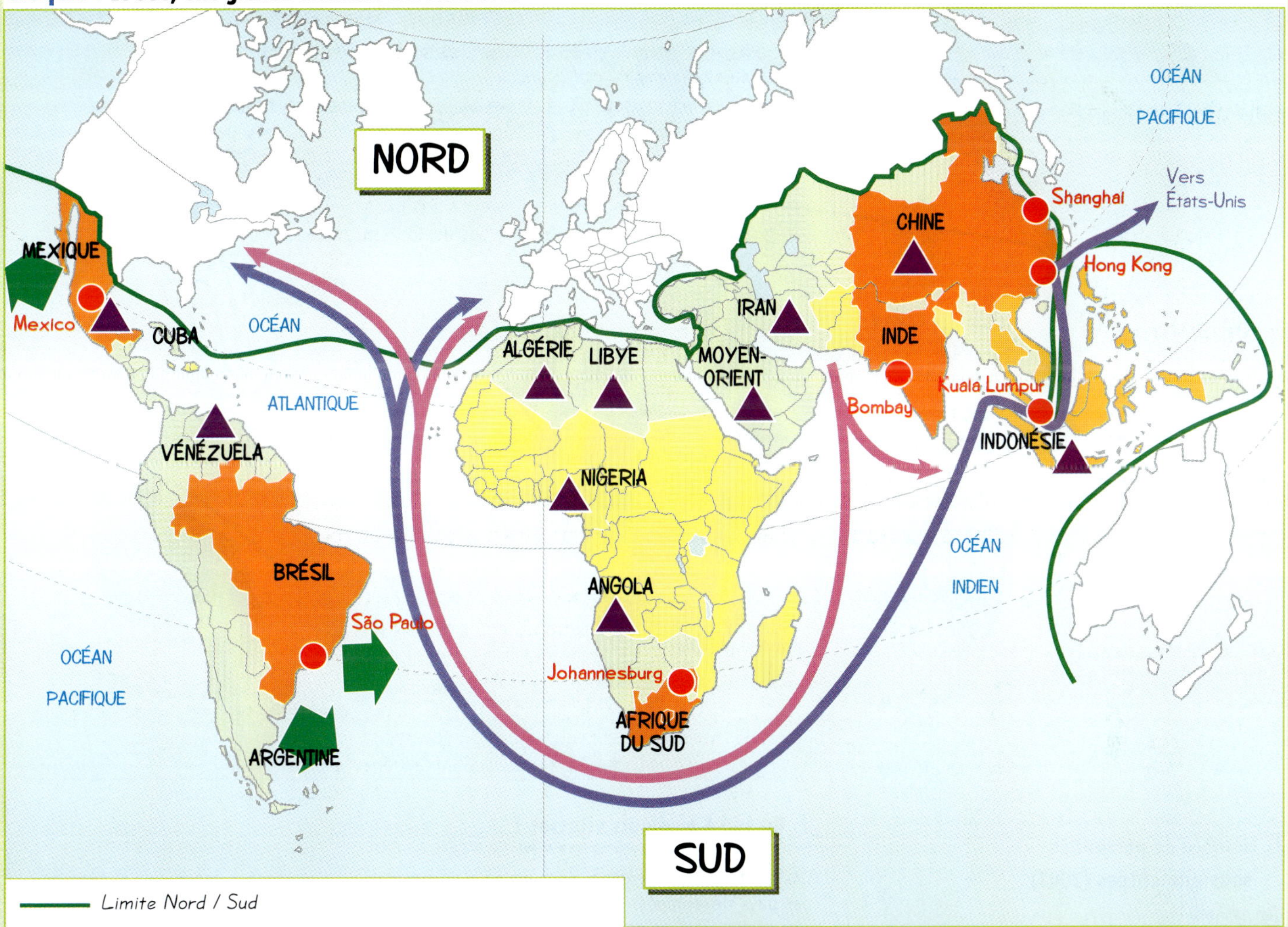

Entraînement

1. Quelles informations et quels figurés du **croquis** montrent les différences :
   - de développement ?
   - de niveau d'insertion dans l'économie mondiale ?
2. L'organisation de la **légende** en deux rubriques apporte-t-elle une réponse au sujet ?
3. Justifiez l'expression « des Suds ».

Étude d'un ensemble documentaire

Sujet BAC n° 37 Un Sud inégalement développé ?

1. L'espérance de vie à la naissance (2001)

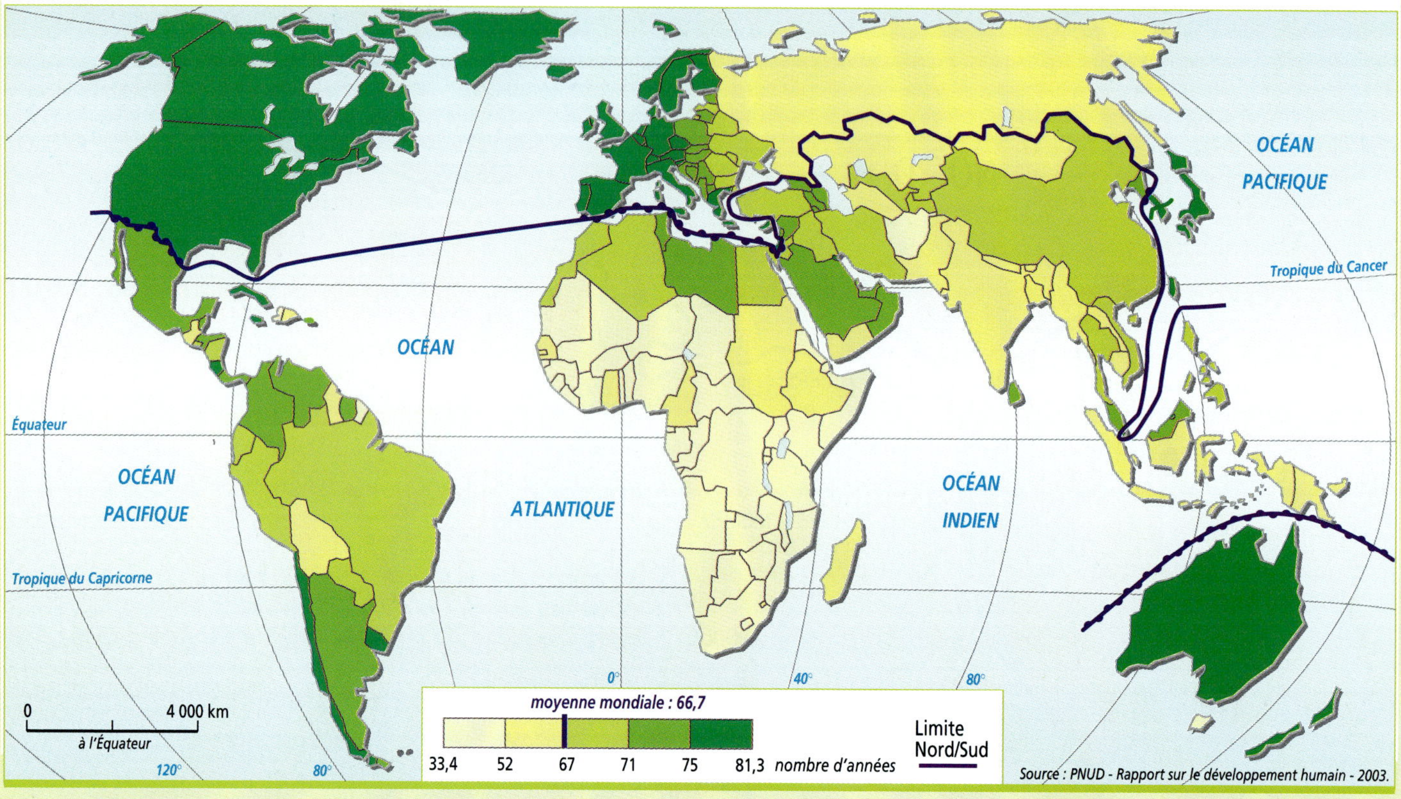

2. Nombre de personnes sous-alimentées (2001)

(en millions)

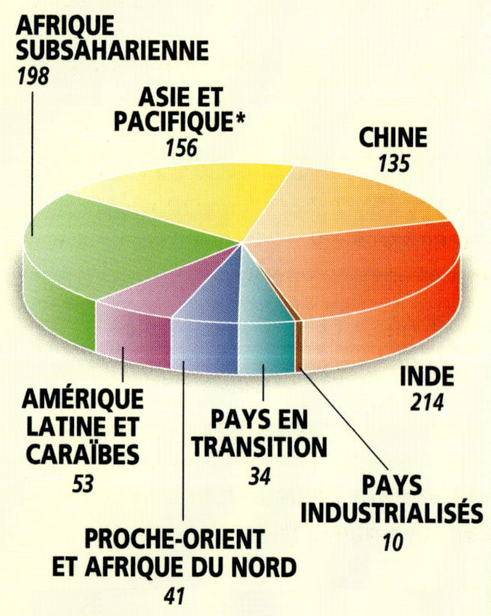

* Chine et Inde exclues

Source : FAO.

3. Un Sud à plusieurs vitesses ?

L'Asie a ses pays émergents dont les taux de croissance permettent d'amorcer un rattrapage des pays développés. Les pays au développement intermédiaire considèrent désormais les pays riches comme des débouchés, dont ils demandent à l'OMC de réduire les protections. Ils cherchent à bénéficier des délocalisations des FTN qu'ils critiquent mais tentent de séduire : les investissements étrangers ont été décisifs pour la croissance de l'Amérique latine et de l'Asie. Enfin, d'autres États, notamment les pays les moins avancés, restent frappés par les cercles vicieux du sous-développement, avec des taux de croissance faibles, nuls ou négatifs. La mondialisation a des effets pervers sur ces croissances qui sont à la merci de déficits extérieurs, d'endettements excessifs, de sorties de capitaux et de mise sous tutelle étrangère. Comme au XIXe siècle, les pays qui ont réussi sont toujours ceux qui font le tri entre les effets positifs et les effets pervers, en combinant ouverture et protection, libéralisation et interventions de l'État.

En s'y ralliant, la Chine et l'Inde ont elles aussi bénéficié de taux de croissance sans précédent. Elles se muent en nouvelles grandes puissances. Avec le Brésil et l'Afrique du Sud, elles cherchent déjà à remettre en cause les équilibres – et les déséquilibres – mondiaux, pour le moment par la négociation. Leur succès s'est accompagné d'une libéralisation, mais celle-ci est intervenue une fois leur croissance amorcée à l'abri de multiples protections. Malgré ces différences, les pays venus tard au développement gardent des traces de leur passé commun. Ils en ont hérité des structures socio-économiques comme la très grande pauvreté, une population marquée par la récente transition démographique, une paysannerie éloignée du monde, une urbanisation accélérée…

J. Coussy, *Alternatives Économiques*, Hors-série n° 59 – 2004.

4. Des rythmes de croissance économique très différents

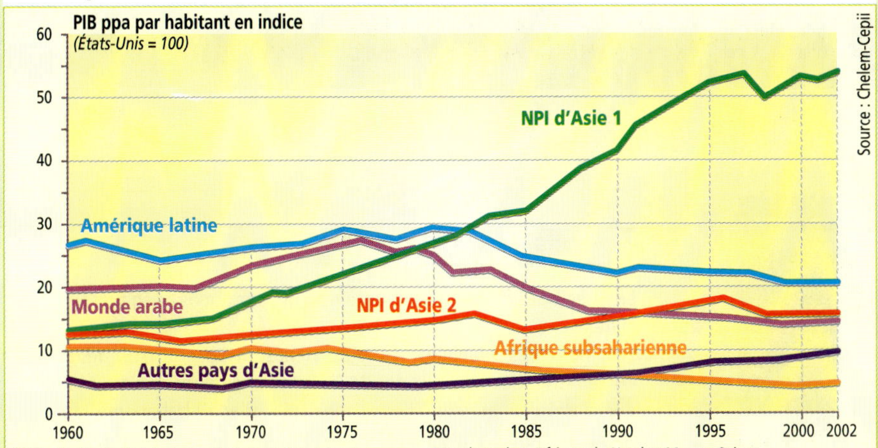

NPI1 : Corée du Sud, Taiwan, Singapour, Hong Kong
NPI2 : Malaisie, Philippines, Thaïlande
Monde arabe : Afrique du Nord et Moyen-Orient
Autres pays d'Asie : y compris Chine et Inde

5. Carte Majeure : Technologie : l'ampleur de la fracture numérique

(Se reporter à la carte 1 pages 38.)

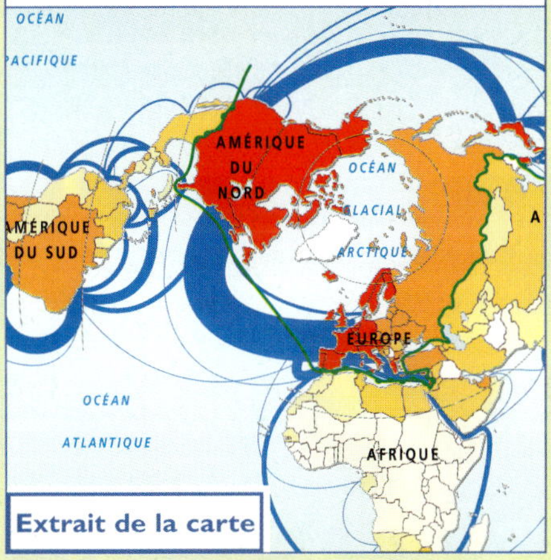

Extrait de la carte

1re Partie — **Analysez l'ensemble documentaire en répondant aux questions suivantes.**

1. Comparez les **documents 1**, **2** et **5**. Quelles sont les contrastes de développement des pays du Sud ?

2. Comment a évolué la richesse du Sud **(doc. 4)** ?

3. Quels liens le **texte 3** fait-il entre mondialisation et développement ? Que recouvrent les expressions « pays émergents », « pays les moins avancés », « nouvelles grandes puissances » ?

4. À l'aide de l'ensemble documentaire, expliquer les phrases soulignées du **texte 3**.

5. Pourquoi les informations que donnent les courbes numérotées **1** et **2** du **document 4**, traduisent mal les contrastes de richesse au sein de chacun de ces deux ensembles géographiques.

2e Partie — **À l'aide des réponses aux questions, des informations contenues dans les documents et de vos connaissances, rédigez une réponse organisée au sujet posé.**

Étapes		Entraînement
1 **Partie 1** Réponse aux questions	• **Analyse des questions**	• Lisez attentivement toutes les questions.
	• **Travail sur les documents**	• Sélectionnez dans les documents les informations utiles au traitement des questions. ***Exemples :*** – **Question 1** : identifiez, sur chacun des **3 documents**, les caractères des grands ensembles géographiques du Sud ; dans chacun, y a-t-il un État ou un ensemble d'États ayant des caractères différents ? – **Question 2** : comparez les valeurs et l'évolution du PIB-ppa. – **Question 3** : pourquoi a-t-on surligné plusieurs expressions ? – **Question 4** : comment est présentée la situation de la Chine dans le **document 2** et dans le **document 3** ? Que concluez-vous ? – **Question 5** : tous les États d'Amérique latine ou d'Asie sont-ils comparables au plan de la puissance économique ?
	• **Réponse aux questions**	• Répondez aux questions après ce travail préalable.
2 **Partie 2** Rédaction de la réponse au sujet	• **Rédaction de la réponse**	• Rédigez la réponse au sujet en vous aidant du Chapitre 10.

Séries ES et L

Étude d'un ensemble documentaire

Sujet BAC n° 38

Le Brésil, quelles inégalités de développement ?

1. Les favelas* de Rio de Janeiro

2. Brésil : le Nord à la traîne ?

Le Brésil souffre depuis longtemps de profondes inégalités sociales.

Les 10 % des ménages les plus riches disposent d'un revenu 70 fois supérieur à celui des 10 % les plus pauvres. Au cours des dix dernières années, l'écart du taux d'analphabétisme s'est creusé entre les États les plus riches et les États les plus pauvres de ce pays. Et même si la pauvreté a amorcé un recul au début des années quatre-vingt-dix, ce mouvement n'a pas été uniforme. Dans l'ensemble, le Brésil ne réduit pas suffisamment sa pauvreté. Au rythme actuel, seul le Sud devrait parvenir à réduire la pauvreté de moitié d'ici 2015. Cependant, le Nordeste, région la plus pauvre du Brésil, a lui aussi comprimé spectaculairement son taux de pauvreté, tout comme le Centre et le Sud-Est.

Le Nord est la seule région où la pauvreté s'aggrave, passant de 36 % en 1990 à 44 % en 2001. Pourquoi tant de personnes sont-elles laissées-pour-compte alors que la croissance globale est satisfaisante ? Cette situation ne tient pas à un déficit de moyens, mais à la persistance de fortes inégalités. Le Nord voit non seulement son taux de pauvreté progresser, mais il est également en retard pour l'IDH, contrairement au Sud, urbanisé et prospère (São Paulo, Rio de Janeiro et Rio Grande do Sul) et au Nordeste, dont l'IDH se redresse nettement. Il faudrait donc que les régions qui en ont le plus besoin reçoivent davantage de moyens : le Nord, à cause des tendances négatives qui y sont observées, et le Nordeste, en raison de son niveau de développement humain toujours faible.

Pnud, Rapport 2003.

3. Carte Majeure : Un bien-être encore mal partagé

(Se reporter à la carte 2 p. 269.)

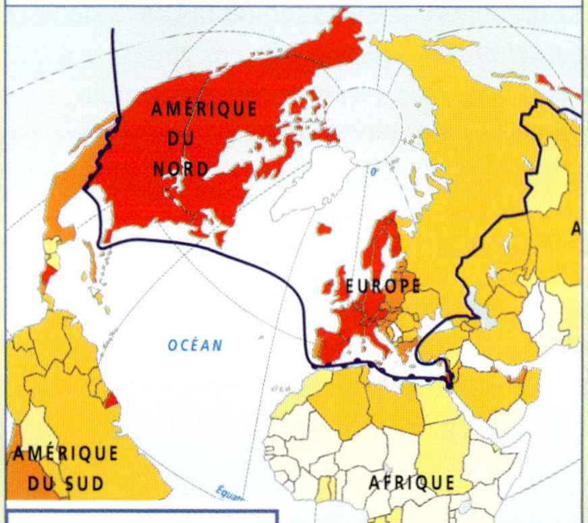

Extrait de la carte

1re Partie — **Analysez l'ensemble documentaire en répondant aux questions suivantes.**

1. Quelle est la place du Brésil dans l'ensemble des Pays en développement **(doc. 3)** ?
2. Décrivez les contrastes mis en évidence par la **carte 4** ? Dans votre réponse vous préciserez ce que mesure l'IDH*.
3. La **carte 5** permet-elle d'évaluer les contrastes de développement ? Pourquoi ?
4. Quelles inégalités traduit la **photographie 1** ?
5. À l'aide de l'**ensemble documentaire**, justifiez l'affirmation : « au Brésil, les inégalités de développement sont lisibles à différentes échelles ».

2e Partie — **À l'aide des réponses aux questions, des informations contenues dans les documents et de vos connaissances, rédigez une réponse organisée au sujet posé.**

4. IDH (2000)

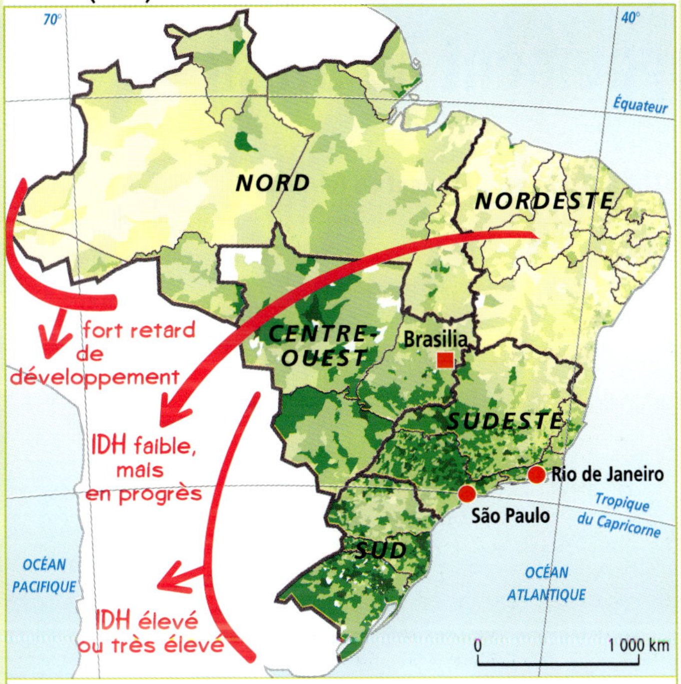

Source : H. Théry - 2003, d'après IPEA.

IDH (2000)

0,46 — 0,55 — 0,63 — 0,71 — 0,76 — 0,81 — 0,91

Sans information

Limites des États — Limites des Régions

5. PIB des États dans le PIB du Brésil (2000)

PART DES ÉTATS DANS LE PIB DU BRÉSIL

1 — 5 — 10 — 30 (en %)

Limites des États — Limites des Régions

Étapes		Entraînement
1 Partie 1 Réponse aux questions	**• Analyse des questions**	• Quelle(s) question(s) et quel(s) document(s) posent le problème des inégalités de développement du Brésil aux échelles : des pays du Sud ? des États et des régions ? des espaces urbains ?
	• Travail sur les documents	• Observez le travail effectué sur le **document 4**. – Quelles informations de quels **documents** a-t-on croisé pour le réaliser ? – Pour quelle(s) question(s) ce travail fournit-il des données utiles ? • Réalisez un travail similaire avec le **document 5**.
	• Réponses aux questions	• Répondez aux questions.
2 Partie 2 Rédaction de la réponse au sujet	**• Mobilisation des informations**	• Quelles connaissances sont utiles pour répondre au sujet ? (Utiliser les Cartes Majeures p. 276-277 et le Dossier p. 278-281.)
	• Organisation de la réponse	• À partir des informations tirées des documents et des connaissances quels thèmes pouvez-vous dégager ? (Utiliser le Dossier pages 278-281.) ***Conseil :*** *le sujet invite à évoquer les inégalités à différentes échelles. Partez d'une description à petite échelle (l'espace mondial) pour passer ensuite à des échelles plus grandes (région, État, ville...).*
	• Rédaction de la réponse	• Rédigez la réponse au sujet.

Sujet BAC n° 39

Les contrastes de développement au Brésil

Pour réussir le croquis

La réalisation du croquis de géographie exige une bonne connaissance des éléments fondamentaux de l'organisation du territoire étudié.

Pour bien mémoriser ces éléments et les spatialiser, vous pouvez les rassembler sur des schémas*.

En fonction du sujet, les informations fournies par les schémas vous aideront ensuite, pour réaliser le croquis de géographie.
Ils vous seront utiles aussi lors des révisions.

Schéma 1. Le peuplement du territoire

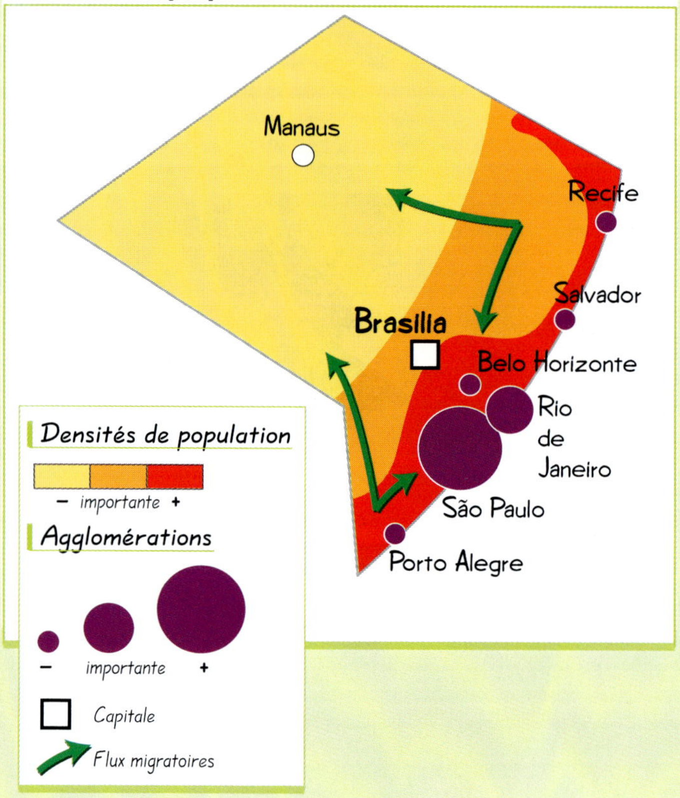

Schéma 2. Les contrastes de richesse

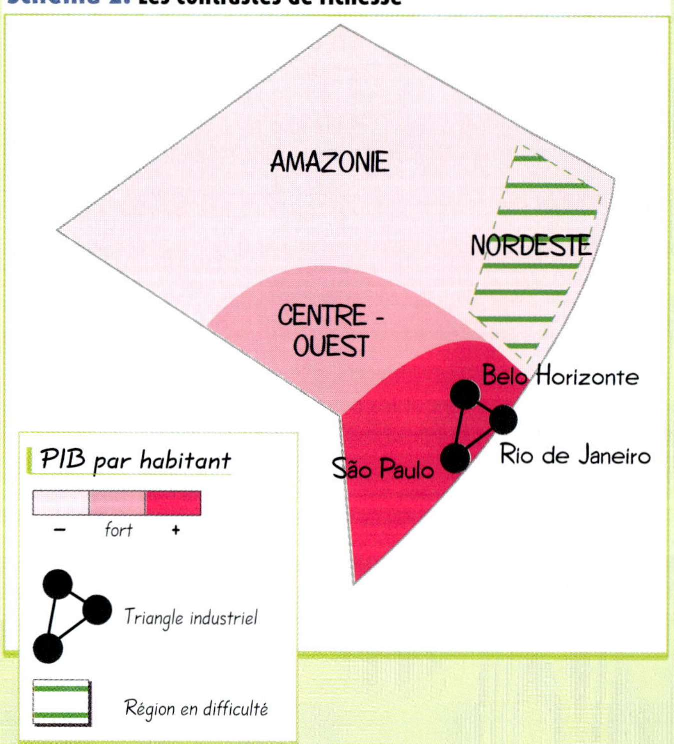

Schéma 3. L'organisation du territoire

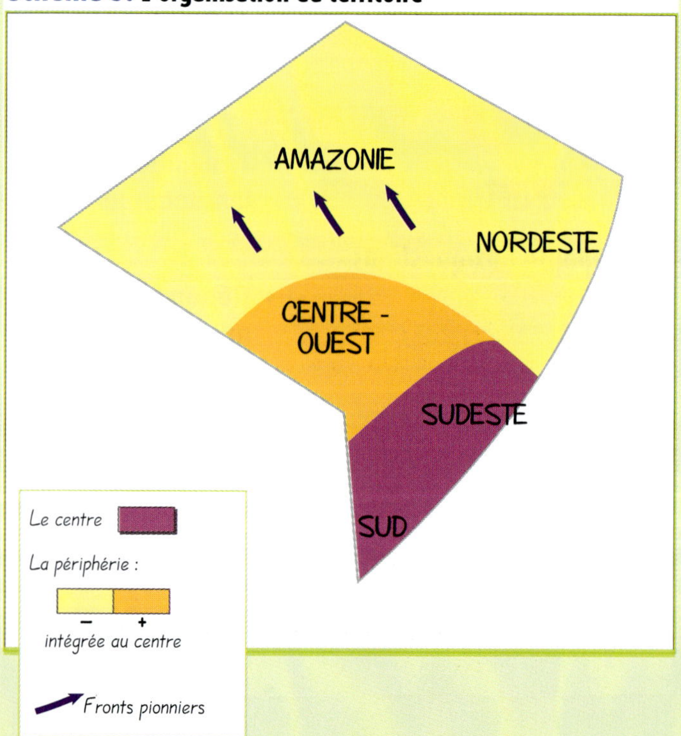

Croquis 4. **Le Brésil : un territoire inégalement développé**

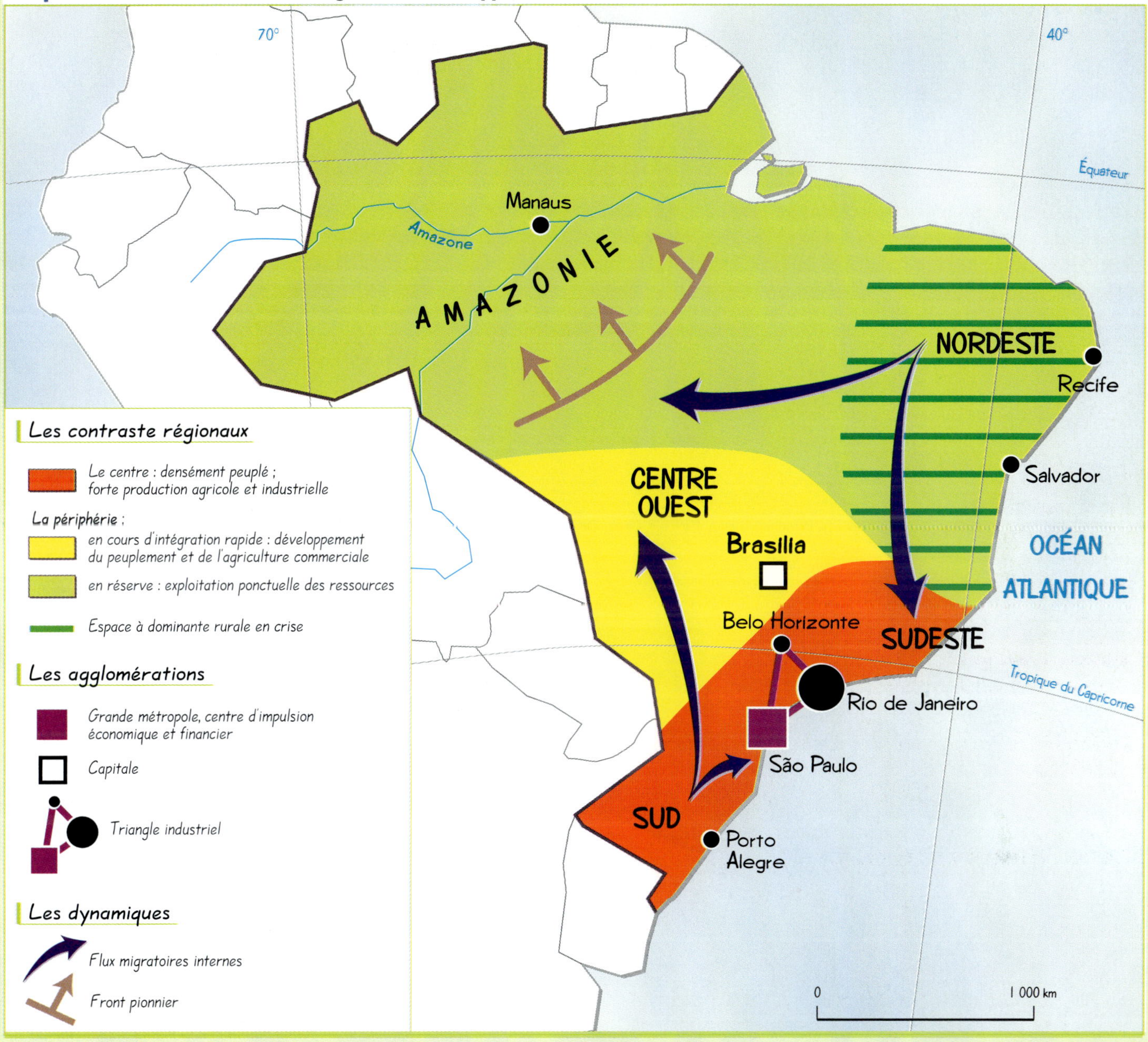

Entraînement

1. Quelles sont les informations représentées sur le **croquis 4** ?
Sont-elles identiques aux informations qui figurent sur les **schémas 1, 2** et **3** ?

2. Les informations qui concernent les flux migratoires sont-elles utiles pour traiter le sujet ?
En quoi révèlent-elles les contrastes économiques et sociaux du Brésil ?

3. Combien de rubriques comporte la **légende** ? Les sous-titres forment-ils une réponse à la question posée par le sujet ?

4. Quelle nomenclature doit figurer sur le **croquis** ?

5. Donnez un autre titre possible au **croquis**.

L'espace méditerranéen

La Méditerranée, carrefour des civilisations

Le site de Taormine au Nord de Catane (Sicile), peut être vu comme un résumé de l'identité méditerranéenne : un littoral peuplé qui porte la trace des héritages des civilisations de la Méditerranée antique.

Port d'Arzew (Algérie), un développement fondé sur l'industrie lourde

L'exploitation des hydrocarbures, ici la raffinerie d'Arzew à l'Est d'Oran, est une des ressources principales pour assurer le développement des pays du Sud de la Méditerranée.

CHAPITRE 11

Une interface Nord/Sud : l'espace méditerranéen

PROBLÉMATIQUES

CARTES MAJEURES

LEÇONS

DOSSIERS

SUJETS BAC

Un espace d'accueil pour les touristes du Nord : la station de Djerba

Située en Tunisie, la station de Djerba est le symbole même des aménagements suscités par les flux touristiques qui traversent, du Nord vers le Sud, l'espace méditerranéen.

L'espace méditerranéen, fracture ou contact entre le Nord et le Sud ?

• ***L'espace méditerranéen correspond à l'ensemble des États baignés par la mer Méditerranée.*** *Du détroit de Gibraltar à celui du Bosphore, s'étendent des territoires qui ont de nombreux caractères en commun* (Cartes page 300) *et ont vu éclore des aires de civilisation brillantes. De la plus haute Antiquité jusqu'à la période coloniale, la Méditerranée a été un lieu de brassage culturel et d'échanges commerciaux. Mais l'espace méditerranéen est resté largement à l'écart des grandes transformations économiques qu'a connu l'Europe au XIXe siècle (Leçon p.306).*

• ***Sur la rive Nord de la Méditerranée, les États qui ont rejoint l'UE ont vu leur croissance et leur développement s'accélérer rapidement.*** *Demeurés agricoles, les pays du Sud et de l'Est de la Méditerranée (PSEM) n'ont pu compter que sur la présence de ressources en hydrocarbures pour diversifier leur économie. Si l'on excepte l'État d'Israël, ils appartiennent aux pays du Sud en développement.*

• ***La Méditerranée est ainsi à la fois une ligne de contact et d'échanges.*** *C'est une interface* dans la mesure où elle met en relation des ensembles géographiques distincts tant par leur richesse que par leur développement* (Cartes page 302).

La Convention France-Maghreb 2004

Migrer vers le Nord
Les flux migratoires entre la rive Sud et la rive Nord sont la traduction des contrastes de développement (dessin de J. Ballesta, Madrid – 2003).

1. La Méditerranée, une ligne de fracture mondiale ?

➡ **La limite Nord/Sud, qui court autour du planisphère, passe par la Méditerranée.** Comportements démographiques, niveaux de richesse, IDH*, tous les critères habituellement utilisés, opposent une rive appartenant aux pays développés du Nord et une rive composée de pays en développement *(Cartes pages 302 à 305 et Leçon page 308).*

➡ **La situation de tous les pays méditerranéens n'est pas identique.** Certains doivent vaincre le handicap d'une population nombreuse en forte croissance. D'autres peuvent compter sur la manne pétrolière. Des crises passées ou actuelles hypothèquent lourdement le développement dans les Balkans ou en Palestine.

2. La Méditerranée, espace d'échanges ?

➡ **Les échanges ont toujours animé l'espace méditerranéen.** Les nombreuses villes portuaires qui ponctuent le littoral méditerranéen en témoignent. Aujourd'hui, les forts contrastes démographiques et économiques dynamisent les flux entre les rives de la Méditerranée : flux de population à la recherche d'emplois, déplacements de touristes, mais aussi exportations de produits énergétiques ou agricoles *(Leçon page 310)*.

➡ **La place des PSEM dans l'économie mondialisée est encore mineure.** Leurs échanges sont très déséquilibrés : leurs importations ne couvrent pas leurs exportations. Ils sont dépendants de l'Europe.

Le retour au pays
Embarquement à Marseille sur les bateaux en partance pour le Maghreb. Une part notable des échanges Nord/Sud s'effectue de manière informelle lors du retour des immigrés vers leur pays d'origine.

3. L'interface méditerranéenne, un atout pour des pays en quête de développement ?

➡ Pour les PSEM, la proximité d'un des pôles de la Triade leur offre la possibilité de combler une partie de leur retard de développement. **Lieu de multiples interrelations, l'interface méditerranéenne,** à l'image de ce qui se passe entre les États-Unis et le Mexique, **peut avoir des effets sur la croissance et le développement**.

➡ L'agriculture commerciale, le tourisme ou l'industrie enregistrent des **progrès**. Des liens économiques, culturels, associent un peu plus les PSEM à l'Europe riche. Mais **les résultats sont très inégaux** *(Leçon page 312)*. **Activer le fonctionnement de l'interface** méditerranéenne, tel est le défi que les États doivent relever.

Le tourisme, facteur de développement
Publicité pour le tourisme au Maroc.

L'espace méditerranéen, quelle originalité du milieu ?

1. Un liseré de plaines bordé de montagnes

Questions

- Quels sont les caractères des reliefs des pays bordiers de la Méditerranée **(carte 1)** ?
- Où s'étend le domaine climatique méditerranéen **(carte 2)** ? Quelle est sa caractéristique majeure **(carte 3)** ?
- Le milieu naturel est-il identique au Nord et au Sud de la Méditerranée **(cartes 1, 2, 3 et 4)** ?

2. Un climat bien délimité

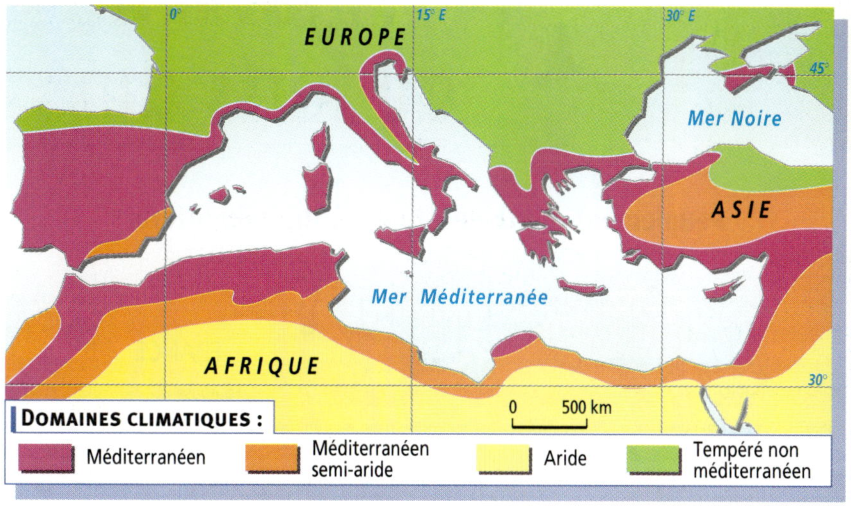

3. Un milieu marqué par la sécheresse

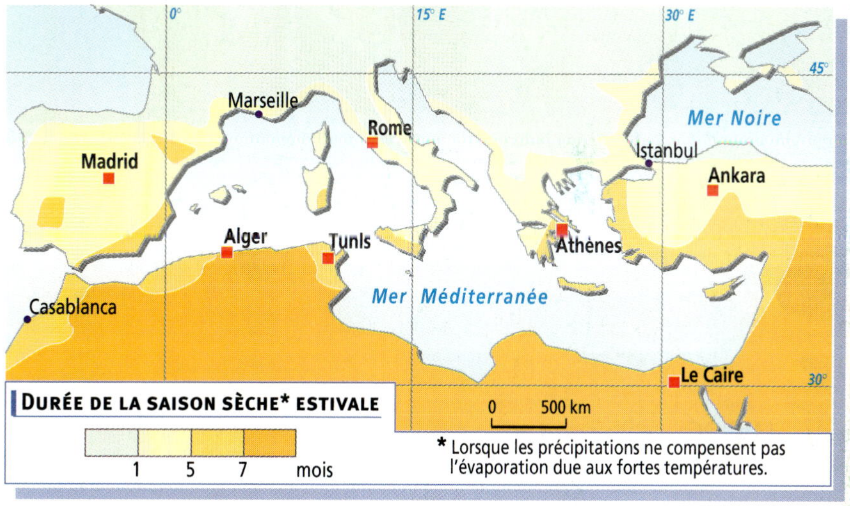

4. L'olivier, une limite de l'espace méditerranéen ?

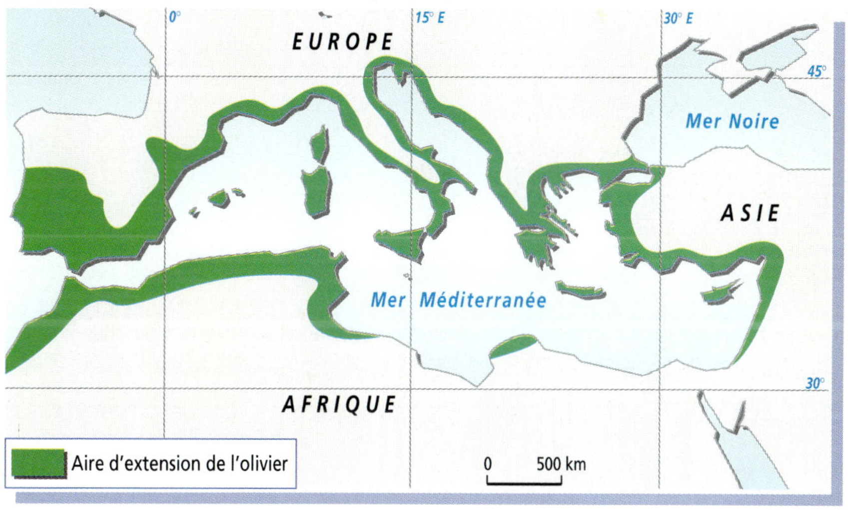

Cartes Majeures

Peuplement et démographie : de forts contrastes

1. Peuplement et urbanisation : l'attrait du littoral

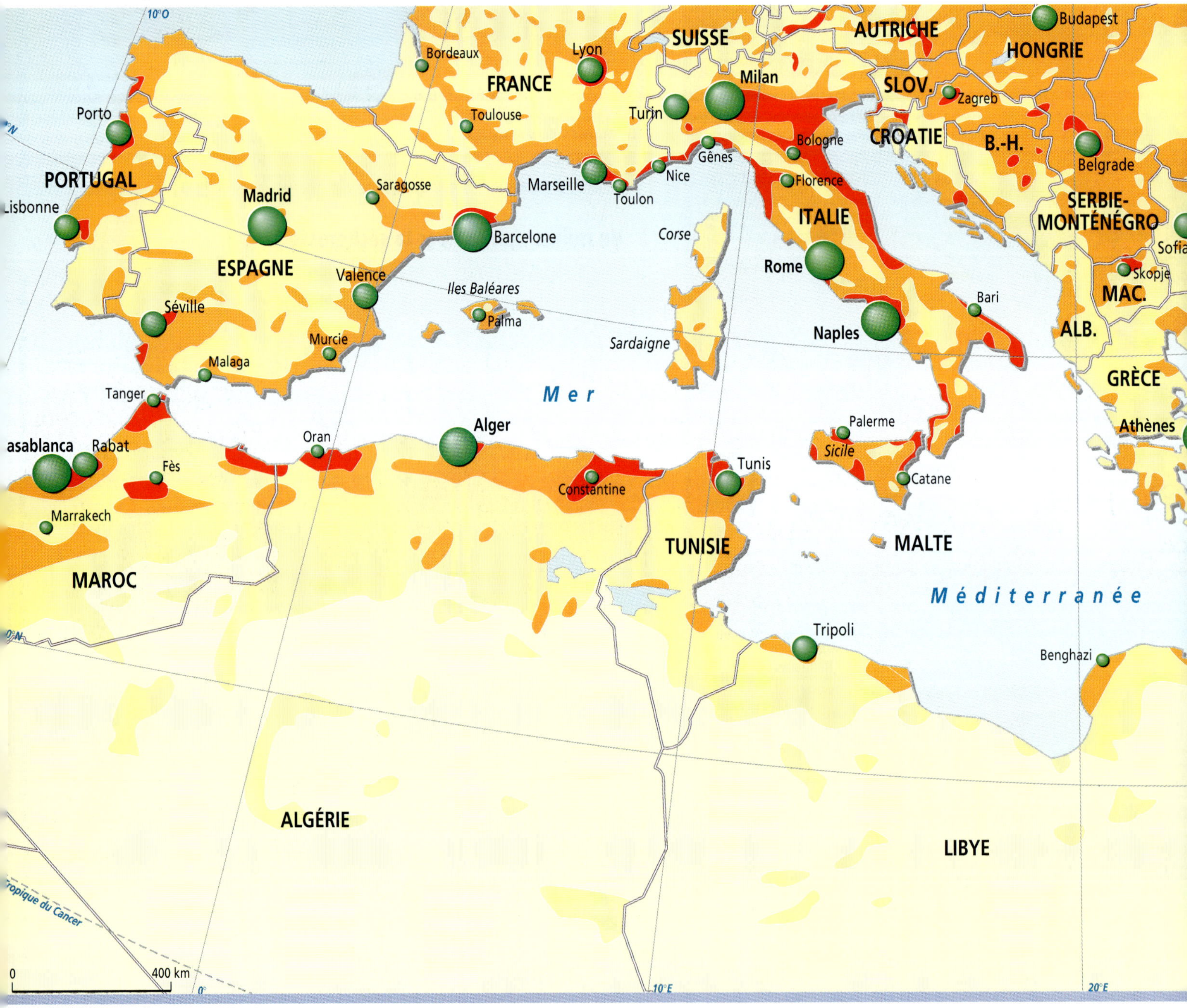

Questions

- Décrivez la répartition spatiale de la population **(carte 1)**. Quelles sont les plus grandes agglomérations ? Où sont-elles situées ?
- Comparez les taux d'urbanisation **(carte 2)**. Que concluez-vous ?
- Dans quels pays la croissance de la population est-elle très soutenue **(carte 3)** ?
- Analysez les flux migratoires **(carte 4)**. La **carte 3** permet-elle d'expliquer en partie ces flux migratoires ?

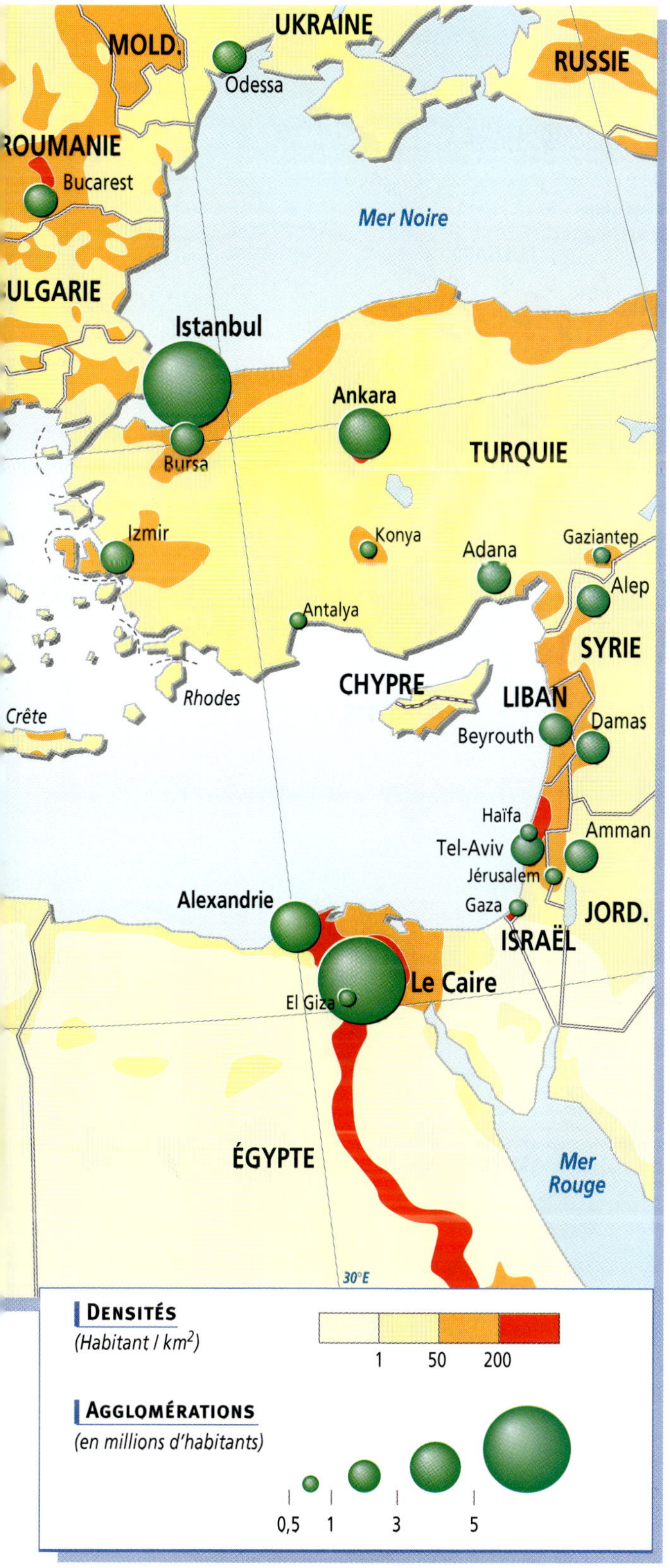

2. Une urbanisation contrastée

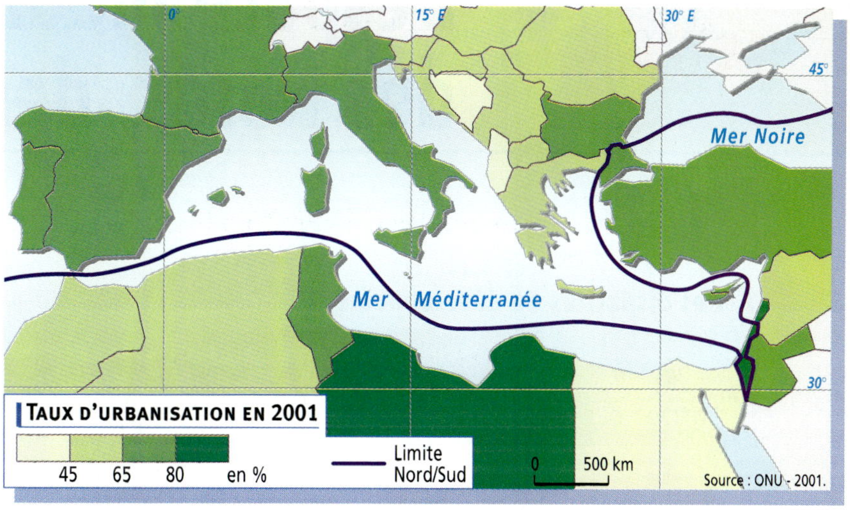

3. Un dynamisme démographique très inégal

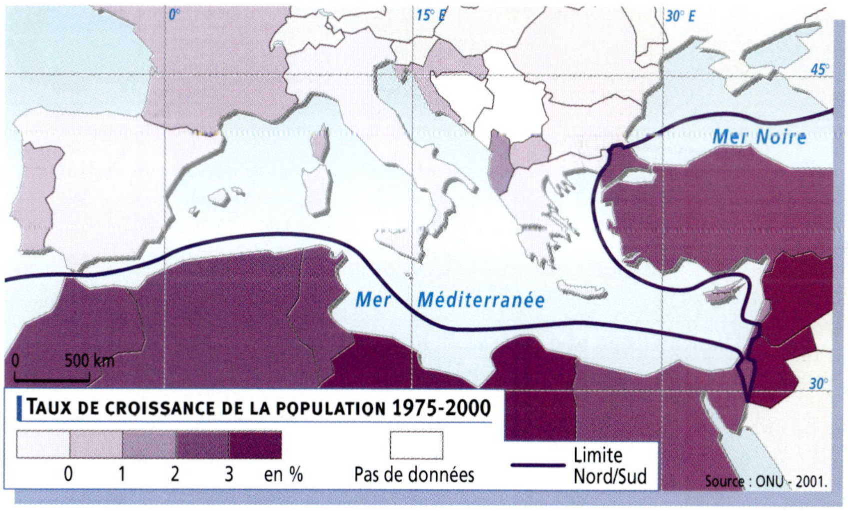

4. La Méditerranée : un espace de migrations

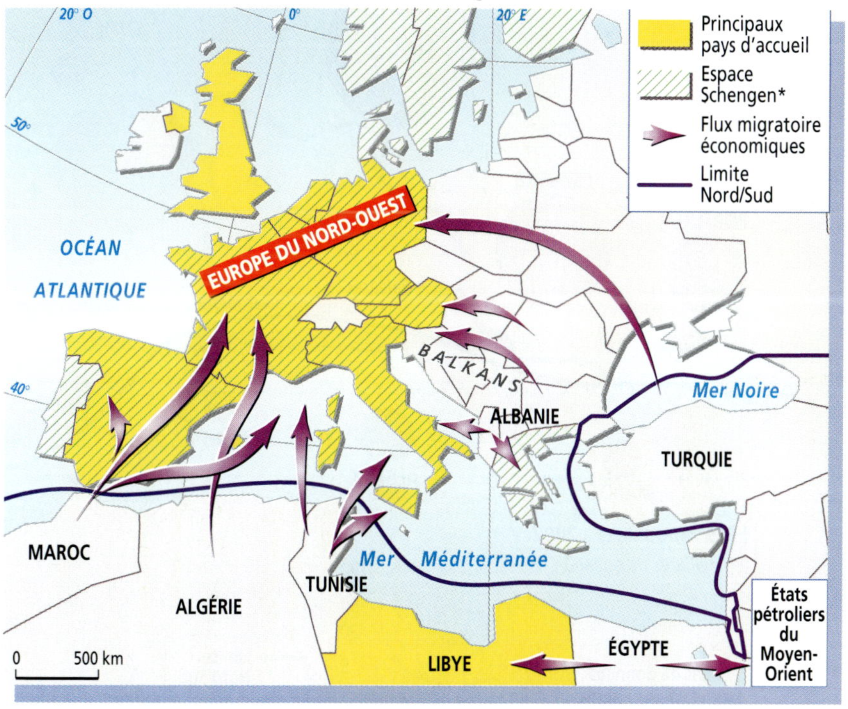

L'espace méditerranéen : des Nords, des Suds ?

1. Des disparités de développement

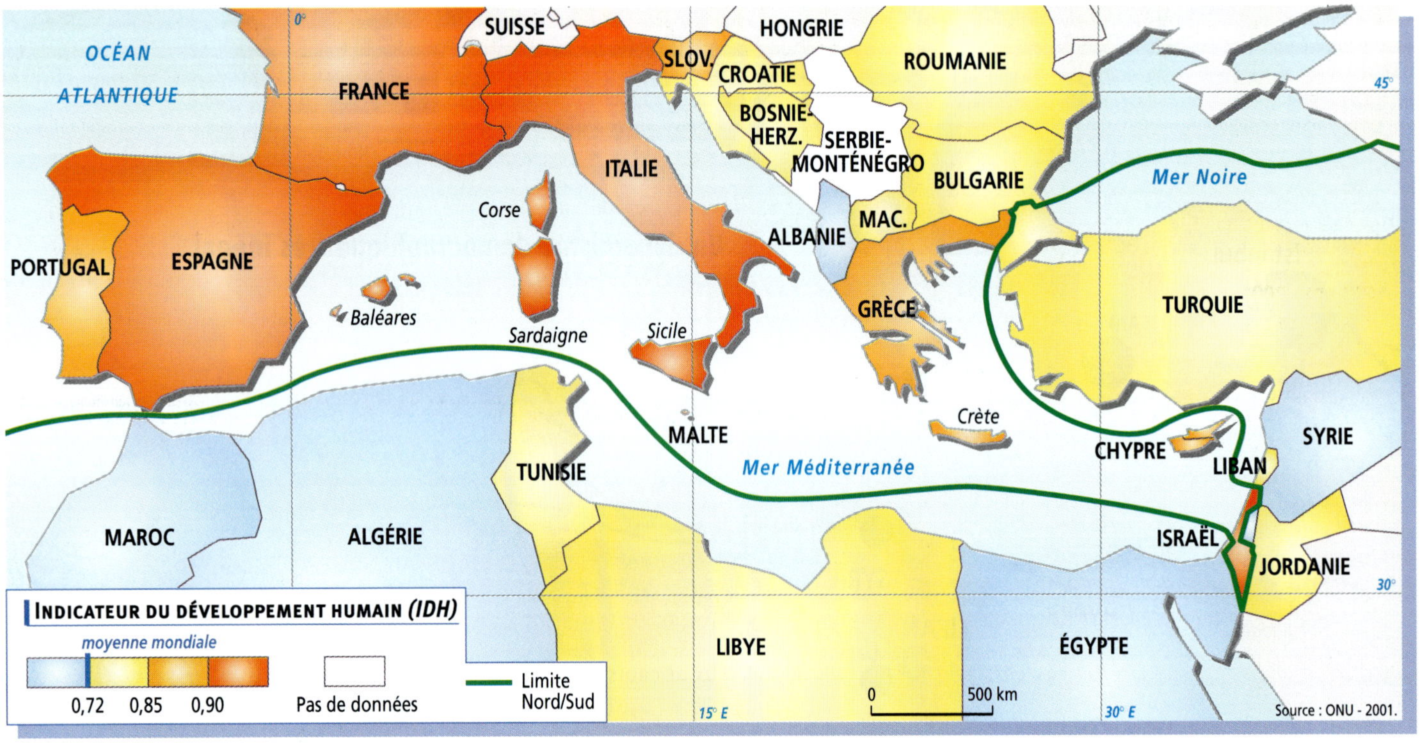

2. Une industrialisation inégale

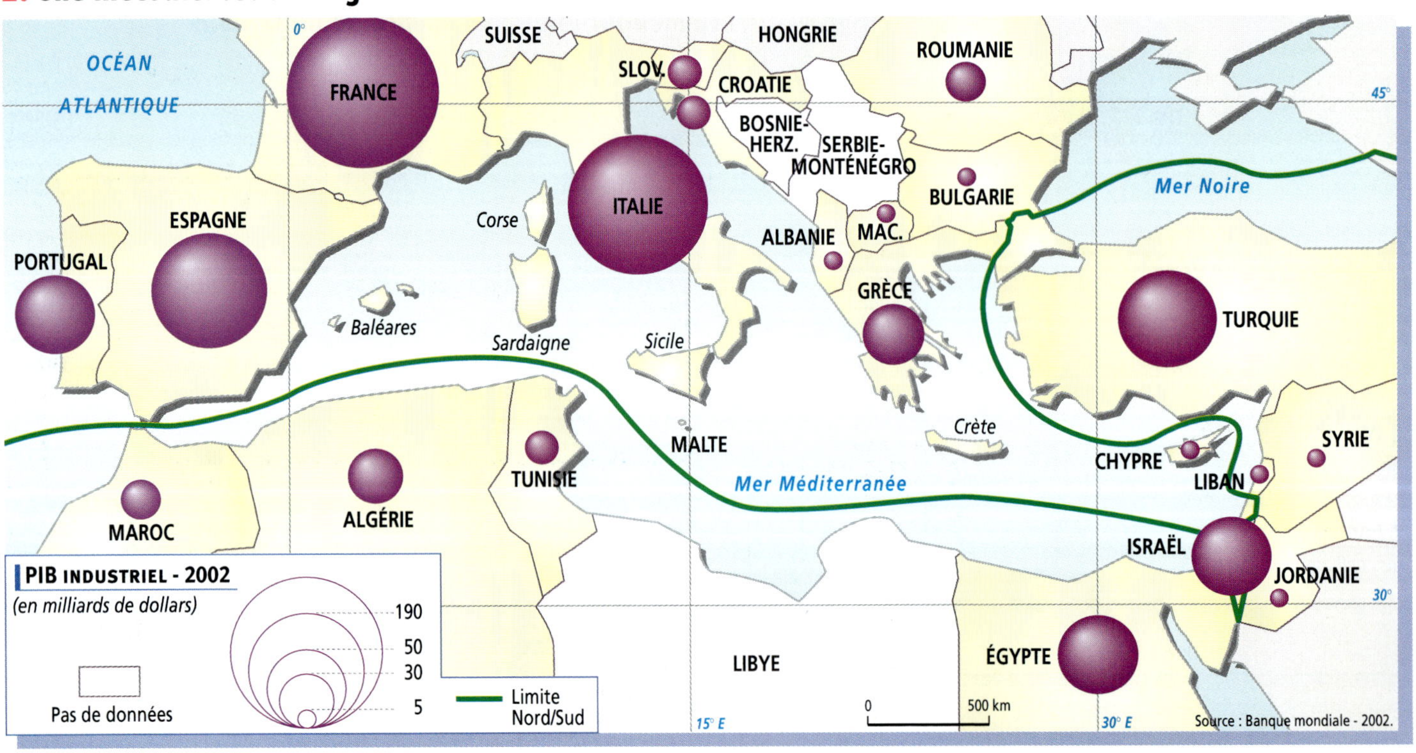

3. Les différences de richesse

3a. PIB ppa* par habitant

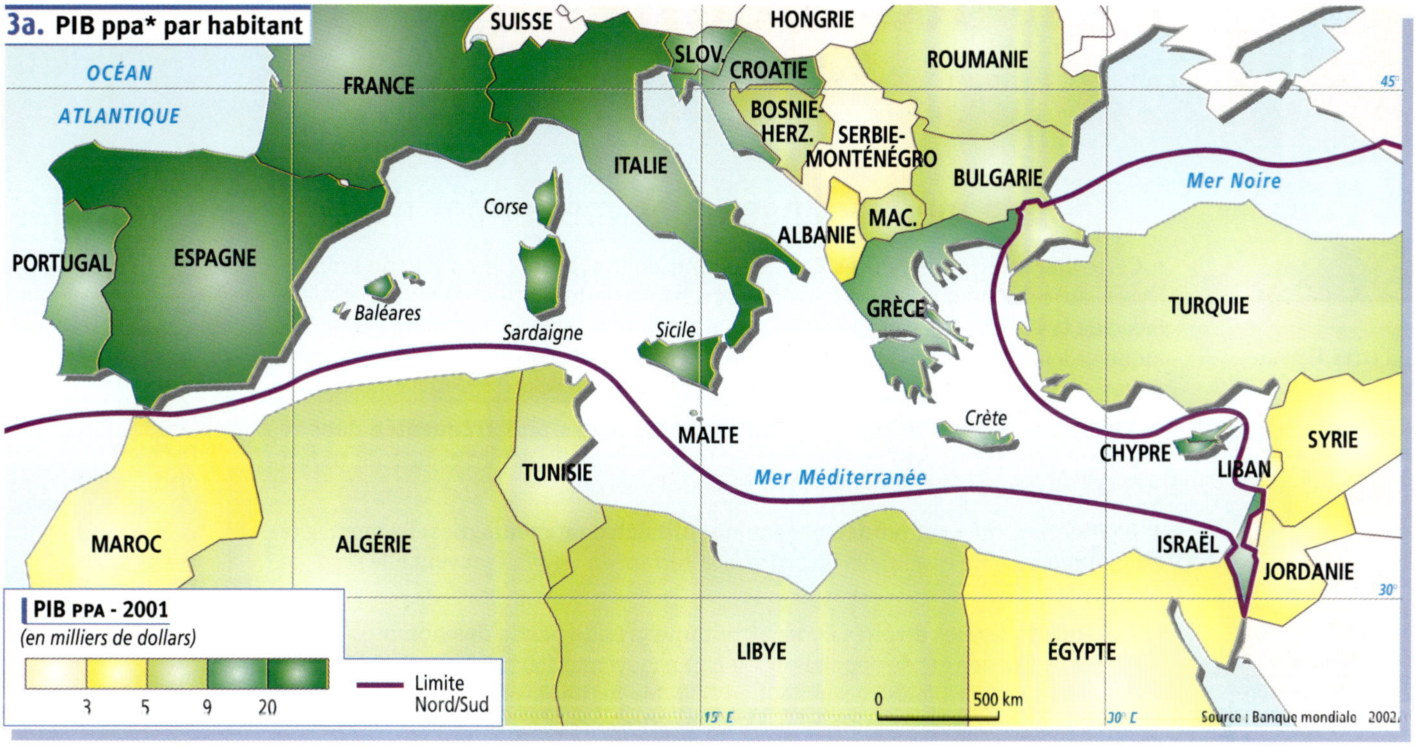

3b. PIB ppa total

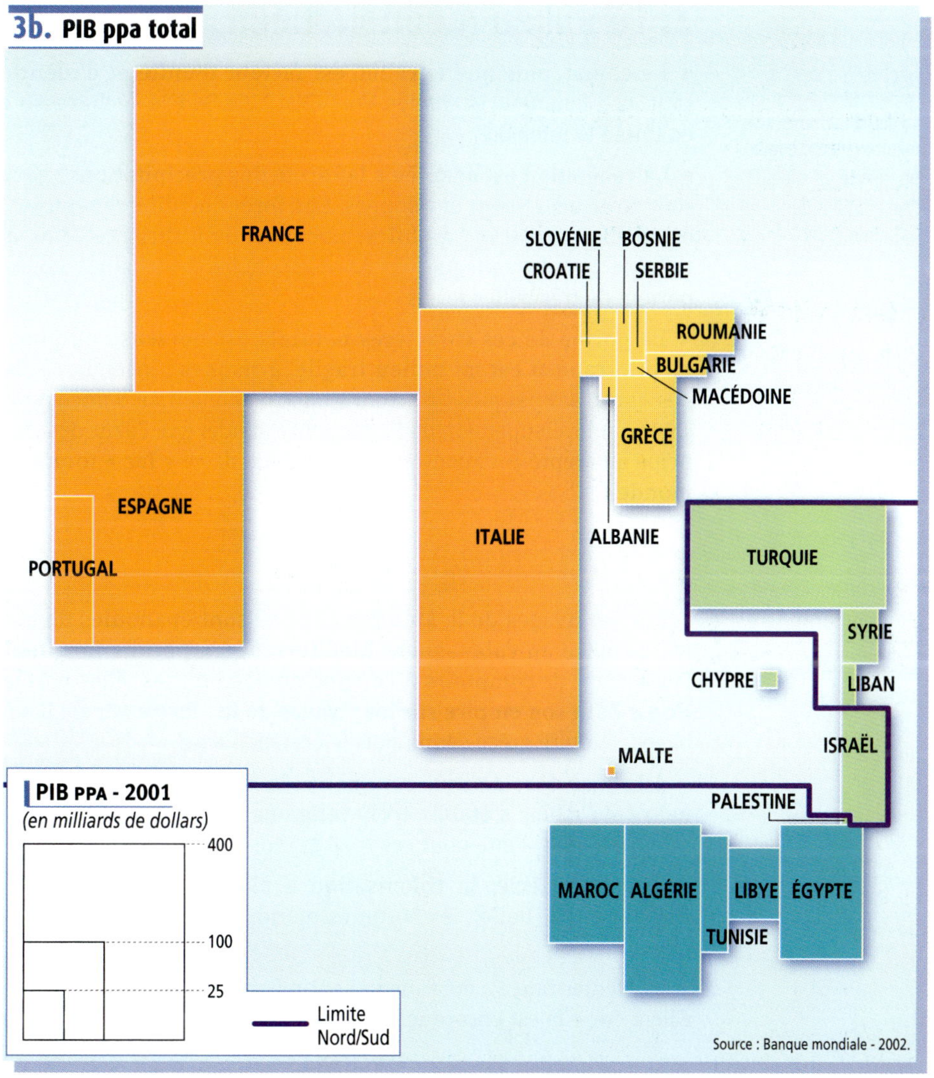

Questions

- Analysez la **carte 1**. Classez les pays par grands ensembles en fonction de leur IDH*.
- Pour quels pays l'industrie est-elle une source importante de richesse **(carte 2)** ?
- Comparez les **cartes 3a** et **3b**. Regroupez les pays en fonction de leur niveau de richesse.
- Quelles sont les disparités de richesse et de développement entre les rives Nord, Sud et Est de la Méditerranée **(cartes 1, 2 et 3)** ?
- Justifiez le titre « des Nords, des Suds ».

1 L'espace méditerranéen, une identité commune

1. L'espace méditerranéen, une mer et des rivages

• **Cette mer intérieure de près de 2,5 millions de km² est la plus vaste du monde.** Étirée sur 4000 km d'Ouest en Est, elle est relativement étroite : 140 km séparent la Sicile de la Tunisie. Les trois péninsules montagneuses – ibérique, italienne et balkanique et leurs dépendances insulaires – divisent la Méditerranée en bassins secondaires.

• **Mer presque fermée, la Méditerranée est l'une des plus fréquentée dans le monde.** Par le canal de Suez et le détroit de Gibraltar, elle est un espace de transit entre l'océan Indien et l'Atlantique.

• **La Méditerranée est bordée par un amphithéâtre de montagnes.** La montagne est une composante essentielle du cadre méditerranéen ; le plus souvent elle serre de près la côte.

Les plaines littorales étroites concentrent une grande partie des hommes et des activités (1). La densité de population atteint en moyenne 100 habitants/km². Depuis deux siècles au Nord, plus récemment au Sud, **les arrières-pays**, surtout lorsqu'ils sont montagneux, **se sont vidés au profit des littoraux. Le tourisme,** majoritairement balnéaire, accentue cette tendance.

Cartes Majeures
L'espace méditerranéen, quelle originalité du milieu ? *(pages 300-301)*

Cartes Majeures
Peuplement et démographie : de forts contrastes *(pages 302-303)*

2. Le milieu méditerranéen, de fortes contraintes

• **Le climat, plus que le relief, est facteur d'unité et d'identité.** Partout, les étés sont secs, lumineux et chauds. Vers l'Est et le Sud, la **sécheresse estivale** s'accentue en durée et intensité.

• **La végétation est adaptée à la rareté des précipitations : garrigues* et maquis*** sont particulièrement développés. **Les forêts méditerranéennes**, dominées par des essences arbustives **xérophiles**, manquent de luxuriance. Mais, à la faveur de l'altitude, certaines montagnes méditerranéennes (les chaînes libanaises par exemple) portent de très belles forêts.

• **La portée de ces caractères naturels est immense au plan humain. L'espace méditerranéen est un milieu fragile, à risques :** incendies, séismes, crues soudaines et catastrophiques... Partout s'impose la maîtrise d'une eau rare mais indispensable au développement de l'agriculture, tandis que l'azur des cieux et des flots, participe aux représentations et à l'attractivité de ce **« lac » touristique, le premier du monde.**

Cartes Majeures
L'espace méditerranéen, quelle originalité du milieu ? *(pages 300-301)*

3. Une mer civilisatrice ?

• **Sur les rivages de la Méditerranée se sont épanouies de grandes civilisations** (3). **Propice au cabotage, la Méditerranée a permis la colonisation grecque** et l'essaimage de **comptoirs** à l'origine de nombreuses villes portuaires (2). **Plus tard Rome bâtit son empire sur les rivages de la *Mare nostrum*.** La romanisation a propagé la culture gréco-latine puis le christianisme.

• **À la charnière de trois continents, la Méditerranée a encore vu,** sinon toujours naître, du moins **s'établir trois religions** : **Judaïsme, Christianisme, Islam**. Jérusalem est ville sainte pour ces trois grands **monothéismes***.

• **Au XIXe siècle, la colonisation** a placé sous la tutelle de l'Europe (France, Royaume-Uni, Italie), les bordures méridionales et orientales du bassin méditerranéen.

• La Méditerranée a été et demeure un lieu de **contact et d'échanges, une interface**. Elle a été, elle est encore un lieu **d'affrontements et de contrastes**.

Photographie
La Méditerranée, carrefour des civilisations *(page 294)*

Mots-clés

Cabotage : navigation le long des côtes.

Comptoir : établissement commercial portuaire, créé en territoire étranger pour faciliter les échanges.

Interface : zone de contact entre deux ensembles géographiques différents par l'importance du peuplement, le niveau de développement... L'interface peut être un lieu de conflit ou d'enrichissement mutuel par des échanges de toutes natures.

Mare nostrum : dans l'antiquité, espace méditerranéen où s'étendaient la domination et la civilisation romaine.

Xérophile : végétation adaptée au manque d'eau.

* voir Lexique

1. Un rivage méditerranéen au Liban
Sur tout le pourtour de la Méditerranée, les plaines concentrent les hommes et les activités.

2. La Méditerranée, une interface ancienne

Le morcellement des côtes et les nombreuses îles font qu'en Méditerranée on n'est jamais éloigné de plus de 350 km du rivage et, qu'en cas de nécessité, les marins trouvent souvent des havres naturels où s'abriter. [...]
Sous l'Empire romain, l'instauration de la *Pax romana* et la fondation de nombreuses colonies ont favorisé d'intenses échanges sur la *Mare nostrum*. L'huile, le blé, le vin, le bois de cèdre, venus de Bétique, de Numidie, de Phénicie ou d'autres provinces de l'Empire, faisaient partie de la longue liste des produits qui circulaient entre les ports méditerranéens.
Grâce aux échanges commerciaux, les contours de la Méditerranée ont très tôt été connus et décrits par les géographes de l'Antiquité.
Héritages aussi de cette époque lointaine, les grands ports de Méditerranée, anciens comptoirs pour la plupart, se sont développés au fil des siècles pour devenir des nœuds de communication.

V. Clément, *La Méditerranée*, Hachette-Supérieur – 2002.

3. La Méditerranée, carrefour de civilisations
Hier comme aujourd'hui, la Méditerranée est un lieu de contact entre les hommes et les cultures.

2 La Méditerranée, une frontière ?

1. Des dynamiques démographiques divergentes

Cartes Majeures
Peuplement et démographie : de forts contrastes (pages 302-303)

• **L'espace méditerranéen présente d'importants contrastes démographiques. L'accroissement naturel*** oppose les États de la rive nord, aux pays du Sud et de l'Est méditerranéen (PSEM). Les PSEM ont des taux annuels de **croissance supérieurs à 2 %**, contrastant avec **l'atonie démographique** des sociétés nord-méditerranéennes.

• **Sur la rive sud, de Gibraltar au Bosphore, la fécondité* est encore élevée.** Le nombre d'enfants par femme est supérieur à 2,5, voire plus (3,5 en Égypte, 3,7 en Libye) alors qu'il atteint à peine 1,2 en Italie, en Espagne ou en Grèce. La France est une exception avec un taux de 1,9 enfant par femme.

• **Dans les PSEM, le poids démographique va encore croître dans le futur**, même si la natalité et la fécondité affichent une tendance à la baisse (6). Ainsi la **Turquie**, avec un taux de fécondité qui a diminué de moitié en 40 ans (2,5 enfants par femme en 2003), gagne chaque année un million d'habitants.

• **Le nombre de jeunes pose de graves problèmes aux États** (plus de 30 % de moins de 15 ans au Maghreb : **emploi, scolarisation, logement...** (4).

2. Un poids économique très inégal

Cartes Majeures
L'espace méditerranéen : des Nords, des Suds ? (pages 304-305)

• **La richesse, mesurée selon le PIB/habitant, révèle le fossé qui sépare les pays du bassin méditerranéen.** Les États du Nord-Ouest (PIB/habitant supérieur à 20 000 dollars) font figure de pays très riches. Dans les PSEM, les valeurs sont inférieures de moitié.

• **Mais ce constat doit être nuancé. Au Nord,** en dehors de la Grèce, de la Slovénie et de la Croatie, le PIB/habitant demeure faible dans toute la péninsule des Balkans. Au Sud, Israël apparaît comme une enclave riche au sein d'États nettement plus pauvres, voire très pauvres comme les Territoires palestiniens. De leur côté, l'Algérie et la Libye bénéficient de la **rente des hydrocarbures** (5).

Dossier
L'agriculture, un atout pour le développement du Maroc ? (pages 316-318)

• **Ces disparités traduisent l'inégale insertion dans la mondialisation économique. L'Espagne, la France, l'Italie** et, à un moindre titre, **la Grèce** ont adapté leurs économies à la demande du marché européen et mondial. **Dans les PSEM**, si le Maroc ou la Tunisie sont parfois regardés comme de nouveaux pays industriels, ce n'est que pour la Turquie, aux portes de l'UE, que l'on peut parler de relative **puissance industrielle**. Au Sud, hormis Israël, l'**agriculture intensive commerciale** est plus ponctuelle : littoral atlantique du Maroc, région de Sfax et de Sousse en Tunisie...

3. De profondes disparités de développement

Cartes Majeures
L'espace méditerranéen : des Nords, des Suds ? (pages 304-305)

• **Les cartes révèlent l'ampleur des contrastes de développement** entre les différentes rives de la Méditerranée. Des écarts importants, mesurés à partir d'indicateurs qui peuvent aller de l'**IDH*** jusqu'au taux d'équipement en téléphone portable, s'inscrivent dans des **espaces géographiquement très proches**.

• **La fracture est à la fois Nord-Sud et Ouest-Est :**
– **au Nord-Ouest** de l'espace méditerranéen, un petit nombre de pays fait partie des pays développés à très haut niveau de vie : Espagne, France, Italie, Grèce ;
– **à l'Est** du bassin, il faut associer à cet ensemble l'État d'Israël et certaines îles (Malte, Chypre) ;
– **au Sud**, du Maghreb à la Turquie, l'IDH plus faible (entre 0,6 et 0,8) rappelle que les progrès économiques sont gommés par la croissance démographique ;
– **sur la rive européenne, les États balkaniques**, présentent des situations assez tranchées.

Mots-clés

Agriculture intensive commerciale : correspond, dans les pays méditerranéens, à l'agriculture irriguée productrice de fruits ou de légumes destinés aux marchés nord-européens.

États balkaniques : en dehors de la Grèce et de l'Albanie, ces États (Bosnie-Herzégovine, Croatie, Macédoine, Serbie, Slovénie) sont issus de l'éclatement de la Yougoslavie.

* voir Lexique

4. Habitat précaire au Maghreb

Ce type d'habitat, ici à Casablanca dans le quartier de El Hank Shanty, est révélateur de la vitalité démographique et des retards de développement.

5. L'industrie, des signes de faiblesse

L'expansion coloniale a été le principal facteur de l'industrialisation pour des villes comme Marseille.

En Algérie, avant et après l'indépendance, les tentatives pour créer des industries d'équipement (hauts fourneaux et aciéries à Bône, complexe chimique à Arzew) procèdent d'une autre logique : faire débuter l'industrialisation par les industries lourdes en suivant le modèle soviétique et exporter les hydrocarbures du Sahara. La faillite de ce modèle de développement a surtout été le fait de l'Algérie, mais on retrouve encore aujourd'hui, surtout dans les pays du Sud de la Méditerranée, ces industries à faible valeur ajoutée, inadaptées à la nouvelle géographie industrielle.

Les hydrocarbures procurent des richesses en terme de PNB à certains États (Libye, Algérie), mais ne résolvent pas le problème global du sous-développement. La mondialisation a entraîné une aggravation des écarts entre les pays européens et les PSEM.

J.-P. Paulet, *La Méditerranée*, Sedes – 2001.

6. Perspectives démographiques : le poids du Sud et de l'Est

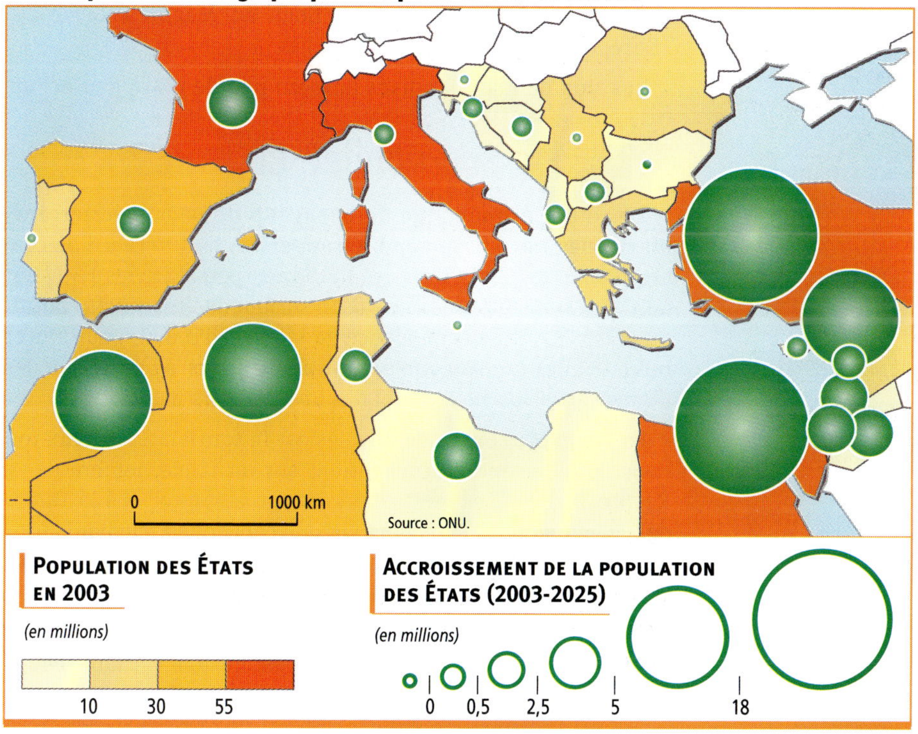

3 L'interface méditerranéenne : trait d'union Nord/Sud ?

1. Des flux migratoires Sud/Nord

• **Au cours du XXe siècle, la croissance économique et la mise en place de politiques d'immigration dans les pays européens ont été à l'origine d'importantes migrations de travail** : Maghrébins en France, Turcs en Allemagne, mais aussi populations issues des régions déshéritées du Portugal, d'Espagne, d'Italie. Les familles restées au pays ont bénéficié des **remises des émigrants** (8).

• **Depuis les années 1980, les zones de départ** concernent surtout les pays du Sud et de l'Est de la Méditerranée, tandis que les **zones d'accueil** s'élargissent à toute l'Europe occidentale. À l'Est du bassin, les pays pétroliers peu peuplés (Libye, Arabie…) attirent les travailleurs égyptiens, syriens ou jordaniens.

• **La Méditerranée joue aussi le rôle d'espace de transit pour les migrants clandestins** d'Afrique noire qui, via le Maghreb, tentent de gagner l'Europe en franchissant les frontières de l'**Espace Schengen**. Les nombreux conflits, politiques ou ethniques, ont alimenté les demandes de **statut de réfugié**.

2. D'importants flux de marchandises, mais un échange inégal

• **Les échanges au sein de l'espace méditerranéen reflètent l'inégale puissance économique des États** (7). Cela se traduit dans :
– **le volume des échanges :** les pays rattachés à l'UE exportent six fois plus que l'ensemble des autres pays du bassin ;
– **la nature des produits échangés :** les **biens peu élaborés** (hydrocarbures, minerais, produits agricoles) occupent une place notable dans les exportations des PED méditerranéens en direction du Nord. Pour l'Algérie et la Libye, les hydrocarbures représentent plus de 90 % des exportations (7). Les **produits manufacturés** en provenance d'Europe dominent dans les importations ;
– **la forte polarisation géographique des flux de marchandises** en provenance ou à destination des PED méditerranéens. Les PSEM, à l'exception d'Israël, échangent surtout avec l'UE. Chacun des États du Maghreb, Libye comprise, réalise avec l'Europe plus de 60 % de ses échanges.

• **Les flux de marchandises laissent peu de place aux échanges Sud/Sud.**

3. La rive Sud oubliée du Nord ?

• **Le retard économique de beaucoup de pays méditerranéens est lié à la faiblesse des investissements étrangers.** À la différence de ce qui se passe entre le Mexique et les États-Unis, les PSEM ont peu attiré les FMN européennes. Les capitaux s'en sont détournés en raison surtout de l'**insécurité politique**. Peu de pays ont pu jouer l'atout de l'abondance de la main-d'œuvre pour attirer les **délocalisations industrielles** (9). **Aucune bourse des valeurs**, à l'exception des places d'Istanbul et d'Ankara, ne suscite l'intérêt des investisseurs mondiaux.

• **La véritable source de devises est le tourisme.** Les **flux touristiques**, en provenance de l'Europe, se concentrent sur un faible nombre de pays : Maroc, Tunisie, Égypte, Turquie. Les recettes permettent au Maroc et à la Tunisie de compenser leur déficit commercial. Mais me tourisme contribue à **l'urbanisation littorale** et dispute à **l'activité agricole les bons sols et l'eau**. Pour être porteur de **développement durable***, le tourisme exige d'être sagement géré.

• La **conférence de Barcelone** (1995) a inauguré une série d'accords de libre-échanges entre l'UE et les PSEM, visant à établir une véritable **coopération trans-méditerranéenne**.

Sujet Bac n° 40
L'espace méditerranéen, une interface Nord/Sud ? *(pages 320-321)*

Cartes Majeures
Peuplement et démographie : de forts contrastes *(pages 302-303)*

Sujet Bac n° 41
Le tourisme, un atout pour les pays du Sud de l'espace méditerranéen ? *(pages 322-323)*

Photographie
Un espace d'accueil pour les touristes du Nord : la station de Djerba *(pages 296-297)*

Dossier
L'Union européenne, l'enjeu méditerranéen *(pages 314-315)*

Mots-clés

Conférence de Barcelone (1995) : elle a instauré, entre l'UE et les pays du bassin méditerranéen, le Partenariat euro-méditerranéen. Celui-ci a pour objectif principal de faire du bassin euro-méditerranée une zone de dialogue, d'échanges et de coopération en vue de garantir la paix, la stabilité et la prospérité.
Ce partenariat a des aspects politiques, économiques, financiers et culturels.

Espace Schengen : espace de libre circulation des hommes entre les États de l'UE ayant signé les accords de Schengen. La disparition des frontières internes s'accompagne du renforcement des contrôles aux portes d'entrée dans l'UE.

Remises : sommes d'argent envoyées par les travailleurs immigrés vers leurs pays d'origine.

* voir Lexique

7. L'espace méditerranéen, des échanges déséquilibrés

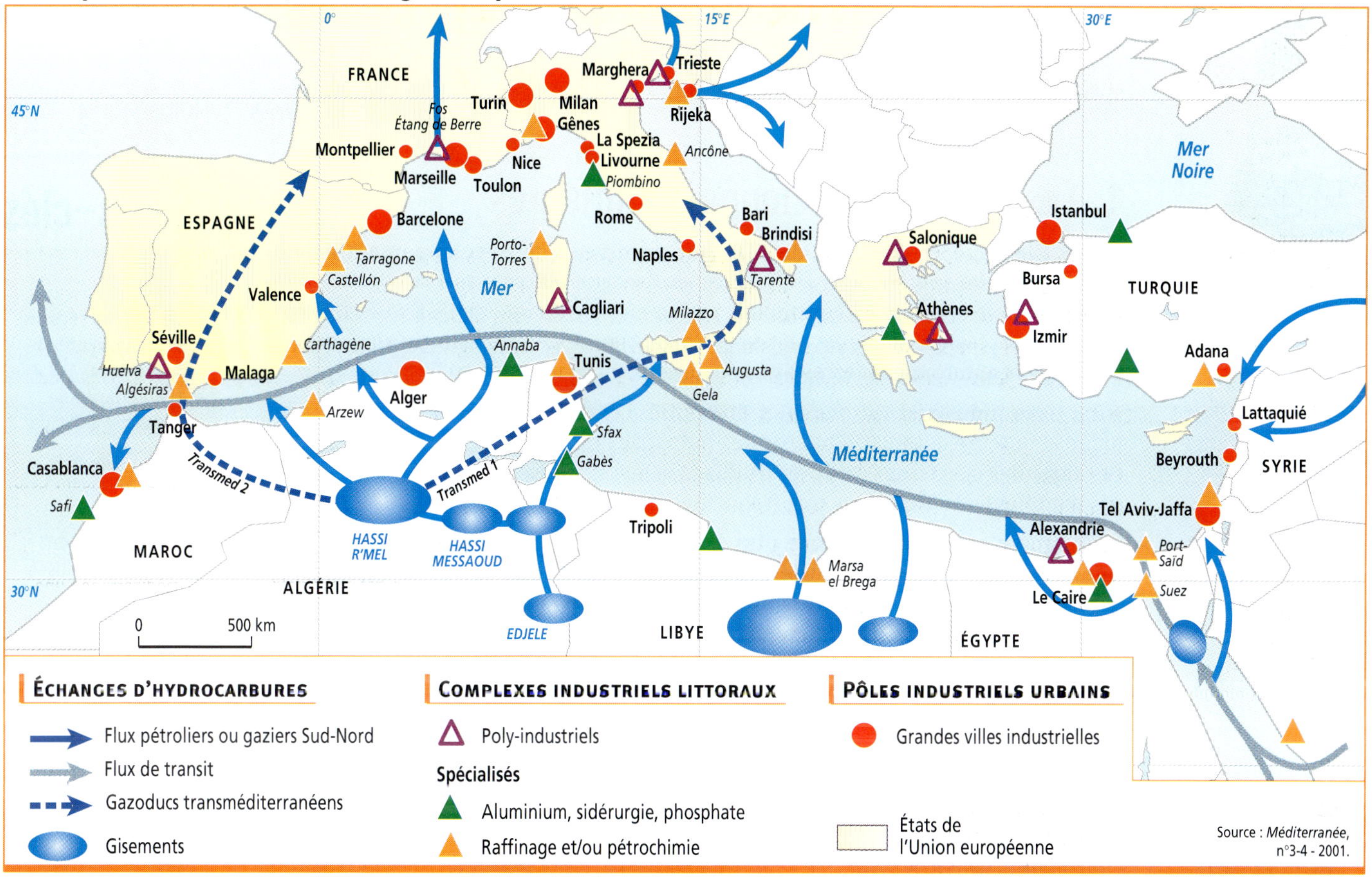

8. L'émigration, facteur de développement ?

La vallée du Todhra est la première région du Maroc pour la proportion des migrants vers l'Europe.

Ceux-ci viennent en majorité de l'agriculture. Ils se dirigent essentiellement vers la France, quelquefois vers les Pays-Bas, l'Italie et plus récemment vers l'Espagne.

Une enquête, sur 400 ménages migrants, montre qu'un émigré rapatrie en moyenne 550 euros par an. Cet argent est investi dans des constructions de logements, dans l'agriculture (achat de terres, de motopompes), dans les transports publics (camions, taxis...).

Les fonds des émigrés sont à l'origine de la modernisation de l'agriculture de la plaine voisine de Khallil. Ils ont financé largement les 980 motopompes et les 50 groupes électrogènes qui s'y trouvent. Autres gros investissements réalisés : hôtels, café-restaurants, fermes modernes, ateliers de menuiserie...

L'argent de l'émigration a ressuscité certaines pratiques collectives (utilisation en commun des groupes électrogènes pour les localités non électrifiées), mais en même temps il oriente des achats de terres ou de logements hors du village, sur le piémont de l'Atlas. Le quart des familles de migrants a une automobile et beaucoup de maisons sont dotées de paraboles.

M. Côte, d'après la thèse de M. Naim, Aix-en-Provence – 1996.

9. Le port de Bizerte (Tunisie), un parc d'activités favorisé par les échanges transméditerranéens

4 Un ou des espaces méditerranéens ?

1. Les espaces développés et intégrés

• **Les États méditerranéens de l'UE ont un niveau de développement économique et social très avancé.** De Valence en Espagne à Rome, un « arc latin » densément peuplé et urbanisé, constitue la région motrice du Sud de l'UE (10). Des **métropoles**, Barcelone, Marseille, Gênes et Rome, bien reliées à l'**Europe rhénane** par des réseaux autoroutiers, ferroviaires ou aériens, y ont un rôle actif.

• **Le tissu industriel est dense et diversifié.** Les activités liées à la fonction portuaire sont relayées aujourd'hui par des **industries de haute technologie**. Les **espaces agricoles** spécialisés (cultures fruitières et maraîchères) côtoient, en bord de mer, des **complexes touristiques** très fréquentés.

• **Ce type d'espace se retrouve plus à l'Est en Grèce** autour d'Athènes. Les indicateurs du développement invitent à rapprocher **Israël** de ce premier groupe, de même que **Chypre**, en dépit de la division politique de l'île, **Malte**, et le littoral de la **Slovénie** au fond du golfe Adriatique.

Cartes Majeures
L'espace méditerranéen : des Nords, des Suds ?
(pages 304-305)

2. Les espaces du mal-développement

• **Une véritable fracture économique et sociale sépare ce premier ensemble de tout le reste de l'espace méditerranéen.** Les revenus par habitant et les indicateurs du développement y sont nettement plus faibles.

• **Du Maghreb à la Turquie en passant par l'Égypte et le Proche-Orient,** ces espaces font figure de **périphérie proche** par rapport à l'UE. La plupart des pays tentent de mettre à profit leur position à **l'interface de l'Europe riche** pour accélérer le **processus de développement**. Maroc, Tunisie, Turquie jouent à la fois sur les **exportations** de produits agricoles, les **activités industrielles** exigeantes en main-d'œuvre (confection de vêtements) et sur le **tourisme** (10, 12).

• **D'autres États monnayent leurs hydrocarbures** ; la **Libye** en tire une **rente appréciable** ; l'**Algérie** plus peuplée, de plus en plus réduite à ne compter que sur son pétrole et son gaz, doit diviser la sienne entre un nombre de têtes six fois plus élevé.

• **Mais les progrès ne sont pas suffisants pour compenser la croissance démographique.** Malgré une **croissance économique certaine**, les signes du mal-développement sont visibles, en particuliers dans les villes où se côtoient habitat précaire et quartiers des affaires (Leçon 2 doc. 4).

Sujet Bac n° 42
L'espace méditerranéen, contacts ou ruptures Nord/Sud ?
(pages 324-325)

3. Des espaces en marge du développement

• **Dans chaque territoire national, on rencontre des espaces en marge de la mondialisation.** La dualité des territoires est profonde dans tous les pays de la rive sud et est de la Méditerranée. Du Maroc à l'Anatolie turque, **les aires intégrées** au système mondial par le tourisme et les échanges forment **un archipel de pôles et de rubans urbanisés**, le plus souvent littoraux, entre lesquels prennent place de vastes **espaces délaissés par l'économie moderne** (10, 11).

• **Ces périphéries sont essentiellement les arrières-pays montagnards ou désertiques** du Maghreb à l'Asie mineure. Dans l'Atlas marocain ou les hauts plateaux algériens, nombre de villages mal reliés aux axes nationaux majeurs vivent encore une **existence traditionnelle**, qui ne peut guère faire que le bonheur de touristes en mal d'exotisme.

• **D'autres espaces sont en crise.** Sur la rive nord, dans les **Balkans**, des conflits inter-ethniques touchent les nouveaux États issus du démembrement de la Yougoslavie. Il en est de même au **Proche-Orient** où perdure le problème entre Israël et les **Territoires palestiniens**.

Photographie
Un espace d'accueil pour les touristes du Nord : la station de Djerba
(pages 296-297)

Mots-clés

Arc latin : désigne les régions littorales du Nord-Ouest de la Méditerranée de l'Espagne à l'Italie.

Mal-développement : expression utilisée quand le développement est très mal réparti, à la fois entre les populations et entre les territoires.

* voir Lexique

10. L'interface méditerranéenne, d'importants contrastes spatiaux

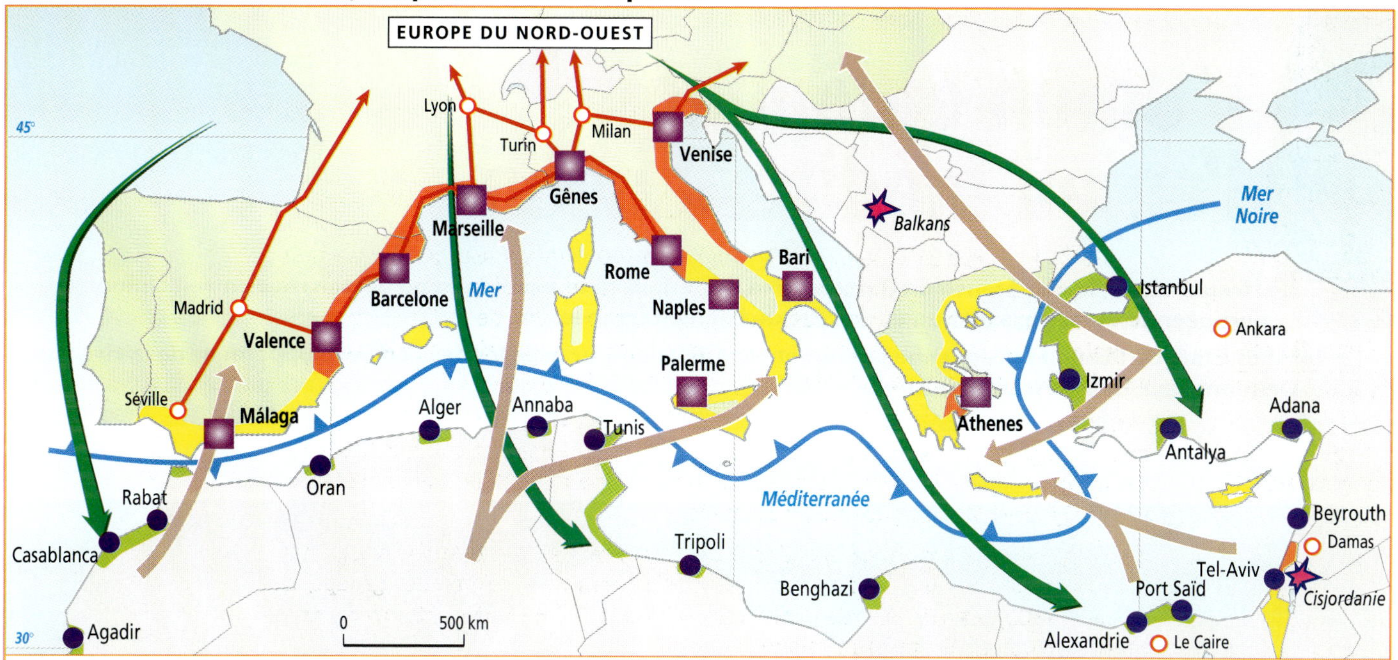

DES ESPACES INÉGALEMENT DÉVELOPPÉS

- Très développé, intégré à l'Europe
- Développé
- Développement incomplet reposant soit sur l'agriculture, soit sur l'industrie ou le tourisme

CENTRES D'IMPULSION ET RÉSEAUX

- Métropole littorale de l'UE
- Métropole des PSEM*
- Métropole intérieure
- Grand axe de communication

INTERFACE ET FLUX ENTRE L'EUROPE ET LES PSEM*

- Interface

Flux migratoires de :

- travailleurs
- touristes

TENSIONS/CRISES

- Zone de tension passée ou actuelle

11. L'espace méditerranéen, des disparités internes

À l'intérieur des État, des différenciations régionales très marquées sont observables entre les espaces urbains et ruraux, entre régions littorales et régions intérieures. Partout les montagnes sont des espaces relativement en retard. Seules un petit nombre de régions ont profité de la croissance, en particulier les régions littorales qui rassemblent les plus grandes villes, le plus grand nombre d'entreprises industrielles, les plaines les mieux irriguées, donc les plus productives, mais aussi les plus grands complexes touristiques.

Cette concentration représente une pression considérable sur l'environnement, particulièrement forte sur le sol (les plaines littorales sont réduites en Méditerranée) et sur l'eau, avec souvent une compétition très sévère entre les usages agricoles et urbains de l'eau. Ainsi sur le littoral tunisien l'eau, acheminée à grands frais depuis le Nord du pays, va d'abord aux complexes touristiques.

M. Joannon, L. Tirone, S. Moro, *Revue Méditerranée*, n° 3.4 – 2002.

12. La Tunisie aux « portes » de l'Europe ?

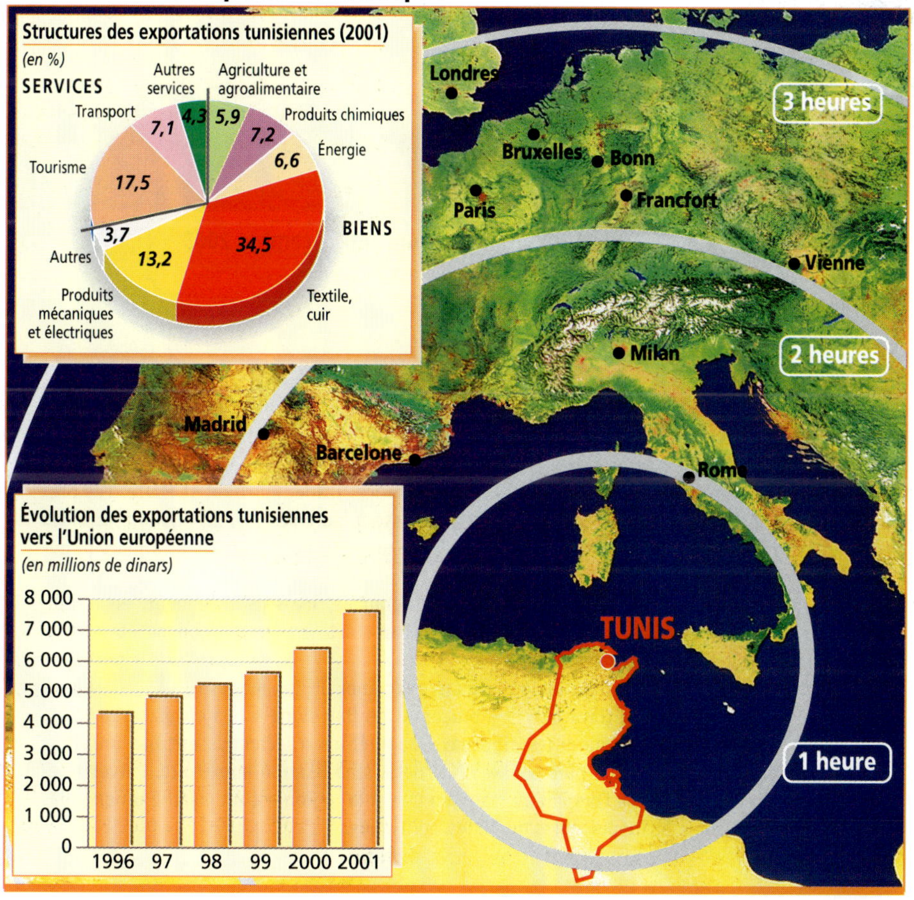

L'Union européenne : l'enjeu méditerranéen

- **Depuis 1995, la conférence de Barcelone* a mis en place une politique de partenariat entre l'Union européenne et les pays du Sud et de l'Est de la Méditerranée.**
- **Les États de l'Union européenne se sont engagés à coopérer avec les pays en développement de la rive sud. De nombreux défis restent à relever.**

1. Le « sommet du dialogue 5 + 5 » organisé à Tunis en décembre 2003
Une relance de la coopération Nord/Sud amorcée à Barcelone en 1995.

2. Le sommet 5+5 (2003)

Le sommet réunit pour la première fois les cinq chefs d'État du Maghreb et ceux des cinq pays de l'Union qui sont leurs vis-à-vis : Espagne, France, Italie, Portugal et Malte. Les premiers craignent que l'élargissement de l'UE ne se fasse à leurs dépens. Ils souhaitent aides et investissements et une plus large ouverture de l'Europe à leurs produits et à leurs populations.
Les Européens sont d'accord sur une partie du programme, mais ils entendent, en retour, que les flux migratoires – ceux du Maghreb et ceux qui le traversent comme étape vers l'Union – soient mieux maîtrisés.
Cela suppose l'organisation d'un dialogue quasi permanent. Plus modeste, le 5 + 5 paraît mieux adapté et plus prometteur que le « processus de Barcelone » mis en place en 1995. Mais rien de sérieux ne se fera si les cinq pays maghrébins n'accomplissent pas un effort vers une intégration régionale plus poussée. Clé de la stabilisation migratoire, l'investissement européen ne créera de l'emploi au Maghreb que si la région est un marché unique, pas le théâtre de vieilles et inépuisables querelles politiques.

Le Monde **– 6 décembre 2003.**

3. Des échanges commerciaux déséquilibrés

Importations et exportations des pays du Sud de la Méditerranée vers l'Union européenne *(en milliards d'euros – 2002)*

	Importations	Exportations
Turquie	46	35
Égypte	14	4,5
Maroc	12	8
Algérie	11,5	21,5
Tunisie	10,5	7,5
Liban	6	0,5
Jordanie	5,5	2
Syrie	4,5	5
Palestine	2,5	0,3

4. Le « Processus de Barcelone » (1995)

On parle de « Processus de Barcelone » car c'est à Barcelone en 1995 que l'UE et 12 pays du Sud et de l'Est de la Méditerranée ont donné un nouvel élan à leur coopération.
Ce processus poursuit trois objectifs principaux :
- créer une zone de paix et de stabilité reposant sur des principes fondamentaux, notamment le respect des droits de l'homme et la démocratie ;
- former une région de prospérité partagée, par l'instauration progressive du libre-échange (entre l'UE et ses partenaires, d'une part, et entre les partenaires eux-mêmes, d'autre part), en vue de créer une grande zone de libre-échange euro-méditerranéenne d'ici 2010. Ce processus est accompagné d'une assistance financière substantielle de l'UE pour favoriser la transition économique et aider les partenaires à relever les défis sociaux et économiques inhérents à ces transformations ;
- contribuer à une meilleure compréhension mutuelle des peuples de la zone euro méditerranéenne.

Source : Parlement européen.

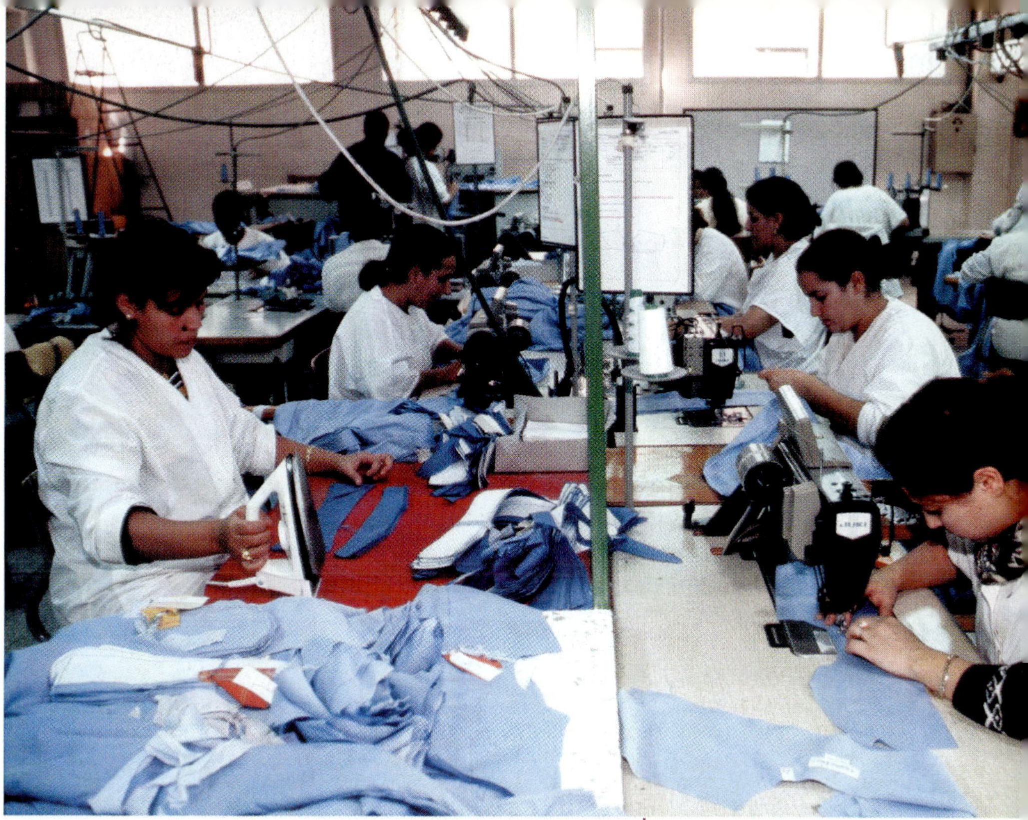

5. Une société française, Gecotex, à Casablanca (Maroc)
Les investissements européens, facteur de développement pour le Sud ?

6. Coopérations transméditerranéennes

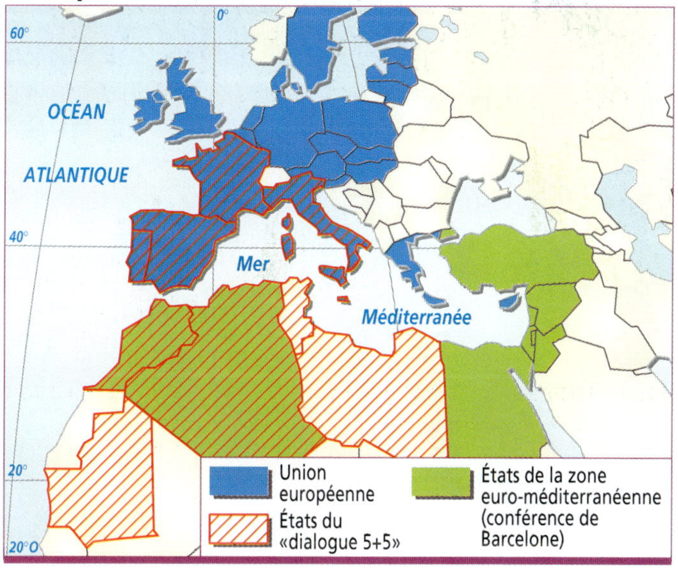

7. Un partenariat déséquilibré

Le partenariat qui s'est ouvert à Barcelone vise la création d'une zone de libre-échange méditerranéenne. Or, l'UE ne va procéder à aucune nouvelle ouverture significative, puisque les produits agricoles sont pour l'instant exclus de la négociation. À l'inverse, les pays méditerranéens doivent lever progressivement leurs barrières à l'importation des produits européens. Les entreprises locales sont-elles prêtes à subir cette concurrence ? La réponse est non. On sait déjà que l'arrivée à l'âge actif de classes d'âge nombreuses va provoquer des tensions sur le marché du travail de ces pays.

***Alternatives Économiques* n° 186 – 2000.**

8. Délocalisation des services au Maroc

Vous êtes à Paris et vous avez oublié l'adresse d'un médecin avec lequel vous avez rendez-vous ? Pas de problème : composez le 222 sur votre portable SFR... et une charmante opératrice vous donne les coordonnées du praticien. C'était Rachida, qui vous assistait depuis... Casablanca, au Maroc. À Tanger, Casablanca, Rabat, Mohammedia, le Maroc compte aujourd'hui une quarantaine de centres d'appels délocalisés, soit environ 4 000 postes de travail, représentant 6 000 emplois directs. Un chiffre qui devrait être multiplié par deux ou trois d'ici à 2007.

D. Nora, *Le Nouvel Observateur* – 5 février 2004.

Questions

1. Quels sont les objectifs des actions conduites par l'UE en direction des pays du Sud de la Méditerranée (1, 2, 4) ? Quels sont les pays concernés (6) ?
2. Quels sont les caractères des échanges des pays du Sud de la Méditerranée avec l'UE (3, 5) ?
3. Quelles sont les perspectives d'avenir du partenariat mis en place par l'UE (2, 7, 8) ?

L'agriculture, un atout pour le développement du Maroc ?

- **Grâce à de nombreux aménagements, l'irrigation permet au Maroc de produire des cultures d'exportation, notamment les agrumes.**
- **L'essor de productions destinées aux marchés du Nord, apparaît comme un facteur favorable au développement des pays du Sud de la Méditerranée.**

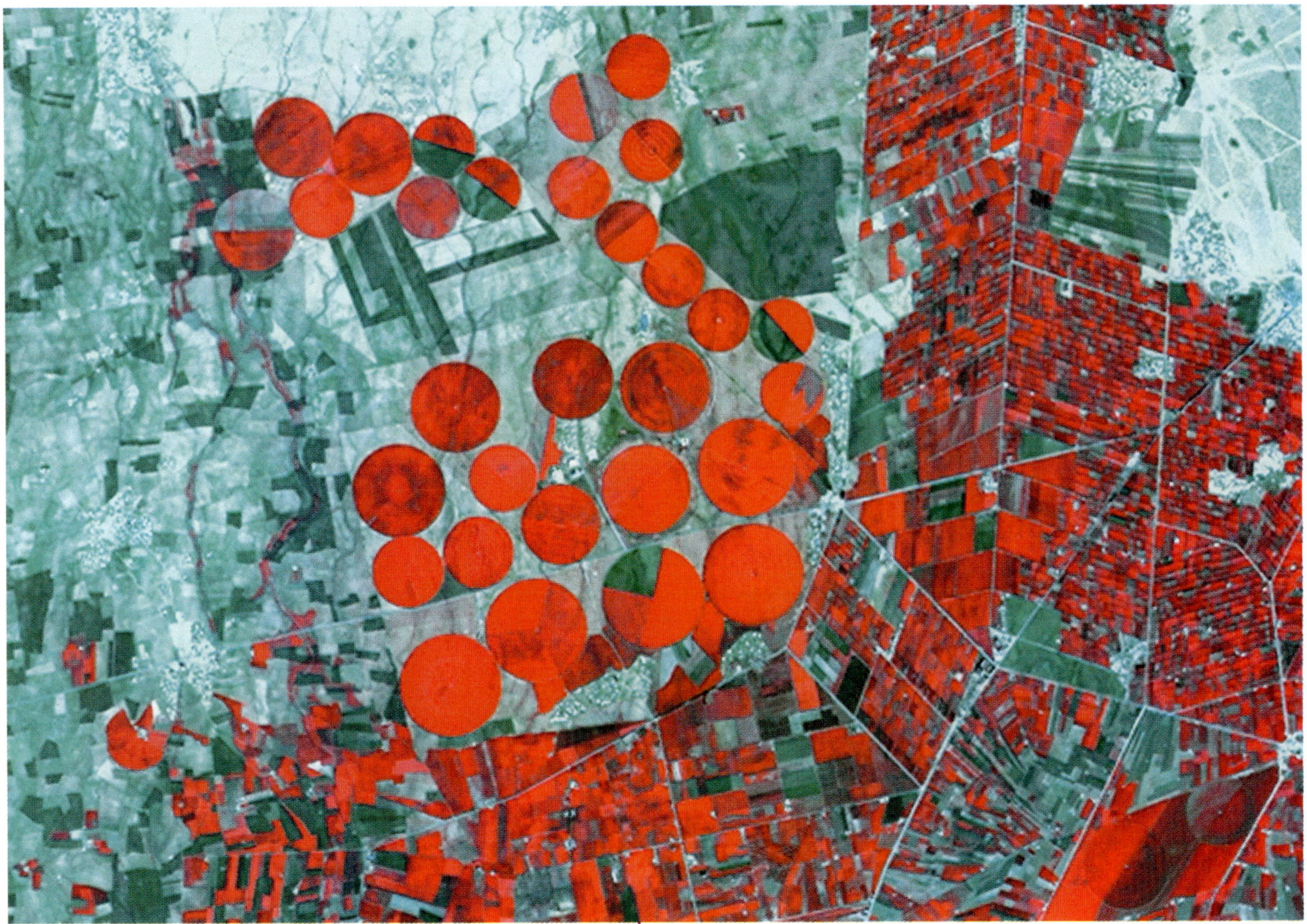

1. La plaine du Tadla au Maroc

Sur l'image enregistrée par le satellite SPOT, les cultures irriguées apparaissent en rouge. La mise en valeur de la plaine est soulignée par le parcellaire régulier et les canaux qui couvrent toute la partie est de l'image. Ces parcelles, aux formes géométriques, sont plus anciennes que les parcelles circulaires. Ces dernières sont irriguées par d'immenses rampes d'irrigation qui effectuent une rotation autour d'un pivot central.

2. Un terroir transformé par l'irrigation

Le Tadla est originellement une zone de steppe, totalement transformée par l'irrigation dans sa partie Sud, devenue une zone agricole riche. L'eau venue de l'Atlas a bouleversé l'économie, les modes de vie, les paysages, aboutissant à la mise en place d'un immense terroir agricole, à la fois verger et zone de cultures industrielles, entraînant dans son sillage une vive urbanisation et créant une aire de forte spéculation.

J-F. Troin, *Maroc*, Maisonneuve et Larose – 2002.

3. Le Tadla, une grande plaine irriguée

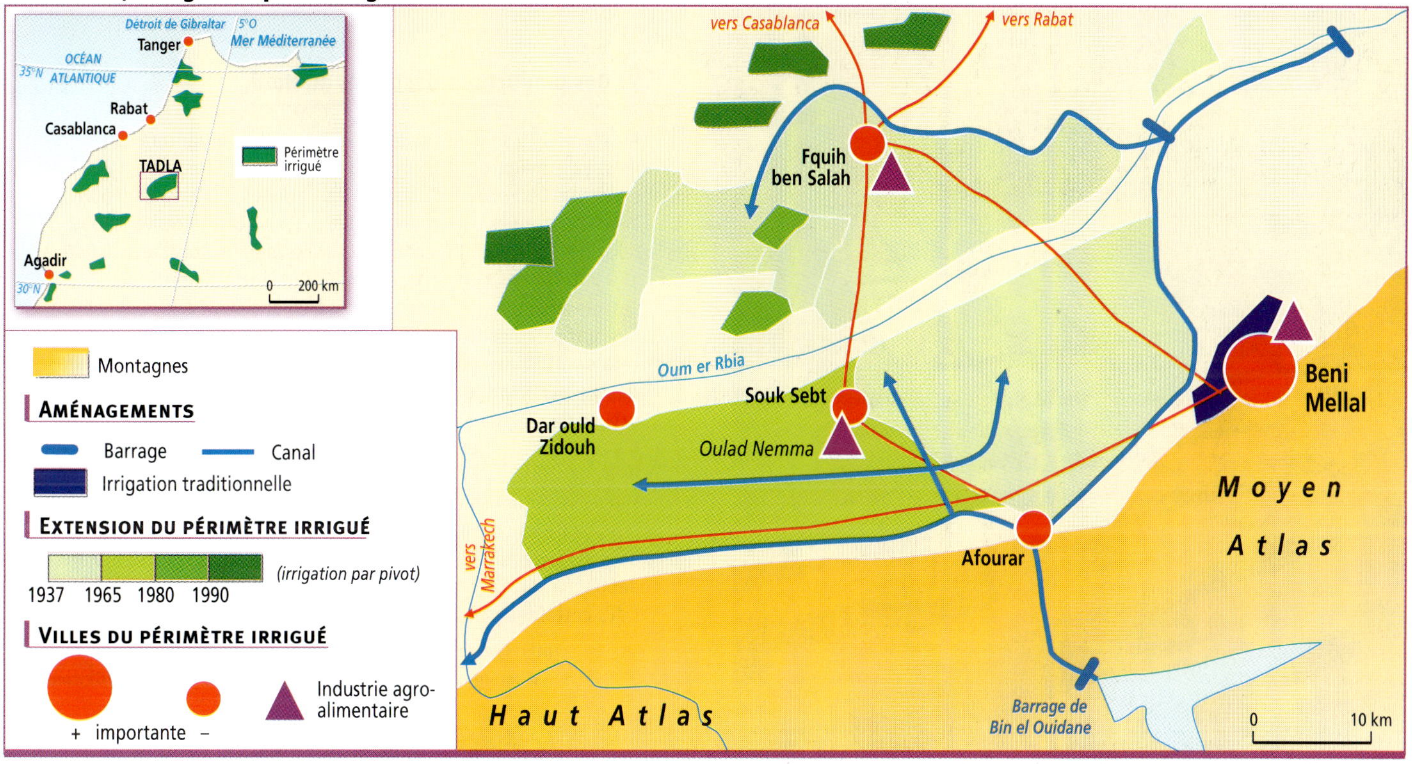

4. Le Tadla, des productions variées

Depuis les hauteurs de l'Atlas surplombant la plaine, on découvre un paysage géométrique de grandes lanières, séparées par des rideaux d'arbres et des vergers d'agrumes.
Aujourd'hui, avec 110 000 hectares équipés, le Tadla constitue le premier périmètre irrigué par eaux de surface du Maroc et du Maghreb. Les cultures sont diversifiées : betterave à sucre sur plus de 16 000 hectares, coton sur 10 000 hectares mais en régression, arbres fruitiers sur 62 000 hectares (oliviers, abricotiers, agrumes), fourrages (12 % de la production marocaine), maraîchages auxquels s'ajoute un élevage laitier de qualité.
Le Tadla est une « grande ferme moderne » et un complexe d'industries agroalimentaires, traitant ses productions sur place ; trois sucreries fournissant plus de 1 000 emplois permanents, l'égrenage du coton, les huileries, l'emballage des agrumes, la fabrication d'aliments pour le bétail viennent compléter l'équipement de la région.

J.-F. Troin, ouvrage cité.

5. Orangeraie près de Rabat
Le Maroc possède plusieurs grands périmètres irrigués consacrés aux cultures commerciales.

6. Marrakech : conditionnement des agrumes destinés au marché européen

7. Des productions destinées au Nord

Au Maroc, 76 000 hectares sont réservés à la culture des agrumes. La production, tous fruits confondus, oscille entre 1 200 000 et 1 500 000 tonnes selon les années. Entre 500 000 et 700 000 tonnes sont exportées. Pour le reste, 500 000 à 600 000 tonnes sont écoulées sur le marché local et 30 000 à 100 000 tonnes sont utilisées pour la transformation.
Les producteurs possèdent principalement des petites et moyennes surfaces : celles-ci représentent plus de 40 % de la superficie totale ; 80 % des producteurs travaillent sur moins de 5 hectares. Depuis plusieurs années, nous avons une politique de diversification de nos débouchés : vers l'Europe de l'Est (nous sommes d'ailleurs leaders en matière d'exportation d'agrumes en Russie), le Moyen-Orient, la Scandinavie, le Canada et les États-Unis.
Même si l'Union européenne reste notre marché traditionnel et représente encore l'essentiel de nos exportations, nous tentons de nous redéployer pour réduire notre dépendance vis-à-vis de ce débouché. En tant que pays associé et non pas pays membre de l'UE, certaines conditions d'accès au marché nous handicapent.

Interview du secrétaire général de l'Association des producteurs d'agrumes du Maroc – Octobre 2002. Site Internet Afrik.com.

8. Des obstacles aux échanges ?

Le modèle agricole marocain rencontre quelques difficultés. D'une part, il lui est reproché d'être gros consommateur d'eau dans un pays qui, malgré ses potentialités, devra économiser ce bien précieux. D'autre part, il se heurte à des difficultés récentes d'écoulement sur les marchés extérieurs. Le principal marché, aux portes du pays, est l'Union européenne qui absorbe 70 % des exportations marocaines. L'entrée de l'Espagne dans l'Union a modifié l'équilibre des échanges, car elle a amené les autres pays membres à lui accorder la préférence. Désormais, le marché européen est approvisionné pour 60 % par les oranges d'Espagne et pour 20 % seulement par celles du Maroc.

M. Côte, *Le Maghreb,* Documentation photographique, n° 8002 – 1998.

10. Productions marocaines sur le marché français

9. La culture des agrumes, des effets induits importants

Aujourd'hui, le secteur des agrumes, malgré une série de difficultés structurelles et conjoncturelles, présente un poids économique et social important dans la configuration de l'agriculture et de l'économie marocaines.
En effet, l'agrumiculture rapporte en devises l'équivalent de 2,5 milliards de dirhams. Sur le plan social, ce secteur représente le revenu principal de plus de 10 000 producteurs et de leurs familles. Il crée, directement ou indirectement, près de 21 millions de journées de travail par an.
En aval, le secteur alimente 61 stations de conditionnement d'une capacité totale de traitement de 1,2 million de tonnes, et 4 usines de transformation d'une capacité industrielle de 300 000 tonnes.

Site Internet cnca.co.ma.

Questions

1. Relevez les principaux aménagements de la plaine agricole du Tadla (1, 3).
2. Quelles productions sont réalisées sur les périmètres irrigués (2, 4, 5) ? À quels marchés sont-elles destinées (6, 7, 10) ?
3. L'agriculture peut-elle être un facteur de développement pour le Maroc (7, 8, 9) ?

Cahiers du BAC

Composition

Sujet Bac n°40 L'espace méditerranéen, une interface Nord/Sud ?

Étude d'un ensemble documentaire

Sujet Bac n°41 Le tourisme, un atout pour les pays du Sud de l'espace méditerranéen ?

Croquis

Sujet Bac n°42 L'espace méditerranéen : contacts ou rupture Nord/Sud ?

Sujet BAC n° 40 — L'espace Méditerranéen, une interface Nord/Sud ?

Des schémas pour accompagner la composition

Schéma 1 : les contrastes de développement

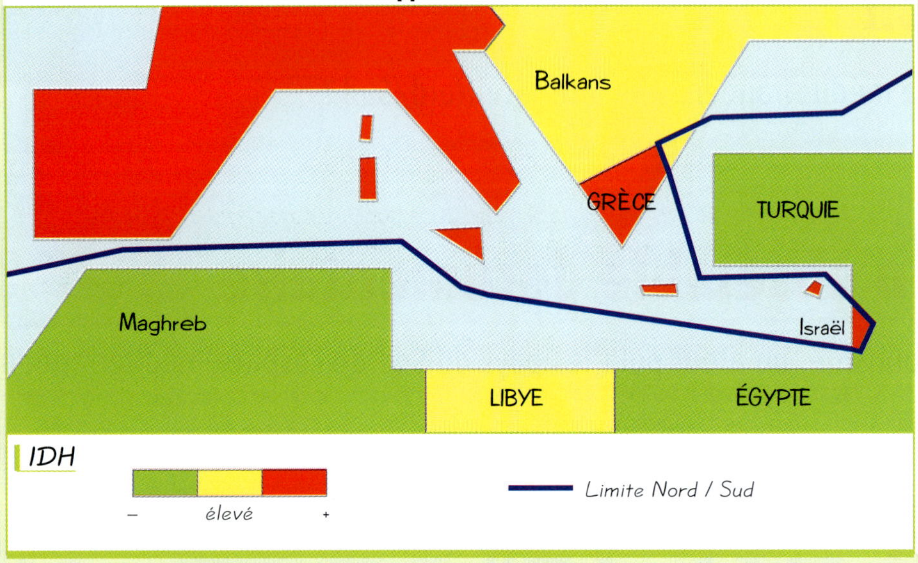

Schéma 2 : l'espace méditerranéen, principaux flux

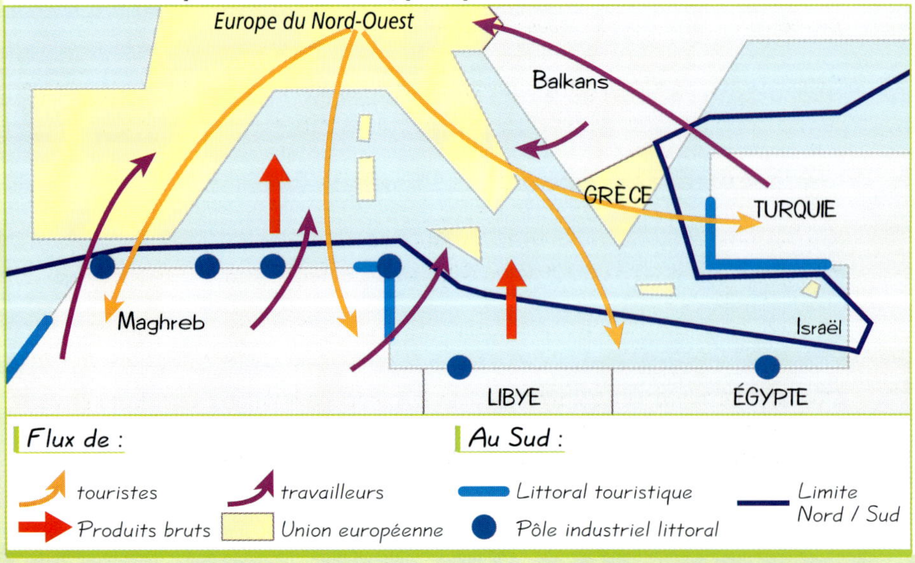

Pour réussir le schéma

- **Le schéma 1** met en évidence les disparités de développement de l'espace méditerranéen mesurées par l'IDH. Il montre :
  - l'opposition entre les pays développés et les PED ;
  - les différences de développement au sein de ces deux ensembles. Au Nord, les États de l'UE et Israël se différencient des États balkaniques ; au Sud, un développement inégal. L'IDH relativement élevé de certains pays s'explique par l'exploitation des hydrocarbures.

- **Le Schéma 2** montre :
  - les contacts liés à l'interface et les contrastes Nord/Sud induisent des flux (population, produits..) ;
  - les effets spatiaux liés au fonctionnement de l'interface : aménagements touristiques, industriels...

Quand utiliser les schémas ?

Les schémas peuvent être utilisés dans des compositions portant sur :

- une interface Nord/Sud : l'espace méditerranéen

⇨ ***Exemples :***
- *Les contrastes de développement de l'espace méditerranéen.*
- *L'espace méditerranéen, une interface Nord/Sud ?*

- unité et diversité du Sud

⇨ ***Exemples :***
- *Un ou des Suds : le **schéma 1** fournit un exemple à échelle moyenne des contrastes de développement entre les États du Sud.*

Étapes		Entraînement
1 Introduction	**• Problématique**	L'espace méditerranéen présente deux rives très contrastées tant au plan démographique qu'au plan du développement. La limite Nord/Sud traverse la Méditerranée. Elle est une interface majeure de l'espace mondial. L'interface est-elle le lieu de contacts, d'échanges entre les pays développés du Nord et les pays en développement du Sud (Problématiques p. 298-299) ?
	• Plan de la composition	Dans une première partie nous montrerons comment différencier les deux ensembles. La seconde partie abordera les échanges qui affectent l'interface méditerranéenne. Une dernière partie envisagera de faire le bilan des effets du fonctionnement de l'interface pour les pays en quête de développement.
2 Développement	**Partie 1**	**1. L'espace méditerranéen, de forts contrastes de richesse et de développement** • Les États bordiers de la Méditerranée partagent : – les mêmes racines historiques ; – le même milieu naturel. (Leçon p. 306 et Cartes Majeures p. 300-301.) • Mais d'importants contrastes différencient les États de la rive Nord de ceux de la rive Sud. Des contrastes : – démographiques ; – économiques ;
	Schéma 1	– de développement comme le montre le **schéma 1**. (Cartes Majeures p. 302-303 et Leçon p. 308.) • L'opposition entre un Nord développé et un Sud en retard peut être nuancée : – au Nord, dans les Balkans, des signes de pauvreté ; – à l'Est ou au Sud de la Méditerranée, des États plus « riches » : Libye, Israël… (Cartes Majeures p. 304-305.)
	Transition	*Ce différentiel entre le Nord et le Sud se traduit par des échanges.*
	Partie 2	**2. L'espace méditerranéen, une interface active ?** • Des échanges déjà anciens : – des ports sur tout le pourtour de la Méditerranée ; – une forte littoralisation des hommes et des activités. (Cartes Majeures p. 302-303 et Leçon p. 306.)
	Schéma 2	• Aujourd'hui, des flux de nature et de directions variées comme le montre le **Schéma 2** : – flux Sud/Nord : produits bruts, flux migratoires ; – flux Nord/Sud : produits manufacturés, flux touristiques, investissements. (Leçon p. 310.)
	Transition	*Ces échanges ont-ils des conséquences sociales et spatiales ?*
	Partie 3	**3. L'interface, un atout pour le développement des États du Sud de la Méditerranée ?** • La proximité de l'Europe riche a des effets sur les sociétés et les territoires des PED. Mise en valeur : – de l'agriculture : essor des cultures d'exportation (Dossier p. 316-318) ; – du potentiel touristique **(Schéma 2)** ; – des ressources du sous-sol : hydrocarbures. • Mais des effets limités sur le développement des PED du Sud (Leçon p. 312). • L'interface rapproche l'UE des PED : – accords de coopération économique, culturels… (Dossier p. 314-315).
3 Conclusion	*Bilan*	L'espace méditerranéen est bien une interface entre le Nord et le Sud. Elle est le théâtre de multiples échanges.
	Perspectives	Pour quelques États, les relations avec le Nord développé peuvent être un facteur de développement.

Étude d'un ensemble documentaire

Sujet BAC n° 41 — Le tourisme, un atout pour les pays du Sud de l'espace méditerranéen ?

1. Le tourisme dans les pays du Sud et de l'Est de la Méditerranée

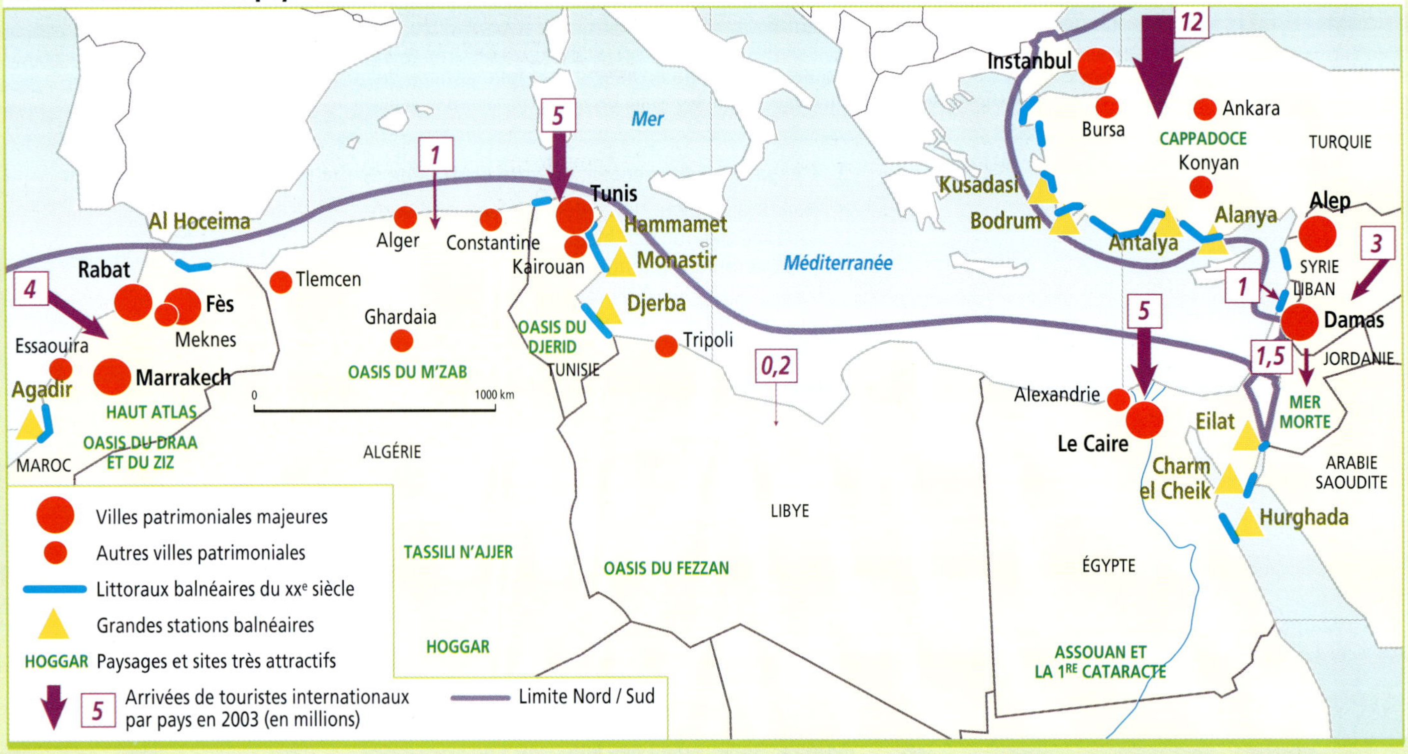

2. Liaisons de la compagnie aérienne Tunisair

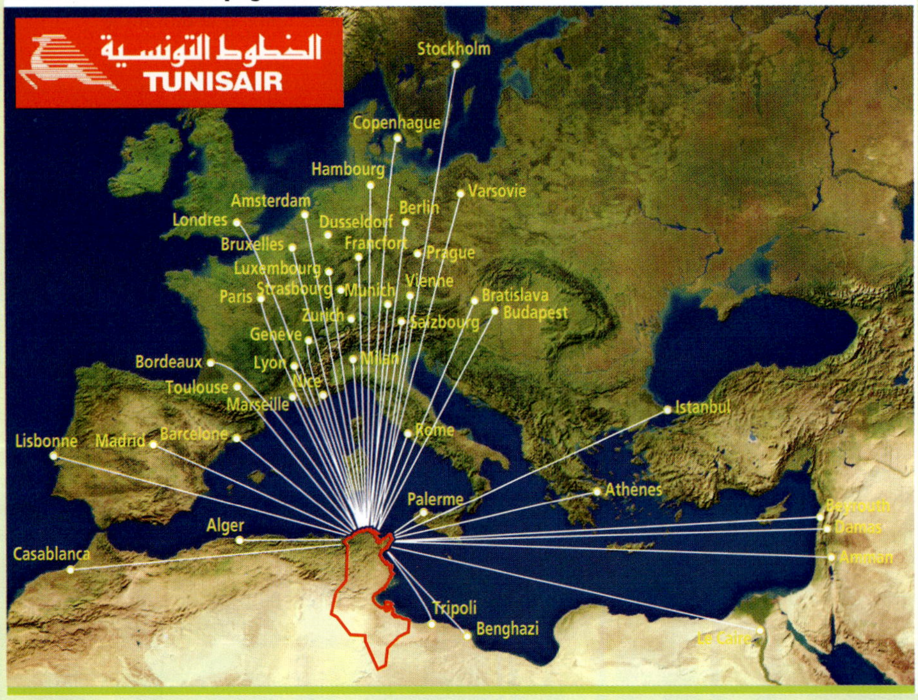

3. Origine des touristes en Tunisie

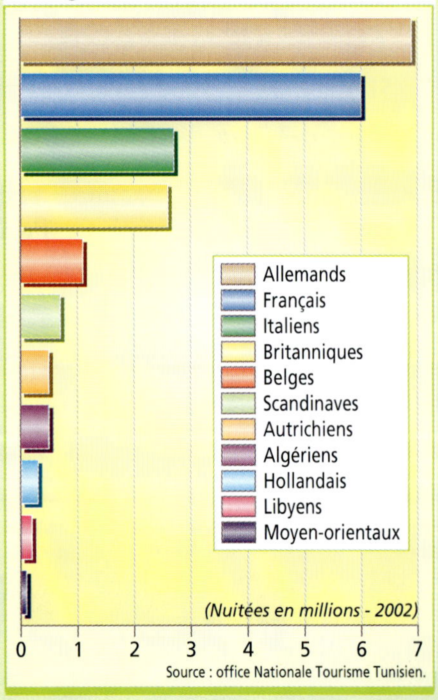

4. Le tourisme, un atout économique

En Turquie, d'Izmir à Antalya, la « bétonnisation » a été très forte sur le liseré côtier dans toutes les petites villes.
La prise de conscience de l'enlaidissement des sites a conduit l'État à prendre des mesures de protection (parcs nationaux) et à interdire l'urbanisation sauvage sur le littoral.
Mais la poussée touristique renforce le dynamisme économique en créant des emplois. De plus il est source de revenus pour les habitants (vente de maisons, de produits artisanaux...) et pour l'État (taxes de séjour). Le tourisme est moteur de la croissance pour un État en situation intermédiaire de développement.
Dans la plupart des pays méditerranéens, le secteur touristique représente une part essentielle du PIB. Les revenus du tourisme s'élevaient à 20 milliards en 2000 à comparer avec les 10 milliards pour les exportations de textile et 5 milliards pour les remises* de l'émigration.

L. Tirone – 2004.

5. Couvertures de brochures touristiques

1re Partie — **Analysez l'ensemble documentaire en répondant aux questions suivantes.**

1. Quels sont les types de tourisme présents dans les pays du Sud et de l'Est de la Méditerranée (PSEM) **(doc. 1)** ?
2. À qui s'adressent les **documents 2** et **5** ?
3. Le tourisme peut-il être un facteur de croissance et de développement pour les PSEM (**doc. 3** et **4**) ?
4. Quels risques l'essor du tourisme fait-il encourir aux PSEM ?
5. Limites du dossier : quels flux et quels aménagements liés au tourisme, n'apparaissent pas dans l'**ensemble documentaire** ?

2e Partie — **À l'aide des réponses aux questions, des informations contenues dans les documents et de vos connaissances, rédigez une réponse organisée au sujet posé.**

Étapes	Entraînement	
1 Partie 1 Réponse aux questions	• Analyse des questions	• Lisez attentivement toutes les questions.
	• Travail sur les documents	• Sélectionnez, dans les documents, les informations utiles au traitement des questions **Conseil :** *Lorsque la question porte sur les limites du dossier documentaire, vérifiez bien quelles sont les informations non présentes dans les documents de l'ensemble documentaire...* ***Exemple question 5 :*** le **document 2** montre-t-il des flux touristiques? Justifiez votre réponse. • Qu'est ce qui caractérise les flux de touristes dans l'espace méditerranéen ? Origine, importance... (Leçon 3 p. 310). • Quel(s) document(s) font référence à des aménagements générés par le tourisme ? • À quels types d'aménagements les dépliants publicitaires du **document 5** font-ils penser ? (Utiliser aussi la Photographie p. 296-297.)
	• Réponse aux questions	• Répondez aux questions en exploitant le travail effectué sur les documents.
2 Partie 2 Rédaction de la réponse au sujet	• Rédaction de la réponse	• Rédigez la réponse au sujet. (Utiliser le Chapitre 11.)

Sujet BAC n° 42 L'espace méditerranéen, contacts ou rupture Nord/Sud ?

Entraînement

Quelles informations sont cartographiées ?

- Observez les informations représentées sur le **croquis**.
- Classez celles qui montrent que l'espace méditerranéen est :
  - une ligne de fracture entre le Nord et le Sud ;
  - un espace de contact.
- Pourquoi a-t-on représenté les agglomérations ?
- Dans quelle partie de l'espace méditerranéen trouve-t-on les plus importantes :
  - par la taille ?
  - par les fonctions exercées ?
- Que révèle la localisation des grands ports ?

Quelle est l'organisation de la légende ?

- Combien de rubriques la **légende** comporte-t-elle ?
- Les sous-titres forment-ils une réponse au sujet ? Justifiez votre réponse.

Comment le croquis est-il réalisé ?

- Tous les types de figurés ont-ils été utilisés pour réaliser le croquis (voir Le langage cartographique p. 368) ?
- Proposez d'autres figurés pour représenter :
  - les ports ;
  - les stations balnéaires.
- Donnez un autre titre au **croquis**.

Le croquis répond-il au sujet ?

- Dans l'intitulé du sujet, que faut-il comprendre par l'espace méditerranéen :
  - contact ?
  - rupture ?
- À l'aide du **croquis** et de sa **légende** montrez :
  - que l'espace méditerranéen est une interface* entre le Nord et le Sud ;
  - que le fonctionnement de l'interface peut être un atout pour les pays en quête de développement.

Croquis : L'espace méditerranéen, une interfac

/Sud

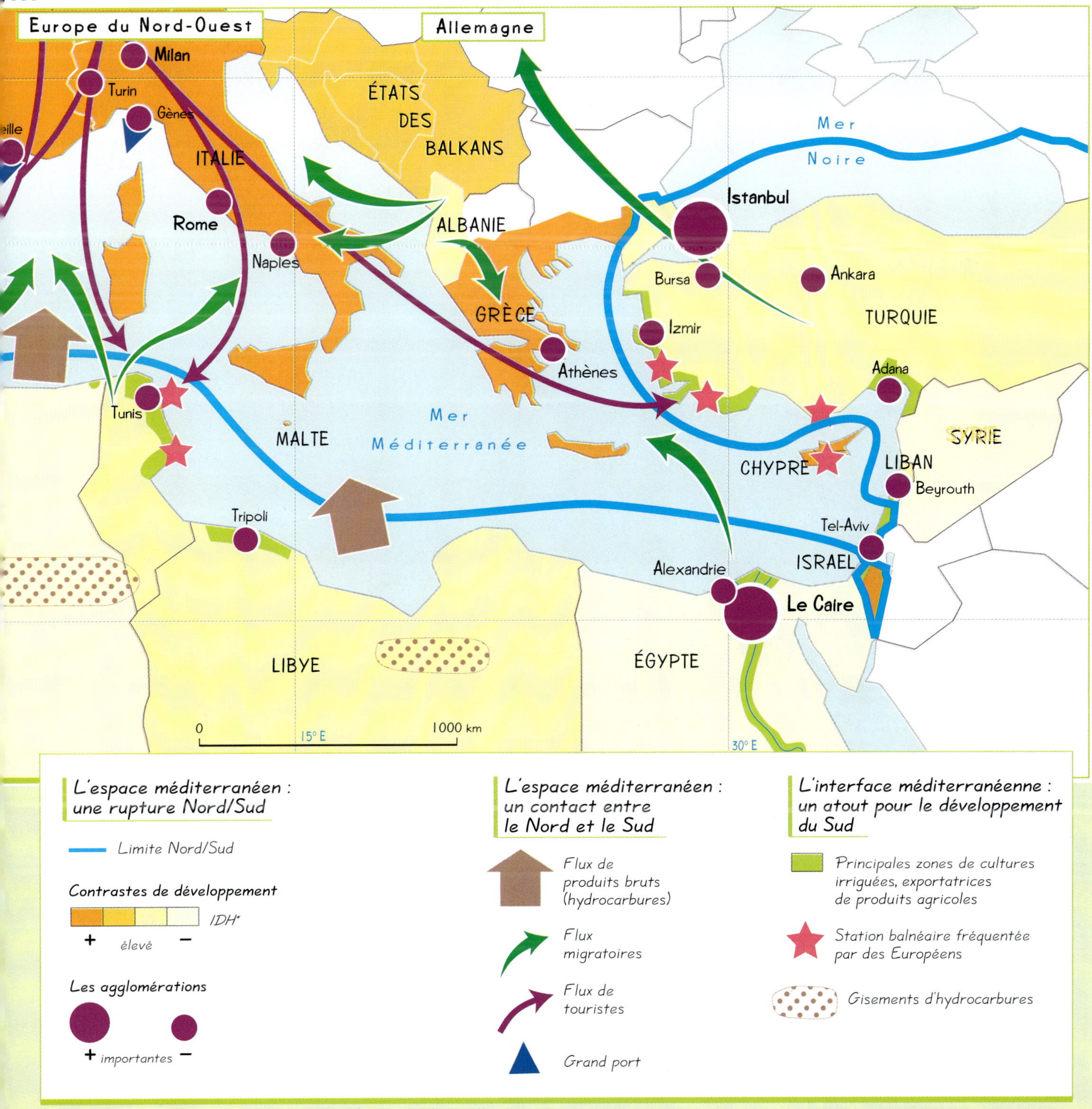
Europe du Nord-Ouest
Allemagne
Milan
Turin
Gènes
ITALIE
Rome
Naples
ÉTATS DES BALKANS
ALBANIE
GRÈCE
Athènes
Mer Noire
Istanbul
Bursa
Ankara
Izmir
TURQUIE
Adana
SYRIE
LIBAN
Beyrouth
CHYPRE
Tel-Aviv
ISRAEL
Alexandrie
Le Caire
ÉGYPTE
LIBYE
Tripoli
MALTE
Tunis
Mer Méditerranée
0
1000 km
15° E
30° E
L'espace méditerranéen : une rupture Nord/Sud
Limite Nord/Sud
Contrastes de développement
IDH*
+ élevé −
Les agglomérations
+ importantes −
L'espace méditerranéen : un contact entre le Nord et le Sud
Flux de produits bruts (hydrocarbures)
Flux migratoires
Flux de touristes
Grand port
L'interface méditerranéenne : un atout pour le développement du Sud
Principales zones de cultures irriguées, exportatrices de produits agricoles
Station balnéaire fréquentée par des Européens
Gisements d'hydrocarbures

La Russie

Les contraintes naturelles de la Russie

L'hiver, la mer Baltique et l'océan Glacial arctique qui bordent la Russie, doivent être régulièrement ouverts à la navigation au moyen de brise-glaces. Sur le territoire du plus vaste pays du monde, pèsent de très lourdes contraintes naturelles.

Moscou, la ville en rénovation

Moscou est une capitale en pleine renaissance comme en témoignent les immeubles modernes qui surgissent dans la ville. Cette modernité ne peut pas cacher les difficultés économiques et sociales que le pays doit encore surmonter.

ИСКРАСОФТ

CHAPITRE 12

Un État et un espace en recomposition : la Russie

PROBLÉMATIQUES

CARTES MAJEURES

LEÇONS

DOSSIERS

SUJETS DU BAC

Saint-Pétersbourg (Russie)
Lors des cérémonies du tricentenaire de la cité fondée par Pierre le Grand. Comme Moscou, la ville symbolise la vitalité retrouvée de la Russie.

La Russie, un État à la recherche d'un nouveau développement ?

Un nouveau Russe ?

• ***La Russie connaît de profondes transformations.*** *Jusqu'en 1991, la Russie faisait partie de l'URSS, considérée comme une des deux principales puissances mondiales avec les États-Unis. La dislocation de l'URSS a jeté les bases d'un nouvel État. Après de longues décennies marquées par le poids du parti unique, la Russie est maintenant un État démocratique. L'économie, auparavant entièrement contrôlée par l'État, a cédé la place à l'économie de marché.*

• ***La dislocation de l'URSS****, la destruction de son système économique et social a provoqué de profonds bouleversements. Ceux-ci se lisent aujourd'hui sur les cartes mondiales de la richesse et du développement* (Cartes Majeures pages 20 à 23 et 38 à 41).

• ***Les difficultés de la Russie*** *ont des origines et des manifestations différentes de celles de la majorité des pays en développement à côté desquels la Russie dispose de nombreux atouts.*

Réussir la transition économique, maîtriser le territoire : deux défis pour la Russie

1. La Russie, entre crise de transition et handicaps ?

➡ **La Russie est un pays en transition entre le système socialiste et le monde capitaliste.** Protégé de toute concurrence, l'ancien système a longtemps bloqué tout souci de recherche de rentabilité et de modernisation. Après la chute de l'URSS les productions, désorganisées, ont brutalement chuté ; l'économie est en reconstruction *(Leçon page 338)*.

➡ **Une partie de la société russe vit dans des conditions difficiles.** Troc, économie souterraine… permettent aux Russes, tant bien que mal, de pallier le chômage et la faiblesse de leur pouvoir d'achat *(Leçon page 338)*. Cela au moment où, profitant des privatisations, s'étale au grand jour la réussite d'hommes d'affaires, de spéculateurs…

➡ **La Russie reste confrontée à la maîtrise d'un territoire immense.** Le plus vaste État au monde présente tout un ensemble de contraintes qui rendent difficile l'exploitation d'un partie importante du pays.

2. Bien des atouts pour un renouveau de la Russie ?

➡ **La Russie dispose d'un fort potentiel de croissance** *(Leçon page 340)*. Véritable **État-continent**, elle possède des ressources naturelles considérables *(Cartes Majeures pages 334 à 337)*. Les activités économiques sont solidement implantées dans le territoire : vastes régions agricoles ou énergétiques, grandes villes industrielles…

➡ **Le rayonnement de la Russie dans le monde demeure important.** Membre permanent du Conseil de sécurité de l'ONU, associée au G8*, structure qui regroupe les pays les plus industrialisés de la planète, elle est en passe d'intégrer l'Organisation mondiale du commerce*.

➡ **Croissance, investissements et consommation sont depuis peu à la hausse.** Le redémarrage de l'économie est à la source d'une lente amélioration des conditions de vie de la population *(Leçon page 338)*.

Malgré des difficultés internes, la Russie s'affiche parmi les puissances qui comptent dans le monde

Publicité pour un vaste programme immobilier à Moscou (Juin 2003).

3. Une nouvelle Russie ?

➡ **L'ouverture au monde de la Russie** favorise les régions qui sont au contact de l'Europe et de l'Asie orientale dynamique *(Carte Majeure page 332)*. La partie occidentale de la Russie est relativement riche ; les grandes villes affichent un certain dynamisme. Ailleurs, les situations sont très contrastées, laissant en marge du développement une grande partie du territoire *(Leçon page 342)*.

➡ **La Russie est un État fédéral constitué d'une centaine de nationalités.** Des revendications mettant en cause l'unité du pays ont vu le jour, provoquant une réaction de renforcement du contrôle de Moscou sur l'ensemble du territoire. Le long conflit en Tchétchénie témoigne de la **difficile recomposition de la Russie**.

Cartes Majeures

Les enjeux territoriaux de la Russie

1. À l'origine de la Russie, l'expansion du peuple russe

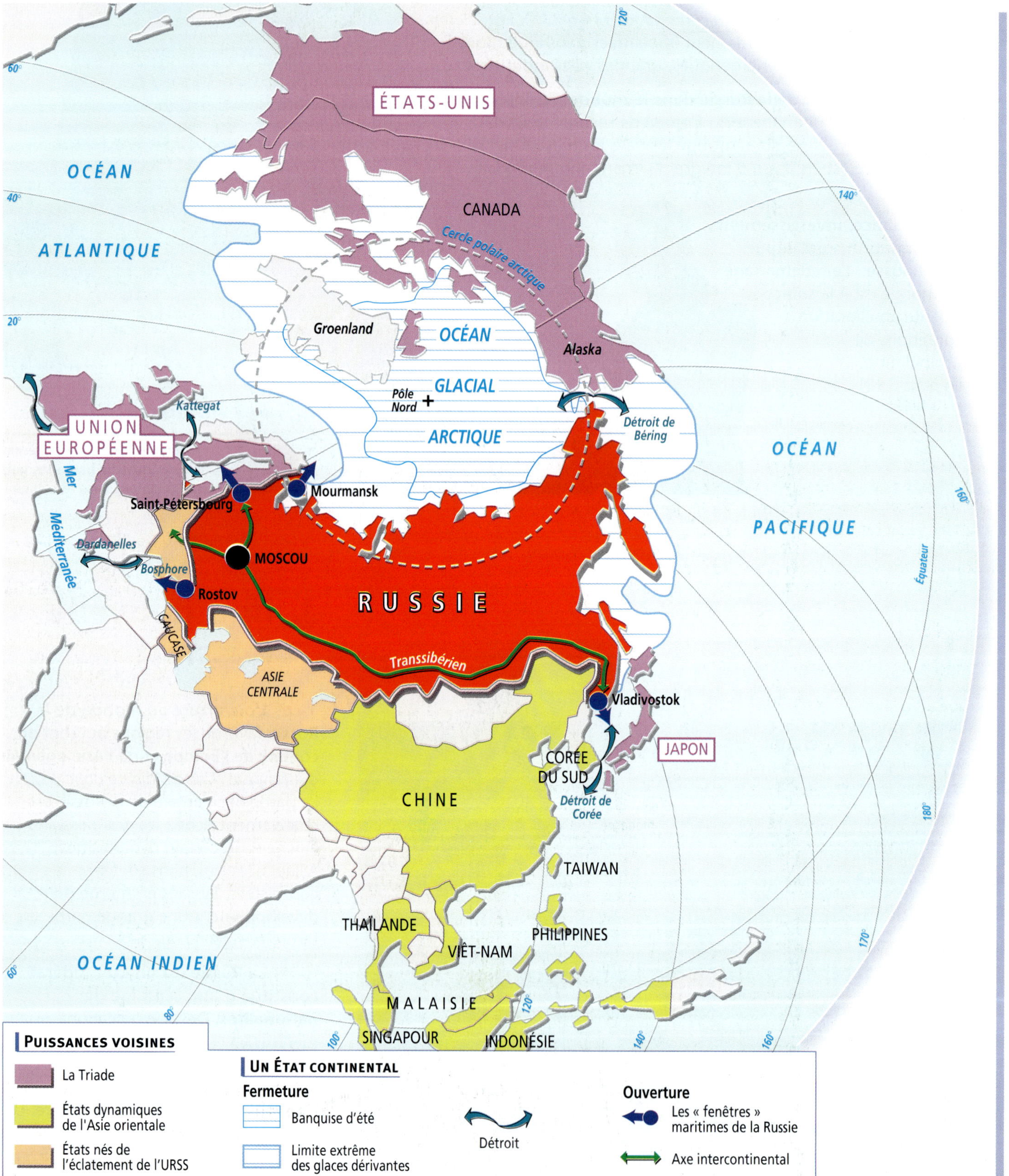

2. La Russie, un État de l'ex-URSS

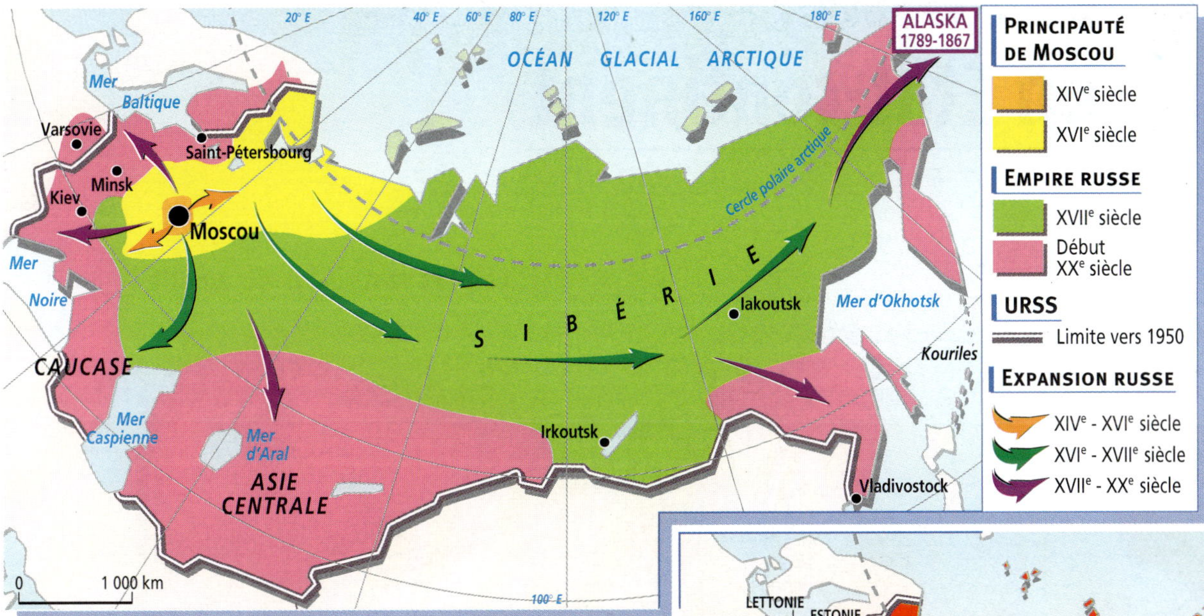

3. La Russie, un État fédéral multinational

Questions

- À partir de quelle région l'Empire russe s'est-il formé, et quels territoires a-t-il intégrés jusqu'au XIXe siècle **(carte 1)** ?
- Quels États formaient l'URSS **(carte 2)** ?
- Où le peuple russe est-il majoritaire **(carte 3)** ?
- Quel avantage la Russie peut-elle tirer de sa position sur le globe **(carte 4)** ? Quels obstacles s'opposent à la valorisation de cette position **(carte 4 et cartes 1, 2 et 3 des pages 334-335)** ?

4. Un territoire entre Europe et Asie

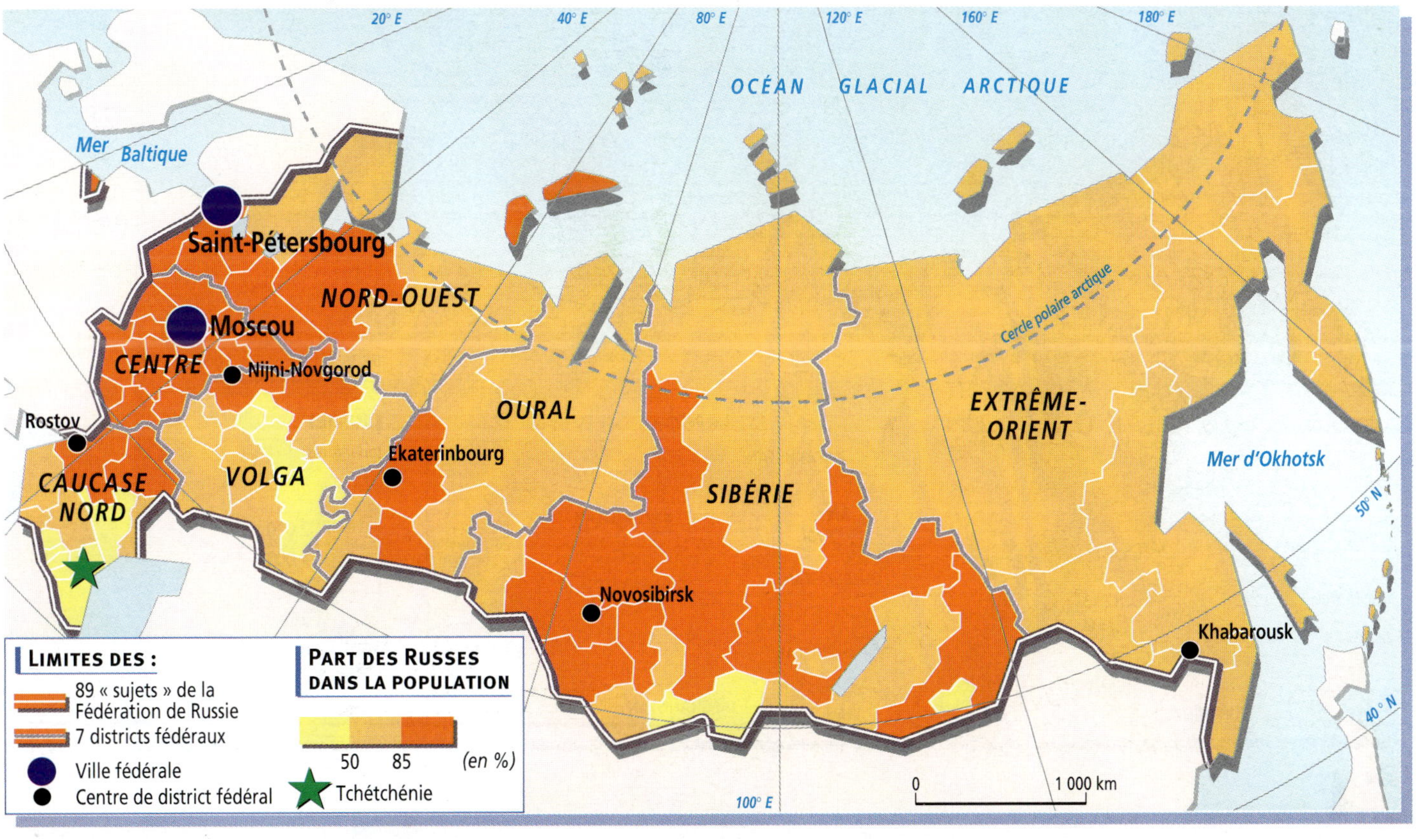

Cartes Majeures

La Russie, un État-continent

1. Le plus vaste pays du monde

2. Les contraintes naturelles sont fortes

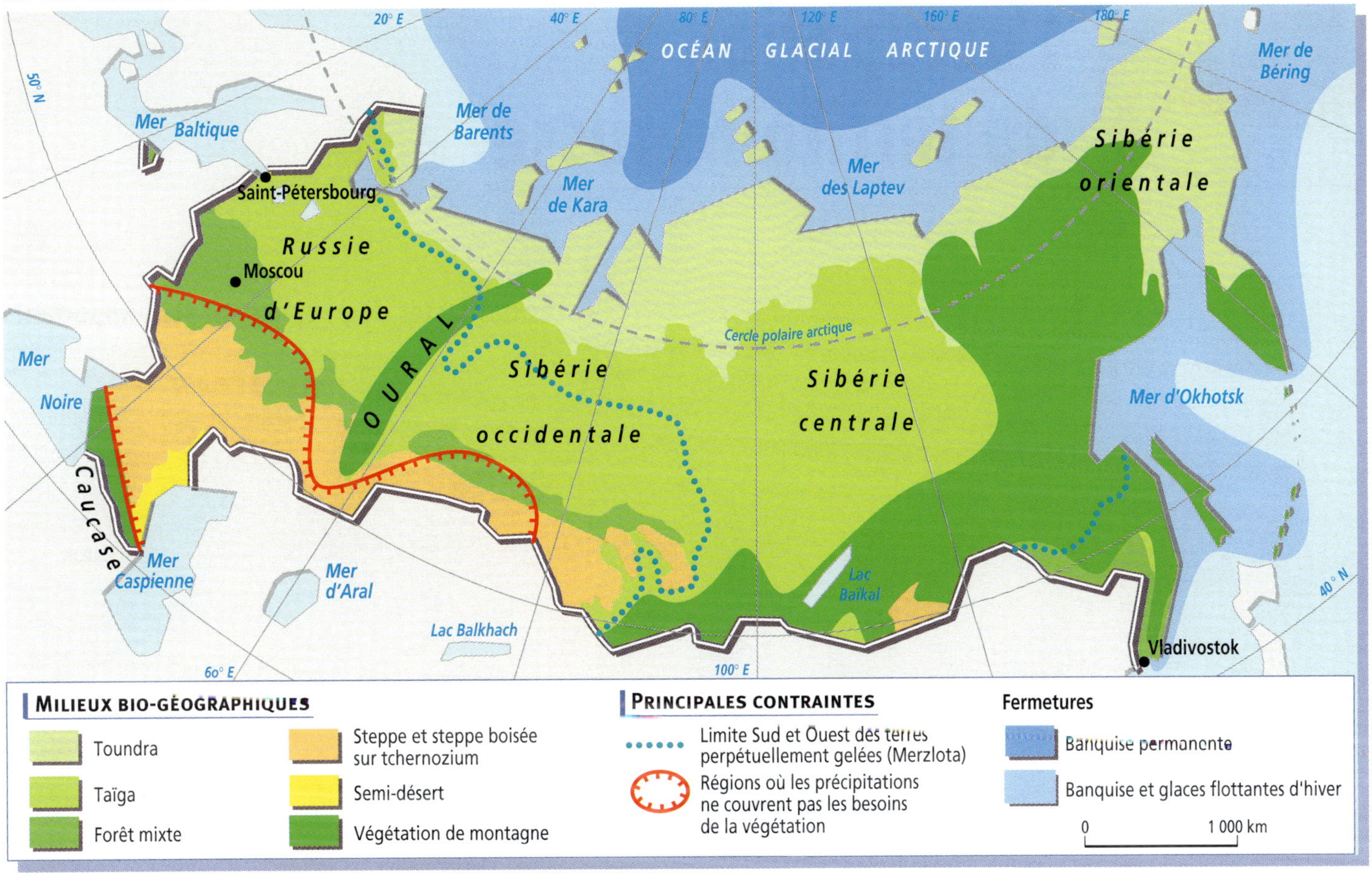

3. Le territoire est inégalement accueillant

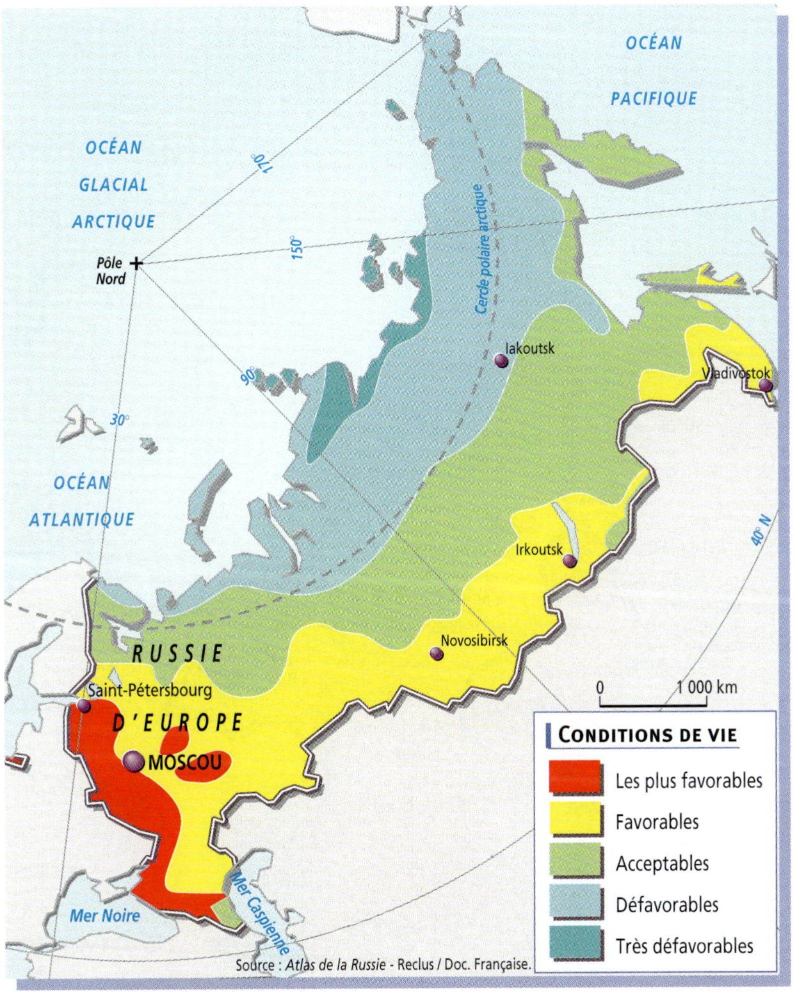

Source : *Atlas de la Russie* - Reclus / Doc. Française.

Questions

- Sur le territoire russe, où se situent les plaines, les montagnes **(carte 1)** ?
- Quelles contraintes naturelles présente le territoire de la Russie **(carte 2)** ?
- En comparant la **carte 3** aux **cartes 1** et **2**, dites quels facteurs expliquent les différences de conditions de vie sur le territoire russe.

L'occupation du territoire russe

1. Les contrastes de peuplement sont importants

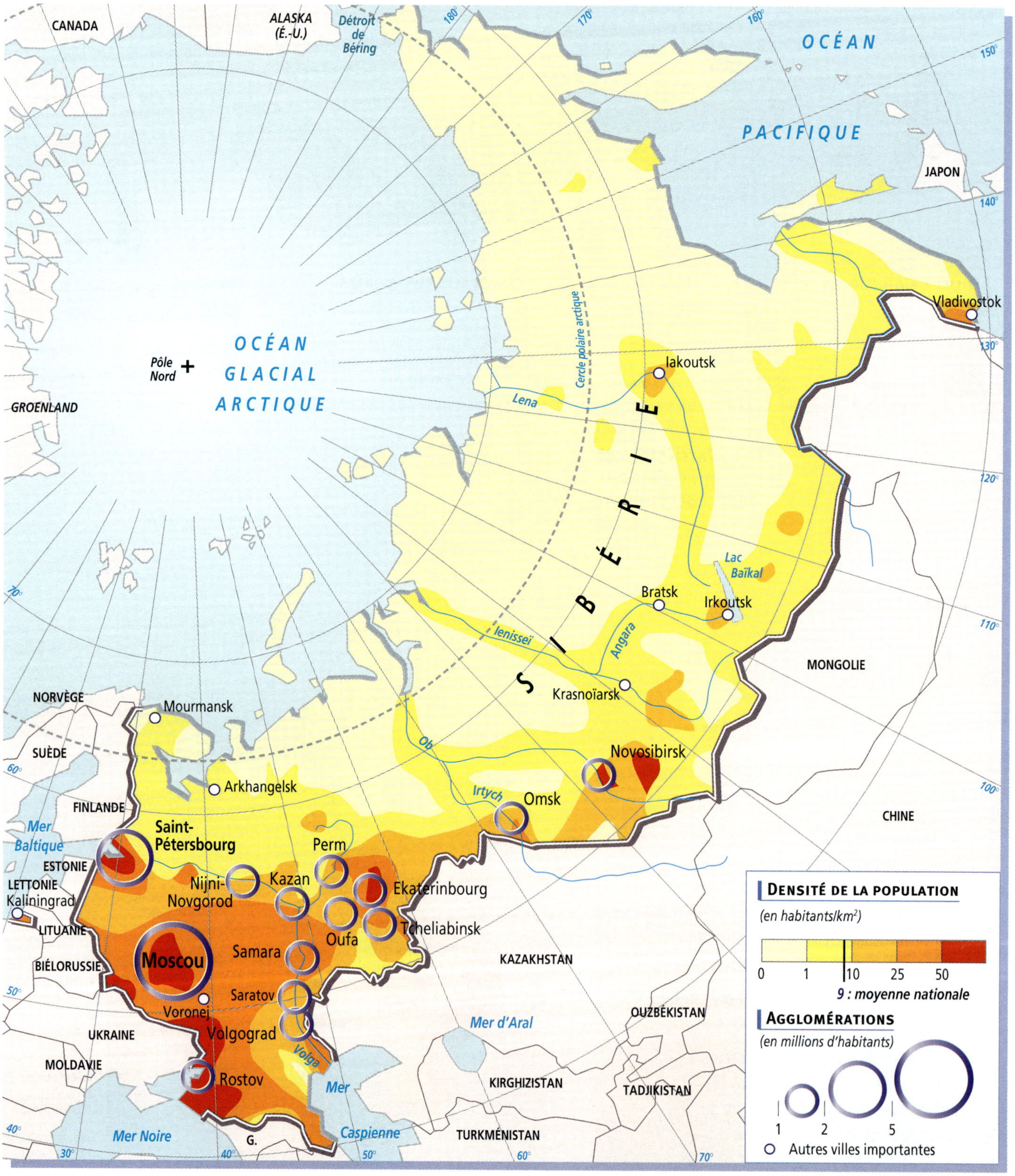

2. Les ressources naturelles sont considérables

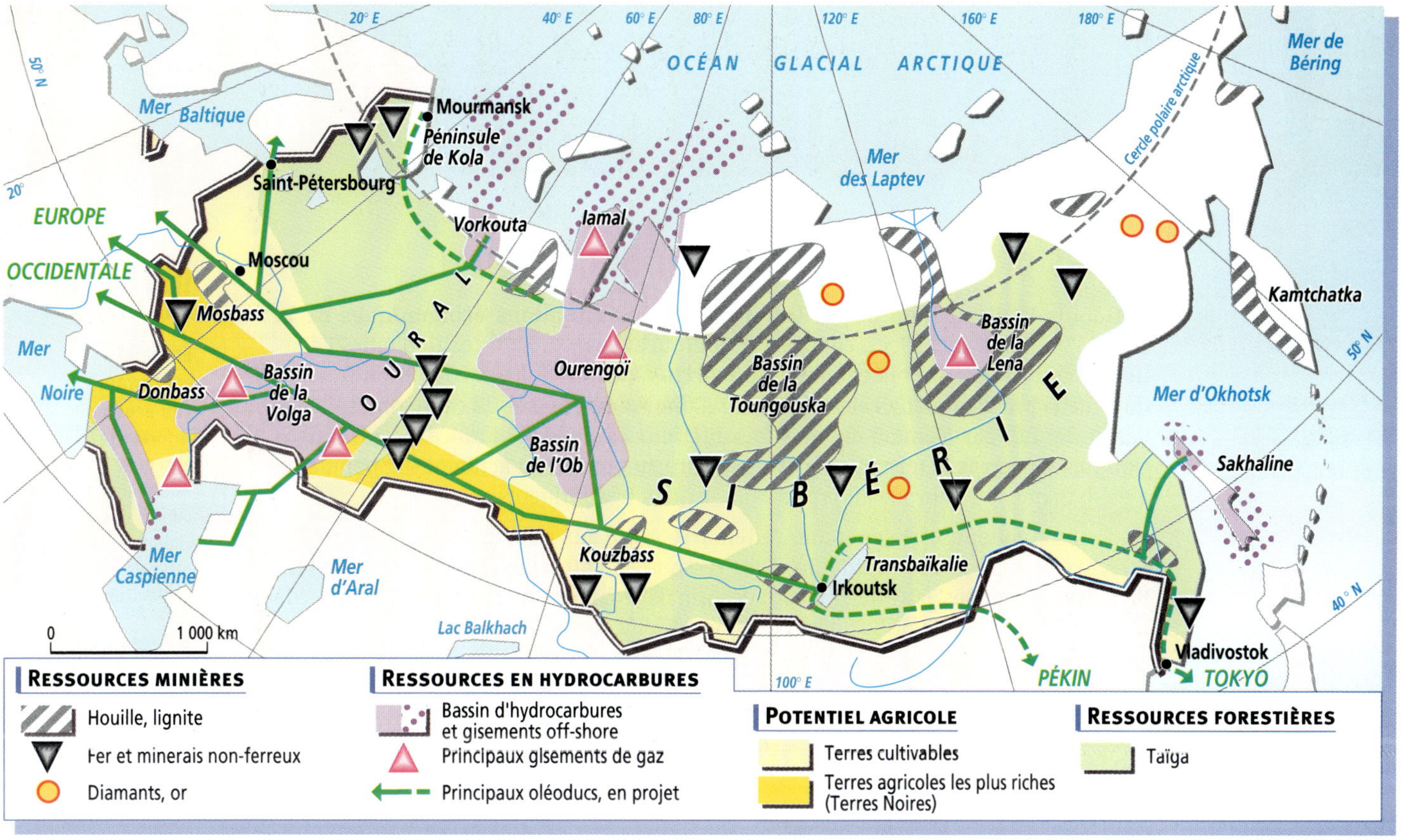

3. La maîtrise du territoire est inégale

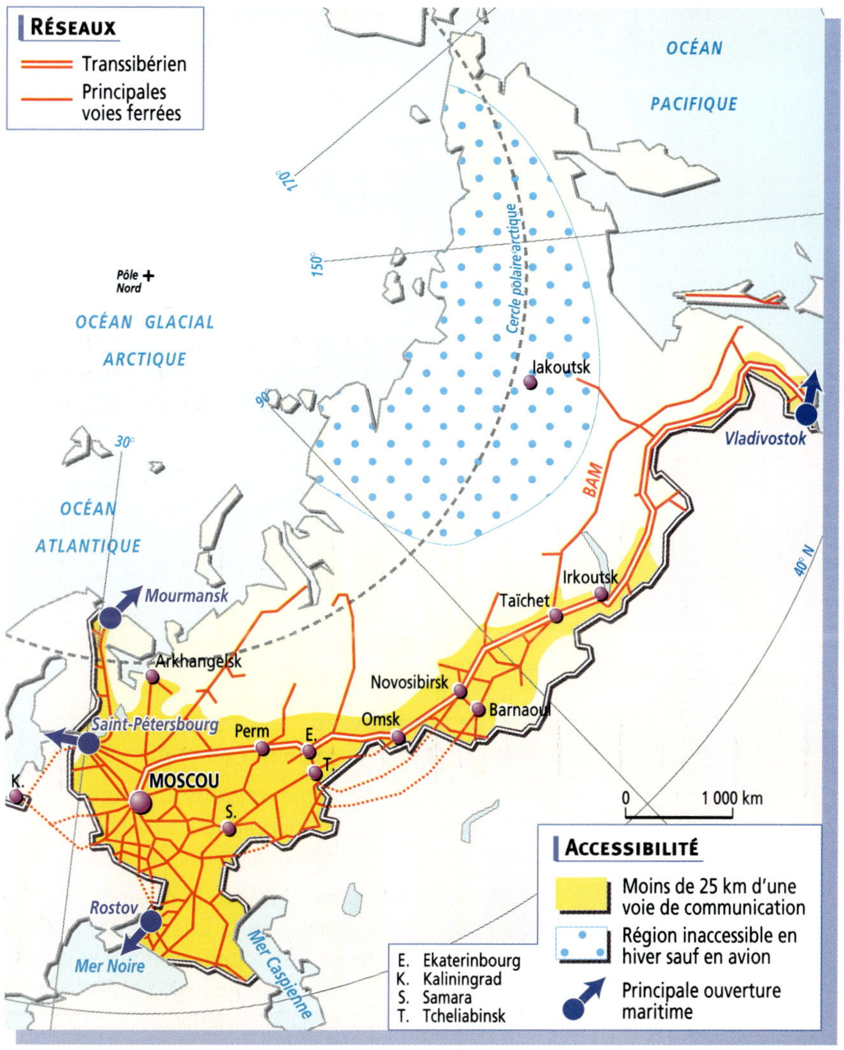

Questions

- Décrivez la répartition de la population russe **(carte 1)**. Quels facteurs expliquent la distribution des hommes sur le territoire **(cartes 1, 2 et 3 et cartes pages 332-333)** ?
- Quels sont les atouts du territoire de la Russie **(carte 2)** ?
- Comparez les **cartes 1, 2** et **3**. Quels problèmes se posent à la Russie en raison de l'inégale maîtrise de son territoire ?

1 La nouvelle Russie

1. Les problèmes d'un État en transition

• **Depuis la disparition de l'URSS, fin 1991, les mutations économiques de la Russie sont à la fois spectaculaires et douloureuses** (1). La transition entre l'**économie collectivisée*** et l'**économie de marché*** s'est traduite par un effondrement de toute la production intérieure et l'essor d'une **économie souterraine** reposant sur le troc. Le PIB par habitant est trois fois inférieur à celui de la France. **La privatisation des entreprises d'État**, qui devait se faire au profit d'un actionnariat populaire, a été largement détournée au profit d'**oligarques** très influents.

• **Mais, actuellement, l'économie redémarre** grâce aux réinvestissements, vers les secteurs productifs, des profits tirés des ressources naturelles. Les 2/3 des emplois, 80 % des entreprises, 60 % du PIB sont désormais le fait du secteur privé. L'État garde néanmoins le contrôle de secteurs clés : l'électricité, le gaz...

• **Dans les campagnes, les transformations sont plus lentes.** Les anciennes fermes collectives (sovkhozes, kolkhozes) sont devenues des sociétés détenues par les paysans. Mais ceux-ci continuent à privilégier **l'exploitation de leurs lopins individuels** qui fournissent plus 50 % de la valeur de l'agriculture russe.

Sujet Bac n° 43
La Russie, un État en quête d'un nouveau développement ? *(pages 352-353)*

2. Une société nouvelle ?

• **La transformation des structures politiques et économiques a d'importantes conséquences sociale. Les inégalités**, déjà observées à l'époque soviétique entre la **nomenklatura** et le reste de la population, se sont accentuées (2). En 2001, plus du tiers de la population vivait en dessous du seuil de pauvreté. La Russie occupe le **63e rang mondial pour l'IDH***.

• **Dans cette nouvelle société, les « perdants » de la transition économique sont nombreux :** salariés des industries lourdes mis au chômage, fonctionnaires (militaires, enseignants, professions de santé), retraités... À l'autre extrémité, les **« Nouveaux Russes »** sont les spectaculaires bénéficiaires de l'économie de marché (3).

• **Deux éléments doivent cependant permettre d'atténuer ce constat :** le maintien d'un **fort secteur d'État** et le développement réel d'une **classe moyenne** que révèlent, entre autres, le nombre élevé de véhicules particuliers et la multiplication des résidences secondaires, les datchas, à la périphérie des grandes villes.

Dossier
Crise ou mutation de la société russe ? *(pages 344-345)*

3. L'enjeu du contrôle du pouvoir

• **La fin de l'URSS a laissé à la Russie un équilibre régional précaire.** Le maillage administratif du territoire russe est constitué de circonscriptions administratives, les **« sujets » de la Fédération***.

• **Au début des années 1990, plusieurs d'entres eux ont profité de l'affaiblissement du pouvoir central** pour accroître leur autonomie. Les plus riches (Tatarstan, Yakoutie-Sakha...) ont élaboré leurs propres institutions, soucieux de **disposer librement de leurs revenus**. Des dirigeants politiques ou économiques ont constitué de véritables fiefs, détournant les ressources à leur profit.

• **En mai 2000, sept « super-régions », dirigées par un représentant du pouvoir central ont été créées.** La prééminence de la législation fédérale est réaffirmée afin de réorienter vers le Centre la majorité des ressources fiscales régionales.

• **Mais Moscou doit compter avec la diversité de la population.** Si les Russes représentent 82 % de sa population, la Russie, **État multinational**, comprend plus d'une centaine de **nationalités*** ou groupes ethniques. Le **renforcement du pouvoir central sur les régions de la périphérie** se réalise au prix d'un conflit en Tchétchénie, dont l'issue reste encore très incertaine.

Dossier
Le territoire russe, une nouvelle donne ? *(pages 346-347)*

Cartes Majeures
Les enjeux territoriaux de la Russie *(pages 332-333)*

Mots-clés

Économie souterraine (ou économie informelle) : ensemble d'activités fonctionnant en dehors des circuits économiques officiels, sans déclaration légale.

Nomenklatura : dans l'ex-URSS, classe privilégiée composée des membres du parti communiste et de l'administration d'État.

Oligarque : en Russie, personnalité ayant un pouvoir important et qui se situe entre les mondes de la finance, de l'industrie et de la politique.

* voir Lexique

1. Complexe industriel près de Tcherepovets, au Nord de Moscou
La modernisation de l'industrie constitue un défi majeur pour le pays.

2. Contrastes sociaux et spatiaux

Les difficultés de la vie quotidienne varient selon les régions et la saison. Les écarts régionaux de revenus allaient de 1 à 5 pendant la période soviétique. Ils vont, en 2000, de 1 à 20.
C'est en hiver que la situation s'aggrave, surtout dans les régions relativement enclavées du centre et de l'Est de la Sibérie. En janvier 2001, au moment des froids les plus vifs (– 40 °C à Krasnoïarsk), les systèmes de chauffage urbain, de production et de distribution d'électricité, mal contrôlés et insuffisamment approvisionnés, ont connu des pannes dramatiques privant de chauffage pendant de longues heures, parfois des jours entiers, plusieurs dizaines de milliers de personnes. Dans certaines campagnes sibériennes, où les anciens sovkhozes sont en faillite, il n'y a plus d'eau courante ni de chauffage sauf lorsqu'on utilise le bois. [...]
À l'inverse de l'Amérique du Nord ou de l'Europe occidentale et nordique, ce sont les jeunes qui disposent du maximum des revenus en Russie. Ainsi, le représentant type de la classe moyenne russe a 32 ans, il fume, il a fait des études universitaires, va en vacances à l'étranger et connaît les grandes marques de luxe comme Dior, Kenzo... Mais il travaille beaucoup et subit le stress à l'égal des cadres européens ou américains. Il a beaucoup de chance d'habiter Moscou où le pourcentage de la classe moyenne est trois fois supérieur à la moyenne du pays. Saint-Pétersbourg est la seconde ville la plus favorisée, mais assez loin de la capitale qui concentre de plus en plus les activités économiques directionnelles du pays.

C. Cabanne, E. Tchistiakova, *La Russie,* A. Colin – 2002.

3. Investir sur la Côte d'Azur

Dans un magazine publié en Russie en juin 2003, cette publicité invite les Russes à investir dans l'immobilier sur la Côte d'Azur.

2 Un formidable potentiel naturel à maîtriser

1. La nature russe : atout ou contrainte ?

• **Avec 17 millions de km², la Russie est le plus vaste pays du monde,** elle s'étend sur 9 000 km d'Est en Ouest et plus de 3 000 km du Nord au Sud. Onze fuseaux horaires la divisent ; huit heures séparent Moscou de Vladivostok, capitale asiatique de l'Extrême-Orient russe.

• **Les paysages de la Russie sont d'une grande monotonie.** De part et d'autre de la chaîne de l'Oural, s'étendent de vastes plaines : Russie d'Europe à l'Ouest, plaines de Sibérie occidentale à l'Est. Le Caucase, la Sibérie centrale et orientale offrent des ensembles plus contrastés de plateaux et de montagnes élevées.

• **Nordique, avec près de 90 % de son territoire au Nord du 50e parallèle,** la Russie est fortement marquée par la **continentalité** qui impose un climat très rigoureux. L'hiver, la **merzlota** s'étend sur une grande partie du territoire, tandis que le printemps est « la saison des mauvaises routes », la **raspoutitsa**.

• **Les milieux naturels se répartissent en bandes latitudinales :** la **toundra*** au Nord, la **taïga*** au centre, bordée par la forêt mixte. Au Sud, les **steppes*** donnent des sols fertiles, les **Terres noires**.

• **Les contraintes du milieu dessinent les contours d'une « Russie utile »,** où se concentre l'essentiel des 144 millions d'habitants. Mais l'immense territoire russe recèle des ressources considérables (6).

Cartes Majeures
La Russie, un État-continent (pages 334-335)

Dossier
Crise ou mutation de la société russe ? (pages 344-345)

2. Des ressources considérables

• **La Russie est l'un des pays les mieux dotés au monde en ressources énergétiques. Second producteur de pétrole,** elle tire les 2/3 de sa production du bassin de l'Ob, en Sibérie occidentale (5). Le **gaz naturel** constitue une ressource majeure qui représente 1/4 de la production mondiale. Détenant près de 40 % des réserves de gaz de la planète, dont les 8/10e en Sibérie occidentale (Iamal, Ourengoï), la Russie s'impose aujourd'hui comme le fournisseur principal de l'UE. Les réserves en **charbon** sont aussi considérables (1/5e des réserves mondiales), avec des gisements d'excellente qualité (Kouzbass en Sibérie).

• **Les ressources minières sont d'une grande variété.** Importantes dans la partie européenne (fer de l'Anomalie Magnétique de Koursk, métaux rares de la péninsule de Kola, Oural...), elles abondent en Sibérie : Norilsk (nickel, cuivre), Krasnoïarsk (bauxite), Iakoutie (diamants, or).

• **Les forêts couvrent 45 % du territoire russe.** Si les potentialités sont énormes en Sibérie (75 % des forêts exploitables), c'est la partie européenne qui produit encore la majorité des cubages (61 %).

Dossier
La Sibérie, quels atouts pour la Russie ? (pages 348-350)

Sujet Bac n° 46
Les ressources naturelles, fondement de la richesse de la Russie ? (pages 356-357)

3. La maîtrise du territoire, un impératif

• **La nature est le principal atout de la Russie.** Pour financer sa modernisation, le pays doit exploiter son exceptionnel potentiel minéral et énergétique. Mais, malgré leur abondance, ces **richesses sont souvent difficiles à mettre en valeur**.

• **L'éloignement des zones de production** (c'est la Sibérie qui offre le plus fort potentiel énergétique et minier) implique des déplacements sur de très grandes distances, aussi bien pour l'approvisionnement des centres industriels nationaux que pour l'exportation. De plus, **les contraintes climatiques** nécessitent une technologie très coûteuse (4).

• **Mais les principaux handicaps s'expliquent par le poids des héritages.** Une **économie extensive***, fondée sur des richesses estimées à tort inépuisables, et la vétusté des transports sont la cause, aujourd'hui encore, d'énormes gaspillages.

Cartes Majeures
L'occupation du territoire russe (pages 336-337)

Sujet Bac n° 47
Le territoire de la Russie, des ressources, des contraintes ? (pages 358-359)

Mots-clés

Merzlota : en Russie, sol gelé en permanence sur une épaisseur variable.

Raspoutitsa : en Russie, période pendant laquelle le dégel de la partie superficielle des sols et la fonte des neiges rendent les communications difficiles.

Terres noires (Tchernozium en russe) : terres fertiles, riches en humus.

* voir Lexique

4. Une exploitation de gaz naturel à Nefleiourgansk en Sibérie

D'immenses ressources, mais d'exploitation difficile à cause des contraintes naturelles et de l'éloignement des marchés de consommation.

5. Pétrole : la Russie, l'autre Arabie Saoudite ?

De plus en plus, la Russie s'affirme en tant que puissance pétrolière et pourrait bien tenir tête à l'OPEP. [...]

Lorsque l'on voit une compagnie comme BP investir 8 milliards de dollars en Russie, force est de reconnaître que le pays est en passe de devenir une valeur sûre sur le marché de l'énergie. Sommes-nous en train d'assister à la naissance d'un nouveau géant de l'énergie, à même de rivaliser avec l'Arabie Saoudite ? On serait tenté de dire oui. Si l'on additionne au pétrole les gigantesques réserves de gaz, les ressources énergétiques de la Russie surpassent celles de l'Arabie Saoudite.

Après une chute brutale, à mettre au compte de l'effondrement de l'Union soviétique, la production de pétrole est aujourd'hui en augmentation de 9 % par an. Les propriétaires privés des champs de pétrole ont massivement investi dans du matériel nouveau et dans la technologie, attirant du même coup des « contracteurs » venus de l'Ouest, comme la société texane Halliburton. Avec 8 millions de barils par jour, la production russe de brut se rapproche de celle de l'Arabie Saoudite. [...]

Pour parvenir à pénétrer de nouveaux marchés, la Russie doit donc, de toute urgence, mettre ses infrastructures d'exportation à niveau. Plusieurs projets de pipelines sont actuellement en gestation en direction de la Chine ou du Japon. Les compagnies pétrolières en sont même à évaluer des projets d'approvisionnement direct du marché américain.

S. Reed, J. Bash, *BusinessWeek*, n° 1623 – 24 octobre 2003.

6. Les ressources du sous-sol

a. Les grands pays producteurs

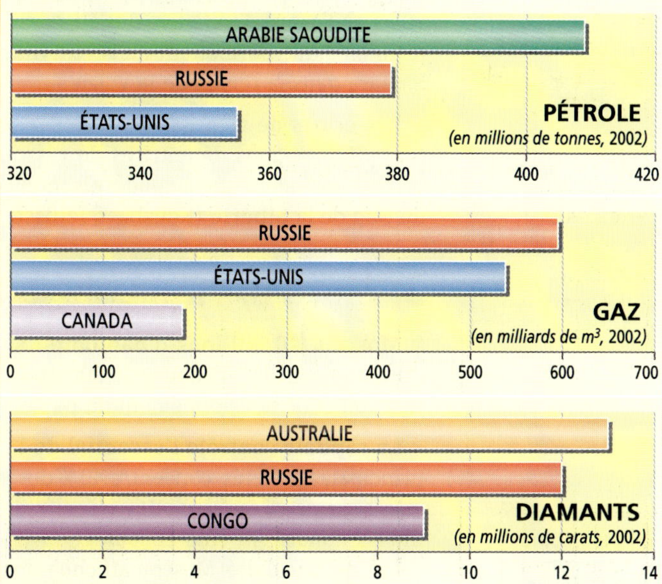

b. Les exportations russes

(en % du revenu des exportations, 2002)

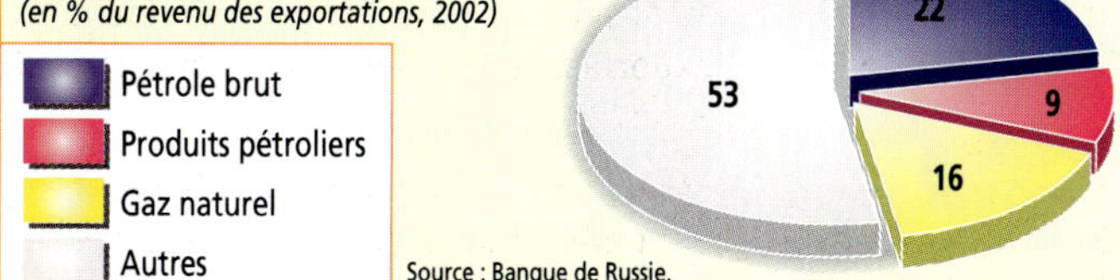

Source : Banque de Russie.

3 Un espace en recomposition

1. Le redéploiement territorial de la Russie

• **La modification des frontières a privé la Russie d'une partie de ses façades maritimes et de ses débouchés terrestres.** Pour retrouver la maîtrise des flux énergétiques destinés à l'exportation, elle doit réaménager ses « fenêtres maritimes » et son réseau de transport.

• **Cinq ports, reliés aux gisements de Sibérie occidentale, sont en cours d'aménagement** près de Saint-Pétersbourg. Sur la mer Noire, **Novorossisk** s'impose désormais comme le principal débouché des gisements d'hydrocarbures des nouveaux États indépendants d'Asie centrale : Kazakhstan et Azerbaïdjan.

• **La Russie souhaite valoriser sa position intercontinentale.** Des travaux sur l'axe ferroviaire du Transsibérien et du **BAM** visent à améliorer la desserte du **pont transsibérien** entre l'Europe et Vladivostok, « fenêtre maritime » ouverte sur l'aire de l'Asie orientale (7).

2. Une nouvelle donne spatiale

• **La nouvelle Russie se caractérise par l'accentuation, sur son territoire, de contrastes régionaux.** Les **migrations** internes opposent les **régions attractives**, la partie européenne ouverte sur le monde, aux régions de **la Sibérie, plus périphériques**. Dans ces dernières, les incertitudes politiques et la dégradation des conditions de vie dans les régions à fortes contraintes climatiques expliquent **le mouvement de départ et la faiblesse des investissements** (9).

• **En Russie d'Europe, les agglomérations concentrent les pouvoirs économiques, financiers, politiques.** Disposant d'une main-d'œuvre qualifiée et de bonnes infrastructures de communication, elles affirment leur **fonction d'organisation régionale**. Hormis **Moscou** et **Saint-Pétersbourg** (5 millions d'habitants), il s'agit de villes où l'esprit d'initiative des élites dirigeantes et la présence de pôles d'innovation technologique permettent un **réel dynamisme**. C'est le cas de Nijni Novgorod ou de Samara dans la région de la Volga.

• **Les écarts de richesse entre les « sujets » de la Fédération* sont très importants.** Les régions détentrices de ressources naturelles exportables sont nettement privilégiées, alors que la modernisation des **vieux bastions industriels de l'Oural** et du Sud de la **Sibérie** (Kouzbass, Ienisseï, Agara-Baïkal) est difficile.

3. Moscou, vitrine de la Russie

• **Moscou (10 millions d'habitants) s'affirme comme le centre incontesté de la nouvelle Russie.** À l'heure de la mondialisation, elle symbolise la volonté de modernisation et de développement du pays (8).

• **La capitale contrôle l'essentiel de l'activité économique.** Elle abrite le siège des principales sociétés, concentre 40 % des revenus et plus de 70 % des opérations financières du pays. Au cœur des réseaux de communication, dotée de quatre aéroports internationaux, la ville encourage la venue d'**investisseurs étrangers**. Rénovée de façon spectaculaire, Moscou affiche une **prospérité insolente** dans un **pays en crise**.

• **Désirant s'affirmer comme une « ville mondiale », Moscou** entend maintenir sa spécificité nationale. Aussi, multipliant les **grands projets publics**, la municipalité privilégie une architecture qui, dans la tradition russe et soviétique, évoque une incontestable **nostalgie de grandeur** : reconstruction de la Cathédrale du Saint-Sauveur, monument de Pierre le Grand...

Cartes Majeures
Les enjeux territoriaux de la Russie *(pages 332-333)*

Cartes Majeures
L'occupation du territoire russe *(pages 336-337)*

Dossier
Crise ou mutation de la société russe ? *(pages 344-345)*

Sujets Bac n°s 44 et 45
La Russie, un territoire en recomposition ? *(pages 354-355)*

Photographie
Moscou, la ville en rénovation *(page 327)*

Mots-clés

BAM (Baïkal-Amour-Magistral) : ligne ferroviaire qui double, au Nord, la voie du transsibérien, entre la lac Baïkal et l'océan Pacifique.

Pont transsibérien : liaison ferroviaire entre l'Europe et l'Asie à travers le territoire de la Russie.

* voir Lexique

7. L'organisation du territoire : de nouvelles logiques

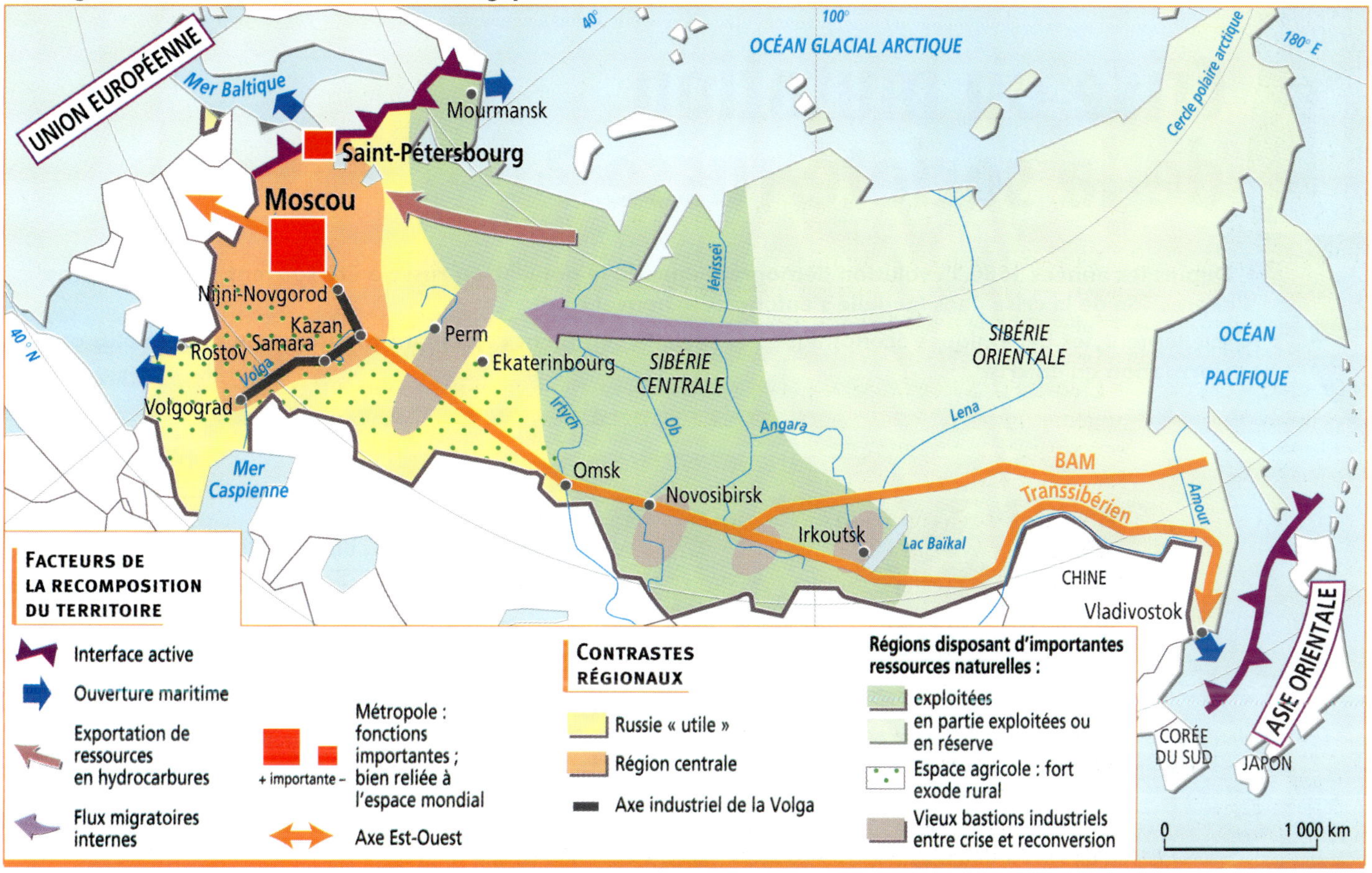

8. Moscou, centre d'impulsion de la Russie

Les atouts de Moscou sont nombreux. La ville bénéficie d'abord de sa situation au cœur de la première région économique du pays, avec une structure industrielle très diversifiée, qui s'explique en partie par l'absence de grands gisements de matières premières. Par ailleurs, héritage de la centralisation soviétique, Moscou se trouve au cœur de tous les réseaux de transports nationaux et même Est-européens, ce qui en fait le lieu le plus accessible de la Russie.

Cette situation, combinée au fait qu'elle est la capitale de la Russie depuis plusieurs décennies, en fait traditionnellement aussi le lieu le plus ouvert sur le monde extérieur en Russie. Par ailleurs, en raison de son poids démographique, la région de Moscou constitue un marché de consommation important susceptible d'attirer des investisseurs et capable d'entretenir un niveau minimum de dynamisme parmi les entreprises.

Y. Richard, ***Les très grandes villes dans le monde,*** **Éditions du Temps – 2000.**

9. Répartition régionale de l'investissement étranger

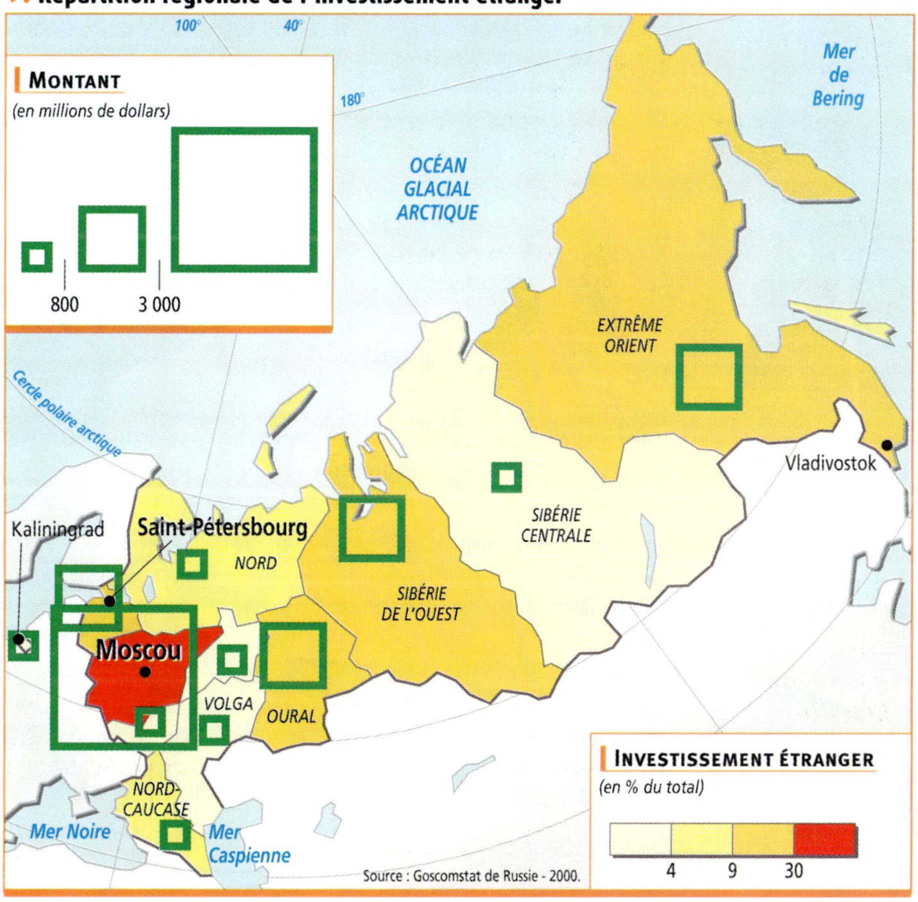

Crise ou mutation de la société russe ?

Depuis les années 1980, l'évolution démographique de la population russe a été souvent perçue comme l'expression de la crise dans laquelle s'enfonçait le nouvel État.

Actuellement, les dynamiques économiques et sociales semblent cependant montrer une société plus en transformation qu'en crise.

1. Pour beaucoup de Russes, le niveau de vie a régressé

2. Une vie quotidienne difficile

Galina, une femme énergique de 63 ans, aurait aimé que sa vie change davantage ces dernières années. Elle travaille encore, comme d'ailleurs la plupart des retraités russes, tout en sachant arrondir ses revenus.

« Je gagne 5 000 roubles par mois (143 euros) en tant qu'ingénieur. Je touche aussi ma retraite de 2 000 roubles (57 euros). Mais en réalité, j'ai 500 dollars dans ma poche tous les mois grâce au travail au noir. »

Galina illustre l'ambiguïté de la situation de la plupart des Russes. Après douze ans de tumulte postcommuniste, les inégalités, tout comme les richesses, ont explosé.

À côté de la poignée de milliardaires oligarques* qui font la une de la presse, cohabitent 30 % de Russes qui vivent avec moins que le minimum vital, fixé à 58 dollars par mois. Parmi eux figure l'immense armée des retraités, un habitant sur cinq, qui touchent en moyenne une allocation de 29 à 43 dollars.

Une condition de survie qui entretient l'économie souterraine, représentant encore près du quart du PIB.

E. Moreau, *L'Expansion* – Décembre 2003.

3. L'évolution démographique

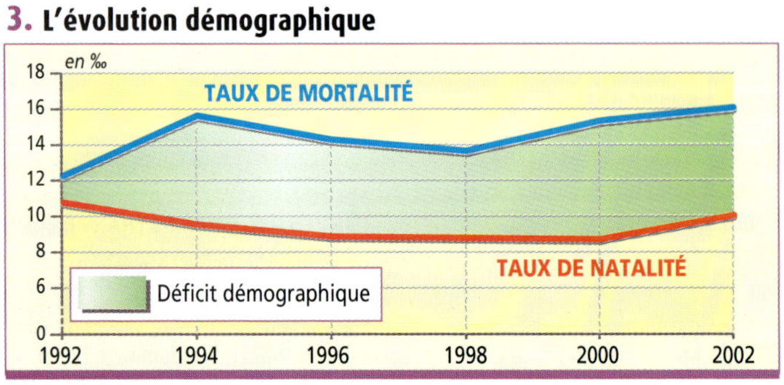

4. Le retour de la croissance économique

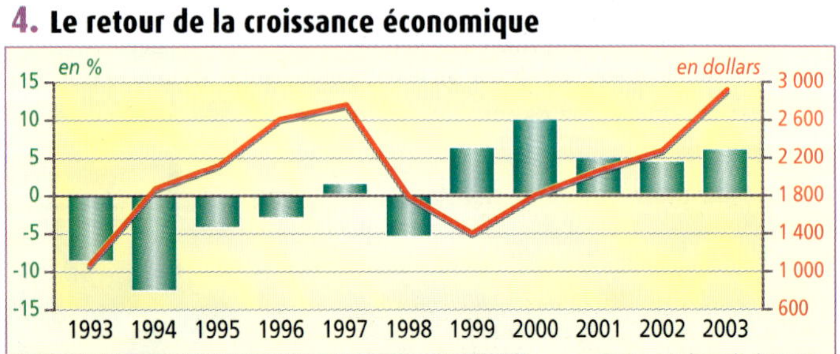

Source : Ambassade de France - Ministère de l'Économie.

5. Un territoire inégalement attractif

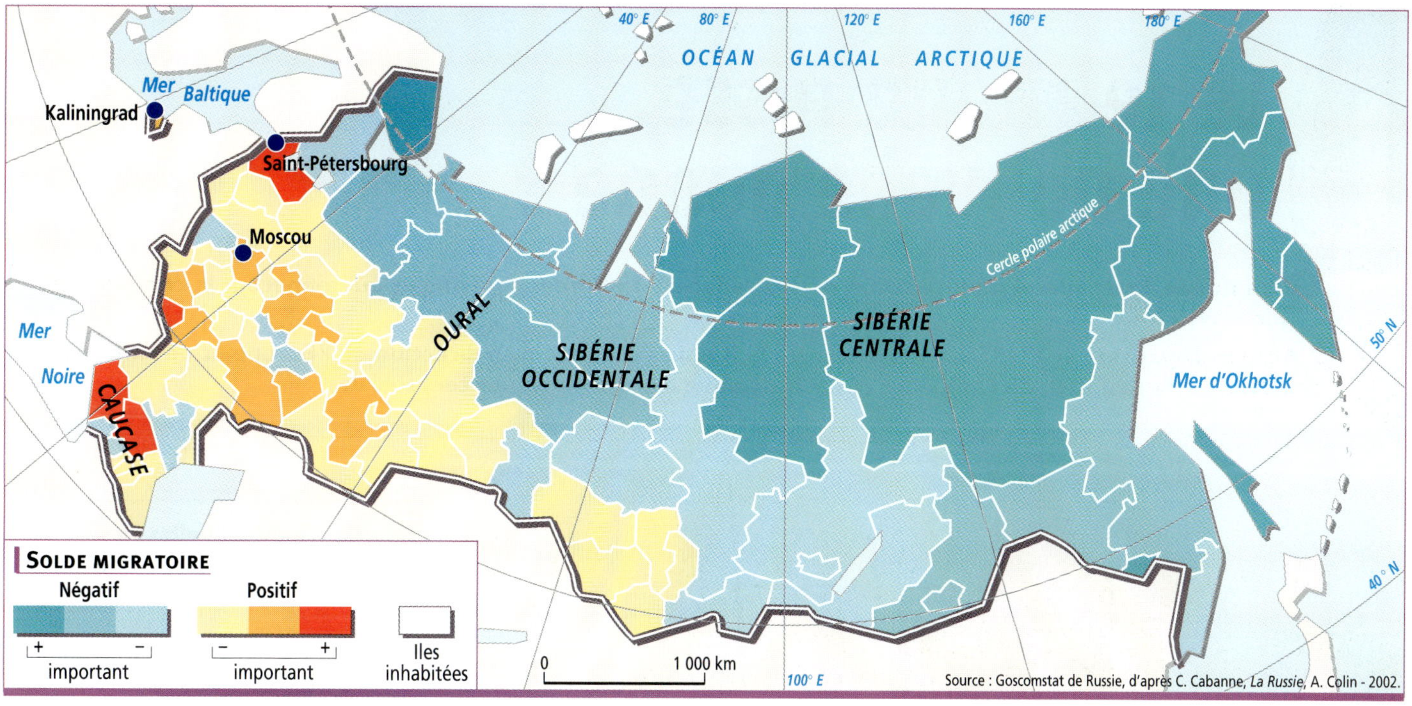

Source : Goscomstat de Russie, d'après C. Cabanne, *La Russie*, A. Colin - 2002.

6. Les Russes, de nouveaux consommateurs ?

À Tioply Stan, dans la banlieue de Moscou, des norias de grues et de camions achèvent la construction du plus grand centre commercial de l'Europe de l'Est. Déjà, des navettes gratuites traversent le périphérique de la ville pour aller chercher les fournées de clients à la sortie du métro le plus proche. Les plus aisés ont garé leur Lada, leur Peugeot ou leur Fiat sur le gigantesque parking. Voilà quelques mois à peine, l'endroit – une ancienne exploitation agricole en friche – était désert. Depuis l'ouverture d'un magasin Ikea, la foule est au rendez-vous. Dans les rayons, mais aussi aux caisses : avec ses étagères en pin ou ses lits pour enfant, l'enseigne suédoise fait un carton à Moscou.

Grâce à la croissance revenue, les Russes recouvrent leur appétit de consommation. À Moscou, même les boutiques de luxe reviennent. Le 17 avril dernier, une meute de photographes jouait des coudes pour apercevoir la brochette de stars conviées à l'ouverture d'un magasin Bulgari.

E. Chol, *L'Express* – 23 mai 2002.

7. À Moscou, la plupart des jeunes ont adopté le mode de vie occidental

Questions

1. Quelle est la situation démographique de la Russie (3) ? Quelle partie de la Russie est la plus attractive (5) ? Pourquoi ?

2. Pourquoi peut-on parler d'une crise de la société russe (1, 2) ?

3. Quels éléments montrent un renouveau pour l'économie et la société russe (4, 6, 7) ?

Dossier

Le territoire russe, une nouvelle donne ?

- **La Russie, État fédéral multinational, doit faire face à des forces centrifuges qui menacent la cohésion de son territoire.**
- **Avec la disparition de l'URSS, le territoire de la Russie s'est réduit en direction de l'Europe et de l'Asie centrale. Là, le maintien de l'influence russe rencontre d'autres logiques territoriales.**

1. Les élections présidentielles en Tchétchénie, en octobre 2003, ont été étroitement controlées par les Russes

2. Une identité territoriale contestée

Citoyens d'une puissance impériale récemment déchue, les Russes s'inquiètent de leur place dans un espace postsoviétique en pleine mutation. L'affaiblissement du rôle de la Russie a relancé les polémiques sur cette vieille question. Alors que certains prônent un repli sur les valeurs traditionnelles russes, menacées par la globalisation, toute une littérature s'emploie à revaloriser l'influence du pays en Eurasie. Dans le même temps, les Russes ont vécu douloureusement la contestation de leur prééminence dans leur ancien empire et redécouvert l'imbrication au Caucase, en Volga moyenne et sur toutes leurs marges méridionales, entre populations chrétiennes et musulmanes. Les « Russiens » ont eu du mal à assimiler le nouveau territoire de la Fédération, et l'idée que les « vraies frontières » seraient celles de la CEI est encore vivace.

J. Radvanyi, *Les États postsoviétiques*, A. Colin – 2003.

3. Le « Grand Jeu » en Asie centrale

La Russie s'efforce, politiquement et économiquement, de se maintenir dans le Nord du Caucase et en Asie centrale afin de pouvoir un jour recréer l'ancien espace soviétique. Les États-Unis font évidemment tout ce qu'ils peuvent pour contrecarrer ce projet. Hormis ces deux puissances, d'autres pays participent à ce « Grand Jeu » : du côté des États-Unis, on trouve la Turquie, le Pakistan, l'Ukraine et en partie l'Union européenne ; du côté de la Russie, le Kazakhstan, l'Iran, et dans une certaine mesure la Chine.

Les États-Unis ont pris l'initiative en poussant cinq des anciennes Républiques soviétiques (Géorgie, Ukraine, Ouzbékistan, Azerbaïdjan et Moldavie) à créer une organisation régionale indépendante de la Russie, le GUUAM.

L'un des premiers soucis de Vladimir Poutine a été d'empêcher l'Occident d'évincer la Russie de cette zone méridionale de l'ex-URSS. Le problème n'est pas encore réglé mais il a marqué quelques points.

A. Rar, *Courrier international* n° 378 – Octobre-novembre 2003.

4. L'unité du territoire menacée ?

Pour le gouvernement russe, l'inconvénient de la solution consistant à lâcher la Tchétchénie serait que cette accession à l'indépendance constituerait un argument de poids pouvant être utilisé dans d'autres républiques autonomes de la Fédération de Russie. Mettre fin à la guerre de Tchétchénie est aussi le moyen de renforcer la cohésion de la Fédération de Russie.

La politique de laisser-faire, menée depuis 1991 faute de moyens budgétaires et pour obtenir des soutiens électoraux, a conduit à un « fédéralisme à la carte ». C'était en fait une véritable anarchie, où chaque région s'est repliée sur elle-même ou s'est associée à des voisines pour former des ligues, des ententes, pratiquant le troc entre elles. Les notables envisageaient même que la Sibérie fasse sécession.

Vladimir Poutine, depuis son élection, s'est efforcé de renforcer le pouvoir fédéral et de redonner quelque autorité à l'État face aux pouvoirs des régions.

Y. Lacoste, « La Russie dix ans après », *Hérodote* – 2002.

5. De nouvelles logiques territoriales

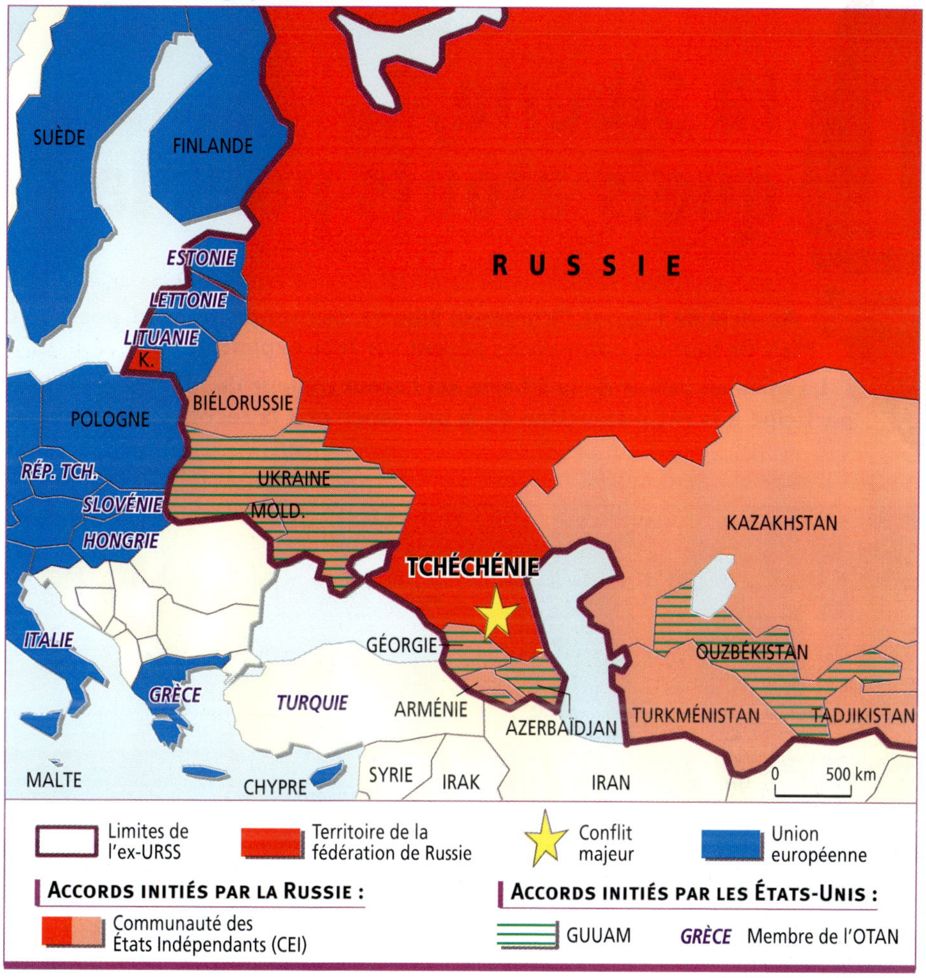

6. Un pouvoir fort pour maintenir l'unité du territoire ?

Alternatives Internationales – Janvier-février 2004.

7. Le retour de l'autorité de l'État

Pour Vladimir Poutine, l'État doit exercer le pouvoir qui lui revient de droit, en rétablissant la « verticale du pouvoir », c'est-à-dire en mettant un terme au morcellement du territoire et au désordre législatif qui ont engendré corruption et criminalité.

Pour reconstruire un « État fort », Vladimir Poutine a rassemblé les 89 « sujets » de la Fédération* en 7 grands districts fédéraux[1]. À leur tête, siègent des « superpréfets », les nouveaux représentants du Président pour les régions.

1. Voir Cartes Majeures pages 332-333.

L. Royer, La Russie dix ans après, *Hérodote* – 2002.

Questions

1. Quels dangers menacent l'unité du territoire de la Russie (1, 4) ?
2. Relevez les modifications du territoire liées à la fin de l'URSS (2, 3, 5).
3. Comment la Russie fait-elle face à cette nouvelle donne territoriale (1, 3, 5, 6, 7) ?

La Sibérie, quels atouts pour la Russie ?

Au-delà de l'Oural, l'immense Sibérie, ce monde du froid, possède de gigantesques ressources naturelles. Mais de lourdes contraintes pèsent sur leur exploitation.

La mise en valeur de la Sibérie est l'atout majeur de la Russie. Véritable « pont » entre l'Europe et l'Asie, elle participe à la reconstruction de la puissance et à la recomposition du territoire russe.

1. Au Nord de la Sibérie, près du cercle polaire, le gisement de pétrole de Kharyaga, exploité par Total
Malgré de lourdes contraintes, les ressources de la Sibérie attisent toutes les convoitises.

2. La Sibérie, eldorado russe ?

Les espaces orientaux, au-delà de l'Oural, représentent un immense hinterland* russe, véritable grenier à matières premières et à énergie, aux ressources à peine entamées, au peuplement clairsemé.
La Russie d'Asie représente 75 % du territoire russe, partagée pour moitié entre la Sibérie et l'Extrême Orient ; les distances sont considérables, près de 6 000 km d'Ouest en Est, plus de 2 000 km du Nord au Sud.
Les richesses de la Sibérie sont fabuleuses : la majorité des réserves russes pour presque toutes les matières premières minérales et métalliques, le bois et les potentiels énergétiques. Ces régions fournissent aujourd'hui 70 % du pétrole, 92 % du gaz, 80 % du charbon, un tiers de l'électricité et du bois produits dans le pays. L'affirmation souvent citée « la puissance russe croîtra par la Sibérie et l'océan Glacial » est toujours d'actualité. Mais la puissance, en ce début de XXIe siècle, se mesure plus à la capacité de bien produire, que par l'immensité des richesses produites.

J. Radvanyi, *La Nouvelle Russie,* Colin – 2000.

Au centre de la carte, la ville industrielle de Sourgout, dans la vallée de l'Ob. La Taïga (en vert sur la carte) est parsemée de lacs et de zones marécageuses (tirets bleus horizontaux). De très nombreux puits de pétrole (figurés noirs en forme de goutte) sont visibles.
Échelle : 1/2 500 000e.

3. Extrait de la carte de la région de Tiouman (Sibérie occidentale)

Office fédéral de géodésie et de cartographie de Russie.

4. La Sibérie entre Europe et Asie

La fonction de transit de la Sibérie et de l'Extrême-Orient, entre l'Europe et les pays du Pacifique, est restée très marginale. Pour des raisons stratégiques, l'Extrême-Orient fonctionnait plus comme un cul-de-sac géré depuis Moscou que comme un relais actif avec un des espaces les plus dynamiques de la planète. Le « pont-terrestre » qu'est le transsibérien, augmenté par le BAM* n'a jamais été utilisé à plein.

Les perspectives sont désormais tout autres. Outre la relance du transport de transit, tant ferroviaire que maritime par la « route maritime du Nord », plusieurs projets se présentent, qui pourraient modifier profondément cette situation, tout en générant d'importants bénéfices.

Plusieurs compagnies aériennes souhaitent créer de grands couloirs internationaux au-dessus de la Sibérie et de l'Extrême-Orient, quitte à financer une partie des travaux nécessaires : modernisation des équipements de contrôle, création d'un ou plusieurs aéroports internationaux relais. L'enjeu est de taille puisqu'il s'agit d'une réduction de 1 500 à 4 000 km de vol selon les directions et qu'un tel couloir peut rapporter plusieurs dizaines de millions de dollars par an. Parallèlement, malgré les réticences de l'Agence pour la sécurité des États-Unis, on envisage la pose d'une liaison par fibre optique entre le Japon et l'Europe de l'Ouest via la Russie.

J. Radvanyi, *ouvr. cité*.

5. Les ressources du bassin de l'Ob

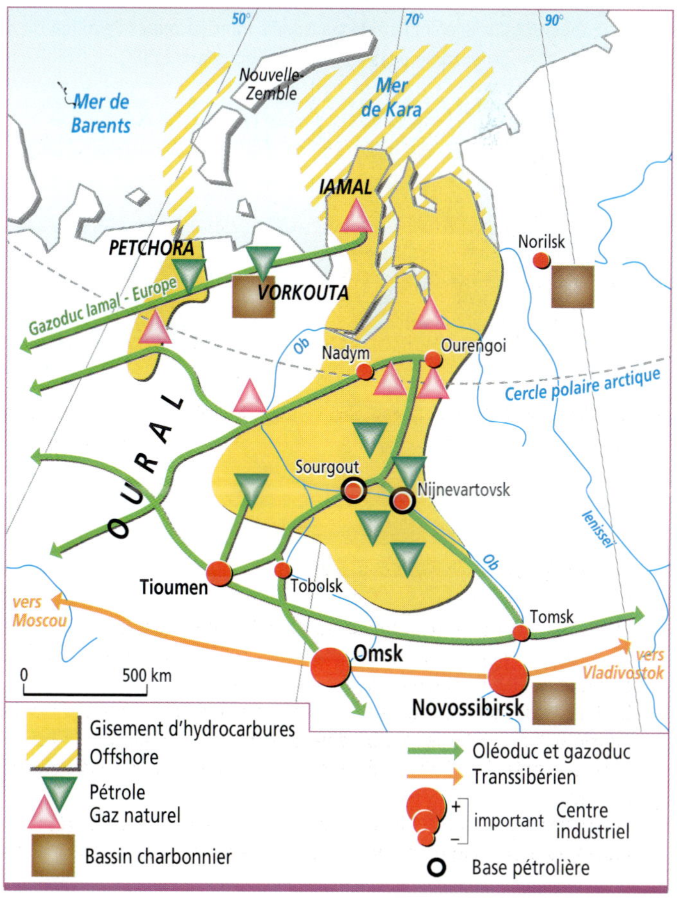

6. Des richesses convoitées

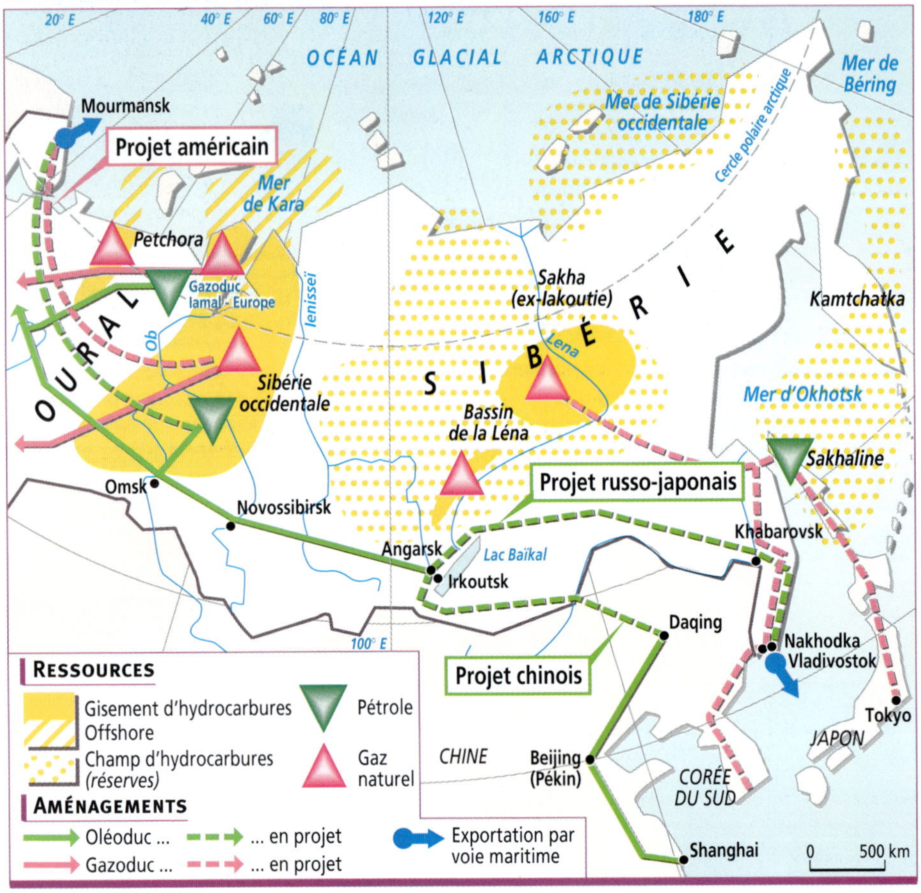

7. Le défi de l'acheminement des ressources

Pour énormes qu'elles soient, les réserves pétrolières russes ont un inconvénient : elles sont loin de tout. [...]
Les trois grands projets qui permettraient d'exporter le pétrole russe sont l'objet de multiples manœuvres. Faut-il construire un oléoduc qui acheminerait le pétrole depuis Angarsk, dans la région du lac Baïkal, vers Daqing, dans le Nord de la Chine ? Prévoir un branchement vers le port russe de Nakhodka, sur l'océan Pacifique, afin de livrer le Japon ? Se contenter pour l'instant d'un oléoduc qui relierait le réseau sibérien au port de Mourmansk, sur la mer de Barents ?
Ce dernier projet semble être le plus réalisable à moyen terme. Les États-Unis l'appuient avec insistance. En partant de Mourmansk, dans le Grand Nord, les tankers pourraient relier la côte Est américaine en 9 jours, contre 32 depuis le golfe Persique. Reste à construire un oléoduc de 1 500 kilomètres et un terminal en eaux profondes.

M.-P. Subtil, *Le Monde* – 5-6 octobre 2003.

8. La Sibérie, un espace de transit

Publicité pour une société de transports internationaux (publiée dans le mensuel russe *Gens d'affaires* – Septembre 2003).

9. La Sibérie orientale, une « fenêtre » sur le Pacifique ?

Logiquement, un élément moteur d'une stratégie d'intégration de l'Extrême-Orient russe devrait être la définition d'un pôle régional fort, capable d'organiser autour de lui des régions dissemblables, de dynamiser leur ouverture sur la zone pacifique tout en accrochant cet essor au reste de la Russie.
Le binôme urbain Khabarovsk-Vladivostok offre un pendant potentiel remarquable à l'axe bipolaire Moscou-Saint-Pétersbourg. Un effort favorisant le développement de ces deux villes, dans le cadre d'une répartition concertée de leurs activités, une volonté affirmée d'améliorer leurs liaisons, tant entre elles qu'avec la Russie d'Europe et les pays du Pacifique, seraient le signe tangible d'une nouvelle stratégie russe dans la zone.

J. Radvanyi, *ouvr. cité*.

Questions

1. Quelles ressources possède la Sibérie (2, 4, 6) ?
2. Quelles contraintes leur exploitation rencontre-elle (1, 3, 7) ?
3. Quel rôle la Sibérie peut-elle jouer dans la reconstruction de la puissance et dans la recomposition du territoire de la Russie (4, 5, 7, 8, 9) ?

Cahiers du BAC

Composition

Sujet Bac n°43 La Russie, un État en quête d'un nouveau développement ?

Sujet Bac n°44 La Russie, un territoire en recomposition ?

Étude d'un ensemble documentaire

Sujet Bac n°46 Les ressources naturelles, fondement de la richesse de la Russie ?

Croquis

Sujet Bac n°45 La Russie, un territoire en recomposition ?

Sujet Bac n°47 Le territoire de la Russie, des ressources, des contraintes ?

Séries ES et L

Composition

Sujet BAC n° 43

La Russie, un État en quête d'un nouveau développement ?

Des schémas pour accompagner la composition

Schéma 1 : Les ressources naturelles

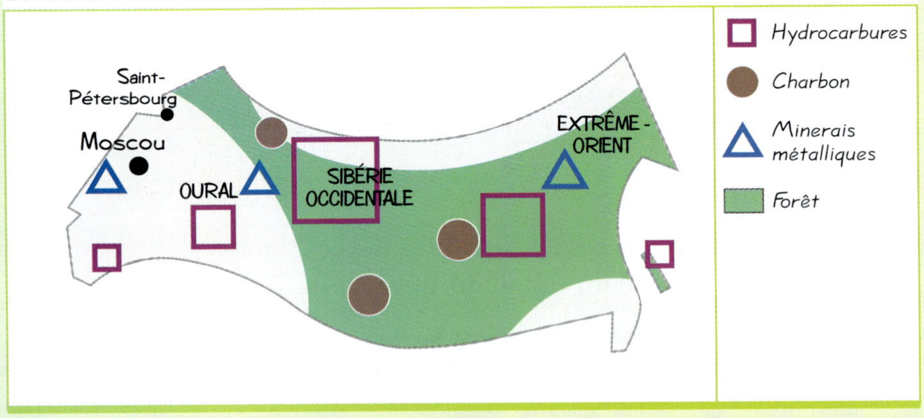

Schéma 2 : De fortes contraintes naturelles

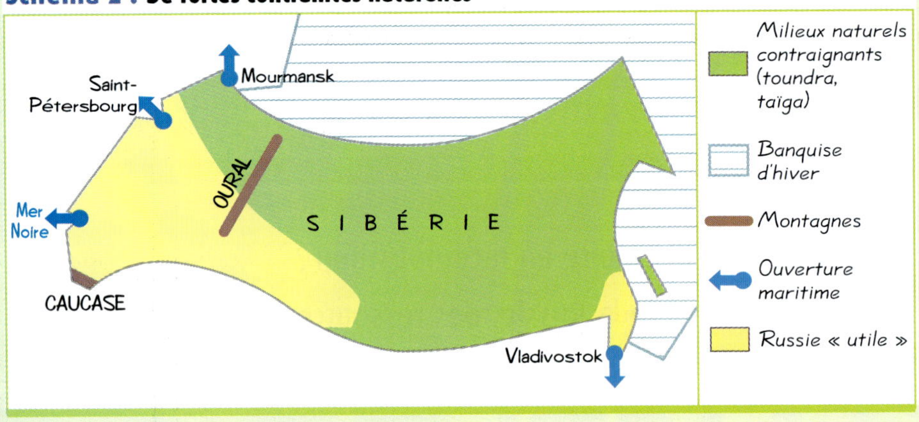

Schéma 3 : Les dynamiques du territoire

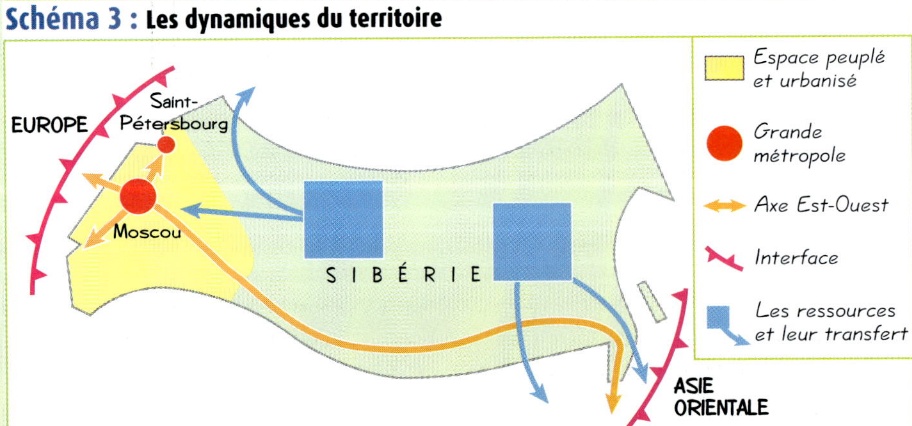

Que montrent les schémas ?

- Le **schéma 1** montre la répartition des ressources naturelles de la Russie. Il fait apparaître l'opposition entre la Russie d'Europe et la Sibérie aux richesses gigantesques.
- Le **schéma 2** vise à recenser les contraintes du territoire. Il montre notamment le petit nombre d'ouvertures maritimes de la Russie.
- Le **schéma 3** est la synthèse des **schémas 1** et **2**. Il traduit les contrastes de richesse et de développement du territoire
En fonction des informations cartographiées, le schéma permet d'opposer :
  - la Russie d'Europe à la Sibérie ;
  - les grandes villes dynamiques de l'Ouest aux espaces peu peuplés et mal reliés de l'Est ;
  - les espaces frontaliers au contact de l'UE ou de l'Asie orientale et les espaces plus en marge.

⇨ ***Conseil :*** *à partir du même fond de schéma, vous pouvez facilement réaliser un schéma montrant la répartition de la population et des villes.*

Quand utiliser les schémas ?

Le schéma 3 peut être utilisé dans des compositions portant sur :
- un État et un espace en recomposition : la Russie

⇨ ***Exemples :***
- *Atouts et contraintes du territoire de la Russie.*
- *Un territoire inégalement maîtrisé.*
- *La Russie à la recherche d'un nouveau développement ?*
- *Les disparités du territoire russe.*

Étapes		Entraînement
1 Introduction	**• Problématique**	Depuis les années 1990 et la chute de l'URSS, la Russie ne présente plus le visage d'une grande puissance. Le reflet donné par les médias est souvent celui d'un pays et d'une société en crise. (Problématiques p. 330-331) ?
	• Plan de la composition	La Russie est-elle à la recherche de nouvelles bases pour son développement ? Après avoir identifié les difficultés actuelles de la Russie, on montrera les atouts sur lesquels elle peut fonder un nouveau développement, avant de voir quels défis le pays doit relever.

2 Développement

Partie 1

1. La Russie, un pays en crise ?

- Une société à deux vitesses : de « nouveaux riches » ; une pauvreté certaine (Leçon p. 338).
- La démographie d'une société en crise (Dossier p. 344-345).
- Un pays bouleversé par la fin de l'URSS.
- Des modifications qui touchent le territoire et l'économie. (Cartes Majeures p. 332-333, Leçon p. 338 et Dossier p. 344-345.)
- Des contrastes spatiaux dans la répartition de la population, des richesses et des conditions de vie :
  - des flux migratoires de départ affectent la Sibérie ;
  - les villes attractives, lieux de relative richesse.

Conseil : *réalisez un schéma montrant la répartition de la population et les grandes villes : utilisez la carte p. 336.*

Transition *Malgré ce bilan plutôt négatif, la Russie dispose de solides fondements pour asseoir son redécollage économique.*

Partie 2

2. La Russie, quels atouts pour un nouveau développement ?

Schéma 1
- Des ressources naturelles considérables comme le montre le **schéma 1** :
  - l'énergie : pétrole, gaz naturel, charbon ;
  - des produits miniers (minerais de fer, or, diamants...) ;
  - l'exploitation de la forêt (domaine de la taïga).

  (Leçon p. 340 et Cartes Majeures p. 336-337.)
- Un territoire immense entre Europe et Asie : la Russie un « pont » entre les espaces développés de l'Europe et de l'Asie orientale (Dossier p. 348-350).
- Des fondements économiques :
  - de vastes régions agricoles ;
  - des régions industrielles qui ont fait la puissance de l'URSS.
- Un poids international encore important (rôle dans la CEI, à l'ONU, adhésion future à l'OMC, armement...)

Transition *La valorisation de ce potentiel passe par une transformation de l'organisation du territoire.*

Partie 3

3. La Russie, un État entre mutations et défis

- Les enjeux majeurs :
  - **Schéma 2** – la maîtrise d'un territoire contraignant comme le montre le **schéma 2** ;
  - l'unité du territoire ;
  - le passage de l'exploitation des ressources au développement économique en général.

  (Leçons p. 340 et 342 et Dossier p. 346-347.)
- L'ouverture de la Russie sur l'espace mondial valorise :
  - **Schéma 3** – les frontières occidentales et orientales comme le montre le **schéma 3** ;
  - les métropoles bien reliées au reste du monde, lieux des investissements étrangers.

  (Leçon p. 342.)

3 Conclusion

Bilan
- La Russie est confrontée à la reconstruction de son système économique et social.

Perspectives
- Mais par son importance territoriale, son poids international, elle dispose de ressources pour fonder son nouveau développement.

Séries ES et L

Composition

Sujet BAC n° 44 La Russie, un territoire en recomposition ?

Étapes	Entraînement	
1 Analyser le sujet	• **Lisez attentivement le sujet**	• Quels sont les mots ou expressions clés du sujet ? • Expliquer l'expression « un territoire en recomposition » ? (Utiliser la Leçon p. 342.)
2 Poser la problématique	• **Recherchez les questions que la formulation du sujet induit**	• Quels sont les principaux ensembles spatiaux du territoire de la Russie? (Utiliser la Carte 7 p. 343 et le Sujet Bac n° 45.) • Quelles sont ses transformations récentes : y a-t-il des régions, des villes en forte croissance, en déclin… ? Localisez-les. (Utiliser les Cartes Majeures p. 334-335.) • Ces dynamiques peuvent-elles s'expliquer par les mutations que connaît la Russie par rapport à l'ex-URSS ?
	• **Formulez la problématique**	• À partir des réponses aux questions précédentes, rédiger la problématique du sujet.
3 Élaborer le plan	• **Mobilisez les connaissances**	• Lister, au brouillon, les arguments, les exemples indispensables au traitement du sujet. (Utiliser le Chapitre 12.)
	• **Classez les connaissances**	• Rassembler les informations retenues en distinguant celles qui : – décrivent l'organisation du territoire de la Russie ; – expliquent son organisation ; – montrent les dynamiques récentes, sa recomposition.
4 Rédiger la composition	• **L'introduction**	• Rédigez l'introduction en faisant apparaître la problématique et le plan du devoir.
	• **Le développement**	• Rédigez la composition en vous aidant du plan ci-dessous.
	Partie 1	**1. Une organisation contrastée du territoire** • **Un Centre,** la partie européenne de la Russie à l'Ouest de l'Oural : – peuplé, urbanisé, grandes métropoles : Moscou, St-Pétersbourg ; – réseau de communication dense ; industrialisé (axe de la Volga). • **Des espaces périphériques**, peu peuplés et inégalement intégrés et exploités : – l'Oural, la Sibérie occidentale et l'axe du transsibérien ; – la Sibérie orientale en marge, mais un fort potentiel de développement.
	Transition	*Comment expliquer ces contrastes ?*
	Partie 2	**2. Plusieurs facteurs expliquent les disparités du territoire russe** • **L'histoire du peuplement** du territoire (Utiliser la Carte Majeure 2 p. 333). • **Les contraintes naturelles** (Utiliser les Cartes Majeures p. 334-335). ***Conseil :*** *réaliser un schéma sur le modèle du schéma n° 3 p. 352.*
	Transition	*Depuis la disparition de l'URSS, le territoire de la Russie connaît-il des transformations ?*
	Partie 3	**3. Une recomposition du territoire de la Russie ?** • **La Sibérie,** un fort potentiel en cours de revalorisation (Utiliser le Dossier p. 348-350.) ***Conseil :*** *réaliser un schéma sur le modèle du schéma n° 3 p. 352.* • **Des espaces en expansion,** proches des aires dynamiques de l'UE et de l'Asie orientale : région de St-Pétersbourg, façade pacifique… • **Les villes :** Moscou, symbole de la renaissance de la Russie.
	Bilan *Perspectives*	• Le territoire hérité de l'ex-URSS connaît des transformations. • Cette recomposition du territoire sera peut-être un des fondements du nouveau développement de la Russie.

Croquis

Sujet BAC nº 45 La Russie, un territoire en recomposition ?

Croquis : Le territoire de la Russie, de nouvelles dynamiques

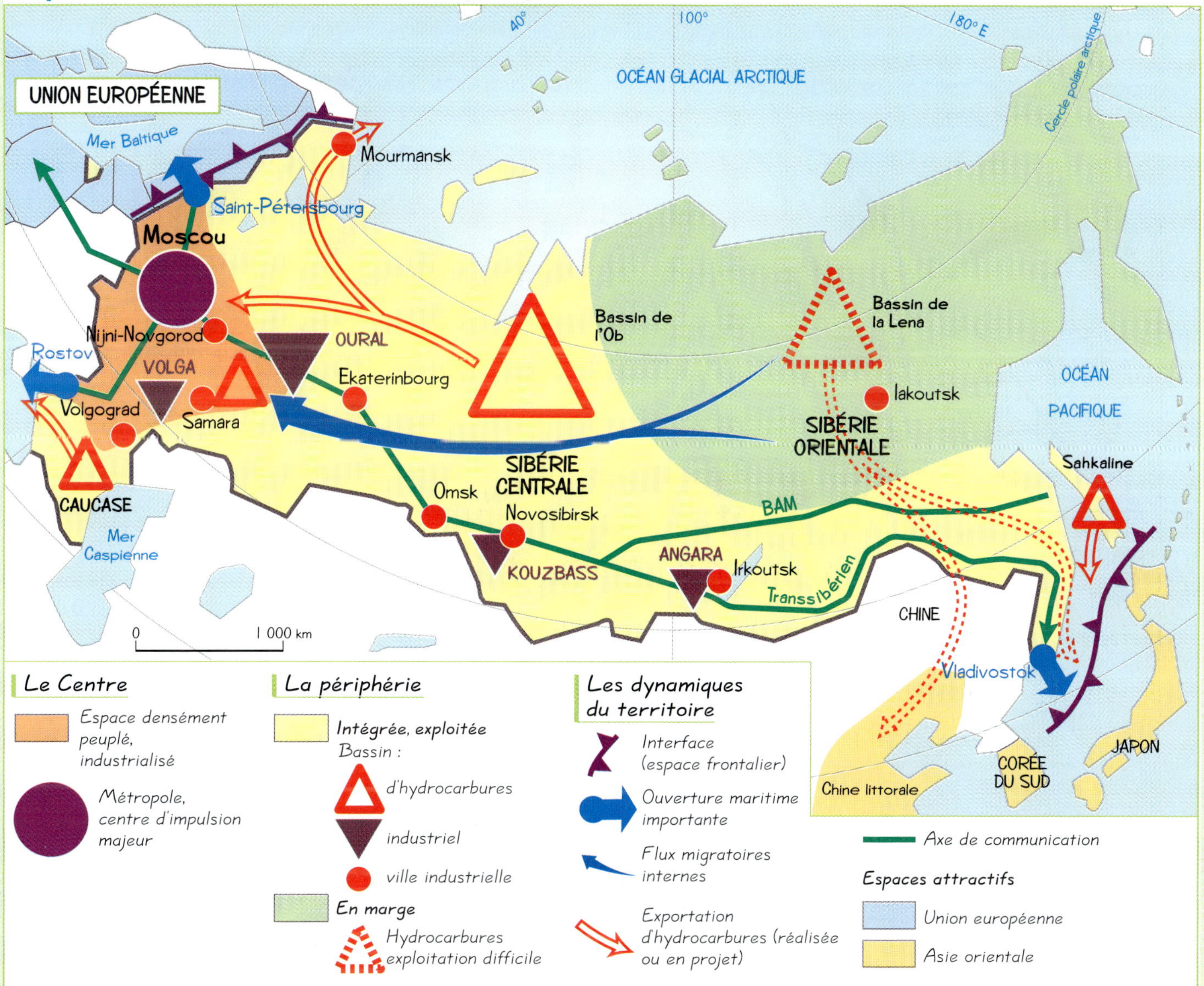

Entraînement

1. À l'aide du **croquis**, donnez les caractères des grandes régions du territoire de la Russie. Où se trouvent : les principales régions industrielles ? les ressources du sous-sol ?

2. À quelle exigence du sujet la troisième rubrique de la **légende** répond-elle ?

3. Quels espaces peuvent jouer un rôle majeur pour un nouveau développement du pays ?

Séries ES et L

Étude d'un ensemble documentaire

Sujet BAC nº 46 — Les ressources naturelles, fondement de la richesse de la Russie ?

1. Les ressources de la Sibérie

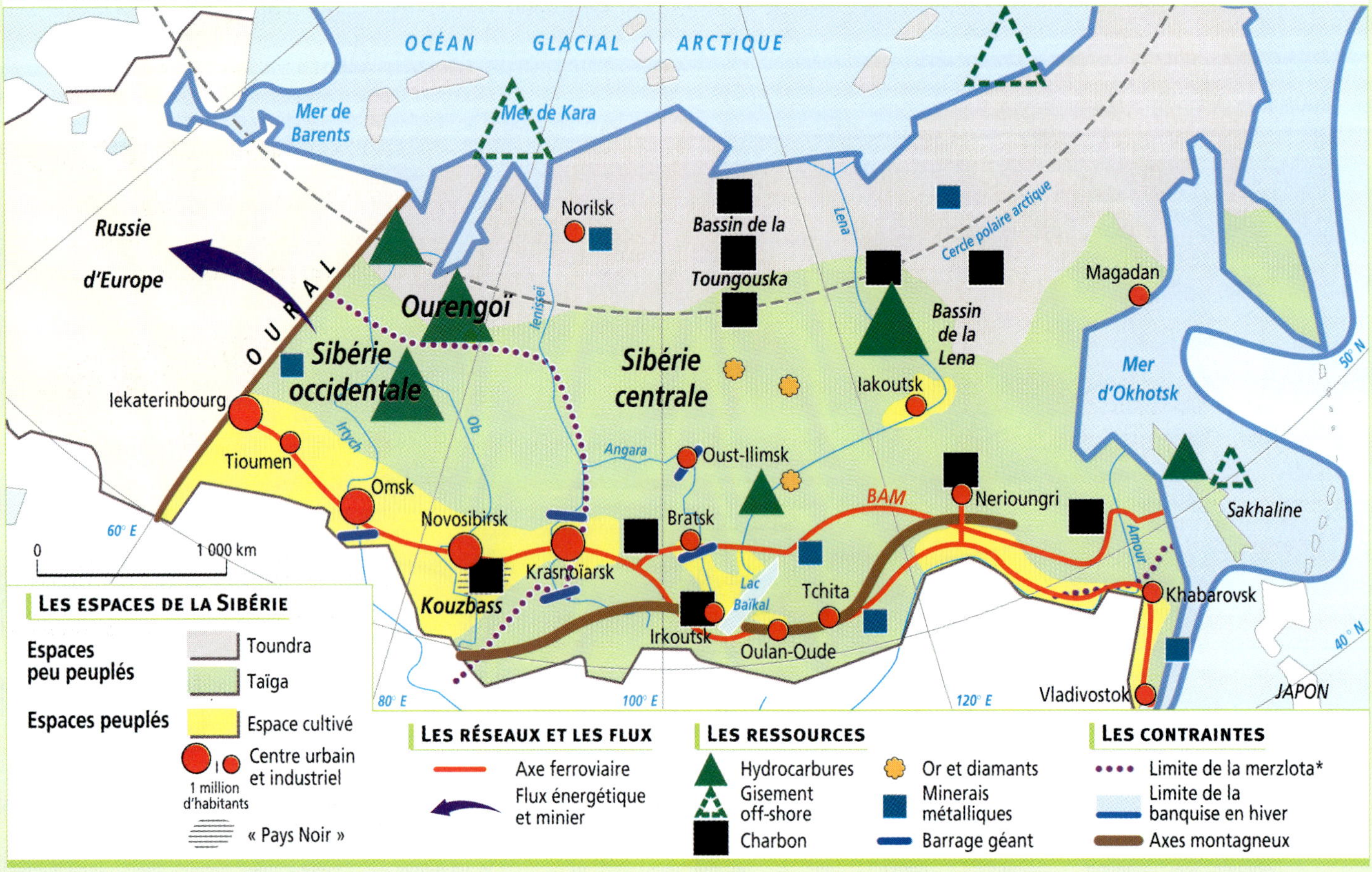

2. Des oléoducs défectueux

Dessin de Zudine, *Courrier international*, n° 678 – 2003.

3. Carte Majeure : Les contraintes naturelles sont fortes

(Se reporter à la carte 2 page 335.)

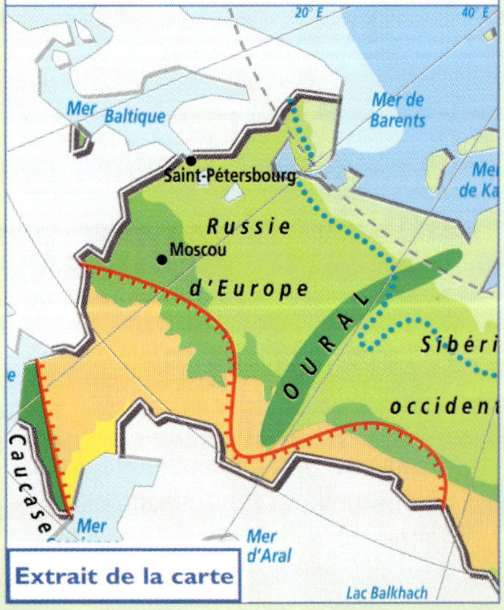

Extrait de la carte

4. Diversifier l'industrie

Principal moteur de la croissance russe de ces dernières années, le secteur énergétique laisse aussi le pays à la merci des prix mondiaux des matières premières et n'occupe que moins de 1 % de la force de travail.
Comme le souligne le responsable de la stratégie auprès de la société d'investissement moscovite Sovlink, la tâche économique du nouveau gouvernement consistera à diversifier une industrie « encore trop centrée sur l'énergie, les métaux ferreux et non ferreux, les produits forestiers ». Quand bien même ce sont là des points forts au regard d'une demande croissante.

M. Jégo, S. Marti, *Le Monde* – 9 mars 2004.

5. Les échanges de la Russie en 2001

Exportations par secteur *(en %)*

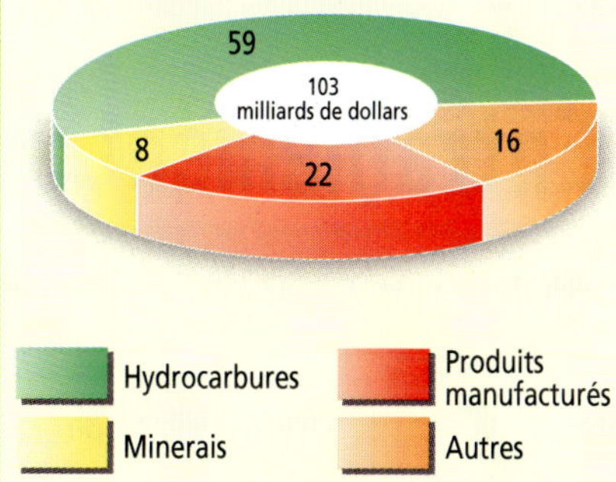

Importations par secteur *(en %)*

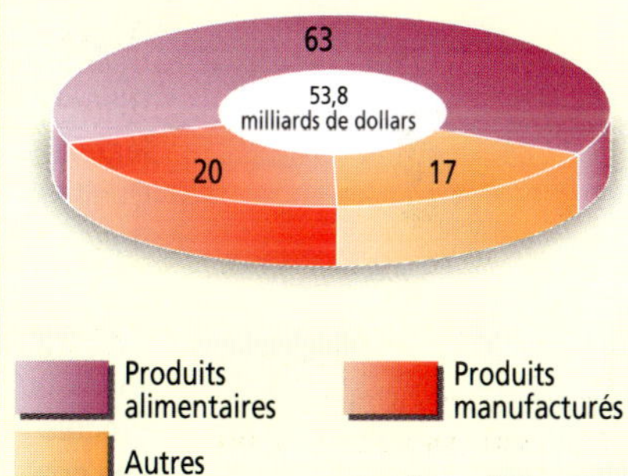

Source : Banque mondiale.

1re Partie — **Analysez l'ensemble documentaire en répondant aux questions suivantes.**

1. De quelles ressources la Russie dispose-t-elle (doc. 1, 4) ?
2. Quelle place occupent les ressources naturelles dans l'économie du pays (doc. 4, 5) ?
3. La Sibérie est-elle un atout pour la Russie (doc. 1) ? Précisez le sens du mot « contrainte » utilisé dans les cartes 1 et 3, et montrez que les contraintes pèsent sur l'exploitation des ressources.
4. Quels risques prend la Russie en fondant son renouveau économique trop exclusivement sur l'exploitation des richesses naturelles (doc. 2, 4, 5) ?

2e Partie — **À l'aide des réponses aux questions, des informations contenues dans les documents et de vos connaissances, rédigez une réponse organisée au sujet posé.**

Étapes — Entraînement

1 Partie 1
Réponse aux questions

• Analyse des questions et travail sur les documents

- Lisez attentivement toutes les questions.
- Sélectionnez, dans les documents, les informations utiles au traitement des questions.

Conseil : *pour répondre à la question 1 au brouillon, réalisez et complétez le tableau ci-dessous.*

Ressources :

Minérales	Énergétiques	Forestières	Agricoles

• Réponses aux questions

- Rédigez ensuite la réponse en utilisant ce type de classement ; n'oubliez pas de localiser chacune des ressources à l'aide de la carte 1.
- Répondez aux autres questions.

2 Partie 2
Rédaction de la réponse au sujet

• Mobilisation des informations et organisation de la réponse

- À partir des informations tirées des documents et des connaissances, on peut dégager les **thèmes suivants** :
  - les ressources, fondement de la puissance de la Russie ;
  - une difficile maîtrise des ressources ;
  - un enjeu majeur pour la Russie : développer d'autres secteurs de l'activité économique.

• Rédaction de la réponse

- Rédigez la réponse au sujet.
  (Utiliser les Problématiques p. 330-331, la Leçon p. 340 et le Dossier p. 348-350.)

Séries ES et L

Croquis

Sujet BAC nº 47 — Le territoire de la Russie, des ressources, des contraintes ?

Entraînement

Quelles informations sont cartographiées ?

- Comparez le **croquis** et les Cartes Majeures p. 334-335. Quelles ressources et quelles contraintes a-t-on retenues pour réaliser le **croquis** ?

Quelle est l'organisation de la légende ?

- Comparez les **légendes 1** et **2** du **croquis**. Contiennent-elles les mêmes informations et les mêmes figurés ?
- Quels critères de classement des informations sont utilisés dans la **légende 1** ?
- Comment les informations sont-elles classées dans la **légende 2** ?
- Quelle **légende** apporte une meilleure réponse au sujet ? Pourquoi ?

Comment le croquis est-il réalisé ?

- Quels types de figurés a-t-on utilisé pour réaliser le **croquis** (Utiliser Le langage cartographique p. 368.) ?
- Les couleurs des figurés de surface sont-elles bien choisies ? Pourquoi ?
- Donnez un autre titre possible au **croquis**.

Le croquis répond-il au sujet ?

- Le **croquis** montre-t-il :
  - les ressources ?
  - les contraintes du territoire russe ?
- Justifiez la troisième rubrique de la **légende 2**. Qu'apporte-t-elle comme informations par rapport au sujet ?

Croquis : Le territoire de la Russie, des atouts

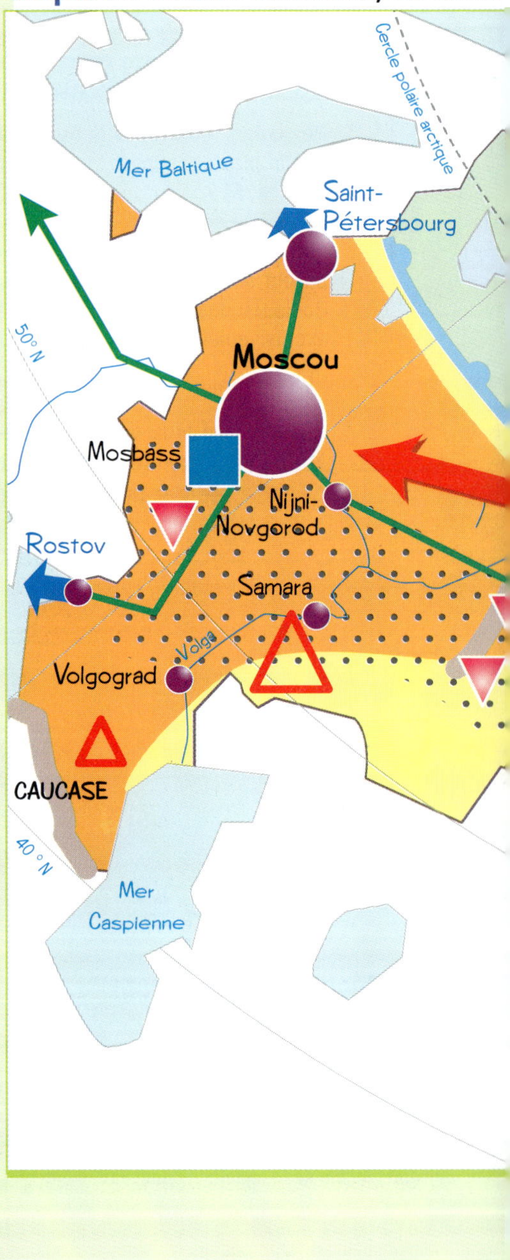

Pour réussir le croquis

- Pour un même espace, on doit quelquefois superposer plusieurs informations. Dans ce cas, on doit associer les hachures ou les points aux figurés de surface.
- Voici des combinaisons possibles pour montrer qu'une région peuplée possède de bons sols agricoles :

Le Relief

Montagnes

Climat, végétation

Domaine de la toundra et de la taïga

Au Nord, hiver très rigoureux

Banquise d'hiver

Ressources

Gisement d'hydrocarbures

Gisement off-shore

Houille, lignite

Fer, diamants, or...

Bons sols agricoles (Terres Noires)

Peuplement

Densités de population

\+ fortes –

Agglomérations

Transports, Échanges

Grand axe de communications

Fleuves gelés d'hiver

Ouverture maritime

Flux d'hydrocarbures

contraintes

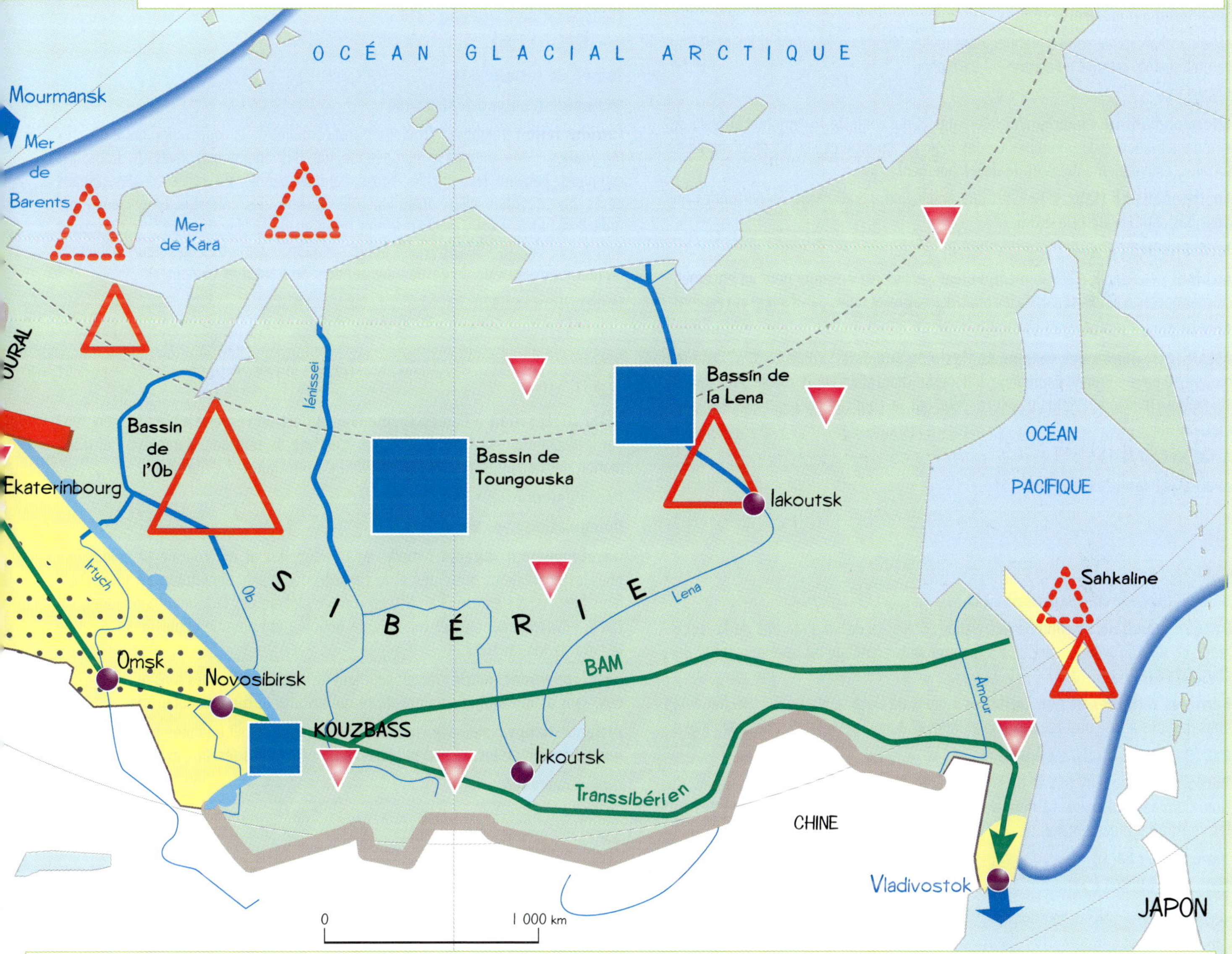

Des ressources considérables

Gisement d'hydrocarbures

Gisement off-shore

Houille, lignite

Fer, diamants, or...

Bons sols agricoles (Terres Noires)

De fortes contraintes

Domaine de la toundra et de la taïga

Au Nord, hiver très rigoureux

Fleuves gelés d'hiver

Banquise d'hiver

Montagnes

Un territoire inégalement mis en valeur

Densités de population

\+ fortes –

Agglomérations

Grand axe de communications

Ouverture maritime

Flux d'hydrocarbures

Lexique

Le nombre en gras indique la page dans laquelle le mot est défini à l'intérieur de la colonne Mots-clés.

A

Accroissement naturel : excédent des naissances sur les décès. Il se calcule en %.

Agribusiness : 108

Agriculture intensive : 308

Aire culturelle : région ou domaine caractérisé par la culture qui influence une large partie de la population. La culture est un ensemble de valeurs, de représentations, qui se manifeste par des comportements et des traces matérielles, comme les édifices publics, religieux ou non.

ALCA ou ZLEA (Accord de libre commerce des Amériques) : il vise visant à intégrer l'ensemble des pays du continent, moins Cuba, soit 34 pays de taille et de niveau de développement différents.

Aléa : probabilité de voir se produire dans un lieu donné un événement qui peut être dommageable, comme un séisme ou un typhon.

ALENA : 86

Altermondialisme : mouvement international qui conteste l'orientation libérale de la mondialisation et la prééminence des logiques financières sur les préoccupations sociales, environnementales et de développement.

Analphabétisme (taux d') : dans une population, pourcentage de personnes qui n'ont pas appris à lire et à écrire.

Arc latin : 312

Archipel : ensemble d'îles formant un tout ; utilisé par analogie pour un ensemble de métropoles à la fois séparées les unes des autres et unies par d'intenses relations.

Arrière-pays : *voir* **Hinterland**

ASEAN (Association des nations de l'Asie du Sud-Est) : créée en 1967, elle regroupe 10 pays : Brunei, Cambodge, Indonésie, Laos, Malaisie, Birmanie, Philippines, Singapour, Thaïlande, Vietnam. Elle a pour but la coopération régionale des pays membres.

Asiatisme : 218

Avantages comparatifs : 214

B

BAM (Baïkal-Amour-Magistral) : 342

Banque mondiale : institution des Nations unies, créée en 1944 lors de la conférence de Bretton Woods, qui par ses financements contribue au développement des pays membres.

Barrières tarifaires et non tarifaires : droits de douane, mesures et réglementations destinés à faire obstacle aux importations et à protéger les entreprises nationales.

BCE (Banque centrale européenne) : 184

Börde : sols limoneux très fertiles de la partie méridionale de la grande plaine du Nord germano-polonaise. La fertilité vient de limons d'origine glaciaire apportés par les vents à l'ère quaternaire.

Brain drain : 84

Bulle spéculative : 220

C

Cabot, Sebastiano : 120

Cabotage : 306

Cartier, Jacques : 120

CBD (Central business district) : 106

Centre-périphérie : modèle d'organisation spatiale dans lequel on définit les « centres » comme des régions où la densité de population, les activités de production, les richesses accumulées, les pouvoirs de décision atteignent de très forts niveaux de concentration. Les périphéries présentent les caractères inverses, évoluant dans la dépendance des centres.

Chaebol : 218

Chinois d'Outre-mer : 216

Civilisation : 46

CNUCED (Conférence des Nations unies pour le commerce et le développement) : institution du système des Nations unies, créée en 1964, qui vise à intégrer les pays en développement dans l'économie mondiale de façon à favoriser leur essor.

Commerce équitable : relations entre le consommateur et le producteur qui permettent à ce dernier d'avoir des revenus réguliers et ainsi de répondre aux besoins de sa famille en matière de santé, d'éducation... Le commerce sert ainsi le développement. Il est promu par des ONG* depuis la fin des années 1980.

Comptoir : 306

Conférence de Barcelone : 310

Conglomérat : 216

Conseil de sécurité : 44

Conurbation polynucléaire : 180

Corridor ferré : freightway (couloir de fret résultant de la coopération entre réseaux ferroviaires : une entreprise européenne, ou des opérateurs privés de transports combinés, peuvent faire circuler, moyennant un péage, des trains sur des réseaux gérés par des nouvelles opérations de gestion des infrastructures créées par Bruxelles) ; et freeways (couloir de fret résultant de la libération totale du transport ferroviaire : une société ferroviaire ouvre son réseau à d'autres opérateurs nationaux ou non ferroviaires ou de gestion des services de transports combinés).

Cortès, Hernán : 120

D

Datar (Délégation à l'aménagement et à l'action régionale) : créée en 1963 par le gouvernement français, la Datar a un rôle de réflexion, d'impulsion et d'animation des politiques de l'État en matière d'aménagement du territoire.

Déréglementation : 24

Dérégulation : *voir* **Régulation.**

Développement durable : mode de développement qui concilie un mieux-être pour les populations présentes et la capacité des générations futures à répondre à leurs besoins ; il suppose une prise en compte globale des facteurs économiques, sociaux, environnementaux et culturels ; la notion a été promue depuis le Sommet de la Terre de Rio en 1992.

Développement séparé : développement de groupes ethniques sans relations entre eux, sans assimilation ni intégration, ce qui favorise le communautarisme.

Distance-temps : intervalle entre deux lieux qui se définit en durée horaire en fonction du moyen de locomotion utilisé et de la qualité des réseaux existants.

Downtown : 106

E

Économie collectivisée : système économique caractérisé par la disparition de la propriété privée. Les moyens de production, d'échanges et les terres sont propriété de l'État

Économie de marché : système économique dans lequel les moyens de production et d'échanges sont détenus par des entreprises privées en concurrence.

Économie extensive : économie qui utilise beaucoup de matières premières et de main-d'œuvre peu valorisées, engendrant un important gaspillage des ressources.

Économie souterraine : 338

Edge cities : 106

Érasme (1469-1536) : né à Rotterdam, cet humaniste dont la pensée faite de mesure et de prudence éclaira les temps difficiles de la Réforme, fut conseiller de Charles Quint et mourut à Bâle.

Espace Schengen : 310

États balkaniques : 308

Euronext : Bourse née en 2000 de la fusion des bourses d'Amsterdam, de Bruxelles, de Paris, auxquelles s'est ajoutée en 2002 celle de Lisbonne.

Eutrophisation : l'augmentation de la teneur des eaux en produits nutritifs provenant des engrais conduit à une prolifération d'algues, puis à la baisse de la teneur en oxygène des eaux.

EVP (Équivalent vingt pieds) : unité de compte qui correspond à la taille standardisée d'un conteneur (20 pieds soit un peu plus de 6 mètres de long).

Exception culturelle : 44

F

Façade maritime : espace géographique d'intenses relations qui inclut non seulement le littoral mais aussi le grand large océanique (l'avant-pays) et l'arrière-pays continental, c'est-à-dire les régions intérieures directement en relation avec les grands organismes urbains et portuaires de ce littoral.

Favela : initialement ensemble de maisons légères construites illégalement à Rio par des migrants du Nord-Est ; par extension terme brésilien équivalent à bidonvilles.

Fécondité (Indice synthétique de) : nombre moyen d'enfants par femme en âge de procréer. L'indice doit atteindre 2,1 pour assurer le renouvellement de la population dans les pays riches à faible mortalité.

Fédération : *voir* **« Sujets » de la Fédération.**

FMI (Fond monétaire international) : 272

Fonction de commandement : ensemble des activités de direction (sièges sociaux d'entreprises, pouvoir politique...) qui, de plus en plus se concentre en un nombre réduit de lieux (essentiellement les grandes métropoles d'un pays ou du monde).

Fond structurel : 166

Fordisme : mode d'organisation des entreprises caractérisé par des techniques de production de masse adoptées par Ford au début du XXe siècle : standardisation, travail à la chaîne. Le fordisme centralise l'essentiel du processus de production en une entreprise géante, quitte à multiplier les ateliers à travers le territoire, pour être au plus près des marchés de consommation.

Franchise : libertés, exonérations de certaines contraintes, de certains droits.

FTN (Firmes transnationales) : 26

G

G7 : 42

G8 : *voir* **G7**

GAFI (Groupe d'action financière sur le blanchiment des capitaux) : organisme intergouvernemental qui a pour objectif de concevoir des stratégies de lutte contre le blanchiment de capitaux et le financement du terrorisme ; créé lors du G7* de 1989, il rassemble actuellement 31 pays, la Commission européenne et le Conseil de coopération du Golfe.

Garrigue : formation végétale basse et clairsemée des pays méditerranéens qui pousse sur des terrains calcaires.

GATT (General agreement on tariffs and trade) : accord international sur la réduction des droits de douane en 1947 qui s'est approfondi ensuite par plusieurs cycles de négociations. Remplacé par l'OMC* depuis le 1er janvier 1995.

Ghetto : secteur urbain où est concentrée une minorité d'exclus comme les Noirs, les Latinos*... aux États-Unis.

Gouvernance mondiale : moyen d'exercer le pouvoir, de prendre des décisions à l'échelle du monde pour faire face aux défis du développement à l'ère de la mondialisation.

H

Halieutique : qui concerne la pêche. Le devenir de certaines espèces de poissons est menacé par l'essor de la pêche industrielle qui, par le volume de ses prises, empêche une reproduction des populations de poissons suffisante pour le renouvellement des espèces.

Haute Croissance : période (1950-1980) marquée par une croissance économique supérieure à 5 % par an au Japon, et caractérisée par une concentration des hommes et des activités dans la Mégalopole.

Hinterland : arrière-pays continental d'un port que ce dernier approvisionne ou dont il tire les marchandises qu'il expédie ; son importance est fonction de sa population ; sa profondeur dépend en particulier de la densité et de la qualité des voies de communication qui convergent vers le port.

Hub : 104

Hub and spokes : 214

Huerta : plaine irriguée vouée aux cultures de fruits et légumes produites de façon intensive.

Hurricane : 104

I

ICE : 182

IDE (Investissement direct à l'étranger) : 162

IDH (Indicateur de développement humain) : 270

Ingérence humanitaire : droit de recourir à la force dans les affaires intérieures d'un pays au nom des droits de l'Homme ; appliqué parfois par l'ONU depuis 1992 (Somalie).

Interface : 306

Interreg : 166

IPH (Indicateur de pauvreté humaine) : 270

J

Japon de l'Envers : littoral de la mer du Japon, plus frais et plus enneigé, caractérisé par un peuplement moins dense, un moindre développement économique.

Japon de l'Endroit : littoral pacifique, au climat plus doux. Contient la Mégalopole japonaise : c'est le Japon des grandes concentrations urbaines et industrielles.

K

Kantô : 234

Kyoto (protocole de) : document, signé en 1997, qui prévoit un abaissement des émissions de gaz à effet de serre de 5,2 % d'ici les années 2008-2012 par rapport au total émis en 1990. Ce protocole n'entrera en vigueur que lorsqu'il sera ratifié par 55 pays dont les émissions cumulées doivent représenter 55 % des émissions des pays développés en 1990. En novembre 2003, le total atteint est de 44 %.

L

Latifundio : très grande propriété foncière, peu mises en valeur, où se maintiennent des relations sociales traditionnelles entre le propriétaire et les travailleurs de la terre (emplois précaires, très faibles salaires...).

Latino : terme pour désigner les populations de langue espagnole (blanche, noir, métis, voire amérindienne) immigrées aux États-Unis.

Libre-échange : 44

Logique spéculative : 24

Lexique

M

Mal-développement : 312

Malnutrition : carence qualitative dans le régime alimentaire (manque de vitamines, de minéraux, de protéines).

Manufacturing belt : 104

Maquiladoras : zone franche industrielle installée à la frontière américano-mexicaine.

Maquis : formation végétale des pays méditerranéens buissonnante et dense.

Marché à terme : marché sur lequel sont négociés des contrats pour la livraison future de marchandises (pétrole...) ou d'instruments financiers. Les prix des contrats sont fixés en fonction des informations concernant le marché à un moment donné et varient chaque jour jusqu'à l'échéance du contrat.

Mare nostrum : 306

Mauvaises dettes : 220

Mégalopole : 28-70

Megalopolis : 124

Meiji : 216

Melting-pot : aux États-Unis, « creuset » dans lequel les diverses populations immigrées, de langues, de cultures différentes, pourraient se fondre pour former un « homme américain nouveau ».

Mercosur : marché commun de l'Amérique du Sud qui regroupe, depuis 1991, le Brésil, l'Argentine, le Paraguay, l'Uruguay. Le Chili et la Bolivie ont signé un accord de libre-échange avec le Mercosur en juillet 1996, le Venezuela et la Colombie se sont portés candidats à l'adhésion.

Merzlota : 340

Métrolina : nébuleuse urbaine en formation allant du Sud de la Virginie à Atlanta (Géorgie).

Métropolisation : 28

MIT (Massachussetts institute of technology) : 124

MITI (Ministry of international trade and industries) : organisme japonais regroupant des structures de réflexion et de décision qui concernent la politique industrielle, la recherche, le commerce extérieur et les aides financières aux entreprises.

Monothéisme : croyance en l'existence d'un seul dieu.

Mouvement habitant : désigne l'ensemble des mouvements de protestations locales qui apparaissent pendant et après la Haute Croissance* pour la défense de la qualité de la vie en milieu urbain, et de la qualité des produits de consommation.

Multilatéralisme : qui concerne plusieurs États ; s'oppose à unilatéralisme où un État prend des décisions sans discussion avec les autres États ; le bilatéralisme qualifie les relations entre deux États.

Multimodal : système qui associe, pour une même marchandise, plusieurs modes de transport (camions, trains, bateaux) rendus compatibles par l'utilisation de boîtes métalliques de taille standard appelés conteneurs.

N

NASDAQ : 124

Nationalité : groupe d'hommes ayant une langue, une culture, une histoire communes.

New York Stock Exchange (NYSE) : 82

Nœud logistique : 182

Nomenklatura : 338

Northern range : 184

NYSE : *voir* **New York Stock Exchange**

O

Objectif 1 : aide de l'Union européenne par l'intermédiaire des fonds structurels* aux régions en retard de développement : PIB inférieur à 75 % de la moyenne de l'Union.

Objectif 2 : aide de l'Union européenne par l'intermédiaire des fonds structurels* aux régions en reconversion économique souffrant de difficultés structurelles.

Off shore : 104

OGM (Organismes génétiquement modifiés) : 82

OIT (Organisation internationale du travail) : créée en 1919 par le Traité de Versailles, l'OIT est devenue en 1946 la première institution spécialisée du système des Nations unies ; elle a pour vocation de promouvoir la justice sociale et notamment de faire respecter les droits de l'Homme dans le monde du travail.

Oligarque : 338

OMC (Organisation mondiale du commerce) : 26

ONG (Organisation non-gouvernementale) : 26

OPEP (Organisation des pays exportateurs de pétrole) : cette organisation fondée en 1962, compte aujourd'hui 11 pays membres. Elle entend défendre les droits des pays exportateurs de pétrole et exerce son influence par une modulation des volumes extraits. L'Arabie Saoudite en est le membre le plus influent.

P

PAC (Politique agricole commune) : 162

Paradis fiscal : État ou ville dont les habitants et les entreprises bénéficient d'avantages multiples en matière d'impôts et de finance.

Parc de recherche ou parc technologique : pôle d'activités proche d'une grande ville, réunissant la recherche et des industries de haute technologie, électronique, informatique, télécommunications.

Pavillon de complaisance : adresse d'immatriculation d'un navire qui correspond à un pays où le propriétaire bénéficie d'avantages fiscaux et réglementaires importants.

Pays-atelier : 218

Périphérie : *voir* **Centre-périphérie**

PIB (Produit intérieur brut) : total des richesses produites sur le territoire national. Dans les pays du Sud, il ignore ce qui a été autoconsommé dans le cadre familial et les biens produits et échangés par des entreprises non déclarées. Il sous-estime donc la production de richesse dans les pays du Sud.

PIB-ppa (à parité de pouvoir d'achat) ou PIB réel : à la différence du PIB, il tient compte du coût de la vie variable d'un pays à l'autre en fonction des prix et des monnaies.

Plateau continental : *voir* **Plate-forme littorale**

Plate-forme littorale : prolongement plus ou moins étendu du continent sous la mer, d'une profondeur inférieure à 200 mètres.

Plate-forme multimodale : 164

PMA (Pays les moins avancés) : 42

PNB-ppa : ensemble des valeurs ajoutées créées sur le territoire national auquel il faut ajouter les revenus réalisés à l'étranger et transférés dans le pays, mais retrancher ceux qui sont réalisés dans le pays et transférés à l'étranger. La parité de pouvoir d'achat tient compte du coût de la vie variable d'un pays à l'autre en fonction des prix et des monnaies.

PNUD (Programme des Nations unies pour le développement) : créé en 1966, le Pnud est le principal organe d'aide et d'assistance aux pays en développement (aide à la mise en place de services administratifs et techniques, formation de cadres, réponses aux besoins essentiels des populations).

Polycentrisme : 164

Pont transcontinental : 122

Pont transsibérien : 342

Postindustriel : 108

Productivité : 272

Puissance douce ou « soft power » : 84

Q

Quaternaire (secteur) : désigne les fonctions de commandement*, « emplois stratégiques » (terminologie INSEE) qui définissent des emplois de haut niveau (recherche, direction d'entreprises, enseignement supérieur).

R

Randstad : nom donné à la conurbation, espace urbain continu qui regroupe les quatre principales villes des Pays-Bas, Amsterdam, La Haye, Rotterdam et Utrecht.

Raspoutitsa : 340

Recherche-développement (RD) : activités de recherche menées au sein des entreprises et des organismes publics aux fins d'application industrielle.

Régulation : création de règles limitant la concurrence entre les entreprises d'un même secteur ou entre États ; la dérégulation est donc la suppression partielle ou totale de ces règles.

Remises : 310

Réseau maillé : réseau à trame orthogonale, plus ou moins fine, homogène, et doté d'une bonne connectivité ; c'est-à-dire offrant diverses alternatives pour aller d'un point à un autre (s'oppose au réseau polarisé, constitué d'axes disposés en rayons à partir d'un centre : modèle parisien).

Réseau transnational : processus où les acteurs économiques, en premier lieu les entreprises, sont présents directement dans plusieurs pays.

RNB (Revenu national brut) : il correspond au PNB* d'un pays auquel s'ajoutent les revenus des citoyens de ce pays résidant à l'étranger.

S

Salad-bowl : métaphore pour souligner que la société américaine peut être–comme la salade composée–constituée d'éléments mélangés mais distincts et ayant des caractéristiques particulières. Contrairement au melting-pot, le salad-bowl prône l'existence d'une société multiculturelle.

Seaway : 122

Seuil de pauvreté : 270

Shinkansen : 232

Sitcom : 84

Soap opera : 84

Sogo-Shosha : sociétés de commerce spécifiques du Japon. Ce sont des sociétés multifonctionnelles au service d'autres sociétés. Outre la fonction de négoce (national et international), elles exercent la fonction d'organisation et de coordination ainsi que celle de financier pour les entreprises se lançant sur des marchés et des secteurs nouveaux.

Steppe : dans la zone tempérée continentale eurasiatique, formation végétale herbeuse qui couvre presque totalement le sol. Elle prend le nom de prairie en Amérique.

Suburbs : 106

« Sujets » de la Fédération : la Constitution russe de 1993 a défini 89 « sujets » de la Fédération de Russie, en principe égaux en droits ; 57 d'entre eux sont des entités administratives (territoires, régions et villes) à statut fédéral, peuplées très majoritairement par des Russes ; tandis que les 32 autres sont des entités nationales peuplées à la fois par des minorités et des Russes (Républiques et Districts nationaux).

Sun belt (« Ceinture du Soleil ») : aux États-Unis, désigne les régions situées à la périphérie du territoire (du Nord-Ouest pacifique au Sud-Est atlantique), qui bénéficient d'un climat agréable (hivers doux) et sont aujourd'hui les plus dynamiques (démographie, économie).

Système-monde : 162

T

Taïga : en Russie, forêt des régions tempérées continentales, généralement constituée de conifères.

Téléport : centre terrestre de réception de données et d'informations fournies par satellite, transmises ensuite par câble continental.

Temporel : 46

Terres noires : 340

Tigres et dragons : 214

Tokaïdo : 232

Toundra : formation végétale basse (mousses, lichens, arbres nains), adaptée au climat polaire.

Traité de Rome : texte qui institue la Communauté européenne (Marché commun), union douanière impliquant un tarif douanier commun, une politique commerciale commune et la suppression à terme de tous les obstacles aux échanges intérieurs; signé à Rome le 25 mars 1957 par l'Allemagne, la France, l'Italie et les trois pays du Bénélux.

Triade : 28

Tsunami : 236

Typhon : 236

U

Ultrapériphérique : 166

Unilatéralisme : 88

Urban : programme d'aide de l'Union européenne destiné à favoriser la revitalisation économique et sociale des villes et des banlieues en crise.

V

Villes jumelles (« twin cities ») : cités jumelles situées de part et d'autre de la frontière des États-Unis et du Mexique.

Vulnérabilité : exprime les préjudices potentiels aux personnes, aux biens et aux activités. La vulnérabilité vis-à-vis d'un séisme dépend de la densité de population et de la nature des constructions.

X

Xérophile : 306

Z

Zaibatsu : grandes entreprises familiales nées au Japon à partir de l'ère Meiji et qui ont été démembrées après la défaite nippone en 1945.

ZIP (Zone industrialo-portuaire) : zone aménagée dans un grand port accueillant des activités portuaires et industrielles.

Zone franche : espace délimité dans lequel l'importation et l'exportation de produits bénéficient de dispositions fiscales favorables, souvent à condition de réexporter ces produits.

Les États

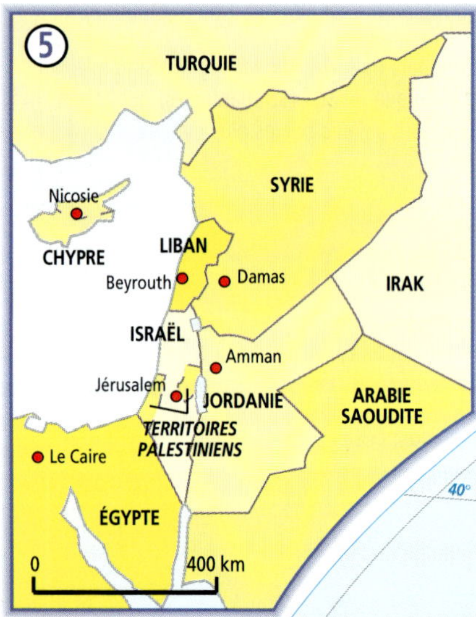

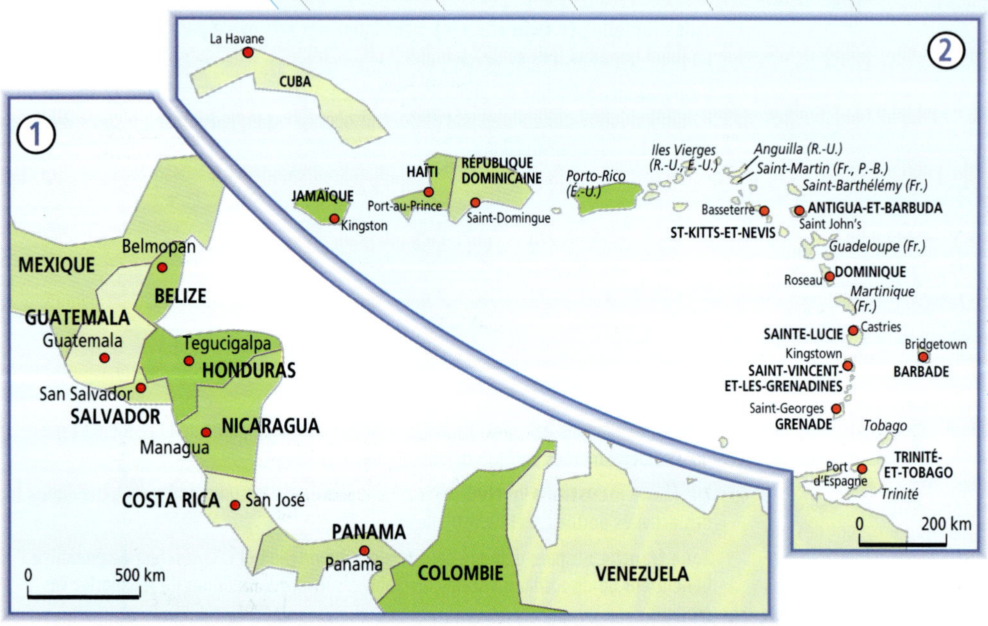

1	LUXEMBOURG	7	VATICAN
2	SLOVAQUIE	8	SLOVÉNIE
3	LIECHTENSTEIN (Vaduz)	9	CROATIE
4	ANDORRE (Andorre-la-Vieille)	10	BOSNIE-HERZÉGOVINE
5	MONACO	11	SERBIE-MONTÉNÉGRO
6	SAINT-MARIN	12	MACÉDOINE

du monde

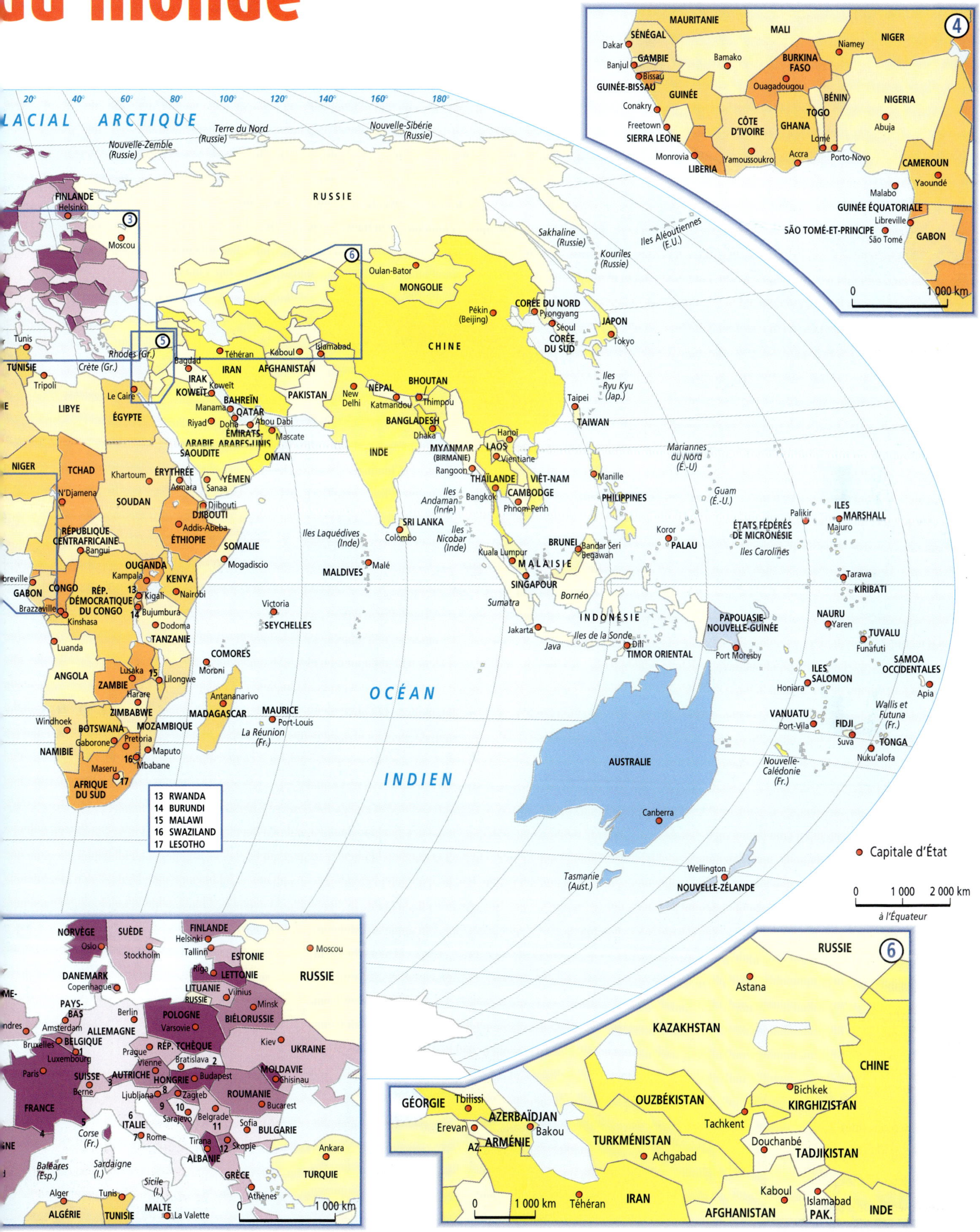
MAURITANIE
SÉNÉGAL
Dakar
MALI
NIGER
Niamey
GAMBIE
Banjul
Bamako
BURKINA FASO
Bissau
GUINÉE-BISSAU
Ouagadougou
GUINÉE
Conakry
BÉNIN
NIGERIA
TOGO
CÔTE D'IVOIRE
GHANA
Abuja
Freetown
SIERRA LEONE
Lomé
Monrovia
Yamoussoukro
Accra
Porto-Novo
LIBERIA
CAMEROUN
Yaoundé
Malabo
GUINÉE ÉQUATORIALE
Libreville
SÃO TOMÉ-ET-PRINCIPE
São Tomé
GABON
0
1 000 km
20°
40°
60°
80°
100°
120°
140°
160°
180°
GLACIAL ARCTIQUE
Terre du Nord (Russie)
Nouvelle-Sibérie (Russie)
Nouvelle-Zemble (Russie)
FINLANDE
Helsinki
RUSSIE
Moscou
Sakhaline (Russie)
Kouriles (Russie)
Iles Aléoutiennes (E.U.)
Oulan-Bator
MONGOLIE
Pékin (Beijing)
CORÉE DU NORD
Pyongyang
Séoul
CORÉE DU SUD
JAPON
Tokyo
CHINE
Tunis
Rhodes (Gr.)
Téhéran
Kaboul
Islamabad
Bagdad
TUNISIE
Crète (Gr.)
IRAK
IRAN
AFGHANISTAN
Tripoli
KOWEÏT
Koweït
PAKISTAN
NÉPAL
BHOUTAN
LIBYE
Le Caire
BAHREÏN
Manama
QATAR
New Delhi
Katmandou
Thimpou
ÉGYPTE
Riyad
Doha
Abou Dabi
ÉMIRATS ARABES-UNIS
BANGLADESH
Dhaka
Iles Ryu Kyu (Jap.)
Taipei
TAIWAN
ARABIE SAOUDITE
Mascate
OMAN
INDE
MYANMAR (BIRMANIE)
LAOS
Hanoï
Vientiane
Marianes du Nord (É.-U)
NIGER
TCHAD
Khartoum
ÉRYTHRÉE
Asmara
YÉMEN
Sanaa
Rangoon
THAÏLANDE
VIÊT-NAM
Manille
N'Djamena
SOUDAN
Iles Andaman (Inde)
Bangkok
CAMBODGE
Phnom-Penh
PHILIPPINES
Guam (É.-U.)
Djibouti
DJIBOUTI
SRI LANKA
Colombo
Palikir
ILES MARSHALL
Majuro
ÉTATS FÉDÉRÉS DE MICRONÉSIE
Iles Carolines
RÉPUBLIQUE CENTRAFRICAINE
Bangui
Addis-Abeba
ÉTHIOPIE
Iles Laquédives (Inde)
Iles Nicobar (Inde)
Koror
PALAU
SOMALIE
Mogadiscio
BRUNEI
Bandar Seri Begawan
Kuala Lumpur
MALAISIE
OUGANDA
Kampala
KENYA
MALDIVES
Malé
Libreville
GABON
CONGO
RÉP. DÉMOCRATIQUE DU CONGO
13
Kigali
Nairobi
SINGAPOUR
Tarawa
KIRIBATI
Brazzaville
Kinshasa
14
Bujumbura
Victoria
SEYCHELLES
Sumatra
Bornéo
NAURU
Yaren
Dodoma
TANZANIE
INDONÉSIE
PAPOUASIE-NOUVELLE-GUINÉE
Jakarta
Iles de la Sonde
Dili
TIMOR ORIENTAL
TUVALU
Funafuti
Luanda
Java
Port Moresby
COMORES
Moroni
Lusaka
15
ANGOLA
ZAMBIE
Lilongwe
SAMOA OCCIDENTALES
Apia
ILES SALOMON
Honiara
Harare
OCÉAN
Antananarivo
ZIMBABWE
MADAGASCAR
MAURICE
Port-Louis
VANUATU
Port-Vila
Wallis et Futuna (Fr.)
Windhoek
BOTSWANA
MOZAMBIQUE
FIDJI
Suva
La Réunion (Fr.)
Gaborone
Pretoria
TONGA
Nuku'alofa
NAMIBIE
Maputo
16
Mbabane
AUSTRALIE
Nouvelle-Calédonie (Fr.)
Maseru
17
AFRIQUE DU SUD
INDIEN
13 RWANDA
14 BURUNDI
15 MALAWI
16 SWAZILAND
17 LESOTHO
Canberra
Capitale d'État
0
1 000
2 000 km
à l'Équateur
Tasmanie (Aust.)
Wellington
NOUVELLE-ZÉLANDE
NORVÈGE
SUÈDE
FINLANDE
Helsinki
Oslo
Tallinn
Stockholm
ESTONIE
Moscou
DANEMARK
Riga
LETTONIE
RUSSIE
Copenhague
LITUANIE
Vilnius
RUSSIE
PAYS-BAS
Berlin
Minsk
POLOGNE
BIÉLORUSSIE
Amsterdam
ALLEMAGNE
Varsovie
Bruxelles
BELGIQUE
Kiev
Prague
RÉP. TCHÈQUE
UKRAINE
Luxembourg
1
Vienne
Bratislava
2
Paris
SUISSE
AUTRICHE
MOLDAVIE
Chisinau
Berne
3
HONGRIE
Budapest
Ljubljana
8
Zagreb
ROUMANIE
FRANCE
9
10
Bucarest
6
Sarajevo
Belgrade
ITALIE
11
Sofia
5
Corse (Fr.)
BULGARIE
4
7
Rome
Tirana
12
Skopje
ALBANIE
Ankara
Baléares (Esp.)
Sardaigne (I.)
GRÈCE
TURQUIE
Sicile (I.)
Athènes
Alger
Tunis
MALTE
La Valette
0
1 000 km
ALGÉRIE
TUNISIE
RUSSIE
Astana
KAZAKHSTAN
CHINE
Bichkek
GÉORGIE
Tbilissi
OUZBÉKISTAN
KIRGHIZISTAN
AZERBAÏDJAN
Tachkent
Erevan
Bakou
ARMÉNIE
AZ.
TURKMÉNISTAN
Douchanbé
TADJIKISTAN
Achgabad
Kaboul
Islamabad
0
1 000 km
Téhéran
IRAN
AFGHANISTAN
PAK.
INDE
3
4
5
6

La densité d

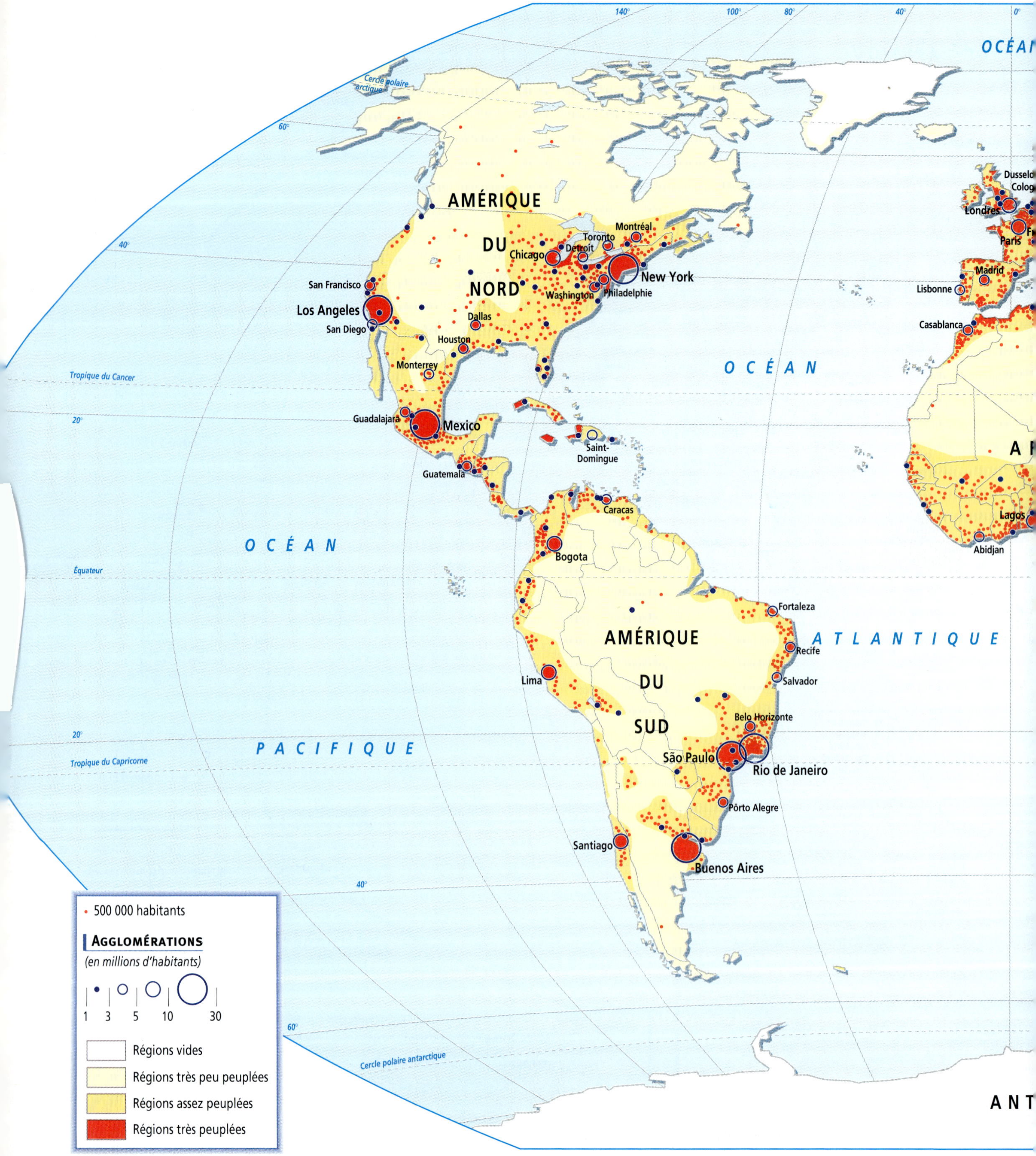

OCÉAN
OCÉAN
ATLANTIQUE
OCÉAN
PACIFIQUE
AMÉRIQUE DU NORD
AMÉRIQUE DU SUD
ANT
Cercle polaire arctique
Tropique du Cancer
Équateur
Tropique du Capricorne
Cercle polaire antarctique
San Francisco
Los Angeles
San Diego
Chicago
Detroit
Toronto
Montréal
New York
Washington
Philadelphie
Dallas
Houston
Monterrey
Guadalajara
Mexico
Guatemala
Saint-Domingue
Caracas
Bogota
Lima
Fortaleza
Recife
Salvador
Belo Horizonte
São Paulo
Rio de Janeiro
Pôrto Alegre
Santiago
Buenos Aires
Londres
Paris
Madrid
Lisbonne
Casablanca
Lagos
Abidjan
500 000 habitants
Agglomérations
(en millions d'habitants)
1 3 5 10 30
Régions vides
Régions très peu peuplées
Régions assez peuplées
Régions très peuplées

e population

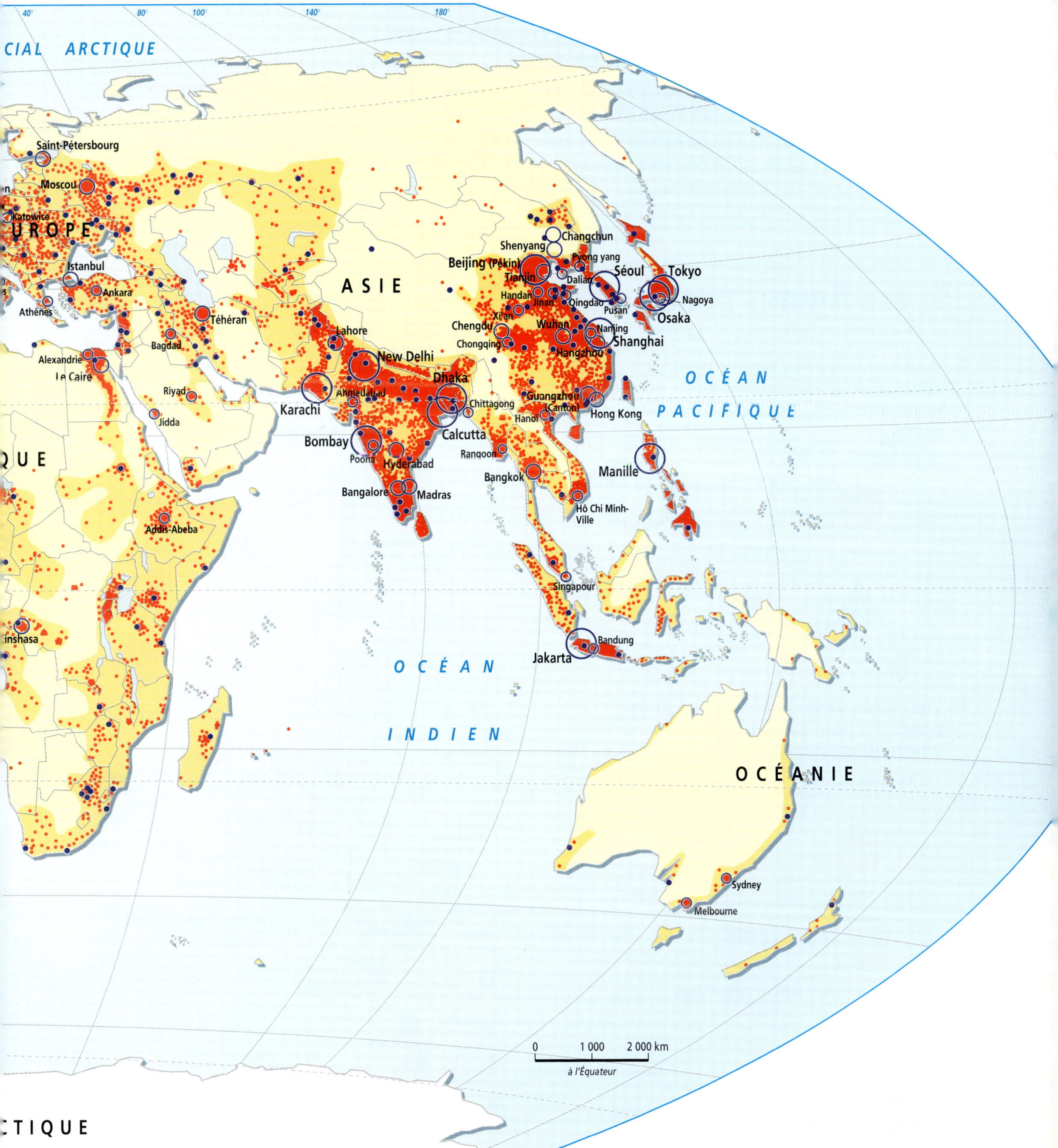

Source : ONU, World Urbainisation Prospects, The 2001 revision.

Le langage cartographique

- Les **nouvelles épreuves du baccalauréat** vous donnent l'occasion de réaliser :
  - un des deux **croquis** lorsque la Géographie fait partie des exercices de la 2e partie de l'épreuve du baccalauréat ;
  - des **schémas** pour soutenir l'argumentation de la composition quand la Géographie fait partie des exercices de la 1re partie de l'épreuve du baccalauréat.
- Le choix du langage cartographique est une étape importante de la construction d'un croquis ou d'un schéma puisque ce sont les figurés qui permettront de lire les informations qu'ils contiennent.

→ ***Pour réaliser les croquis et les schémas vous aurez à utiliser 4 grands types de figurés.***

1. Les figurés ponctuels

A. Vous utiliserez des figurés ponctuels pour cartographier des informations dont la localisation est ponctuelle : des villes, des ports…

Exemples :

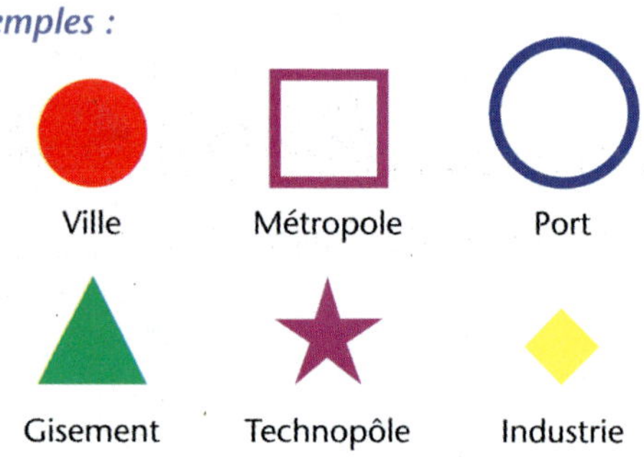

B. Vous ferez varier la taille des figurés ponctuels pour cartographier des informations hiérarchisées.

Exemples :

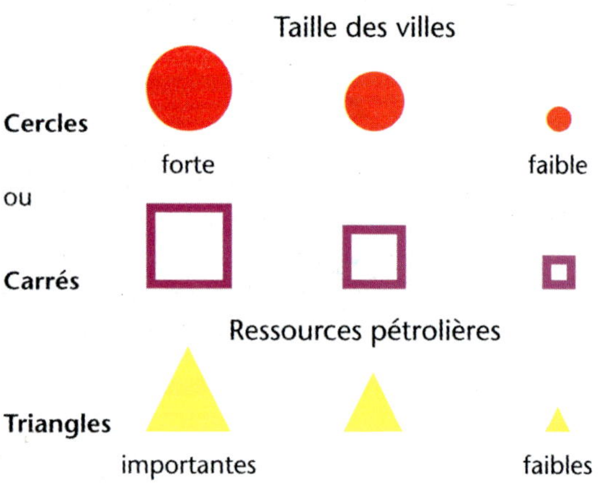

⚠ *Ne pas mélanger carrés, cercles et triangles. Conserver la même couleur.*

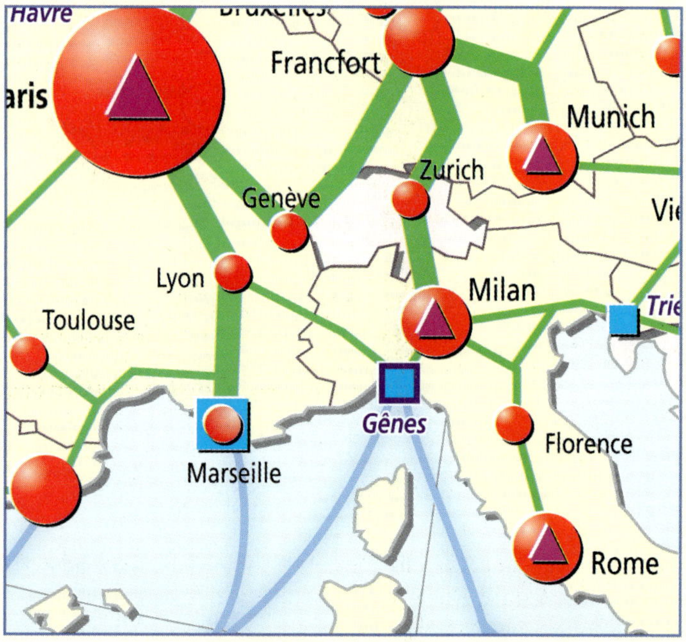

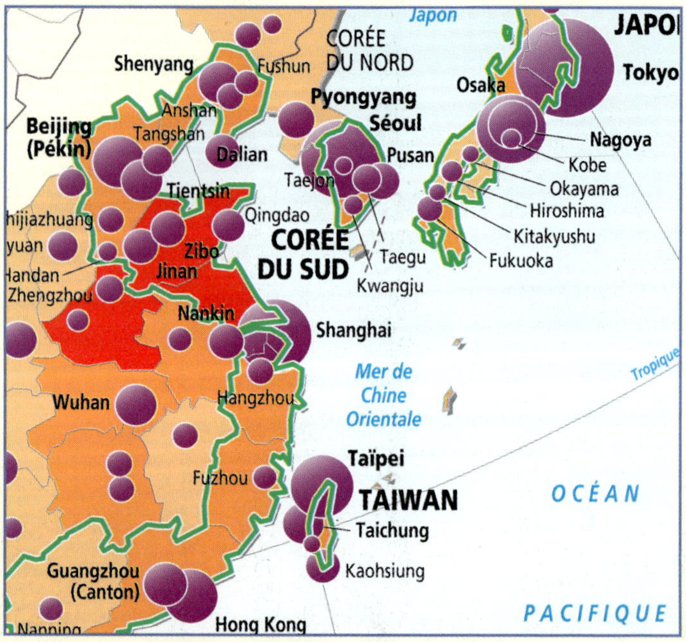